책으로 만나는 21세기

책으로 만나는 21세기

출판평론가 한기호의 20년 칼럼 모음집

한기호 지음

한국출판마케팅연구소

머리말

필자는 2000년에 『디지털과 종이책의 행복한 만남』, 『e-북이 아니라 e-콘텐츠다』, 『우리에게 온라인서점은 과연 무엇인가』 등 세 권을 펴냈다. 종이책의 종말론이 세상을 휩쓸고 있을 때 아날로그 종이책은 디지털 기술과 행복하게 만나 '새로운 책'으로 태어난다거나, 종이책이냐 e-북이냐, 아날로그냐 디지털이냐 죽기 살기의 양자택일을 넘어 상생相生을 모색해야 한다는 주장을 담거나, 온라인서점의 가능성에 대한 책을 이렇게 펴낼 수 있었던 것은 격주간지라는 매체를 갖고 있었기 때문이다.

그때 앞의 책들에서 펼친 디지털은 디지털에 맞는 콘텐츠를 새롭게 생산해야 하는 것이고, 아날로그는 새로운 아날로그로 탈바꿈하는 것이지 전자책이 종이책의 자리를 대체하는 것은 아니다. 이미 시장성이 사라진 자신들의 소설을 빛바랜 종이 위에서 빛나는 디지털 공간으로 장소만 이동시켜놓으면 떼돈이 벌릴 것으로 착각하는 것은 디지털에 대한 모독이라는 일갈은, 지금은 상식에 속한다.

하지만 그때는 아니었다. 한 기자는 이런 필자를 보고 "저마다 나름의 지론으로 왕성하게 전선을 넓혀가는 논객들을 여럿 봐왔지만, 그처럼 아슬아슬한 전투로 진을 빼놓는 '싸움닭'은 처음이었다. 이름깨나 알려진 작가, 편집자, 출판사 사장 들과 벌이는 논쟁을 그는 정말 '일삼았다.' 싸움판이 커질수록 그의 주변은 온통 적敵이었다"고 적었다.

다시 한번 말하지만 필자가 사면초가四面楚歌 상태에서도 혈혈단신으로 전투를 벌일 수 있었던 것은 격주간 출판전문지 〈송인소식〉이 있었기 때문이다. 〈송인소식〉은 2004년 7월에 〈기획회의〉로 이름을 바꿨다. 〈기획회의〉는 2019년 2월 5일에 창간 20주년을 맞이한다. 〈송인소식〉 시기에는 원고료 줄 돈이 없어 한 달에 200자 원고지로 500매씩 원고를 썼다. 어디서 그런 열정이 샘솟았는지 모른다.

2006년 9월에 출간된 자전 『열정시대』에서 "도산 안창호 선생은 좋은 책 한 권이 학교 하나를 세우는 것과 같다고 했다. 그런 뜻으로 나 혼자 학교를 세우는 것은 너무 시간이 오래 걸린다. 그렇다면 1만 명이 책 한 권씩을 내면 1만 개의 학교가 세워지는 것이 아닌가? 그래서 연구소는 지금껏 부족하나마 모든 출판인들이 좋은 책(학교)을 세우는 데 유용한 정보를 어떻게든 생산해내려고 애쓰고 있다"고 적었다. 실제로 그런 마음으로 살았다. 그게 벌써 20년이다.

필자는 1982년에 출판계에 발을 들여놓았다. 처음 1년은 편집자였다. 신경림 시인이 편자인 『농민문학론』과 구중서 문학평론가가 편자인 『신동엽, 그의 삶과 문학』은 첫 기획서였다. 그러나 곧 영업자로 말을 갈아탔다. 1983년에서 1998년까지는 창작과비평사(현 창비)에서 영업자로 일했다. 그게 인생의 1막이다. 1980년대에는 군부독재와 투쟁하느라 무척 고생하다가 대중출판의 시대로 접어든 1990년대에는 베스트셀러를 많이 팔아봤다. 『소설 동의보감』(이은성), 『나의 문화유산답사기』(유홍준), 『서른, 잔치는 끝났다』(최영미), 『나는 빠리의 택시운전사』(홍세화) 등을 혼신의 힘으로 팔려 애썼다. 덕분에 '상업주의의 화신'이라는 비판도 들어야만 했다.

인생의 2막은 〈기획회의〉(〈송인소식〉 시절을 포함해)를 펴내며 살아온 20년이다. 2000년에 펴낸 『디지털과 종이책의 행복한 만남』이 백상출판문화상

(현 한국출판문화상) 기획상과 한국출판연구소의 '출판평론 특별상'을 수상하면서 출판평론가의 길을 걸어왔다. 2막인 40대와 50대에는 정신없이 글을 써댔다. 한때는 연재가 많아 하루에 두세 시간만 자면서 매주 20여 권의 책을 읽어야만 했다. 아마 유명 작가가 이렇게 글을 썼다면 100권의 전집도 가능했을 것이다. 이때에는 단행본도 펴냈는데 주로 편집자들이 '학교'를 세우는 데 도움이 되는 책을 펴냈다.

2막의 시기에는 일간지 등에도 쉬지 않고 칼럼을 썼다. 특히 〈한겨레〉와 〈경향신문〉에는 9년 동안이나 썼다. 처음 글을 쓴 것은 〈뉴스플러스〉(《주간동아》의 전신)였다. 당시 이 잡지의 출판 담당 기자가 출산 휴가를 가는 바람에 대타로 몇 달 나선 것이 계기였다. 이후 20년 동안 일간지에 꾸준히 칼럼을 연재했다. 필자만큼 칼럼을 많이 쓴 사람을 찾아보기는 어려울 것이다.

2019년 〈기획회의〉는 창간 20주년과 500호 돌파라는 경사가 겹친다. 한 해에 두 번이나 잔치를 벌일 수가 없어 500호 돌파에 방점을 찍기로 했다. 500호 돌파가 이뤄지는 11월에는 특별 단행본도 여러 권 펴내면서 크게 자축할 생각이다. 그렇다고 20주년을 그냥 넘길 수가 없었다. 그래서 20년 동안 일간지에 썼던 칼럼들을 모아 한 권의 책으로 펴내기로 했다. 모두 모으면 200자 원고지로 6천 매가 넘지만 이미 책으로 나온 『한기호의 다독다독』을 제외하고 시의성이 없는 글도 제외하니 3천 매 정도가 되었다. 편집은 전적으로 편집자들에게 맡겼다.

책의 제목은 담당 편집자가 제안한 '책으로 만나는 21세기'로 정했다. 각 부는 10년 단위로 나눠 매체별로 구성했는데, 연재 시작일을 기준으로 삼았다. 21세기 말에 생존해 있을 리가 없겠지만, 필자는 2000년에 이미 21세기 출판의 역사가 "광대한 바다처럼 떠도는 무료정보와의 투쟁의 역사"가 될 것이라고 간단하게 정리한 바 있다. 21세기에 출판은 아날로그 문명에서 디지털 문명으로 말을 갈아타면서 무수한 혼란을 겪었다. 칼럼에는 그런 혼란의 시기에서 누구나 겪을 수밖에 없었던 다양한 흔적이 역력하게 드러난다. 앞으로 우리는 그러한 혼란에서 벗어나 책의 새로운 가능성을 열어가야만 한다.

2019년 1월에 환갑을 맞았다. 60대 이후의 삶은 인생의 3막으로 만들고 싶다. 3막의 삶은 정말 행복하게 지내고 싶다. 3막의 삶에도 〈기획회의〉나 독서운동을 위해 2010년 3월에 창간한 월간 〈학교도서관저널〉은 계속되어야 한다. 하지만 잡지의 시대는 지나가고 있다. 정보가 빠르게 소통되는 시대에 잡지가 살아남기는 쉽지 않다. 더구나 두 잡지는 필자가 없어도 계속될 수 있는 구조로 만들어야 한다. 별도의 생존 전략이 필요하다는 이야기다.

그래서 3막의 인생에서는 필자가 없이도 직원이나 후배 들이 두 잡지를 유지하면서 잘 놀 수 있는 멍석을 깔아놓고, 그들이 맘껏 즐길 수 있게 만들 생각이다. 예전에는 우산대라도 잡고 비를 피할 수 있게 만들겠다고 했는데 앞으로는 우산대를 잡는 일도 없을 것이다. 그들 스스로 눈과 비를 피하도록 할 생각이다. 비에 젖어보기도 하고 눈 바닥을 굴러보아야 삶의 진정한 의미를 스스로 깨칠 수 있다.

출판 또한 다르지 않다. 어떤 어려움이 오더라도 살아남을 수 있는 방안을 마련해야 한다. 가능성 있는 출판브랜드를 직원들이 만들어갈 기회를 주고 싶다. 이미 서브컬처 브랜드인 요다는 『회색 인간』을 비롯한 김동식의 소설로 기본 초석은 다져놓았다. 스낵컬처 브랜드인 플로베르는 올해 자리를 잡아갈 것이다. 이들보다 먼저 시작한 북바이북, 어른의시간, 길밖의길, 한국출판마케팅연구소 등과 〈학교도서관저널〉의 단행본 브랜드도 꾸준히 성장시켜나갈 생각이다. 이제 이론에서 한 걸음 나아가 구체적인 성과물(팩트)을 꾸준히 제시하면서 책의 가능성을 입증해 보여주려 한다. 최대한 빨리, 필자가 없어도 굴러갈 수 있는 출판시스템을 만들어놓고 독서운동에 매진할 생각이다.

37년의 출판 인생에서 많은 스승을 만났다. 출판계 선후배와 많은 서점인, 저자, 언론인, 독자 들이 모두 나의 스승이었다. 그들이 있기에 오늘의 필자가 있다. 그중에서도 특별한 세 스승이 있다. 고등학생 때 인간의 길을 알려주신 이혜화 선생님, 창비에 다닐 때 올곧은 출판정신을 가르쳐주신 백낙청 선생님, 1997년 이후 미래의 책에 대한 사유를 할 수 있도록 꾸준히 죽비를 내리쳐주신 정병규 선생님이다. 정병규 선생님은 이 책이 나온다는 것을 아시고는 자원해서 표지까지 만들어주셨다.

이 책을 만들기 위해 스크랩을 뒤지면서 정말 편한 삶을 살 수 있는 기회가 여러 번 있었다는 것을 절감할 수 있었다. 그런 길을 놔두고 일부러 가시밭길만 걸을 수밖에 없었던 것은 세 선생님만에게라도 인정받고 싶었기 때문이다. 그런 필자를 묵묵히 따라준 전·현직 직원들의 노고를 잊을 수 없다. 그들을 위해서라도 3막의 인생을 행복하게 만들어보려 한다. 마지막으로 〈기획회의〉와 〈학교도서관저널〉의 정기구독자와 필자가 만든 책을 읽어주신 독자 들에게 정말 고맙다는 말씀을 전하고 싶다.

2019년 1월
한기호 올림

차례

3부
2010년대

1990년대

『태백산맥』과
『불의 제전』

　『태백산맥』(전10권, 조정래)과 『불의 제전』(전7권, 김원일)은 분단문학을 언급할 때는 결코 빼놓을 수 없는 작품들이다. 두 작가가 각기 소설을 완성하기까지에 수많은 세월이 걸린 이 소설들은 문단에서는 모두 호평을 받았음에도 불구하고 판매 면에서는 큰 차이를 보인다.

　『태백산맥』은 1986년 10월에 1권 1쇄를 발행한 이후 450만 권 이상 판매되는 대기록을 세웠을 뿐만 아니라 만 10여 년 만에 100쇄를 기록하였으며 지금까지도 스테디셀러로 자리를 잡아 꾸준한 판매를 기록하고 있다.

　이 작품은 출간 직후 보편적인 책 판매 경향과 달리 호남지방에서의 판매가 다른 지방에 비해서 월등했다. 한국 현대사에 있어 저항과 수난으로 점철된 이 지방을 무대로 한 이 소설은 그 지방 출신들의 정서를 크게 흔들어 놓았다. 또 당시는 억압적인 정치권력이 마지막 발악을 하고 있었으며 1985년부터 시작된 사회구성체 논쟁이 정점에 달하던 시기였다. NL이냐 PD냐, 분단이 주요 모순이냐 기본 모순이냐와 같은 첨예한 논쟁은 전 지식인에게로 퍼져나갔다. 『태백산맥』은 이러한 시대 분위기에 힘입어 점차 독자들에게 반향이 높아져가고 있었다.

　그러던 중 1987년 6월, 『창비 1987』에 문학평론가 최원식 교수의 평론 「역사적 진실과 문학적 진실: 태백산맥을 읽고」가 발표된 뒤 이에 대한 요약 기사가 〈한국일보〉 문화 면에 실렸다. 작가는 즉각 반론을 같은 신문에 발표했으며 이후 몇 차례 논쟁이 계속되었다. 이 논쟁이 『태백산맥』의 작품성을 놓고 벌인 논쟁이었음에도 불구하고 책의 판매에는 더욱 불을 지폈다.

『해방전후사의 인식』, 『우상과 이성』 등 이른바 이념서적을 출판했던 한길사에서 간행된 것도 『태백산맥』의 판매에 크게 기여했다.

그러나 『불의 제전』은 집권의 기득권을 해방 이후 꾸준히 누려온 영남을 무대로 한 소설이었다. 1983년에 1, 2권이 간행되긴 했으나 수정을 거쳐 완간된 것은 1997년이었다. '이산문학상'을 수상하면서 작가의 가족사를 소설화했다는 것도 화제가 되었다.

그러나 이미 시대는, 이런 분단문학 자체에 대한 대중의 관심이 싸늘하게 식고 난 다음이었다. 그해의 북한의 식량 위기, 황장엽의 귀순을 염두에 두고 광고의 헤드카피를 "이제 더 이상의 분단문학은 없다"로 하기도 했다. 그러나 이미 거대담론은 사라지고 대중은 개인적인 욕망이나 꿈에 매몰되어 있었다. 이런 시기에 이런 전략이 통하기 어려웠던 것이다.

『불의 제전』의 헤드카피처럼 분단문학은 자본주의 메커니즘에 의해 더 이상 우리 앞에 나타나지 않을지 모른다. 작가들에게는 이 말이 "우리에게 더 이상 문학은 없다"는 말처럼 들릴 수도 있을 것이다. 그야말로 문학은 존재 자체가 위협받는 지경에 이르렀다.

그러나 대중은 여전히 문학을 즐기고 있다. "그런대로 세월은 흘러갔다", "말이 살찌는 가을이 돌아왔다"와 같이 거친 표현이 곳곳에 등장하는 『칭기즈칸』(전8권, 이재운)과 같은 소설도 20만 권 이상 팔려나간다. 이것은 『람세스』(전5권, 크리스티앙 자크), 『나폴레옹』(전5권, 막스 갈로) 등 외국 역사·인물 소설이 인기를 끄는 것과 일맥상통한다.

과거에는 국내에서 3천 권도 팔기 어려웠던 판타지문학도 이제는 도도한 한 세력을 이루고 있다. 모두 300만 권이 판매된 『퇴마록』(전13권)의 작가 이우혁이 쓴 『왜란종결자』(전6권)가 50만, 『드래곤 라자』(전12권, 이영도)가 35만. 아직 완간되지 않은 『용의 신전』(전7권, 김예리)이 12만 권이 판매되자 판타지의 고전인 『반지전쟁』이 다시 간행되었으며 앞으로도 『귀환병 이야기』(전6권,

이수영), 『마왕의 육아일기』(전9권, 방지나) 등 판타지 소설들의 출간이 붐을 이룰 것으로 보인다. 『동해』(전2권, 김경진·진병관)와 같은 가상 시뮬레이션 소설은 출간 1개월 만에 15만 부가 판매되었으며 로맨스 소설, 스릴러 등의 출간도 줄을 잇는다.

문인들은 1970년대에는 독재권력과 급격한 산업화와 싸우고 1980년대에는 이데올로기와 싸웠지만 1990년대라는 카오스(혼돈) 시대에는 10인 100색의 개인적 욕망과 싸워야 한다. 적(?)이 명료하던 시절에는 그나마 '광주여', '무등산아'와 같이 뻔한 소리라도 외치면 용기라도 가상하게 여겨 독자들이 알아주었다.

그러나 이제 문인들은 눈에 잘 보이지 않는, 지극히 가벼운 대중의 개인적 욕망과 싸워야 한다. 하지만 많은 문인들은 이런 변화를 달가워할 리 없다. 그래서 일부 문인들은 보이지 않는 적과의 싸움 자체를 이미 포기했는지도 모른다.

〈문예중앙〉, 1998년 가을호

참고서만 팔다가는
동네 책방 다 망한다

최근 일본에서는 대표적인 일본어사전 『고지엔^{広辭苑}』(이와나미쇼텐)이 7년 만에 개정판을 선보였다. 박리다매에다 매출이 많이 줄어 어려움을 겪고 있는 서점의 입장에서 보면 『고지엔』처럼 애초부터 팔릴 것이 약속된 고가상품(정가 6800엔)은 그야말로 구세주 같은 존재다. 이런 상품이 『대디』(겐토샤에서 출간한 트랜디 소설. 유명 연예인 부부인 고 히로미와 니타니 유리가 이혼서류를 제출하는 날 대대적인 광고를 때리며 출간해 화제가 됐다. 이 책은 초판을 50만 부나 발행했다)와 같이 단기간에 밀리언셀러가 된 책과 동시에 출간된다면 서점은 더욱 좋을 것이다.

그러나 최근 〈요미우리신문〉에 한 출판영업자가 기고한 글에 따르면, 서점의 입장에서는 〈타이타닉〉이라는 비디오도 고액상품(두 개가 한 세트로 3,980엔)으로서 큰 기대를 모으고 있다. 〈타이타닉〉은 금세기 최고 배급 수입을 기록한 울트라 히트 상품. 사전 주문이 쇄도해 첫 출고시 주문량을 제대로 공급할 수 없게 되자 비디오 판매점에서는 발매 연기를 법원에 호소하는 소동까지 일어날 정도였다.

500만 개가 판매될 것으로 예상되는 이 비디오가 서점에서 『고지엔』의 바로 옆에 진열되어 판매된다 해서 전혀 이상할 것이 없다. 이미 많은 서점은 책만을 파는 공간이 아니다. 비디오, CD, 문구, 팬시상품 등 다양한 상품을 파는 복합매장으로 변해가고 있다.

〈타이타닉〉은 비디오 대여점-판매점, 편의점, 전기점^{電器店}, 레코드점, 서점의 순으로 판매가 이뤄졌는데 서점이 판매한 것은 2%에 불과하다. 그러나 책만 팔아서는 서점 경영을 유지할 수 없는 시대임이 분명해진 이상 서점들은 책이 아닌 다른 상품의 판매율을 높여갈 것이다.

서점 관련 업계의 암울한 현실

우리에게는 아직도 서점이 책만을 파는 공간으로 인식돼왔고, 출판인들은 서점이 앞으로도 계속 그렇게 해줄 것으로 기대하고 있다. 그러나 이제 서점은 기존의 방식만으로는 살아남을 수 없다. 이미 많은 서점들이 팔려고 내놓았거나 문을 닫고 있다. 수도권의 한 지역에선 30%가 넘는 서점이 매물로 나와 있는 형편이다. 군소도시일수록 서점의 황폐화는 심각한 수준이다. 이런 추세로 간다면 서점은 대부분 망하고 소수 대형서점만이 살아남을 것이다.

우리 서점들은 그동안 판매의 반 이상을 점하던 학습참고서의 시장이 대폭 축소돼 근본적으로 운영이 어렵게 됐다. 교육제도의 변화 때문에 학습참고서는 더 이상 황금알을 낳는 거위가 아니다. 5년마다 국정교과서가 개편되던 과거에는 학습참고서를 한번 개발하면 수년간 판매할 수 있어 초기에는 출혈정가를 책정하더라도 결국 많은 이익을 남길 수 있었다. 하지만 이제는 교육제도의 잦은 변화, 학생 독자들의 욕구 변화, 소비 패턴의 변화 등으로 인해 학습참고서도 끊임없이 내용을 변화시켜주지 않으면 시장에서 곧 사라질 수밖에 없다. 과거 서점들은 1년 먹고살 비용을 신학기 한철에 학습참고서를 팔아 마련한다는 것이 정설이었다. 그러나 이제 신학기에도 찬바람이 돌기는 마찬가지다.

10년 전부터 등장한 학습지 때문에도 학습참고서 시장은 크게 위축돼왔다. 학습지는 회원제로 운영되므로 서점의 매출은 상대적으로 줄어들 수밖에 없었던 것. 학습지 시장은 500만 명 정도의 회원을 확보하며 연 1조 8천억 원의 매출 규모로 성장했다. 소수의 회원을 확보해 전화 지도와 방문 지도까지 하는 음성적인 시장까지 합하면 시장 규모는 더욱 늘어날 것이다. 그러나 이 시장도 위기가 오고 있다. 보도에 의하면 미국 텍사스주 주교육위원회는 1999년 가을 신학기부터 주내 고등학생에게 전자책을 보급해 교재를 모두 디지털화하겠다는 계획을 세워놓고 있다 한다. 쌍방향 교육이 현실화되면 학습용 종이책의 시장은 아예 종말을 고할 수도 있을 것이다.

그러나 우리 서점들은 당장 다가오는 내년(2000년) 3월 신학기가 두렵다. 공정거래위원회는 내년 신학기부터 참고서 자유가격제를 실시하겠다고 발표했다. 공정위는 일단 학습참고서 시장부터 정가제를 파괴한 다음 이를 전 영역으로 확대할 생각인 것으로 보인다. 그렇게 될 경우 서점 간의 과다경쟁은 불 보듯 뻔하고, 이로 인한 싸움의 피해는 모두 서점으로 돌아가 폐업을 촉발시킬 것이며, 궁극적으로 독자들에게 막대한 피해를 안겨줄 것이다. 지난해(1998년) 3월 신학기에 경기도 고양시 일대에서는 한 서점이 할인판매에 돌입하자 모든 서점들이 할인판매해 결국 많은 서점들이 문을 닫게 됐다. 이런 사태가 곧 전국적인 규모로 벌어질 우려가 있다는 얘기다.

그다음 수순 역시 뻔하다. 영세도매상의 도산 → 총판·도매상의 도산 → 출판사의 도산 → 용지·인쇄·제본 등 관련업계 도산의 회오리가 다시 불어닥칠 것이며, 전 출판계는 공멸의 위기에 빠져들 수도 있을 것이다. 공정위는 학습참고서에 상당한 거품이 들어 있어 채택료가 근본적으로 근절되지 않는다는 시각을 갖고 있는 것 같다. 따라서 자유가격제를 실시함으로써 이 거품을 제거해보겠다는 의지를 갖고 서점업계의 반대를 무릅쓰고 몇 년 전부터 자유가격제의 도입을 시도하고 있는 것이다. 이런 상황 속에서 서점이 영업을 계속하기 위해서는 당장 매장을 변화시킬 수밖에 없다.

독자에게 필요한 정보를 제공하는 서점

교보문고에서는 최근 중·고교 순회 특별도서 전시·판매행사를 가졌다. 이 행사에 책을 배본하러 갔던 한 영업자는 강한 충격을 받았다고 했다. 한 고등학교의 행사에서 학생들은 책값을 계산하기 위해 평균 10미터 이상 줄을 섰다. 평균 1만 원 이상의 돈을 내며 3권 이상의 책을 구매했다. 그들이 고른 책은 출판사에서 일방적으로 공급한 책이 아니라 교보문고 측이 엄선한 책들로 고전이나 대학생층을 염두에 두고 기획한 책들도 많았는데 이들 고등학생은 이 책들은 쉽게 선택했다. 한마디로 이들은 수준 있는 책을 사볼 확실한 구매층임에 분명했다. 그러나 지금까지 이들은 좋은 책과 접촉할 통로를 차단당해왔던 것이다. 수업이 끝난 뒤 다양한 책들이 구비돼 있는 도심의 대형서점까지 간다는 것은 쉬운 일이 아니다.

학교 앞 서점은 어떤가. 매장의 반 이상은 여전히 학습참고서로 채워져 있고 나머지는 베스트셀러 단행본과 총판에서 일방적으로 배본해준 잡지, 아동도서 등이다. 학교 앞 서점의 매장은 철저하게 죽어가고 있다고 보아야 한다. 이 매장의 수명을 연장하기 위해서는 즉각 학생 고객들의 변화하는 욕구를 충족시킬 책들로 바꾸어 진열해야만 한다.

우리 출판·서적계의 도서정보유통시스템은 초보적인 수준이다. 따라서 서점 운영자들부터가 좋은 책을 고를 수 있는 정보의 흐름에서 크게 소외돼 있는 것이다. 더구나 시장의 흐름을 제공하는 정보는 아예 없다시피 하다. 연쇄도산의 회오리를 겪었던 도매상들도 영세하기는 마찬가지이며 이런 정보를 제공할 능력이 부족하다.

이 겨울이 지나도 서점계의 봄날은 영원히 오지 않을 것이라는 불길한 예감이 드는 엄혹한 계절이다.

〈뉴스플러스〉, 제166호(1999.1.7.)

불황 땐
처세서가 뜬다

국내외 연구기관이 새해 초에 내놓은 올해의 한국경제 전망에 따르면, 한국경제는 성장세를 회복해 플러스 성장으로 돌아설 것으로 보인다. 모처럼 공장이 돌아가기 시작하고 상점가에도 활기가 넘친다. 그러나 경기가 다소 풀린다 해도 고용 불안은 더욱 심각해질 것으로 예상된다. 연평균 실업률이 8%를 넘어서서 본격적인 고실업 시대로 들어설 전망이다. 비록 IMF 사태가 닥치지 않았더라도 고실업시대는 이미 예상된 것이었다. 제러미 리프킨은 『노동의 종말』에서 새롭게 도래한 정보화 시대에는 "보다 새롭고 정교한 소프트웨어 기술들이 거의 인간이 필요 없는 문명의 세계"로 몰아가고 있다고 경고한 바 있다.

직장에서 내몰린 사람들은 책 매체의 소비 시간을 충분히 갖는다. 그들은 그동안의 지식만으로는 살아남을 수 없다. "신지식인"을 요구하는 시대에 저가이면서 다양한 정보를 제공하는 매체로 책만 한 것이 없다. 그래서 그들은 자연히 책을 자주 찾게 되고, 따라서 불황일수록 책은 잘 팔린다고 한다. 과연 그런가.

작년에 피눈물 나는 도매상 연쇄도산의 터널을 겨우 빠져나와 이제 "아무려면 작년만 할까"라며 다소 기대를 거는 출판인들은 그런 이야기에 귀가 솔깃하지만 금년에도 출판시장은 불황을 벗어나기 어려울 것으로 보인다. 현재의 최대 도매상인 한국출판유통(총매출 대비 점유율 17.6%)의 최근 매출액과 1997년 최대 도매상이던 보문당(당시 평균 점유율 9.15%)의 당시 매출액이

비슷한 것으로 나타나고 있다. 이것으로 미뤄 짐작해보면 IMF 이후의 출판 시장 매출규모는 약 40% 이상 감소한 것으로 추정된다.

10대 여성이 주독자인 판타지소설도 인기

이것은 미국의 대공황기와 흡사하다. 대공황이 몇 년 진행된 1933년 미국의 책 판매금액은 2200만 달러로 대공황이 시작되던 1929년의 절반 수준이었다. 이 해의 신간서적 발행부수는 1억 1079만 부로 1929년의 2억 1433만 4천 부의 절반 수준으로 뚝 떨어졌다. 그나마 발행된 책의 상당 부분은 창고에서 잠자고 있었다.

그렇다고 독서율 자체가 완전히 떨어진 것은 아니었다. 대공황기에 미국 도서관의 책 회전율은 40%쯤 늘어났다. 실업자들은 책을 빌려 보면서 넘치는 시간을 메웠다. 그러나 우리는 도서관의 활황보다는 대여점의 안정적인 지속이 이어지고 있다. 그 단적인 예가 판타지소설의 유행이다. 연일 신문지상에는 판타지소설의 기사와 광고가 넘친다. 『왜란 종결자』(이우혁)가 65만권, 『드래곤 라자』(이영도)가 40만 권, 『용의 신전』(김예리)이 20만 권 팔렸다.

이 책들을 제외하고 서점에서 판타지소설의 실제 판매는 미미하다고 한다. 판타지소설의 주류 독자는 10대 후반의 여성이다. 이들은 책들을 주로 대여점에서 빌려 본다. 전국의 대여점 수는 1만 개 정도로 추산되므로 한 곳에 2권씩만 책이 깔려도 2만 질의 기본 수요가 있다. 따라서 출판사들은 판타지소설 찾기에 아우성이다. 국내 필자로는 부족하자 외국의 것들도 재빨리 내놓는다. 상황 판단이 빠른 사람은 대여점에 맞게 책의 부피는 줄이면서 권수는 늘린다.

그러면 서점에서 실제 잘 팔리는 책은 무엇인가. 하루아침에 나락으로 떨어진 대중은 어떤 책을 주로 읽는가. 불경기일 때 대중은 단숨에 실제정보를 얻으려는 경향과 빠른 시일 내에 성공하려는 경향이 있다. 인문서 『제3의 길』(앤서니 기든스)이 출간 2주 만에 대형서점 베스트셀러 종합 1위에 오르며 한 달 만에 4만 부가 판매되고, 세계 자본주의의 첨단에서 일하는 저자가 직접 쓴『세계 자본주의의 위기』(조지 소로스)도 단숨에 베스트에 뛰어오른다. 경제지표 개개의 개념들을 통합적으로 알고 사고 할 수 있도록 한『주식투자, 제대로 알고 하면 진짜 돈 된다』(김헌)와 같은 책도 소리 소문 없이 팔려 나간다. 하지만 시장 규모가 큰 것은 여전히 소설과 비소설 시장이다.

소설 분야에서는 이문열, 김형경, 윤대녕 등 인기작가의 책이 많은 광고 공세에도 불구하고 판매는 기대 이하였던 것에 비해『마지막 춤은 나와 함께』(은희경),『봉순이 언니』(공지영),『너무도 쓸쓸한 당신』(박완서) 등이 강세다.

『마지막 춤은 나와 함께』의 여주인공 진희는 대학교수 신분임에도 "애인이 셋 정도는 되어야 사랑에 대한 냉소를 유지할 수 있다"며 "순정과 집착을 혐오하고 바람처럼 가볍고 분방한 사랑"을 선호한다.『봉순이 언니』의 화자 짱아는 다섯 살 나이임에도 매우 영악해서 웬만한 세상사는 이해하는 듯한 행동을 한다. 봉순이 언니는 할머니 소릴 들을 나이임에도 떠돌이 개장수와 눈이 맞아 다시 집을 나간다. 이미 아비가 다른 아이 넷을 둔 그녀는 "한번 남자와 도망갈 때"마다 "목숨을 걸고 낙관적"인 생각을 포기하지 않는다. 소설집『너무도 쓸쓸한 당신』에는 풍요와 편리만을 좇아 미친 듯 질주해온 인물들이 등장한다.

대공황기의 미국 출판계와 거의 비슷

이들 소설의 주인공은 지나칠 정도로 영악하다. 위악적이라고 할 수 있다. 우리 경제가 대공황과 같은 상태로 돌입해 십시일반으로 돌아가며 술도 사고 밥도 사는 분위기가 아니라 열 명 중 단 한 명만이 살아남을 것 같은 분위기로 접어들자, 오로지 나 혼자만은 어떻게라도 살아남아야 하는 절체절명의 처지에 빠져든 듯한 오늘의 독자들에게 이런 주인공들의 이야기가 오히려 큰 공감을 불러일으킨다는 것은 '통렬한 아이러니'다.

비소설에서는 처세에 대한 책들이 크게 유행한다. "대량실업 시대의 자기

혁명"을 하라는 『익숙한 것과의 결별』(구본형), "멋대로 살면서 최고로 성공하기 10계명"을 제시하는 『마음 가는대로 해라』(앤드류 매튜스), "더불어 사는 삶의 지혜"를 일러주는 『친구는 돈보다 소중하다』(앤드류 매튜스), "왜 난 맨날 이 모양이지?" 하며 "허구한 날 푸념만 할 뿐 아무것도 달라지지 않는 당신을 위한 이야기"라는 『우리는 사소한 것에 목숨을 건다』(리처드 칼슨), 당장 가족의 일상을 돌봐야 하는 절박한 처지에 놓인 사람들을 염두에 둔 듯한 『성공하는 가족들의 7가지 습관』(스티븐 코비) 등이 꾸준히 베스트셀러에 오른다. 이 책들은 자기 자신이 변해야만 살아남는다, 주변과의 인간관계를 재정립하라, 최소한의 인간관계(가족, 친구)를 분명히 하라는 것을 공통적으로 제시하고 있다.

미국의 공황기에 최대의 베스트셀러로 떠오른 것은, 자부심 강하고 천진난만하던 16세의 여주인공 스칼렛이 전쟁을 치르는 동안 악착스럽고 약삭빠르고 탐욕스런 여인으로 변해가는 과정을 그린 마거릿 미첼의 『바람과 함께 사라지다』와 대중심리학의 대가이자 당대의 세일즈맨이던 데일 카네기가 쓴 『친구를 얻고 사람에게 영향력을 행사할 수 있는 방법』이란 처세술 책이었다. 대공황기의 미국에서와 같이 사상 초유의 IMF라는 괴물을 접한 최근의 우리 출판시장에서 크게 팔리는 책의 경향이 같다는 것은 우리에게 시사하는 바가 크다. 그래서 역사는 정말로 되풀이되는 것인가.

〈뉴플러스〉, 제168호(1999.1.21.)

영상소설의 붐,
〈쉬리〉를 읽는다

10대에서 20대 초반에 이르는 신세대는 소비시장의 신데렐라다. 20대 후반만 돼도 장래계획, 저축 등 현실적인 문제에 눈을 돌리는 반면, 경제적 포만감을 느끼며 자란 신세대는 여간해선 소비성향이 줄지 않는다. IMF 이후 출판시장에서도 이런 특성이 두드러져 30~40대의 시장은 크게 축소됐지만 10대의 시장은 어느 정도 안정적으로 유지되고 있다.

이들 신세대는 소비 면에서 보면 먹고 즐기는 것, 그리고 남녀를 불문하고 패션·화장·액세서리 등 외모를 꾸미는 데 많은 시간과 금전을 들인다. 또한 문화에 대한 관심도 지대한데, 연극, 클래식음악, 미술감상 같은 '고전적인' 부류보다는 영화감상을 가장 대표적인 여가생활로 꼽는다.

이는 출판시장에도 영향을 끼친다. 여성지의 판도와 형태를 바꿔놓았고, 일본 과월호 패션잡지를 대량 수입해 봉고차에 싣고 미용실 등지로 납품하러 다니는 업자의 수를 수백 명으로 늘려놓았으며, '스타'가 펴낸 요리책이 불티나게 팔리게 한다. 여기에 보태진 또 하나의 흐름이 영상소설의 유행이다.

최근 우리 영화시장에서는 '헌신적인 남자의 운명적 사랑'이라는 기본 구도의 멜로영화가 연달아 성공을 거두고 있다. 그리고 이런 영화들이 개봉되기도 전에 소설로 만들어져 출간된다. 국산 영화 두 편에 한 편 꼴이다. 이런 현상엔 인기 소설을 영화화하던 예전과 달리 영화 기획 단계에서 소설을 동시에 펴내는 복합화전략이 두드러진다.

이 같은 추세의 계기는 1997년 말 영화계를 강타한 〈편지〉의 성공이다.

영화의 흥행에 힘입어 소설『편지』(권형술)는 '눈물 쏟는 연애소설'로 독자들에게 다가가 17만 부나 판매됐다. 영화가 개봉되기 한 달 전에 출간된 책은 개봉이 임박해서는 하루에 3천 부가량 출고될 정도였다. 이 영화에서 낭송된 '즐거운 편지'가 수록된 황동규 시인의 초창기 시집『삼남에 내리는 눈』까지 베스트셀러 대열에 합류함으로써 관심은 배가됐다.

이후 〈8월의 크리스마스〉, 〈정사〉, 〈약속〉, 〈짱〉 등이 잇따라 소설로 간행된 데 이어 최근 개봉된 영화 〈화이트 발렌타인〉과 〈연풍연가〉, 〈닥터K〉, 〈쉬리〉도 나란히 책으로 출간됐다. 〈화이트 발렌타인〉이나 〈연풍연가〉는 전형적인 멜로영화를 그대로 소설로 옮겼지만, 〈쉬리〉는 영화가 '한국형 액션블록버스터'를 표방하는 데 비해 책은 '그들의 차가운 샘물 같은 사랑이 시작된다'는 선전문구를 내세우며 사랑에 초점을 맞췄다. 신세대를 겨냥한 영상소설 시장의 특성상 멜로가 아니고는 성공하기 어려운 점을 반영한 것.

이 가운데『정사』(김대우),『약속』(이만희) 등은 이미 3만~4만 부 이상 판매됐다. 이것은 몇몇 베스트셀러를 제외하고는 그동안 인기를 누렸던 작가들의 본격소설조차 IMF 이후 1만~2만 부도 팔리기 어려워진 데 견주면 놀랄 만한 '흥행'이다. 이들 책의 유행은『남자의 향기』(하병무),『하얀 기억 속의 너』(김상옥) 등의 국내 멜로소설을 대형 베스트셀러로 만든 신세대 독자들의 취향에 맞아떨어진 결과다.

영상소설 출간 붐 등은 앞으로 더욱 강화될 것으로 보인다. 이제 영화·책·비디오·CD 등 가능한 문화매체들을 모두 결합하는 이른바 복합화전략은 문화기획자면 당연히 떠올리는 수순이다 문자매체와 영상매체가 긴밀하게 관계를 맺어 신세대를 공략하는 대중문화의 유행은 문화산업이 함께 살아남는 메커니즘으로 자리 잡아가고 있기 때문이다.

〈뉴스플러스〉, 제173호(1999.3.4.)

아트 북

"수직선이 직립 보행을 하는 인간 중심의 선이라면 수평선은 자연 중심의 선이다. 이 수직과 수평의 반복으로 태어난 사각형은 인류학적으로는 안전한 장소를 의미한다고 한다.

불안전한 수직선에 수평선이 더해지면, 스스로 설 수 있고 안정감이 있는 사각형의 공간이 탄생하는 것이다. 안전과 평안에 대한 인간의 기원이 사각형을 만들어낸 원동력이었을 것이다. 안정과 평안의 개념들은 소유의 관념과 맞닿아 있다. 이 사각형 속에 인간은 모든 것을 가두기 시작했다.

문명의 중층에서 사각형 만들기의 긴 흔적을 본다. 종이의 발명, 책의 발명…. 그리고 가장 최근에 등장한 사진과 영화를 인간은 또 이 사각형의 틀 속에 가둘 수밖에 없었다." 이상은 출판기획자 정병규 선생(정디자인 대표)의 한 에세이에서 뽑아낸 글이다. 그는 지금도 대학 혹은 출판현장의 제자들과 '책 만들기'에 대한 다양한 실험을 계속하고 있다.

인류가 발명한 최고의 문화유산 중의 하나인 책. 그 책을 우리는 여전히 국화빵 찍어내듯 똑같은 크기로만 무수히 찍어낸다. 대량 복제와 대량 판매의 신화만을 추구하는 출판사 대표는 자기가 찍어내는 무수한 사각형의 책 속에 '가상 소유', '가짜 욕망'까지 마구 집어넣고 있다.

그러나 시대가 바뀌고 있다. 새로운 천 년은 크리에이티브 비즈니스Creative Business, 즉 창조산업 사회가 될 것이란 전망이다. 이를 줄여 크레비즈Crebiz 사회라고 한다. 크레비즈 사회에서는 테크놀로지보다 개인의 창의성이 중시된다. 기업도 성장성, 수익성, 안정성보다는 창조성에 의해 평가받을 것이란 예상이다. 더 이상 대량 복제만으로는 통하지 않을 것이란 것을 예고하는 것이다.

나는 최근 정병규 선생과 그의 수강생들이 벌이는 한 '아트 북Art Book'발표회에 참석한 적이 있었다. 그 자리에는 열대여섯 명밖에 모이지 않았지만 열기는 무척 뜨거웠다. 궁흭, 입술 등 각자 스스로 선택한 주제에 대해 팀별로 만들어 발표한 아트 북들은 완성품이 아니어서 다소 거칠기는 했지만 기발한 발상만은 놀라움을 안겨줬다.

나는 종이책의 무한한 희망을 보는 것만 같아 무척 기뻤다. 구태여 그 자리에 나를 부르신 선생의 깊은 뜻에 고마워하면서 사각형 책의 의미를 새삼 되새겨 보는 매우 뜻깊은 자리였다.

〈대한매일〉, 굄돌, 1999.7.1.

'우상 파괴'는
최고의 오락

오늘날 우리가 오랜 세월 인정해오던 수많은 우상들이 파괴되고 있다. 우리들의 삶을 지탱해주던 정치·사업·문화적 기반이 썩은 빵처럼 부스러지고 있는 것이다. 성실성·인내심·믿음 같은 것은 시대착오적인, 이상한 것으로 보이기 시작했다. 기업은 국가에 대한 충성심이나 직원들에 대한 배려라고는 없는 탐욕스런 조직으로 바뀌어버렸다. 우상 파괴는 정부·기업·결혼·종교·교육·의학·광고·소매업·영웅, 그리고 심지어는 가족까지 우리 사회를 지탱해왔던 중심 세력 모두에 걸쳐서 이뤄지고 있다.

페이스 팝콘과 리스 마리골드는 『클리킹Clicking』에서 21세기에 대중이 어떻게 살게 될지를 17가지의 트렌드로 설명하고 있다. 그중의 하나가 바로 '우상 파괴'라는 트렌드다. 정보가 넘치는 이 시대에, 대중에게는 우상 파괴야말로 최고의 오락이다. 대중이 우상 파괴를 즐기는 이 같은 습성은 출판시장의 판도를 바꿔놓고 있다. 금년 상반기 대형서점 베스트셀러 집계에서 각기 1위를 차지한 책은 두 일본인이 쓴 『맞아죽을 각오를 하고 쓴 한국, 한국인 비판』(이케하라 마모루)과 『오체 불만족』(오토다케 히로타다)이다.

한국에서 26년을 살아온 한 일본인의 체험기인 『맞아 죽을…』은 지난해를 반성하고 새해를 새롭게 시작하려는 시점에 출간한 절묘한 타이밍이 돋보였고, 사지가 없는 채로 태어났지만 장애에 굴하지 않는 용기를 일깨워주는 『오체 불만족』은 한 TV 다큐멘터리에 그의 일화가 소개되면서 크게 팔려나갔지만 두 책 모두 기존의 우상과 상식을 파괴한다는 점에서 일치한다.

여기에 지난 5월 초 출간돼 두 달 만에 이미 10만 부가 판매된『공자가 죽어야 나라가 산다』(김경일)도 우리 사회의 첨예한 뇌관인 유교문화의 부정적인 면을 도발적으로 건드리고 있다는 점에서 같은 맥락이며 강준만 교수의 〈인물과 사상〉의 안정적 지속이나 〈딴지일보〉(김어준)의 제도권 진입도 이와 무관치 않다.

이 같은 우상 파괴는 우리가 그동안 믿어 의심치 않았던 기존의 사고방식과 생활방식을 지배해온 시스템과 제도의 실패를 뜻한다. 그러나 우상 파괴는 결코 실패만을 의미하지 않는다. 그것은 효과적인 새로운 무엇을 창조하려는 대중의 열망이다. 이제 어느 누구도 이같은 열망을 막을 수 없다. 이같은 성향을 놓고 대중이 냉소주의에 빠진 것이라고 간단히 치부해버리는 지식인들도 결코 예외는 아닐 것이다.

〈대한매일〉, 굄돌, 1999.7.12.

동북아 문화권과
종이책

　최근 샌프란시스코에서 미국·프랑스·태국·중국·일본의 출판 관계자들이 라운드 테이블에 모여 출판산업의 미래에 대해 토론했다. 그 자리에 참석했던 일본의 한 책 관련 잡지 편집장의 전언에 의하면 그날의 주제는 주로 전 세계 인구(7월 19일 6억 명 돌파)의 3분의 1을 차지하는 중국과 인도가 급속하게 근대화될 경우에 크게 늘어날 종이 소비량과 미래의 종이책 운명이었다.

　개별 국가의 종이 소비량은 그 나라의 GNP의 증가와 정비례해 늘어났다. 따라서 두 나라가 급속하게 발전을 이뤄내면 종이의 사용량은 급속하게 늘어날 것이고, 세계 전체의 종이 수급과 종이 가격 인상, 그로 인한 환경 파괴의 문제가 분명히 제기될 것이며 불과 20~30년 안에 전 세계 출판인은 종이 이외의 새로운 인쇄매체를 찾아야 할 운명에 처할지도 모른다는 결론을 얻게 되었다고 한다.

　그 자리에서 한자를 사용하는 동북아 문화권의 한·중·일 세 나라는 종이책의 미래가 상대적으로 밝은 것이 아니냐는 주장도 했는데 참석자 대부분이 공감했다고 한다. 한자는 알파벳과 달리 액정화면에서 읽는 것과 종이에 인쇄된 것으로 읽은 것은 그 맛이 크게 차이가 난다. 이 점은 한글도 마찬가지다.

　따라서 세 나라의 문화가 어떻게 자리매김하느냐에 따라 세계 문화의 판도는 달라질 것이라는 주장은 상당한 설득력을 갖는다. 이 세 나라가 정보화사회의 문화적 성패를 근원적으로 바꾸지는 못할지라도 크게 변질시킬 것만은 분명하다.

　최근 한 출판인은 문화와 관련된 100여 권에 이르는 대형 기획을 하면서 아예 세 나라의 판권 자체를 모두 확보한 다음 세 나라 독자 모두를 노리는 장기적인 전략을 수립할 뜻을 밝혔다. 앞으로 문자와 영상 이미지가 상극相剋이 아닌 상보相補적인 책들이 미래를 주도할 것이 분명해진 지금, 또 세 나라가 이미지와 활자의 공통적인 요소가 많은 것으로 볼 때 이 출판인의 기개는 높이 살 만하다. 교과서 하나만 인쇄하려 해도 몇 달이 걸릴 만큼 큰 중국 시장에 뜻을 두었다는 그 자체만으로도 그 출판인의 뜻은 도전적이고 미래지향적인 감동을 준다.

〈대한매일〉, 괴돌, 1999.7.28.

기억의 궁전·
상상력의 궁전

인간의 마음속에는 기억의 궁전과 상상력의 궁전이 있다. 과거를 기억하는 데 사용되는 기억의 궁전은 무식한 권력자가 책을 불살라버리던 시대에도 수많은 정보들을 보관할 수 있었다. 하지만 인간이 기억의 궁전에만 머물러 있으면 곧 자기 한계에 직면하게 된다. 그러나 미래를 기억하는 데 사용되는 상상력의 궁전을 마음껏 활용하면 항상 행복한 미래가 보장된다.

닌텐도는 30여 년 전에는 트럼프와 화투를 만드는 회사였다. 그러나 그 회사는 단순히 트럼프와 화투를 만들어 판다는 좁은 생각에 머물지 않고 고객에게 여가를 즐기기 위한 도구를 제공한다는 근본적인 발상을 했다. 즉 트럼프나 화투라는 상품을 파는 것이 아니라 여가선용을 통한 행복을 판다는 생각을 한 것이다.

이러한 상상력은 종이에 인쇄한 트럼프와 화투 정도나 만들 수 있던 회사를 각종 첨단 기술을 이용해 패미컴(TV 게임 전용의 저가용 컴퓨터) 시장을 석권하는 세계적인 기업으로 바꿀 수 있었다.

오늘날 출판시장이 불황이라고 아우성이다. 출판인들은 뉴미디어로 인해 종이책은 곧 숨이 넘어갈 것이라고 노심초사하고 있다. 소설가들은 현실이 너무 재미있기 때문에 소설책은 팔리지 않는다고 이구동성으로 소리치고 있다. 최근 한 출판인이 쓴 책의 미래에 대한 글도 종이책의 소멸만 강조할 뿐 미래를 위한 비전은 제시하지 못하고 있다. 이런 이들은 기억의 궁전에만 머물러 있기 때문에 앞이 보이지 않는 것이다.

그러나 단순히 책이라는 상품을 파는 것이 아니라 독자에게 책을 통해 기쁨과 희망을 판다는 상상력의 궁전에 들어갈 수 있는 사람이라면 발상의 전환을 할 수 있을 것이다. 그런 사람들에게는 『데카메론』 이전이나 이후나 현실은 항상 소설보다 재미있었다는 사실이 재삼 확인될 것이고 나아가 단순히 소설이라는 상품을 파는 것이 아니라 엄연한 현실마저도 변형시키는 '눈부신 상상력'으로 '나'라는 인간을 팔 수 있다는 자신감으로 충만하게 될 것이다. 그러면 눈앞의 미명이 걷히고, 꿈을 실현해볼 수 있는 천 갈래 만 갈래의 길이 환하게 밝혀질 것이다.

〈대한매일〉, 굄돌, 1999.8.9.

지식의 지배

'부는 지식이 결정한다'는 명제를 달고 나온 레스터 서로우의 『지식의 지배』가 출간되자마자 대형서점 종합베스트셀러 1위에 2주 연속 올랐다. 이런 유형의 책이 종합 1위에 오른 것은 비단 이 책만이 아니다. 이미 『제3의 길』(앤서니 기든스)과 『빌 게이츠 @ 생각의 속도』(빌 게이츠)가 최근 종합 1위에 올랐었다. 이밖에도 『세계화의 덫』(한스 피터 마르틴 외), 『세계 자본주의의 위기』(조지 소로스) 등이 베스트 상위권에 진입하며 단숨에 5만 부 이상이 팔려나갔다.

경박단소輕薄短小한 책이 아니면 베스트셀러에 오르지 못하며 웬만큼 지명도가 있는 작가의 소설책이 1만~2만 권을 넘기기 어려운 최근의 우리 독서시장에서 벌어지는 이 같은 현상은 매우 고무적임에 틀림없다.

지식·정보화 시대의 주요 생산요소는 지식과 정보다. 대중 모두에겐 지식과 정보를 수집하되 그 지식들을 가공하여 자신에게 유용한 지식으로 만드는 능력이 필요하게 되었다. 그러나 조직에서 지시만 받는 것이 일상화된 사람들에게는 그런 능력이 쉽게 형성되지 않는다.

사상 초유의 IMF라는 대환란을 맞게 되고 난공불락처럼 여겨지던 대기업들도 '워크아웃'을 당하는 지경에 처하는 현실을 목도하게 되는 대중은 오늘 우리가 맞이하는 시대가 혼란스럽기만 하다. 그들에겐 이 세상을 새롭게 읽을 새로운 안목이 필요하다. 그런 안목을 키워주는 책은 출판 불황 속에서도 출간되자마자 불티나게 팔려나가는 것이다.

이러한 현상을 지켜보면서 아쉬운 점이 적지 않다. 가장 큰 아쉬움은 국내 저자의 책이 없다는 것이다. '신지식인'이란 개념이 등장하자 지식인들은 우리 사회가 지나치게 경제논리에만 치중해 계량적 이익이 큰 지식만을 추구함으로써 결국 비판적 지식인의 존재 자체를 부정한다고 불평만 하였지 정작 대중의 목마른 갈증을 채워주진 못하고 있다.

앞의 책들이 한국적 현실에서의 유용성은 별개의 문제다. 새로운 세상을 읽을 수 있는 정보를 자신에게 유용하게 분석해서 하루빨리 판단해야만 살아남을 수 있는 절박한 이 시대의 '인간'에게는 이마저도 이미 가뭄에 단비일 것이기 때문이다. 지식이 지배한다는 시대에 정작 지식인이 제자리를 찾지 못하고 있다는 것은 분명 아이러니다.

〈대한매일〉, 굄돌, 1999.8.26.

위기마다 유행하는
'불륜소설'의 마력

　최소 10만 명 이상의 고정독자를 몰고 다니는 신경숙, 공지영, 은희경 등 여성작가 트로이카 이후 확실하게 선두주자로 떠오른 전경린의 『내 생에 꼭 하루뿐일 특별한 날』은 이미 10만 부 가까이 판매됐다. 이 소설은 남편의 외도 때문에 유폐의 나날을 보내던 여주인공 미흔이 남편 아닌 다른 남자와의 첫 섹스에서 생애 처음으로 자신의 정체성을 발견한다는, 불륜이 소재이다. 전경린의 작품 외에도 은희경의 『마지막 춤은 나와 함께』와 『행복한 사람은 시계를 보지 않는다』 또한 비정상적 관계의 주인공들이 나온다.

　이런 소설의 유행을 통해 우리는 소설의 주 독자층인 20대 초반을 전후한 젊은 여성들의 심리를 읽어낼 수 있다. 이들은 성담론이 크게 유행하고, 여대생이나 가정주부 들까지 욕망을 위해 '풍속산업'에 뛰어들고, 가족해체가 일상적으로 이뤄지는 실존적 상황을 살고 있다.

　이런 현실 속의 여성들은 남편 이외의 남자와의 섹스를 자연스럽게 받아들이는 여주인공의 삶에서 '가지 않은 길의 파멸적 결과'를 보며 심정적 위안을 얻거나 혹은 '동병상련'을 느낄지 모른다. 그것은 오로지 오락성만을 위해 불륜을 다루는 대중소설과는 또다른 정서적 위안이다.

　1929년 대공황이 들이닥친 미국의 출판시장에서 최대로 팔려나간 소설은 마가렛 미첼의 『바람과 함께 사라지다』였다. 여주인공 스칼렛은 두 남자 사이를 오가며 상대를 이용한다. 1990년 버블(거품)경제가 무너진 이후 일본에서 최초로 300만 부나 팔린 소설은 『실락원』(와타나베 준이치)이었다. 각자

가정을 가진 두 남녀가 헤어짐이 없는 세상으로 가기 위해 동반자살을 하는 내용이다.

그리고 IMF 이후 한국소설들 역시 불륜을 다루고 있다. 시기와 무대는 다르지만 경제적·심리적 공황이 겹친 총체적 공황시대에 대중이 거의 비슷한 주제의 소설을 즐겨 읽었다는 것은 시사하는 바가 크다.

〈조선일보〉, 책마을 이야기, 1999.10.26.

보통 사람의 평범한 이야기가
더 인기

 대중적 권위와 인지도 있는 인물의 공적 메시지를 담은 책이나, 성공한 30~40대의 일과 사랑을 다룬 에세이가 1990년대 내내 베스트셀러 영역에서 빠진 적이 없었다.

 일본 최고 갑부라는 한국인 손정의. 그는 한국인에 대한 차별로 한때 미국으로 떠날 수밖에 없었지만 결국 장기불황에 시달리는 일본에서 최고 갑부의 신화를 일궈내며 사이버시대의 희망으로 떠올랐다. 여름시장의 절정기인 지난 7월 말 『손정의 21세기 경영전략』(이시카와 요시미)과 『손정의, 인터넷 제국의 지배자』(다키다 세이치로)가 거의 동시에 두 출판사에서 번역·출간됐다. 한 출판사는 다른 출판사에서 책이 출간된다는 정보를 입수하고 사력을 다해 출간시기를 앞당겼다는 후문이다.

 두 책은 출간되자마자 매스컴의 화려한 각광을 받았고, 대대적 광고공세를 폈다. 그러나 두 책은 한 여성의 자전적 에세이의 위세에 눌려버렸다. 『나는 희망의 증거가 되고 싶다』의 주인공 서진규 씨. 저자는 가난한 성장기를 보내고 단돈 100달러를 들고 식모살이 하러 간 미국에서 남편의 폭행을 피해 미 육군에 입대, 소령까지 올랐고 지금은 하버드대학에서 박사학위 논문 계획서를 제출해놓은 상태다. 지금도 서진규의 책은 여전히 베스트셀러에 올라 있으며 20만 권이 넘는 판매를 기록하고 있는데 반해, 손정의를 다룬 두 책은 괄목할 만한 판매 결과를 보여주지 못하고 있다.

 이유는 뭘까? 성별 차이, 혹은 자신이 직접 쓴 것과 다른 사람이 쓴 것

등 미세한 차이는 많다. 그러나 요즘 독자들은, 자신과 닮은 평범한 이야기를 더욱 즐긴다는 데에서 원인을 찾을 수 있지 않을까. 다원적인 정치적 입장이 보장되는 요즘 같은 시기에 대중은 전통적인 가치나 규범에 대해 무관심해지기 마련이다. 모든 일에 무감동해서 마치 자기 내부에 빈 동굴을 가진 것처럼 행동한다. '사오정 시리즈'의 유행이나 사이버신문 〈딴지일보〉(김어준)의 유행, 사지四肢가 없는 청년의 인생을 다룬 『오체 불만족』(오토다케 히로타다)의 장기 베스트셀러 행진도 이와 무관치 않다.

독자들은 이런 때 훌륭한 사람이 되어야 한다, 많은 돈을 벌어야 한다는 등 고리타분한(?) 주장보다는 당연한 가치나 규범을 과감히 탈피한, 지극히 평범한 이야기를 즐긴다. IMF의 위기를 몰고 온 것은 너무나 잘난 사람들이지, 자신의 일에 충실했던 평범한 대중이 아니지 않은가.

〈조선일보〉, 책마을 이야기, 1999.11.2.

제목은 책과
독자가 만나는 접점

　문학성과 대중성을 겸비한 시인 정호승이 최근 펴낸 시집 『눈물이 나면 기차를 타라』는 까딱하면 제목이 '인생은 나에게 술 한잔 권하지 않았다'로 바뀔 뻔했다. 저자는 앞의 두 제목을 동시에 후보로 제시했지만, 주 독자층인 청소년을 의식한 출판사가 '트로트'풍이 아닌 '발라드'풍의 제목을 선택하는 바람에 이 제목은 세상에 나오지 못했다.

　화제 소설인 『내 생에 꼭 하루뿐일 특별한 날』(전경린)의 원래 제목은 '구름 모자 벗기 게임'. 신문에 연재할 때의 이 제목은 확 다가오는 이미지가 없어 일찌감치 포기하고, '정오의 숲길'도 고려됐지만 울림이 없다는 판단에 따라 지금의 제목으로 정해졌다. 남편 이외의 남자와 첫 섹스를 한 날을 의미하는 이 제목은 주 독자층인 젊은 여성들의 감성에 맞아떨어진 모양이다. 『천년의 사랑』(양귀자)은 '작은 배가 있었네', 『아버지』(김정현)는 '사랑을 위한 사랑'을 누르고 제목으로 선정됐다.

　출간됐던 책의 제목을 바꿔 성공한 경우도 없지 않다. '플루토늄의 행방'은 『무궁화꽃이 피었습니다』(김진명)로, '인생의 대교훈'은 『내 아들아 너는 인생을 이렇게 살아라』(필립 체스터필드)로, '어린 나그네'는 『소설 화엄경』(고은)으로 제목을 바꿔 크게 팔려나갔다. 일본에서는 『세계 제일의 세계』(전3권) 상권은 3만 권밖에 팔리지 않았으나 '기네스북'으로 제목만 바꾸자 첫해에만 36만 부나 팔렸고, 그 후 매년 20만 부가 팔려나갔다.

　금년 초에 나란히 출간된 한국·한국인 비판서 『맞아죽을 각오를 하고 쓴 한국, 한국인 비판』(이케하라 마모루)과 『한국인을 말한다』(마이클 브린)는 모두 지난해를 반성하고 새해의 계획을 세우는 시점에서 출간된 타이밍이 돋보였다. 그러나 내용의 객관성과 전문가적 안목이 돋보이는 영국인 브린의 책은, 불쾌감을 유발할 정도의 자극적 제목으로 기존의 한국 비판을 나열한 정도인 일본인 이케하라 책의 위세에 눌리고 말았다. 일종의 공황상태에 빠진 절박한 독자들에게 가치제안형 제목이 유행하는 가운데 자극의 강약에 따라 명암이 엇갈린 셈이다.

제목은 책이 독자와 만나는 접점이다. 맞선을 보듯, 첫 만남에서 상대의 감정을 확 잡아당길 '마력'이 드러나는 제목, 책의 내용과 이미지가 강한 '느낌'으로 다가가는 제목이어야 독자가 관심을 갖는다는 이야기다. 하지만 독자들이 지나치게 자극적인 제목만을 선호하는 한 그 화^火는 부메랑이 돼 독자들에게 돌아갈 수 있다는 걸 알아야 한다. 베스트셀러는 자신의 의도에 따라 얼마든지 '길러질 수' 있다는 자만에 빠진 책 생산자들이 계속 늘어날 것이기 때문이다.

〈조선일보〉, 책마을 이야기, 1999.11.16.

영상시대엔 대중 스타가
명사의 역할을 대신한다

　1990년대 100만 질 시대를 연 『소설 동의보감』(전3권, 이은성). 1990년 3월 초부터 출간되기 시작한 이 책은 초반에는 판매가 저조하다가 그 해 5월 16일자 〈조선일보〉에 작가 이문열의 서평이 실리고는 폭발적으로 팔리기 시작했다. 1980년대 내내 베스트셀러를 양산한 작가가 '한 번 책을 펴자 하룻밤 하루 낮을 꼬박 바쳐 세 권의 책을 내리 읽게 한 강력한 흡인력의 비결'을 줄줄이 밝히는 데야 독자들이 책을 읽지 않을 수가 없었던 것이다.

　이문열의 '추천사'는 여러 책에서 효과를 발휘했다. '실로 오랜만에 나를 바로 그러한 감동과 충격으로 밤 새우게 만든 책'이라는 평가를 받은 『영원한 제국』(이인화) 역시 밀리언셀러가 되었다. '소설의 무게가 실린 지성의 장엄한 황혼'(최인훈의 『화두』), '나는 최영미 군이 처참하게 타오르는 것을 본 적이 있는데 이제는 또 이 시집을 보며 눈부셔한다'(최영미의 『서른, 잔치는 끝났다』), '오랜만에 책 읽기의 즐거움을 맛보며 나는 7백 페이지가 넘는 이 책을 단숨에 읽었다'(구효서의 『비밀의 문』)와 같이 많은 화제작에 이문열의 '추천사'가 따라다녔다.

　이문열과 같이 일종의 '문화권력'을 소유한 사람, 대통령과 같은 고위공직자, 김수환 추기경과 같은 정신적인 지도자 들의 추천 한 마디는 책의 운명을 바꿔놓았다. 그러나 최근에는 권위자들의 추천, 서평, 광고 등이 그리 큰 위력을 발휘하지는 못한다. 대신 그 자리를 대중 스타들이 차지하고 나섰다.

　H.O.T가 감명을 받았다는 한 마디에 『마음을 열어주는 101가지 이야기』

(전3권, 잭 캔필드외)는 날개 돋친 듯 팔려나갔다. TV 뉴스에 언급된 『풍경』(원성)은 졸지에 3만 부의 주문이 밀린다. 드라마 〈보고 또 보고〉에서 남자주인공이 여자주인공에게 선물한 『괴테의 이탈리아기행』은 곧바로 판매부수가 달라졌다. 『오체 불만족』(오토다케 히로타다), 『나는 희망의 증거가 되고 싶다』, 『만행: 하버드에서 화계사까지』(현각) 등 KBS 〈일요 스페셜〉에 감동적인 일생이 소개된 이들은 바로 대중스타에 가까운 대접을 받으며 그들의 책이 출간 즉시 모두 베스트셀러 반열에 오른다.

대중은, 한 시대의 '첨단'에서 가장 생생하게 살아 움직이는 사람들이 추천하는 것에는 그 시대의 핵심을 농축한 무엇이 있을 것이라고 믿으려 들기 때문에 그들의 추천은 실로 대단한 위력을 발휘하곤 한다. 영상시대에는 정서와 환상이 매혹의 패러다임으로 작용한다. '유혹해야 할' 독자들은 이제 동일시의 대상으로 성자나 영웅이 아닌 대중 스타를 염두에 두고 있다. 따라서 '첨단'이 권위자에서 스타로 바뀌어가고 있는 것은 어쩌면 자연스러울지 모른다. 좋은 책 내기 위해 필자 구하랴, 책 내고 나면 추천사의 '한 말씀' 얻기 위해 동분서주하랴, 출판자는 이래저래 고단하다.

〈조선일보〉, 책마을 이야기, 1999.11.23.

본격문학의 침체

출판시장의 호황기 중 하나는 휴가와 방학이 겹치는 한여름이다. 전통적으로 출판사들은 이 시기를 겨냥해 '전략상품'을 쏟아낸다. 금년 여름시장을 겨냥해 6월 중순부터 한 달 동안, 한 도매상에 입고된 소설은 123종. 이 중 번역소설이 48종, 국내 작가의 소설은 75종이다.

국내 작가 소설 중 이른바 '본격작가'의 소설은『많은 별들이 한 곳으로 흘러갔다』(윤대녕), 『침묵의 집』(박범신), 『19세』(이순원), 『호랑이를 봤다』(성석제), 『내가 가장 예뻤을 때』(신이현), 『존재는 눈물을 흘린다』(공지영), 『안으로의 여행』(송기원), 『엘리베이터에 낀 그 남자는 어떻게 되었나』(김영하)와 재출간한 2종, 한 문학상수상작품집 등 모두 11종에 불과하다.

이처럼 본격작가의 작품은 생산량 자체가 절대적으로 빈곤하다. 본격소설들은 출간의 희소성만으로도 문학기자의 '남다른 애정'을 얻어 모두 일간지의 문화 면을 도배하다시피 하며 소개되었다. 이 중 일부는 소설 베스트에 잠깐 오르며 몇만 부가 팔리기도 했지만 광고비에 비해 채산성이 맞지 않아 거의가 출혈을 면치 못했다. 단지 고정독자가 적지 않은 공지영의 소설만이 10만 부를 겨우 넘겼을 뿐이다.

이에 비하면 대중소설의 위세는 여전히 거세다. 『퇴마록』(이우혁)은 매권 간행될 때마다 순식간에 10만 부를 넘긴다. 대중작가 중에는 신문에 기사 한 줄 안 실렸어도 기본 몇만 질은 가볍게 넘기는 사람, 이미 자신의 책이 수백만 부씩 팔려 선인세를 수천만 원씩 요구하는 사람 들도 꽤 있다. 제2의 이

우혁을 꿈꾸는 많은 작가지망생들이 네트^{net} 공간에 자신의 글을 올린다. 이렇게 올려진 글에 자발적인 관심을 갖는 고객(독자)층이 개발되면 출판사는 그 글로 다시 '물건'(책)을 만들어 고객을 찾아 나선다. 이렇게 생산된 판타지소설 등 대중소설의 생산량은 나날이 증가하고 있지만 여전히 평론가들의 관심 밖에 있다.

역사는 한 시대를 풍미했던 작가일지라도 문학성이 없으면 잘 기억하지 않는다. 그러나 이런 엄연한 사실마저 위안이 되지 않을 정도로 지금 본격문학의 침체는 도를 넘어서고 있다. 우리 작가들은 소설보다 너무나 재미있는 현실 때문에 소설이 팔리지 않는다고 아우성이다. 그러나 문제는 그게 아니다. 우리 시대 독자들의 관심은 어디에 가 있을까? 이미 대중의 상상력은 생사生死와 영육靈肉을 초월한 뿐만 아니라 지구를 벗어나 우주로까지 엄청난 속도로 확장되고 있다. 그러므로 '눈부신 상상력'을 보여주지 못하며 신변잡기 수준을 못 벗어나는 자기 위안적 소설에 대중이 관심을 가질 리 없다. 결국 작가들은 『데카메론』 이전이나 이후나 현실은 항상 소설보다 재미있었다는 엄연한 사실을 기억해내야 하지 않을까.

〈조선일보〉, 책마을 이야기, 1999.11.30.

엘리트·활자문화와
대중·디지털문화의 세대교체

1980년대의 문화현장에는 탁월한, 속칭 '구라'들이 여러 명 있었다. 그중의 한 사람이 '유구라'(유홍준)였다. 그가 젊은이들을 위해 연 공개강좌나 답사행 버스 안에서 시간 가는 줄 모르고 풀어대던 구라는 1993년 5월『나의 문화유산답사기』란 책으로 출간되었다. 이 책은 곧 폭발적인 반응을 불러일으키며 인문서로서는 최초로 1권만으로 밀리언셀러가 되었다.

이 같은 구라는 개인적 체험이 연속해서 등장하지만 근본적인 뼈대는 '중심의 괴로움'과 집단정서가 아니었을까 싶다. 유무형의 문화유산에서부터 역사·인물·지리·자연 등을 바라보는 개인의 정서에는 항상 세상에 대한 진지함이 넘친다. 지나친 자기 감상이나 독설처럼 여겨지는 부분에서도 개인은 항상 역사성과 민족·민중·민주와 같은 '거대담론'을 추구하려 든다. 이처럼 현재보다 미래에 가치를 둔 구라에서 대중은 감동을 느낀다. 그러나 한 시대를 풍미했던 이 '구라체'도 이제는 활자문화 시대에나 통했던 지식인 낭만주의의 '마지막 유산'이 될 조짐마저 보인다.

최근의 대중정서는 '구라'에서 커다란 부담을 느끼고 '수다'로 옮겨간다. 수다는 논리적 진리를 추구하기보다는 직접 볼 수 있는 것에 더욱 의미를 둔다. 유홍준이 누볐던 산하를 한비야가 누비고 쓴『바람의 딸, 우리 땅에 서다』에는 한 개인이 무수히 만나는 경쾌한 일상들이 연속해서 등장한다. 저자가 직접 걷는 행위를 통해 이뤄지는 만남(사건)에서는 현재 느끼는 바로 '나'가 중심이다. 그 '나'가 겪은 바를 털어놓는 수다에서 대중은 재미를 느낀다.

은희경의 소설 『마지막 춤은 나와 함께』와 『행복한 사람은 시계를 보지 않는다』에 등장하는 주인공들은 '진실이므로 반드시 그래야 한다'는 세상의 폭력에 '냉소'와 '위악'과 같은 수다로 대응한다. 수다의 일종인 유머에 대한 기법을 제시한 『성공하는 리더를 위한 유머기법 7가지』(김진배)는 15만 부나 팔려나간다. 공격적인 글쓰기를 하는 지식인들의 글에서마저 '참을 수 없을' 정도의 수다가 난무한다.

한 개인의 은밀한 공간에 덩그러니 놓여 있는 컴퓨터는 인터넷과 연결되기만 하면 도서관, 시장, 사교클럽이 혼합된 '사회적 공간'으로 탈바꿈한다. 이 공간은 사물에 대한 사고방식과 의사 전달 방식, 상거래 방식 등을 모조리 변모시켜가고 있다.

수다는 직접 대면하지 않으면 더욱 생기를 띤다. 따라서 '수다체'는 전자 공간에는 매우 적합한 의사 전달 방식이기 때문에 모든 문화영역으로 확대되어가고 있다. 구라에서 수다로, 감동에서 재미로 바뀌는 것은 엘리트(혹은 활자) 문화에서 대중(혹은 디지털) 문화로 진전되는 하나의 상징으로 읽힌다. 그래서 새 세기를 맞이하는 우리에게는 전환적 사유와 새로운 삶의 현상에 대한 남다른 이해가 필요한 것 아닐까.

<조선일보>, 책마을 이야기, 1999.12.7.

음란비디오와 게임·주식 열풍,
인터넷 관련 책 대호황

금년에 컴퓨터 관련서들 중에서도 인터넷에 대한 책들은 1995년에 이어 최대의 호황을 누렸다. 『인터넷 무작정 따라하기』(유해룡), 『인터넷 쉽게 배우기』(홍종남 외), 『초보자를 위한 인터넷 길라잡이』(심현), 『안녕하세요 인터넷 길라잡이』(한석현)등 인터넷 안내서들이 이 분야 베스트 상위권에 진입하는 것은 물론이고, 전자상거래, 쇼핑몰, 포토샵, 플래시 등 홈페이지 제작이나 웹 디자인을 위한 책들도 크게 팔려나갔다.

벤처기업은 세계에서 유례를 찾을 수 없을 정도의 속도로 늘어나 이미 일본의 수준을 넘어섰다. 인터넷 사용 인구는 연초에 310만 명에 불과하던 것이 지난 11월 말로 682만 명으로 늘어나 현재 700만 명을 넘어섰을 것으로 추정되고 있다. 앞으로 인터넷을 통하지 않고서는 어떤 물건이라도 팔 수 없을 것처럼 모든 매체가 연일 호들갑 떨고 있는 사회 분위기를 감안할 때 인터넷에 대한 책들이 최고의 호황을 누리는 것은 지극히 당연해 보인다. 인터넷을 모르면 미래가 불안해 견딜 수 없을 것 같은 현대인들로서는 편안하게 일생을 보내려면 먼저 인터넷에 관한 지식을 소개하는 책에 손이 가는 것은 지극히 당연할 것이다.

그러나 과연 그런가. 독자들이 인터넷 관련서를 경쟁적으로 찾는 것은 거부할 수 없는 문명의 추세에서 소외되지 않으려는 거시적 관심의 소산인가. 컴퓨터 책들이 실제로 판매된 흐름을 볼 때 꼭 그렇다고 볼 수만은 없는 사례들이 있다. 먼저 연초에 온 나라를 뒤흔든 'O양 비디오'의 출현이다. 시중에서 구하기 어려운 이 비디오를 직접 인터넷으로 보려는 대중의 욕망은 인터넷 입문서를 바로 대대적으로 팔려나가게 만들었다.

직장과 가정과 학교, 회사원과 주부와 청소년 등 거의 모든 계층에 몰아닥친 사이버 주식에 대한 관심의 확장과 '스타크래프트'와 같은 컴퓨터 게임 인구의 확산 또한 같다. 이런 열풍은 PC방을 주식방과 게임방 등으로 전문화시켰지만, 다른 한편 대중 스스로 일부 부품만의 교체를 통해 컴퓨터의 기능을 업그레이드시켜 인터넷으로의 접속을 원활하게 하고자 하는 욕구를 분출시켰다. 이로 인해 한때 『PC 진단 문제해결 무작정 따라하기』(이순원), 『긴급 출동! PC 진단과 해결』(HOW PC 외) 등의 책들이 베스트셀러에 진입하기도 했다. 이처럼 금년의 인터넷 책 열풍을 몰고 온 것은 대중의 지극히 이기적인 욕망이 크게 작용한 것으로 여겨진다.

인류의 역사는 지극히 당연한 필연이 아닌 수많은 우연에 의해 이루어져 왔다. 우리는 바로 그와 같은 한 극명한 사례를 금년의 인터넷 책 유행에서 볼 수 있는 것이다.

〈조선일보〉, 책마을 이야기, 1999.12.21.

'작은 이야기'들이
분출된 1년

'나'란 1인칭 주어가 책제목에서 맹활약한 1990년대.

한 세기의 마지막 해인 금년의 분야별 최대 화제작들은 공통적으로 제목에 '나'란 1인칭 주어가 들어가 있다. 트로트풍의 시집 제목으로 40대 독자의 정서에 어필한 『어느 날 나는 흐린 주점에 앉아 있을 거다』(황지우), 불륜이라는 통속적인 이야기를 작가 특유의 문체미학으로 풀어내 화제를 불러모은 장편소설 『내 생에 꼭 하루뿐일 특별한 날』(전경린), 몸과 성에 대한 관심을 노골적으로 드러낸 성고백서 『나도 때론 포르노그라피의 주인공이고 싶다』(서갑숙), 드라마틱한 한 개인의 삶의 여정을 유감없이 보여준 『나는 희망의 증거가 되고 싶다』(서진규), 자기만의 지식을 지혜로 포장하고 학술적 담론을 '쇼'화하는 데 있어서 가히 최고의 경지를 보여준 『도올 김용옥이(내가) 말하는 노자와 21세기』 등 전 분야의 책 제목에서 '나'는 맹활약을 하고 있다.

자신의 감성이 뚜렷하게 드러나는 산문과 시에 있어서는 이런 경향이 더욱 강세를 띤다. 『나는 솔직하게 살고 싶다』(김지룡), 『솔직히 말해서 나는 돈이 좋다』(오숙희), 『나는 아직도 스님이 되고 싶다』(최인호), 『그대가 곁에 있어도 나는 그대가 그립다』(류시화), 『그대가 어느새 내 안에 앉아 있습니다』(이숙영 엮음), 『너는 눈부시지만 나는 눈물겹다』(이정하) 등 이 분야의 베스트셀러에는 그야말로 '나'가 약방의 감초처럼 등장한다.

왜 나는 새삼 화두인가? 국가·역사·민족과 같은 큰 이야기로부터 '사적 일상'이라는 작은 이야기로의 이행이 이뤄진 1990년대는 자기 스스로 뭔가를 표현하려는 욕망의 수위가 유례가 없을 정도로 표출된 시대였다. '자기표현'이란 결국 타자와의 커뮤니케이션을 뜻한다 할 때, 바로 이 시대는 대중이 끊임없이 자신이 서 있는 위치와 타자와 자신과의 관계를 확인하려 드는 시대였던 것이다. 지식대중화 시대에는 모든 사람이 비슷한 지식을 가지고 있다고 여겨지기 때문에 결국 대중은 동질보다는 이질을, 균등보다는 차이를, 하이테크보다는 하이터치를 희망하는 것이 아니었을까. 그래서 대중은 20세기의 마지막인 1990년대에 '나'에 관한 '작은 이야기'를 다룬 책들을 주로 즐겼다고 볼 수 있다. 그래서 1990년대에는 끊임없이 자기 정체성을 찾아 헤매는 주인공이 등장하는 소설, 현기증이 나는 자본주의 속도전에 시달리는 대중에게 마음에 안식을 주는 에세이, '낯선' 세계에 적응하기 위한 새로운 유형의 처세술 책, 자신을 사회에서 붙잡아 매두기 위해 꼭 필요한 지식이나 정보를 직접적으로 제시하는 실용서 등 개인의 관심에 부응한 책들이 크게 유행했다.

이렇게 한 시대는 개인주의나 정체성의 혼란이라는 '무의식의 너울거림'을 허옇게 내보인 채 서서히 저물어가고 있다.

〈조선일보〉, 책마을 이야기, 1999.12.28.

디지털 세상 돼도
전자책·종이책 공존할 것

2000년대가 개막하자마자 온통 디지털 세상이다. 거의 모든 언론이 디지털 세상에서 이루어질 수 있는 변화를 도배하다시피 정리하고 있다. 자연히 아날로그 매체인 종이책은 이제 수명을 다한 것으로 정리되는 경우가 늘어나고 있다. 그러나 종이책은 새로운 책 만들기로 가능성을 열어가고 있다. 아동서 중에서 이 같은 몇 사례를 들어보자.

먼저 소설이 갖는 허구적 상상력fiction과 역사와 지식이 갖는 사실적 상상력fact의 절묘한 결합이다. 프랑스 갈리마르 출판사에서 제작한 것을 최근 창작시대에서 번역 출간한 '스칼라 월드 북스'는 『보물섬』, 『톰소여의 모험』, 『정글 북』과 같은 세계의 고전명작과 풍부한 각종 사진자료 등을 활용한 백과사전식 편집을 결합시켰다.

다른 하나는 문학적 상상력과 미술적 상상력의 결합이다. 다림의 '한빛문고'는 『소나기』(황순원), 『봄봄』(김유정), 『메밀꽃 필 무렵』(이효석)과 같은 우리의 수준 높은 문학작품들을 강우현, 한병호, 권사우와 같은 수준 있는 작가들의 일러스트와 결합시켰다. 문자와 이미지의 단순한 결합이 아닌, 종이라는 평면의 앞뒷면을 배려한 영화적인 편집을 통해 문자와 이미지가 상생相生하는 입체적인 결합이다.

또 다른 하나는 교양(정보)적 상상력과 오락적 상상력의 결합이다. 김영사의 '앗, 이렇게 재미있는 과학이' 시리즈는 수학, 물리, 화학 등 어렵고 딱딱한 것으로만 여겨지던 지식을 유머와 농담, 기발한 에피소드와 결합시켰다.

교육과 오락을 모두 살리는 '에듀테인먼트'를 추구한 것이다.

앞의 세 경우는 인간이 디지털을 외면하고는 살아남을 수 없는 시대에, 디지털이라는 새로운 기술에 완전히 투항하는 것이 아니라 발달된 디지털을 이용한 기술혁신으로 아날로그의 새로운 가치를 재발견해 상품화한 사례들이다. 이제 책은 이질적인 상상력의 결합으로 새로운 감동과 더욱 강화된 문화적 부가가치를 창출하는 시너지 효과를 줄 수 있어야만 살아남을 수 있는 것이다. 이같이 이미 그 가치가 확인된 책을 새로운 감성에 맞게 바꿔주는 출판이 앞으로 상당기간 큰 흐름을 이룰 것으로 예상된다.

반면에 전자책은 '저장'과 '검색'이라는 디지털 체제에 가장 근접한 백과사전을 제외하고는 시장성을 가진 경우가 아직 발견되지 않고 있다. '최후의 책', 'e-book'과 같은 가장 발전된 유형의 전자책은 종이책의 장점을 최대한 살리는 방향으로 접근하고 있다. 이 같은 사례를 미뤄 짐작하면 아날로그와 디지털은 상극적인 것이긴 하지만 이항 대립이 아니라 상호 보완으로 서로 상생의 길을 찾을 수밖에 없는 것이다. 문자와 이미지의 상생, 아날로그와 디지털의 상생, 책에서도 21세기의 화두는 역시 상생이다.

〈조선일보〉, 책마을 이야기, 2000.1.11.

'사고력'과 '인간미' 초점 맞춘
수학 서적 줄이어

우리 단행본 출판 역사상 단기간에 가장 많이 팔린 책은? 그것은 1996년에 IMF의 전주곡으로 우리에게 다가온 『아버지』(김정현)다. 가정과 직장과 사회에서 모두 버림받은 당시 아버지들의 초상을 그린 이 소설은 최단기간에 200만 부를 넘겨버렸다.

그러면 최대로 팔린 책은? 그것은 크라운출판사의 『자동차 면허시험 예상문제집』이다. 이 책은 지난 24년간 운전면허시험을 본 사람의 70%가 봤을 것으로 예상되기 때문에 전 10권을 합하여 1140만 부가 팔린 『삼국지』(이문열)의 기록을 능가한다.

이 책에 버금가는 영향을 준 또 한 권의 책이 있다. 그것은 12권의 시리즈 전체로는 4천만 권 가까이 팔린 것으로 추산되며, 1966년부터 지금까지 수학교육에 절대적 영향을 끼치고 있는 성지사의 '수학의 정석' 시리즈다.

이 책은 이론적으로 잘 쓴 책이긴 하지만 문제와 풀이과정을 같은 페이지에 제시했기 때문에 저자의 의도와 관계없이 학생들이 풀이과정과 해답을 보지 않고 스스로 문제를 풀어가며 사고력을 키우기 어렵게 만든다.

강남의 잘나가는 학원 원장이었던 승산의 황승기 사장은 이러한 책이 주는 폐해가 싫어 주위의 만류를 뿌리치고 출판에 뛰어들었다. 그가 처음으로 펴낸 책이 천재 수학자 폴 에르디쉬의 전기인 『우리 수학자 모두는 약간 미친 겁니다』(폴 호프만)다. 이 책은 순수 수학의 흥분, 열광, 통찰, 그리고 수학에 미친 한 인간의 아름다운 몰두를 감동적으로 보여준다.

마침 정보통신, 금융, 우주론, 생태, 국방 등 모든 산업에서 수학이 학문의 여왕으로 화려하게 복귀하는 것을 반영하듯 수학에 대한 책들이 연이어 출간되고 있다. 수학의 역사를 추리소설 형식으로 풀어쓴『앵무새의 정리』(드니 게즈), 수학 역사상 최대 수수께끼를 푼『페르마의 마지막 정리』(사이먼 싱), 수학을 재미있는 옛날 이야기로 들려주는『세상 밖으로 날아간 수학』(이시하라 키요타카), 가상의 여행을 통해 수학의 가장 오래된 미스터리의 해답을 구하는『수학이 세상을 지배한다』(알렉산더 키와틴 듀드니) 등이 최근 출간되어 독자들의 인기를 끈 책들이다.

수학이 풀이과정을 암기하는 지겨운 학문이라고 생각해왔던 사람들이라면 유네스코가 선포한 '세계 수학의 해'인 금년 벽두에는 다양한 수학 관련서를 통해서 수학이 주는 놀라운 재미에 흠뻑 취해보는 것은 어떨까.

〈조선일보〉, 책마을 이야기, 2000.1.18.

인문서 침체되자
출판 분야 넓어져

대한출판문화협회가 공식집계한 지난해 발행 신간은 3만 5,044종으로, 1998년의 3만 6,960종보다 5.1% 감소한 것으로 나타났다. 그러나 이 통계는 아무 의미도 없다. 작년부터 법률이 개정되어 만화, 사진집, 화보집, 소설 등을 제외하고는 공식적으로 납본을 해야 할 의무가 없어진 출판사 중 일부가 실제로 납본을 하지 않았기 때문이다. 이로 인해 지금까지 믿을 만한 출판통계가 없다는 자조는 하나 더 추가되었다. 신고되지 않은 신간을 감안하면 작년에는 우리 출판 역사상 최초로 신간 발행총수가 4만 종을 넘은 것으로 추정된다. 이는 IMF 이전인 1997년의 3만 3,610종과 비교하면 크게 늘어난 종수다.

종수는 늘었지만 종당 평균 발행부수는 오히려 크게 줄었다. 결과적으로 출판사들은 출판종수를 늘려서 근근이 목숨을 유지하는 꼴이다. 갈수록 다품종 소량생산에 익숙해져가는 것이다.

문학출판사라고 예외는 아니다. 문학을 주도해왔던 주요 문학출판사들은 이른바 본격문학이 갈수록 독자들의 외면을 받아 설자리를 잃어가고 인문교양서들마저 침체의 늪에서 헤어나지 못하자, 펴내는 책의 분야를 넓히기 시작했다. 그중 하나가 미래에도 종이책의 가능성이 확실하다는 아동서다.

아동서 출간불가라는 자사의 오랜 금기사항을 깬 문학과지성사는 『내가 대장 하던 날』(플로랑스 세이보스), 『까보 까보슈』(다니엘 페나크), 『할아버지와 마티아』(로베르토 피우미니), 『동생의 비밀』(윌리엄 블레이크) 등 네 권의 책을 1

차로 내놓았다. 문학출판의 새로운 강자로 떠오른 문학동네는 유아용 그림책을 중심으로 작년에 모두 18종을 펴냈다.

문제는 두 출판사가 펴낸 책이 한결같이 외국 책 일색이란 점이다. 외국의 아동도서라 해서 우리 아이들에게 유익하지 말란 법은 없다. 하지만 이들 '명망 있는' 출판사에서마저 책 만들기에서도 새로움을 보여주지 못하면서 외국 책들만 펴낸 것은 그야말로 호구지책으로 허겁지겁 아동출판에 뛰어든 것으로 인식하게끔 만든다. 이런 출판 행태는 이 출판사들이 그동안 문학서 출간에서 보여준 관록마저 의심케 만들고 있다.

이 출판사들이 펴낸 책이 유달리 나쁜 것은 아니다. 그러나 온갖 악조건 속에서 우리 아동서의 지평을 넓혀온 보리, 보림, 길벗어린이, 재미마주, 다섯수레 등 아동 전문출판사들이 지금까지 펴낸 책들에 비해서는 질과 내용에서 전혀 새로움을 보여주지 못한 것만은 분명하다.

이미 많은 출판사가 아동서를 펴낼 계획을 세우고 있는 것으로 알고 있다. 그들은 진정으로 우리 아이들에게 가치 있는 아동서를 펴낼 각오부터 해주었으면 한다. 어릴 때 감동을 안겨준 책 한 권은 한 사람의 평생을 좌우하는 것 아닌가. 아동서에서 만큼은 제발 투철한 출판 정신이 돋보이기를 재삼기원한다.

〈조선일보〉, 책마을 이야기, 2000.1.25.

의자·연필·총 등에 대한
인문서 잇따라

　의자, 연필, 총, 철도 등 우리에게 너무나 익숙해져 있지만 있는 것조차 느끼기 어려운 단순한 사물을 제목으로 한 인문서들이 최근 연이어 출간되고 있다.

　서양인들에게 생활의 응집체인 의자를 통해 서양문명의 진정한 의미를 일깨우는 『의자』(캘런 크렌츠), 문명의 이기利器 중의 하나인 연필을 통해 인류 기술의 발전과정을 보여주는 『연필』(헨리 페드로스키, 이상 지호), 무기·병균·금속이 어떻게 문명의 불평등을 초래했는가를 밝히는 『총, 균, 쇠』(재레드 다이아몬드, 문학사상사), 19세기에 탄생한 이동성이 높은 철도가 인간의 일상에 끼친 다방면의 영향을 파헤친 『철도여행의 역사』(볼프강 쉬멜부시, 궁리) 등 삶의 일상성 속에서 얻어진 구체적인 사소한 정보들을 하나의 고리로 연결하여 궁극적으로는 인류가 처한 현실에 대한 냉정한 진단을 내리는 책들이다.

　이러한 결론을 내리기 위해 저자들은 광고쪽지, 상품 카탈로그, 수많은 일화 등 하찮은 정보들까지 동원한다. 거대담론을 설명하기 위해 그간의 정보를 나열하고 분석하고 주석을 달던 지금까지의 인문학 서적들과는 달리 작고 사소한 다양한 정보들을 아주 세밀하게 파고들어 삶의 구체성을 획득해낸다. 이러한 책들은 컴퓨터로서는 도저히 사유할 수 없고 인간만이 해낼 수 있는 놀라운 '발상의 전환'을 보여주는데, 디지털의 등장으로 인해 발생한 아날로그의 차별화된 가치 때문에 더욱 빛나기 시작했다.

　이같이 아날로그적이고 일상적인 삶의 가치를 재발견하는 책들은 많은 인문학 서적들이 끝없는 추락을 거듭하고 있음에도 안정적인 판매를 이뤄 하나의 가능성을 보여주고 있다. 인간은 10차로의 확 뚫린 고속도로를 질주하는 기술발전의 신화에 더 이상 눈부셔하지 않는다. 거대화와 획일화, 정형화를 강요하는 사회 분위기에서 오히려 오솔길이 주는 오밀조밀한 변화 속에서 신선한 '맛'을 느낀다.

인터넷의 등장으로 인해 이제 남보다 '먼저', '더 많이' 알고 있는 것은 자랑이 아니다. 필요한 것은 전문가만이 지니고 있던 정보의 양이 아니다. 개인별 용량을 뛰어넘는 상상하기조차 어려운 방대한 양의 정보는 널려 있으므로, 누구든지 상상력만 탁월하면 자유롭게 글을 쓸 수 있다. 이런 글쓰기를 통해 과거와는 다른 새로운 유형의 지성이 탄생할 수 있지 않을까.

〈조선일보〉, 책마을 이야기, 2000.2.1.

'내가 좋아하는 것'을
추구하는 대중

　1980년대만 해도 대중은 상품 중에서 좋고 나쁜 '기호^{嗜好}'를 습관적으로 가려내어 좋은 것만을 취하려 들었지만, 이제는 다양성 속에서 자기만의 감성을 추구한다. 정보의 바다 속에서 암호나 우연을 해독하는 것을 싫어하고 자기의 '기분 좋음'에 맞는 것을 쉽게 가려내려 든다. 일례로 영화 〈아름다운 시절〉을 보고 감동하기보다는 〈미술관 옆 동물원〉에서 프렌치 키스를 해야 할 때 뺨에 가볍게 키스하는 것에서 재미를 느낀다. 〈노자와 21세기〉의 김용옥이 진지해야 할 때 욕을 하고 욕을 해야 할 때 진지한 것에서 쾌감을 느끼는 것이나 무수한 NG 장면을 따로 보여주는 것에서 재미를 느끼는 것도 같은 맥락이다. 이것은 대중이 새롭게 접하는 이야기(정보) 속에서 전과 다른 '차이'를 찾고 그러한 차이에서 발랄한 상상력을 얻으려 함을 보여준다.

　이러한 변화는 인간의 문화와 문명에 대한 새로운 사고가 형성되고 있음을 의미한다. 이러한 변화가 정리될 즈음 디지털은 온전한 모습으로 정리돼 우리를 편안하게 할 것이고 디지털로 인해 재발견된 새로운 아날로그는 우리를 즐겁게 할 것이다.

　최근 그 의미를 밝히는 데 도움을 주는 책들이 연속해서 출간되고 있다. 테크놀로지에 불과한 디지털을 친구 삼아 변화 자체를 즐길 것을 제안하는 『아톰@비트』(정진홍, 푸른숲), 21세기에 변화할 핵심 트렌드 21가지를 정리해 변혁의 시대에 승리자가 될 수 있는 길을 제시하는 『21세기 21가지 대예측』(최필규 외, 은행나무), 생체공학^{Bionics}이 무한 질주하여 새롭게 탄생하는 육체·

감각·정신·아이디어·사회를 과학적 성과를 토대로 정리한 『맞춤인간이 오고 있다』(사이언티픽 아메리칸 엮음, 궁리), G7 정상들이 20세 전후의 세계 젊은 이들과 인터넷을 통해 새로운 세기에 인류가 직면할 문제들에 대해 토론한 『새천년, 세계는 어디로 가는가?』(라시드 네카즈 외, 끌리오) 등은 급격한 변화로 혼란에 빠진 대중에게 최소한 10년 뒤의 세계를 상상케 한다.

그러나 이 책들은 한결같이 '찾아보기'(색인)가 없다. 최근 교보문고 인문서적 신간코너에 진열되어 있는 79권의 책 중에서도 찾아보기가 있는 책은 21권에 불과했다. 책은 이미 '읽는' 매체인 것만은 아니다. 대중은 사전에서처럼 책을 읽고 보고 찾고 만지고 느끼는 와중에 그 촉감을 즐기려 든다. 찾아보기가 없는 책들은 바로 아날로그적인 책의 장점을 포기하는 일이며, 21세기 정보화사회에서 우리 사회가 역정보화로 가고 있음을 단적으로 보여주는 현장 그 자체이다.

〈조선일보〉, 책마을 이야기, 2000.2.15.

역대 베스트셀러는
대중의 성역 발굴 과정

베스트셀러의 역사는 대중에게, 그들이 미처 경험하지 못했던 영역 혹은 성역의 어느 부분을 끊임없이 새롭게 찾아내 보여준 과정이었다고 볼 수 있다. 미래 예측서나 탐험서, 이질적인 문화를 통해 '차이'를 알려주는 책, 동식물의 생각이나 생활에 대한 책, 남에게 보여주고 싶어하지 않는 은밀한 이야기(특히 섹스)를 다룬 책들은 어느 시대고 베스트셀러가 되곤 했다.

오늘의 독서시장에서 『빌 게이츠 @ 생각의 속도』(청림출판)나 『제3의 길』(앤서니 기든스, 생각의나무)과 같이 미래를 예측하고, 자본의 증식에 도움이 되는 '경제적' 교양서적들은 여전히 대중의 관심에 부응하기만 하면 10만 부이상 팔려나간다. 하지만 자본의 증식을 위해서라면 못하는 일이 없는 과학 문명에 대한 절망감과 합리적 이성에 대한 신뢰감의 붕괴로 인해 사람들의 관심은 인간의 '몸'과 '마음'으로 귀착되었다.

일상의 견고함이 지니고 있는 문제들에 대해 비판적으로 접근하려는 '몸'에 대한 책들의 연이은 출간, 법정이나 원성의 책처럼 문명의 집착에서 벗어난 넉넉한 마음을 다룬 책들의 폭발적인 반응, 『조선시대 사람들은 어떻게 살았을까』(한국역사연구회, 청년사)와 같은 사私생활의 역사를 다룬 책들의 인기는 그 같은 현상의 반영이라 할 수 있다.

섹스는 더 이상 성역이 없을 만큼 이미 모두 까발려졌다. 이제 대중이 결핍을 느끼는 유일하게 남은 성역이 인간의 '마음'이 아닐까. 그런 현상을 반영하듯 '마음'을 다각도로 보는 '인문적' 교양서적들이 연이어 출간되고 있다.

말의 질서가 파괴되는 상황에서 폭발하는 소외와 일탈의 의미를 탐구한
『욕, 그 카타르시스의 미학』(김열규, 사계절출판사), 무의식의 의식화 과정에서
가장 먼저 만나는 우리 마음속의 어두운 반려자인 그림자를 통해 마음의
본질을 천착하는『그림자』(이부영, 한길사), 인간의 가장 은밀한 태도 중 하나
인 눈물의 역사를 통해 인간 감수성의 사회적 표현의 변천을 살펴보는『눈
물의 역사』(안 뱅상 뷔포, 동문선), 악마 관념의 탄생과 성장·변모를 통해 선과
악의 원형적 이미지를 찾아낸『악마의 문화사』(제프리 버튼 레셀) 등 마음을
다룬 책들은 인문서의 침체 속에서도 안정된 판매가 이뤄지고 있다.
　　'마음'이란 결국 인간 그 자체의 문제다. 아날로그든 디지털이든, 그 중심
에는 항상 인간이 서 있다. 그 현장을 살아가는 인간의 마음에 대한 다양한
탐구는 결국 인간의 문화적 DNA를 찾아내는 일에 다름 아닌 것이다.

　〈조선일보〉, 책마을 이야기, 2000.2.22.

학력이나 직업보다
돈 많이 버는 것 강조

'부富의 척도란 무엇인가? 그것은 한 사람이 당장 일을 그만두고도 얼마만큼 오래 생존할 수 있는가 하는 능력일 수도 있다. 이 시대의 아버지들은 IMF로 인해 언제고 가난은 다시 올 수 있으며, 단지 가족 해체의 아픔을 겪지 않기 위해서라도 돈이 필요하다는 뼈저린 경험을 했다. 이런 경험이 지금 '부자 아빠'를 띄우고 있다. 이달 초에 출간된 『부자 아빠 가난한 아빠』(로버트 기요사키 외, 황금가지)는 벌써 5만 부나 판매되었다.

저명한 교육가로 저자의 친아버지인 '가난한 아빠'는 열심히 공부해 좋은 직장에 다니는 것이 최고의 성공이라 가르쳤지만 그 길을 열심히 달린 그는 평생을 카드와 주택융자금에 시달리고, 직장에서 해고의 우려에서 못 벗어났다. 초등학교도 제대로 나오지 못한 친구의 아버지인 '부자 아빠'는 아홉 살의 아이들에게 돈과 투자와 경제의 기본 원리를 알지 못하면 평생을 돈의 부족을 채우려다 돈의 노예에서 벗어나지 못한다는 것을 실천적으로 가르쳤다. 결론적으로 가난한 아빠는 돈에 얽매이는 것이, 부자 아빠는 돈이 부족하다는 것이 모든 악의 근원이라 가르쳤다.

'부자 아빠'가 된다는 것은 무엇인가? 그것은 가정과 직장과 사회에서 모두 버림받고 죽어가면서야 겨우 아내와 자식의 사랑을 회복하는 『아버지』(김정현, 문이당), 딸과 아내가 죽어가는 와중에도 간이역이라는 평생직장에 무슨 일이 있어도 깃발을 흔들며 자신의 모든 것을 바치다가 결국은 가족과 일터를 모두 잃고 쓸쓸하게 퇴장하는 『철도원』(아사다 지로, 문학동네), 아내가 가출한 이후에 급성 임파구성 백혈병을 앓는 아이를 자기 몸의 일부를 팔아가면서까지 마련한 돈으로 결국은 낫게 하고 자신은 가시고기처럼 자식이 아내에게로 떠난 뒤에야 이 세상을 하직하는 『가시고기』(조창인, 밝은세상)와 같은 베스트셀러들 속의 아버지들처럼 가정의 가치를 누구보다 잘 알지만 결국은 자식에게 정서적 차원의 애정밖에 보여주지 못한 '가난한 아빠'의 길을 박차고 일어서는 것이다.

이러한 변화는 돈보다는 일을 통해 얻어지는 가치를 중요시하고, 개인의 이익보다 사회적 책임감을 중요시하는 우리 사회의 기존 가치관과는 배치되는 것처럼 보인다. 하지만 지금도 정치인들은 자리보전을 위해서 '막가는' 행동도 서슴지 않는다. 자본가들은 위기의 국면에서 직원들을 헌신짝처럼 내동댕이쳤다. 이런 추악한 모습이 이 시대의 '젊은 아빠'들에게 자신들이 '가난한 아빠'의 전형이 될 수도 있다는 것을 깨닫게 하고 벤처 열풍처럼 '부자 아빠'의 길로 나서도록 한 것이 아닐까.

〈조선일보〉, 책마을 이야기, 2000.2.29.

2부

2000년대

독서계를 휩쓴 책들

　세계적으로 역사상 가장 많이 팔린 책은? 최근 미국의 한 조사에 따르면 1위는 『성경』이다. 2위는 『스포크 박사의 육아전서』다. 세계 제2차대전 이후 베이비붐 시대에 출현한 이 육아책은 구체적이고 세세한 육아프로그램을 제시해 아이가 있는 집은 거의 다 비치할 정도로 인기를 끌었으나 '아이들의 다양성을 간과했다'는 이유로 불살라지기도 했다. 3위는 미국의 대공황기인 1936년에 등장한 마거릿 미첼의 『바람과 함께 사라지다』였다. 미국 남부 지주계층 여성 스칼렛 오하라의 영악한 삶을 그린 이 소설은 독일이 통일된 1990년대 초반에 구 동독지역에서 가장 많이 팔려나간 책이 되기도 했다.

　한국 현대사에서 1920년 이래 80년 동안 팔린 책의 양은 얼마나 될까? 대형 베스트셀러라 할지라도 1960년대 이전에는 3만 부 내외, 대중독자군의 출현을 처음 알린 『별들의 고향』(최인호)이 등장한 1970년대에는 10여만 부에 불과하던 것이 1980년대에 『인간시장』(김홍신)이 단기간에 밀리언셀러로 등극한 것을 시작으로 1990년대 이후에는 한 해에도 몇 권씩의 밀리언셀러가 등장했다.

　그중에서 낱권으로 가장 많이 팔린 책은 무엇일까? 실용서인 크라운출판사의 『자동차 운전면허 예상문제집』이다. 24년간 운전면허시험을 본 사람의 70% 이상이 보았을 것으로 보아 1천만 권 이상이 팔려나간 것으로 추산된다. 다른 출판사의 문제집까지 합하면 모두 2천만 권이 넘게 팔린 것으로 추정되는데 이는 10권으로 된 『삼국지』(이문열)의 판매기록 1150만 부의 두 배 가까이 되는 기록이다.

2위는 매년 연말 명문당, 남산당 등 여러 출판사에서 어김없이 출간하는 『대한민력』이다. 이 책은 많은 가정에서 매년 반복 구매하는 거의 유일한 책이다. 그다음이 『일반상식』. 지금은 수요가 크게 줄었지만 1980년대만 해도 고졸 이상의 취업자는 『일반상식』 한 권은 의무적으로 구입하다시피 했다.

이러한 실용서나 학습참고서를 제외하고 가장 많이 팔린 책으로 추정되는 것은 생텍쥐페리의 『어린 왕자』다. 보이지 않는 것도 볼 줄 아는 동심의 눈에 비친 어른의 허위의식을 잘 드러낸 이 책은 한국인의 심성에 가장 잘 맞는 교양 성장소설로 자리 잡았다. 단행본으로는 1972년에 처음 나온 문예출판사 것만도 120만 권이 팔려나가는 등 모두 600만 권이 팔려나갔다. 100여 출판사 이상에 의해 중복 출간된 것도 한국 출판 사상 최고의 기록. 이 책은 지금도 매년 태어나는 60만 명의 어린이 중 3분의 1인 20만 명에게 읽혀지고 있다고 봐야 한다.

이 책 다음으로 많이 팔린 책들은 헤르만 헤세의 『데미안』, 이솝의 『이솝 이야기』, 리처드 바크의 『갈매기의 꿈』, J. M. 바스콘셀로스의 『나의 라임 오렌지나무』 등이다. 이 책들은 한결같이 교양 성장소설이며 중복 출판이 이뤄졌다. 모두 300만~500만 부가 팔려나갔다.

선과 악, 영과 육, 외계와 자아의 갈림길에서 갈등을 겪으며 자아를 찾아나가는 과정을 그린 『데미안』은 전혜린이 자신의 수필집 『그리고 아무 말도 하지 않았다』에서 "2차대전 당시 독일 전몰학도들의 배낭 속에서 꼭 발견됐던 책"이라며 이 책을 읽고 또 읽다 결국은 죽음에 이르고야만 친구의 일화를 소개한 후 폭발적으로 팔려나갔다. 한 출판사에서 한 종으로 발간해 가장 많이 팔린 책은 『세상을 보는 지혜』(발타자르 그라시안)다. 시간과 공간을 초월하여 인정받는 삶의 지혜에 대한 명구들을 모아놓은 이 책은 '소중한 사람의 인생 앞에 놓아두고 싶은 책'이라는 일관된 광고 카피로도 유명하다. 이 책은 대형서점 114주 연속 베스트셀러 1위라는 전무후무한 기록을 세우며 240만 부나 팔렸다.

다음으로는 『아버지』(김정현), 『무소유』(법정), 『여보게, 저승 갈 때 뭘 가지고 가지』(석용산), 『배꼽』(오쇼 라즈니쉬)의 순이다. 가정과 직장과 사회에서 버림받은 당대 아버지들의 초상을 그린 『아버지』는 정보혁명이 시작되던 1996년에 등장해 6개월 만에 200만 권 판매를 돌파하는 경이적인 기록을 세웠다. 1976년에 300원 정가의 문고판으로 등장한 『무소유』는 4반세기 가까이 대중의 정신적 허기를 채워주며 180만 권이 팔렸다. 『여보게 저승…』은 150만 부, 『배꼽』은 140만 부를 기록했다.

인문서로서 최대의 반응을 일으킨 것은 유홍준의 『나의 문화유산답사기』다. 의미 있는 여행을 위한 길잡이를 자처하고 나선 이 책은 '답사'라는 여행문화를 새롭게 정착시키며 '문화기행문'의 출간을 촉발시키는 등 수많은 신드롬을 일으켰다. 1권만 120만여 권이 팔렸다.

에리히 프롬의 『사랑의 기술』은 한국에서 초판이 발간된 지 수십 년이 지난 1991년에 뒤늦게 스테디셀러에서 베스트셀러가 된 예. 당시 청소년층을 대상으로 인기를 끌고 있던 TV 드라마 〈우리들의 천국〉에서 여주인공이 남자친구에게 "『사랑의 기술』이란 책도 모르는 애와 사귈 수 없다"는 대사를 한 뒤 하루 5천 부 이상 팔려나갔다. 내용이 쉽지 않은 이 책도 수십여 출판사에 의해 중복 출판되며 100만 부 이상 팔렸다.

경제 관련서적으로는 곧 100만 권 돌파 이벤트를 앞두고 있는 스티븐 코비의 『성공하는 사람들의 7가지 습관』을 꼽을 수 있다. 성공적인 인생을 산 사람들의 삶을 분석해 그들에게 공통적으로 나타나는 습관을 분석한 이 책은 리더십이나 처세서의 판도를 바꿔놓았다. 대인관계의 변화를 통해 성공을 이룰 수 있다는 기존의 처세술과 달리 이 책은 습관을 스스로 바꿀 것을 요구했다. 이 책의 성공 이후 『우리는 사소한 것에 목숨을 건다』(리처드 칼슨), 『빌 게이츠 @ 생각의 속도』(빌 게이츠)와 같은 새로운 개념의 자기계발 책이나 경제적 거대담론을 다룬 책들이 자주 종합 베스트셀러 1위에 오르게 되었다.

시집으로는『홀로서기』(서정윤),『접시꽃 당신』(도종환),『그대가 곁에 있어도 나는 그대가 그립다』(류시화)가 모두 밀리언셀러의 반열에 올랐다. 시집으로 최초로 초대형 베스트셀러가 된 것은 1955년에 출간된 조병화의『사랑이 가기 전에』. 요정의 기생들에게 가장 인기가 있었던 이 시집의 성공 이후 대중 취향의 연시풍 시집의 베스트셀러 진입 전통은 반세기 동안 일관됐다.

출판의 종수가 다양해질수록 독자들의 독서경향은 오히려 획일화돼 '메가히트' 상품이 늘어난다. 그것은 대중이 끊임없이 그 시대를 살아가는 가장 생동감 있는 '스타'와 같은 인물을 원하고 그런 스타에 버금가는 인물이 고민하는 문제를 다룬 책을 경쟁적으로 찾기 때문이다. 이런 이유로 앞으로도 책 판매의 최고기록은 끊임없이 경신될 것이다.

〈동아일보〉, 책의 향기, 2000.4.1.

책의 미래

9년 만에 찾아간 '동경국제도서전'은 우중충한 비가 내리는 날씨만큼이나 쓸쓸한 기운이 감돌았다. 규모의 여부를 떠나 어딘가 허전하고 가슴에 커다란 구멍이 뚫인 듯한 느낌이었다. 이틀에 걸쳐 여러 차례 전시장을 둘러보니 책의 새로운 가능성을 열어가려는 각 출판사들의 눈물겨운 노력이 약간씩 보이기는 했지만 그래도 축제의 분위기는 정말 아니었다.

전후 일본 지식인들의 정신적 보고寶庫가 된 수많은 책들을 출간해온 이와나미쇼텐岩波書店의 부스는 아예 보이지 않았다. 이와나미의 침체는 이미 예견되고 있었다. 1990년대 내내 장기불황에 시달린 일본의 대중은 인문서나 문예서를 찾지 않게 되었다. 금년 들어 문예서는 작년에 비해 다시 25%나 격감했다. 이에 비하면 경제·경영서의 인기는 높아만 가고 있다. 그러나 경제에 대한 책 중에서도 신자유주의가 몰고 올 폐해와 같은 일종의 거대담론을 다룬 책들은 이제 독자의 관심을 끌지 못하고 있다.

이와나미는 지난 시대의 정서에서 완전히 벗어나지 못하고 있는 것으로 보인다. 아직도 앞에 열거한 인기가 추락하고 있는 책들만 주로 펴내기 때문이다. 이와나미가 도서전에 참가하지 않은 구체적인 이유는 모르겠지만 최근의 이런 분위기와 관련이 있지 않나 싶다.

이에 비하면 디지털경제 시대에서 살아남는 구체적이고 실천적인 실용서나 처세서를 주로 펴내온 동양경제신문이나 일본경제신문의 출판부는 최대의 호황을 누리고 있다. 이런 움직임은 우리와도 하등 다를 바 없다.

전시장 한쪽에서는 인쇄소들이 디지털 시대에 적응하는 새로운 인쇄 방법을 소개하고 있었고, 일부 업체들은 그들이 만든 전자책을 보여주고 있었다. 일본의 텔레비전에서도 도서전 개최 뉴스를 전하면서 주로 전자책들만 소개해주고 있었다. 이에 비하면 고단샤^{講談社}, 쇼각칸^{小學館} 등 대형 출판사들은 한결같이 전자책을 철저히 외면하고 있었다. 그들은 부스를 찾는 사람들에게 '재판제'(정가제)의 당위성에 대한 간단한 안내문을 일제히 나눠주고 있었다.

결국 일본 출판계도 정가제가 최대의 현안으로 떠오르고 있었다. 출판업계와 공정거래위원회는 정가제에 대한 본격적인 힘겨루기에 들어갔다. 일부 출판사가 시한재판(일정 기간만 정가로 팔고 기간이 지나면 가격을 낮추어 팔 수 있는 제도)를 도입했지만, 이것으로 문제가 해결될 것으로는 보이지 않는다. 정가제는 책의 디지털화, 즉 전자책 활성화의 최대 걸림돌로 여겨지고 있다. 우리나라에서도 작년에 한 국회의원의 발의로 책의 정가제가 입법화할 움직임을 보이자 가장 반발한 것은 인터넷서점들이었다.

그렇다면 인터넷의 등장으로 모든 기업은 보다 좋은 조건에서 물건을 팔 수 있는 환경이 조성될 것인가? 한마디로 '아니올시다!'이다. 앞으로 불과 2~3년, 대부분의 사람들이 인터넷으로 물건을 사고파는 일이 일상화되면 기업과 소비자의 관계는 완전히 역전될 것이다. 지금까지는 '고객 감동'의 경영을 하면 됐지만 그것도 웃기는 얘기가 될 것이다. 그때, 기업은 자기가 생산하는 상품의 가격을 정하는 권한마저 박탈당하게 될 것이다.

인터넷상에서 소비자끼리의 정보 교환이 활발하게 이뤄져 품질과 서비스를 소홀히 하는 기업의 명단이 나돌게 되고, 그런 곳에 이름이 오른 기업은 강제로 퇴출당할 것이다. 비즈니스의 형태도 바뀌어 대부분의 유통업자는 몰락하고, 소비자가 필요로 하는 각양각색의 상품 구입 정보를 알려주는 '구매 포털'이라는 새로운 유형의 업자들이 등장하게 될 것이다. 그들은 책과 CD 등 인터넷을 통해서 판매되고 있는 모든 상품을 단지 고객의 입장에서만 최저 가격으로 구입할 수 있는 정보를 제공하려 들 것이다.

전자책은 인터넷에 맞는 유형이긴 하다. 그러나 다른 한편 1등 정보만 살아남는 시스템이기도 하다. 유통되는 상품의 가격에 대한 무한 할인 경쟁을 무기로 한 인터넷은 결국 최상의 정보만 살아남게 하고 소수의 독자에게 필요한 정보는 사라지게 만들 것이다.

최고로 발달된 기술만이 필요한 과학기술과 같은 정보는 인터넷이 갖는 '고객 지향·투명성·속도'라는 21세기의 키워드에 적합하겠지만, 다품종 소량생산의 최대 장점인 책은 다양성 자체가 훼손되고 결국은 종말에 이를 수도 있을 것이다. 인터넷은 정보 자체의 생산 비용을 용인하지 않으려 할 것이고 생산 비용을 건질 수 없는 생산자(저자)들은 구태여 자기 노력을 들여 정보를 생산하지 않으려 들 것이다. 그럼에도 대중이 그런 움직임을 지극히 당연한 것으로 용인할 수 있기 때문이다.

그렇다고 종이책이 그냥 사라지고 말 것인가? 현재로는 공성진(한양대행정대학원) 교수가 제기하는 것처럼 인터넷으로 인해 점차 사그러들다가 2020년에 가서야 다시 활화산처럼 불타오를 것이라는 예측이 가장 설득력이 있어 보인다.

실로 오랜만에 들른 동경에서 나는 기쁜 날씨만큼이나 우중충하게 이런 우울한 고민의 여러 모습들을 읽을 수 있었다.

〈삶과꿈〉, 6월의 전망, 2000년 6월호

한국문학과
노벨상

지난 1990년대 후반에 우리는 IMF란 사상 초유의 환란과 인터넷으로 대표되는 디지털 혁명을 한꺼번에 겪었다. 특히 디지털 혁명은 전 세계를 동시에 당혹감 속으로 몰아넣었다.

이런 변화를 이 땅의 문인들은 어떻게 수용했는가? 소설 장르의 경우, 대부분의 작가들이 지나간 시대를 도식적으로 되돌아보며 반성마저도 기계적으로 해대는 후일담 소설이나 자기 존재의 불안에서 벗어나지 못하는 사소설, 불륜을 페미니즘으로 적당히 포장한 소설, 주제와 사건이 천편일률적인 역사소설, 어른의 내면을 유아화하는 동화스타일의 우화소설 등에만 머물러 있었다.

네트 세대의 감성에 부응하려는 작가들은 마치 영화를 보면서 스토리를 옮겨놓은 듯한 소설을 쓰기에 바빴다. 스스로 소설을 '정보'로 격하시키는 발언마저 서슴지 않는 일부 중견작가들은 그들의 작품을 단지 종이에서 디지털 공간으로 옮겨놓기만 하면 새 희망이 도래할 것으로 착각하고 자기 몫 챙기기에 급급한 행보를 보여주기까지 했다.

그렇지 않아도 '읽는 사람reader'에서 '사용자user'로 바뀌며, '실용'과 '쾌락'으로 관심을 옮겨가던 독자들은 별다른 비전을 제시하지 못하는 문학으로부터 멀어져갔다. 문학잡지를 펴내는 몇몇 문학출판사와 손가락을 꼽을 숫자의 출판사를 제외하고는 본격소설의 출간을 외면했다. 지금 출판시장에서 이른바 본격소설의 시장점유율은 1%에도 미치지 못한다는 통계까지 나오고 있다. 소설 아닌 다른 문학 장르도 이와 비슷한 형편이다. 결국 지난 몇 년간 우리는 가슴 떨리게 하는 문학작품 한 편을 제대로 접할 수 없었다.

이런 상황에서 한국문학이 노벨문학상을 생각한다는 것은 쉽지 않다. 언어(번역)의 문제나 노벨문학상 자체의 정치적 배려를 언급하는 것은 지엽말단적인 문제에만 매달리는 꼴이다.

문학 자체가 가져다주는 감동의 구조와 상상력을 회복하는 일에 옥쇄할 수 있다는 문인들의 각오만이 우리 문학에 세계성과 노벨문학상 수상의 가능성을 열어줄 것이다.

〈조선일보〉, 특집, 2000.9.14.

세계 시장에서
통할 수 있는 책

『영어공부 절대로 하지 마라』(정찬용, 사회평론)는 영어 학습서이면서도 영어 단어 하나 제대로 나오지 않는 아주 특별한 책이다. 1999년 7월에 초판 5천 부를 발행한 이 책은 국내에서만 시리즈를 모두 합쳐 140만 부나 판매될 정도로 폭발적인 반응을 몰고 왔다. 이 책은 그야말로 영어 공부의 패러다임을 하루아침에 바꿔버렸다.

이 책에서 제시하는 영어 학습법은 자기 수준에 맞는 영어 테이프 하나를 골라서 그 테이프에 담긴 소리가 다 들릴 때까지 무조건 반복해서 듣는 훈련을 하라는 것으로 어찌 보면 지극히 평범한 내용에 불과하다. 그러나 이 책은 우리 사회에 지난 수십 년간 지속되었던 문자 중심의 학습법이 아닌 실제로 외국인이 하는 말을 듣고 자신의 의사를 말할 수 있도록 돕는 소리 학습법으로, 변화하고 있는 시대적인 분위기에 절묘하게 맞아떨어져 크게 성공할 수 있었다.

일본의 선마크 출판사는 올해 1월 15일에 이 책을 번역 출간해 3개월도 되지 않아 30만 권 이상 판매했다. 사회평론은 정가가 1,300엔인 이 책의 정가의 8%에 해당하는 금액을 로열티로 받게 되어 있으므로 이미 3120만 엔(약 3억 4천만 원)의 외화를 벌어들인 셈이다. 앞으로도 듣기 교재 시리즈 세 권의 출간을 앞두고 있어 이 책으로 벌어들일 수 있는 금액은 더욱 늘어날 것이다.

이 책은 중국에서도 슈지에世界 출판사에 의해 최근에 초판 7만 부가 발행됐다. 로열티는 최고 대우에 가까운 10%에 계약했다. 중국시장의 규모로 볼 때 판매부수가 크게 늘어날 수도 있을 것이다. 뿐만 아니라 앞으로 대만, 홍콩, 말레이시아 등 인터넷 문화의 확산으로 인해 '영어 스트레스'를 동시에 겪고 있는 동남아 여러 나라와도 계약이 거의 성사 단계에 와 있다.

이 책의 사례는 한 권의 책이 성공해 해외로 시장을 넓혀나가면 얼마나 많은 수익이 창출될 수 있는가를 웅변으로 보여준다. 문화상품의 부가가치를 키우면 무한한 잠재력이 있다는 것은 비단 어제 오늘만의 일이 아니지만 문화산업이 21세기의 대표적인 산업으로 떠오르고 있는 지금 이 시점에서 출판산업도 그 가능성이 널려 있다는 것을 확인시켜준 구체적인 예다.

문화상품은 이익을 창출하는 것 이상으로 자국 문화의 영향력을 키울 수 있어 다른 일반 상품의 이미지 제고에도 크게 기여한다. 그래서 나라마다 문화상품의 경쟁력을 키우기 위해 무수한 노력을 기울이는 것이다. 그러나 우리는 그런 면에서는 정책 부재에 가까울 정도였다. 최근 우리 드라마나 가요가 동남아 여러 나라에서 폭발적인 인기를 얻게 되면서 정부도 우리 문화산업의 해외 진출에 대한 전략을 수립하려는 움직임을 보여주고 있으나 아직 걸음마 단계에 불과하다.

프랑스의 문화비평가이자 경제학자인 기 소르망은 IMF를 겪은 우리에게 "한국 위기의 본질은 단순히 경제문제가 아니다. 세계에 내세울 한국적 이미지의 상품이 없는 문화의 위기로 보아야 한다"고 말한 적이 있다. 이런 뼈아픈 충고를 듣고 나서야 이제 문제의 심각성을 자각하기는 했지만 아직도 나아가야 할 방향타마저 제대로 잡지 못하고 있는 것으로 보인다.

출판산업은 실물 교역보다 라이선스와 로열티(판권) 형태로 주로 계약이 이뤄진다. 외국의 책을 직접 수입하기도 하지만 거래의 많은 비중을 차지하는 것은 한 출판업체가 다른 국가의 출판업체에게 자국 언어로 출판할 수 있는 허가권을 사고파는 형태로 이뤄진다. 이럴 경우 보통 정가의 6~10%의 수준에서 계약이 이뤄진다.

그동안 문학작품들의 해외 수출이 없지 않았다. 황순원, 고은, 신경림, 이문열 등 유명 문인들의 문학작품이 외국 출판사와의 판권 계약에 의해 출간되기는 했지만 대부분 출간됐다는 것 이상의 의미를 갖기는 어려웠다. 그러나 이제 전 세계가 하나의 네트로 연결되면서 나라 간의 문화적 이질감은 크게 줄어들고 있다. 따라서 한 나라에서 크게 성공한 책의 경우 다른 나라의 독자들에게 즉각 좋은 반응을 얻을 확률이 높아지고 있다.

　　출간 3년 만에 49개 언어로 번역돼 200개국에서 5천만 부 이상이 판매된 '해리포터' 시리즈(조앤 K. 롤링)는 그 대표적인 경우다. 현재까지 4권(국내에서는 분책하여 모두 10권)까지만 출간된 이 책은 국내에서도 벌써 380만 권 이상 팔려나갔다. 모두 7권으로 예정된 이 책이 완간될 즈음에는 국내에서만 모두 1천만 권의 판매를 기록할 것으로 보이는데, 그럴 경우에 지불해야할 로열티만 70억 원이 넘는다.

　　'돈이 부족한 것이야말로 모든 악의 근원'이라는 도발적 메시지를 담고있어 '돈 좋아하는 것을 겉으로 내색하지 않는' 동양적 정서와는 괴리감이있을 것으로 보였던 『부자 아빠 가난한 아빠』(로버트 기요사키 외, 황금가지)는한국, 일본, 중국에서 모두 베스트셀러 종합 1위에 오르며 모두 폭발적으로팔려나갔다.

　　상황이 이렇다 보니 출판사들은 외국에서 팔린 책들을 경쟁적으로 수입해 판매하기에 열을 올리고 있다. 전 세계 아동도서 시장의 흐름을 좌우할정도로 영향력 있는 행사로 이탈리아 북부의 상업도시 볼로냐에서 매년 열리는 '볼로냐 아동도서전시회'의 올해 행사장(제38회, 4월 4일~4월 7일)에는 주최국 이탈리아를 제외하고는 가장 많은 300여 명의 우리 출판관계자들이참가했다. 이들은 언제나 그랬던 것처럼 한결같이 외국 유명 출판사들과의계약에 열을 올렸다. 그렇기 때문에 우리나라는 영원한 저작권 수입국이라는 오명에서 여전히 벗어나지 못하고 있다.

　　문화관광부의 「국감자료집」에 따르면 1998년에 출판·만화의 경우 국내

문화산업 시장에서 외국 상품의 시장점유율은 절반이 넘는다. 이는 게임(90.0%), 비디오(83.4%), 영화(75.7%)보다는 낮은 수치이긴 하지만 한 나라의 문화가 문화다울 수 있는 최후의 보루가 출판이며, 출판 콘텐츠가 모든 문화 콘텐츠의 원천이 된다는 것을 생각하면 매우 부끄러운 수치가 아닐 수 없다. 더구나 해외 수출액이란 매우 미미하다는 점까지 감안하면 얼마나 한심한지 한눈에 알 수가 있다.

우리가 '영원한 수입국'이라는 오명에서 벗어날 수 있으려면 『영어공부 절대로 하지 마라』의 경우처럼 세계 시장에서 통할 수 있는 콘텐츠를 생산할 수 있는 역량을 갖춰야 한다. 그러나 그보다 더 중요한 것은 그런 실용서보다 우리만의 문화 이미지를 제고시킬 상품을 개발하는 것이다. 예를 들면 『한국생활사박물관』(한국생활사박물관 편찬위원회, 사계절출판사) 같은 책을 외국에 수출할 수 있어야 한다.

선사시대부터 현대에 이르기까지 우리의 생활사를 모두 15권의 책에 담은 이 시리즈는 항상 주변만 맴돌던 보통 사람들을 역사의 주인공으로 바로 세우고, 그들의 능동적인 삶을 구체적이고 생생하게 되살려내고 있다. 전국의 박물관, 민속관으로부터 수많은 유적·유물의 화상자료를 지원받아, 이를 다큐멘터리 일러스트레이션 기법으로 해당 시대의 생활상 속에서 생동감 있게 복원해내고 있다. 이런 작업은 우리 역사 부재의 처참함에서 벗어나게 만드는 매우 중요한 작업일 뿐만 아니라 세계 여러 나라에 우리 역사의 유구함을 알리는 중요한 작업이다.

더구나 이 시리즈처럼 책을 집어드는 순간 읽고, 보고, 찾고, 만지고, 느끼고, 함께 호흡할 수 있는 종합예술로서의 책 만들기는 영상 문화의 세례를 받은 아이들을 책의 세계로 끌어들이기 위한 매우 실제적인 방법론이다. 권당 제작비가 1억 5천만 원 이상, 모두 20억 원 이상 투입되어야 하는 이런 상품이 완성된 다음에는 전체가 아니더라도 외국인용으로 다이제스트판을 만들어 전 세계로 수출할 수 있어야 한다. 이미 이 시리즈는 그런 가능성이 나타나기 시작하고 있다. 이런 상품이 외국에서 넘쳐날 때에는 일본의 '교과서 파동'이 벌어질 이유도 없을 뿐만 아니라 설사 벌어진다 해도 의연해질 수 있는 것이다.

앞으로 세계 출판시장을 주도할 사람들은 책의 새로운 개념을 이해하는 '뉴 리더'들이다. 그들은 무엇보다 문자와 이미지가 상생하는 방법론을 터득한 사람, 즉 비주얼 언어$^{visual\ language}$를 이해하는 사람들이다. 그들은 책이 디지털로서는 결코 보여줄 수 없는 깊이를 보여주는 길, 퓨전^{fusion}적인 사고를 통해 책의 새로운 영역을 찾아 보여주는 길, 책의 성공을 바탕으로 '원 소스 멀티 유즈$^{one\ sourse\ multi\ use}$' 전략을 세워 인접 매체를 공략하는 길을 알고 있는 사람들이다.

이런 사람들은 『한국생활사박물관』과 같이 성공한 책의 콘텐츠를 다큐멘터리 영상, 만화, 게임 등의 상품으로 다시 만들어 세계 각국으로 수출할 수 있다. 뿐만 아니라 e-콘텐츠화해 온라인상으로도 판매할 수 있는 것이다. 이런 사람들이 가능성 있는 기획안을 제공할 때 정부에서는 자금 지원 등 최대한의 배려를 할 수 있어야 한다. 아니 정부가 보다 능동적으로 구체적인 계획을 세워놓고 출판인들의 프로젝트를 받아들일 수 있어야 한다.

이미 세계 출판시장은 글로벌 경쟁 체재에 돌입해 있다. 앞으로 경쟁은 더욱 격화될 것이다. 우리는 이제 전 세계 출판인과 경쟁을 해야 할 처지다. 그런 경쟁에 승리하기 위해서는 무엇보다 경쟁력 있는 상품을 만들어낼 수 있는 역량 있는 기획자를 키워내야 한다. 그런 일은 개별 출판사의 몫이기도 하지만 국가 차원의 시스템을 하루빨리 갖춰나가야 할 매우 중요한 일이기도 하다.

<금호문화>, 특집: 문화상품의 해외 교류, 2001년 5·6월호

이젠 소설도 '퓨전' 바람

아무리 시간이 흐르고 삼라만상이 변하더라도 유일하게 변하지 않는 것이 있다면 그것은 바로 사랑. 사랑의 법칙에서는 우주의 질서에 불균형을 일으킨 사람만이 그 균형을 회복시킬 수 있다. 그러나 한번의 생으로는 그 균형을 회복하기가 어렵다. 그래서 윤회를 허용한다. 두 사람 사이에 증오가 남아 있다면 증오하는 마음을 풀고 서로를 사랑할 때까지, 몇 번이고 다시 태어나 만나게 된다.

극한적 대립과 상호간 증오로 편 가르기가 날로 심해지는 오늘날의 세태에 경종을 울리는 소설 한 권이 최근 출간되었다. 바로 이사벨 아옌데, 가르시아 마르케스와 함께 라틴 아메리카 현대문학을 대표하는 멕시코 작가인 라우라 에스키벨의 『사랑의 법칙』이다.

이 소설의 무대는 23세기 멕시코시티. 텔레비전 속의 영상을 생생하게 현실로 재현할 수 있는 시뮬레이션 TV, 마음에 드는 육신을 골라 영혼을 이식하는 기술, 육체가 순식간에 해체되었다가 재생됨으로써 공간을 이동할 수 있는 순간 이동장치, 생각을 찍을 수 있는 정신 촬영 카메라 등 과학문명은 놀랄 정도로 발달해 있다. 하지만 거기에 반비례해 더욱 외로운 영혼들은 사랑에 굶주리고 외로움에 몸서리친다.

이야기 전개는 숨 가쁠 정도로 빠르다. 독자들은 16~21세기에 시간과 공간을 마구 넘나드는 소설의 스토리만 따라가서는 도저히 풀 수 없는 논리적 인과관계의 혼란을 겪는다. 그럴 경우 동원하는 것이 바로 음악과 그림이다.

주인공들이 과거에 경험한 사건과 기억을 더듬는 장면에서 동원하는 음악은 푸치니의 오페라 음악과 라틴 춤곡이다.

음악을 즐기면서 함께 볼 수 있는 것은 예술 만화가 미겔란쏘프라도(그의 만화 「섬」이 번역 출판되었다)가 그린 원색삽화다. 음악이 단순한 배경음악이 아니듯 삽화 또한 단순한 종속물이 아니다. 음악과 미술은 소설 전개에 적극적으로 개입하며 등장인물들이 과거의 기억을 되살리도록 도와주는 결정적 역할을 한다.

한마디로 이 소설은 문학·음악·미술의 상상력이 결합한 '퓨전^{fusion} 소설'이다. 이렇게 이질적인 상상력의 결합을 통해 상상력의 시너지 효과를 불러일으키는 책들의 출간이 최근 늘어나고 있다.

『구텐베르크의 가면』, 『미켈란젤로의 복수』, 『레오나르도 다 빈치의 진실』, 『파라오의 음모』 등 국내에 번역 소개된 필리프 반덴베르크의 소설은 역사적 사실이라는 '팩트^{fact}'와 소설적 허구라는 '픽션^{fiction}'이 결합한 퓨전소설이다.

15세기 유럽에서 세계를 지배하기 위해 당시의 신기술인 인쇄술을 확보하기 위해 여러 세력이 암투를 벌이는 『구텐베르크의 가면』은 당시의 역사적 사실을 원형 그대로 재현한다. 시내 도로와 건축, 운하 등 지형지물이 관광 안내도처럼 그려질 뿐만 아니라 종말로 치닫는 비잔틴 제국의 정치 상황, 교황의 자리를 둘러싼 치열한 세력 다툼, 유럽 최대의 상업 중심지인 베네치아공화국 시민의 풍요로운 삶과 생활습관 등을 마치 그 시대에 들어가 들여다보는 것처럼 리얼하게 그린다. 그러나 작중 주인공들의 실제 행각은 마치 영화 〈인디아나 존스〉를 연상할 정도로 우연적인 사실이 긴박하게 연속 등장하는 허구적 상상력을 최대한 동원했다. 작가는 금속활자를 발명한 구텐베르크(작품 속 이름은 겐스플라이슈)를 역사의 평가와는 달리 매우 교활하고 부정적 인물로 형상화한다.

『마왕퇴의 귀부인』, 『구룡배의 전설』, 『부활하는 군단』 등이 번역 출간된 웨난의 작품들 또한 팩트와 픽션이 결합한 퓨전소설이다. 남들이 주목하지 않은 2100년 전의 한 여성 시신 발굴을 다룬 『마왕퇴의 귀부인』은 독자를 서한의 역사 속으로 안내한다. 서태후의 무덤이 있는 청 동릉의 도굴 과정과 그에 얽힌 군벌의 합종연횡을 연결한 『구룡배의 전설』은 우리를 청나라 흥망성쇠의 세계로 이끈다. 진시왕릉의 병마용갱 발굴 과정과 발굴품에 대한 설명, 진시왕릉에 대한 다양한 이야기를 풀어나가는 『부활하는 군단』은 진 나라의 역사와 유물에 대한 이해를 새롭게 해준다.

중국에서 '기실記實문학'으로 불리는 웨난식의 글쓰기는 문학, 역사서, 고 고학적 발굴기 등 어느 것으로도 읽힐 수 있다. 발굴과 도난의 과정, 문서가 오간 것 등을 기자의 시각으로 매우 사실적으로 쓴 글은 문학성이 뛰어난 소설로도 읽히지만, 시오노 나나미의 『로마인 이야기』에서 서양사의 흥망성 쇠 과정을 한눈에 보는 것처럼 중국 역사의 과정들을 세밀하고 구체적으로 읽을 수 있는 역사서기도 하다. 또 딱딱함과는 애초부터 거리가 먼 재미가 넘치는 고고학적 발굴기기도 하다. 각각의 발굴기는 시공을 뛰어넘어, 독자 가 직접 무덤이 만들어지는 과정에 참여하는 듯한 느낌이 들 만큼 사실적으 로 그렸다.

『수요공급 살인사건』, 『효용함수의 치명적 유혹』 등 '소설로 읽는 경제학' 시리즈에 포함되는 마셜 제번스의 소설은 오락적 상상력과 교양(정보)적 상 상력을 결합한 퓨전소설이다. 이 책의 저자 마셜 제번스는 윌리엄 브라이트 와 케네스 G. 엘징거의 필명으로, 두 사람은 각각 트리니티대학과 버지니아 대학에서 경제학을 가르치고 있다.

『수요공급 살인사건』은 추리소설의 형식을 충분히 따르면서 하버드대학 교수 헨리 스피어맨이 기회비용, 수요의 법칙, 죄수의 딜레마 등 기본적인 경 제학 법칙을 적용해 살인사건의 범인을 찾아가는 과정을 흥미진진하게 그렸 다. 우리 생활 주변 인간의 경제행위를 관찰하고, 그 속에 숨은 비합리성을 찾아가는 과정에서 자연스럽게 범인을 찾는 것이다. 이 소설처럼 연애소설이나 추리소설과 경제학 교과서를 접목한 소설은 미국의 대학에서 경제학 교재로도 활용되었다.

하지만 이상의 작품들은 모두 외국 작품 일색이다. 외국 작가들이 세상의 변화에 발 빠르게 적응하며 새로운 독자를 창출하는 반면 국내 작가들은 소설이 안 팔리는 세태만 한탄할 뿐 여전히 자기 체험과 가족사의 범주를 벗어나지 못하고 있다. 그런 와중에 출간된 『알도와 떠도는 사원』(김용규)은 완전 초보 신인의 작품이지만 매우 놀라운 가능성을 보여주었다.

16세기 과학혁명에서부터 오늘날 유전자 공학에 이르기까지 많은 철학·사회·종교 사상들을 다룬다 해서 '지식소설'로 불리는 『알도와 떠도는 사원』 또한 오락적 상상력과 교양(정보)적 상상력의 결합이다. 이 소설은 15세의 독일소년 알도가 여름방학을 맞아 인도의 바이오닉스 연구소에서 인공두뇌학자로 근무하는 아버지를 찾으러 갔다가 아버지가 태양의 사원이라는 사교집단에 납치되었다는 사실을 알게 된 후, 아버지를 구하려는 모험에 나서면서 다양한 지식을 얻는 얼개를 갖고 있다. 그 과정에서 아버지가 만든 인공두뇌 컴퓨터 레나가 사이버 여전사로 많은 활약을 한다. 따라서 이 소설은 추리와 환상소설의 기법을 가진 교양 입문서인 셈이다.

컴퓨터 게임에 익숙한 멀티 세대는 더 이상 각종 그래프와 차트, 복잡한 공식으로 가득 찬 경제학 교과서를 읽지 않으려 한다. 그래서 그동안 딱딱하기만 한 교양 서적들과 경제학 교과서들마저 스릴과 서스펜스를 갖춘 책, 곧 오락과 교양을 접목한 에듀테인먼트를 추구하는 것이다.

디지털 혁명은 경험과 숙련에서 창의와 속도로 생산요소를 바꿔버렸다. 하이테크 산업과 달리 하이터치 산업은 상상력을 통한 전방위적인 시각을 필요로 한다. 전방위적인 시각을 가지려면 인간을 이해하는 다양한 '기반지식'을 최대한 갖추되 이를 통합해 성찰하는 지혜를 가져야 한다. 광속으로 변하는 비트 속에 서 있는 대중이 경쟁의 대열에서 낙오하지 않으려면 디지털적인 관찰력(미시적인 차가운 머리)과 아날로그적인 통찰력(거시적인 따뜻한 가슴)을 동시에 갖춘 다음 '눈부신 상상력'을 발휘할 수 있어야 하는 것이다.

그런데 그런 상상력은 어디에서 나오는가? 인간의 상상력은 프로세스나 체험과 지식만으로는 도출되지 않는다. 자신의 체험을 통해 얻은 지식과 다른 사람의 체험을 통해 얻은 지식의 관계 맺기로 차이를 발견할 때 상상력이 나온다. 또 새롭게 발견한 지식과 옛 지식의 차이를 통해 상상력이 나온다.

퓨전소설들이 삶의 일상성 속에서 얻은 역사 속의 구체적이고 사소한 정보를 허구적 이야기 구조에 교묘하게 녹아들게 하는 것은 바로 그런 상상력의 실제 방법론을 구현해 보여주는 것이다. 이 방법론을 아직도 여관방의 침대와 어설픈 역사의 언저리, 유아들의 머릿속이나 지난 시대의 미망에만 머물러 있는 우리 작가들이 주목하지 않는다면 아마 우리 소설의 미래란 없지 않겠는가.

<주간동아>, 문화, 298호(2001.8.23.)

불안한 대중,
'생존형 도서' 뜬다

'교양'형 독서나 '취미'형 독서는 이미 존재감을 크게 상실했다. 적어도 요즘의 출판시장 흐름을 살펴보면 대중은 단지 살아남기 위한 절박감 때문에 '생존'형 독서에만 집착하고 있기 때문이다.

작년 출판시장의 키워드는 한 해 내내 '불안'이었다. 불안한 대중은 '돈'과 '부자'에 대한 처세서와 메모, 대화, 유혹, 칭찬, 기획서 등 한 가지 키워드를 압축적으로 정리한 셀프 헬프$^{self help}$ 서적을 즐겨 찾았다.

인문서에서도 『조선의 뒷골목 풍경』(강명관), 『열하일기, 웃음과 역설의 유쾌한 시공간』(고미숙)과 같이 비주류 인생이 살아남는 '상상'을 하는 데 도움이 되는 책들이 좋은 반응을 얻었다. 아동서의 고전 열풍도 같은 맥락이다.

영상정보의 폭발적 생산과 소비로 말미암아 아동은 '글자'는 읽되 '글'을 읽을 수 있는 능력은 감퇴했다. 그래서 세계적으로 정보해독 능력을 키우기 위해서는 어려서부터 고전 등을 읽으며 능력을 배양해야 한다는 성찰이 늘어나고 있다.

올해 출판시장은 이런 맥락의 연장선에서 움직여갈 것으로 보인다. 먼저 생존에 대한 실천이 가능한 구체적인 대안을 제시하는 책들이 인기를 끌 것이다. '비판'이 넘치나 해법은 제시하지 못하는 사회에서 대중은 구체적인 실천을 통한 '작은 행복'을 꿈꾸고 있기 때문이다.

올해 초 대부분의 서점에서 베스트셀러 종합 1위에 오른 『인생을 두 배로 사는 아침형 인간』(사이쇼 히로시)은 단지 아침잠만 줄이면 인생이 행복해질 것 같은 슬로건만으로도 상업적으로 성공할 수 있음을 보여줬다. 자기 성찰, 웰빙, 현실 도피, 전직轉職 등을 다룬 논픽션이 올해 시장 규모를 키워갈 것이다.

지금 대중은 마음 편한 선배가 '차 한잔 마시는 기분'으로 들려주는 말에 감동받는다. 객관화가 생명이던 역사서마저 주관적 맥락 잡기가 점차 호응을 얻고 있다. 대중은 학문세계의 엄정함마저 타파해야 할 우상처럼 여기는 것처럼 보인다. 그래서 1인칭의 주관적 글쓰기가 더욱 유행할 것이다.

이미 대중의 관심은 '회사 안'이 아닌 '회사 밖', 집단이 아닌 개인으로 완전히 옮아갔다. 그래서 '정상'이나 '중심'을 지향하는 철학보다는 '주변'을 이해하는 아량이 더욱 필요하다. 그러나 토론이 없는 우리 사회는 자기와 생각이 다른 타인을 배려하는 자세가 부족해 극단적인 대립만이 존재했다. 가족이나 사회, 조직의 해체가 이어지고 '국론분열'의 양상이 지속된다고 볼 때 생각이 다른 가족, 애인, 친구, 동료 등과의 공생에 도움이 되는 화이부동和而不同의 철학이 늘어날 것이다.

전통적인 '독자'가 '사용자'로 바뀐 것이 엊그제이지만 그들은 이제 '수집가'로 변신했다. 인터넷에서 '무료 정보'의 바다를 검색하며 누비는 대중은 이미 인터넷에서 본 정보라 할지라도 소장 가치가 있거나 후원해줄 필요가 있는 정보가 책으로 출간됐을 때는 주저 없이 구매하는 소비패턴을 보이고 있다. 이때 책은 '대접받았다'는 느낌이 들 정도의 만들기(편집+디자인)가 도입된 것이어야 한다. 또 키워드를 통해 정보의 범위를 확산시켜가는 책들의 선택도 점차 늘어날 것이다.

지난 몇 년 간 시민단체와 언론, 교육계 종사자 들의 노력으로 인해 학교 도서관이 갈수록 활성화되고 있다. 작년에는 학교도서관에 납품한 도서의 양이 전년에 비해 두 배 가까이 늘어났다. 그에 따라 대부분의 출판사들이 올해 청소년 대상의 출판물을 대폭 늘릴 것으로 보인다.

단순 정보 수준의 실용서, '주례사 비평'의 미망에서 벗어나지 못하는 문학서적, 마구잡이 출판으로 질이 격하된 인터넷 출신의 서적들은 올해도 고전을 면하기 어려울 것이지만 작년에 부각된 절박한 개인이 인생의 '2막'이나 '후반생'에서 대역전을 현실화하는 데 도움이 되는 책들은 일부 '대박'을 터트릴 수도 있을 것이다.

· 〈문화일보〉, 2004.1.12.

논픽션 강세,
이유가 있다

『다 빈치 코드』(댄 브라운)를 읽었는가? 이 소설은 미국에서는 700만 부 이상 팔렸고 국내에서도 출간되자마자 베스트셀러 1위에 올랐다. 루브르 박물관장의 살인사건을 추적하던 기호학 교수와 암호 해독가인 박물관장 손녀가 다 빈치의 명화 '모나리자'의 기호학적 단서를 따라 역사의 비밀을 캐낸다는 게 줄거리다. 이 소설을 읽는 사람 중, 소설의 무대인 루브르 박물관을 다녀온 사람은 박물관의 정확한 묘사 때문에 박물관 경내를 걷고 있는 듯한 착각에 빠지기도 한다.

게다가 사실감으로 인하여 독자는 막달라 마리아가 예수의 아이를 낳았다는 등 그리스도교의 존재를 부정할 수 있는 허구적 설정마저도 사실인 것처럼 받아들이기도 한다. 이처럼 지적 소설에서 팩트^{fact}를 허구적 상상력 ^{fiction}과 정교하게 직조하는 것은 일반화되고 있다. 『레오나르도 다 빈치의 진실』, 『미켈란젤로의 복수』 같은 필리프 반덴베르크의 소설은 여러 분야의 학문 지식이 잘 녹아들어 있어 지적 포만감마저 느꼈던 대중은 같은 계열의 『단테 클럽』(매튜 펄)에도 쉽게 빠져든다.

디지털 시대, 아날로그를 선택하는 현대인의 심리

픽션에서 이처럼 팩트가 중요시되는 이유는 뭘까? 디지털 기술은 불가능한 것이 없다는 인식을 심어놓았다. 스펙터클한 영화는 인간의 상상적 공간을 무한대로 넓혀놓았다. 이승과 저승, 영혼과 육체마저 넘나드는 영상물을 일상적으로 대하다 보니 대중은 무엇이 진실인지를 자주 놓치고 있다. 국경을 넘는 자본은 돈이 되는 것이라면 인간복제도 서슴없이 할 정도여서 인간은 인간과 기계마저도 구별해야 할지도 모른다. 또 초스피드사회, 정보의 범람, 급격한 변화, 낮과 밤의 경계가 사라진 24시간 사회, 메이저 1등만 살아남는 초경쟁사회로 말미암아 개인은 하루하루를 칼날 위를 걷는 기분으로 살아가고 있다.

이와 같은 불안감의 확산은 대중에게 익숙했던 아날로그적 가치를 추구하게 만든다. 전통가구에 집착하고, 복고 정서에 쉽게 녹아들며, 웰빙을 일상적 가치화하며, 티벳이나 인도를 열망하고, 인간보다 애완동물에 더 친근감을 느낀다. 이런 흐름에 좇다 보니 대중은 믿을 수 있는 사물을 가까이 두어야 심리적 안정을 얻고 있다. 상상의 나래보다 신뢰할 수 있는 팩트에 더 안정감을 느낀다. 그래서 소설에도 캐릭터가 등장하고 다큐멘터리 일러스트레이션 기법을 도입해 등장인물, 사물, 무대 등을 이미지로 구현해 글과 이미지를 결합하기도 한다.

픽션보다 팩트가 확실한 논픽션이 더욱 대세처럼 인식되는 것은 그래서 당연해 보인다. 논픽션이 갈수록 강세인 것은 세계 출판시장에서 골고루 확인된다. 서구에서는 〈트로이〉, 〈알렉산더〉처럼 고대를 다룬 역사영화에서 자신의 진정한 정신적 가치를 찾으려든다. 이런 영화는 책으로도 출간되어 인기를 끈다.

나약한, 그래서 더 인간적인

가령 〈트로이〉는 원래 무대가 신들의 세계였는데 영화에서는 신의 대리인에 불과했던 인간이 주인공으로 등장하여 신의 존재를 비아냥거리거나 부정하기도 한다. 이는 현재적 관점 또는 내 관점에서 고대를 재해석하는 것이면서 내가 바로 주체가 되는 것이다.

오늘날 인간은 너무나 고독한 존재다. 그런데도 갈수록 외부의 위험이 커지는 사회에서 스스로 위기를 극복하는 지혜를 찾기 어렵다. 친구, 가족, 직장 동료도 적으로 돌변하고 있다. 그래서 그들은 대안으로 고대를 선택했다.

그들이 선택한 고대는 사회 변화가 급격하고 그에 따른 혼란과 불안감이 증폭되던 위기의 시기였지만 다른 측면에서는 주변부를 서성이며 갈피 잡지 못하던 비주류들이 주류로 진입해볼 수 있는 기회의 시기이기도 했기 때문이다. 『조선의 뒷골목 풍경』(강명관), 『미쳐야 미친다』(정민) 같은 주요 역사논픽션이 선택하는 시기가 18세기인 까닭은 바로 18세기가 천주학과 서구사상이 밀려 들어오던 혼란기로, 고대와 비슷했기 때문이다.

수많은 인물 평전의 유행도 같은 맥락이라 할 수 있다. 체 게바라, 칼 마르크스 같은 반자본주의적 영웅, 빌 클린턴, 힐러리 같은 정치적 헤게모니를 가진 정치인, 반 고흐, 이중섭, 박수근 같은 천재성을 지닌 불우한 예술인, 아인슈타인, 파인만 같은 과학자, 헬렌 니어링, 제인 구달 같은 자연주의적 삶의 추구자 등 인물은 다양하지만 이들 인물에게서 대중이 찾고자 하는 것은 그들의 영웅성이 아니라 자기 고뇌를 지닌 인간, 때로는 수많은 약점을 지닌 허약한 인간으로서의 모습이다.

가령 『마르크스 평전』(프랜시스 윈)에서 칼 마르크스는 자식들의 죽음을 방치할 수밖에 없었던 무능한 가장이면서 아내를 배신하고 하녀를 임신시킨 남편으로, 그리고 친척과 친구에게 구차한 편지를 수없이 써야 했던 한심한 인간으로 그리고 있는데 이런 이야기를 통해 대중은 허약한 자신을 위안하는 한편 힘든 세상을 이겨낼 지혜를 얻고자 하는 것이다.

〈art in culture〉, 2004년 8월호

메세나 출판이
절실하다

　나는 일본에 갈 때마다 도쿄 간다의 고서점 거리를 꼭 들른다. 지난 2월 동행한 북디자이너 정병규 선생은 망설이고 망설이다 중국의 『당시백경唐詩百景』 사진집을 구입했다. 1만 2천 엔이나 하는 그 책의 구입을 정 선생이 망설인 것은 가격 때문이 아니라 책의 무게 때문이었다. 돌아오는 비행기 안에서 넘겨본 그 책은 수준이 매우 높았다. 그런데 이 책이 한 공공기관의 창립을 기념해 발간됐다는 것과 1970년대 후반에 이미 이만큼 수준 높은 책이 출간됐다는 것에 나는 매우 놀랐다.

　정 선생과 함께 고서점을 다니면서 나도 모르게 한두 권 사게 되는 과월호 잡지가 있다. 1965년에 창간된 〈SD〉(스페이스 디자인)란 잡지로, 스기우라 고헤이杉浦康平가 디자인한 1966년에서 1968년 사이의 것들을 주로 사모은다.

　스기우라는 디자인 반세기를 기념하는 책자 『질풍신뢰』(한국어판 『스기우라 고헤이 잡지 디자인 반세기』)에서 당시 건축잡지들의 표지가 '장식하는' 디자인인 것에 의문을 품고 '내용을 나타내는' 디자인, 읽는 디자인을 구현했다고 쓴 적이 있다. 40년 이상 건축책만을 편집했고 건축평론가이기도 한 우에다 마코토植田實는 〈SD〉에서 시도된 '한낱 그래픽 디자인'이 이렇게 위력을 발휘한 예를 본 적이 없다고 고백했다. 스기우라의 디자인(특히 표지)은 당시의 건축잡지는 물론 일반 인쇄미디어의 상식마저 뿌리째 뒤흔들어놓았다. 이 잡지의 출판사는 가지마슛판카이로 한 건축회사의 자회사였다. 메세나 출판은 영세 출판사가 엄두내지 못하는 것을 기업이 지원하는 출판 형태다. 어떤 형태로든 월등한 차이를 보이는 기획은 기존의 상식을 깨부수는 발상이란 점에서 메세나적 이미지를 주게 마련이다. 비록 〈SD〉가 상업출판물이긴 하지만 기업은 책의 내용에 대해 일체 간섭을 하지 않았다고 한다. 더구나 가지마슛판카이는 'SD선서'라는 단행본 시리즈도 함께 펴냈는데, 이 시리즈는 근·현대 건축의 고전이라 불리는 건축사, 건축평론, 건축가에 의한 건축론을 총망라하고 있어 건축출판의 질을 한층 높였다는 평가를 받고 있다. 일본의 고서점에는 이렇게 메세나 출판의 형태로 출간된 책들이 무수히 꽂혀 있다. 올해 여름호를 끝으로 종간되는 계간 〈책과 컴퓨터〉는 1997년에 창간돼 8년 동안 총 32권을 펴내면서 전자화의 물결이 책의 세계에 미친 파장을 매우 냉정하게 분석해왔다. 이 잡지 또한 일본 최대 인쇄회사인 다이니폰 大日本 인쇄회사가 모든 자금을 지원했다.

메세나 출판은 그 목적이 사회에 대한 무료 서비스이든 이윤 추구이든 간에 기업과 출판 사이의 거리나 규모의 차이에서 생겨난다. 그것이 어떤 형태로 진행되든 한 나라 문화의 질을 획기적으로 향상시키는 역할을 하는 것임에는 분명하다. 일본 출판계는 이런 메세나 출판이 없었다면 결코 오늘의 성장을 이뤄내지 못했을 것이다.

올해 우리나라 상반기 종합 베스트셀러에 『2010 대한민국 트렌드』(LG경제연구원)란 책이 4위에 올랐다. 이 책은 잘 팔리면서 의미 있는 책을 펴내고자 하는 출판사의 욕구와 대중적인 책을 펴내 기업의 친숙한 이미지를 키우려는 욕구가 맞물려 '성공'한 경우다. 이런 형태의 출판은 앞으로 더욱 늘어나야 한다. 이는 무엇보다 텍스트의 질을 높일 수 있기 때문이다. 하지만 이보다 한 단계 진전된 메세나 출판이 절실하다. 기존의 상식을 뛰어넘는 기획이지만 단지 자금이 없어 책을 낼 수 없는 분야에 우리 기업들이 적극적으로 투자할 필요가 있다. 그것은 호화로운 사보 발간이나 스포츠 스타 육성을 통한 기업 이미지 고양보다 더 도움이 될 것이며 나아가 국가 문화 경쟁력을 근본적으로 키우는 일이 될 것이기 때문이다. 〈한국경제〉, 시론, 2005.6.28.

'검색하듯' 읽히는 책이
미래의 베스트셀러

미국의 마이크로소프트가 세계를 하나의 네트워크로 묶겠다는 원대한 꿈을 앞세우며 '윈도 95'를 출시한 지 올 가을이면 꼭 10년이 된다. 그동안 책의 세계는 어떻게 바뀌었을까. 벌써 그런 결론을 내린다는 것이 성급하기는 하다. 구텐베르크 인쇄 혁명의 의미를 인간이 제대로 깨닫는 데도 반세기나 걸렸기 때문이다. 하지만 지금의 변화 속도는 그때와 비교할 수 없을 정도로 빠르다. 그러니 지금쯤 중간 점검이 가능하다.

원래 컴퓨터는 정보 생산의 도구였다. 그러나 인터넷이 등장하자 인간의 욕망은 진화했다. 지금까지 인간이 책이라는 형태로 축적해온 모든 자산을 보다 풍부한 방식으로 사이버 세계로 옮긴 다음 컴퓨터 화면에서 자유자재로 그 많은 용량의 정보를 쉽게 소비하고자 한 것이다. 사실 이것은 인간의 기억 능력이나 독서 습관에 대한 커다란 도전이었다. 하지만 이런 욕망은 적어도 지금까지는 성공보다 좌절이 컸다. 영화·음악·사진·게임 등은 모두 컴퓨터가 생산과 소비를 위한 도구로 작동했지만 유일하게 책만은 그렇게 되지 못했다. 마이크로소프트가 2001년에 출시한 'MS리더'를 비롯해 모든 독서 단말기는 수익을 내는 데 실패했다.

지금 남아 있는 거의 유일한 희망은 인간이 휴대전화를 통해 책을 읽을 수 있게 될지도 모른다는 기대다. 이미 휴대전화는 대용량 데이터를 주고받는 무선 초고속 인터넷 기능에다 디지털 카메라·은행 결제카드·MP3·캠코더·게임기·TV 수신기·내비게이터·무전기·녹음기·메신저 등 인간이 정보와 연결하는 모든 것을 하나로 통합해가고 있다. 머지않아 모든 가전제품을 통제하는 '휴대전화 리모컨 시대'도 열릴 전망이다.

아직 불편한 부분이 있기는 하지만 휴대전화로 전자책을 내려받아 읽는 사람이 늘어나고 있다. 이뿐 아니라 언제 어디서나 휴대전화로 사진을 찍고 그때마다 감상을 바로 적어 자신의 블로그로 내보내 1인 미디어를 운영한다. 그런 곳에서 인기를 끈 글들은 어김없이 책으로 생산되고 있다. 언제 어디서나 찍고 기록하고 읽는 유비쿼터스형 글쓰기와 읽기가 작동하고 있는 것이다. 그래서 모든 정보를 생산하고 소비하는 일이 휴대전화로 가능할지도 모른다는 성급한 기대마저 없지 않다.

그러나 이런 희망이 실현되기에는 아직도 많은 어려움이 있을 것이다. 휴대전화로 글을 읽는 비율이 늘어나고 있지만 그것이 수익을 내는 단계로는 올라서지 못했기 때문이다. '휴대소설'이라는 용어마저 탄생했던 일본에서 NTT도코모가 6월 30일로 휴대전화 전자책 배신 서비스를 중단했다는 것은 시사하는 바가 크다. 이런 우려에도 불구하고 휴대전화의 컨버전스를 이용한 새로운 시스템을 가장 앞서 열어갈 나라는 납 활자를 최초로 발명하고 전자책 기술에서도 선두인 한국일 가능성이 크다. 한국의 전자책 기술은 이달 초 내한해 책의 미래에 대해 강연한 일본의 저명한 출판인 마츠다 테츠오가 놀라워할 정도이기 때문이다.

하지만 이 과정에서 인간이 정보를 소비하는 행태는 책의 자존심을 많이 건드려놓았다. 수많은 책이 이미 책의 형태가 되지도 못하고 유동적인 형태로 인터넷 공간으로 자리를 옮겨갔다. 백과사전을 비롯한 사전이 대표적이다. 종이책 사전은 갈수록 전자사전에 밀려나고 있다. 그런 유형의 '책'은 컴퓨터상의 검색과 비슷해 구태여 종이책으로 탄생하지 않아도 그만이라는 인식이 우세하게 됐다.

검색은 '브라우즈browse'란 단어에서 출발했다. 원래 의미는 '집어먹다'란 뜻이다. 가축이 먹이를 쪼아 먹듯이 그렇게 건너뛰며 읽는 것이 과연 올바른 독서행위인지에 대해선 아직 논란이 많다. 하지만 인간이 살아남기 위해 불가피하게 선택할 수밖에 없는 행위인 것만은 분명하다. 대중은 이미 눈만 뜨면 인터넷으로 들어가 수많은 정보를 검색하는 중독자가 돼 있다.

이런 습관이 일반화되자 책의 입장에서도 '책이 책으로 존재하기 위해서는 무엇이 필요한가'라는 근본적인 질문을 던지기 시작했다. 그러면서 책은 변화하기 시작했다. 그것은 살아남기 위한 '처절한' 몸부림일지 모른다. 어쨌든 지금 현장에서 인간의 선택을 받는 책은 인간의 검색 습관을 다분히 의식해 만들어진 책이라는 건 명백한 사실이다.

먼저 인간의 검색 습관은 책의 세계에서 '분할'과 '통합'이 동시에 진행되게 만들었다. 분할이란 한 권의 책이 다루고 있는 범위가 갈수록 쪼개지고 있다는 것을 의미한다. 백과사전이 '분책백과'로 바뀌는 게 대표적이다. 분책백과는 한 권의 책으로 하나의 항목을 설명하는데, 한꺼번에 주어지는 것이 아니라 주간지 형태로 한 권씩 제공된다. 실용서를 필두로 해 수많은 책이 이와 같은 형태로 바뀌고 있다. 원래 '원론'이나 '개론'에 있던 차례가 모두 한 권의 책으로 거듭나게 되는 것이다. 대화·협상·설득·유혹·화·칭찬·메모 등 원 키워드(테마)를 다룬 책들이 베스트셀러 행진을 거듭하고 있다.

그러나 잘게 쪼개진 키워드를 설명하는 것은 통합적이어야 한다. 토머스 L. 프리드먼은 『렉서스와 올리브나무』에서 정보의 '중개'라는 말을 했다. 정치·문화·기술·금융·국가안보, 그리고 환경 등의 전통적인 구분선이 급속하게 무너지고, 어느 한 분야에서 발생한 사안마저 그 분야의 변수로만은 설명할 수 없게 된 이상 다양한 시각에서 얻은 정보를 중개하고 이 모든 것을 '하나의 스토리'로 엮어낸 책이어야 독자의 선택을 받을 수 있다는 것이다.

『다 빈치 코드』(댄 브라운) 같은 팩션(팩트+픽션)의 유행도 이런 흐름과 맥이 닿아 있다. 거기서 살인사건은 일종의 키워드다. 키워드를 해결하는 열쇠는 소설에 제시되는 수많은 지식이다.

독자는 소설을 읽으며 '인류가 생산해놓은 모든 지식'을 동원해 사건을 해결해나간다. 이때 지식이란 단서가 강요하는 것은 물론 상상이다. 이것은 인터넷에서 사람들이 검색을 통해 수많은 정보를 '읽어가며' 자기만의 상상력으로 세상을 이겨낼 화두를 상상하는 것과 닮았다.

객관적 명제가 아닌 주관적 맥락 잡기를 하고 있는 '요다'형 베스트셀러가 유행하는 것도 같은 맥락이다. 요다는 영화 〈스타워즈〉에 등장하는 외계인인데 초능력과 예지력으로 사람을 가르치고 인도하는 존재다. 『이윤기의 그리스 로마 신화』, 『강의』(신영복), 『열하일기, 웃음과 역설의 유쾌한 시공간』(고미숙), 『미쳐야 미친다』(정민) 등 화제의 인문 베스트셀러는 신화·고전·역사 등을 다루되 인류의 보편적 지식을 있는 그대로 전달하지 않는다. 자기만의 프리즘으로 '제멋대로' 읽은 것이다. 이 책의 저자들은 독자의 역할을 대신 수행해 제시하는 셈이다.

하지만 무엇보다 책은 자기 자존심을 지키기 위해 '신체성' 또는 '물질성'을 키워가고 있다. 이제 책은 더 이상 미디어의 제왕이라는 오만함에 사로잡혀 있지 않으면서 디지털 콘텐트와 경쟁하는 것도 일정 부분 포기하는 동시에 새로운 책의 세계, 즉 책의 촉각적 존재감을 회복하는 것이다. 북디자이너 정병규 씨에 따르면 그것은 정보의 '맛'이다.

알약에 들어 있는 비타민C와 오렌지에 들어 있는 비타민C는 함량 면에선 같을지 모르지만 맛은 다르다. 이렇듯 정보는 놓여 있는 장소에 따라 의미가 전혀 달라질 수 있다. 오늘날 독자들은 '읽는 사람'도 '사용자'도 아닌 단지 '수집가'일 뿐이다. 수집가는 자신의 '고상한' 취미를 만족시키는 책이 아니면 선택하지 않는다. 그래서 정보의 촉각과 물성의 세계를 구축하는 시각디자인, 그중에서 특히 북디자인이 아날로그인 책의 가능성에 중요한 역할을 할 것이다.

〈중앙일보〉, 깊이읽기, 2005.7.29.

오피니언 리더 사로잡은
'2초 판단법'

'엘리베이터 스피치'라는 말이 있다. 할리우드 영화감독은 엘리베이터를 타고 내리는 30초에서 1분 정도의 짧은 시간에 제작자 마음을 잡을 수 있어야 한다고 해서 생긴 말이다. 그 짧은 시간에 인상적인 설명을 통해 자본가가 거금을 투자하도록 만들려면 늘 오감^{五感}을 열어두고 세상사와 감응할 수 있어야 한다.

그러나 이제 누구에게나 그런 능력이 필요해졌다. 국가 간의 장벽과 조직의 위계질서가 무너지고 난 뒤부터 모든 조직은 구성원에게 직관과 통찰이라는 새로운 생존방식으로 무장할 것을 촉구한다. 그렇게 무장된 사람만이 2초라는 찰나에 올바른 결정을 내릴 수 있다. 책 제목이기도 한, 2초 안에 일어나는 순간적인 판단이 지닌 힘을 구체적인 사례를 통해 알려주는 『블링크』(말콤 글래드웰, 21세기북스)는 세계적인 베스트셀러이다.

같은 저자의 책으로 세계적 베스트셀러였던 『티핑 포인트』는 2004년 9월 국내에 출간되었으나 불과 2만 부밖에 판매되지 않았다. 하지만 『블링크』는 세 달 만에 10만 부가 팔렸다. 그런 결과는 볼링을 칠 때 맨 앞에 놓여 있는 킹핀을 무너뜨리듯이 오피니언 리더를 집중 공략한 '킹핀전략'이 있었기에 가능했다. 자, 어떤가. 이 책으로 심미적 판단 능력을 키워보는 것이.

〈중앙일보〉, 깊이읽기, 2006.3.4.

유럽 진출에 성공한
김영하 소설

지난달 열린 프랑크푸르트 도서전에서 가장 행복했던 한국 작가는 아마도 김영하였을 것이다. 노르웨이, 덴마크, 이탈리아 등 유럽 출판사 편집자들이 그를 직접 만나기를 희망했기 때문이다. 김영하는 도서전이 열리기 전에 이미 미국 하코트Harcourt 출판사와는 장편소설『나는 나를 파괴할 권리가 있다』, 프랑스 필립 피키에Philippe Picquier 출판사와는「검은 꽃」을 출간하기로 합의했었다. 하코트 출판사는 움베르토 에코, 귄터 그라스, 주제 사마라구, 옥타비오 파스 등의 소설을 출간한 명문 출판사이다.

김영하가 국제 출판시장에서 정식 계약을 맺게 된 것은 에이전트, 출판사, 작가가 힘을 합해 공동 대응했기에 가능했다. 저작권 회사인 임프리마의 책임 에이전트는 김영하의 작품 모두를 읽은 다음 서구에서도 시장성이 있다고 보고 미국과 유럽의 40여 개 출판사에 일일이 제안서를 보냈다. 출판사 문학동네 또한 적극적으로 이 일을 도왔다. 무엇보다 작가는 주위 출판사 관계자나 작가 들의 부정적인 견해에도 불구하고 전문가의 제안을 믿고 전적으로 에이전트에게 권한을 위임했다.

지금까지 국제시장에서 상품성이 인정된 한국문학은 주로 드라마나 영화 등 영상과 연결된 대중문학이었다. 대중문학은 한류가 본격화되던 2001년부터 조금씩 늘어나기 시작하더니 2003년 이후에는 해마다 기하급수적으로 계약건수가 늘어나고 있다. 〈겨울연가〉나 〈대장금〉 관련 상품은 가히 신드롬 현상까지 일으키게 됐고 영상과 연결된 대중문학 작품은 그야말로

'물건'이 없어서 팔지 못할 정도이다. 이와 함께 우리 대중문학의 시장성을 읽을 줄 아는 기획자도 나타나기 시작했다. 〈상도〉를 수입해 큰 재미를 본 중국 세계지식출판사의 기획자 왕리는 귀여니를 수입해 중국에서 다시 한번 신드롬을 일으켰다.

상황이 이러니 이제 헐값에 판다는 얘기도 옛말이 되고 있다. 〈하버드 인 러브스토리〉 같은 경우는 국내에서 드라마 방영이 시작되기도 전에 일본, 중국, 대만 등의 출판인들이 오로지 이 드라마 원작소설의 판권을 계약하기 위해 내한했을 정도다. 특히 일본에서는 과열 경쟁이 벌어지며 1억 원이 넘는 계약금을 받기도 했다.

하지만 본격문학 작품으로, 그것도 한류의 자장권인 아시아가 아니라 서구시장으로의 진출은 시기상조인 것처럼 여겨졌다. 그래서 지금까지 국내 에이전트들은 외국 책의 수입에만 열을 올렸다. 수출을 하려면 두 배의 노력이 들지만 정식계약이 이뤄진다 해도 당장의 수입은 외국책의 수입에 비해 절반밖에 되지 않는다. 하지만 임프리마는 이제 우리 본격문학 작품도 서구시장에서 충분히 시장성이 있다고 판단하고 첫 번째로 김영하를 선택해 제안하기에 이르렀던 것이다.

사실 한국문학번역원이나 한 기업의 문화재단에서도 그동안 꾸준히 우리 작품의 수출을 위해 노력해왔다. 하지만 별 성과를 거두지는 못했다.

이번에 계약한 김영하의 소설들도 이미 문화재단과 한국문학번역원에서 영어와 프랑스어로 번역을 마쳐놓은 상태였다. 하지만 계약한 출판사들은 이미 번역된 원고를 거부하고 자신들이 새롭게 번역하겠다고 나섰다. 이 사실만으로도 우리 문학의 수출정책이 얼마나 신뢰를 받지 못하고 있는가를 증명한 것이다.

따라서 이제 국가의 지원정책은 근본적인 수술이 불가피할 것으로 보인다. 또 국제시장에서 신망을 받을 수 있는 에이전트가 연이어 등장하도록 하는 사회적인 분위기를 조성해야 할 것이다. 그러기 위해 작가들은 계약금을 입도선매해 여러 출판사를 전전하는 행태를 하루빨리 버리고 믿을 수 있는 출판사나 에이전트와 평생계약도 마다하지 않는 자세를 가져야 할 것이다. 출판사나 에이전트들 또한 한 건의 성공에 안주하지 말고 전문가를 직접 육성해야 할 것이다.

<한국경제>, 이 아침에, 2005.11.12.

팩션 파워

'인문서의 사망설'마저 나도는 이 엄혹한 시절에 역사서가 10만 부나 팔렸다면 누구나 놀랄 것이다. 『조선 왕 독살사건』(이덕일)은 불과 7개월 만에 그 기록을 달성했다. 〈왕의 남자〉가 1천만 관객의 신화를 이뤄가는 동안에는 판매부수가 늘어나 지금은 한 달에 1만 5천 부가 팔리고 있어 올해 안에 20만 부의 '신화'마저 이뤄낼 태세다. 이 책이나 〈왕의 남자〉는 모두 '팩션'(팩트+픽션)이다. 역사적 사실에서 출발했지만 글쓴이의 상상력이 더 기발했다.

달리 말하면 역사 추리다. 국내에서는 모든 추리소설이 아사상태라지만 유독 역사 추리는 상종가를 치는 경우가 많다. 영미권 시장에서는 팩션이 아니면 통하지 않을 정도다. 이때 나온 『조선 왕 독살사건』은 오래 전 나온 『누가 왕을 죽였는가』(푸른역사)에서 지금의 제목으로 바꿨다. 그리고 책 표지에 '의혹과 수수께끼', '음모와 진실' 등의 단어를 넣어 조선왕조판 '판도라의 상자'로 포장한 것이다. 이 책은 국내에서만 260만 부가 팔린 『다 빈치 코드』(댄 브라운)를 비롯한 팩션의 흐름을 타기 위한 시도였던 것으로 보이는데 그것이 딱 맞아떨어졌다. 역사서는 남성독자가 대부분이지만 이 책은 20~30대 여성이 절반에 육박하는 것이 그것을 증명한다. 본문에 컬러사진을 60여 장 사용해 상상력을 진실로 믿게 만든, 팩션의 '상식'이라 할 수 있는 편집은 '의혹'을 진실로 믿게 한 큰 힘으로 작용했다. 이 책의 성공은 우리 출판에도 개척의 여지가 많다는 것을 일깨워준다. 우리가 팩션으로 세계 독자를 겨냥할 수 있으니 말이다. 〈중앙일보〉, 행복한 책 읽기, 2006.2.18.

『청록집』
재출간을 반기며

　박목월·조지훈·박두진 3인의 합동 시집 『청록집』(을유문화사)이 갑년甲年을 맞이해 우리에게 다시 찾아왔다. 이번 책은 초간본과 현행 맞춤법에 맞춰 고친 새 판본을 합본해 만들었다. 초간본을 실은 부분은 원래의 책을 그대로 옮겨놓은 듯한 느낌이 들도록 글자 한 자 고치지 않았으며 종이도 60년 전의 것과 같은 지질을 사용했다.

　『정본 윤동주 전집』(문학과지성사), 『김상옥 시전집』(창비) 등 작고한 시인들의 시를 정리해 책으로 펴내는 작업은 속된 말로 장사가 되는 것은 아니다. 오로지 문학의 기반을 다지려는 출판사의 노고만을 엿볼 수 있는 작업이기 십상이다. 그런데 『청록집』의 초기 반응이 의외로 괜찮다. 별다른 마케팅을 전개하지 않았음에도 초판 4천 부가 1주일 만에 다 팔려나가 벌써 2쇄 3천 부를 추가로 발행했다는 소식이다. 시집이 초판 1천~2천 부도 팔리지 않아 '시의 죽음'마저 논의되는 작금의 분위기에서는 매우 고무적인 현상이라 하지 않을 수 없다.

　『청록집』은 일제강점기 이래 이 땅의 중요한 문학적 자산이 그랬던 것처럼 '골방문화'의 소산이다. 이 시집이 출현했던 해방공간에서는 문학적 입장을 같이하는 사람들이 의기투합해 세상을 변혁하려는 의지가 분출했다. 내면의 침잠과 울림을 잔잔하게 보여주고자 하는 세 시인의 진정한 마음이 『청록집』을 우리 서정시의 한 '정점'에 올라설 수 있게 한 것이다.

　1960년 이후 우리 현대사는 '광장의 문화'였다. 먼저 광장은 지배자의 것이었다. 지배자는 광장을 독점하며 충성스러운 시민을 키우는 데만 몰두했다. 그에 대항해 대중은 끊임없이 광장을 군사독재의 퇴진과 민주주의를 절규하는 용광로로 만들려고 했다. '6월 항쟁'으로 민주화라는 목적이 일정한 성취를 이룬 다음, 광장은 2002년 월드컵 축구 시절 축제의 마당이 됐다. 그곳에서는 '분노'와 '적개심'과 '한숨'을 더는 볼 수 없었다. 이웃과 더불어 기원하는 '희망'만이 분출했다. 6월 4년 만에 다시 찾아온 월드컵 축구는 우리를 광장의 축제에 다시 한번 빠져들게 했다.

하지만 축제의 광장은 근본적으로 한계가 있을 수밖에 없다. 내면의 침잠을 통한 울림을 만들어내지 못한다면 광장은 언제나 일시적인 모래성처럼 바로 무너질 수 있기 때문이다. 『청록집』과 같은 책을 새롭게 펴내는 것은 개인 또는 소수가 이뤄내는 골방문화의 진수를 갈구하는 대중의 잠재 욕구를 충족시켜주는 일이기에 그 의의가 적지 않다 할 것이다. 나아가 진정한 골방문화의 창조자가 되어야 한다. 손에 손을 맞잡는 '지구촌' 시대가 가고 골방이 '시장'과 '도서관'과 '사교클럽' 등 전방위적 역할을 하는 '지구방'으로 바뀐 지 이미 오래지 않은가. 이제 세상은 개인에게 '지구방'에서 홀로 분투하며 감동의 콘텐츠를 생산해낼 것을 요구하고 있다.

디지털 문화는 양과 속도를 주로 추구해왔다. 디지털 문화가 발달할수록 책의 역할이 축소될 수밖에 없다는 것은 이제 정설이다. 그래서 책은 존재론적 질문을 던지며 자신이 나아가야 할 좌표를 찾아야 했다.

어쨌든 『청록집』의 반응에서 나는 미세하나마 그런 가능성을 읽었다. 비록 육필 원고에서 우러나오는 감동까지는 아닐지언정 60년 전에 저자들이 골방에서 애써 풍기려 했던 '냄새'를 행간과 여백에서 맡을 수 있다. 이처럼 앞으로 책은 정보의 '맛'을 느끼고 싶고 '물건'으로서 소유하고 싶다는 욕망을 자극하지 않으면 살아남기 어렵다. 그런 면에서 『청록집』에 대한 특별한 반응은 우리가 나아가야 할 한 방향을 제시하고 있다.

〈동아일보〉, 문화칼럼, 2006.7.5.

책 시장에서 사라진
'청춘'

20대 여성은 한때 책 시장의 주요 고객이었다. 산업화 시대에 취업을 위해 대도시로 몰려든 그들은 책을 매개로 인생을 성찰했고, 출판기획자들은 20대 여성을 위한 책을 쏟아냈다. 그러나 참으로 오랜 세월 그들은 책 시장에서 멀어졌다. 어설픈 대학입시제도와 취업난으로 중·고등학생과 대학생이 책을 읽지 않게 되면서 책 시장에서는 '청춘'이 사라졌다.

오히려 1970~1980년대의 인문·사회과학 시대에 대학생활을 하며 책의 가치를 깨달은 40대가 책 시장의 분위기를 주도했다. 하지만 올해에는 20대가 다시 책 시장의 강력한 세력으로 부활했다. 그들 손에 쥐어진 책은 문·사·철의 전통적 교양서적이 아닌 자기계발서나 재테크 서적 들이었다.

생존에만 목숨 거는 20대
『여자생활백서』(안은영, 해냄), 『여자의 모든 인생은 20대에 결정된다』(남인숙, 랜덤하우스코리아)같이 30대 여성이 20대 후배에게 성공하는 법이 아닌 세상에서 살아남기 위한 '여우 같은 지침'을 제공하는 책들이 30만~40만 부가 팔리는가 하면 최근에는 20대라는 것을 제목에 전면으로 내세운 『대한민국 20대, 재테크에 미쳐라』(정철진, 한스미디어)가 종합 베스트셀러 상위에 올라 질주하고 있다.

자본주의 신기루에서 '살아남는' 길은 마음의 진정성이 아닌 몸의 스타일일 수 있다는 '철학'을 제시하는 『스타일 북』(서은영 외, 시공사)이 단숨에 10만 부가 넘는가 하면 고졸 학력으로 부와 명예를 누리는 편집장이 부하 직원들을 악마처럼 부려먹는데도 불구하고 그 자리를 차지하려는 사람이 100만 명이 넘는 것처럼 묘사한 『악마는 프라다를 입는다』(로렌 와인스버거, 문학동네)는 올해 가장 많이 팔린 외국소설에 올랐다. 이 책들도 첨단 자본주의 체제에서 살아남기가 얼마나 어려운지를 깨우쳐주는 자기계발서로 읽힐 수 있다.

그들은 또 살아남기 위해서는 누구도 걷지 않은 '외길'을 걸어야 한다는 『마시멜로 이야기』(호아킴 데 포사다 외, 한국경제신문), 『배려』(한상복, 위즈덤하우스), 『핑』(스튜어트 에이버리 골드, 웅진윙스) 같은 성공우화에 깊이 빠져들었다.

『마시멜로 이야기』나 『배려』는 어린이용으로도 만들어져 인기를 끌어 생존의 문제가 10대로까지 내려갔음을 보여준다. 이런 추세를 감안하면 내년에 이들은 매우 영악할 정도로 일과 개인생활에서 자기만의 '현명한 삶'을 추구할 것으로 보인다.

이렇듯 20대의 독서 경향을 자세히 들여다보면 지금 20대가 '참된 인생'은 포기하고 오로지 '생존'에만 목숨을 걸고 있음을 알 수 있다. 20대 태반이 백수라는 '이태백'의 회자가 엊그제 같은데 벌써 20대의 90%가 백수라는 '이구백'으로 바뀌었으니 이런 현상은 어쩌면 당연한지도 모른다.

인문 소양 없는 미래는 암담하다

또 사회 전반에서 인문학이 아닌 경제학이나 재테크를 새로운 '교양'으로 여기는 마당이니 20대라고 이 흐름을 멀리하기 어려울 것이다. 심각한 경제적 위기감과 박탈감으로 '돈'과 '부자'에만 목숨을 걸다 결국 좌절하고만 부모 세대의 모습을 정면에서 바라본 그들이 현실적인 삶을 선택하는 것은 지극히 당연하다 할 것이다.

하지만 인간은 인문적 소양 없이는 결코 어떠한 경쟁에서도 이길 수 없다. 역사·철학·심리학 등의 인문학은 인간을 이해하는 기반학문이다. 인간의 마음을 근저에서부터 이해하지 못하면 어떤 행위도 통하지 않는다. 이런 지극히 당연한 말마저 그들에게 말해줄 염치가 없을 만큼 우리 사회의 미래가 암담하다는 것을 올해 독서시장은 웅변해준다.

　사회에 첫발을 내딛는 순간부터 인생의 큰 그림은 그려보지도 못한 채 오로지 살아남아야 한다는 절박감에 빠져들게 만든 것은 과연 누구의 책임일까. 그 책임의 소재를 빨리 가려봐야 하지 않을까.

〈문화일보〉, 포럼, 2006.12.23.

자기 성찰 담은
『뇌』, 『화』 상한가

출판사들은 해마다 여름 성수기에 임박해 가장 자신 있는 상품을 내놓기 마련이다. 올해에도 신경숙, 은희경, 김진명, 이외수 등 인기작가들의 신작과 다양한 기획상품이 등장했다.

그러나 올해 여름 출판시장은 '월드컵'과 '루사'라는 두 폭풍을 앞뒤로 맞이하며 어느 해보다 힘겨운 싸움을 벌여야 했다. 또 선정되기만 하면 종합 베스트셀러 1위에 오르는 '느낌표 브랜드'의 강력한 위세에 눌려 새 '얼굴'이 자리를 잡기란 매우 어려웠다. 그런 와중에도 시장에 강력한 터전을 마련하고 장기 인기 경주에 뛰어든 책은 베르나르 베르베르의 『뇌』(전2권, 열린책들)와 틱낫한의 『화』(명진출판)다. 책은 각각 40만 부와 23만 부를 넘겼다.

『뇌』는 과학적 지식이라는 팩트와 문학적 상상력이라는 픽션이 절묘하게 결합된 매우 박진감 있는 소설이다. 체스게임에서 컴퓨터를 이긴 사람이 갑작스럽게 죽자 그 죽음의 비밀을 찾아가는 추리기법을 도입하여, 스릴과 서스펜스가 넘치면서 과학적인 지식이 무수히 등장해 지적 포만감도 안겨준다. 이 소설이 던져주는 메시지는 '우리는 누구인가'이며 '뇌' 속에서 궁극적인 삶의 동기를 찾고 있다. 그 동기로는 고통과 공포로부터의 탈출, 생존욕구, 돈, 의무감, 명예욕 등이 등장하지만, 이 소설이 내세우는 최후의 비밀이자 강력한 동기는 인간의 쾌감을 관장하는 두뇌영역인 '쾌감 중추'이다.

『화』는 관념이 아닌 일상을 중시한다. 일상에서 누구나 화를 내고 있다. 유교적 전통이 강한 우리 사회에서는 화를 내는 사람은 정신적 미숙아로 간주되어왔지만 틱낫한은 누구나 껴안고 살아야만 하는 장기臟器와 같은 존재로 여긴다. 이 책은 바로 시기, 절망, 미움, 두려움의 연합체인 '화'를 다스리는 방법을 잔잔하게 설명해주고 있다.

오늘날 선진국일수록 인구의 절반 이상은 심한 우울증에 빠져 있다. 누구든 아이디어만 있으면 국경이 사라진 세계에서 무한대로 돈을 벌고 신분 상승도 할 수 있다는 지식 사회로 접어들었다지만, 대부분의 사람들은 성공보다 실패할 확률이 더 크다. 청년실업이 일반화하고 38세 이상의 직장인은 누구나 실업예비군으로 간주된다. 『부자 아빠 가난한 아빠』 같은 책은 어려서부터 부자가 되려는 마음이 중요하다고 역설한다. 한때 그런 마음을 먹어보았지만 대중에게 다가온 것은 절망에 가까웠다. 대중은 이미 과거를 후일담으로 기억할 여유도, 막연한 미래를 기대할 수도 없다. 변화의 근본을 깨우치려는 열망의 이면에는 지금 당장 삶의 질을 중시하려는 반작용도 크다.

인간의 마음은 심장과 뇌의 어디에 존재하는가. 이제 광란의 열정보다는 차분한 자기 성찰로 기울어지고 있다. 두 책의 인기로 볼 때 대중의 관심은 '뇌'로, 그리고 '화'가 나 있는 자기 존재의 확인으로 나아가고 있는 것으로 볼 수 있지 않을까.

〈한겨레〉, 책과 시장, 2002.9.14.

무한 경쟁 시대,
'유혹'이 뜨더라

20세기 말에 한국 출판시장의 흐름을 혁명적으로 바꿔놓은 것은 디지털 혁명, IMF 구제금융사태, 국민의 정부 출범 등이다. 인터넷은 정보를 둘러싼 시스템을 전면적으로 바꿔놓았으며, 돈이 없으면 나라마저도 망할 수 있다는 것을 경험하게 한 IMF 사태는 믿을 것은 돈과 자신밖에 없다는 '자각'을 가져왔다. 또 해방 이후 50여 년 만에 권력의 핵을 바꾼 국민의 정부는 학연과 지연으로도 안 되는 것이 있다는 사실을 알려주었다.

이런 변화는 우리가 6·25와 같은 동족상잔을 동시에 세 번 치른 것과 다름이 없다. 그러나 그런 경험을 통해 대중의 심성 또한 크게 바뀌었다. 과거의 가치를 거의 모두 부정할 수밖에 없는 대중은 부모와 자식, 혹은 부부와 같은 가장 원초적인 관계만으로, 믿을 수 있는 대상을 좁혀가기 시작했다.

출판시장에서는 이런 대중 무의식의 촉수를 자극한 책들이 대형 베스트셀러로 떠올랐다. 『가시고기』(조창인)는 백혈병 아이를 살리려는 부성애, 『국화꽃 향기』(김하인)는 자식을 살리고자 하는 부부애, 『부자 아빠 가난한 아빠』(로버트 기요사키 외)는 아홉 살 자식의 생각을 바꾸려는 아버지의 애정 등이 배어 있다. 올 한 해 내내 출판시장을 달궜던 '느낌표 브랜드'들 또한 부모 세대는 지난 시절을 회고하게 하고, 자식 세대는 부모들의 어려웠던 시절을 이해하게 만드는 책들만이 줄줄이 선택돼 이런 흐름을 부채질했다.

어느 시대건 사회 변동기에 대중은 새 처세의 방법을 터득하기 마련이다. 그런 시기에 대중이 믿을 것은 자신뿐이다. 그래서 자기를 표현하려는 욕망의 수위가 유례가 없을 정도로 높아져 '개인기'가 없는 사람은 도태될 것 같은 분위기다.

이제 대중은 자신의 정체성과 설 자리와 출구를 찾기 위해서라도 자기중심주의에 빠진 상대를 설득하는 훈련이 별도로 필요하게 되었다. 그래서 '대화', '협상', '로지컬 싱킹' 등의 단어가 들어간 책들을 즐겨 찾고 있다.

지난 8월 말에 출간된 『유혹의 기술』(로버트 그린) 또한 그런 흐름을 타 출간 즉시 인문 베스트셀러 상위에 오르는 기염을 토했다. 유혹자의 9가지 유형, 유혹의 24가지 전략과 전술 등을 다룬 이 책은 '협상은 가라, 유혹만이 유일한 출구다'라고 외친다. 속임수, 술수, 거짓말 등을 사용하지 않고서, 주체적으로 유혹하고픈 상대의 관심과 감정과 무의식을 휘어잡는 것은 세상을 변화시키려는 매우 적극적인 노력이다. 스스로 향기(비전)를 내뿜어 유혹할 수 있는 자만이 상대의 향기도 맡을 수 있다. '아니면 말고' 식의 무차별 폭로를 하고 이를 그대로 유포하는 사람들부터 '유혹의 기술'을 터득해보는 것은 어떨까.

〈한겨레〉, 책과 시장, 2002.10.5.

술술 읽히는
문고판을 만들자

두껍고 무거운 책의 출간이 늘어나고 있다. 『교양』(디트리히 슈바니츠)은 767쪽에 3만 5천 원의 높은 값에도 불구하고 6만 부 이상 판매돼 출판계에 충격을 던져주었다. 『이븐 바투타 여행기』(이븐 바투타), 『실크로드학』(정수일), 『지식의 최전선』(김석수 외), 『살육과 문명』(빅터 데이비스) 등과 같이 값이 3만 원이 넘는 책이 분야별 베스트셀러에 오르는 현상은 이제는 일상적인 일이 되었다. 미국이나 일본에서도 출판사들이 의도적으로 '눈에 띄는 도시락'처럼 두껍게 만든 대중소설이 잘 팔리는 것은 흔한 일이다.

일본의 출판전문 계간지 〈책과 컴퓨터〉의 편집장인 쓰노 가이타로는 인터넷이나 멀티미디어 등 전자문화에 대한 독자들의 무의식적 반감이 두꺼운 책의 유행이나 고서 붐을 만들어내고 있다는 분석을 내놓았다. 무색무취인 디지털 데이터의 대극에 있는 것으로서 책의 물질성(신체성)을 중요시하게 됐다는 점도 들었다.

그러나 쓰노는 2010년쯤에는 일본 서점 서가의 대부분을 문고가 차지할 수밖에 없을 것이라는 이색적인 주장을 내놓았다. 그는 먼저 자신의 경험부터 털어놓았다. 롤랑 바르트의 일본문화 비평서인 『기호의 제국』을 30년 전에 출간됐던 컬러도판의 호화 양장본으로는 도저히 읽을 수 없었지만 최근에 출간된 문고판으로는 너무나 쉽게 술술 읽을 수 있었다는 것이다. 그래서 문고판으로 다시 출간된 교고쿠 나츠히코의 추리소설 『우부메의 여름』을 다시 읽어보았다. 이 소설도 1년 전쯤에 신서판의 두꺼운 책으로는 10쪽도 읽을 수 없었지만 문고판으로는 공교롭게도 너무나 쉽게 술술 읽혔다.

왜 그럴까? 쓰노가 보기에 호화 양장본은 그 '훌륭한 책'을 구성하는 여러 요소들이 책을 대하는 독자에게 일종의 중압감을 주어 일상적으로 하는 편안한 독서에 오히려 방해가 되었다. 하지만 작고 가벼운 문고판으로 책의 형식이 바뀌자 롤랑 바르트나 교고쿠 나츠히코처럼 강한 개성을 가진 저자들의 문체가 저절로 독기가 빠져 매우 평범한 산문이 되어버린 느낌도 들었다는 것이다. 여기서 독기란 책을 만든 편집자나 장정가의 지나친 열정을 의미한다.

우리의 1970년대에는 문고가 출판의 한 축을 분명하게 담당했었지만 지금은 그 명맥만 겨우 유지하고 있다. 최근에 내용은 좋은 책이지만 절판되어 읽을 수 없는 책들이 급격하게 늘어가고 있는데, 그 이유가 무엇이냐고 내게 질문하는 사람들이 부쩍 늘어났다. 온라인서점으로 주문해보아도 열에 서넛은 절판이라고 결국 보내주지 않는단다. 책의 유통이 요구르트 유통기한(1주일)과 닮아간다고 할 정도로 책의 수명이 짧아지고 있으니 이런 현상은 당연하다 할 것이다. 자, 그렇다면 그런 책들을 문고판으로 다시 출간해보는 것은 어떨까.

〈한겨레〉, 책과 시장, 2002.10.19.

총체적 독서운동의
당위성

사람들이 왜 책을 읽지 않게 되었을까. 그 이유로는 가벼운 베스트셀러 중심으로 책 시장의 재편, 대학이나 지식 혹은 교양인의 몰락, 경제의 불안정성, 예측할 수 없는 미래, 정치적 이데올로기의 쇠퇴 등이 주로 꼽혀왔다.

대중의 탈독서화 현상을 일시적인 현상이라기보다 문명사적 대전환의 추세로 바라본 견해마저 없지 않았다. 일부 지식인들은 책이 가득 찬 서가보다 데이터베이스가 풍부한 인터넷에서 필요할 때마다 자신에게 유용한 정보를 꺼내 쓰면 그만인 것으로 치부하기까지 했다.

어디 그뿐인가? 디지털 콘텐츠만이 국가의 미래라며 디지털 정보 생산에만 열을 올렸다. 올해에만 디지털 콘텐츠 생산에는 수천억 원의 자금을 쏟아부었지만 전통적인 아날로그 종이책 산업에 대한 국가 지원예산은 약 120억 원에 불과했다.

하지만 전자책과 온라인서점 등이 전 세계에서 아직까지 수익모델을 이끌어내지 못하고 있는 가운데 세계는 새로운 '독서혁명'의 열기 속으로 빠져들고 있다. 대중이 인터넷을 통해 무수한 정보를 쉽게 얻을 수 있는 환경이 조성됐지만, 결국 인간은 일정한 시간 동안 자신의 신체적인 훈련을 통해 '글'을 읽어가며 상상력과 창의력을 발휘할 수 있어야만 한다는 지극히 당연한 사실이 새삼스럽게 확인되고 있기 때문이다.

이미 미국에서는 도시마다 도서관 중심의 독서운동이 경쟁적으로 벌어지고 있으며, 프랑스에서는 초등학생들이 학교에서 하루에 두 시간 이상의

'읽기'를 통해 모두 150권의 책을 읽는 것을 의무화하고 있다. 일본에서는 1만여 개에 이르는 각급 학교가 아침에 10분 동안 책을 읽는 '아침 독서' 운동에 동참하고 있다. '아침 독서'는 책을 읽는 효과뿐만 아니라 아이들의 집중력을 향상시켜 수업태도를 바르게 하는 효과마저 안겨주고 있다.

우리나라는 올해 상반기에 어린이책 발행부수가 지난해 같은 기간에 비해 57.2%나 늘어날 정도로 어린이 출판이 활성화하고 있어 그나마 다행이라는 분석을 낳았다. 그러나 그 속내를 들여다보면 우려가 없지 않다. 한 서적도매상의 지난해 자료를 분석해보면 어린이책 베스트셀러 상위 200위 가운데 그림책이 118종이나 됐다. 그중 신간은 19%에 불과했으며 국내서와 외국서의 실제적인 체감비중은 2 대 8이나 됐다.

이것은 어린이 출판시장이 지나치게 유아 중심으로 흘러가고 있으며, 따라서 상대적으로 초등학교의 독서교육은 열악하다는 증거다. 현행법상 각급학교 사서교사의 배치는 의무지만 배치율은 2%에도 이르지 못하고 있다. 이런 통계만으로도 하루빨리 독서운동이 총체적으로 벌어져야 하는 이유가 명백하게 확인되는 것은 아닐까.

〈한겨레〉, 책과 시장, 2002.11.2.

'이야기성' 탄탄할 때
큰 공감

지난달 일본에서 '해리포터' 시리즈(조앤 롤링) 제4권의 초판은 사상 최초로 230만 질(460만 권)이나 간행됐다. 이 책은 대형서점에 일제히 베스트셀러 1위에 올랐는데, 일부 지방에서는 책을 구하지 못해 아우성이었다고 한다.

하나의 문화콘텐츠로 단기간에 전 세계를 장악하는 일은 이제 흔한 일이다. 이렇듯 문화상품의 집중화가 가능해진 데에는 초고속 정보통신망과 인터넷이 자리 잡고 있다. 하지만 더 큰 이유는 세계 출판계가 '최고' 기업들의 합병을 통해 기업 규모를 급속하게 키워 마케팅 능력을 강화한 까닭이다. 랜덤하우스, 하퍼콜린스, 펭귄, 맥밀란, 호더 헤드라인 등 거대 복합기업이 시장지배력을 급속하게 키워가고 있는 영국에서와 같은 현상이 나라마다 비슷하게 벌어지고 있다.

그렇게 규모를 키운 기업들은 기획단계에서부터 세계시장을 대상으로 한 '글로벌 기획'을 일상화하고 있다. 지금도 급속하게 진화하고 있는 디지털 기술은 머지않아 세계를 하나로 묶는 출판시스템을 가능하게 할지도 모른다.

이런 분위기를 반영하듯 지난달 29일 도쿄에서는 한국, 중국, 일본, 대만 등 한자 문화권의 출판업계 종사자들이 모여 '동아시아 출판의 전통과 전자화'와 '출판 비즈니스의 미래'를 주제로 열띤 토론을 벌였다.

이날 토론에서 일본의 대표적인 인문출판사인 이와나미쇼텐岩波書店 대표인 오오쓰카 신이치大塚信一는 "중국은 일본과 달리 젊은이들이 대대적으로 책을 읽어 급격하게 성장하고 있고 한국도 활력이 있다"며 "동아시아에서도 상호 교류가 늘고 있지만 만화 등에만 치우치고 정작 문화적으로 의미 있는 책들의 교류는 별로 없는 것이 문제"라고 말했다.

또 다른 출판사 쇼각칸小學館의 멀티미디어국 책임자 스즈키 도시히코鈴木俊彦는 "일본 만화를 저작권 없이 수입해 출판자본을 형성하는 등 아시아의 출판 비즈니스는 일본 출판에서 비롯했다고 해도 과언이 아니다"고 말했다. 그는 "이제 동아시아의 여러 언어로 된 책을 동시에 펴내고 싶다"는 포부를 밝혔는데, 『포켓몬스터』로 세계에 진출해 많은 이익을 남겨본 경험이 대단한 자신감을 갖게 한 듯했다.

이렇게 출판 비즈니스를 바라보는 시각은 달랐지만 이날 토론의 최대 화두, '책의 이야기성'에 대한 시각은 일치했다. 인터넷에서 잘게 쪼개진 채 떠돌고 있는 무료 정보에 대항하고 '세계 시민'의 공감을 얻어내려면 책의 최대 장점인 이야기성을 키워야 한다는 것이다. 그런데 이런 사례는 나라 안에서도 충분하다. 『영어공부 절대로 하지 마라』와 같은 실용서, 『신기한 스쿨버스』(조애너 콜), 『로빈슨 크루소 따라잡기』(박경수 외)와 같은 과학지식책, 『더 블루 데이 북』(브래들리 트레버 그리브)과 같은 사진집, 『누가 내 치즈를 옮겼을까?』(스펜서 존슨)와 같은 새 유형의 처세서 등 대형 베스트셀러들은 한결같이 이야기성이 강한 책들이 아닌가.

〈한겨레〉, 책과 시장, 2002.11.16.

잘나가는
'정보 단순화' 책

『단순하게 살아라』(베르너 티키 퀴스텐마허 외, 김영사)는 물건, 돈, 시간, 건강, 주변 인물, 파트너, 자기 자신 등의 단계로 차차 올라가면서 삶을 단순하게 만드는 구체적인 매뉴얼을 담은 책이다. 이 책은 출간 두 달 반 만에 10만 부의 판매를 넘어섰다. 외국에서는 이미 『버리는 기술』(다츠미 나기사, 삼각형북스), 『아무 것도 못 버리는 사람』(캐런 킹스턴, 도솔)과 같이 단순한 생활을 제안하는 책들이 폭발적인 인기를 끈 바 있다.

『세상에서 가장 아늑한 휴식 발마사지 30분』(김수자), 『행복을 지키는 과학 수지침 30분』(곽순애), 『아름다운 몸의 혁명 스트레칭 30분』(밥 앤더슨, 이상 넥서스) 등 건강 정보를 단순화시켜놓은 '30분 시리즈'나, 자기를 단순화하고 스스로 버릴 때 삶의 진정한 의미를 깨달을 수 있음을 야생초에 대한 사랑을 통해 보여주는 『야생초 편지』(황대권, 도솔)도 대단한 인기를 끌고 있다.

홈페이지를 읽는 소프트웨어인 브라우저란 말은 '대충 훑어보다', '골라서 읽다'란 뜻을 지닌 '브라우즈browse'란 영어 단어에서 비롯됐다. 인터넷을 떠도는 무수한 텍스트란 처음부터 정독의 대상이 아닌 골라서 읽는 대상에 불과하다. 인터넷에는 이미 '거짓 정보'마저 흘러넘치고 있어 결국 언젠가는 오誤정보 사회가 될 것이라는 지적마저 있다. 이제 새로운 교양인은 인터넷에 광대한 바다처럼 펼쳐지는 정보들을 대충 읽어가며 쓰레기 같은 정보는 흘려버리고 자신에게 필요한 정보만을 골라낼 수 있는 '정보 사냥꾼'으로 볼 수도 있을 것이다.

다치바나 다카시는 『도쿄대생은 바보가 되었는가』(청어람미디어)에서 "읽을 가치가 있는 정보를 어떻게 구분하는가, 읽을 가치가 없는 정보를 어떻게 무시하는가 하는 것이 정보화 시대인 현대사회에서 더욱 중요한 지적 기술"이라고 정리했다. 이렇게 새롭게 등장한 도구는 인간의 사고체계마저 바꿔놓고 있다.

지난 밀레니엄의 중요한 덕목이었던 정보를 축적하는 능력은 이제 정보의 검색을 통해 새로운 정보를 생산하는 능력으로 바뀌고 있다. 인간의 생활 또한 되도록 많은 물건을 소유하는 것에 가치를 두는 것이 아니라, 자신만이 필요로 하는 것을 어떻게 지혜롭게 가질 것인가에 더욱 의미를 두는 방향으로 바뀌고 있다.

오늘날 가정에서나 회사에서나 무수한 '물건'과 '정보' 들이 끊임없이 배달되고 있다. 하지만 덧셈만을 주로 해오던 사람들이 갑자기 뺄셈을 하기란 쉬운 일이 아니다. 배달된 것들을 무작정 쌓아놓기는 쉽지만 버릴 것을 빨리 알아차리고 단순하게 만드는 사고방식이나 테크닉은 쉽게 습득하지 못한다. 앞의 책들은 달라진 세상의 대중에게 바로 그런 능력들을 적절히 제시해주고 있는 셈이다.

〈한겨레〉, 책과 시장, 2002.11.30.

약진하는 실버 서적

올해 출판시장이 보여준 한 가능성은 실버출판이다. 몸이 말하는 대로 따라가는 것이 자기 삶을 긍정적으로 만든다는 메시지를 담은 『나이듦에 대하여』(박혜란)는 출간 1년 만에 10만 부를 넘겼다. 적극적인 삶의 방법론을 재치 있게 제안하는 『유쾌하게 나이 드는 법 58』(로저 로젠블라트)은 7월에 출간됐음에도 3만 부 이상 팔렸다. 또 『중년 이후』(소노 아야코), 『인생의 황혼에서』(헬렌 니어링), 『로망스』(윤태호) 등도 좋은 반응을 얻고 있다.

흔히 세속의 욕망으로는 돈, 권력, 명예, 섹스 등을 들곤 한다. 책 시장에서도 이런 욕망을 다룬 학습참고서나 수험서, 경제·경영서 등이 잘 팔려나가기 마련이다. 더구나 세상이 각박할수록 부모와 자식, 부부, 형제와 같은 가장 원초적인 관계를 다룬 책들이 대중의 가슴을 예리하게 파고들고, 이렇게 해야만 당신이 살아남는다는 '협박형' 정보를 담은 책들이 서점의 서가를 도배한다.

사람이 노인 세대로 접어들게 되면 병들고 주머니가 빈 자신의 처지를 한탄만 하는 사람과 남은 생을 좀 더 적극적으로 향유하려는 사람으로 나뉜다고 한다. 당연히 후자 유형의 사람이 늘어나야만 더 성숙한 사회일 것이다. 올해 실버출판물의 출간이 늘어나면서 시장을 넓혀가고 있는 것은 우리 사회에도 후자 유형의 사람이 본격적으로 등장하기 시작했다는 구체적인 징후로 볼 수 있다.

이들 책의 주 독자층은 6월 항쟁의 '성공'을 경험한 세대다. 자신감을 갖게 된 이들의 정서는 앞뒤 세대와 크게 구별된다. 그들은 과거에 인문서 시대를 열었으며, 자식들에게 양질의 아동서를 경쟁적으로 읽혔다. 지난해만 해도 통하지 않던 틱낫한이나 달라이 라마의 책을 올해에 대대적으로 유행시켰고, 무엇보다 자신의 삶에 더 적극적인 의미를 부여하기 시작했다.

때마침 정보기술IT혁명으로 인해 화이트칼라형의 일자리가 늘어났고 벤처 열풍도 불었다. 인터넷은 그 어느 때보다 이들에게 무수한 '읽을 거리'를 내놓고 있으며, 5일제 근무 시대도 열리기 시작했다. 이제 40대에 접어든 이들은 자기 삶을 보다 긍정적인 스타일로 변화시키고 있다.

나이듦에 대해서마저 긍정적으로 받아들이면서 인간의 정신적 풍요와 역사적 배경을 다룬 여행서, 앞선 세대의 고뇌에 찬 삶을 다룬 논픽션, 이론의 단계를 뛰어넘어 세대별로 구체적인 실천방법을 보여주는 환경관련서, 라이프 경영을 추구하는 처세서 등을 즐기고 있는 이들은 사회 변화에 대한 관심과 의욕이 넘친다. 올해 대통령선거에서도 이들은 폭풍을 몰고 올 세대로 꼽힌다.

눈으로 볼 수 있는 것은 시야에 불과하지만 마음으로 볼 수 있는 것은 비전이다. 지금 당장 쇠약해지는 자신을 추스르는 데 머물지 않고 멀리 전망을 찾으려는 이들의 적극성은 결국 우리 사회의 비전 창출로까지 이어지지 않겠는가.

〈한겨레〉, 책과 시장, 2002.12.14.

가로지르기·퓨전의 시대

200여 년 전에 정약전은 유배생활을 하던 흑산도 근해의 해양생물을 직접 채집하고 조사해 200여 종에 대한 특징과 습성·분포, 당시 주민들의 이용행태 등을 상세히 기록한 『현산어보』(자산어보)로 남겼다. 이 『현산어보』를 오늘날의 관점에서 새롭게 되살려놓은 『현산어보를 찾아서』(이태원), 별자리와 혜성, 운석과 유성과 같은 수천 년 전의 천문현상을 추적해 『삼국사기』 등 고대 역사서에 수록된 우리 역사의 진실을 규명한 『하늘에 새긴 우리 역사』(박창범), 사주·관상 등으로만 알려진 사주명리학을 인간과 인간, 인간과 지구, 인간과 우주의 관계로 명쾌하게 풀어내 문명적 성찰의 수준으로 격상시킨 『조용헌의 사주명리학 이야기』 등은 지금 인문 베스트셀러에 일제히 올라 있다.

이 책들은 인문·사회과학 서적의 전반적인 침체에도 불구하고 출간한 지 한 달이 되지 않아 많게는 1만 부, 적어도 5천 부는 판매될 정도로 인기다. 이처럼 학술을 기본적인 바탕으로 한 넓은 의미의 실용서들이 점차 하나의 흐름으로 굳어가고 있다. 물고기의 생태를 탐구하거나 천문현상을 추적하거나 사주·관상을 통해 인간의 운명을 알아보는 일들이 인문학의 핵심으로 침투하기 시작한 것이다.

오늘날 대중이 지식과 정보를 얻는 통로는 매우 다양하다. 그 다양한 통로를 통해 수시로 변하는 지식의 의미를 남다르게 해석하기를 즐기는 세대는 인생의 경험이 많은 세대보다 새로운 기술에 익숙한 젊은 세대이다. 젊은 세대는 이제 하향식의 일방적으로 전달되는 지식을 달가워하지 않는다. 그들은 스스로 '정보의 바다'를 헤엄치며 얻어낸 지식으로 시시각각으로 변하는 지금 이 시대의 불가사의를 직접 해독하려 들고, 과거에 누구나 지극히 당연한 것으로 여겨 마땅했던 사회적 담론마저 새롭게 해석하려 들며, 일과 놀이를 함께 추구한다.

올해만 해도 젊은 세대는 월드컵 축구, 9·11 이후 새로운 관점으로 보기 시작한 미국, 두 여중생의 죽음으로 부각된 소파^{SOFA}, 잦은 자연재해로 인해 절박한 생존의 문제가 된 환경과 개발, 대통령선거 등에 대해 대단한 관심과 참여를 생활화했다. 나아가 그들은 이들 문제에 대한 활발한 토론과 실천을 통해 자기 삶의 질을 높이려 들었다.

당연히 그들은 한 권의 책에서도 인생론과 생존론을 함께 찾기 시작했다. 과거에는 '어떻게 살아야 하는가'의 수준이었지만 이제는 '어떻게 살아남을 것인가'를 고민할 수밖에 없는 그들은 이렇게 학문(지식)과 실용(실천 매뉴얼)마저 하나로 묶어 사고하려 든다.

따라서 그들의 욕구를 충족시키려면 이제 기계적으로 지식을 전달하는 과거형의 책이 아니라 학제 간 연구, 가로지르기, 퓨전 등을 통해 이질적인 상상력마저 결합해 새로운 상상력을 만들어내는 책이어야 한다. 그래서 새해도 여전히 기대해볼 만한 것이다.

〈한겨레〉, 책과 시장, 2002.12.28.

어느덧 역사가 된
얘기들

어느 누구라도, 언제 어디서나, 모든 기기를 통해 즉각 네트워크에 접속할 수 있는 '유비쿼터스'의 물결이 몰려오고 있다. 앞으로 모든 가정은 냉장고, 화장실, 현관 등 집안 곳곳에 콩알만 한 크기의 무수한 컴퓨터를 소유하게 될 것이다. 이를 주도하는 사람들은 이 물결이 매우 편리한 일상을 가능하게 만들 것이라고 속삭인다.

컴퓨터가 처음 등장했을 때, 컴퓨터의 소유자는 데이터를 생산하고 검색하고 소비하는 주체였다. 그러나 인터넷의 등장 이후에는 갈수록 개인의 정체성은 '네트'라는 틀에 녹아 들어갔다. 극단적으로 말하면 개인은 '스스로 자신의 주인이 된다'는 '주인 감각'보다는 '예'와 '아니오'의 선택을 강요받는 '대상'으로 전락해가고 있는지도 모른다. 독일의 사회학자 울리히 벡에 따르면 이것은 '위험사회'다. 위험사회에서 개인은 언제 어디서나 누군가의 감시에서 벗어나기 어렵다. 이제 테크놀로지의 최첨단을 달리는 사람일수록 마치 칼날 위를 걷는 기분을 느끼고 있다. 그래서 그들은 벌써 어딘가로 회귀하고 싶은 본능에 휩싸이며 아날로그적인 과거의 향수 속으로 되돌아가고 있다.

『인생은 지나간다』(구효서, 마음산책)에 등장하는 학교 시절의 여러 사물들, 『옛날 신문을 읽었다』(이승호, 다우)에 저장된 어느덧 역사가 되어버린 과거의 사소한 이야기들, 『옛날 옛날에 오늘 오늘에』(유안진, 아침이슬)에서 그린 오염되기 전의 순수 우리말과 노래를 통해 살펴본 우리 삶의 풍경들, 『아홉

살 인생』(위기철, 청년사)과 같은 유년의 기억 등이 바로 그것이다. 방송에서 대대적으로 띄워준 『아홉살 인생』을 제외하고는 모두 7천 부에서 1만 부 정도 판매됐지만 앞으로 네트워크 혁명이 진전될수록 이런 유형의 책들은 한 흐름을 이룰 것이다. 이 책들의 중심독자가 테크놀로지의 최첨단을 달리는 20대라는 사실이 그것을 증명한다.

이런 흐름은 다른 곳에서도 발견된다. 이들은 휴대폰이 없어도 잘만 뭉치던 1980년대의 풍경을 그린 영화 〈품행제로〉와 인간적인 냄새를 풍기는 텔레비전의 〈타임머신〉을 즐기고, 인간의 모습을 띤 기계보다 뜨거운 피가 흐르는 동물에 더 친밀감을 느끼고, 미세한 수공업적 기술을 보여주는 '골동품'을 새롭게 찾고 있다.

모든 테크놀로지가 선과 악, 은총과 저주를 칼의 양날처럼 지니고 있지만, 그중에서도 부정성을 더 느끼게 되고 테크놀로지를 본능적으로 거부하기 시작한 대중은 그 스스로 자신의 정체성에 대해 질문하기 시작했다. 과학자 홍성욱 씨가 『네트워크 혁명, 그 열림과 닫힘』(들녘)에서 잘 정리했듯이 이제 대중은 "나와 세상의 네트워크 사이에 존재하는 피드백 루프를 무시하지도 않고, 동시에 세상의 압력에 압도당하지도 않는, '제3의 길'을 걷"고자 한다. 그런 그들의 지향이 과거의 강한 기억을 되살리는 '향수' 트렌드를 만들어내고 있는 것은 아닐까.

〈한겨레〉, 책과 시장, 2003.1.11.

내적 변화·노후 준비 등
명분보다 실리

　기업들이 새해의 사업계획을 세우고 새로운 인력을 뽑기 시작하는 12월 이후에는 마케팅과 비즈니스 관련서, 트렌드, 세계경제 동향, 미래진단서 등 큰 테마 중심의 책들이 언제나 강세다. 또 송구영신의 달인 1월에는 처세서 시장에서 항상 새로운 '담론'을 탄생시킨다.

　『세계 자본주의의 위기』(조지 소로스)를 유행시킨 1999년에는 대중이 IMF가 몰고 온 충격의 연장선에 서 있었다면, 『인터넷 비즈니스.COM』(김진우)의 2000년에는 벤처 열풍에 휩싸였다고 볼 수 있다. 또 『부자 아빠 가난한 아빠』(로버트 기요사키 외)라는 대형 '신인'이 등장한 2001년에 대중은 돈에 대한 가치관의 변화라는 담론을 선택했고, 『HOW TO BECOME CEO』(제프리 폭스), 『프로페셔널의 조건』(피터 드러커), 『잭 웰치 * 끝없는 도전과 용기』 등이 동시에 떠오른 2002년에는 개인이 자신의 가치를 얼마나 키울 것인가의 문제가 화두였다.

　그렇다면 올해는 어떤가. 이 연재 글에서 이미 소개한 『단순하게 살아라』(로타 자이베르트 외)가 여전히 인기를 지속시키며 20만 부를 넘어선 가운데, 지난 12월 초에 출간된 『바보들은 항상 결심만 한다』(팻 맥라건)와 『30부터 준비하는 당당한 내 인생』(송양민)이 각기 4만 부, 2만 6천 부의 판매를 기록하며 올해의 새 흐름을 드러냈다.

　『바보들은 항상 결심만 한다』는 변화의 방법론을 구체적으로 제시하는 책이다. 2000년에 국내 출간돼 대형 베스트셀러가 된 『누가 내 치즈를 옮겼을까』가 '마누라만 빼놓고 다 바꿔라'는 식으로 혁명적 변화의 당위성을 역설했다면, 이 책은 『경호!』의 저자 켄 블랜차드가 서문에서 밝혔듯이 '변화를 주제로 다룬 일종의 실천 안내서'로, 구호만 그럴듯한 혁명적 변화를 버리고 내면의 변화를 통해 실질적인 효과를 얻는 '개선'을 촉구하고 있다.

『30부터 준비하는 당당한 내 인생』은 부모 봉양이라는 의무는 여전히 수행해야 하지만 노년은 스스로 준비해야 하는 처지에 놓인 오늘의 30~40대에게 맞춤한 책이다. 이 책은 은퇴 이후 생활에 필요한 비용을 산출해 보인 다음 그 비용을 마련하기 위한 구체적인 방안을 일일이 제시하고 있어 미래 설계를 하려는 사람들에게 실질적인 도움을 주고 있다.

이 책들의 유행으로 볼 때 올해 대중은 명분보다는 실리를 더욱 희망하고 있는 것으로 볼 수 있다. 1970~1980년대의 시대적 질곡을 걸어온 그들은 누구보다 우리 사회의 병폐를 속속들이 알고 있다. 그런 그들이 이제 결국 자기 치유와 성찰만이 자기 살 길이라는 판단을 본격적으로 하기 시작한 것이다.

<한겨레>, 책과 시장, 2003.1.25.

개인의 일상적 삶 복원, 당대를 읽는 새로운 독법

세계가 하나의 네트워크로 묶여가고 있는 지금, 누구든지 500달러짜리 인공위성 수신 기능을 갖춘 GPS장치만 구입하면 납치한 비행기를 통제할 수 있어 초강대국과도 맞설 수 있다. 이렇게 힘이 커진 사람을 토머스 프리드먼은 『경도와 태도』(창해)에서 '초강대 개인'이라 이름 지었다.

하지만 이렇게 강력한 힘을 발휘할 수 있는 것은 그야말로 소수일 뿐, 거의 모든 사람들은 단지 살아남기 위해 엄청난 노력을 기울여야 한다. 이런 개인, 즉 나와 경영이 만나면 자기 경영(셀프 매니지먼트)이 된다. 지금 경제·경영서 시장은 바로 자기 경영에 대한 책들이 주도하고 있다.

대중의 이런 성향으로 인해 역사서 시장에서도 나와 역사가 만나 새로운 문화사(생활사나 미시사 등)가 된다. 역사를 해석하는 관점이 집단에서 개인으로 빠르게 넘어가고 있는 것이다. 과거에는 전체의 잣대로 개인의 정체성을 찾았다면 지금은 한 개인의 렌즈로 전체를 바라본다.

『홀로 벼슬하며 그대를 생각하노라』(정창권, 사계절출판사)는 16세기의 한 관리(미암 유희춘)의 사적 일기를 통해 한 시대를 복원해내고 있다. 한 개인이 먹고 자고 입는 사소한 정보가 결국 한 시대를 읽는 코드가 되는 것이다. 16세기를 풍미했던 기생 황진이가 자신의 삶 전체를 조망하는 회고담 형식을 취하고 있는 『나, 황진이』(김탁환, 푸른역사)는 한 개인의 내면을 복원함으로써 한 시대를 복원해내고 있다. 앞의 책은 2만 2천 부가 판매돼 인문서로서는 대단한 반응을 불러일으켰다.

이런 유형의 책은 당연히 문학적 상상력이 동원된다. 그래서 역사학계 일각에서는 역사적 엄밀성을 들어 그 가치를 폄하하기도 한다. 하지만 거대한 세계의 변화에 나약한 한 개인이 무엇을 어떻게 해서 자신의 힘을 키울 것인가가 화두인 한, 이런 유형의 책들은 갈수록 대중의 강력한 선택을 받을 것이다. 이미 여러 출판사에서는 조선시대 한 중년 여성의 살인사건 재판기록, 19세기 말에 그려진 한 그림, 한 사대부가의 유물 등을 통해 한 시대를 복원해내는 책들을 준비하고 있다.

왜 이처럼 특정 시대에 살았던 사람의 일상적 삶을 복원함으로써 역사를 새롭게 해석하려는 책들이 인기인가? 미국의 주가가 조금만 떨어져도 곧바로 남대문 지게꾼의 일자리가 사라질 정도로 시간과 거리의 장벽이 사라진 지금, 대중은 거대화된 세계가 어떤 변화를 겪고 있으며, 그로 인해 나는 어떤 태도를 취해야 할지를 끊임없이 고민할 수밖에 없다. 대중은 그 방법론을 역사 속 인물의 구체적인 삶에서 찾으려는 것으로 볼 수 있지 않을까.

〈한겨레〉, 책과 시장, 2003.2.15.

나이듦은 노쇠 아닌 숙성,
일본 열도의 실버 바람

이 연재에서 실버출판물이 가능성을 보였다고 쓴 지난해 12월 14일, 일본의 〈요미우리신문〉에서는 중·장년 독자가 히트를 만들어낸 현상이 두드러졌다고 한 해를 정리했다. 아흔 살의 현역 의사인 히노하라 시게아키의 『생활에 능숙함』이 120만 부, 일흔 살의 이시하라 신타로 도쿄도지사의 『나이듦이야말로 인생』이 70만 부 팔리는 등 나이듦을 긍정적으로 다룬 생활서가 크게 환영받았다.

사이토 다카시의 『소리 내어 읽는 일본어』(140만 부), 시바타 다케시의 『상식으로 알아두고 싶은 일본어』(70만 부) 등 일본어 관련 책도 커다란 인기를 얻었는데, 이 책들의 중심 독자도 중·장년층이다. 잡지도 〈사라이〉나 주간 형태로 간행되는 분책백과 〈옛절古寺에 간다〉, 〈일본의 길街道〉 등 고령자 대상의 취미잡지가 호평을 받았다.

이런 현상에 대해 일본 출판과학연구소의 사사키 주임연구원은 "젊은 시절, 치열하게 인생론에 대해 논의했던 단카이 세대(1945년 패망 직후에 태어난 세대)가 다시 한번 노년의 입구에 서서 인생에 대해 진지하게 생각하는 책으로 회귀하고 있다. 청춘을 회고하고 남은 생을 다시 한번 생각하는 욕구가 높은데 이런 흐름은 계속될 것"이라고 전망했다.

일본에서 1990년부터 지난해까지 13년 동안 출간됐던 실버출판물 589종의 내용을 분석해보아도 이런 흐름은 정확하게 읽힌다. 장기불황, 정리해고, 연공서열 임금제의 붕괴, 능력주의 인사제도 등 중년을 둘러싼 온갖 악조건 속에서도 웃음을 잃지 않고 자신 있는 삶을 추구하는 데 도움이 되는 구체적인 매뉴얼을 제시하는 책들의 출간이 늘어나고 있다.

책에 주로 등장하는 단어는 자연, 자유, 평범, 웃는 얼굴, 지혜, 자기 탐구 등이다. 지난 시절의 주요한 키워드였던 인내, 근성, 땀, 전력투구 등의 단어는 좀체 찾아보기 어렵다. 중·장년에게 최고로 인기 있는 잡지인 〈사라이〉는 정치, 경제, 비즈니스, 돈, 병 등 다섯 가지 주제는 결코 다루지 않는다는 내부 원칙을 철저하게 지킨다.

우리 사회도 이제 마흔다섯 살이 정년이라는 의미의 '사오정 세대'라는 말이 일반화하기 시작했다. 네트워크 체제에 익숙한 젊은 세대일수록 자기 능력만 있으면 최고라는 자기중심적인 사고가 일반화하다 보니 갈수록 윗사람을 배려하는 문화는 사라지고 있다. 따라서 나이든 사람들이 갖는 불안감은 갈수록 증폭되고 있다. 하지만 "나이듦이란 노쇠가 아니라 숙성되는 것"이다. 일본의 실버출판물들이 '삶의 방식을 변화시킬 용기'가 필요한 나이든 사람들에게도 인기가 있지만 더불어 사는 지혜가 애초부터 부족한 젊은 세대에게도 고민 해결의 메시지로 절실하게 다가가면서 모든 세대에게 고루 읽히고 있다는 것은 그래서 시사하는 바가 매우 크다 하겠다.

〈한겨레〉, 책과 시장, 2003.3.1.

청소년도서 시장 개척,
왕도는 전문성과 현장성

오늘날 출판시장에서 초대형 베스트셀러에 오른 책들은 대부분 10대를 대상으로 한 책이다. '해리포터' 시리즈(조앤 롤링)는 전 세계 '아이들을 컴퓨터에서 책으로 돌려놓으며' 폭발적으로 팔려나갔다. 일본에서는 『오체 불만족』(오토다케 히로타다), 『그러니까 당신도 살아』(오히라 미쓰요), 『세계가 만일 100명의 마을이라면』(이케다 가요코) 등 아이들의 미래를 편안하고 밝고 건전하게 그린 책들이 지난 몇 년간 연속해서 대형 베스트셀러가 됐다. 이 책들의 초기 독자는 자식에게 읽힐 책을 찾는, 보통 40대에서 60대까지의 여성이며, 한 달이 지날 때쯤에는 10대에서 70대의 전 연령층으로 확대돼 온 가족이 함께 읽는다.

우리의 상황도 다르지 않다. 앞의 책들은 국내에서도 모두 베스트셀러에 올랐다. 곧 15권이 출간되는 『만화로 보는 그리스 로마 신화』(토마스 불핀치, 서영 그림)는 1천만 부 가까운 판매부수를 기록하며 장기 베스트 행진을 계속하고 있다. 『어린 왕자』(생텍쥐페리), 『좀머 씨 이야기』(파트리크 쥐스킨트), 『먼나라 이웃나라』(이원복), 『로빈슨 크루소 따라잡기』(박경수 외)와 같은 책들의 대단한 인기에서 알 수 있듯, 언제나 10대는 독서 시장을 '교란'할 수 있는 독자층으로 인식되고 있다.

하지만 정작 청소년을 대상으로 한 목록은 제대로 구성할 수 없다. 어느 대학에 입학하느냐에 따라, 18살에 이미 개인의 신분이 거의 결정되는 학벌 구조가 계속되는 한 청소년은 대학입시에 매달릴 수밖에 없어 청소년 대상의 책을 펴내서는 '먹고살기' 어렵다고 대부분의 출판인들이 판단하고 있기 때문이다. 그래서 청소년 추천도서를 고르는 사람들은 항상 성인용 책을 기웃거려야만 했다.

최근 과학 분야에서 낯선 분야의 지식을 쉽고 즐겁게 얻는 데 도움을 주어 청소년들도 즐겨 찾는『파인만의 여섯 가지 물리이야기』(리처드 파인만),『E=mc²』(데이비드 보더니스),『엘러건트 유니버스』(브라이언 그린),『정재승의 과학 콘서트』,『생명이 있는 것은 다 아름답다』(최재천) 등의 책들은 적게는 수만 부에서 많게는 10만 부 가까이 판매되었다.

이런 결과를 놓고 보면 청소년용 대중서로 '대박'을 만들겠다는 생각을 버리면 자연스럽게 해결책은 나온다. 문학, 철학, 역사, 과학, 예술, 종교 등 각 영역에서 입문서 수준에 머물러 있는 청소년 도서를 좀 더 전문화, 세분화하면서 그 수준을 끌어올리기만 하면 충분히 가능성이 있다는 사실이 확인된 것이 아닌가 한다. 당연히 책이 다루려는 주제의 원칙과 어휘를 체계적으로 기술해 교과서를 대체해도 될 수준이 되어야 할 것이다. 그러기 위해서는 전문적 지식과 현장성을 담보한 필자들이 스스로 많이 나서주어야 한다. 지금 출판사들은 그런 사람들을 목마르게 찾고 있다.

〈한겨레〉, 책과 시장, 2003.3.15.

새로운 목소리가 목마르다

최근 출판사를 차리겠다는 한 친구가 나에게 의견을 물어왔다. 그래서 나는 "자기만의 관점을 갖고 왜 책을 펴내는가를 끊임없이 고민해라. 그리고 자기가 진정 펴내고 싶은 책을 만들라"라고 말해줬다. 그런데 그는 "잘나간 다는 한 기획자를 만났더니 다른 일은 하지 말고 미국의 인터넷서점 '아마 존'에 들어가 두 시간만 좋은 책을 뒤지라고 조언하더라"는 말도 털어났다.

그래서만은 아니지만, 나는 능력 있는 기획자들이 설립한 신생 출판사들 의 도서목록을 새삼 확인해보았다. 그랬더니 그 출판사만의 관점이 도대체 읽히지 않았다. 이들은 어찌 보면, 시의성 있는 책을 재빨리 번역해 언론을 통해 과잉 포장해 쉽게 파는 '달콤한 시스템'에 취해 있었던 것은 아닐까.

하지만 책이란 무엇인가. 인간이 책을 읽는다는 것은 비록 개인적인 행위 이긴 하지만 때로는 사회적·단체적인 실천으로 이해되기도 한다. 그것은 책 이 전위적인 지식인과 대중적인 독자시장을 연결하는 총괄적인 언론 공간이 기도 하기 때문이다. 그래서 출판기획자는 현재적 쟁점current issue이 등장할 때 마다 그 쟁점을 제대로 이해할 수 있는 책을 펴낼 수 있어야 한다.

미국, 북핵, 새만금 간척, 행정 수도, 재벌, 언론윤리 등 굵직한 현재적 쟁 점이 등장할 때마다 언론을 통해 논쟁만 하다가 결론 없이 끝나는 일이 비일 비재하다. 그럼에도 문제의 본질에 바른 접근을 할 수 있도록 쟁점들에 대한 정확한 주장을 담아낸 책은 드물기만 하다. 지식인들마저 '퍼블릭 오피니언' 을 생산하는 일을 기피한 바가 없지 않았다.

그래서일까? 1990년대 후반 이후 책을 통해 우리 사회에 대한 다양한 문제제기를 하는 것은 대부분 외국인의 몫이었다. 지금은 비록 귀화해 한국인이 되었지만 『좌우는 있어도 위 아래는 없다』의 박노자가 대표적인 예다. 우리 출판은 지금부터라도 박노자의 책에서처럼 세대나 지역, 이념 등의 벽을 허물어 그 간극을 메울 수 있는 '새로운 목소리'를 담은 사회적 어젠다를 활발하게 생산하는 일에 진력해야 한다.

『대한민국사』(한홍구)는 출간된 지 두 달이 되지 않아 벌써 3만 부를 넘기며 우리에게 퍼블릭 오피니언의 중요성을 일깨워줬다. 이 책은 보수와 진보의 이념논쟁, 친일파 청산, 반미와 친미문제, 병역비리, 외국인 노동자 차별, 극우언론 등과 같은 '국론 분열'을 불러올 만한 사안에 대해 일일이 철저한 자기주장을 펼치고 있다.

오늘도 좋은 책을 내려고 고심에 고심을 거듭하고 있을 우리네 출판기획자들에게 외람되지만 이런 말을 하고 싶다. '기획자들이여! 아마존 강가에서만 머물지 말고 하루빨리 우리의 논밭으로 돌아오십시오. 지금 그곳에서 땀을 흘리는 것이야말로 당신들의 소중한 몫이니까요.'

<한겨레>, 책과 시장, 2003.4.26.

'책의 비타민' 인문서 출판
신문의 책 섹션 역할 결정적

일본의 『출판현실론』이란 책의 저자 후지와키 구니오는 "한 권의 지식인용 책, 발간되자마자 서평에 오를 것 같은 양서는 누구나 간단히 만들 수 있다"고 말하며 출판은 문화산업이라는 '양서 환상'에 일격을 가한 바 있다. 책의 가치는 출판계에 종사하는 사람들은 웬만하면 누구나 판단할 수 있다. 그러나 막상 한 권의 책으로 탄생하려면 적어도 손해는 보지 않을 정도로 시장의 규모가 파악되어야 하기 때문이다.

전 세계를 대상으로 마케팅을 추구하는 미국에서도 인문서 출판사들 중에서 이익을 내는 출판사는 20%에 불과하고 초판을 200부만 찍는 곳도 있다. 프랑스에서도 인문서 초판 부수는 이미 20세기 말에 2천 부에서 800부로 감소했고, 영국의 케임브리지대나 옥스퍼드대 출판부에서 출간하는 학술서도 초판 부수는 500부에서 1천 부 선에 불과하다. 그런데도 이들 나라에서 인문서가 꾸준히 나오는 것은 미국 카네기재단과 같은 민간단체나 국가에서 지원금을 대주기 때문이다.

국내에서는 일부 기업이나 정부에서 우수도서에 대한 지원금을 제공하고는 있지만 턱없는 액수이다. 더구나 숫자도 얼마 되지 않는 도서관들은 좀체 책을 살 줄 모른다. 능력 있는 학자들이 번역을 '외면'하고, 제대로 된 번역을 감식할 수 있는 안목 있는 편집자의 인건비도 올라 국내에서도 시장 기능에 맡긴다면 사실상 수준 있는 인문서를 펴낸다는 것은 불가능에 가깝다.

그런데도 그것을 가능하게 만든 것은 신문의 '책 섹션'과 방송의 책 소개

프로그램이었다. 국내 책 섹션이 다소 시류에 영합한다는 일부 비판이 없지 않았지만 그래도 수준 있는 인문서를 대대적으로 소개했을 경우에는 단숨에 3천 부 가량이 판매되고 수만 부가 판매되는 경우가 적지 않았다. 그래서 프랑스는 해마다 우리 출판인들을 파리 도서전에 초청하고 서울 국제도서전에도 대대적으로 참가하는 열의를 보이기도 했다.

그런데 최근 일부 신문에서는 휴일이라는 것을 빙자해 책 섹션을 종종 없애버리거나 지면을 줄여 본판에 편입시키고 있다. 또 일부 신문에서는 아예 책 섹션의 폐지를 검토하고 있다는 소식도 들린다. 온라인신문이 등장하는 등 매체가 다변화하고 불경기로 인해 광고 사정이 나빠진 것을 감안하면 신문사들이 이렇게 할 수밖에 없는 것을 이해하지 못하는 바는 아니다.

그러나 인문서는 몸에 꼭 필요한 비타민과 같은 것이다. 소량이나마 몸에 지니고 있지 않으면 인간이 목숨을 부지할 수 없는 것처럼, 인문 출판이 붕괴하면 장기적으로 우리 사회의 '목숨'에 악영향을 끼칠 것이 틀림없다. 후지와키 구니오의 지적을 비웃듯 누구나 마음 놓고 고급 인문서를 펴내려는 객기를 우리 출판인들이 마음 놓고 부릴 수 있도록 우리 신문들이 책 섹션만은 지금처럼 유지해주시기를 간곡히 부탁드리는 바이다.

〈한겨레〉, 책과 시장, 2003.5.10.

픽션·논픽션 벽 없는
'퓨전형' 책이 읽힌다

『셈도사 베레미즈의 모험』(말바 타한, 경문사)은 『아라비안 나이트』란 탁월한 이야기 구조에다 가벼운 터치로 우리 삶 속의 수학을 쉽게 설명한다. 『E=mc²』(데이비드 보더니스, 생각의나무)은 아인슈타인이 발견한 것으로 알려진 이 위대한 공식이 만들어진 역사를 소설적 상상력으로 서술한다. 『사대부 소대헌·호연재 부부의 한평생』(허경진, 푸른역사)은 한 사대부가의 유물을 문학적 상상력을 가미해 바라보면서 한 시대를 복원해낸다.

『피아노와 백합의 사막』(윤대녕), 『라푼젤의 두번째 물고기』(박청호)(이상 봄출판사) 등의 소설에는 독특하고 감각적인 사진이 텍스트와 조화를 이룬다. 이미 갈리마르 등 서구의 유명 출판사에서는 다큐멘터리 일러스트레이션 기법을 도입해 소설 속의 무대가 된 장소나 사물 들을 복원해 책에 담은 예가 있다.

이처럼 허구적 상상력과 사실적 상상력이 하나로 결합되는 현상이 책 시장에서 부쩍 늘고 있다. 문화상품에서 장르 사이의 장벽을 허무는 '크로스오버'가 일반화한 것은 꽤 오래지만 픽션과 논픽션으로 크게 나눠지던 출판시장에서도 그 벽이 허물어지고 있는 셈이다. 이제 출판인들 사이에서 가장 많이 언급되는 단어가 퓨전일 정도다. 이렇게 된 이유는 물론 기술의 발달 때문이다. 새롭게 등장한 디지털 기술은 인간을 순간적으로 정서와 환상 속으로 몰아넣는 영상정보를 끊임없이 생산하게 만들었다. 미디어를 통해 양산되는 정보들을 결합해 전략 정보화하는 정보해독 능력 또한 인간에게는 더욱 절실해졌다. 그래서 인간의 상상력을 자극할 수 있는 책 만들기여야 한다는 견해가 갈수록 설득력을 얻는다.

한 분야의 전문적이고 세분화한 지식만으로는 이 시대가 요구하는 문제의 본질에 접근하기 어렵다는 것도 이런 추세에 한몫을 하고 있다. 한 분야에서 나무와 숲을 동시에 볼 수 있는 전략가들은 '전문인'이 아니라 '만능인'이다. 만능인은 물과 기름처럼 섞일 수 없는 것들마저 하나로 연결하는 상상력을 통해 새로운 '상품'을 내놓을 수 있어야만 한다. 퓨전형 책들은 바로 그런 사람들이 찾고 있는 것이다.

덧붙여 대형서점들이 책을 분류·진열하는 방식은 이런 흐름과는 동떨어져 있다는 생각이 든다. 오랫동안 도서관에서 편의적으로 사용하던 십진분류법 중심의 잣대만으로는 요즈음 대중의 욕구를 충족시켜줄 수 없다. "서점 진열대는 관리하는 것이 아니라 편집하는 것"이며, 그렇게 해서 알맞게 진열된 책이 보내는 '정보의 불규칙성'이 "독자들의 상상력을 자극하고 독자를 새로운 지식의 세계로 유도하는 내비게이션의 구실을 하는 것"이라는 한 일본 서점인의 충고를 우리 대형서점 관리자들이 깊게 새겨들었으면 한다.

〈한겨레〉, 책과 시장, 2003.5.24.

정보 검색·재생산 능력 절실

미디어 학자들은 '새로운 사고 도구가 새로운 사고 양식을 불러온다'는 점을 지적해왔다.

바보상자로 지칭됐던 텔레비전이 인간의 시각적 사고만을 촉진, 논리적 사고를 저하시켰다는 비판을 받아왔지만 이미지의 중요성 자체는 대폭 키웠다. 이미 인간의 지배적 미디어가 된 인터넷 또한 익명성으로 인해 다중인격마저 나타나는 등 비논리적 사고가 폭발하고 있지만 정보나 지식을 획득하는 수단과 방법을 전면적으로 뒤집어놓고 있다. 그로 인해 교양 혹은 지성 또한 새로운 것으로 대체되기 시작했다.

과거에는 교양인이 문·사·철적인 지식이 담긴 책을 집중적으로 읽어 자신의 능력을 키웠다면 지금은 인터넷, 도서관, 서점 등 정보와 지식이 널려 있는 곳을 누비면서(검색) 필요한 것들을 재빨리 찾아내고, 이를 다시 퓨전적 사고를 통해 새로운 교양으로 생산해 즉각 활용할 수 있는 능력이 요구되고 있다.

경쟁 환경이 글로벌로 확대된 기업들은 새 교양으로 무장된, 당장 '활용할' 자원을 필요로 하고 있다. 그들은 고시에 몰두하거나 고액과외로 번 돈을 쓰며 젊음을 탕진한 국내의 인적자원을 버리고 급격히 해외로 인적자원을 찾아나서고 있다. 이때 국적과 인종은 아무 문제가 되지 않는다. 이미 시장질서 속으로 휩쓸려 들어간 대학에서도 소비자인 학생을 유치할 능력이 없는 사람은 당장 대학을 떠나라는 협박이 일상화되고 있다.

그러나 신교양이 등장한다 해도 인류가 오랜 역사 속에 지난하게 생성시켜온 전통 교양의 가치를 완전히 무너뜨리지는 못할 것이다. '새로움'은 언제나 즐거움을 안겨주지만 그것이 곧바로 '가치'를 의미하지는 않기 때문이다.

〈문화일보〉, 2003.2.4.

시대 따라 바뀌는
역사 인물 묘사

트루먼 대통령, 솔로몬 왕, 체임벌린 대령, 콜럼버스, 안네 프랑크, 링컨 대통령, 가브리엘 대천사. 이들은 모두 『폰더 씨의 위대한 하루』(앤디 앤드로스, 세종서적)에서 실직으로 끝없는 나락에 떨어진 주인공 폰더에게 한마디 충고를 하러 나타난 역사적 인물이다.

이제 대중은 역사적 인물을 어릴 때 위인전에서 읽었던 것처럼 더 이상 범접하기 어려운 위인들로 보지는 않는다. 단지 한마디 지혜를 조력해주는 편한 선배로 받아들인다.

베스트셀러에 올라 있는 남극 탐험가 어니스트 섀클턴의 자서전 『SOUTH』(뜨인돌)에서는 서바이벌과 희생정신을, 『나는 달린다』(궁리)의 요쉬카 피셔에게서는 자기 개조의 동기부여를, 『중국견문론』(푸른숲)의 한비야에게서는 인생에 대한 열정을, 『희망의 이유』의 제인 구달에게서는 모든 생명에 대한 경외감을 조언받고자 하는 것이다.

그러나 1990년대 초반만 해도 대중은 역사적 인물을 소설로 만났다. 『소설 동의보감』(이은성, 창비), 『소설 토정비결』(이재운, 해냄), 『소설 목민심서』(황인경, 삼진기획) 등에 등장하는 역사인물인 허준, 이지함, 정약용 등의 일대기에서는 대단한 '집념'을 읽으며 자기 의지를 새롭게 불태웠다. 1989년 현실사회주의의 몰락으로 좌표를 잃어버린 대중은 개인주의로 돌아서는 자신의 감정이나 욕망을 이들의 일대기를 읽으며 정당화했다.

국제통화기금IMF이 던져준 충격은 무서웠다. 돈(달러)이 없으면 나라도 망할 수 있다는 것. 자기 인생설계를 하루아침에 휴지조각으로 날려버린 경험을 가진 대중은 모든 것을 돈과 연결지어 생각하려 들었다. 개인주의가 더 철저해진 나(자기)는 돈(경영)과 '결합'하면서 자기경영 또는 인간경영이 되었다.

그래서 『도쿠가와 이에야스의 인간경영』(도몬 후유지, 작가정신), 『최고 경영자 예수』(로리 베스 존스, 한언), 『위대한 CEO 엘리자베스 1세』(앨런 액설로드, 위즈덤하우스), 『비즈니스의 달인 붓다』(마이클 로치, 중앙M&B) 등에서처럼 역사적 인물은 모두 '경영의 귀재'로 거듭났다.

이렇게 필요에 따라 역사적 인물에게 자기 투사投射를 즐기던 대중은 급기야 그들을 마스코트화했다. 1999년의 『체 게바라 평전』(장 코르미에, 실천문학사)의 경우가 대표적이다. 반자본주의의 영웅을 철저한 정치적 프로파간다에서 인간적 고뇌를 가진 평범한 인간으로 치환하였다.

그의 사진이 박혀 있는 책과 셔츠와 브로마이드와 배지를 함께 지니고 다니며 자기 마음을 이해해주는 스타처럼 동일시하기에 바빴다. 여행이나 요리, 문화적 생활도 이런 역사적 인물과 함께하기를 좋아해 『괴테의 이탈리아 기행』(푸른숲)과 같은 책을 끼고 다니는 것을 즐겼다.

역사적 인물과 친화를 진화시키던 대중은 결국 역사적 인물을 자신에게 친절하게 충고해주는 선배와 같은 조력자로 만들었다. 그런 대중적 욕망이 폭발한 것은 〈대장금〉의 '한상궁 신드롬'에서 읽을 수 있다.

온갖 셀프 헬프 서적들이 수많은 매뉴얼을 쏟아놓지만 대중은 그런 단순한 나열보다는 한상궁의 이미지가 던져주는 리더십에 매료됐다. 한상궁처럼 지위, 경험, 지연, 학연에 구애받지 않고 개인의 재능을 키워주는데 따뜻한 한마디 충고를 해줄 줄 아는 사람, 대중은 지금 그런 '역사적 인물'을 갈구하고 있는 것이다.

〈문화일보〉, 책으로 읽는 세상, 2004.1.19.

등 돌린
북섹션 독자들

 A 출판사의 대표 B 씨. 그는 얼마 전 황당한 경험을 했다. 한 신문사 북섹션 담당자가 자신이 펴낸 책의 리뷰 필자를 찾는다는 직원들의 보고를 듣고 적당한 필자 두 사람의 이름을 그 기자에게 불러주었다가 "아니, 아직도 청탁하지 않았냐. 마감이 언제인데 지금도 그러고 있는 것이냐?"는 강한 질책을 받았다.

 B 씨의 경우는 약과다. 얼마 전까지 대학에 있다가 지금은 집필과 번역에만 전념하고 있는 C 씨. 한 출판사 편집자로부터 그 출판사의 신간에 대한 리뷰를 부탁받았다. 출판사와 친소관계를 의식한 그는 요구를 거절할 수 없어 객관적으로 글을 써주었지만 그는 그 편집자로부터 항의를 받았다.

 "이렇게 써서 책이 팔리겠느냐"는 것이 항의의 이유였다. 그래서 C 씨는 귀찮아서 "알아서 하라"고 대답하고 말았다. 나중에 한 신문의 북섹션 프런트 면에는 편집자가 쓴 것이나 마찬가지인, 책을 일방적으로 상찬한 기사가 그의 이름으로 크게 실렸다.

 물론 이런 일이 벌어지는 곳은 이른바 극히 일부 신문에 국한된다. 이런 일이 지식인 사회에 문제가 되고 알 만한 사람은 다 알게 되자 이제 이런 일은 크게 줄어들었다고 볼 수 있다. 그러나 신문지면을 사유화하고 오로지 기자와의 친소관계에 따라 책이 선택되고 그 책에 대한 리뷰기사의 질은 무시되다시피 하는 일은 지금도 여전하다.

 이때 기자는 '문지기'에 불과하다. 그래도 양심적인 문지기는 밤을 새워가며 책을 고르고 최대한 객관적인 리뷰기사를 쓰려고 애쓴다. 그러나 양심이 어긋난 문지기는 잿밥에만 눈이 가 있다. 그런 사람에게는 그의 눈에 잘 보이려고 문턱이 닳도록 넘나드는 출판사 편집자들이 줄을 대고 있다. 이때 매체의 영향력이 작용하는 것은 당연지사. 그래서 일부 출판경영자는 책을 잘 만드는 편집자보다는 문지기에게 아부 잘하는 편집자를 선호했다.

그 결과는? 당연히 홍보가 잘되는 출판사일수록 책의 질이 떨어지는 경우가 늘어났다. 기자의 입맛에만 맞춘 결과였다. 그래서 악화가 양화를 구축하는 꼴이 되었다. 이제 문지기의 '감식안'을 통과한 책을 사본 독자들의 '배신감'으로 말미암아 지금은 북섹션에 책이 소개되어도 예전에 비해 책 판매 부수는 현격히 떨어지고 있다.

〈문화일보〉가 국내 최초로 북섹션을 선보이고 거의 모든 일간지가 일제히 북섹션을 뒤이어 마련하면서 여러 신문의 프런트 면에 일제히 책이 소개되기만 하면 비록 딱딱한 인문서라 할지라도 초판 3천 부가 일주일 만에 가볍게 소화되는 경우가 적지 않았다. 때마침 '386세대'가 출판시장의 주요한 독자계층으로 등장하면서 인문출판의 '르네상스'가 점쳐지기까지 했다.

또 이들이 자식에게 좋은 책을 읽히려는 열의를 유도해 국내 아동서 시장은 최고의 전성기를 구가하기도 했다. 언론이 제 역할만 하면 얼마든지 바람직한 문화풍토를 조성할 수 있다는 사례를 우리는 지난 시절의 북섹션을 통해 확실하게 경험했다.

그러나 지금은 북섹션에 대한 평가가 냉엄해지기 시작했다. 독자들은 비록 북섹션에 대대적으로 소개되더라도 자기 감식안이라는 냉엄한 평가를 통해 책의 질이 인정되어야만 책을 구입하게 되었다. 신문이 지나치게 화제성, 시의성, 의외성에 주목하거나 잣대가 정확하지 않다는 것을 독자들이 알아차려버린 것이다.

신문지면의 '사유화' 시스템에 익숙하다 보니 도덕성마저 무너진 것일까? 한 신문은 자사의 북섹션 팀장 가족이 펴낸, 작년에 일본에서 가장 많이 팔린 책을 최근에 전면 크기의 특집기사로 게재했다. 이 사례는 비록 일본에서는 책이 많이 팔렸지만 과연 그렇게 소개할 만한 가치가 있는가에 대해서는 대체로 회의적이다.

더구나 그 신문이 책의 객관적 가치보다는 '문지기'와의 친소관계를 우선시한다는 비난을 적지 않게 받아왔다는 점에서 이런 '제 식구 챙기기'에 대해 공정성을 제기하는 사람이 많은 것은 지극히 당연해 보인다.

〈문화일보〉, 책으로 읽는 세상, 2004.1.27.

인터넷서점의
'감성 마케팅'

인터넷서점은 검색의 편이성이라는 콘텐츠, 책값의 할인율, 배송료의 유무 따위로 경쟁을 해왔다. 하지만 매출이 늘어날수록 적자폭은 더욱더 커지는 이상 구조에 시달렸다. 그래서 인수합병을 통해 몸집을 키워보았다.

그러나 그것도 망하는 기업들이 거쳤던 수순에 불과했다. 지금 인터넷서점들은 수많은 종류의 이벤트를 통해 고객을 유혹하기에 여념이 없다. 그렇다고 성에 찰 것인가. 독자들의 요구는 끝이 없다. 그래서 인터넷서점들은 요즈음 들어 사이트에다 인간의 감성을 불어넣기 시작했다.

책 내용의 일부를 볼 수 있게 하는 것은 기본이다. 책을 다 훑어보고 자기 감식안이라는 비평 과정을 통해 책을 사는 오프라인 서점의 장점을 도입한 것이다. 이것은 초창기 인터넷서점의 경쟁적 할인이라는 이끌림에 속아 책을 샀다가 많은 책을 보지도 않고 버려야 했던 독자들의 불만을 배려한 것이다.

그렇지만 독자들은 여전히 오프라인 서점에서 일일이 책을 확인한 다음 인터넷서점으로 가서 할인된 값으로 책을 사는 불편을 감수하고 있다.

각종 매체나 독자들의 리뷰도 많은 도움이 됐다. 그러나 거기에도 출판사의 '알바'가 동원된다는 것을 알고는 믿을 수 없게 되었다. 그러자 이제는 신뢰할 수 있는 사람이 어떤 책을 어떻게 읽었다는 것을 일일이 알려주는 '나의 서재'라는 것을 만들어주기 시작했다. 이것은 남들이 어떻게 하는가를 몰래 보고 싶어 하는 인간의 도착적 욕망을 자극하는 것이다.

지난해에 인터넷서점만으로 397억 원의 매출을 기록한 교보문고는 최근에 200억 원에 가까운 비용을 들여 사이트를 전면 개편했다. 여기에는 물류 시스템 등에 투여된 비용도 포함된다. 이번 개편의 핵심은 고객과 고객이 만나는 P2P다.

작년에 인터넷의 핵심키워드로 떠오른 블로그를 원용한 북로그는 개인 독서일기장이다. 3월에 문을 여는 '나의 서점 부띠크'는 '독자의 전문성'을 서점경영에 활용하려는 목적으로 도입했다. 독자는 자기 서점을 따로 만들고 거기에 자기가 고른 책에 대한 상품설명(서평)을 일일이 올린다.

그러면 다른 독자가 그 설명을 보고 책을 사게 되고 서점을 연 독자는 판매수수료를 챙기게 된다. 출판사라는 고객에겐 실시간으로 판매정보를 제공함으로써 상생을 꾀한다. 생일에 책을 선물하게 하거나 지인에게 책을 사달라고 할 수 있는 것은 애교에 불과하다.

교보문고는 적지 않은 비용을 들여 사이트를 개편하고도 반응이 어떨지 '불안'한 모습을 감추지 못하고 있다. 인터넷에서는 독자를 유혹하기 위한 시스템이 하루가 다르게 발전하고 있으니 그들은 '기술의 발전'에 불안할 수밖에 없다. 언제 어디서나 네트워크에 연결하는 유비쿼터스 컴퓨팅이 강화될수록 네트워크에 접속하는 개인은 인간다운 곳을 찾으려 할 것이고 그것을 이용하려는 자는 막대한 비용을 투입해야만 하기 때문이다.

불안한 것은 대중도 마찬가지다. 인터넷에서는 단지 소음에 불과한 자기 족적을 누구나 남기게 마련이다. 클릭만 하거나 책을 사거나 누군가가 보낸 편지를 열어보는 것과 같은 흔적은 곧바로 돈벌이를 위한 수단으로 이용된다. 네트워크에 연결한 사람은 다른 사람은 이 책도 샀다며 당신도 이 책을 살 것이냐는 선택을 강요받게 마련이다. 그런 과정이 일상화된 오늘날 개인은 '호스트 감각'을 잃어버리고 끊임없이 '예', '아니요'를 선택해야만 하는 객체로 전락했다.

그렇다고 네트워크와의 연결을 끊어버릴 것인가. 가끔 그런 사람이 나타나지 않는 것은 아니지만 대세는 이미 판가름 났다. 하지만 최첨단의 테크놀로지를 누리는 대중일수록 나날이 칼날 위를 걷는 일에 지쳐 어딘가로 돌아가고 싶은 회귀 욕망이 커지고 있다.

문화판에서는 복고 트렌드가 도드라지고, 무엇인가를 만지고 싶은 욕망(신체성)이 되살아나 '물건'(아날로그)다운 두꺼운 책이 인기를 끌고, 골동 가구가 유행하고, 웰빙이 새로운 삶의 가치로 떠오르는 것은 그래서 시대적 운명이 되고 있다.

〈문화일보〉, 책으로 읽는 세상, 2004.2.12.

읽을 만한
성장소설이 없다

소설이 팔리지 않는다고 아우성이다. 웬만한 신간소설은 거의 모든 일간지에 대대적으로 소개되어도 초판 3천 부를 넘기기 어려울 정도다. 그래서 대여점이나 할인점에 책을 공급하는 일부 총판형 도매상은 아예 본격소설은 신간의 입고를 꺼릴 정도라 한다. 이런 분위기 때문인지 작년에는 제대로 된 화제작 하나 펴내지 못했다. 그렇다면 독자들이 소설을 읽지 않고 있는 것인가. 그것은 결코 아니다.

베르나르 베르베르의 『나무』(열린책들)는 70만 부나 팔렸다. '해리포터' 시리즈(조앤 롤링), 무라카미 하루키나 요시모토 바나나를 비롯한 일본 작가들의 소설, 『삼국지』 등은 여전히 시장에서도 강세다. 고등학교나 대학도서관의 대출 순위 상위에도 일제히 소설이 올라 있다. 판타지나 로맨스 등 대중소설이 대부분이어서 그렇지 소설은 지금도 대중이 가까이 하는 주요한 장르임에 분명하다.

그렇다면 지금 대중에게 지속적으로 인기를 끌고 있는 소설의 장르는 무엇일까. 그걸 알아보기 위해 2003년의 문학 베스트셀러 10을 2000년 이전에 출간됐던 책만으로 꼽아보았다.

그랬더니 거기에는 『나의 라임 오렌지나무』(바스콘셀러스, 동녘), 『아홉살 인생』(위기철, 청년사), 『창가의 토토』(구로야나기 데츠오, 프로메테우스), 『내 영혼이 따뜻했던 날들』(포리스 카터, 아름드리), 『냉정과 열정 사이』(에쿠니 가오리 외, 소담), 『난장이가 쏘아올린 작은 공』(조세희, 이성과힘), 『봉순이 언니』(공지영, 푸른숲), 『연탄길』(이철환, 삼진기획), 『그 많던 싱아는 누가 다 먹었을까』(박완서, 웅진출판), 『연어』(안도현, 문학동네) 등의 순서로 나타났다.

이 중 네 종은 이른바 '느낌표 선정도서'이지만 비록 선정도서가 아니었다 할지라도 해마다 잘 팔렸던 책들이다. 이 책들을 포함해 베스트셀러의 대부분이 이른바 성장소설의 형태를 띠고 있다는 것을 알 수 있다.

원래 성장소설이란 "젊은이의 내면적 성장과정을 담고 있으며 자기 성취의 정열이나 젊은 시절 겪게 되는 이상과 좌절을 통해 개인이 보편적 교양이념을 성취하는 것"을 주 내용으로 한다. 주로 '자아'나 '세계'에 중점을 두기 마련인데 어느 것에 비중을 더 두든 궁극적으로 인간이 자기실현을 하기 위한 길을 제시한다는 공통점이 있다.

사실 요즘 성장기의 아이들은 입시라는 '감옥'에 얽매여 성장통을 앓을 겨를조차 없다. 만일에 앓기만 하면 곧바로 경쟁의 대열에서 낙오하게 된다. 그런 그들이 성장소설을 통해 '관념적 성장통'을 앓고 있다 할 것이다. 어른들도 이 책들을 열심히 읽고 있는데 자신들의 성장사를 다룬 이 책들을 읽으며 지난 시절을 추억하며 공감하기를 즐기는 것으로 보인다. 그런 면에서 이들 성장소설이 가족 단위로 공유할 수 있는 가치나 교양을 돋을새김하는 매우 중요한 역할을 수행해온 것만은 분명하다.

하지만 문제가 없지 않다. 이들 책이 국내외 서적을 막론하고 대부분 '과거에 이랬다' 하는 '대한뉴스'식의 성장소설이라는 사실이다. 아이들이 교사나 친지가 권해서 마지못해 이 책을 읽는 경우가 많지만 요즘 아이들이 겪는 경험과 그에 수반하는 고통이 매우 부족하기 때문에 많은 거리감을 느낄 것은 분명해 보인다. 이 소설들은 대부분 사회적 문제와 첨예하게 대응하지도 않는다.

한마디로 본격적인 성장소설이라고 볼 수 없는 것이다. 우리 사회에 제대로 된 성장소설이 없는 까닭으로 인문적 교양지식을 축적할 정신적 여유가 없었다는 것과 자서전 문학이 부실하다는 사실을 든다. 어쨌든 이유가 많을 것이다. 하지만 아이들은 잦은 살인사건으로 말미암아 이제 '문밖'을 나서기가 두렵다.

그들이 거리에서 마구 뛰놀며 자유로운 사회화 경험을 할 수 있는 분위기를 하루빨리 조성해야 할 것이다. 하지만 문밖으로 나서지 못하는 아이들에게 성장통을 실감 나게 간접 체험할 수 있는 소설을 제공하지 못하면 우리 아이들은 앞으로도 환상을 다룬 판타지나 그들의 이야기에 근접한 인터넷 소설이나 만화에세이, 일본소설만을 끼고 살 것이다.

살맛 나는 세상은 남을 배려하는 사회다. 그것은 자기 아픔을 통해 남을 이해할 때 가능하다. 그런 사회를 만드는 지름길의 하나가 제대로 된 성장소설의 탄생이 아닐까 한다.

〈문화일보〉, 책으로 읽는 세상, 2004.2.18.

하나의 테마,
'감성 실용서' 뜬다

여수 거문도, 임실 옥정호, 무주 덕유산, 창녕 우포늪 등은 지금 여행서 베스트셀러 1위를 달리고 있는 『죽기 전에 꼭 가봐야 할 여행지 33』(이두영, 중앙M&B)이 꼽은 권할 만한 여행지다. 지난날 여행서들은 대략 수백 곳을 소개했지만 이 책은 달랑 33곳만 소개하고 있다. 기존의 여행서가 객관적인 정보를 최대한 많이 제공함으로써 독자의 관심을 끌었다면 이 책은 콤팩트한 콘텐츠로 정보 과잉에 시달리는 독자들에게 편안함을 안겨주고 있다.

『죽기 전에…』가 담고 있는 정보는 매우 주관적이다. 창녕 우포늪은 1억 4천만 년 전의 원시가 살아 숨 쉬는 신비의 늪이지만 300년쯤 뒤에는 사라질 것으로 예측하고, 군산 선유도는 여름날 헤어진 애인을 닮았다는 것이며, 무주 덕유산은 천사의 눈동자를 닮은 영롱한 눈꽃에 비유한다.

이처럼 실용서 시장에서는 '내로 포커스narrow focus'형 정보가 아닌 포괄적인 정보로는 대중의 관심을 끌기 어렵다. 이에 따라 백과사전처럼 가능한 한 정보를 많이 제공하려는 책은 외면당하고 어떻게 하면 꼭 필요한 정보만 제공하는가에 '목숨을 거는' 책들이 베스트셀러에 오르고 있다.

물론 『죽기 전에…』는 책이 출간된 무렵에 한 대기업 총수가 자살하는 등 카드 자살, 지하철 자살 등 여러 형태의 자살이 잇따르는 사회분위기에 힘입어 종합 베스트셀러 상위에 올랐지만 이제 『금요일에 떠나는 여행』, 『외딴 곳으로의 여행』(신성순), 『펜션으로 떠나는 낭만여행』, 『기차 타고 떠나는 여행』 등 특정 테마로 대중 감성에 호소하는 '감성적 실용서Emotional how to'처럼 기존의 관념을 깨뜨린 책들이 늘어나고 있다. 이런 유형의 책에서는 독자의 감성을 즉각적으로 이끌어내기 위해 독특한 사진을 활용하는 와이드형 편집이 필수적이다. 눈을 뜨고 있는 한 영상으로부터 단 한순간도 벗어나기 어려운 대중은 이제 한눈에 자신을 압도하는 한 장의 사진에 이끌려 책을 구매하게 마련이다.

이제 최종 소비자인 독자에게 즉각적인 감흥을 주지 못하는 정보는 효용이 사라졌다. 따라서 『죽기 전에…』처럼 콤팩트한 정보, 감각적인 사진, 와이드형 편집, 주관적인 문체, 선명한 콘셉트, 경쟁력 있는 가격 등으로 무장된 책이 거대한 트렌드를 형성하고 있다.

『2,000원으로 밥상 차리기』(김용환, 영진닷컴)는 2천 원이면 간단하게 밥상을 차리고 3천 원이면 유명 맛집을 흉내 낼 수 있다는 실전적용형 책이다. 계량스푼 대신 밥수저로, 계량컵 대신 종이컵으로 설명해 따라하기도 좋은데다 다양한 레시피 중심의 책이 아니라 노동시간을 줄이고 대신 최소의 비용으로 최대의 맛을 추구하는 책인데 종합 베스트셀러 상위에 올라 있다.

『궁합이 맞는 과일·야채 생주스』(마루모 유키코, 아카데미북), 『처음 만나는 우리 아기 이유식』(하정훈, 웅진닷컴), 『청국장 다이어트 & 건강법』(김한복, 휴먼앤북스), 『환경엄마 김순영의 아이밥상 지키기』(한울림)와 같이 요리책도 한 가지 테마를 집중적으로 다룬 책이 인기를 끌고 있다.

이상구의 『엔돌핀 건강법』, 황수관의 『신바람 건강법』처럼 건강에 대해 포괄적으로 다룬 책들이 인기를 끌던 건강서도 요즈음 들어 『반신욕』(김소림, 학영사), 『복근운동 30분』(커트 브룬가르트, 넥서스), 『아름다운 몸의 혁명 스트레칭 30분』(밥 앤더슨, 넥서스), 『걷기혁명 530 마사이족처럼 걸어라』(성기홍, 한국경제신문) 등 당장 실천할 수 있는 한 가지만을 집중적으로 소개한 책들이 유행이다.

안병욱, 신달자, 유안진의 에세이처럼 행복이라는 '거대담론'을 총체적으로 풀어놓은 책들이 서가를 도배하던 비소설 시장도 이제는 화가 풀리면 인생도 풀린다는 주장을 담은 『화』(틱낫한, 명진출판)가 밀리언셀러의 반열에 오르고 아침잠만 줄이면 인생이 두 배나 즐겁다고 말하는 『인생을 두 배로 사는 아침형 인간』(사이쇼 히로시, 한스미디어)은 작년 10월 초에 출간되어 벌써 70만 부나 판매됐다. 『…아침형 인간』은 경제·경영서로 분류돼 있지만 새로운 유형의 '인생론'이라고 보아도 무방하다.

『설득의 심리학』(로버트 치알디니, 21세기북스), 『칭찬은 고래도 춤추게 한다』(켄 블랜차드, 21세기북스), 『메모의 기술』(사카토 겐지, 해바라기), 『유혹의 기술』(로버트 그린, 이마고), 『The One Page Proposal』(페트릭 G. 라일리, 을유문화사) 같은 처세서도 100가지가 아닌 설득, 칭찬, 메모, 유혹, 기획서 등 한 가지 키워드만을 집중적으로 파고든다.

책 시장의 이런 흐름으로 말미암아 개별 책의 내용적 차별성이 큰 소설 시장에서마저 책 제목은 『상도』(최인호), 『손님』(황석영), 『나무』(베르나르 베르베르), 『연금술사』(파울로 코엘료, 문학동네)처럼 제목만 보고도 소설이 가진 구체적이고 강렬한 이미지를 느낄 수 있는 짧은 상징어인 경우가 많다.

책과 같은 활자매체는 이성적인 미디어로 분류되는 것이 상식이다. 그러나 이제 책도 영상매체처럼 감성적인 매체로 바뀌고 있다. 인터넷에는 정보 폭발로 일컬을 만큼 정보가 폭증하고 있다. 그러나 정보 과잉은 정보 부재와도 같다. 대중은 정보를 쌓아놓기보다 넘치는 정보 속에서 무엇을 버리고 어떤 것을 선택할 것인가를 일상화하는, 즉 '버리는 기술'이 필요하다. 따라서 책은 인터넷에서 떠다니는 정보보다는 깊이와 차이를 보여줘야 하는데 그 대표적인 것이 바로 '감성'이라 할 수 있다.

최근 출판 제작기술의 대중화로 지방자치단체, 국가기관, 나아가 개인마저도 실용적인 정보를 바로 책으로 만들어 무료로 제공하고 있다. 이런 시대에 개인단위의 생활에 즉각 적용할 '나만의 정보'라는 인식을 주지 못하면 책은 살아남을 수 없다.

더구나 우리 사회는 월급형 사회에서 자본운용형 사회로 사회의 중심축이 이동하고 있다. '돈'과 '부자'에 대한 책이 유행하는 것은 단적인 증거다. 때마침 주5일제 시스템도 정착되고 있다. 그렇지만 이제 아무런 기대도 할 수 없게 만든 정치, 장기 침체로 접어든 불안한 경제, 높은 청년실업률, 고용 불안, 바닥이 드러날 것 같은 연금처럼 불안한 미래, 시시때때로 다가오는 환경문제 등으로 대중은 매우 '자극적인' 위안이 필요하다. 그런 그들이 친한 선배와 차 한잔 마시며 편안하게 설명을 듣는 것 같은 '내로 포커스'형의 감성적 실용서 시장을 키우고 있다.

〈문화일보〉, 책으로 읽는 세상, 2004.3.3.

경제·경영서적
인기의 뒷배경

국제통화기금IMF관리체제 이후 대중독자가 곧 전문독자라 해도 무리가 없을 만큼 변한 우리 출판시장에서 경제·경영서 시장은 주요 시장으로 부상했다. 그런데 그 경제·경영서에도 흐름이 있다. 휴가철인 여름은 비수기에 가깝고, '남자의 계절'이라는 가을에는 처세서가 유행한다. 기업들이 새해의 계획을 세우고 신규인력을 뽑기 시작하는 12월 이후에는 마케팅과 비즈니스 관련서 등 큰 테마 중심의 책으로 옮아간다. 이 시기에는 트렌드, 세계동향, 미래진단서, 새해에 새로운 결심을 자극하는 책 등이 좋은 반응을 얻는다.

겨우내 움츠렸던 몸을 떨치고 일어나서 새롭게 돈을 벌어보고자 하는 3~4월에는 재테크 서적이 강세다. 그래서 해마다 이 시기의 재테크 서적을 살펴보면 그해 경제의 동향과 사회의 움직임을 면밀하게 읽을 수 있다.

가령 주식관련서만 살펴보면 2000년에는 『나는 사이버 주식투자로 16억을 벌었다』(최진식, 국일증권경제연구소)나 『나는 초단타매매로 매일 40만원 번다』(최원철, 청아)와 같은 '묻지마 투자'형 책이 인기였다. 주식 시세가 바닥을 기던 2001년에는 주식투자의 재야고수나 '사이버 애널리스트'들이 주가가 만들어내는 차트와 거기서 나타나는 신호를 보고 매수와 매도를 결정하는 '기술적 분석'의 책이 유행이었다.

주식시장에서 '개미'들이 거의 빠져나가고 기관투자가와 해외투자자 위주로 주식시장이 형성되던 2002년에는 『한국형 가치투자 전략』(서울대투자연구회, 은행나무)과 같이 장래성 있는 기업에 투자할 줄 아는 '가치투자'의 개념의 책이 등장했으며 이 흐름은 2003년까지 그대로 이어졌다.

2003년을 상징하는 책은『한국의 부자들』(한상복, 위즈덤하우스)이다. 주로 부동산을 운용해, 직장에 연연하지 않고도 여유롭게 사는 사람들의 이야기를 담은 이 책은 우리 사회 중산층의 삶의 구조를 명확하게 보여주었다. 이 시기에 유행했던『바보들은 항상 결심만 한다』(팻 맥라건, 예문)나『단순하게 살아라』(베르너 티키 퀴스텐마허, 김영사)처럼 다분히 현실도피적인 책이 그 즈음 확산되던 웰빙 붐에 편승하며 주류를 이루었는데『한국의 부자들』은 개인의 삶이나 목적을 명확하게 규정해 주는 업적을 남겼다.

이 책이 탄생하기 이전의 재테크 서적들은 돈을 어떻게 벌 것인가를 제시하고 벌고 난 이후에 어떤 삶을 살 것인가를 독자의 몫으로 남겨놓았다면, 이 책 이후에는『총각네 야채가게』(김영한 외, 거름),『나의 꿈 10억 만들기』(김대중, 원앤원북스)처럼 어떻게 살아야겠다는 목표가 확실하게 정해진 상황에서 그 목표를 구체화하는 데 필요한 책들로 바뀌기 시작했다. 이후 책에서 제시하는 삶의 목표는 '32세에 32평의 아파트'라거나 '종자돈 5천만 원으로 내 집 마련하기'와 같이 더욱 구체화되고 있다.

그렇다면 올해 주식책은? 최근 주가가 900선을 돌파하고 저금리의 추세가 계속되는 상황을 볼 때 '아내와 함께하는 유럽여행비 마련하는 주식투자', '연간 수익률 35% 달성하는 주식투자법'과 같은 구체적 목적성을 갖는 책들이 탄생해 인기를 끌 가능성이 높다.

지금 이 시장의 주류독자는 1997년의 IMF로 말미암아 돈이 없어 자기의 인생설계를 하루 아침에 휴지조각으로 날렸던 경험을 한 세대다. 이런 세계화의 원초적 경험이 이들의 개인주의를 심화시켰고 그 때문에 이들은 '투자'의 포트폴리오를 분명히 한 다음 자기 자산을 구체적으로 늘려나가는 매우 현실적인 사람으로 바뀌게 된 것이다.

〈문화일보〉, 책으로 읽는 세상, 2004.3.11.

중국, 이념 떠난 자리
독서 열풍

『부자 아빠 가난한 아빠』(로버트 기요사키 외)와 『누가 내 치즈를 옮겼을까』(스펜서 존슨)처럼 신자유주의 시대에 개인의 변화를 역설한 책들은 한국, 중국, 일본에서 모두 밀리언셀러의 반열에 올랐다. 이른바 미국에서 만들어내는 '빅 타이틀'은 세 나라에서는 어김없이 베스트셀러 목록에 오른다. 그 이유는 글로벌화로 인해 서울, 도쿄, 베이징北京 등 각 도시의 라이프 스타일이 닮아가고 있기 때문이다.

중국의 개혁·개방 이후로 우리 출판물의 중국 출판량도 급격하게 늘어나고 있다. 해마다 전년에 비해 3배 이상 늘어나는 추세다. 『상도』(최인호), 『국화꽃 향기』(김하인) 등은 장기적으로 종합 베스트셀러 1위에도 올랐다. 공식적인 판매부수만 200만 부가 넘은 『상도』를 기획한 편집자는 회사에서 독립 편집실을 따로 마련해줄 정도로 대우를 받았다. 중국에서 이런 일은 이례적인 것으로 평가받고 있다. 이런 일이 벌어지자 최근 중국 출판사들의 우리 출판물에 대한 관심이 크게 높아지고 있다. 김하인, 김민기, 이용범 등의 대중소설은 '물건'이 없어서 팔지 못할 정도며 영화나 드라마와 연결된 작품은 어김없이 1천만 원 이상의 선인세를 받을 정도로 인기를 끌고 있다. 가히 문학의 한류 열풍이라 할 것이다.

대만 작품 또한 마찬가지다. 중국대륙과 대만의 출판물 판권 매매가 공식적으로 시작된 1986년 이후에 대만에서 사랑받는 대륙의 작품은 순문학이었지만 중국에서 통하는 대만의 작품은 대부분 대중문학 작품이었다. 우리나라에서도 한때 열풍을 일으켰던 충야오瓊瑤의 작품들은 개방 이전부터 인기를 끌었으며, 중국고전을 만화라는 형식을 이용해 재해석한 차이즈종蔡志忠의 책들은 신드롬 현상을 일으켰다. 차이즈헝蔡智恒의 인터넷소설 『첫 번째 친밀한 접촉』(국내 출간은 해냄)은 큰 반향을 일으키며 중국 젊은이들의 인터넷 창작의 원동력이 되었다.

이렇게 한국과 대만의 대중문학이 중국에서 대대적인 인기를 끄는 이유를 대만의 도서평론가 쉬수칭徐淑卿은 중국의 사회발전과 연결해 설명하고 있다. 중국은 1980년대 개혁·개방 이후 급격한 도시화가 진행되고 있다. 1970년 이후에 태어난 중국의 젊은이들은 서서히 상업화되는 도시 정경과 함께 성장했다. 따라서 사회주의 체제에서 살아온 윗세대와는 확실히 다른 균열이 생겼다. 이들 세대를 중국에서는 '마오쩌둥毛澤東의 아이'가 아닌 '제1세대'라고 부른다. 1960년대에 태어난 세대는 사회주의 이데올로기의 영향을 받아 톈안먼天安門 시위도 일으켰지만 이들은 철저하게 이데올로기와 정치에 무관심하다. 이들은 이러한 자신들의 생활을 대변하는 작가나 도시 이미지, 생활상을 그린 것에서 한 발짝 앞선 한국과 대만의 대중문학을 통해 자신들의 문화적 욕구를 충족하고 있는 것이다.

이런 흐름은 아동출판에서도 확인된다. 개인의 경쟁력 강화가 화두가 되면서 서점에는 학습참고서의 비중이 커지고 있다. 아동서 중 문화, 과학, 교육, 체육에 대한 책의 비중은 56%나 된다. 19%의 문학, 16%의 예술, 0.05%에 불과한 철학과 비교하면 이들 세대의 관심이 어디에 가 있는가를 알 수 있다. 이에 부응한 국내 아동서적들도 중국에서 대단한 인기를 끌고 있다.

지금 동아시아에는 한류바람이 대단하다. 원인이 무엇인지는 중국에서 통하는 책의 분석에서 우리는 확실하게 알 수 있다. 그 흐름을 정확하게 읽으면 우리 출판도 내수시장의 한계에서 벗어날 수 있다. 최근 동아시아 출판인들과 자주 만나면서 나는 그 가능성을 확실하게 읽을 수 있었다.

〈문화일보〉, 책으로 읽는 세상, 2004.3.17.

학교도서관을
업그레이드하자

'농경사회'에는 문·사·철의 인문적 소양을 갖춘 교양인이 사회의 주도권을 잡았다. 그러나 개인이 소유한 컴퓨터가 인터넷을 통해 전 세계와 연결된 순간부터 상황은 완전히 뒤집어졌다.

'내적 성찰'과 '경험 축적'의 중요성이 여전하지만 '열린 감성'과 '탁월한 직관'이 더욱 중요해졌다. 이질적인 것을 하나로 연결 짓는 퓨전적 사고를 통해 새로운 공감각 콘텐츠를 자유자재로 받아들이거나 생산할 수 있어야 하는 것이다.

최근 정치판에서 이런 판단을 하지 못해 졸지에 신세가 처량해진 사람들이 적지 않다. 그러나 자라나는 청소년들도 '입시'라는 족쇄에 매여 과거의 '교양 쌓기'에만 집착한다면 아무리 일류 대학을 나와도 언제든 하루아침에 쪽박을 찰 수밖에 없다.

국내에서도 인기저자로 올라선 다치바나 다카시가 『도쿄대생은 바보가 되었는가』(청어람미디어) 등에서 일관되게 주장했던 것처럼 이제 '신교양'이 필요하다. 그것은 인터넷, 서점, 도서관 등 지식과 정보가 넘치는 곳에서 필요한 교양을 찾아내고 그것을 마음껏 발산하는 훈련을 통해 정보해독 능력을 키우는 것이다. 더구나 정보화가 앞선 나라일수록 상상력과 창의력을 키워주는 데에는 책만 한 매체가 없다는 사실이 계속 확인되고 있다.

우리나라의 정보화 수준은 가히 세계적이다. 초고속 인터넷을 사용하는 인구비율은 세계 선두권에 진입해 있다. 동아시아의 강국인 중국과 일본이 한자상용으로 입력에서부터 어려움을 겪는 데 비해 세종대왕이 마치 디지털 시대를 내다본 듯 한글을 만들어준 덕분에 우리는 문자라는 기초 인프라에서부터 앞서 있다.

그러나 서점과 도서관은 한심한 수준이다. 도서정가제의 붕괴로 수많은 동네서점과 학교 앞 서점이 사라져 대형서점에 한 번 들르려면 작심하고 나서야 할 지경이다. 공공도서관은 숫자만큼이나 장서 보유에서도 한심한 수준이다. 대부분의 도서관이 '공부방' 수준을 크게 벗어나지 못하고 있다. 그나마 수준이 괜찮은 국립도서관이나 국회도서관은 대부분의 사람에게는 너무나 '멀리' 떨어져 있다.

도쿄의 스기나미杉並에서 사이타마埼玉 시로 이사한 일본인이 "이사하자마자 첫 번째 맞이한 일요일에 급히 조사해보니, 새로운 동네에서 슬슬 걸어가면 되는 곳에 현립과 시립, 그 분관까지 모두 네 개의 도서관이 있"고 "그 도서관들도 저마다 장서 경향이 다르기 때문에 네 군데를 합친다면 일상적인 것은 거의 찾을 수 있"는 것을 확인하고서는 좋아하는 환경까지는 아니더라도 누구나 일상적으로 도서관에 들를 수 있어야 할 것이다.

우리 사회도 정책당국자들의 뒤늦은 각성과 〈느낌표〉 등의 영향으로 학교도서관이 많이 늘어났다. 하지만 아직도 도서관을 제대로 운영할 능력이 매우 부족하다. 사서교사 확보율은 2.8%에 불과하며 장서 수도 한심하다. 그런 환경에서 학생들에게 먼저 독서습관을 키워주고 스스로 골라 읽는 능력을 키워준다는 것은 어불성설이다.

따라서 학교도서관을 지역주민이 함께 이용할 수 있는 '쓰임새 있는' 도서관으로 하루빨리 바꿔야 한다. 그것은 명망가나 행정가 몇 사람이 할 수 있는 일이 아니다. 교사, 학부모, 시민운동가, 출판관계자 등이 힘을 합해 만들어나가야 한다. 나아가 학교의 주체인 학생도 스스로 자기주장을 펼 수 있어야 한다.

때마침 이런 일을 하려는 네트워크 조직인 학교도서관 문화운동 네트워크가 오는 27일 출범할 예정이다. 지금 '학도넷'(www.hakdo.net)이라는 사이트에서는 1만 명의 발기인을 모집 중이다. 학교급식 전국네트워크(www.schoolbob.org)가 학생들의 급식 수준을 바꿨듯이 이 조직이 학교도서관의 수준을 바꿀 수 있도록 많은 관심이 있었으면 한다.

〈문화일보〉, 책으로 읽는 세상, 2004.3.24.

고전 '나대로 해석서' 인기

『이윤기의 그리스 로마 신화』(웅진닷컴), 『조선의 뒷골목 풍경』(강명관, 푸른역사), 『대한민국사』(한홍구, 한겨레신문사), 『거꾸로 읽는 세계사』(유시민, 푸른나무), 『현산어보를 찾아서』(이태원, 청어람미디어) 『나를 배반한 역사』(박노자, 인물과사상), 『열하일기, 웃음과 역설의 유쾌한 시공간』(고미숙, 그린비) 등은 작년 인문서 베스트셀러 상위권에 오른 책 중에서 우리 저자들이 쓴 것만을 골라낸 것이다. 이들 책은 신화나 역사 또는 고전을 매우 주관적으로 읽어냈다는 공통점이 있다. 이 중에서 어떤 책은 한 서평자로부터 '장난 글'의 수준이라 '밥맛만 떨어지게' 했고 그래서 '책을 통독한 뒤 내다버렸다'는 극단적인 '비판'을 받기도 했다. 그럼에도 수많은 대중이 그 책을 열렬히 읽는 까닭은 무엇인가.

오늘날 우리는 '정보 과잉'에 시달리고 있다. '인터넷'과 '도서관'에는 태초부터 수많은 사람이 생산해낸 지혜와 사상을 담은 무수한 책(정보묶음)이 범람하고 있다. 상황이 그러함에도 지금도 국내서만 하루에 300여 권의 신간(잡지 포함)이 탄생하고 있다. 이렇게 책이 지천으로 넘치자 책은 더 이상 '존엄한' 존재가 아니다. 그것은 하늘에 떠 있는 별처럼 저 혼자 빛을 발하며 '그냥' 존재할 뿐이다.

오늘날 우리는 엄청난 환경 '공해'로 말미암아 '별'이라는 '존재'를 잘 바라볼 수도 없다. 실제로 수많은 사람이 별이라는 존재를 아예 잊고 살고 있다. 하지만 그 별은 누군가가 강둑에 앉아 '저 별은 나의 별, 저별은 너의 별'

하며 바라보는 사람이 알아서(주관적으로) 끄집어낼 경우에만 비로소 의미를 발한다. 여기서 별을 끄집어내는 것은 독서 행위와 같다. 그래서 "책을 읽고, 철학적인 사고를 한다는 것은, 인간이 가지고 있는 하나의 특수한 기형적인 상황"일 수도 있다. 언제나 사회적인 균형에 맞춰 책을 읽어야만 하는 것이 아니라 많은 경우 편협하거나 감각적인 지적 생활을 추구하기도 하는 것이다.

그런데 이런 추세는 오늘날 디지털 기술의 출현으로 더욱 강화되고 있다. 최근 기술의 발달로 말미암아 IT 산업과 다른 산업의 결합은 눈부시다. 방송은 자동차와 가전산업과 결합되면서 방송 송출방식을 놓고 한없는 논쟁을 벌이고 있다. 이처럼 거의 모든 분야에서 사업끼리의 통합모델이 끝없이 등장하는 등 '결합'은 이미 거대한 화두이다.

따라서 대중은 단지 '조직'에서 살아남기 위해서라도 '선인'들이 잘 정리해놓은 지식을 '일방적으로' 습득하는 것이 아니라 '행간'과 '여백'마저도 '주관적으로' 읽으며 오늘날 세태가 요구하는 퓨전형 지식과 창의성을 키워 궁극적으로 새로운 '상품'을 만들어내야만 한다. 하지만 지금까지 우리 대중은 '학교'에서 '암기'하는 훈련만 일방적으로 받았을 뿐 '사색'하는 습관은 제대로 키우지 못했다.

어디 그뿐인가. 국제통화기금IMF은 우리 사회에 개인주의를 심화시켰다. 하지만 대중은 이기적이지만 나름의 합리성을 추구하고 자기 나름의 상식을 갖고 있다. '탄핵' 정국에서도 이 같은 '개인적 합리성'은 쉽게 이합집산하며 자유자재로 여론을 생산해내기도 한다. 이것은 개인의 다양성을 인정하고 타자의 차이를 존중하는 화이부동和而不同의 철학이라 할 수 있다. 자신만의 '차이'(개인기)를 만들어내고 다른 사람의 '차이'를 존중하기 위해서라도 지금 대중은 고전 그 자체보다는 고전을 주관적으로 해석한 인문서를 즐기는 것이다.

〈문화일보〉, 책으로 읽는 세상, 2004.3.31.

개인주의 판치는 세상,
'검색형 처세서' 붐티

스펜서 존슨의 『선물』(중앙M&B)이 베스트셀러 종합 1위를 질주하고 있다. 책 제목 present는 '선물'이라는 뜻도 있지만 '현재'로도 읽힌다. 우화 형식을 도입한 책의 내용은 매우 단순하다. 누구에게나 '세상에서 가장 소중한 선물'은 언제나 '옳은' 것에만 집중하는 '지금 바로 이 순간'이라는 것이다.

과거에는 현실이 고통스럽더라도 '멋진 미래'를 꿈꾸며 '현재'를 희생해왔다. 하지만 실리주의와 개인주의가 판치는 지금은 현실 자체에서 만족을 꾀하는 것이 당연하게 받아들여지고 있다. 이런 사회적 분위기가 이 책의 판매부수를 늘리고 있다. 그런데 스펜서 존슨은 변화의 당위성을 역설해 밀리언셀러에 오른 『누가 내 치즈를 옮겼을까』(진명출판)를 통해 우리에게 다가왔다. 기업의 단체구입이 쇄도했던 이 책의 말미에는 동창생들이 호텔 라운지에 모여 미로 속에서 치즈를 찾아 헤매는 자신들의 모습을 상상하며 각자가 처한 현재의 상황에 대비시켜 토론을 벌이는 장면이 담겨 있다.

이처럼 최근의 베스트셀러 처세서들은 한결같이 개인이 겪을 수 있을 만한 사례를 구체적으로 제시하고 있다. 『부자 아빠 가난한 아빠』(로버트 기요사키 외, 황금가지)는 투자에 대한 실전 내용을 5단계에 걸쳐 알려주며 『단순하게 살아라』(베르너 티키 퀴스텐마허, 김영사)는 단순하되 의미 있게 살아가는 방법을 7단계에 걸쳐 제시한다. 또 『화』(틱낫한, 명진출판)는 화를 다스리기 위한 네 가지 방법, 『바보들은 항상 결심만 한다』(팻 맥라건, 예문)는 자신의 행동지수를 알아보는 방법, 『인생을 두 배로 사는 아침형 인간』(사이쇼 히로시, 한스미디어)은 아침형 인간으로 변신하기 위한 14주(100일) 프로그램을 저마다 제공한다.

대중은 왜 이렇게 개인이 갈 수 있는 길을 마치 음식의 메뉴처럼 제시하는 책을 원하는 것일까? 그 원인은 무엇보다 현대인이 처한 '이야기의 상실'에서 찾을 수 있다. 농경사회의 대중은 '집중형 독서'를 즐겼다. 과거에 서당에서처럼 한 권의 책을 완전히 익힐 때까지 반복해서 읽었던 것이다. 이 시기에는 단순한 데이터라도 충분했다. 그러나 산업사회로 접어든 18세기에는 문예부흥기로 신간이 쏟아지기 시작했다. 그래서 독서의 유형은 한 권의 책을 읽자마자 곧바로 다른 책으로 옮겨가는 '분산형 독서'로 바뀌었다. 이 시기에 비로소 소설책도 분책이 되기 시작했는데 대중은 되도록 많은 데이터를 취한 다음 비교를 통해 스스로 정보를 만들어내기만 하면 경쟁력이 아직 있었다.

정보를 물질, 에너지에 이은 제3의 요소로 중시하는 정보화 사회에는 '검색형 독서'가 등장했다. 이제 대중은 궁금한 것이 생길 때마다 인터넷에 접속하여 궁금한 키워드를 입력해 자신의 부족함을 메우고 있다. 검색을 구태여 '독서'로 이름 지을 수 있는가에 대해 논란이 없지 않지만 이미 검색은 대단한 위력을 발휘하고 있다. "인터넷 검색 순위에 기업 목숨이 좌우되고, 인간사고의 의뢰처가 구글Google로부터 시작되는 의식의 독점시장"이 도래하고 있으며, 키워드 자체가 키워드가 되고 있다.

인터넷 검색의 독식과 독점도 문제이지만 경쟁사회에서 서바이벌 게임을 벌여야 하는 대중에게 매우 시급한 것은 스스로 정보의 검색을 통해 정보의 '선'과 '악'을 가려내고 제대로 된 정보들을 연결해 전략정보(인텔리전스)화하는 능력이다. 하지만 기술의 발달은 정작 이런 능력을 키워주기보다는 방해만을 일삼는다. 그래서 스스로 이야기를 만들어내기 어려운 대중이 자신이 앞으로 겪을 법한 '이야기'를 대신 써주다시피 한 처세서를 열렬히 찾는 것이 아닐까.

〈문화일보〉, 책으로 읽는 세상, 2004.4.14.

한 권의 책 속에 우주가

종이의 발명은 인류문명의 시작이라 할 수 있다. 0.1mm두께의 얇은 종이에도 인간이 창조해낸 깊이 있는 지혜가 무수히 담겨 있다. 지난 4월 22일부터 25일까지 열린 '도쿄국제북페어2004'에서는 이런 종이에 대해 차이가 확연한 두 모습을 보여줬다. 마츠시타전기는 작년 10월에 도시바 등 70여 개사와 연대해 '전자서적 비즈니스 컨소시엄'을 설립하고 회원 확보에 나섰다. 이에 질세라 소니는 한 달 뒤에 고단샤, 신초샤, 다이닛폰ᄎ日本인쇄 등의 출판기업과 연대해 퍼블리싱링크를 설립했다. 이 회사는 판매가 아닌 대여의 개념을 들고 나왔다. 소니가 새로 내놓은 전용 단말기는 해상도가 훨씬 개선되고무게도 아주 가벼웠다. 또 액정화면이 아니어서 건전지 사용량도 획기적으로줄었다. 독자는 이 전용 단말기를 구입하고 월 회비 200엔만 지불하면 이 회사가 제공하는 콘텐츠를 자유자재로 볼 수 있다. 회사는 앞으로 3년간 10만명의 회원을 확보하면 흑자로 돌아설 것으로 예측하고 있다. 또 저작권이 소멸된 3,700여 작품을 한 장의 CD에 담아 500엔에 판매하기도 하고 휴대전화로 다양한 콘텐츠를 200엔에 제공하는 회사가 회원모집을 하고 있었다.CD에 담긴 내용은 가로세로로 바꾸거나 크기를 확대하며 자유롭게 볼 수있었다. 포맷, 뷰어, 저작권 보호 등 전자책이 발전하기 위한 기본 기술도 과거에 비해 획기적으로 개선되었다. 더구나 전자사전의 연매출(약 400억 엔)이이미 종이사전의 매출액(약 250억 엔)을 넘어선 데다 젊은 세대는 휴대전화나PDA 단말기로 소설을 읽는 데 위화감을 느끼지 않았다. 하지만 전자책 업계 종사자들이 이제야 서광이 보인다고 크게 기대하고 올해를 실질적인 전자서적의 원년으로 삼는 것은 전자종이(e‑페이퍼)의 출현 때문이다. 그러나 전자종이의 출현은 그동안 답보상태로 전전긍긍하던 전자책업계에 어느 정도 희망을 던져준 것은 사실이지만, 전시장 밖에서는 전시장의 열기와 달리 기술발전만으로는 한계가 많다는 것을 반복적으로 깨달은 과거의 경험 때문인지 '아직은' 더 지켜보아야 한다는 냉정한 시각이 여전히 우세해 보였다.

이에 비해 세계적인 북디자이너 스기우라 고헤이杉浦康平는 자신이 맡은 '책의 시공時空을 보다'라는 강의에서 종이가 지닌 무한한 가능성을 보여줬다. 그는 책의 원형인 종이를 30번 접으면 그 거리가 38만 5천km가 되어 달까지의 거리와 같으며, 53번 접으면 1억 5천만km인데 이 거리로는 태양까지 이른다는 통계를 보여줌으로써 간접적으로 종이의 추상적인 기능성의 개념이라기보다 광대한 공간(거리)이 한 권의 책 속에 담겨 있다는 말을 먼저 제시했다. 그는 자신이 디자인한 책을 일일이 보여줌으로써 종이라는 매체의 물성적인 특성을 얼마나 극대화할 수 있는가를 증명했다. 한자의 타이포나 책의 두께를 이용한 디자인, 조금씩 차이를 가진 이미지의 반복적인 사용을 통해 책의 움직임성을 강조한 디자인, 만다라의 아름다움을 순차적으로 확대해 보여주며 대립하는 것은 하나가 된다는 강렬한 메시지를 보여준 디자인, 검은색과 흰색을 음양적 차원으로까지 승화시켜 책을 오른쪽으로 뒤틀면 성좌가 나오고 왼쪽으로 뒤틀면 안드로메다가 나오게 한 디자인 등은 바라보는 이의 눈을 현란하게 했다. 짧은 글로는 일일이 설명하기 어려운 이날 강의를 통해 그가 보여준 것은 정보의 추상성을 넘어 정보의 물성적 차원과 종이책이 가진 입체적인 아름다움을 가시화하는 구체적인 모습이었다. 책의 촉각적 존재감을 키움으로써 종이책의 가능성을 키우는 것은 디지털 기술이 아무리 발달하더라도 이룰 수 없는, 인간의 '손'만이 해낼 수 있는 일이면서 종이책의 새로운 경지라는 것을 다시 확인한 매우 의미 있는 자리였다.

〈문화일보〉, 책으로 읽는 세상, 2004.4.28.

문어체는 사라지나

　지식과 감동을 담아 체험을 공유하는 최강의 도구로서의 종이책의 유효성은 종말을 고하는가. 문자의 발명 이후 언문일치言文一致가 일반화되고 인간은 묵독(정독)을 통해 활자를 읽을 뿐만 아니라 풍경을 읽고 인간의 마음을 읽어왔다. 그런데 최근 '술술' 읽히는 구어체의 문장이 아니면 독자가 글을 읽어내지 못하는 현상이 갈수록 심해지고 있다.

　일본에서 지난해 이후 밀리언셀러에 오른 책들은 모두 구어체의 범주에 속한다. 300만 부 이상 팔린 요로 다케시의 『바보의 벽』은 저자가 대담, 발언한 내용을 편집자가 문장으로 재구성했다. 『Deep Love』(유게 요시)는 원조교제를 하다 후천성면역결핍증(에이즈)에 걸린 여고생이 자기 체험을 고백한 내용으로 휴대전화의 메일 송신에서 탄생했다. 『세상의 중심에서 사랑을 외치다』(가타야마 교이치)는 '읽을' 필요조차 없는 제목이었기에 팔렸다는 분석이 있다.

　우리라고 상황이 다르지 않다. 묵독을 해야만 제대로 이해할 수 있다는 인문시장에서마저 대담, 좌담, 강의형 책이 갈수록 대중의 호응을 크게 받고 있다. 강의를 정리한 『노마디즘』(이진경), 대담집인 『오만과 편견』(사카이 나오키·임지현)과 『서양과 동양이 127일간 e-mail을 주고받다』(김용석·이승환, 이상 휴머니스트) 등은 언론의 대단한 주목을 받았다. 기획자는 이 책들에 스스로 '지성들이 벌이는 감성커뮤니케이션'이라는 칭호를 부여했다.

　문자가 발명되고 난 이후 언문일치가 일반화되면서 표준어 개념이 등장하고 객관적 명제가 절대시되었다. 이에 비해 영상시대에 주목받기 시작한 구어는 생동감, 상황적응성, 주관적 표현이 지닌 친근감 등의 장점이 있으며 대면성對面性이 최대 무기이다. 작년에 개봉된 영화 〈황산벌〉에서 '거시기'라는 한 단어가 안겨준 대단한 충격, 17대 총선에서 화제를 끈 '노회찬식 어법' 등은 구어체의 장점을 말로 보여준 대표적인 사례이다. 이와 같은 사례를 책에 적절히 담아내지 못하면 대중의 관심을 끌기 어려운 시대가 된 것이다.

정보기술IT혁명 이후 사이버 공간은 "종래의 활자 언어의 독점적 지배에서 벗어나 문자, 알파벳, 인쇄기, 전화, 영화, 라디오, 비디오 등 청각적 매체와 시각적 매체 모두를 융합시키고 통합"(김성도)해왔다. 사이버 공간에서 '일'과 '놀이'를 함께 즐기는 대중의 생활습관으로 말미암아 구어체 문장이 원래 내포하고 있던 무의식적인 에너지가 '드디어' 마구 분출하기 시작했다. 문자시대에 억눌려 있었고 주변부에 불과했던 구어체가 힘을 얻어 문어체와 동격의 수준으로 올라오고자 하는 것이다.

지금의 구어체는 문자의 발명 이전에 유일한 수단으로서의 구어와는 다른 전혀 새로운 개념의 구어체여야 한다. 따라서 우리는 문자화되면서 배제되었던 말하는 이의 기분, 성격, 분위기 등을 새로운 구어체에 어떻게 유효적절하게 복원할 것인가를 제대로 연구해야만 한다. 문어체와 구어체를 대척점에 놓고 선악의 잣대로 파악할 것이 아니라 적절한 상생을 도모해야만 한다. 구어체의 가장 큰 폐단은 읽은 직후 곧 잊어버리는 정보의 '휘발성'이다. 따라서 이 휘발성을 줄이고 접착성을 키우기 위해 도표, 사진, 이미지, 캡션 등을 적절히 활용하는 편집술을 최대한 동원해야만 한다.

사실 문어 중심의 시대에도 구어는 조용히 발전해왔다. 소설 속의 대화는 지문과 조응하며 구어체를 살리는 중요한 기능을 해오지 않았는가. 따라서 지금은 구어 중심이되 문어체의 장점을 키우는 방향으로 전개할 수도 있어야 한다.

〈문화일보〉, 책으로 읽는 세상, 2004.5.7.

작가·작품 브랜드
키울 때다

폴 오스터Paul Auster는 확실한 마니아 독자를 지닌 대표적인 작가다. 출세작인 '뉴욕 3부작'과 영화 〈마들렌〉에서 작가지망생인 남주인공 지석(조인성분)이 항상 끼고 다녀 화제가 된 『달의 궁전』은 2~3만 부가 팔렸다. 대단하게 팔린다고 볼 수는 없으나 적어도 1만 명의 독자는 확보했다는 것이 정설이다.

작가 김영하도 고정 독자가 확실한 대표적인 신진작가다. 그에게 폴 오스터 소설의 장점을 세 가지만 말해달라고 부탁했더니, 추리소설로 시작한 작가이기 때문에 추리나 로맨스와 같은 대중소설의 장점을 지니고 있어 대중적인 감각이 뛰어나다는 점, 현대소설이 포기한 우연의 중첩을 비켜가는 것이 아니라 적극적으로 차용한다는 점, 미국의 작가들이 대부분 대학가(촌)에서 살지만 폴 오스터는 뉴욕의 중심가인 브루클린에서 살기 때문에 도시적인 삶이나 정서를 포착하는 감각이 뛰어나다는 점을 들었다.

폴 오스터의 소설은 웅장하거나 드라마틱하진 않아 처음에는 지루한 듯하지만 한 번 빠져들면 헤어나지 못하게 하는 장점이 있다. 그의 소설은 문학성과 대중성의 행복한 만남, 치명적인 우연 하나가 인생을 완전히 뒤바꾸는 급박한 현실의 차용, 뉴욕·도쿄·서울 등 거대도시에 사는 젊은이들의 정서에 어필하는 기발한 상상력 등으로 전 세계의 마니아 독자를 확보한다는 것을 알 수 있다. 그런데 중요한 게 하나 더 있다. 국내에서 폴 오스터의 소설은 열린책들이라는 한 출판사에서만 출간되고 있다는 점이다. 이미 다른 출판사에서 출간됐던 책들의 판권도 다시 사들여 작가를 집중 관리하고 있기에 폴 오스터는 갈수록 주요한 작가로 떠오르고 있다.

『뇌』와 『나무』의 베르나르 베르베르, 『키친』, 『티티새』, 『암리타』의 요시모토 바나나도 우리나라에서 통하는 대표적인 작가들로 열린책들과 민음사에서 집중 관리하고 있다. 열린책들은 외국작가들의 작가 브랜드를 육성하는 것을 10여 년 전부터 계속해서 이제 해마다 소설 밀리언셀러를 낼 정도가 됐으며, 요시모토 바나나는 자기 소설의 출간 시기를 직접 선택할 정도로 이미지 관리를 해 무라카미 하루키나 무라카미 류의 인기를 능가할 정도이다.

작가는 아니지만 오는 22일 국내 독자들과 만나기로 되어 있는 『나는 선생님이 좋아요』, 『태양의 아이』의 저자 하이타니 겐지로는 양철북이란 출판사와 '운명적 만남' 이후 주요한 인기저자로 자리 잡고 있으며, 『나는 이런 책을 읽어 왔다』, 『뇌를 단련하다』의 다치바나 다카시도 청어람미디어와 일관된 관계 유지를 통해 우리 사회에 계속해서 지적인 충격을 던져주고 있다.

그러나 국내 작가들은 주요 문학출판사 모두에게서 각기 한 권의 책을 펴내고 싶은 욕망이 있는 것이 아닌가 할 정도로 출판사를 떠돌며 책을 펴내고 있다. 수많은 출판사와 약속한 것을 과연 생전에 다 써낼 수 있을까 의심할 만한 작가도 꽤 있다. 작가들의 이런 '철새 근성'이 결국 대부분의 소설이 초판 3천 부도 소화되지 못할 정도로 문학시장을 황량하게 만든 것은 아닐까.

지금은 작가 브랜드와 작품 브랜드를 동시에 키워 세계 시장을 한꺼번에 공략하는 시대다. 따라서 출판사와 작가의 장기적인 신뢰관계 없이는 소설의 밝은 '미래'란 없다고 봐야 한다. 작가들의 불만도 없지 않을 것이다. 과연 그렇게 믿고 맡길 정도로 기획력과 마케팅 능력, 나아가 인간적 신뢰성까지 갖춘 출판사가 있느냐고? 그것은 폴 오스터나 요시모토 바나나의 사례가 답이 될 것이다.

〈문화일보〉, 책으로 읽는 세상, 2004.5.21.

미쳐야만 사는 세상

"옛날에는 문을 닫고 앉아 글을 읽어도 천하의 일을 알 수 있었다. 그러나 인터넷을 통해 세계의 정보를 책상 위에서 만나보면서도 천하의 일은커녕 제 자신에 대해서조차 알 수가 없다." 올해 상반기 인문서 최대의 화제작인 『미쳐야 미친다』(정민, 푸른역사)에 나오는 말이다. 책에는 개인이 소유한 정보의 양이 늘어갈수록 내면의 공허는 커져만 가고, 주체의 확립 없는 정보는 혼란만 가중시킨다는 설명이 이어진다. "손오공이 부처님 손바닥을 벗어날 수 없듯, 아무리 발버둥쳐도 한 치도 벗어날 수 없는 숨막히는 현실"에서 살아남는 방법이란 무엇인가? "세상은 재주 있는 자를 결코 사랑하지 않는다"고 하니 방법은 딱 하나다. 책 제목처럼 불광불급不狂不及이다. 속된 말로 바보나 '또라이'를 뜻하는 벽癖과 치痴처럼 무엇에 대한 기호가 지나쳐 억제할 수 없는 병적인 상태에까지 이르러야 그나마 무언가를 이룰 수 있는 것이다.

저자는 조선시대 18세기 지식을 읽는 코드로 삼고 있는 벽과 치가 오늘날의 마니아와 같다고 설명한다. 아침부터 저녁까지 오로지 꽃이 피고 지는 모습을 그림으로 그린 김덕형, 옛 그림을 보는 족족 수선해 새로운 생명을 불어넣는 장황벽의 방효량, 돌만 보면 벼루를 깎았던 정철조 등은 당시에 "홀로 정신을 갖춘" 자가 걸어갈 수 있는 유일한 길이었을 것이다.

오늘의 현실도 이와 같다. 전통적인 교양인을 뜻하던 독자reader는 실용서만을 즐겨 찾는 사용자user의 단계를 거쳐 지금은 마니아 또는 수집가collector로 바뀐 지 오래다. 한때는 잘난 엘리트들의 독점적 전유물이던 책이 대중의 품으로 갔다고 이야기되었지만 지금은 '미친' 마니아들에게 정말로 대접받았다는 느낌이 들지 않는 책은 서점 서가의 냄새도 맡기 어렵다.

　마니아들은 당대에는 비주류다. 그들은 앞선 세대가 축적한 인류문화의 정수를 모아놓은 표준지식을 그대로 받아들이는 법이 없다. 그런 지식에 의문을 제기할 뿐만 아니라 다양한 지적 호기심으로 나만의 방법론을 찾아낸다. 이제 정보는 과연 '나'만의 정보인가가 중요해졌다. 최근 출판시장에서 제일 잘나가는 분야인 자기계발서의 지난 5년을 통산할 때 가장 많이 팔린 것은『누가 내 치즈를 옮겼을까』(스펜서 존슨, 진명출판)나『부자 아빠 가난한 아빠』(로버트 기요사키 외, 황금가지) 같은 미국 태생의 변화를 촉구하는 책이었다. 하지만 요즘의 시장은 현실과 비현실, 구체와 추상 사이를 넘나들며 매우 잘게 쪼개지면서 큰 변화의 조짐을 보이고 있다. '아침형 인간'이라는 일본식 조어가 득세를 한 이후 미국 책보다는 우리 정서에 가까운 동아시아의 책이 더 팔리고 있다. 화술을 다룬 책 중에서도 미국인 마일로 프랭크의『설득, 30초 안에 끝내라』(한스미디어)보다는 일본인 다카이 노부오의『3분력』(명진)이나 중국인 리이위의『세치 혀가 백만 군사보다 강하다』(김영사) 같은 책의 판정승이 이어지고 있다.

　『미쳐야 미친다』가 때로는 종합 베스트셀러에 오르는 것은 이런 흐름과 맥을 같이한다고 볼 수 있다. 지금 청년실업에 시달리는 세대는 스스로 '저주받은 세대'라고 지칭한다. 풍찬노숙자라는 별명을 지닌 박사급의 '준실업자'도 6만 명에 가깝다. 천하의 일은 알되 정작 자기 앞날을 가늠하기 어려운 이들이 이 책을 '자기계발서'로 읽는 것은 아닐까. '돈'과 '부자'에 경도되었던 수많은 이들이 이제 '미쳐보기'의 대열에 줄을 잇고 있다. 이런 인기가 신분상승의 외줄기 사다리 타는 길을 버리고 진정 자신이 하고 싶은 일을 하면서 살 수 있는 길로 이어졌으면 하는 바람이다.

〈문화일보〉, 책으로 읽는 세상, 2004.5.28.

출판가에 '어머니' 부활,
아버지 뒤이어 감성 자극

어머니가 새롭게 떠오르고 있다. 동화책이나 육아서에서만 등장하고 남자들이 노래방에서 한번 불러보는 '모정의 세월'로만 기억되던 어머니가 성인용 책에서도 화려하게 부활하고 있다. 작가 최인호가 고백성사 하듯 절절하게 어머니 이야기를 그린 『어머니는 죽지 않는다』(여백)는 상반기 종합 베스트 상위권에 당당히 올라 있다. 어머니와 딸 사이의 반목과 질시, 위로와 사랑을 그린 『엄마 힘내』(잭 캔필드 외, 화니북스)는 〈뉴욕타임스〉 베스트셀러 1위에 올랐던 책이다. 『엄마, 힘들 땐 울어도 괜찮아』(김상복, 21세기북스)는 칭찬이 주제이며, 『엄마, 외로운 거 그만하고 밥 먹자』(장차현실, 한겨레신문사)는 다운증후군을 앓는 딸과 함께 살아가는 어머니의 이야기를 주제로 한 만화이다. 또 『어머니의 정원을 찾아서』(앨리스 워커, 이프)는 흑인 여성 어머니들의 정신적 유산을 감동적으로 그렸으며 『어머니 발등에 입을 맞추고』(김승희 외, 자유로운상상)는 유명 인사들이 어머니를 회고한 글을 모은 책이다. 이 밖에도 어머니를 주제로 한 책이 요즘 들어 부쩍 늘어나고 있다.

출판시장에서는 전통적으로 젊은 여성이 대형 베스트셀러를 만들어왔다. 그런데 그들은 영화 〈마요네즈〉에서처럼 같은 여자인 어머니를 그리 좋아하지 않는다. 그들은 머린 머독이 『영웅의 딸』(청동거울)에서 말하는, "아버지와 자신을 동일시하고 성공을 추구하는 가운데 남성을 모방하는 심리"로 말미암아 주로 아버지의 이야기를 즐겼다.

이때 아버지는 잘나가는 아버지가 아니다. 가정과 직장과 사회에서 버림받고 쓸쓸이 죽어가는 『아버지』(김정현, 문이당)거나 장기의 일부를 팔아가면서까지 백혈병을 앓는 아들을 살려내고 자신은 간암으로 죽어가는 『가시고기』(조창인, 밝은세상) 같은 아버지로 매우 안타까운 아버지다.

사실 아버지는 고도성장시대의 주역으로 자기희생을 통해 가정과 사회를 지켜냈다. 그렇지만 그들이라고 아픔이 없지 않았다. 그들의 억눌린 아버지 이야기가 지난 시대에는 대단한 인기를 얻었다. 6개월 만에 200만 부나 팔린 『아버지』의 성공신화는 아직도 깨지지 않을 정도로 아버지는 출판시장의 주요 성공 테마였다.

그런데 높아지는 청년실업률과 장기불황이 예견되는 불안한 미래 때문에 절박해져서일까? 아니면 정상이나 중심을 향해 뚜벅뚜벅 걸어가던(계단식 사고) 남성의 시대는 가고 주변을 잘 헤아려 종합적으로 판단하는(거미집 사고) 여성의 시대가 닥쳐왔기 때문일까? 여성 국회의원 수가 눈에 띄게 늘어난 만큼 어머니의 감성이 이 시대를 울리고 있다.

1980년대 말까지만 해도 여성은 억압받는 존재의 상징이었다. 그런 여성이 1992년의 『나는 소망한다 내게 금지된 것을』에서는 남성을 납치해 폭행하는 모험을 감행하고, 1995년의 『천년의 사랑』에서는 천년의 세월을 뛰어넘어 한 남자의 사랑을 받는 대상이 되고, 1998년의 『모순』(이상 양귀자, 살림)에서는 현실과 몽상을 상징하는 두 남자 중에서 하나를 고르는 적극적인 인물로 바뀐다.

그 후 여성은 당당히 사회를 주도하는 강한 여성이다. 영화 〈조폭마누라〉와 〈엽기적인 그녀〉에서는 남자를 수없이 패는 당찬 여성이며 드라마 〈대장금〉이나 〈다모〉에서는 신분차별을 뛰어넘어 자신의 꿈을 성취하는 의지의 여성이다. 이제 출판시장은 이런 여성, 그중에서도 절박해질 때마다 가장 먼저 떠오르는 어머니의 품으로 빨려 들어가고 있다.

〈문화일보〉, 책으로 읽는 세상, 2004.6.11.

'실천 매뉴얼' 서적
뜬다

이제는 개인이 실천할 수 있는 매뉴얼을 구체적으로 제시하는 책이어야 팔린다. 작년 출판시장에서 확실하게 모습을 드러낸 '절박한 개인'들이 생활에 즉시 적용할 수 있는 구체적인 지침을 찾고 있다는 사실이 올해 상반기 출판시장이 보여준 가장 큰 특징이다.

상반기 베스트셀러 종합 1위는 『인생을 두 배로 사는 아침형 인간』(사이쇼 히로시)이다. 이 책은 비록 90만 부 판매에 그쳤지만 경제·경영서가 4개월 만에 80만 부나 팔리는 기록을 세웠다. 통행금지가 있던 때에는 홍등가만이 밤에 불을 밝혔지만 어느 순간 낮과 밤의 경계가 사라졌다. 더구나 인터넷과 통신기술의 급속한 발달은 '밤의 식민화'를 재촉했다. 그로 말미암아 대중의 신체리듬은 뒤죽박죽이 되었다. 이 책은 기업체 대표들이 집중 구매하여 짧은 기간에 많이 팔렸지만 곧바로 열기가 식은 아주 특수한 사례다. 이것은 휴식의 시간인 밤을 되찾고자 하는 열망이 잠시 들끓었지만 결국 '24시간 사회'라는 도도한 흐름을 막기에는 역부족임을 확인한 경우다.

2위는 『누가 내 치즈를 옮겼을까』의 저자 스펜서 존슨의 신간 『선물』이다. 지난 몇 년간 세계 출판시장은 (자기)경영학적인 내용을 우화나 소설 형식을 빌려 이야기하는 '경영문학'이 주도했다. 『선물』은 장밋빛 미래보다는 현재를 중시하는 대중의 기호와 맞아떨어져 40만 부나 팔렸다.

5위는 『화성에서 온 남자 금성에서 온 여자』의 한국판이라 할 수 있는 『그 남자 그 여자』(이미나)다. 똑같은 상황이라도 남녀가 다른 생각을 할 수 있다는 것을 짧은 에피소드로 엮어 젊은 연인들에게 남녀관계의 해결서로 각광받고 있다. 이메일 사용이 일반화되면서 무엇인가를 '쓰는' 문화가 발달했는데 이 책은 그런 흐름을 타고 스테디셀러로 자리 잡고 있다.

여성 부문에서는 혼자 사는 사람의 밥상 차리기 지침서라 할 수 있는 『2,000원으로 밥상 차리기』(김용환)가 많이 팔렸다. 실용서 시장은 특히 개인 문제 해결책이 부각됨을 보여줬다.

인문서 1위인 『미쳐야 미친다』(정민)는 지식인용 처세서로, 아동분야 1위인 『마법 천자문』(시리얼)은 아동용 처세서로 돌풍을 일으켰다. 『미쳐야 미친다』는 제목부터 절박한 개인들의 심정을 반영하고 있으며, 『마법 천자문』은 한자능력검정시험에 60만 명이 응시할 정도로 한자가 주목받는 현실을 반영하면서 학습(한자연습장)과 놀이(카드게임)를 한꺼번에 해결하는 효과를 던져주고 있다.

이 시대 부모들이 『아이는 99% 엄마의 노력으로 완성된다』(장병혜)는 사실을 새삼스럽게 깨닫게 되면서 방문학습지가 쇠퇴하였다. 그로 말미암아 학습지시장의 대표 주자인 웅진닷컴, 대교출판, 한솔교육 등이 변신을 모색하는 것도 올 상반기 출판시장이 보여준 특징이다.

정리해보면 올 상반기 출판시장은 '개인 실천 매뉴얼'이 전반적으로 확대되면서 각광을 받았지만, 대부분의 책들이 절박한 현실에 지친 개인들이 자신의 심신을 추스르고 소중하지만 한순간 놓치고 지나친 것을 다시 확인하는 수준의 아주 평범한 자기계발서라는 한계가 있다.

하반기에는 이 같은 추세가 계속되면서 실천 매뉴얼은 보다 세분화되고 양적인 팽창보다는 질적인 구조조정을 꾀할 것으로 보인다.

〈문화일보〉, 책으로 읽는 세상, 2004.6.25.

종이책
생존의 길 넓히자

『누가 책을 죽이는가』(시아출판사)의 저자 사노 신이치는 최근 한 좌담에서 "현재 (일본) 출판 상황은 노래방 같다. 노래하는 사람만 가득하고 듣는 사람은 하나도 없다"는 말로 6년 연속 마이너스 성장임에도 불구하고 신간 종수가 드디어 7만 종을 넘어서 책의 다산다사多産多死 시대에 접어든 일본 출판 상황의 어려움을 압축적으로 표현했다.

지난해 급격한 호황의 국면을 보이던 우리 출판계는 올해 들어서 심한 불황에 시달리고 있다. 그럼에도 불구하고 여전히 하루에 단행본 100종, 잡지 100종 등 200여 종의 신간서적이 서점에 입고되고 있다. 그러나 몇 종의 베스트셀러를 제외하면 종당 판매부수가 격감하고 있어 팔리는 책과 팔리지 않는 책의 양극화 현상이 심각하다.

전자 공간을 떠도는 무수한 무료 정보가 책을 대체할 것이기 때문에 종이책은 희망이 없다고도 했다. 사실 글을 종이로 읽는 것과 컴퓨터 액정화면으로 읽는 것의 차이는 영화를 극장에서 보는 것과 비디오나 DVD로 보는 것의 차이와 같다. 다소 불편하지만 무료 정보만으로도 해결되는데 구태여 돈을 들여 책을 살 필요가 없기는 하다. 이미 적은 부수의 학술서는 e-콘텐츠로만 존재하고 필요한 사람은 출력해서 읽는 일이 늘어나고 있다.

하지만 디지털 기술은 책 생산비용을 낮추고 있어 일본에서는 주문형 출판의 경우 100부만 발행해도 수지를 맞추는 단계까지 이르고 있다. 출력해서 읽는 것이 아니라 책을 소부수로 견실하게 만들어 판매하는 경우가 늘어날 것이기 때문에 책은 새 가능성을 갖고 있다. 사노 신이치가 같은 좌담에서 "저자-출판사-도매상-독자라는 종래의 출판시스템에서 벗어나 인터넷을 포함한 "팬클럽" 같은 조직을 통해 저자와 독자가 직접 연결돼 그 독자들에 의해 저자가 살아남는 시대로 바뀔 것"이라고 한 예측은 그래서 설득력이 있다.

책의 희망을 찾아가는 다른 한 방법은 책을 필요로 하는 지역적 공간을 넓히는 것이다. 예를 들어 필자가 주관하고 있는 연구소가 참여하기로 한 "동아시아의 출판: 과거, 현재, 미래"의 5개 국어판(일본어, 중국어 간체, 중국어 번체, 한국어, 영어) 출판 프로젝트는 처음부터 출판시장을 전세계로 확장하는 것이다. 이 프로젝트는 일본·중국·한국·대만의 출판인들이 공동으로 하나의 주제에 대해 책을 일단 무크 형태로 만드는 것이다. 책에는 공동섹션과 함께 나라별 섹션이 포함된다. 그런 노력을 통해 한자문화권인 동아시아 출판문화의 매력을 동아시아뿐 아니라 전 세계의 대중에게 전달하고자 하는 것이다.

이런 일이 가능해진 것 또한 디지털 기술 때문이다. 기술의 발달로 인해 날마다 이메일로 기획안을 내놓고 이에 대한 의견을 교환함으로써 완성된 의견을 만들어낼 수 있는 등 시공간의 장벽이 무너졌다. 이렇게 기술은 출판시스템을 근본적이면서도 혁명적으로 변화시키고 있어 머지않아 디지털 시대에 맞는 완성된 시스템을 내놓을 것으로 보인다.

〈세계일보〉, 책 동네, 2003.5.17.

새 문자문화
발전 가능성

일본에서 발행되는 계간 〈책과 컴퓨터〉는 최근 '아시아 독서'라는 별도 섹션을 매호 게재하고 있다. 3회에 '서울: 독서가 있는 풍경'의 제목으로 한국출판 특집을 입체적으로 다룬 바 있는데, 이번 가을호의 5회 주제는 '한글: 변화하는 문자'다. 이번 특집에는 일본의 스기우라 고헤이杉浦康平와 한국의 안상수, 두 디자이너가 함께한 대담이 실려 있다. 이 대담을 읽어보면 왜 세계 출판계가 새삼 '동아시아'를 주목할 수밖에 없는지를 알 수 있다.

인용부호를 생략하고 이 대담의 결론부분을 간략하게 정리하면 다음과 같다.

현대에도 문자는 시각문화의 중심에 있다. 말하자면 문화는 문자라는 땅에 피어난 꽃이다. 따라서 문자는 문화적 미의식의 정수라 할 수 있다. 또 책은 문자 위에 쌓인 '성城'과 같다. 그런데 20세기까지 책 문화는 알파벳이 중심을 이루는 문자의 성에서 빠져나올 수 없었다.

하지만 알파벳의 문제점은 균일하다는 것이다. 알파벳은 한 글자 한 글자의 획수나 농도가 거의 같아 기능적으로 기억하거나 표기하기는 쉽지만, 바라보고 있으면 재미를 전혀 느낄 수 없다. 이것은 마치 단순한 날들이 지루하게 반복되는 느낌과 같다. 지금처럼 새로운 개념이 증식해 문자의 연쇄가 계속 확대되어야 하는 시대에는 알파벳만으로는 어찌해야 좋을지 모르기 때문에 알파벳 문화권은 굉장한 고민에 빠져 있다.

앞으로 '문자의 성'은 균일하고 균질한 문자의 흐름에서 편중되지 않고 의미를 표출하기 쉬운 농도로 변화해갈 것이다. 그때 '한글의 복합성'이나 '한자의 조자법造字法'이 다시 한번 부각될 것이다.

그런데 이 대담에서 두 사람이 매우 주목하는 것은 지금 인터넷에서 유행하는 '이모티콘emoticon'(emotion과 icon의 합성어로 이메일에서 자신의 감정을 표현하는 기호)이다. 한글 자형字形이 갖는 복합성, 즉 자음-모음-자음을 겹쳐 쌓는 구조는 이모티콘과 너무 흡사하다. 지금 이모티콘은 단순한 기호와 아이콘을 사용해 간단한 의미를 표기하고 있을 뿐이지만 점차 복잡한 개념을 표시하게 될 것이며, 그것은 인터넷상에서 하나의 문자체계로 발전할 가능성이 있다는 것이다.

지금까지 평면적인 알파벳을 사용한 사람들이 뭔가 부족함을 느꼈던 부분을, 새로운 상형문자의 가능성으로 이모티콘이 보완하게 될 수도 있다고 예측했다.

나는 최근 중국, 일본, 대만의 출판인들과 함께 벌이는 '동아시아 공동출판' 프로젝트에 참여하고 있다. 그 프로젝트에는 앞의 두 사람과 중국의 디자이너 루경인이 참여하는 좌담도 게재된다.

이 프로젝트는 이처럼 동아시아권 전체가 새 시대의 책 문화를 어떻게 이끌어나갈 것인가를 함께 모색하는 매우 뜻깊은 시도다. 내년 초에 출간될 결과물은 우리 출판계에도 분명 대단한 메시지를 던져줄 것으로 나는 믿어 의심치 않는다.

〈세계일보〉, 책 동네, 2003.10.25.

소설 『상도』 중국에서 200만 부 팔려

"경세치용經世致用의 책은 여전히 절대적인 우세를 보이고 있다. 이런 책은 참혹한 직장 경쟁에서 출구를 찾는 사람들에게 필요한 것이며, 동시에 어떤 책은 아주 중요하다. 우리의 정신세계나, 우리의 정체성이나, 우리의 세계관을 찾는 것과 관계가 있다."

1월 초순 베이징에서 열린 도서박람회를 다녀온 중국 평론가 장신무가 쓴 관람기의 일부다. 중국은 지금 출판이 빠른 속도로 발전하고 있다. 대형서점은 하루가 다르게 늘어나고 출간되는 책의 양이나 양서의 종수도 매우 빠르게 증가하고 있다.

그런 중국에서 우리 소설 『상도』(최인호)가 200만 부의 판매를 넘겼다. 한때 베스트셀러 1위에도 올랐으니 이 정도 부수는 당연하다 할 것이다. 이 책의 중국어판 정가는 38위안(약 5,700원)이다. 하지만 팡좡方庄 거리에서는 이책의 불법복제본이 15위안(약 2,250원)에 팔린다. 그러니 실제로는 모두 얼마나 팔렸는지 알 수 없다. 중국의 시장 규모로 볼 때 1천만 부가 팔렸을지도 모를 일이다.

이런 사태에 대해 중국 세계지식출판사의 왕청자王成家 사장은 "통탄할 일이다. 우리는 많은 노력을 들여 이 책을 만들어 광고하고 있는데, 재주는 곰이 부리고 돈은 누가 챙긴다더니, 결과적으로는 그들이 더 많은 이득을 취한다. 이런 현상은 악영향이 크다. 그래서 신문출판총서의 사장과 이 일을 어떻게 할지 의논했지만, 그쪽에서는 그저 베이징출판국에 문의해보란다. 이는 책의 문제일 뿐만 아니라 이에 대한 엄격한 규정이 없기 때문이기도 하다"라고 애석해하는 글을 썼다. 이런 일이 벌어지는 것을 보면 중국에서도 곧 저작권 개념이 확립될 것으로 보인다.

그러나 그보다 우리의 관심은 이 소설이 중국에서 그렇게 많이 팔린 이유다. 이 책의 편집을 맡은 왕리ㅍㅠ는 그 까닭을 "책의 번역 수준이 매우 높은 편인 데다 책에 인용된 중국의 『공자』, 『맹자』, 『장자』 등의 내용이 아주 잘 번역되어 독자에게 제대로 된 원전의 의미를 주려고 아주 많은 노력을 들였다. 현재 도서시장에서 상술에 관한 책은 아주 많지만 상도, 상업도덕, 상인정신이 이 소설에서 형상화되어 감동을 준다. 특히 현재 중국 시장과 재계의 아주 중요한 문제를 다루었다. 어떤 방법으로도 해결할 수 없는 문제를 이야기를 통해 깨닫게 해준다. 이 책을 읽은 독자는 어떤 사람이 될 것인가, 어떻게 부를 모을 것인가, 부를 모은 다음엔 어떻게 할 것인가에 대해 많은 고심을 하게 될 것"이라고 설명했다.

책을 읽는 독자층도 주로 회사원이라고 한다. 그들은 이 책을 소설로 읽는 것이 아니라 '경세치용'의 처세술 책으로 읽는 것이라 볼 수 있다. 하지만 소설은 간사한 술수를 가르치는 것이 아니라 소설 속에 나오는 "재물은 평등하기가 물과 같고, 사람은 바르기가 저울과 같다財上平如水 人中直似衡"에서 알 수 있는 것처럼 사람됨을 가르치고 있다. 이것은 중국의 속담 "군자란 재물을 취하는 데도 도가 있다君子愛財 取之有道"와도 맥락이 닿는다.

이 소설의 성공에서 우리는 큰 교훈을 얻을 수 있다. 중국 독자와 공감할 수 있는 정신을 담은 내용의 책이라면 굳이 혈투를 벌이지 않고도 중국 시장에서 성공할 수 있다는 것이다. 지금의 저작권 문제는 단지 시간이 문제이지 곧 해결될 것이므로.

〈세계일보〉, 책 동네, 2004.1.31.

아이들 성향과 관계없이
특정 단계 책 읽기 강요

독서능력검정시험이란 것이 새로 생겼다. 세상에 온갖 자격시험이 다 생기니 오히려 너무 늦게 탄생한 것인지도 모르겠다. 그런데 독서 능력을 평가받는 과정이 참 요상하다.

최상급인 1급을 인정받으려면 이 시험을 주관하는 단체가 선정해놓은 100권의 책을 읽어야 한다. 물론 1급 시험에 응시하려면 2급에 먼저 합격해야 하고, 2급에 응시하려면 3급에 먼저 합격해야 한다. 그렇게 해서 제시된 누적권수는 무려 500권이다.

이제 첫 단계라 그런지 아직 1~2급을 위해 제시된 목록은 없다. 하지만 3급 목록을 보면 성인에게도 그리 만만한 책은 아니다. 이 책들을 읽고 제대로 소화한다면 아마 세상을 살아가는 데 장애는 전혀 없으리라. 그런데 이 책들을 정말로 제대로 소화한 교사도 그리 많지 않으리라.

시험이란 경쟁이다. 이 책들은 십중팔구 학교도서관이나 공공도서관에 제대로 구비되어 있지 않을 것이니, 남들에게 이기려면 서둘러 책을 사서 열심히 보아야 할 것이다. 그 책들을 살 수 있는 '경제적 능력'이 있는 학생이 과연 얼마나 되겠는가. 1급 능력을 인정받기 위한 응시료 5만 원을 자발적으로 낼 수 있는 학생마저도 그리 많지 않으리라. 또 책을 읽으면서 잘 이해되지 않는 부분에 대해 질문을 던졌을 때 대답해줄 수 있는 교사는 과연 얼마나 있을 것인가. 그래서 대부분은 처음부터 접근조차 꺼릴 것이다.

그러니 당근이 필요하다. 독서능력평가를 생활기록부에 기록해 내신에 반영하고, '특정 대학 관련 학과의 수시모집과 특기자 전형의 지원이 가능'하다는 것이 바로 그것이다.

이것은 교육부에 확인한 결과 사실이 아님이 판명됐지만, 만약에 그렇게 해서 대학에 가는 학생이 실제로 나타난다면 책 읽기를 도와주는 사교육이 판치고(실제로 이 시험은 논술과 관련된 한 사교육업체와 결탁되어 있다), 문제은행집이 탄생하고, 족집게 강사도 줄줄이 등장하게 될 것이다. 어쩌면 예상문제집이 시중에 은밀하게 나돌지도 모를 일이다.

이 시험을 주관하는 사람들은 전국독서새물결모임 소속 교사들이다. 학생들이 정말로 책을 읽지 않으니 무슨 책이라도 읽혀야 한다는 그들의 충정은 이해한다. 그러나 이 시험은 정말로 학생에게 백해무익이다. 아마 이익을 누리는 사람은 자기 학생을 시험에 많이 붙게 하고, 그 결과로 어설픈 명예를 얻으려는 일부 교사일 뿐이다. 그런데도 이 행사에 한 일간지와 한 공영방송이 버젓이 후원자로 나섰다.

행사를 주관하는 단체의 회장은 "현재로는 선정도서를 모두 빌려 볼 수 있는 방법이 어렵겠지만, 한두 권 읽기 시작하면서 가까운 도서관 등에서 책을 빌려 보시죠"라며 다음에는 책을 구입하려면 누구에게 부탁하라고 친절하게 한 유통업체의 전화번호까지 알려주고 있다. 이 시험을 창안하느라고 '분골쇄신' 했을 교사들에게 진정으로 권한다. 먼저 자신들이 재직 중인 학교도서관부터 학생들이 다양한 책을 스스로 읽을 수 있는 환경을 조성하라고. 명백한 '사기'에 가까운 이런 행위를 당장 중단하고 적어도 당신들이 선정한 책들만이라도 학교도서관에 잘 구비해놓으라고. 오늘 발족하는 '학교도서관 문화운동네트워크'(www.hakdo.net)처럼 학교도서관을 평등교육의 기지로 만드는 일에 하루빨리 나서기를 간절히 기원한다.

〈세계일보〉, 책 동네, 2004.3.27.

장남 분석 통한 '남성학', 의무에 허덕이는 서글픈 존재

장남이 화려하게 부활하고 있다. 6월 초에 출간된『대한민국에서 장남으로 살아가기』(윤영무, 명진출판)가 두 달 만에 10만 부를 넘기며 화제를 불러일으키고 있다. 넓게 보아 이 책은 지난해 출간된『남자의 탄생』(전인권)의 주제와 크게 다르지 않다.

1970년대에『별들의 고향』(최인호) 같은 호스티스 소설이 대중문학의 출현을 알린 이래 여성학은 언제나 출판의 주요 테마로 떠올랐지만 남성학은 사각지대나 다름없었다.『아버지』(김정현, 문이당) 같은 소설에서 가정과 사회와 직장에서 버림받는, 동정받아야 할 인간으로 비춰지기도 했지만 정작 남자가 스스로 자신의 정체성을 본격적으로 찾아보려는 시도는 없었다. 그래서『남자의 탄생』은 '남자가 직접 쓴 최초의 보고서'로까지 불리기도 했다.

이 책에서 남자는 '권위주의'와 '자기애'(나르시시즘)라는 동굴에 갇혀 주위를 제대로 살펴보지 못하는 실패한 인생으로 분석된다. 출간되자마자 언론의 집중조명을 받고 여러 매체에서 올해의 책으로 선정되기도 한 이 책은 주로 20~30대 여성들에게 읽히며 1만 4천 부 판매에 그쳤다.

『대한민국에서 장남으로 살아가기』는 "타인을 향한 배려와 사랑을 실천할 수 있는" 장남정신이 나라마저 살릴 수 있다고 남자의 자존심을 한껏 추켜세운다. 장남은 원래 한배에서 나온 다른 새끼와 달리 몸짓이 가장 보잘것없다 해서 '무녀리'로 불리기도 했다. 물려줄 것이 있을 때 장남은 힘이 있지만 물려줄 것이 없을 때는 책무만 넘치고 권리란 없다.

그래서 '없는' 장남은 서글픈 존재다. 지은이의 인생도 그렇다. 게일 쉬히는 『남자의 인생 지도』(황금가지)에서 "남자도 폐경기가 있다"고 주장했는데 그동안 남자는 신음소리를 내는 것조차 허용되지 않았다. 그런 면에서 남자가 약한 것을 자인하고 나선 것은 커다란 변화다. 드라마 〈겨울연가〉가 일본에서 대단한 인기를 얻는 것도 남자도 눈물을 흘릴 수 있다는 것을 보여주기 때문이라 한다.

그런 면에서 이 책은 장남의 인간선언으로 읽힌다. 그러나 장남정신을 우리 사회를 추동하는 힘으로까지 띄우는 것은 다소 지나치다. 우리나라 고대 건국신화에서도 나라를 세운 인물 중에서 명실상부한 장자는 없다. 또 박정희, 전두환, 노무현 대통령은 모두 차남이다. 중국의 무협소설에서도 주인공들은 대부분 차남이다. 기득권을 가진 장남보다 가진 것 없는 차남의 개척정신이 뛰어난 업적을 세운 경우도 많다. 따라서 차남의 개척정신이 벤처정신에는 더 가깝다.

장자상속의 시스템이 강화된 것은 임진왜란 이후다. 외적과 기나긴 7년 전쟁을 치르고 나서야 충효 같은 봉건적 윤리로 무너지는 지도력을 강화하려 했던 것이다. 때마침 서자가 새 나라를 세운다는 허균의 『홍길동전』이 출현했다. 이 '필화'사건은 내재적 억압구조를 확립하는 계기만 마련해준 꼴이 되었다. 이후 조선시대에 남자소설은 실종되다시피 했다.

책임의식이 강하고 안정·질서·조화를 추구하며 자신의 삶을 되돌아보기를 즐기는 '와인세대'(45~64세)를 중심으로 장남정신에 많은 눈물을 흘릴 만큼 우리가 각박해진 것은 분명하다. 남자의 솔직한 고백을 용인하고 들어주는 것만으로도 우리 사회가 한층 성숙해진 것으로 볼 수도 있다. 하지만 지금 우리에게 필요한 것은 '굶주림'을 해결해주는 '장남'의 출현이 아니라 참다운 인간정신과 개척정신이다.

〈한겨레〉, 출판 전망대, 2004.8.14.

'늙어버린' 책 시장,
처세서 벗어나 '청춘' 찾길

일본의 문예평론가 미우라 마사시는 『청춘의 종언』에서 근대 100년의 역사는 '청춘'의 역사이며 '청춘이 최고'라는 것을 확인하기 위한 100년이었다고 갈파했다. 마르크스주의나 근대문학의 밑바탕에는 '청춘의 사상'이 내재되어 있었다고 본 것이다.

하지만 지금 일본 출판시장은 정서적으로는 노인에 접어들었다. 지난해 초 일본에서 출간된 『취미는 독서』(사이토 미나코)를 보면, 늙음과 죽음을 소재로 한 인생지침서가 어린이 대상의 우화 자리를 대신하고, 소설의 주인공은 영화 〈철도원〉의 주인공처럼 인생의 막다른 골목에 다다른 '지친 아버지'였으며, 10대용으로 만든 책이어야 노인도 읽고, 할아버지부터 손자에 이르기까지 가족 모두가 읽을 수 있는 책이어야 초대형 베스트셀러가 된다고 정리했다.

한마디로 일본 출판을 관통하는 주 독자층은 '단카이團塊 세대'인 것이다. 이 세대는 패망 직후인 1947년부터 1949년 사이에 태어나 학생시절에 6·8혁명과 '전공투'(전학공투회의)를 겪었고 문고와 신서를 곁에 두고 성장했으며 오늘날의 일본을 앞장서 건설해온 사람들이다. 또 그들은 처음으로 만화를 읽었고 티셔츠와 청바지를 입었고 비틀스 음악을 즐겼다. 청춘시절 그들은 격렬했지만 지금은 연성화된 책을 주로 읽을 정도로 매우 온순해졌다.

실제 일본에서는 이들이 기피하는 주제인 돈, 병, 섹스, 정치·경제, 비즈니스를 철저하게 금기시한 중·장년 잡지 〈사라이〉가 큰 인기를 끌고 있다.

45세만 되어도 실업예비군으로 간주되는 불편한 심리를 거스르지 않으려는 것이다. 여행을 하더라도 즐거움과 재미뿐만 아니라 정신적 풍요와 역사성을 중시하기 때문에 〈옛절古寺을 가다〉, 〈일본백명산〉, 〈일본의 가도街道〉 같은 분책백과(주간잡지)가 대단히 유행한다. 건강, 취미, 음식을 다룬 실용서들도 세분화되면서 이들의 정서를 파고들고 있다.

우리 출판시장도 일본과 매우 닮아가는 듯하다. 단카이 세대와 비견되는 것은 성장배경이 너무나 흡사한 이른바 '386세대'다. 386세대는 불과 얼마 전까지만 해도 아동서와 인문·사회과학서의 규모를 키웠다. 청춘의 상징처럼 여겨지는 시집이나 에세이, 젊은 시절의 방황을 그린 소설 등이 '죽음의 늪'으로 내몰렸지만 그래도 이들이 즐긴 인문서와 아동서의 호황에 기대를 걸었다.

그러나 이들 시장마저 지금은 암흑으로 내몰리고 있다. 아동시장은 신간이 좀처럼 성공적으로 시장에 진입하기 어려운 계륵 같은 시장으로 전락했으며 인문·사회과학시장 또한 무늬만 인문이지 처세서적의 속성을 드러내지 않으면 곧바로 외면당하는 실정이다.

최근 인문·사회과학서 화제작은 초기 독자의 절반이 40대다. 그다음이 30대인데 전반보다 후반이 월등히 많다. 20대는 가뭄에 콩 나듯 끼어 있을 뿐이다. 올해 상반기 최대 화제작 『미쳐야 미친다』(정민, 푸른역사)뿐만 아니라 조선시대 과거시험의 마지막 과정인 임금 앞에서의 '면접' 기록을 정리한 『책문: 시대의 물음에 답하라』(김태완, 소나무), 덩샤오핑의 일대기 『덩샤오핑 평전』(벤저민 양, 황금가지), 살인자들의 범죄심리와 범죄패턴을 분석한 『살인자들과의 인터뷰』(로버트 레슬러, 바다출판사) 등 최근 베스트셀러에 오른 인문·사회과학서들은 한결같이 40대 정서에 부합하는 처세서의 속성을 지녔다.

아, 우리는 언제쯤 책 시장에서 '근대'를 헤쳐온 과격하며 씩씩하고 자기주장이 확실한 청춘을 회복할 것인가. 그것이 출판 불황을 극복하는 지름길이 아닐까.

〈한겨레〉, 출판 전망대, 2004.9.11.

지식 '편집'이
능력이다

이 글을 읽을 정도의 사람이라면 거의 모두가 'e-콘텐츠'의 중독자일 것이다. 아침에 눈을 뜨거나 회사에 출근하면 습관적으로 컴퓨터를 켠 다음 무엇인가를 뒤진다. 그때 중요한 기준이 되는 것은 '키워드'다. 나는 이런 습관에 감히 '검색형 독서'라는 명패를 붙여놓고 이런 습관이 책 문화를 어떻게 바꿔놓을까를 몇 년째 고찰해왔다. '원 테마 잡지'도 몇 년째 펴내고 있으며 『21세기 지식키워드 100』이나 『21세기 문화키워드 100』 같은 단행본도 만들어 세상의 반응을 떠보았다.

그 결론은 이렇다. 지금 책 시장은 철저한 분할과 통합이 동시에 진행되고 있다. '키워드 100'에 들어 있는 키워드들은 모두 한 권의 책으로 다시 태어난다. '개론'이니 '원론'이니 하는 책들은 어느 틈에 사라지고 하나의 키워드가 제목인 책만 넘쳐난다. 이런 경향은 실용서 영역에서 시작되어 이제 거의 모든 영역에서 일상화되고 있다.

책의 제목이 '파트워크'형 정보로 잘게 쪼개지는 대신 설명하는 방식은 통합적이다. 가령 『한낮의 우울: 내면의 어두운 그림자 우울의 모든 것』(민음사)은 과학, 철학, 역사, 정치, 문화적인 모든 지식을 통합해 우울증을 설명한다. 이런 서술이 가능해진 것은 네트워크와 디지털로 대표되는 정보기술혁명 때문이다. 새로운 정보 패러다임에서는 우울증과 같은 하나의 '단서'를 실마리 삼아 인터넷에서 자기 멋대로 여행(서핑)하다가 인류가 이미 생산해놓은 '충분한 지식'을 활용해 자기 나름의 상상을 통해 한 권의 책으로 생산할 수 있다.

이 책의 지은이 앤드류 솔로몬은 소설가이자 저널리스트다. 지금은 대학에서 우울증에 대해 강의를 하고 있다. 그처럼 책의 지은이는 '정상'이나 '중심'을 향해 외길을 파던 '계단식 사고'의 소유자가 아니라 거미집처럼 널려있는 지식을 자유롭게 '편집'할 줄 아는 '거미집 사고'의 소유자들로 바뀌어가고 있다.

정보를 편집할 수 있는 능력(리터러시)은 저절로 생겨나지 않는다. 그것은 끝없는 자기 노력을 통해 가능하다. 그런 노력을 하고자 하는 사람들이 즐기는 소설이 바로 '팩션'이다. 사실적 상상력인 '팩트'와 허구적 상상력인 '픽션'이 하나로 결합(퓨전)돼간다는 것은 나도 몇 년 전부터 글을 써왔지만, 팩션이라는 단어와 그 의미에 대해 확실하게 인식한 계기는 김성곤(서울대 영문과) 교수의 최근 글에서였다.

팩션은 지금 소설시장에서 질풍노도와 같다. 댄 브라운의 『다 빈치 코드』는 이미 70만 부를 넘어섰다. 그의 최근작 『천사와 악마』는 국내에서 출간하자마자 초판 6만 부가 다 나가는 바람에 10만 부를 다시 발행했다. 『단테 클럽』(매튜 펄, 황금가지), 『진주 귀고리 소녀』(트레이시 슈발리에, 강), 『4의 규칙』(이안 콜드웰 외, 랜덤하우스중앙), 『임프리마투르』(리타 모날디 외, 문학동네), 『곤두박질』(마이클 프레인, 열린책들) 등 팩션형 소설들이 연이어 출간되며 큰 흐름을 형성하고 있다.

이 소설들은 한결같이 한 사건을 실마리로 해서 이야기를 시작한다. 소설이 전개되면서는 사건 해결에 필요한 수많은 단서가 제시된다. 그 단서를 통해 독자는 마음껏 자기 상상을 하며 사건을 해결해간다. 물론 그 상상은 "현실과 상상, 의식과 무의식, 과거와 현재, 진실과 허구" 사이의 모든 구분을 허무는 것이며 모든 정보를 통합한다. 이처럼 인터넷에서 시작된 '검색'의 습관이 이제 소설시장의 판도마저 바꿔놓고 있는 셈이다.

〈한겨레〉, 출판 전망대, 2004.10.9.

'짧고 가벼운' 콘텐츠,
휴대전화 전자책 시대 오나

2005년 대학수학능력시험이 배출한 최고의 스타는 입시제도의 근간을 뒤흔든 휴대전화일 것이다. '내 손 안의 작은 세상'으로 표현되는 휴대전화는 이미 모든 디지털기기의 결합을 주도하는 대표선수다. 대용량 데이터를 주고 받는 무선 초고속 인터넷 기능에다 디지털 카메라, 은행결제카드, MP3, 캠코 더, 게임기, TV 수신기, 네비게이터, 무전기, 녹음기, 메신저 등 인간이 정보 와 연결되는 '모든 것'을 하나로 통합하고 있다. 곧 모든 가전제품을 통제하 는 '휴대전화 리모컨 시대'도 열릴 전망이다. 이 휴대전화가 책 시장에서도 대단한 위력을 발휘하고 있다.

지난 4월에 도쿄 도서전 전시장에서 만난 일부 출판인들은 지난 10년 동 안 수많은 가능성에도 불구하고 지지부진하던 전자책 시장에 드디어 서광 이 보인다고 잔뜩 고무돼 있었다. 그들은 올해를 전자출판의 실질적인 원년 으로 삼고 있었다. 그들을 흥분시킨 것은 마츠시타와 소니가 경쟁적으로 개 발한 전자책 단말기인 '시그마북'과 '리브리에'의 등장이었다. 이들 두 단말기 는 액정화면 해상도가 획기적으로 개선되어 실질적으로 종이와 차이가 없 을 정도라고 해서 '이^e-페이퍼'라 불렸다.

하지만 시그마북은 가을까지 겨우 2,200여 대밖에 판매되지 않았으며 리브리에의 판매실적은 잘 알려지지 않고 있다. 마이크로소프트가 지난 2001년 전자책 단말기 'MS리더'를 발표하면서 2004년에는 전자책 시장 규 모가 4억 1400만 달러에 이를 것이며 2030년에는 전자책이 완전히 종이책을 대체할 것이라고 호들갑을 떨었다가 지금은 완전히 풀이 죽어버린 것을 연상시킨다. 현재 이 프로젝트는 공중 분해된 듯 잠잠할 뿐이다.

이런 움직임에 대해 일본 〈책과컴퓨터〉지의 총괄편집장인 쓰노 가이타로는 최근 서울에서 열린 한국출판포럼에서 "책이라는 소중한 미디어의 미래에 대해 진지하게 생각하지 않으면서 시장중심주의에 빠진 기업들이 빚어낸 무모한 비즈니스 경쟁"의 결과라고 분석했다. "지금까지 출시된 독서 단말기나 독서 소프트웨어에는 미래가 없으며 있다고 해도 허상일 뿐"이라는 것이다.

그럼에도 휴대전화를 통한 전자책 판매는 갈수록 늘어나고 있다. 일본 통신회사 'au'의 전자서적 매출은 올해 상반기 9.2배 늘어 프로그램 전송 서비스 'EZ채널' 총매출의 54%를 차지해 유력한 휴대 콘텐츠로 발돋움하고 있다. 우리의 상황도 크게 다르지 않다. 우리나라의 대표적 전자책 회사인 와이즈북토피아의 휴대전화를 통한 매출 역시 올해 지난해보다 두 배로 늘어났다.

이런 현상에 대해 논픽션 작가인 우타다 아키히로는 일본 〈출판뉴스〉 10월 중순호에서 "휴대전화의 작은 화면은 당연히 읽는 데 제약이 따른다. 하지만 만화 등의 콘텐츠까지 포함돼 콘텐츠를 제공하는 측에서는 휴대전화를 대상으로 하는 전자책 사업을 적극적으로 개척해나갈 것임에 틀림이 없다. 곧, 짧고 가벼운 콘텐츠가 중요시될 것"이라고 전망했다.

휴대전화는 이미 신체의 일부분이 되어 인간의 감정과 기분마저 좌지우지하면서 감성세계를 지배하기 시작했다. 이미 청소년은 컴퓨터 이메일보다 휴대전화 문자메시지를 더 중시한다. 따라서 휴대전화는 앞으로 정보송신 미디어의 제왕으로 군림하게 될 수도 있다. 그것이 문자문화의 지옥이든 유토피아든 우리가 그 길을 피해가기는 어려울 것이다.

〈한겨레〉, 출판 전망대, 2004.12.4.

이 시대의 베스트셀러,
휴대전화·인터넷이 만든다

드라마를 소설화한 『러브스토리 인 하버드』(팬덤)는 국내에서 책이 출간되기도 전에 동아시아 여러 나라에 판권이 수출되는 대단한 기록을 세웠다. 『상도』(최인호), 『국화꽃 향기』(김하인), 『그 놈은 멋있었다』(귀여니)가 나란히 베스트셀러 1위에 오르고 최근 나상만의 『혼자 뜨는 달』에 대한 대대적인 마케팅이 벌어지고 있는 중국에는 1만 2천 달러에, 〈대장금〉이 베스트셀러 1위에 오른 바 있는 대만에는 1만 달러에 이미 계약을 끝냈다.

일본에서는 1억 원 이상을 내걸고 출판사들이 경합 중이라고 한다. 일본 다이이치第一 생명경제연구소가 〈겨울연가〉가 올해에만 한일 양국에 약 2300억 엔(약 2조 3천억 원)의 경제적 효과를 가져왔다고 분석할 정도니 판권 계약에는 아무 문제가 없을 것이다. 올해 일본의 베스트셀러 키워드는 '드라마'라고 일컬을 정도니 말이다. 이처럼 '드라마 회귀현상'을 주도한 〈겨울연가〉로 말미암아 드라마나 영화와 관련된 책들이 일제히 대단한 인기를 얻고 있다.

이런 열풍을 불러온 것은 휴대전화와 인터넷이다. 휴대전화 문자메시지가 입소문을 만드는 일등공신이라면 인터넷은 그 입소문을 확대하는 '증폭 장치'라 할 수 있다. 전에는 좋은 영화라 해도 입소문이 나기 전에 상영이 끝나 히트하기 어려웠지만 최근에는 문자메시지의 속도성으로 말미암아 무서울 정도로 반응이 빠르다. 경우에 따라서는 '재미없다'는 소문이 나도 뭐가 재미없는지 보러 올 정도로 무서운 반응을 몰고 온다.

이런 경우 인터넷은 신문광고 효과 이상이다. 입소문이 난 '상품'에 대한 정보를 인터넷에서 찾기 때문이다. 더구나 인터넷에서 화제가 되면 출판사 사이트나 인터넷서점으로 직접 링크할 수 있어 책에 대한 화제는 실질 판매로 이어질 확률이 매우 높다.

일본의 출판전문가들은 이런 흐름이 쉽게 끝나지 않을 것으로 분석하고 있다. 이 시장을 주도하는 것은 주머니가 가벼운 10대가 아니라 중·장년층과 '일하는' 30대 여성들이기 때문이다. 이들은 구매력도 크지만 언제든 자기 계발과 자기 치유에 열중하려 한다. 자기계발에 대한 책을 보는 사람들이 자기 위안을 위해 드라마 소설을 열광적으로 찾고 있기에 한류와 연관된 드라마 소설에 동아시아 출판인들이 촉각을 곤두세우고 있는 것이다.

휴대전화 입소문이 베스트셀러를 만드는 현상은 우리 출판시장에서도 구체적으로 나타나기 시작했다. 우리의 경우 드라마보다는 주로 영화 쪽이다. 영화로는 흥행에 실패했더라도 책은 좋은 반응을 얻기도 한다. 『세상의 중심에서 사랑을 외치다』(카타야마 쿄이치), 『진주 귀고리 소녀』(트레이시 슈발리에)가 대표적이다. 또 최근에는 체 게바라의 젊은 시절을 다룬 영화 〈모터사이클 다이어리〉의 상영 이후 지난 2000년에 나온 『체 게바라 평전』(장 코르미에)이 인문 1위에 다시 오르는 등 체 게바라 관련서들이 일제히 인기를 얻기도 했다.

앞으로는 블로그를 이용한 인터넷 베스트셀러 만들기 마케팅이 더욱 강화될 것이다. 갈수록 이용자 수가 늘어나고 있는 블로그에서 사용자들이 선호하는 주제가 뉴스와 서평이기 때문이다. 블로그는 링크 할 곳이 있어야 화제를 만들 수 있어 출판사들은 책에 대한 사이트를 만들어갈 것이며, 영화나 드라마 같은 다른 매체와의 접속을 꾸준히 시도하려 들 것이다. 내용이 너무 감각적으로 변해간다는 아쉬움이 크긴 하지만.

〈한겨레〉, 출판 전망대, 2004.12.18.

명문대 길 안내 '전보'
서점 책꽂이마다 빼곡

"책의 제목은 한 줄의 전보문이다." 책 제목은 전보처럼 짧을수록 좋다. 또 지금 현재의 문화, 관습, 정치, 경제, 역사, 모델, 뉴스와 긴밀하게 조응하면서 고정관념이나 관습을 타파해야 한다. 후발주자일수록 기존의 성공에 시비를 걸거나 남이 안 한 짓을 해야 한다. 물론 재미는 꼭 갖추어야 할 조건이다. 그래야 화제를 만들면서 역사를 바꾼다.

전보에는 듣기만 해도 몸과 마음이 전율하는 '무엇'이 들어 있으면 좋다. 지금 우리 시장에서 가장 잘 통하는 열쇳말이라면 더욱 좋다. 그래야 독자를 강력하게 자극할 수 있다. 과거에 책은 문화적 가치나 학술적 가치가 중시됐다. 그래서 우선 품위가 있어야 했다. 그때는 인간의 머리(뇌)만 움직이면 됐다.

그러나 인간이 현란한 디지털 영상으로부터 한순간도 벗어날 수 없게 되고부터는 머리뿐만 아니라 몸과 마음, 외부환경(사회)까지 함께 움직일 만한 무언가가 필요하게 되었다. 따라서 이제 책의 제목은 독자의 이기심에 호소하거나 뉴스를 제공하면서 책의 콘셉트와 핵심내용, 헤드카피라는 삼박자가 잘 조화된 것이어야 한다.

그렇다면 지금 대한민국에서 성공하기에 가장 알맞은 키워드는 무엇인가? 바로 '공부'다. 지금 막 한 인터넷서점에서 '공부'로 검색해보니 1,165종이나 되는 책이 주르륵 떠오른다. 공부라는 단어가 들어가지 않은 '공부' 책도 부지기수일 것이다.

이제는 '공부'하기에 성공한 사람에 대한 1단 기사만 보여도 수십 명의 출판기획자가 그 사람에게 달려들고 있다. 그들은 '아이를 어떻게 해라'는 가르침을 적당히 던져주면서 채찍(불안)과 당근(기대감)을 동시에 제시하는 것으로 책을 잘 포장하기만 하면 2만~3만 부 정도는 팔린다는 현실을 잘 알고 있기 때문이다. 책의 필자들은 대부분 교육전문가도, 문필가도 아니다. 그냥 평범한 부모일 뿐이다. 그들은 '이렇게 해보았더니 성공했다'는 구체적인 사례를 제시한다. 독자는 나도 그대로 따라하면 내 아이를 공부하는 아이로 키울 수 있다는 이기심을 충족하려 든다.

'공부'에 대한 독자의 이기심은 아이의 나이에 따라 크게 나뉜다. 초등학생까지는 부모의 역할을 유도해야 한다. 『아이는 99% 엄마의 노력으로 완성된다』(2003년 9월), 『아이의 인생은 초등학교에 달려 있다』(2004년 3월), 『평생 성적, 초등 4학년에 결정된다』(2004년 7월), 『내 아이를 지키려면 TV를 꺼라』(2005년 1월)로 제목이 변해가면서 부모의 역할을 강조하는 메시지는 구체적인 시기를 한정하는 것으로 바뀌고, 그것은 다시 핵심 행동요령을 제시하는 것으로 변해간다.

아이가 중학교에 들어가기만 하면 부모의 이기심은 마치 제 역할은 끝난 것처럼 변한다. 이제 부모의 이기심은 아이가 제 스스로 잘 했으면 하는 욕망으로 변한다. 그래서 역할모델은 부모가 아니라 아이다. 『공부가 가장 쉬웠어요』이래로 『공부 9단 오기 10단』, 『대한민국 우등생』, 『공부의 왕도』같이 국내외 명문대를 들어간 아이들의 공부에 대한 노하우를 알려주는 책을 부모들은 아이들이 다니는 길목마다 놓아주려 든다.

하지만 명문대를 나오지 않아도 되니 인갑답게만 크라는 주장을 담은 책은 실패할 각오를 해야 할 것이다. 그런 '전보'는 그런 생각에 동조하는 부모마저도 아이가 볼까 두려워 바로 휴지통에 숨겨버린다고 하니까.

〈한겨레〉, 출판 전망대, 2005.2.5.

거대담론보다
실천 매뉴얼

지금 기획자들은 트렌드가 없다고 아우성이다. 무엇을 펴내야 좋을지 모르겠다는 것이다. 불과 얼마 전까지만 해도 통하던 '변화하지 않으면 죽는다'는 협박도, '돈'과 '부자'에 대한 은근한 유혹도 이제는 소용없다. 그런 '거대담론'을 적당히 포장만 바꿔 내놓아도 팔리던 시대는 갔다.

새해에는 새로운 흐름이 느껴진다. 대중은 더 이상 거대담론에 현혹되지 않는다는 것이다. 그들은 일상의 실천을 통해 작더라도 확실한 결과를 얻기를 바란다. 이미 이런 변화는 감지됐었다. 작년 초 출판시장을 주도했던 『인생을 두 배로 사는 아침형 인간』(사이쇼 히로시)에서다. '아침잠만 줄이면 인생이 즐겁다'는 평범한 충고를 담은 이 책은 6개월 만에 90만 부나 팔렸다.

이런 변화에 대해 나는 올해 초에 '이젠 어젠다'라고 정리했다. 이는 실천 매뉴얼이라고 바꿔 불러도 무방할 것이다. 21세기 초두에 이미 변화의 담론을 깨우치고 자신을 지탱해줄 '외투'가 모두 태풍에 날아 갔지만 그렇다고 '자살'이라는 극단적인 선택을 할 수도 없기에, 그래도 살아가야 할 어떤 실마리라도 찾아야 하기에, 아직도 책을 읽고 있기 때문이다. 두 달이 지난 지금, 올해에 나타난 어젠다는 대략 다음 세 유형으로 나뉘어 나타난다.

첫째 유형은 소박한 실천 매뉴얼이다. 지금 베스트셀러 1위에 올라 있는 『살아 있는 동안 꼭 해야 할 49가지』(탄줘잉)가 대표적이다. 이 책은 청소년 이하의 독자들이 많이 보는 것으로 집계됐다. 꼭 해야 할 일이란 사랑에 송두리째 걸어보기, 소중한 친구 만들기, 부모님 발 닦아드리기, 추억이 담긴 물건 간직하기 등 너무나 평범하면서 누구나 즉각 실천할 수 있는 일이다.

두 번째 유형은 미래담론이다. 『2010 대한민국 트렌드』(LG경제연구원), 『10년 후 한국』, 『10년 후 세계』(이상 공병호) 등 직장인들이 주로 찾는 책이다. 이 책들은 '10년 후'에 실제로 이루어질 변화를 지금 현실을 냉정하게 분석해서 추출해낸다. 갑자기 찾아온 '위기'를 허둥거리며 쫓아온 사람들이 자기반성에서 찾는 책들이다.

세 번째 유형은 '요다형' 책이다. 요다는 영화 〈스타워즈〉에 등장하는 외계인으로, 초능력과 예지력으로 사람을 가르치고 인도하는 존재를 상징한다. 『강의』(신영복), 『죽비소리』(정민)『경영의 교양을 읽는다』(박기찬 외), 『CEO의 책꽂이』(톰 버틀러 보던) 등의 책은 '요다' 같은 사람이 고전(또는 신고전)을 압축 요약한 것이다. 선험자의 '깊은 성찰'이 담겨 있는 요약본은 날로 분주해지는 대중에게 발 빠른 '지혜'를 안겨준다. 따라서 이 유형의 책은 책의 가치를 아는 오피니언 리더들이 먼저 찾아 읽는다.

지난 시절에 대중은 위기 때마다 난세를 돌파할 '영웅'을 갈구했다. 그러나 신자유주의의 광풍과 정치인들의 한심한 작태를 동시에 겪으면서 대중은 이제 믿을 것은 오로지 자기 자신밖에 없다는 것을 깨달았다. 근대의 역사가 개인이라는 '상품'의 발견의 역사이듯이 이제 그들은 자신의 '힘'과 '무기력'을 동시에 깨닫기 시작했다. 그런 개인이 지난해에는 『다 빈치 코드』(댄 브라운) 같은 '팩션'(역사적 사실과 허구를 결합한 소설)을 읽으며 자기 상상력을 어느 정도 회복했고, 올해는 그 상상력으로 자신이 발 디디고 누울 자리를 확실하게 찾기 시작한 것이다.

〈한겨레〉, 출판 전망대, 2005.3.5.

어린이책 시장,
외국책이 점령

　외국에서 한국 출판의 성장을 이야기할 때 가장 빛나는 부분이 어린이책이다. 지금은 해마다 해외에서 주는 주요한 상을 수상할 정도이니 말이다. 이만큼이라도 성장한 것은 출판사, 작가, 유통회사 들과 곧 창립 25돌을 맞이하는 어린이도서연구회의 헌신적 노력이 없었다면 불가능했을 것이다.

　아동도서는 창작동화와 그림책, 기타가 대략 3등분하고 있다. 『동화를 먹는 치과의사』의 저자이자 창작동화 출간에만 몰두해온 신형건 씨가 최근 분석한 자료에 따르면, 불과 10여 년 전만 해도 한 해에 출간된 국내 창작동화의 종수는 20여 종에 불과했다. 지금 한 인터넷서점에서 판매 중인 국내 창작동화는 2,200여 종인데 그중 2000년 이전에 출간된 것은 350여 종에 불과하다. 따라서 최근 5년간 출간된 책이 85%나 차지하고 있다. 2002년과 2003년에는 각각 403종과 466종으로 정점에 이르렀다가 지난해부터 줄어들기 시작했다. 신 씨는 올해에는 대략 250종이 출간될 것으로 예상했다.

　지금 그림책은 전집을 제외하고 대략 한 주에 70여 권 정도가 출간된다. 그러나 성수기에는 150여 권으로 두 배 이상 늘어난다. 1997년만 해도 몇 출판사가 '선구자적' 자세로 악전고투하면서 한 해에 겨우 몇 권을 펴내던 것을 생각하면 매우 괄목할 만한 성장이다.

　그러나 지금 어린이책 시장은 인지도가 높은 외국책 쏠림 현상이 너무 심각하다. 특히 그림책 분야는 상대적으로 완성도와 인지도가 높은 외국 그림책이 95%나 점령해버렸다. 『돼지책』, 『우리 엄마』 등 앤서니 브라운의 책은 나올 때마다 '의심의 여지없이' 독자들의 선택을 받고 있다. 존 버닝햄, 클로드 부종, 레이먼드 브릭스 등 국내에서 인기 있는 외국 작가들의 그림책은 나오는 족족 모두 국내에서도 출간되고 있어 '익숙한' 저자 쏠림 현상은 갈수록 심해지고 있다. 그림책의 경우 1차 독자는 '글로벌' 안목이 높은 주부들인데 그들은 오로지 책의 질만 놓고 평가하기 때문에 이런 결과가 나온 것이다.

그런 독자들을 대상으로 시장에서는 갈수록 대량 할인을 통한 공세적 영업이 기승을 부리고 있다. 단 세 출판사의 그림책이 한 홈쇼핑에서 2004년에만 200억 원의 매출을 기록하는가 하면 한 외국 그림책 시리즈가 한 번 방영으로 20억 원의 매출을 기록해 충격을 던져주기도 했다.

하지만 국내 창작도서는 시장 진입부터 어려움을 겪고 있다. 시장은 커졌지만 출판사는 오히려 위기를 맞이한 것이다. 그렇다면 이 위기를 어떻게 돌파해야 할까? 먼저 새로운 감수성과 개성적인 형식을 추구하는 신인작가를 발굴해야 한다. 실제로 지난 몇 년간 김기정, 손호경, 공지희, 박기범, 오승희, 이소완, 고재은, 박용기, 김녹두, 김리리, 유은실 등은 '엄혹한' 현실에도 적지 않은 가능성을 보여줬다.

하지만 이들이 이원수, 권정생의 뒤를 잇는 대형작가로 성장하려면 아직도 많은 난관이 있다. 지나친 편 가르기와 과도한 이념성은 넘치지만 전문잡지와 감식안 있는 연구자는 턱없이 부족해 작품을 작품 그 자체로 봐주려는 자세가 너무나 없다. 좋은 책을 골라주려는 노력은 적지 않았지만 냉정한 비판의 부재가 시장을 주도하는 강력한 대형 '작품'의 탄생을 막고 있다. 따라서 우리 대형작가가 탄생하려면 출판기획자들의 신선한 안목과 추진력도 중요하지만 우리 작가에 대한 독자들의 특별한 애정과 비판이 더욱 시급하다.

〈한겨레〉, 출판 전망대, 2005.4.30.

'서점'이 사라진 자리,
우리 문학이 쓰러지고 있다

　얼마 전 자사의 신간을 종합 베스트셀러 1위에 '올린' 한 출판사 책임자는 베스트에 오르는 것이 너무나 힘들다고 하소연했다. 경기가 좋던 몇 년 전에는 1주일에 1천 부 정도 팔리면 대형서점의 종합 1위에 올랐으나 지금은 두 배 가까이 팔려야 겨우 가능한 일이라는 것이다. 상황이 이러니 자사 책을 베스트에 올리려는 출판사들의 경쟁이 갈수록 격화되고 있다.

　인터넷서점의 마진을 대폭 늘려주거나 별도의 마케팅 '비용'을 들여서라도 초기 화면에 되도록 장기간 노출시켜야 하는 것은 기본이다. 새로 등장한 블로그 마케팅도 벌여야 하고 효과가 줄어든 광고의 양도 늘려야 한다. 마일리지, 경품, 할인쿠폰을 최대한으로 늘려 독자가 책을 공짜로 사는 기분이 들도록 해야 한다. 자사의 베스트셀러를 한 권 더 얹어주는 '1+1 전략'은 그래서 효과 만점이다. 아마 지금은 한 권에 그치지만 그것은 곧 두세 권, 나아가 열 권으로 늘어나는 일마저 벌어질 것이다.

　우리는 수도권의 인구집중도가 워낙 높은 데다가 인터넷으로 말미암아 문화상품의 확산 속도가 더욱 빨라져 팔리는 책에는 관심이 집중되어 대거 팔려나가지만 그렇지 않은 책은 곧바로 잊힌다. 세대 간의 갈등도 커서 윗세대의 문화를 20대 이하는 받아들이지 않고 있다. 때문에 스테디셀러는 거의 실종되다시피 한다. 이런 현상은 특히 문학시장에서 두드러진다. 대표작이 꾸준히 팔리는 작가는 손가락을 꼽을 정도다.

　오프라인 서점의 급격한 폐업과 도산은 이런 현상을 더욱 가속화시키고 있다. 책의 '저장소'가 사라지면서 화제의 신간이나 베스트셀러가 아니면 독자에게 노출될 기회마저 원천적으로 차단되고 있는 것이다. 그래서 대부분의 신간은 불과 2~3일 만에 반품되고 있다. 이와 같은 '고속순환' 구조에서는 무엇보다 자본이 유일한 경쟁력이다. 출판사들은 책을 빨리 회전시키는 프로펠러라도 달아야만 겨우 버틸 수 있는데 그런 능력이 있는 출판사의 수는 많지 않다. 그래서 살아남기 위해 많은 출판사들이 안면 무시하고 이런 행태를 벌이고 있는 것이다.

더욱 죽을 지경인 것은 문인들이다. 수입원이 떨어진 문인들은 고사지경이라고 아우성이다. 그래서 내놓은 대책이 '힘내라! 한국문학'이다. 작가들에게 직접 생활비를 대주거나 우수문학도서로 선정된 경우 2천 부씩 구매해 도서관에 보내주고 있다. 물론 이런 대책은 출판사들이 문학서적의 출간을 늘리게 해서 궁극적으로 작가들에게 혜택이 가도록 하는 것이 목적일 것이다.

하지만 이것은 곧 도핑 테스트에 걸릴 근육강화주사를 일시적으로 놔주는 것에 불과하다. 과거 '주례사 비평' 파동에서 드러난 바와 같이 이런 정책은 문학을 살리는 게 아니라 오히려 죽이는 결과를 낳을 것이다. 그런 결과를 초래하지 않으려면 서둘러 문학 감성자들이 문인과 문학서적을 직접 만날 수 있는 다양한 기회를 늘리는 대책을 수립해야 할 것이다.

그중에서도 가장 시급한 것은 고속순환구조를 저속순환구조로 하루빨리 되돌리는 일이다. 그렇게 해서 독자가 원천적으로 가격이 싼 양질의 책을, 그것도 다양한 가운데 맘껏 골라 볼 수 있게 해야만 한다. 가장 손쉬운 방법은 완전 도서정가제의 회복이다. 이를 통해 가능성을 읽은 사람들이 서점의 매장을 늘려야만 한다. 가족 단위로 즐길 수 있는 기초문화 생활공간으로 서점만 한 것이 없기 때문이다.

〈한겨레〉, 출판 전망대, 2005.6.24.

이유 있는
'고전' 되짚기 기획 붐

신생출판사 사이는 가이우스 율리우스 카이사르가 로마군단을 이끌고 갈리아 지방을 원정하면서 써내려간 『갈리아 전쟁기』를 첫 책으로 선택했다. 이 책은 시오노 나나미가 『로마인 이야기』에서 "8년 동안 전개된 갈리아 전쟁을 서술할 때 이 전쟁의 주인공 카이사르가 직접 쓴 『갈리아 전쟁기』를 참고하지 않고 서술할 수 있는 사람은 고금을 막론하고 한 명도 존재하지 않는다. 글은 곧 사람이라고 하지 않는가?"라고 극찬한 것이 계기가 되어 많은 독자들이 찾고 있었다.

시오노 나나미의 지적대로 『갈리아 전쟁기』는 "간결함, 명석함, 세련된 우아함"을 지닌 전쟁문학의 백미로 꼽힌다. 하지만 그동안 국내에 번역되어 나와 있던 책들은 이런 맛을 느끼기에 한계가 없지 않았다. 사이는 이런 출판 시장의 빈틈을 비집고 들어선 것이다. 사이는 카이사르의 두 번째 책 『내전기』를 8월 중에 출간해 이런 흐름에 더욱 힘을 가할 계획이다.

신생출판사가 저작권이 없는 책을 발굴해 주요한 출판사로 성장한 사례로는 『반 고흐, 영혼의 편지』를 펴낸 예담이 있다. 지금 예담은 자회사인 위즈덤하우스를 통해 『살아 있는 동안 꼭 해야 할 49가지』, 『한국의 부자들』 등 베스트셀러를 이어서 펴내며 종합출판사로 거듭나고 있다.

하지만 예담도 인터넷에서 반 고흐의 편지를 찾아내고 이를 그림과 결합해 처음 기획한 『반 고흐, 영혼의 편지』가 10만 부 이상 판매되지 않았다면 오늘과 같은 '영화'를 누리기는 어려웠을 것이다.

사실 저자가 사망한 지 오래되어 저작권이 상실된 책 중에서 화제가 된 책이 적지 않다. 뮤지컬 원작으로 잘 알려져 장기간 베스트셀러에 올랐던 『오페라의 유령』(가스통 르루), 〈느낌표〉 선정도서가 된 『톨스토이 단편선』, 모든 환경운동과 자연중심주의의 근원이라 할 『월든』(헨리 데이빗 소로우), 그리스 로마 신화의 뿌리라 할 수 있는 『변신이야기』(오비디우스), 자기계발서의 고전으로 꼽히는 『인생을 최고로 사는 지혜』(새뮤얼 스마일스) 등이 모두 저작권이 상실된 책을 펴내 좋은 반응을 이끌어낸 경우다.

저작권으로 유지되는 출판사가 저작권이 없는 책을 찾는다는 것은 어딘가 아귀가 맞지 않아 보인다. 하지만 저작권 경쟁은 갈수록 치열해져 신생출판사가 유명저자나 화제가 되는 책의 판권을 따내기란 쉬운 일이 아니다. 게다가 "포스트모던이 유행하던 1980년대 이후 새로운 사상은 생겨나지 않았다"고 보는 사람들도 많다. 9·11테러 이후 '문명'에 대한 새로운 성찰의 책이 유행한 정도이다. 경제·경영서에 한정하더라도 폴 크루그먼이 1997년에 있었던 아시아 금융대위기를 예언한 이후로 '대형 신간'이 나타나지 않고 있다.

디지털 문명이 제자리를 잡아가고 숨 가쁘게 속도 경쟁을 벌이고 있는 지금, 당분간은 편집자의 눈이 확 뜨일 만한 대사상가나 초일류 학자의 출현이 가능할 것 같지 않아 보인다. 그래서 절판됐던 책의 복간이 큰 흐름을 이루는 이때에 신생출판사가 몇천 년에 걸쳐 쌓아온 인류의 모든 지적유산에서 '물건'이 될 만한 기획거리로 눈을 돌리는 것은 매우 타당해 보인다. 물론 그 물건이 지금 왜 필요한지 그 이유를 찾아내는 안목과 시대에 맞는 책을 만들어내는 편집력은 기본 소양이지만 말이다.

〈한겨레〉, 출판 전망대, 2005.7.21.

부활의 징후 보이는
소설

　한국소설 때문에 크게 낙담한 적이 있었다. 문학으로 세계관을 형성했고 대표적인 문학출판사에서 15년 동안 일한 적이 있던 터라, 우리 소설의 위기 징후를 읽었을 때 다소 흥분했던 것 같다. 그때 나는 '주례사 비평'이 사라져야 문학이 산다고, 아니 죽지 않는다고 외쳐댔다.

　내가 그렇게 외쳐댄 이유는 일간지와 문학전문지 등이 지면을 사유화하고 평론가들을 동원해서 자신들의 '입맛'에 맞는 작가들만을 일방적으로 찬사하는 일이 조금 더 지속되면 문학은 곧 종말을 맞이할 것이라고 보았기 때문이다. 물론 불난 줄도 모르고 잔치판을 벌이고 있는 것을 보고 지르는 소리니 목소리가 다소 거칠었다. 그렇다고 해도 '명예훼손'으로 고발까지 당하고 나니 더 화가 났다. 그래서 진취적인 평론가들과 함께 『주례사 비평을 넘어서』란 책까지 펴냈다.

　그런 일을 겪고 나서는 한국문학이라면 되도록 모르쇠 했다. 주변의 평론가들에게 재미있는 소설을 추천받아 읽는 게 고작이었다. 그러나 서점에 들를 때면 언제나 부아가 났다. 서점의 서가에 집중 진열돼 있는 소설책 가운데 우리 소설은 그야말로 찾아보기 어려웠기 때문이다.

　하지만 최근 나는 우리 소설이 부활하는 것 같은 징후를 여러 차례 느꼈다. 일본에서 만난 한 친구는 공지영의 『우리들의 행복한 시간』을 읽고 너무나 많이 울었다고 했다. 논픽션 저자로 한때 명성을 날렸고 지금도 활발하게 활동하고 있는 그는 이 소설을 수십 명에게 선물했다고 했다. 주변에 알아보왔더니 이 소설을 읽고 울었다는 사람이 의외로 많았다.

산울림소극장에서 윤석화의 입을 통해 흘러나오는 대사로 '읽어본' 김별아의『영영 이별 영이별』은 구어체 문장이 가진 힘을 한껏 느끼게 했다. 죽어서야 너무나 사랑했던 단 한 사람의 정인에게 돌아갈 수 있었던 단종의 비 정순왕후가 숨 한번 끊지 않고 굽이굽이 쏟아내는 애절한 사연에 나는 종종 손수건을 꺼내야 했다. 계단까지 꽉 찬 가운데 벌어진 공연에서는 관객들의 훌쩍거림이 적지 않았다.

최근 한국일보문학상 최연소 수상작가인 1980년생 작가 김애란의『달려라, 아비』가 다시 언론의 집중조명을 받았다. 올해 창비 신인소설상 수상작가인 김사과는 1984년생이다. 이 두 사람은 영상문법을 주로 익히는 극작과 출신이다. 우연한 기회에 그들의 당찬 모습을 옆에서 지켜볼 수 있었던 나는 그들의 소설을 읽어볼 생각을 하게 되었다. 소설은 완숙미를 느낄 정도는 아니지만 새로운 '문법'이 돋보였다.

일본에서는 지난해에『발로 차주고 싶은 등짝』의 와타야 리사와『뱀에게 피어싱』의 가네하라 히토미가 각기 19살과 20살의 나이로 아쿠타가와상을 공동수상해 화제가 되었다. 그것을 소설로부터 멀어지고 있는 영상세대를 소설로 되돌리기 위한 고육책으로 본 사람이 없지 않았다.

김애란과 김사과가 '등장'한 배경도 그와 같을지 모른다. 이유야 어쨌든 이들의 소설은 기존의 소설문법으로 보면 가볍다고 할 수도 있겠지만 적어도 영상세대의 경쾌한 상상력은 가득하다. 우리 문학이 '절망'의 긴 터널을 지나 제대로 된 도약을 하려면 이들처럼 새로운 상상력으로 무장한 작가들이 더욱 많이 등장해 새 시대를 주도할 필요가 있지 않을까.『달려라 아비』는 이미 베스트셀러에 올랐지만 두 작가의 귀추가 주목되는 이유가 바로 여기에 있다.

〈한겨레〉, 출판 전망대, 2005.12.9.

출판계 사상 최대 위기,
디테일로 돌파하라

　새해에는 늘 새로운 기대로 들뜨게 마련이지만 올해 출판시장은 꼭 그렇지는 않은 것 같다. 새해 벽두부터 '사재기'란 악재가 터진 데다 일반론으로 악재라 여겨지는 것들이 올해에는 적지 않기 때문이다. 출판 불황을 이야기할 때 주로 상황적 근거를 대기 마련인데 그런 측면으로만 보면 올해는 대한민국 건국 이래 출판의 최대 위기라고 볼 수도 있다.

　가장 큰 위기의 원인은 걸어다니는 인터넷 시대의 개막이다. 당초 계획보다 조금 늦춰지긴 했지만 상반기 중에 이동하면서 초고속 인터넷을 사용할 수 있는 무선 휴대인터넷인 '와이브로' 상용화 시대가 열릴 것이다. 인류가 생산한 '모든' 지식이 인터넷으로 모이고 있다는 것을 모르는 이가 없는데 이제 그것을 언제 어디서나 활용할 수 있게 된다니 정보매체인 책으로서는 크나큰 위기라 하지 않을 수 없다. 그뿐이 아니다. 5월에는 지방선거, 6월에는 월드컵 축구가 있다. 이미 우리 국민은 2002년에 4강 신화를 맛보았던 터라 밤을 새워가며 열광할 것이기에 책을 가까이 할 시간이 없을 수도 있다.

　그렇다면 출판은 희망이 없는가? 아니다. 늘 기회는 위기와 함께 온다고 했지 않은가. 인간은 언제나 이런 상황을 반전시킬 방안을 스스로 마련해왔다. 올해라고 예외겠는가. 올해 그것은 '디테일 기획'이 될 것이다.

　원래 사소하게 보이는 디테일에 의해 주요 프로젝트나 사업의 방향이 결정되게 마련이다. 책 하면 보통 거창한 이론을 떠올리게 되지만 앞으로는 책에서 제시하는 섬세한 디테일에 의해 책의 운명이 달라질 것이다.

지난해 초에 나는 2005년의 화두는 '어젠다'가 될 것이라고 했다. 실제로 작년 출판시장의 최대 화두는 어젠다였다. 어젠다는 인간이 스스로 실천할 수 있는 좌표이다. 작년에 그것은 실천 매뉴얼, 미래담론, 요다형 책, 기본과 원칙, 임파워먼트 등 다섯 가지로 나타났다. 그런데 그런 담론은 총론에서 각론으로, 총괄성에서 구체성으로, 전체에서 부분으로, 종합에서 세부로 변해왔다. 그런 흐름이 올해에는 좀 더 디테일로 나아갈 것이다.

그 증거는 지난해 출판시장에서 나타났다. 대표적인 것이 10만 부 이상 팔린 『괴짜경제학』(스티븐 레빗 외, 웅진지식하우스)이다. 이 책의 주제는 '인센티브'가 인간의 일상을 어떻게 지배하는가이다. 그런데 논의의 출발점은 일상에서 벌어지는 '보잘것없는' 정보, 즉 정보의 '노이즈'다. 과거에 노이즈는 늘 무시되었지만 디지털 시대에는 강력한 힘을 발휘한다. 예를 들어 평범한 주부 개개인의 가계부는 소음 같은 노이즈에 불과하지만 1만 명의 가계부가 모이고 그것이 디지털화해 즉각 데이터 분석이 가능한 상태가 되면 그를 통해 기업이나 국가가 경영전략을 세울 수 있다.

지금의 베스트셀러 중에 노이즈라는 디테일의 힘을 강력하게 실증하고 있는 책은 2초 안에 일어나는 순간적인 판단인 직관 또는 통찰을 다룬 『블링크』(말콤 글래드웰, 21세기북스)와 행복한 인간관계를 위한 방법론을 제시하는 『끌리는 사람은 1%가 다르다』(이민규, 더난출판)다. 공들여 쌓은 탑도 벽돌 한 장 때문에 무너지고 1%의 실수가 100%의 실패를 부른다는 만고불변의 진리를 이 책들은 일상의 사소한 요소들을 분석해 제시하고 있다.

작은 차이가 큰 변화를 이뤄내는 디지털 시대. 어떤가. 당신도 디테일로 자신의 운명을 개척해보는 것은.

〈한겨레〉, 출판 전망대, 2006.1.13.

문화시장은 '87'에서
'97'로 세대교체 중

　'87'은 지고 '97'은 뜬다. 여기서 87은 민주화의 원초적 체험인 1987년의 6월 항쟁, 97은 세계화의 원초적 체험인 1997년의 외환위기를 말한다. 87의 정서는 오로지 정상이나 중심을 향한 외길이었지만 97의 정서는 비록 오솔길일지언정 자기만이 만족하면 되는 길이다. 그것은 삶의 방향성이 아니라 삶의 무늬를 추구한다. 그리고 그 무늬는 매우 섬세해지고 있다.

　이런 흐름을 대표적으로 보여주는 것이 영화다. 영화시장에서는 〈쉬리〉 등장 이후, 〈공동경비구역 JSA〉, 〈실미도〉, 〈태극기 휘날리며〉, 〈동막골〉 등 분단과 전쟁 그리고 민족주의를 다룬 영화가 연이어 등장하며 전 국민을 역사적 '경험의 공동체'로 만들었다. 그러나 2005년 연말에 개봉한 〈태풍〉은 초특급 블록버스터 영화였음에도 관객 420만 명에서 막을 내리고 저예산 영화 〈왕의 남자〉가 전인미답의 1200만 관객을 향해 달려가고 있다. 〈왕의 남자〉는 한마디로 세대마다 자기 시각으로 바라볼 수 있는 다초점 영화다. 작년에는 〈내 이름은 김삼순〉 같은 로맨스 판타지를 원작으로 하는 드라마가 인기를 끌었지만 지금은 19세기와 21세기를 넘나드는 만화가 원작인 드라마 〈궁〉이 인기다. 하지만 두 유형 어디에서도 진지한 '구라'는 찾아보기 어렵고 가벼운 '수다'만이 넘친다.

　출판시장에서도 '개혁적 열망'을 담은 책이 힘을 잃은 지 오래다. 『모모』(미하엘 엔데)가 드라마에 몇 번 소개된 뒤 85만 부나 팔렸던 것처럼 영상과 결합한 책은 언제나 상종가를 친다. 20권이나 되는 『만화로 보는 그리스 로

마 신화』가 100만 질의 신화를 향해 달려가고 있는 가운데 『서바이벌 만화 과학상식』(코믹컴 외), 『마법 천자문』(시리얼), 『코믹 메이플 스토리』(송도수) 같은 스토리 만화 시리즈들도 모두 400만 부를 넘겼다. 홈쇼핑에서는 150만 원이 넘는 그림책 시리즈가 1시간 방영으로 20억 원의 매출을 기록하기도 한다. 하지만 소설 분야는 아무리 평단에서 주목받는 작품이라도 3천 부 초판을 넘기기 어렵고 1만 부 넘는 작가는 손가락을 꼽을 정도이다. 인문서 또한 1천 부를 넘기기 어렵다.

외환위기 직후만 해도 우리 사회의 담론은 '변화'였다. 변하기만 하면 나도 언젠가는 '성공'할 수 있다는 믿음이 있었다. 하지만 월급으로 먹고사는 사람보다 자본운용으로 즐기는 사람이 늘어나는 등 우리 사회가 급격하게 양극화하면서 그런 믿음은 이제 완전히 사라지고 있다. 오르지 못할 나무는 포기하고 경쟁사회의 어지러움증에서 스스로 벗어나려 하고 있다.

『마시멜로 이야기』(호아킴 데 포사다), 『핑!』(스튜어트 에이버리), 『배려』(한상복) 등 지금 베스트셀러 상위권에 올라 있는 우화 형식을 차용한 자기계발서가 대중에게 자기만의 길을 가라고 촉구하고 있는 것은 모두 이런 흐름을 반영한다. '산다는 것'과 '죽는다는 것'을 다룬 책이나 특이한 이력의 삶을 가진 사람들의 감동적인 자전적 이야기에서 위안을 얻고자 하는 것도 같은 맥락이다.

'87'과 '97'의 세대교체는 물론 물리적 나이의 세대교체를 의미하는 것은 아니다. 문화소비자는 동일하지만 앞의 경험은 급격하게 잊히고 뒤의 경험이 강렬하게 작용하는 것이다. 이런 흐름이 지금 문화시장의 판도를 완전히 뒤바꿔놓고 있다.

〈한겨레〉, 출판 전망대, 2006.3.3.

'초강대 개인' 부추기는 세계화3.0 시대

토머스 프리드먼은 『세계는 평평하다』(창해)에서 세계화의 과정을 세 단계로 나눴다. 세계화1.0 시기는 콜럼버스가 대서양을 항해해 구세계와 신세계의 장벽을 허문 1492년부터 1800년 전후까지다. 이 시기에 지구적 통합을 이뤄내는 변화의 동력은 마력이나 풍력, 화력으로 표시할 수 있는 국력과 그 힘을 얼마나 적절하게 배치하는가에 관한 창조적 재능이었다.

2.0 시기는 1800년부터 2000년까지로 이때의 동력은 다국적 기업에서 나왔는데 변화의 강력한 추진력은 초기의 화력선과 기차에서부터 전화와 컴퓨터에 이르기까지 주로 하드웨어에서 나왔다. 개인이 전 세계적 차원에서 협력하고 경쟁하게 된 지금의 3.0 시기에 동력은 하드웨어가 아닌 광케이블을 통한 네트워크와 여러 가지 새로운 형태의 소프트웨어에서 나온다.

계몽서이기에 당대의 특성이 고스란히 드러날 수밖에 없는 우화 또한 시대적으로 달랐다. 국가가 평균적 능력의 신민을 요구하던 1.0 시기에는 '이솝 우화'나 '라퐁텐 우화'가 안겨주는 윤리적 교훈과 재미가 안성맞춤이었다. 전 세계 국가들이 일제히 석유 확보에 나섰던 1970년대 말의 오일쇼크가 엄청난 불경기를 불러왔을 때만 해도 대중은 리처드 바크의 『갈매기 조나단』 같은 책에서 크나큰 위안을 얻었다. 대부분의 갈매기들이 오로지 먹이를 더 많이 찾기 위해 날았지만 주인공 조나단은 남보다 높고 멀게 나는 게 꿈이었다. 그러나 조나단은 결국 자신의 꿈이 남들과 크게 다르지 않았다는 '같음'의 미학을 깨닫게 된다.

    2.0 시기에 전 세계를 강타한 우화는 1998년 미국에서 출간된 스티브 존
슨의 『누가 내 치즈를 옮겼을까』다. 이 우화가 강조하는 것은 미로(기업주)는
결코 변하지 않으니 남보다 '빨리' 치즈가 있을 법한 미로를 찾아내라는 철
저한 환경 순응의 철학이다. '변화'라는 교훈은 결국 스스로 '차이'를 만들어
내라는 것에 다름없다.

    올해 상반기에 치열한 3파전을 벌이고 있는 세 우화는 누구도 가지 않은
길, 곧 '외길'을 갈 것을 요구한다. 『마시멜로 이야기』(호아킴 데 포사다 외, 한국
경제신문사)는 마시멜로라는 달콤한 과자를 먹고 싶은 욕구를 참아내는 자만
이 미래에 누구보다 많은 마시멜로를 지닐 수 있다고 말한다. 『핑!』(스튜어트
에이버리 골드, 웅진윙스)에서 주인공인 개구리 핑은 부엉이(멘토)의 도움을 받
아 누구도 가지 못하는 '황제의 정원'으로 향한다. 『배려』(한상복, 위즈덤하우
스)에서는 남을 위한 배려나 나눔의 철학을 강조하지만 그것도 결국 개인의
성공을 위한 것일 뿐이다.

    오늘날 개인은 국가도 통제할 수 없는 눈에 보이지 않는 외부의 강력한
힘에 지배받는다. 그 힘을 가진 이는 토마스 프리드먼이 『렉서스와 올리브나
무』(창해)에서 말한 '초강대 개인'일 수 있다. 프리드먼은 초강대 개인은 '초강
대 국가'나 '초강대 자본'과도 맞설 수 있다고 말하며 개인의 능력을 한껏 띄
워놓았다.

    하지만 『누가 내 치즈를 옮겼을까』를 기업주들이 대량 구매해서 직원들
에게 나눠준 '쓰나미'가 지나간 후 이 땅에는 전 국민의 임시직화가 진행되었
다. 이제 대중은 원초적인 인간관계만을 그린 소설 또는 최상의 멘토는 자기
자신이라고 유혹하는 자기계발서, 외길을 가라는 우화 등에서나 겨우 '개인'
의 힘을 느낄 뿐이다.

〈한겨레〉, 출판 전망대, 2006.3.31.

지금은 인류의
유산 새롭게 해석할 때

올해 들어 『해방전후사의 재인식』만큼 대대적으로 언론에 소개된 책이 있을까? 1980년대에 대학생들의 필독서가 되면서 밀리언셀러 반열에 오른 『해방전후사의 인식』의 역사인식을 문제 삼은 이 책은, 올해 초 책도 나오기 전에 보수언론에서 경쟁적으로 대서특필하고 사설에까지 언급하면서 대단한 반향을 몰고 올 것으로 예상되었다. 그러나 그렇게 세상이 떠나갈 듯이 떠든 것에 비하면 대중의 관심이 그리 대단했던 것은 아닌 듯하다.

편자가 서문에서도 밝혔듯이 여러 출판사에서 이 책의 출간을 거부했다. 거부한 이유는 출판사마다 조금씩 달라 보인다. 하지만 이 책이 가져올 사회적 파장을 의식해서라기보다는 과거의 '성과'나 특정인물을 지나치게 공격하고 있어 출판사의 '앞날'에 득보다 실이 많다고 판단했을 것이라는 추정이 가능하다.

출판기획자의 촉수는 늘 이런 파장을 몰고 올 새로운 '감성'을 담은 책에 열려 있다. 팩션, 블루오션, 서드 에이지, 디지로그 같은 신조어를 제목에 달기도 하는 등 대중의 관심을 단숨에 불러일으킬 수 있는 책을 펴내고자 한다. 성공하면 한 해 농사는 따놓은 당상이기 때문이다.

특히 새로운 '담론'을 담은 인문서에서 기획자는 최고의 가치를 발휘한다고 볼 수 있다. 그러나 포스트모더니즘이라는 열풍이 휩쓸고 간 1980년대 이후 더 이상 새로운 사상은 출현하지 않았다고 보는 시각도 있으니 기획자에게는 지금 같은 악조건이 없을 터이다. 세계적으로 영향력을 갖는 사상가가 출현해 이른바 '빅 타이틀'을 내놓지 않은 지 꽤나 오래되었고 당분간은 그런 책이 출현하지 않을 것 같은 분위기다.

그렇다고 마냥 쉬고 있을 수만은 없지 않은가. 그래서 출판기획자들이 관심을 두는 대표적인 영역이 인류가 축적해놓은 지적 유산을 새롭게 구성하는 책이다. 지금까지 그것은 주로 신화, 역사, 고전 등을 '객관적 명제'로 전달하는 것이 아니라 '주관적 맥락잡기'로 새롭게 해석한 책이었다. 인류의 문화를 재조명하는 책들이야말로 세상을 헤쳐갈 상상력이라는 무기를 획득하려는 사람에게 '최고의 선물'이 될 수 있기 때문이다.

최근에 그런 유의 책은 크게 두 흐름을 보이고 있다. 하나는 특정 시기를 다룬 책이다. 적어도 이 땅에서 18세기는 메마르지 않는 샘과 같다. 한국판 문예부흥기라는 18세기에 정약용, 박지원, 홍대용 등은 "다단한 층위의 글쓰기를 통해 지배적 사유"를 마구 뒤흔들며 새로운 사유를 보여주었는데 그런 간접 경험이 오늘날의 대중에게 매우 절실하기 때문이다. 이달 들어서도 『나비와 전사』(고미숙, 휴머니스트), 『연암을 읽는다』(박희병, 돌베개) 등의 신간은 출간 즉시 매우 좋은 반응을 얻고 있다.

다른 하나는 특정 테마나 키워드를 중심으로 한 주제사로 『사도세자의 고백』, 『정약용과 그의 형제들』 같은 문제작들을 꾸준히 펴낸 이덕일이 최고의 인기를 누린다. 제목을 바꿔 다시 출간한 『조선 왕 독살사건』은 팩션 열풍까지 더해져 12만 부나 팔렸으며 최신작 『조선 최대 갑부 역관』(김영사)도 출간 즉시 역사부문 베스트셀러 1위에 올랐다.

그런데 세계 출판계에서는 이런 출판경향을 20세기 말부터 가능성이 있다고 보고 꾸준히 책을 펴내왔다. 국내 출판계는 이제 겨우 출발점에 서 있다. 수요는 있으나 '물건'이 한없이 부족하다. 이것이 우리 출판의 새로운 희망이 될 수도 있지 않을까.

〈한겨레〉, 출판 전망대, 2006.4.28.

'팩션'과 '순애'만 팔리는 소설시장

소설이 팔리지 않는다고 아우성이다. 오죽했으면 '문학 회생'에다 '힘내라, 한국문학!'이란 슬로건까지 내걸었을까. 그렇다면 대중은 정말 소설을 읽지 않는 것일까? 하지만 출판시장에서는 여전히 소설이 팔리고 있다는 증거가 계속 나타나고 있다.

그 증거는 대체로 두 가지 모습으로 부각되고 있다. 하나는 블록버스터다. 2005년은 오로지 『다 빈치 코드』(댄 브라운) 때문에 먹고살았다고 할 정도로 블록버스터 소설은 세계를 '하나'로 만들고 있다. 블록버스터 소설은 처음에는 '해리포터' 시리즈처럼 아동을 주 타깃으로 삼았으나 지금은 대상층이 모든 세대로 확장되었다.

이런 유형의 소설은 스펙터클한 영상과 결합하기 마련이다. 애초부터 영상화를 전제로 '만들어'지기에 치밀한 구성력이 뒷받침된다. 게다가 『다 빈치 코드』가 출간되기 전 9개월 동안 인터넷을 통해 사전 홍보를 했다는 것을 감안하면 기획단계에서부터 세계 시민을 염두에 뒀음을 알 수 있다.

『다 빈치 코드』를 우리는 현실(팩트)과 환상(픽션)의 경계가 해체된 팩션이라 부른다. 팩션에는 수많은 생경한 지식이 나온다. 팩션을 지식소설이라 불러야 한다는 이도 나오는 것을 보면 우리는 부지불식간에 소설에서도 정보를 얻기를 원하고 있는 듯하다. 『다 빈치 코드』가 누구도 범접하기 어려운 '금기'를 다뤘다는 것은 그런 욕구를 매우 적절하게 이용한 것으로 볼 수 있다.

다른 하나는 순애다. 남녀의 지고지순한 사랑을 그린 가타야마 교이치의

『세상의 중심에서 사랑을 외치다』는 지난해 320만 부나 팔리면서 무라카미 하루키의 『상실의 시대』(원제는 '노르웨이의 숲')가 갖고 있는 역대 일본소설 최고 판매 기록을 단숨에 갈아치웠다.

일본 출판계는 이 소설의 성공 이후 이른바 '울고 싶어라 증후군'이 나타나고 있다고 진단한다. 어머니와 가족의 의미를 그린 장편소설 릴리 프랭키의 『도쿄 타워』가 베스트셀러가 된 것도, 소설을 소개할 때마다 어김없이 등장하다시피 하는 "절로 나는 눈물을 주체할 수 없는 게 당연하다"라는 선전문구는 그 증거라는 말이다.

그럼 우리는 팩션을 만들어낼 만한 능력이 없는 것일까? 아니다. 영화 〈왕의 남자〉의 성공에 이어 드라마 〈주몽〉까지 인기를 끄는 것을 보면 우리도 충분한 능력을 갖췄다고 볼 수 있다. 김훈의 『칼의 노래』처럼 나름의 성취를 이룬 작품이 꽤 있다. 다만 이런 작품을 전 세계를 호령할 블록버스터로 만들어내는 '힘'이 부족할 뿐이다.

그렇다면 순애는? 이것은 우리가 가장 잘 표현하는 것 가운데 하나가 아닌가. 이런 흐름과 잘 맞아떨어지는 작가가 바로 공지영이다. 『우리들의 행복한 시간』을 비롯한 그의 작품들을 읽고 많은 사람들이 손수건을 찾는다고 한다. 10만 부가 넘게 팔린 소설을 찾기 어려운 현실에서 그의 작품들이 수십만 부를 가볍게 넘기는 것을 보면 '공지영 현상'은 쉽게 수그러들 것 같지 않다.

지난 시절, '구텐베르크 은하계'에서는 '활자를 통로로 모든 감각, 모든 지식에 접근'할 수 있었다. 그런 습관이 지금 소설시장에서는 팩션과 순애라는 두 '극단'으로 이어진다고 보아도 무방할 것이다. 그런데 우리는 둘 다 잘할 수 있는 능력을 갖추고 있다. 그렇다면 우리 문학도 여전히 희망이 있다는 증거가 아닌가.

〈한겨레〉, 출판 전망대, 2006.6.2.

'휴대전화 미디어' 잡기,
콘텐츠다

　지난해 10월 일본에서는 인터넷 기업 링크셰어재팬이 잡지 〈위트〉 창간 호부터 '잡지기사 어필리에이트'란 것을 개시했다. '잡지기사 어필리에이트'란 잡지에서 소개한 상품이 얼마나 팔렸는지에 따라 잡지를 발행하고 있는 출판사가 광고주로부터 어필리에이트(성과 보수)를 받는 시스템이다. 다시 말해 광고에 QR코드(휴대전화 2차원 바코드, 이메일주소, 전화번호, 회사명 등의 정보가 들어 있음)가 표시되어 있어 상품에 관심이 있는 독자는 QR코드를 해독하는 휴대전화를 이용해 광고주의 웹사이트로 바로 들어갈 수 있으며, 이렇게 해서 상품이 팔렸을 경우에는 출판사가 성공 보수를 받는다.

　이 제도를 도입하면 광고주는 잡지광고를 보고 무엇이 얼마나 팔렸는지를 알 수 있다. 따라서 지금까지 잡지의 가치를 결정했던 애매한 발행부수보다 훨씬 정확하게 광고 효과가 드러나게 되는 셈이다.

　링크셰어에서는 〈위트〉의 인터넷 사이트와 블로그 등 여러 채널을 개설해 독자가 어디를 통해서든 어필리에이트를 이용할 수 있도록 했다. 한데 이런 시스템을 잡지만 이용하라는 법 있나. 무가지, 회원소식지 등 '구독 의욕이 높은 독자를 가진 종이매체'라면 다 가능할 것이다. 링크셰어 관계자는 장차 성과 보수가 고정 광고비를 웃도는 잡지도 등장할 것이라고 내다봤다.

　이런 사례에서 바라볼 수 있듯이 인터넷과 연결된 휴대전화는 이제 미디어이기도 하고 점포이기도 하며 판매 채널이기도 하다. 또 휴대전화는 미디어끼리 쉽게 만날 수 있는 새로운 장소다. 휴대전화를 축으로 텔레비전과 책,

음악과 책같이 다양한 미디어 그리고 콘텐츠가 만날 수 있는 장치를 새롭게 구축하는 시도가 이어지고 있다. 출판사의 입장에서 휴대전화는 홍보와 판매에 활용할 수 있는 수단이자, 새로운 '미디어 컬래버레이션(다른 업종과의 협업, 제휴)'을 유발해주는 기점으로 성장하고 있는 셈이다.

그러나 이런 시도가 제대로 이뤄지려면 출판사가 자사의 콘텐츠를 데이터베이스화해 독자 또는 고객과 신뢰할 만한 인적 네트워크를 사전에 구축해두어야 한다. 그런 작업이 없으면 다른 업종과의 제휴는 사실상 불가능하다고 보아야 한다. 이미 출판은 만화 캐릭터를 활용해 의류, 완구, 문구 등의 사업에서 새로운 가능성을 열어가고 있다. 또 책에서 맺어진 '인연'으로 수많은 이벤트 사업을 벌이기도 한다.

인터넷 세계는 3단계로 발전해왔다는 것이 정설이다. 첫 단계는 1996년부터 2000년까지 진행된 'URL 전쟁시대'다. 너나없이 닷컴을 마련하던 때다. 두 번째 단계는 '포털 전쟁시대'다. 포털을 통해 '무엇이든' 이룩해보려던 시기이다. 마지막 단계는 지금 점차 확산돼가고 있는 개별 기업의 '인터넷홍보 전쟁시대'다. 이때 승리자가 되기 위해서는 자사의 브랜드 가치를 최고로 키운 다음 수시로 최고의 기업들과 전략적 제휴를 맺을 수 있어야 한다.

이는 분명 일부에게는 '비전'이 될 수 있다. 조금씩 매출이 줄어들고 있는 출판계 현실에서는 불황을 돌파할 수 있는 최상의 길일 수 있기 때문이다. 하지만 그런 출판사는 그야말로 소수일 터이다. 지금처럼 출판사들이 감동도 주지 못하고 전문성과 깊이는 조금도 보이지 않는 책을 만든다면, 아무리 좋은 시스템이라도 성공할 수 없다. 아니 그런 책을 가지고 시스템에 적용한다면 출판사 간판을 내려야 하는 일이 다반사로 벌어질지도 모를 일이다.

〈한겨레〉, 출판 전망대, 2006.6.30.

'성공'이 고달프니
'나만의 행복' 찾네

'가화만사성'이나 '수신제가치국평천하' 같은 가치질서는 더 이상 효력을 발휘하지 못하는가. 작금의 출판시장 분위기를 보면 그런 가족 이데올로기가 급격하게 무너지고 있는 듯 보인다. 그 가치질서의 가장 아래쪽에 위치했던 여성들이 이기적이고 현실적으로 변하면서 가족이라는 개념이 급격하게 해체되고 있기 때문이다.

『아내가 결혼했다』(박현욱, 문이당)는 일처다부제를, 드라마 〈안녕, 프란체스카〉나 영화 〈가족의 탄생〉은 새로운 대안가족의 유형을 제시한다. 아예 결혼을 포기하는 여성의 수는 급증하고, 이미 이룬 가정마저 쪼개지는 일이 허다해 이혼율 세계 1위를 넘보고 있다. 외국 여성을 데려와 억지로 가정을 이루다 보니 단일민족임을 자랑스러워하는 민족성에도 불구하고 혼혈가족이 크게 늘어나고 있다.

상황이 이렇다 보니 "향후 30년이면 없어질 대표적인 품목이 가정"이라는 예측이 나오기도 하고 "결혼 4년 중임제를 도입하자"는 농담도 진담처럼 등장한다. 아니 머지않아 그런 일이 현실화될 듯한 분위기다. '쇼킹 패밀리'는 갈수록 늘어날 것이다.

인간이 가장 믿을 수 있는 '외투' 격인 가정마저 해체의 길을 걷고 있는 것에 대중은 지친 것일까. 지난해 하반기부터 삶과 죽음, 뇌와 마음을 다룬 책들의 출간이 폭증하고 있다. 그런 가운데 '행복'이라는 단어가 들어간 책들이 한 흐름을 이루고 있다.

36만 부를 넘어선 공지영 소설『우리들의 행복한 시간』(푸른숲)과 25만 부를 넘어선 법정 스님의 잠언집『살아 있는 것은 다 행복하라』(조화로운삶)는 인기가 '검증'된 저자의 책이니 그렇다 치자. 하지만 갈수록 증가하는 개인주의에 정당성을 부여할 뿐만 아니라 개인주의에 대한 편견을 해소시키려는『행복한 이기주의자』가 두 달 반 만에 13만 부나 판매된 것은 놀랍다. 게다가 최근에는 아예 '행복'이라는 제목의 책이 두 권이나 출간돼 바로 베스트셀러에 올랐다.『누가 내 치즈를 옮겼을까』,『선물』등의 저자인 스펜서 존슨의『행복』은 초판을 10만 부나 발행했으며 BBC 다큐멘터리를 책으로 펴낸『행복』(리즈 호가드, 예담)도 한 달 만에 3만 부나 팔렸다.

그렇다면 최근의 책들이 말하는 '행복'이란 무엇일까? 그것은 "나 자신을 소중히 여길 때에만 진정한 행복을 찾을 수 있고, 성공은 행복에 뒤이어 찾아오는 것이며, 내가 행복해야만 온 세상이 행복해진다"는 스펜서 존슨의 메시지가 명확하게 말해준다. '행복'이란 결국 '성공'의 대체물이다. 치열한 경쟁을 통해 성공을 꿈꾸던 대중은 수입도 확실하지 않은 미래와 일상적인 해고의 위협에 시달려야 하는, 희망을 포기할 정도로 고달픈 현실을 겪으며 결국 '나만의 행복'에 관심을 갖기 시작한 것이다.

행복의 사전적 의미는 "마음에 차지 않거나 모자라는 것이 없어 기쁘고 넉넉하고 푸근함, 또는 그런 상태"를 말한다. 그러나 최근의 '행복'은 모자라는 것이 많아도 나만이 즐거우면 그만이라는 철저하게 개인주의적인 차원의 메시지이다. 철저한 이기주의자는 남에게도 피해를 주지 않는 사람이다. 때문에 개인의 행복에 대해 고민하기 시작한 것을 나쁘다고만은 할 수 없다. 하지만 이런 세태가 우리 모두 인생의 '막장'에 이르렀음을 말하는 듯해서 허무한 느낌이 드는 것 또한 사실이다.

〈한겨레〉, 출판 전망대, 2006.7.21.

학문과 엔터테인먼트가
만날 날은

디지털 시대의 책과 출판업의 미래를 토론한 일본책 『출판르네상스』(사노 준이치 외)에는 "책은 어뮤즈먼트가 아닌 엔터테인먼트"여야 한다고 나온다. 여기서 어뮤즈먼트는 '시간 때우기'로, 엔터테인먼트는 '무아지경'으로 번역된다. 엔터테인먼트는 중세 유럽에서 온 말로 무언가가 마음속으로 들어와서(엔터해서), 서스테인(상주)하는 것을 뜻한다. 원래 인간은 늘 신만을 생각해야 하는데 신 이외의 더 즐거운 것이 마음속에 들어와 인간을 사로잡아서 무아지경이 되어버릴 정도의 책이어야 한다는 것이다.

수많은 미디어가 새로 등장한 지금 '시간 때우기'를 구태여 책으로 하려는 사람은 많지 않다. 단순히 정보를 일방적으로 전달하는 책 또한 갈수록 유효성을 잃어가고 있다. 인문학의 위기를 부르짖는 학자들이 늘고 있지만 인문학의 위기라는 것도 '인류가 생산한 보편적인 지식'을 일방적으로 수혜자(독자)에게 전달하려고 드는 한 결코 극복되기 어렵다.

인문학의 위기는 '인류가 생산한 모든 지식'을 오늘의 관점에서 새롭게 해석해낸 책이 무수히 출간돼 독자가 그런 책을 읽으며 자유로운 상상을 할 수 있을 때 아마도 저절로 극복될 수 있을 것이다. 그러나 불행하게도 이 땅의 대학 강단 학자 중에서 그런 글을 쓸 수 있는 사람은 정말로 찾아보기 어렵다. 각주를 줄줄이 단 논문형 글쓰기는 그들만의 '잔치'일 뿐 애초부터 대중과는 담을 쌓고 있다.

게다가 오늘날 대중에게 인기 있는 책은 '무아지경'의 수준이면서도 대중과의 관계성이 확인되는 다양한 정보를 담는 책이다. 요즘 유행하는 팩션에 수많은 지식이 넘쳐나는 것이나 논픽션에도 '지금(이것은 과거와 현재가 어떻게든 연결되어 있다) 무슨 일이 일어났는지'의 상황을 깨닫게 하는 다양한 지식(또는 사례)이 들어 있는 것은 그런 이유 때문이라고 볼 수 있다.

올해 출판시장의 흐름을 보면 삶과 죽음, 뇌와 몸을 다룬 책의 출간이 부쩍 늘어났다. 특히 죽음에 대한 책은 급증하고 있다. 흔히 '죽음을 눈앞에 둔 사람들은 위대한 가르침을 주는 교사'라고들 한다. 누군가가 '아니다'라고 말했을 때 '이다'의 본질이 확연하게 드러나듯 삶이 더 이상 이어질 수 없다는 것이 확인될 때, 즉 죽음에 다다랐을 때 삶의 본질은 확실해지게 마련이다.

『섭섭하게, 그러나 아주 이별이지는 않게』(능행, 도솔), 『시골의사의 아름다운 동행』(박경철, 리더스북), 『미안하다… 미안하다 미안하다』(손동인, 파라북스) 등 삶과 죽음의 경계에 서 있는 사람들의 진실하고 안타깝고 처절한 고백이 담긴 책들에서도 우리는 그런 진실을 매우 감동적으로 확인할 수 있다. 나는 이 책들을 읽으며 여러 차례나 눈물을 흘렸다. 이 책들의 가치도 크지만 학문의 디테일이 녹아든 경지에 이른 책 또한 필요하다.

지금 비소설 베스트셀러에 올라 있는 『인생수업』은 비록 번역서이긴 하지만 '죽음의학'의 세계적인 권위자인 엘리자베스 퀴블러 로스가 참여해 죽음 직전의 수백 명의 '육성'을 담아 진정한 삶이 무엇인지를 가르쳐주는 수준 높은 대중서이다. 모든 학문은 이 책처럼 인간의 마음을 곧바로 무아지경에 빠지게 하는 대중서를 탄생시킬 수 있을 때 그 존재성이 더욱 빛을 발할 것이다. 하지만 우리는 언제쯤 이런 책과 일상적으로 만나게 될까.

〈한겨레〉, 출판 전망대, 2006.9.22.

2006년 '컬래버레이션'
조류 5가지

일본에서 발행되는 출판전문지 〈편집회의〉는 송년호에서 2006년 최신 컬래버레이션 조류로 다섯 가지를 들었다. 컬래버레이션이란 다른 업종과의 결합을 통해 새 가능성을 열어가는 것을 말한다.

첫째, 영화와의 결합이다. 일본영화가 인기를 끌면서 영화사는 영상화가 가능한 콘텐츠를 찾고 있다. 출판사도 직접 영화제작에 참여하면서까지 소설의 영화화에 달려들고 있다. 영상 호소력이 있는 원작을 토대로 삼아 음악과 영상을 추가해서 소설의 숨은 매력을 끌어내고 새로운 문화를 창출하는 것은 이미 세계적인 흐름이다. 국내에서도 공지영 소설 『우리들의 행복한 시간』이 영화화의 탄력을 받아 75만 부가 팔렸다.

둘째, 연예인 소설가와의 결합이다. 인기 연예인이 자신의 인생 중 가장 치열했던 시절을 함축된 이야기로 정리한 소설을 펴내는 것이다. 이런 경우 연예인의 미디어 노출이 책의 매출에 큰 영향을 미친다. 올해 유일한 밀리언 셀러 『마시멜로 이야기』가 이에 속한다. 인기 아나운서를 역자로 끌어들였다가 혼쭐이 난 경우이기는 하지만 말이다.

셋째, 신문과의 결합이다. 잡지사와 신문사가 공동기획으로 별쇄 타블로이드판을 만드는 것이다. 잡지가 지닌 독특한 세계관, 콘텐츠 편집력 등과 매스미디어인 신문이 지닌 광고 전달력이 결합해 새로운 광고미디어의 가능성을 키우는 것이다. 〈아사히신문〉은 지역 광고의 활용으로 잡지 연동형 기획에서 배포까지 맡아 올해 상반기에만 광고비가 전년대비 110% 증가했다. 지금은 월 5건 정도의 타블로이드판을 발행하고 있지만 앞으로는 별쇄뿐만 아니라 본지에서도 잡지의 콘텐츠와 연동한 컬래버레이션 기획을 추진할 계획이다. 〈한겨레〉를 비롯한 주요 신문들이 주말판을 준비하고 있는 것은 이런 흐름과 무관치 않아 보인다.

넷째, 웹·모바일과의 결합이다. 올해 3월에 창간된 〈ELLE girl〉의 주 독자층은 휴대전화를 능숙하게 사용할 줄 아는 19~23세 여성이다. 이 잡지에서는 상품 광고지면에 QR코드를 넣어 그곳에 소개된 상품을 모바일 사이트에서 구입하도록 하는 원스톱 서비스를 구축했다. 잡지사는 전자상거래와 SNS 등 다양화된 웹상의 서비스에서 매체에 맞는 것을 잘 조합해 의외의 부가수입을 올리고 있다.

마지막으로 경쟁 출판사와의 결합이다. 이와사키쇼텐, 긴노호시, 도우신샤 등 상대적으로 규모가 작은 네 아동출판사는 각 회사가 10권씩의 책을 내놓고 영업, 편집, 광고와 홍보, 제작을 각각 담당해 높은 판매실적을 기록하고 있다. 이런 전략은 서점의 서가를 확보하기 쉽다는 장점이 있다. 또 한 회사로는 실현할 수 없었던 다양하고 풍부한 상품을 고객에게 제공할 수 있다는 이점이 있다. 이 모임은 올해로 창립 28주년을 맞이했는데 지금까지 2600만 부나 팔았다.

여기에 착안해 오오쓰기쇼텐, 슌주샤, 미스즈쇼보 등 11개의 '소규모' 인문출판사도 1년에 한 번은 서점에서 소외받는 인문서에 빛을 쬐어주고 독자와 만날 기회를 만들기 위해 '사류판선언'을 추진했다. 처음에는 서점 몇 곳만 참여했지만 지금은 전국에서 100여 서점이 참가할 정도로 갈수록 인기를 얻는 이벤트가 되었다.

내가 가장 눈여겨본 것은 이 조류다. 어려움을 겪고 있는 우리 인문출판사들도 공동기획을 통해 주목받을 만한 문고시리즈를 만들어보는 것은 어떨지.

〈한겨레〉, 출판 전망대, 2006.11.24.

'이야기성 있는 책'이
기회다

올해도 '올해의 책' 선정 작업에 어쩔 수 없이 참여했다. 하지만 해가 갈수록 '바로 이것'이라고 말할 수 있는 책을 찾기 힘드니 선정 작업이 고통스럽기만 하다. 특히 우리 문학시장은 최악의 상황으로 보이기까지 한다.

지금 아시아 출판시장은 거대한 단일시장으로 진화하고 있다. 세계의 주요 출판기업들은 불황 돌파의 수단으로 비약적으로 발전하는 아시아시장 공략을 일상화하고 있다. 친디아로 일컬어지는 중국과 인도를 비롯해 세계 10대 출판강국에 속하는 한국과 일본, 동남아시아 등을 하나로 묶어 바라보기 시작한 것이다.

글로벌 출판시장에서는 정보 중심의 책이 아닌 이야기 중심의 책이 주목받고 있다. 따라서 우리 책이 아시아에서만이라도 통하려면 이야기성이 담보되어야 한다. 그러나 우리 출판시장에서는 오히려 이야기가 사라지고 있으니 안타깝기만 하다.

이런 정황증거가 아니라 하더라도 디지털 시대에 이야기성은 책이 살아남을 수 있는 유일한 길처럼 여겨져왔음은 누구나 아는 사실이다. 이미 책으로 성공한 '이야기'는 미디어 컨버전스와 컬래버레이션을 통해 보다 많은 부가가치를 창출하기 시작했다. 대중은 상품 그 자체가 아니라 상품에 담긴 이야기를 구매하니 많은 기업들이 이야기를 찾고 있기도 하다.

그렇다면 그 이야기는 어떤 이야기여야 하는가? 무엇보다 독자를 가르치는 것이 아니라 움직이게 만드는 텍스트여야 한다. 대면성이라는 강점을 보이는 구어체 문장, 케케묵은 이론이 아닌 독자와 감정적인 교감을 하게 만드는 강한 인상의 팩트(사람, 사물, 사건)의 제시, 수많은 상상의 나래를 펴게 만드는 제목이나 차례 구성의 중요성 등이 갈수록 부각됨에 따라 이제 책의 정의나 개념마저 달라지고 있는 형편이다.

둘째, '말하는 이'의 신뢰감을 키워야 한다. 과잉 정보는 정보 부재를 의미하므로 일단 독자가 믿게 만드는 게 중요해졌다. 영상시대가 날로 위력을 떨쳐감에 따라 영화나 드라마의 원작이나 시대의 핵이라고 여겨지는 '스타'들이 추천한 책에 대중이 '무조건' 신뢰를 보내는 것이 중요한 판단 준거가 될 수 있다.

셋째, 배역(캐릭터)이 확실한 극적 구조여야 한다. 한 권의 책은 원 키워드(테마)를 다루되 최대한 단순, 명료, 간결하면서 통합적인 안목을 제시할 수 있어야 한다. 동물을 빗댄 우화 형식이 올해 출판시장을 휩쓴 것은 좋은 사례가 된다.

넷째, 검색이나 블로그 활용 같은 정보기술의 일상적 활용에 맞는 구조여야 한다. 검색의 습관과 닮은 꼴인 팩션이 세계시장을 휩쓸고 있는 것이나 인간의 '참여'를 촉발하는 새로운 유형의 책이 시장성을 키워가고 있는 것은 대표적인 예이다.

이밖에도 이야기는 개인의 기호에 맞으면서 가슴을 움직일 수 있어야 하고, 감성(감정)을 자극할 수 있어야 하며, 단순 사실이 아닌 행동의 방향을 제시할 수 있어야 하고, 메시지가 명확해야 하며, 전 세계에 통하는 범용성을 지닌 보편적인 감수성을 담아야 한다.

올해 우리 출판시장을 돌아보면 무한할인 경쟁으로 말미암아 양질의 책이 몇 년째 급격하게 사라지고 있는 가운데 이야기성이 있는 책만은 그래도 어느 정도 가능성을 보여주었다. 그런 면에서 우리 출판은 기회와 위기가 여전히 공존한 채 한 해의 끝을 맞이하고 있는 셈이다.

〈한겨레〉, 출판 전망대, 2006.12.22.

실리 추구 나서는
'개중'들

지난해 3월 나는 이 칼럼에서 문화시장의 변화로 '87'이 지고 '97'이 뜬다고 한 적이 있다. 87은 민주화의 원초적 체험인 6월 항쟁을 말하고 97은 세계화의 원초적 체험인 외환위기를 말한다. 그렇다면 올해 2007년 출판시장은 우리에게 어떤 체험을 안겨다줄까? 나는 감히 '개중화'의 원초적 체험이라고 말하고 싶다.

'개중'이란 개인과 대중을 합한 말이다. 대중은 세중細衆의 단계를 거쳐 이제 개중이 되었다. 작년에 〈타임스〉에서 '개중'을 올해의 인물로 선정했을 정도다. 개중, 그들은 혼자이고 원룸에 살면서 휴대전화나 메신저로 타인과 대화를 나누며 블로그를 통해 자신을 발신하는 등 철저하게 '1인용'으로 생활하지만 외로움을 느끼지 않는다. 지혜가 필요할 때는 대중에게 손을 내밀면 모든 문제가 해결된다.

군중crowd과 아웃소싱을 합한 '크라우드소싱'이라는 신조어는 그래서 등장한 것으로 볼 수 있다. 이미 기업이나 개인이 어려운 과제에 직면할 경우 그 해답을 인터넷을 통해 대중에게 묻는 일이 잦다. 물론 이것을 가능하게 만든 것은 디지털 기술과 웹2.0이라는 기구이다. 출판에서의 시민저널리즘은 크라우드소싱의 개념을 바탕으로 등장한 것이다.

지난해에 '나만의 행복'을 갈구했던 개중은 올해 '현명한 삶'을 추구할 것으로 보인다. 여기서 현명이란 철학자들이 갖는 지혜를 뜻하는 게 아니다. 영악스럽다고 할 정도로 일과 개인생활에서 실리를 추구하는 삶을 말한다.

2006년, 한때 책과 '거리'를 두던 20대 여성이 책으로 돌아왔다. 하지만 그들의 손에 쥐어진 책은 문학작품이나 인문·사회과학 서적이 아니라 자기계발서였다. 이 분야에서 가장 많이 팔린 『마시멜로 이야기』나 『배려』 같은 책은 어린이용으로도 따로 출간되고 있으니, 20대가 대학의 교문을 나서기도 전에 '처세'의 기술부터 배우는 것을 탓할 수도 없다.

그들은 올해 나만의 '스타일'에서 한 단계 진전한 '뷰티블 에이징beautiful aging'을 더욱 열렬하게 추구할 것으로 예상되며, 실행의 방향을 세밀하게 제시하는 미용, 패션, 여행, 건강, 문화 등의 책을 많이 찾을 것으로 보인다.

젊은 여성들이 즐겨 읽는 문학을 우리는 '칙릿'이라 부른다. 『브리짓 존스의 일기』(헬렌 필딩, 문학사상사), 『악마는 프라다를 입는다』(로렌 와이스버거, 문학동네), 『달콤한 나의 도시』(정이현, 문학과지성사) 등은 이 땅에서도 통한 대표적인 칙릿이다. 그런데 이 소설의 주인공들은 한결같이 편집자다. 특히 『악마는 프라다를 입는다』에 등장하는 패션지의 편집장은 자본주의의 신기루로 묘사되기도 한다. 하긴 영화나 드라마에서도 '잘나가는' 편집자가 등장하는 예가 부쩍 늘어나고 있다.

이것은 우연일까? 결코 아닐 것이다. 이야기의 중심에 서는 인물이 '잘나가는' 학자나 저널리스트에서 편집자로 바뀌는 이유는 분명 있을 것이다. 나는 그 이유를 인간이 지녀야 할 최고의 미덕으로 편집자적 안목을 꼽기 시작했다는 것에서 찾고 싶다. 과거에는 정보의 원천 생산자나 전달자가 세상을 주도했지만 정보의 소유권마저 개중에게 넘어간 지금은 그 위력이 크게 떨어졌다. 편집자는, 거미집처럼 얽혀 있으면서 기하급수적으로 늘어나는 정보를 자기만의 이야기로 꿰어서 다시 대중용으로 포장해내는 기술에서만큼은 거의 최고의 수준이다. 그래서 편집 능력을 갖춘 자여야만 새로운 시대를 주도할 수 있게 됐다. 그 능력이 바로 개중의 속성이라는 것도 여러분은 이미 눈치챘을 것이다.

〈한겨레〉, 출판 전망대, 2007.1.26.

'온몸으로 읽는 책'이 읽힌다

이제 인간은 누구나 블로그 등에서 정보를 편집해가며 소비한다. 이런 인간의 습관은 책의 구조를 어떻게 바꿀 것인가? 나는 이미 완성된 책을 눈으로만 읽는 것에서 손을 활용하는 오감의 독서가 늘어나리라고 보았다. 물론 이 같은 독서는 유아와 저학년의 학습서에서는 일반화된 것이다. 예를 들어 고미 다로의 『그림으로 생각 키우기』(창해)는 사물의 일부만을 그려놓고 나머지를 채워 넣도록 만든 책인데, 이 같은 개념의 성인용 책이 앞으로 수요가 커질 것으로 보았던 것이다.

나는 대표적인 사례로 글담의 책을 들었다. 『포토 베이비 북』은 엄마, 아빠가 사진으로 꾸며주는 아이의 첫 '자서전' 개념의 책이다. 아이가 태어나기 전 초음파 사진부터 첫 돌을 지나 아장아장 걷는 모습까지 아기가 성장해가는 모습을 하나하나 제시어를 통해 사진으로 붙여서 꾸미도록 되어 있다. 『내가 너를 사랑하는 100가지 이유』는 상대를 사랑하는 100가지 이유를 적을 수 있도록 꾸민 책으로 남자용과 여자용이 따로 있다. 이 책들은 모두 중국을 비롯한 동남아 여러 나라에 저작권을 수출했을 뿐만 아니라 국내에서도 판매부수를 늘려가고 있다.

일본의 미디어전문지 〈쓰쿠루(創)〉 2월호에 실린 2006년 출판계 결산 좌담에서는 실제로 이 같은 사례가 크게 늘어나고 있음을 확인할 수 있다. 『연필로 쓰는 오쿠노 호소미치』(포프라사)는 일본의 고전기행문인 '오쿠노 호소미치'를 그대로 본떠 쓰면서 읽는 책이다. 원래 여성은 책을 읽을 때에 본떠 쓰는 습관이 있었다고 하는데 그렇게 하면 책의 내용이 잘 이해된다고 한다. 그 체험에 기초해서 태어난 독특한 아이디어 상품이다. 더구나 디지털 하이테크 시대에 연필로 쓴다라는 하이터치가 묘한 향수를 불러일으킨 셈이다.

'성인용 색칠공부' 시리즈(가와데쇼보신샤)는 반 고흐의 작품, 풍경화, 용 그림 등을 원판을 보며 색칠하는 책인데 중·장년층이 이 책을 열렬하게 구매해 활용하고 있다. 〈니코리〉 같은 퍼즐 잡지는 스도쿠(숫자 넣기 게임)나 넘버크로(넘버링 크로스워드 퍼즐)가 세계적인 붐을 일으키고 있는 것을 염두에 두고 펴낸 책으로 매출이 크게 늘어나고 있다. 이 책의 성공에 힌트를 얻어 펴낸 한자 퍼즐 책도 출간되자마자 좋은 반응을 얻는 등 퍼즐 단행본의 출간붐이 시작됐다.

지금은 확실히 인터넷으로 무엇이든 '편리하게 할 수 있는 시대'다. 그런 시대에 인간은 왜 머리와 온몸까지 활용한 독서를 즐기는 것일까? 〈쓰쿠루〉에서는 본떠 쓰기, 색칠공부, 퍼즐 등을 활용한 읽기를 '신체론적 독서'라고 이름 지었다. 확실히 이것은 눈으로만 하는 수동적 읽기보다 능동성을 크게 키운 것이다. 이런 읽기는 정보에다 스스로 의미를 부여하는 행위로 보아도 무방하다.

'정보화 사회'라는 개념을 세계 최초로 주장한 우메사오 다다오는 정보를 하늘에 떠 있는 별에 비유했다. 누군가가 그 별을 끄집어내 거기에다 의미를 부여해야만 가치가 발생한다는 것이다. 앨빈 토플러는 『부의 미래』(청림출판)에서 정보의 홍수 속에서 쏟아져 나오는 무용지식^{obsoledge}을 걸러내는 능력이야말로 미래의 부를 결정짓는 핵심요소라고 말했다. 인간이 신체론적인 독서를 즐기는 행위는 어쩌면 그 같은 일일 수도 있다. 어쨌든 디지털 시대는 책의 개념마저 크게 바꾸고 있는 것만은 분명하다.

〈한겨레〉, 출판 전망대, 2007.2.22.

소설,
새 상상력이 필요하다

우리 소설에 봄은 올 것인가? 1990년대 후반까지 시장에서 막강한 영향력을 행사하던 우리 소설은 그야말로 처절하게 추락했다. 게다가 문학 출판사와 언론, 평론가 들이 야합해 상상력이라고는 찾아볼 수 없는 '동어반복'의 소설을 '주례사 비평'까지 해가며 띄워보려 악수를 두는 바람에 안방을 외국소설에 거저 넘겨준 꼴이 됐다. 이제 우리 소설은 아무리 일간지에서 대문짝만 하게 소개해도 초판 3천 부를 넘기기 어려운 '철벽시장'으로 전락했다고들 한다.

최근에 독자에게 통하는 외국소설은 크게 팩션과 내면소설 두 부류다. 팩션류는 영상과 접목하기에 가장 알맞은 소설이어서 거대 미디어그룹의 블록버스터와 연결돼 있다. 내면소설류는 주로 일본소설이다. 2004년의 233종에 비하면 일본소설이 지난해에는 2년 만에 그 두 배가 넘는 482종이나 출간됐다(2005년은 301종).

혼자 사는 것의 희로애락을 새롭게 느끼기 시작한 개중이 개인의 일상을 다룬 일본발 내면소설에 빠져드는 것은 그렇다 치더라도 팩션이 지금 이 시대에 상종가를 치는 데에는 보다 근원적인 이유가 있을 것이다. 이미 1960년대에 등장했던 팩션이 새삼스럽게 다시 부각되는 것은 시대적 현상으로 볼 수 있기 때문이다. 활자문화 시대는 관념(픽션)과 대상(팩트)을 분리해 다뤄왔다.

하지만 지금은 어떠한 데이터든 성질의 변화 없이 형태(형식)만을 달리하는 '변형transformation'으로 대중에게 무한한 상상력을 얼마든지 안겨줄 수 있는 디지털 정보의 시대다. 정보는 모든 것의 경계를 해체하고 차이를 통해 가능성을 모색한다. 그런 시대에 현실과 환상의 경계를 해체한 팩션이 시대적 화두가 된 것이다.

그러나 우리는 어떤가? 아직도 관념의 전쟁을 벌이고 있다. 대부분의 문학작품이 관념과 대상의 이항 대립에서 벗어나지 못한다. 한국문화예술위원회는 문학을 살리자면서도 그들의 '입맛'에 맞는 작가의 작품만을 골라 원고료를 지원하고 2천 부씩 사주는 직접 지원에만 집착한다. 이런 정책은 '죽어가는' 작가들에게 산소호흡기를 달아줄 수 있을지는 몰라도 장기적으로는 문학을 처절하게 죽이는 일이 될 수밖에 없다.

문학을 근원적으로 살리기 위해서는 팩션이나 내면소설을 넘어서는 새로운 상상력의 소설들이 자유롭게 시장에 유입될 수 있는 통로를 만들어야 한다. 지금 세계 출판계는 웹에서 무엇인가를 '게걸스럽게' 읽어대는 사람들을 문학으로 유인하기 위해 노력하고 있다. 중고생이라고 다르겠는가. 그들은 누구보다 웹에서 정보의 차이가 던져주는 상상력을 만끽하고 있는 중이다. 그들을 '포섭'하지 않으면 우리 문학에 미래란 결코 없을 것이다.

다행스럽게도 올해는 연초부터 『캐비닛』의 김언수, 『본드걸 미미양의 모험』의 오현종, 『슬롯』의 신경진 등이 새로운 상상력이 돋보이는 새 소설책을 내놓아 벌써부터 기대되는 바가 크다. 이들이 『달려라 아비』의 김애란, 『펭귄뉴스』의 김중혁, 『갈팡질팡하다가 내 이럴 줄 알았지』의 이기호 등과 함께 '그들만의 서사'를 어떻게 펼치는가에 따라, 그리고 새로운 상상력의 작가가 얼마나 더 등장하는가에 따라 한국문학의 미래는 확연하게 달라질 것이다. 올해는 중견소설가들의 신작도 줄을 잇는다는 소식이다. 이런 흐름이 긍정적으로 진행돼 적어도 올해 연말 결산 때는 소설의 약진을 자신 있게 이야기할 수 있기를 간절히 기대한다.

〈한겨레〉, 출판 전망대, 2007.3.23.

미국에 안방 내준
콘텐츠 산업

2002년엔가 도쿄에서 열린 '출판 비즈니스의 미래'란 동아시아 출판인들의 토론회에서 일본의 한 발표자는 "일본만화가 없었다면 과연 오늘의 아시아 출판이 존재할 수 있겠느냐"는 발언을 했다. 한국을 비롯한 아시아의 거의 모든 나라들이 일본만화를 무단 도용하여 자본을 축적했기에 오늘의 발전을 가져온 것이 아니냐는 '힐난'이었다.

그런 말을 듣고 기분이 좋았을 리 없다. 그러나 국내 유수의 출판사들도 국외 저작물을 단순 복제해 판매하는 '리프린트'의 경험이 있는 마당이니 가슴 아프게 받아들일 수밖에 없는 이야기였다.

한때 우리 출판은 해외 출판물의 중복 출판이 너무 심각해 애초에 기획이란 걸 할 수 없었다. 저작권이 확보된 1990년대 초반 이후에야 우리 출판은 도약의 계기를 마련한다. 저작권은 출판이 지속적으로 발전하려면 가장 먼저 갖춰야 할 인프라다. 따라서 그 권리를 강화하자는 걸 출판 종사자가 앞장서 비판한다는 자체가 어불성설이다. 그러나 그런 명백한 사실에도 불구하고 어떤 시기에 어떻게 개방하느냐에 따라 우리 문화, 나아가 우리 삶의 질이 달라지기에 묘수를 부려주기를 바라는 마음이 앞서는 건 어쩔 수 없다.

일본만화에 빗장을 완전히 열어준 지금, 만화 출판시장에서 차지하는 우리 만화의 비중은 20% 안팎이다. 간간히 대형 학습만화 시리즈가 '대박' 나기도 하지만 산업의 규모에 비하면 그야말로 '새 발의 피'다. 일본만화에 익숙한 세대가 성장하자 이제 일본소설이 인기를 끌며 '일류'라는 말마저 등장했다. 몇몇 문학출판사를 제외하고 우리 소설을 출간하려는 의지는 찾아보기 어렵다. 드라마나 영화도 일본만화의 발상에 의존하기 시작했다.

잘 만들어진 만화 캐릭터는 웹, 모바일, 영상, 게임 등과 연동해 수많은 부가가치를 창출한다. 일본에서는 유명 캐릭터를 이용한 고급 의류, 완구, 문구를 개발하는, 이른바 컬래버레이션(협업)을 통해 출판 비즈니스의 새로운 가능성을 열어가고 있다.

이번 한·미 자유무역협정^{FTA} 협상에서는 저작권 보호기간을 저작자의 사후 50년에서 70년으로 늘렸다. 그것은 그럴 수 있다 치자. 그보다 더 큰 문제는 미국이 온라인 콘텐츠로 마음 놓고 장사할 수 있도록 완벽하게 '멍석'을 깔아준 데 있다. 콘텐츠 산업^{CT}은 정보기술^{IT}이나 생명공학^{BT} 이상으로 유망한 산업으로 인식되고 있다. 아마도 미국이 이번 협상에서 내심 노렸던 것은 이 저작권이 아니었나 싶을 정도다.

우리는 정보기술에서는 어느 정도 인프라를 갖췄는지 몰라도 콘텐츠 확보에서는 그야말로 초보단계다. 이대로 외국자본에 돗자리부터 깔아주고 나면 우리는 결국 사랑방 신세는커녕 '노숙자'로 전락하고 말 것이다.

사태가 이렇게 심각한데도 문화관광부가 내놓은 대책이라는 것은 한심하다 못해 거의 만담 수준이다. 기존에 준비해놓았던 것을 이참에 급하게 써먹는 터라 사태의 본질을 꿰뚫지 못했음이 역력하다. 콘텐츠 부족 상황은 어떻게 알았는지 전국민 '1인 1책 쓰기' 운동 같은 코미디 같은 대책마저 있다. 문광부는 피해액이 미세하다며 얼버무리지만 말고 하루빨리 근본적인 대책부터 수립해야 할 것이다.

<한겨레>, 출판 전망대, 2007.4.27.

'동양적 이야기'가
세계 휘어잡을 무기

나는 요즘 우리 출판에서 나타나는 스토리텔링의 10가지 유형에 대해 자주 이야기한다. 책의 가능성을 키워나가기 위한 최고의 무기가 '이야기성'이기 때문이다. 최근에 『On-AIR』와 『물은 비에 젖지 않는다』(이상 예담) 등 두 권의 에세이를 내놓은 김아타 씨의 사진이 서양에서 큰 반응을 얻은 것은 사진 한 장 안에 담긴, 장편소설 한 권이나 영화 한 편 이상의 강한 임팩트를 던져주는 무궁무진한 이야기성 때문이다.

한국소설의 침체 속에서 때 아닌 신드롬 현상을 몰고 온 김훈 씨의 『남한산성』(학고재)도 마찬가지다. 이 작품의 인기는 굴곡 많은 현대사를 겪은 덕에 역사 추리를 즐기는 한국인의 심성에 맞아떨어진 것도 한몫했겠지만, 이념적 지형과 상관없이 독자 누구나 자기 현실에 맞게 해석이 가능한 다의성에 있다고도 볼 수 있다. 한·미 자유무역협정FTA 협상이나 희망 없는 정치, 민중의 피폐해진 삶과 연결할 수도 있지만 일상의 굴욕을 참고 견뎌야 하는 직장인들은 이 소설을 읽으며 소시민적 삶에서 벗어나는 지혜를 얻을 수도 있다.

얼마 전 나의 '스토리텔링론'을 들은 한 외국문학 전공 학자는 세계적인 문예이론가 프레드릭 제임슨이 20세기 말에 "머지않아 동양의 이야기가 주목받는 시대가 올 것"이라고 한 말이 떠올랐다고 했다. 그 말을 듣고 보니 21세기 들어 『해리 포터』나 『나니아 연대기』 같은 서양의 이야기에 버금가면서 세계의 보편적 정서에도 부합하는 동양 이야기의 원천은 무엇일까 하는 생각이 들었다.

그 가운데 하나는 아마도 『서유기』가 아닐까. 『서유기』는 동아시아에서 수없이 변주되어왔다. 중국에서는 장지종 감독이 올해 말 50편의 TV 시리즈 촬영에 들어간다는 소식이 알려지면서 다시 '서유기 붐'이 일고 있다고 한다. 지난해 일본 '후지TV'에서 제작한 『서유기』는 한국·대만·홍콩·싱가포르 등에서 거의 동시에 방영되기도 했다. 동양의 이런 반응에 영화감독 스티븐 스필버그가 『서유기』를 영화화한다는 소문이 나돌기도 했다.

동양 최고의 판타지인 『서유기』의 네 주인공인 손오공, 저팔계, 사오정, 삼장법사 등은 각기 판이한 성격을 지녔지만 서로의 약점을 보완하면서 천축에서 불경을 구해오는 공동의 목적을 달성한다. 각기 다른 날 태어났지만 한날한시에 죽자는 『삼국지』 주인공들의 맹세는 개인주의적인 서양인의 정서와 잘 맞지 않는 반면, 『서유기』의 캐릭터들은 미국산 자기계발서의 주제와도 일맥상통한다. 따라서 우리는 『서유기』처럼 세계에서 통할 수 있는 동양의 이야기를 블록버스터 상품으로 만들 수 있을 때에야 진정 문화의 중심을 동양으로 옮겨올 수 있을 것이다.

최근에 1권이 출간된 『크로니클스』(김기정, 홍성군 그림, 거북이북스)는 동양의 세계관이 녹아든 연대기이고자 하는 변형 『서유기』다. 700만 부가 팔린 『마법 천자문』이 한국적 스토리만화가 공통적으로 갖고 있는 '학습성'을 무기로 대박을 터뜨렸지만 한국이라는 국지성을 뛰어넘기에는 한계가 많을 수밖에 없다. 하지만 『크로니클스』는 학습성을 배제하고 이야기 그 자체가 지닌 재미에 방점을 찍었다. 이런 시도가 성공할 수만 있다면 애니메이션이나 게임 등으로까지 범위를 넓히면서 세계를 한번 크게 흔들어볼 수도 있지 않을까.

〈한겨레〉, 출판 전망대, 2007.6.2.

독자 감성 두드리는
'신조어' 성공시대

플립의 원뜻은 뒤집기, 손가락으로 튕기기다. 두 손가락을 마주치면서 '그래 바로 이거야' 하고 한순간에 깨닫는 것을 뜻한다. 플립스터는 플립을 실행해 성공적인 삶을 영위하는 사람을 일컫는다. 『플립, 삶을 뒤집어라』(데이비드 리피 외, 비전하우스)에는 그렇게 손가락을 마주치면서 한순간에 인생을 바꾼 플립스터 66명의 사례가 등장한다. 이 책은 사전적 의미를 뛰어넘어 혁명, 전환, 변화 등의 의미를 함축적으로 담았다. 역발상의 지혜라고나 할까. 이처럼 책 제목에 새로운 느낌을 주는 단어나 조어를 사용하는 사례가 갈수록 늘어난다.

『블루오션』, 『블링크』, 『디지로그』, 『서드 에이지, 마흔 이후 30년』, 『알파걸: 새로운 여자의 탄생』, 『롱테일 경제학』 등은 제목만으로도 관심을 끄는 데 성공한 대표적 사례일 것이다. 출판기획의 3요소는 책의 가치, 현실성(아무리 우수한 아이디어라도 원고로 만들지 못하면 망상에 불과하다), 판매부수(이익)이다. 과거에 책은 학술적 가치, 인문적 가치 등이 더 중시되었지만, 지금은 임팩트가 더 중요하다. 아무리 우수한 내용의 책이라도 독자에게 다가가는 강렬한 임팩트가 없으면 선택되지 못하기 때문이다.

지금 편집자들은 이처럼 새로운 조어를 찾아내는 데 혈안이 되어 있다. 잡지의 경우에도 특집 제목에 따라 판매부수가 널뛰는 판이라 어떤 제목이나 차례로 독자에게 접근하느냐가 중요하다. 제목 하나만으로도 수많은 상상을 하게 만들기에 '제목은 커뮤니케이션'이라는 정의도 가능할 수밖에 없다.

인터넷 등장 이후 무료정보는 기하급수적으로 늘어났다. 독자의 기호도 갈수록 세분화되고 있어 독자의 최대공약수적 욕구를 파악하는 일도 힘들어졌다. 따라서 독자의 감정에 호소하는 강력한 단어를 만들거나 찾아내는 것이 성공의 열쇠가 되었다. 이제 편집자는 독자들이 인터넷 검색으로는 쉽게 찾아낼 수 없는 감정적 테마를 발굴하고 그 테마의 매력을 전달할 수 있는 제목 만들기에 목숨을 건다.

과거에는 단지 정보를 얼마나 빨리 전달하느냐가 중요했다. 하지만 지금은 빠르기로 인터넷을 이길 수가 없다. 종이미디어가 여전히 정보의 신뢰성, 휴대성, 보존성에서 유리하다지만 아무리 좋은 기획이라도 단순히 정보를 나열해서 보여주는 편집 스타일로 만든 책이라면 결코 성공할 수 없다.

알파벳을 사용하는 서양의 경우는 더욱 심각하다. 알파벳은 정보를 빨리 전달하는 데에는 최고의 문자이다. 그러나 같은 글자가 한없이 반복되는 형국이어서 마치 지루한 일상이 반복되는 듯한 느낌을 준다. 그래서 서양에서는 머리글자를 조합하거나 두 단어를 결합하는 등 새로운 조어를 수없이 만들어내는 것으로 새로운 이미지를 만들어낸다.

이에 비하면 단어 자체에 이미지가 내포된 표의문자인 한자는 무척 행복한 경우이다. 이미지 시대에 동양은 문자만으로도 이미 우위에 서 있는 셈이다. 한글은 알파벳과 같은 표음문자이지만 명사의 80%가 한자어일 정도라 문화적 DNA에 한자가 깊게 새겨져 있다. 경청, 배려, 관심, 용서, 인연, (이기는) 습관, 겸손 등 한자어 명사의 제목에서 독자들은 이미 자기만의 이미지를 수없이 떠올린다. 그런 제목을 기계로 찍어내 디지털적인 차가운 느낌을 주는 타이포가 아니라 감성을 건드리는 아날로그적인 손글씨(캘리그래피)로 표지를 장식했을 때 독자와의 감정적인 교감의 폭은 더욱 넓어지는 것이다.

〈한겨레〉, 출판 전망대, 2007.6.16.

매너리즘 사고를
뒤집고 싶다면

한 사람이 있었다. 그런데 대학 4학년 때 아버지가 상당한 빚을 남겨놓고 갑자기 돌아가셨다. 매달 대졸 초임 월급의 2.5배 정도를 갚아도 얼추 5년이 걸릴 정도의 거액이었다. 어머니는 울며불며 네가 빚을 갚아달라고 매달렸다. 순간 이것으로 인생 끝났구나 하는 절망감에 빠져들었다.

여러 방안을 모색하다 그는 광고대리점에 취직했다. 딱한 사정을 들은 대리점 사장은 급여는 높게 책정할 수 없지만 커미션(마진)은 나름대로 생각해 주겠다고 했다. 그러나 광고 하나씩 따내서는 결판이 날 것 같지 않았다. 그렇게 해서 생각해낸 것이 두 개씩 한 쌍의 광고를 따내는 것이었다. 맥스 팩터와 전일본항공, 산토리위스키와 토라야, 대의류옥과 BIC볼펜, 학생 원호회와 게키단 사계 등의 조합이었다. 화장품(맥스 팩터)과 비행기 타기(전일본항공)에서 '나들이'라는 연결점을 찾아냈듯이 두 회사나 두 제품 사이의 '어떠한 관계', 즉 한 쌍으로 묶을 만한 무언가를 찾아낸 것이다.

문제는 한 쌍을 어떻게 관계 설정하는가였다. 그래서 밤마다 타깃을 몇 개인가 선정해놓고 한 쌍을 선택해서 기획안을 짰다. 그러자면 전체 스케치도 필요했고 때로는 가상 캐치프레이즈나 카피도 붙여야 했다. 매일 철야를 한 것은 아니었지만 스스로 납득할 때까지 밤을 새워가며 아침까지 준비했다. 준비가 끝나면 두 회사에 기획서와 전체 스케치를 갖고 찾아갔다. 절대 사적인 인맥은 사용하지 않으려 했지만, 어느 순간부터 주위의 소개가 늘어가기 시작했다.

일은 상상 이상으로 재미있었다. 그렇게 즐기는 과정에서 예상했던 5년보다 2년이나 빨리 빚을 갚을 수 있었다. 하지만 돈보다 더 소중한, 인생 전체를 좌우할 무척 소중한 깨달음을 얻게 되었다. 나아가 어떤 기업이나 상품(제품)은 모두 '새로운 관계의 상대를 갖고 있다'는 것을 깨닫게 되었다. 세상의 모든 실태와 책과 정보는 무언가와 연결되고 싶어서 좀이 쑤신 상태이다 보니 정보는 절대로 혼자서 존재할 수 없었다.

오늘날 하나의 업종은 종적 관계로, 시장은 철저히 세분화되어 있어 날개를 펼치기가 쉽지 않다. 또한 날개를 달아도 어디로 날아가면 좋을지를 알기 어렵다. 기업과 상품뿐 아니라 학문과 기술도 무언가와 연결되고 싶어 하지만 좀처럼 연결되지도 않는다.

하지만 그는 광고를 따낸 경험을 통해 이러한 현실의 이면에는 어떤 질곡이 있음을 느꼈고 그것을 타개할 방법을 찾기 시작했던 것이다. 또한 어떤 것이든 '의미'를 갖고 있겠지만, 현실 사회와 경제에는 이러한 의미가 자유롭게 적용되지 못한다는 것을 느끼고, 어떤 영역의 어떠한 사물과 사정에도 적합한 '의미 확장 방법'을 생각해서 그 방법을 조금씩 형태화하기 시작했다. 그 결과 '에디팅 프로세스Editing Process'라고 말할 만한 의미의 변용 과정이 언제나 다이내믹하게, 또한 분류와 영역을 넘어서서 관련되어 있음을 밝혀냈다. 이렇게 해서 태어난 것이 '편집공학Editorial Engineering'이다. 이 사람은 『지知의 편집공학』(넥서스), 『지식의 편집』(이학사) 등의 저서로 국내에서도 지명도를 얻고 있는 마츠오카 세이고다. 녹슨 가슴과 매너리즘에 빠진 사고 습관을 확 뜯어고치고 싶은 분이라면 이 여름에 한번 그의 책을 펼쳐보기를 강력하게 권한다.

〈한겨레〉, 출판 전망대, 2007.8.4.

황석영이 만드는
한국문학의 희망

　장 프랑수아 리오타르는 "원죄와 속죄 등의 크리스트교 이야기, 인식과 평등에 의한 인지와 예속으로부터의 해방이라는 계몽 이야기, 구체적 사물의 변증법이라는 마르크스주의 이야기, 기술 산업적 발전을 통해서 빈곤으로부터의 해방을 말하는 자본주의 이야기" 같은 '커다란' 이야기는 더는 믿을 수 없게 되었고 말했다. 포스트모더니즘에 가장 긍정적 눈길을 보내는 리오타르는 그래서 커다란 이야기에 대응하는 다양한 '작은' 이야기가 생겨나야 한다고 말했다.

　한국 출판시장에서 통하는 작은 이야기의 대표 격은 일본소설이다. 일본소설은 정말로 개인의 사소한 이야기를 잘도 다룬다. 일본소설 붐이 일자 유망한 젊은 작가 중에 일본소설의 흐름을 좇은 이가 적지 않다. 그러나 대중은 모조품보다 원조를 찾기 마련이다. 그러니 일본소설의 주가만 올려주고 자신들은 거의 망하다시피 했다. 적어도 지금의 10대와 20대에게 한국의 이야기(소설)는 실종되다시피 했다.

　그렇다면 이 시대에 진정 필요한 이야기, 특히 이야기의 가장 근원적 매체인 소설에서 대중을 설득할 수 있는 이야기는 무엇일까? 나는 그것이 커다란 이야기이면서 작은 이야기라고 본다. 개인으로부터 출발하되 전체를 조망하는 이야기여야 한다.

　최근 그런 작품이 하나 나왔다. 바로 황석영의 『바리데기』(창비)다. 나는 다른 글에서 이미 『바리데기』가 작가의 대표작이 될 것이라고 감히 언급한 바 있는데 이 소설을 본 독자들의 반응이 심상찮다.

『바리데기』의 가장 큰 장점은 개인이 겪는 작고 사소한 이야기를 세계사적인 구조와 연결 짓는 탁월한 구성에 있다. 중국을 거쳐 영국으로 밀항해서 무슬림 청년과 결혼한 가난한 '탈북소녀'의 개인사가 세계사적 변전과 맞닿아 있음을 보여주는 이 소설은 쉽게 읽히는데다 크나큰 감동을 준다. 또 우리 독자뿐만 아니라 세계 시민에게도 통할 만큼 이야기의 힘이 대단하다. 말장난 같은 문체의 힘이나 대중의 말초적 감성을 자극하는 수준과 차별화되는 소설의 미덕이 제대로 발휘되었기 때문이다.

또한 정통 리얼리즘의 계보를 이으면서도 주인공이 기억하고 싶지 않은 대목에서는 환상의 힘을 빌리는 마술적 리얼리즘의 기법을 도입해서 현실과 환상의 경계마저 해체해버리는 새로움도 느낄 수 있다.

그런데 더욱 기쁜 것은 작가가 자발적으로 독자를 찾아 나서고 있다는 점이다. 작가 황석영은 서점 등 독자가 있는 곳이면 어디든 찾아가 독자들과 대화를 시도하고 있다. 좌판을 깔아놓고 사인 판매를 통해 판매부수나 늘려보자는 수준이 아니라 젊은이들과의 격의 없는 토론을 위해서라면 시간과 장소를 가리지 않는 수준이다. 그런 자리에서 우리 소설이 일본소설보다 우수하다는 자신감을 설파하고 있는 셈인데, 이번에는 작가가 아주 작심하고 나선 듯하다. 앞장서 독자에게 한국소설 전체를 이해시키고자 하는 충정을 충분히 느끼게 한다. 작가의 최근 행보는 1970~1980년대의 문화운동이 대학가의 흐름을 이끌어내 결국 우리 문화가 고양됐던 기억을 떠올리게 한다. 그렇게 해서 일궈놓은 밭에서 열매를 수확하는 이는 그를 뒤따르는 젊은 작가들일 것이다. 이런 노력이 더욱 많아질 때 우리는 진정한 희망의 노래를 부를 수 있지 않을까.

〈한겨레〉, 출판 전망대, 2007.9.1.

책 세상도
'소비자 발신미디어' 마케팅

『중국 초우량주에 돈을 묻어라』(퀌 리서치경제연구소)는 중국어판을 그대로 완역하는 바람에 한국인이 중국 주식에 투자할 때 필요한 정보는 정작 찾아볼 수 없다는 점과 중국 주식이란 단어로는 책이 검색되지 않는다는 결정적 한계를 가진 책이었다. 그러나 출판사는 블로그를 활용해 이 책의 시장성을 키웠다. 블로그에는 책에 싣지 못했던 정보까지 제공해 책의 결점을 보완했다.

중국 주식과 관련된 커뮤니티와 이 블로그를 링크시켜 잠재 독자가 중국 주식에 대한 정보를 검색했을 때 블로그가 쉽게 노출되도록 만들고 이 책과 함께 관련서를 소개했다. 또한 블로그를 통한 커뮤니티 이벤트를 여러 차례 벌이기도 했다.

중국 주식투자 정보에 목말랐던 잠재 독자들은 블로그에서 제공하는 정보에 열광했고, 책 소개 글을 자발적으로 퍼갔다. '광고'가 아닌 '양질의 정보'로 독자를 '유인'한 것이다. 날마다 수십 명의 사람들이 블로그에 들어와 글을 다른 곳으로 퍼다 나르면서 움직이지 않던 책이 다시 살아나 상당한 부수가 팔려나갔다.

오늘날 대중은 게이트키퍼나 오피니언 리더의 충고보다 다른 사용자가 퍼트리는 정보, 곧 다른 독자(고객)의 판단을 보고 행동(구매)을 결정한다.

생산자이면서 소비자인 프로슈머는 이제 정보를 일방적으로 받아들이지 않는다. 블로그에서 그들은 스스로 정보를 편집해가며 정보의 질을 판단하고 즐긴다. 블로그는 독자의 피드백을 즉각 확인하고 이용하는 쌍방향 커뮤니케이션의 장으로서 기능한다. 따라서 블로그는 모든 마케팅의 시발점이 된다. 게다가 블로그에서 유명세를 탄 보통 사람이 저자가 되어, 블로그 내용을 책으로 만든 '블룩blook'을 펴내는 일이 일상적으로 벌어진다. 오죽하면 '모든 사람은 미디어'라는 말이 나왔을까. 출판기획자는 온라인 마케팅과 저자 발굴이라는 두 마리 토끼를 잡기 위해 영향력 있는 '알파 블로거' 찾기에 분주하다.

블로그뿐만 아니라 Q&A커뮤니티, 소셜 네트워크 서비스SNS, 게시판, 뉴스그룹, 시오아이COI(Community Of Interest·특정 관심사에 집중하는 커뮤니티) 사이트 같은 소비자 발신미디어CGM(Customer Generated Media)가 마케팅의 핵으로 떠올랐다. CGM에는 일반 소비자가 실제 체험을 통해 터득한 방대한 정보가 실시간으로, 제공되는데 이것들이 축적되면서 갈수록 영향력을 키우고 있다.

CGM은 메이커(생산자)나 매스미디어에서는 상상할 수 없는 특수한 사례와, 이해관계에 속박되지 않은 자유로운 의견이 정보로 모여 축적되기 때문에, 소비자에게는 구매 정보를 얻을 수 있는 최고의 지원 환경이 되고, 메이커에게는 상품에 대한 평가가 그 상품의 인기도에 직결되는 장소가 된다.

CGM은 방송과 결합한 포드캐스팅, 영상과 결합한 UCC 등으로 영역을 넓혀가면서 객관적이고 공정한 개인의 힘을 무한대로 키우고 있다. 아마도 그 힘은 머지않아 지난 세월의 영광에서 벗어나지 못하는 대중매체의 코를 납작하게 만들어버릴 것이다. 아니, 이미 그런 세상인지도 모른다.

〈한겨레〉, 출판 전망대, 2007.9.15.

현대인의 불안이
유행시키는 책들

30만 부가 팔린 『시크릿』(론다 번, 살림BIZ)에는 '수세기 동안 단 1%만이 알았던 부와 성공의 비밀'이라는 부제가 붙어 있다. 하지만 책을 읽어본 사람은 알겠지만 책에서 말하는 비밀이란 처음부터 끝까지 자신을 우주의 중심으로 생각하고 스스로를 믿으며 진정 자신이 원하는 것에만 집중하라는 이야기뿐이다.

데카르트의 '합리적 이성'에 대한 믿음이 사라진 이후 미국 대중의 관심은 몸과 마음으로 이월되었다. 눈에 보이는 것을 빠르게 '상품화'하는 데 귀재인 그들도 이제는 눈에 보이지 않는, 인간의 성찰 같은 것을 더욱 중시하게 됐음을 확실하게 보여준다.

이 책에 대한 반응은 양극단으로 나뉜다. 한편에서는 늘 보아왔던 '신변잡기 같은 하찮은' 이야기에 불과하다고 간단하게 매도해버린다. 다른 한편에서는 이것이야말로 자신이 기다리던 소중한 가르침이라고 열광한다. 하지만 책을 읽은 이라면 누구나 자기도 모르게 내가 정말 그런가 하는 생각에 저절로 빠져들 것이다.

올해 이런 종류의 책이 유난히 강세다. 『이기는 습관』(전옥표, 샘앤파커스), 『대한민국 20대 재테크에 미쳐라』(정철진, 한스미디어), 『회사가 당신에게 알려주지 않는 50가지 비밀』(신시아 샤피로, 서돌), 『금융회사가 당신에게 알려주지 않는 진실』(송승용, 웅진윙스) 등의 자기계발서나 미래에셋 박현주 회장의 돈과 인생에 대한 이야기 『돈은 아름다운 꽃이다』(김영사), 아주 작은 약국을 마산의 랜드마크로 키워낸 김성오의 독특한 경영철학을 담은『육일약국 갑시다』(21세기북스), 중증장애를 갖고 태어난 손자에게 심리학 박사 할아버지가 들려주는 삶의 지혜인『샘에게 보내는 편지』(대니얼 고틀립, 문학동네) 등 자전적 이야기가 가미된 책도 남다른 '비밀'을 털어놓기는 마찬가지다.『여자의 모든 인생은 20대에 결정된다』(남인숙, 랜덤하우스코리아)와『여자생활백서』(안은영, 해냄)의 '성공' 이후 갈수록 자장을 넓혀가는 여성용 자기계발서나『배려』,『경청』 등 인간의 마음 한구석을 확대해 보여주는 한 단어 제목 책들의 유행도 같은 흐름으로 볼 수 있다.

그렇다면 이런 책이 유행하는 이유는 무엇일까? 아날로그 시대 독자는 정보를 얻는 것으로 만족했다. 그러나 지금 우리 사회의 주축 세대는 새로운 흐름을 따라잡지 않으면 도태될 수밖에 없다는 불안감에서 하루도 벗어나기 어렵다. 평균수명이 높아진 이후 새로 발견된 중년기에도 늘 미래에 대한 준비만 있을 뿐 한시도 자신을 제대로 즐겨보지 못하고 있다.

개중個衆(개인으로 흩어진 대중)은 그런 불안감 때문에 정치, 경제, 역사, 문화 등 다양한 분야에서 새로운 가치와 논리가 생성되는 모습을 지켜보면서 자신을 빠르게 변화시켜야 한다는 강박관념에서 헤어나지 못한다. 그래서 그들은 돈과 성공, 건강이라는 생활 관련 갈래에서부터 철학과 고전 등 문학 갈래에 이르기까지 이것만 읽으면 기본은 한다는 기초적 책 찾기에 열을 올린다. 하지만 말이 기초이지 개중은 그것을 만병통치약(솔루션)으로 여기고 있다. 앞의 책들은 남보다 효율적으로 핵심을 취하고 싶다는 개중의 욕구에 부합해갈수록 시장성을 키워가고 있는 것이다.

〈한겨레〉, 출판 전망대, 2007.10.6.

상상력 부재는
출판계의 위기

요즘 새롭게 출간되는 팩션형 역사서를 읽다 보면 대체로 역사학자가 쓴 책보다 비역사 전공자가 쓴 책이 훨씬 재미있다. 그 이유를 곰곰이 생각해보니 아무래도 상상력이 문제였다. 역사의 엄정함에 더 신경을 쓸 수밖에 없는 역사학자의 책보다는 상상력에 더 방점을 두게 되는 문학전공자의 책에서 독자는 더 해방감을 만끽하는 것으로 볼 수 있다. 아닌 게 아니라 『미쳐야 미친다』의 정민, 『조선의 뒷골목 풍경』과 『책벌레들 조선을 만들다』의 강명관, 『열하일기, 웃음과 역설의 유쾌한 시공간』의 고미숙, 『홀로 벼슬하며 그대를 생각하노라』의 정창권 등은 모두 문학전공자이다. 『조선 왕 독살사건』의 이덕일은 그런 면에서 참으로 예외적인 사람에 속한다.

우리가 책이 살아남을 수밖에 없는 가장 큰 이유로 드는 것도 늘 상상력이다. 인터넷에 넘치는 정보는 남들이 상상해놓은 것에 불과하지만 책은 인간의 상상력과 창의력을 키운다. 맞는 말이다. 나도 책의 본문은 물론이고 행간과 여백까지도 철저하게 고려된 편집으로 만들어지기에 독자의 상상력을 자극할 것이므로 책은 미래가 있다고 늘 말해왔다.

하지만 과연 그럴까? 요즘 책을 보면 출판사가 스스로 망할 작정을 했다는 생각이 자주 든다. 책에서 가장 중요한 것은 텍스트의 질이다. 그런데 독자의 상상력을 전혀 배려하지 않는 책이 넘친다. 특히 학술서나 전문서라는 딱지가 붙은 책이 그렇다. 선행 연구 사례를 잔뜩 늘어놓고는 자신의 생각은 코딱지만큼 붙여놓은, 상상력이라고는 찾아보기 어려운 책은 아무리 살펴보아도 오늘날 효용성을 찾기 어렵다. 하지만 그런 책일수록 이른바 '우수학술도서'라는 것에 선정될 확률이 높다. 심사위원들이 주로 학자로 구성되어 있어 '그들만의 잔치'를 벌이다 보니 나타난 결과다.

이런 책은 사실 원래 시장성이 크지 않다. 그러니 출판사는 최대한 경비를 줄인다. 어떤 출판인은 자사의 편집자는 최대한 보름, 보통은 열흘 안에 한 권의 책을 만들어낸다고 한 출판강좌에서 대놓고 자랑했다는 소식도 들린다. 직물공장에서 재봉틀 돌리듯 그렇게 만들어낸 책은 그 분야의 전문가도 읽기 쉽지 않다.

이른바 '기획출판'의 폐해도 요즘 심각하게 드러난다. 편집자는 기획이라는 '고상한' 일에만 신경 쓰고 교정·교열 같은 '하찮은' 일은 외주로 처리하는 시스템을 도입한 출판사의 책 가운데 질이 떨어지는 책이 적잖이 보인다. 물론 외주 일을 하는 사람이라고 실력이 없으란 법은 없다. 하지만 '주인의식'이 있는 사람이 정말 꼼꼼하게 챙기지 않으면 '사고'가 날 확률이 높다는 것은 출판계 내부 경험자라면 모르는 이가 없을 것이다.

요즘 내게는 사람 좀 구해달라는 전화가 수도 없이 걸려 온다. 하지만 소개해줄 사람을 찾기가 어렵다. 최근 한 출판단체에서는 객관식 100문항의 '편집교정능력검정시험'을 실시하기로 했다고 한다. 이렇게라도 해서 쓸 만한 사람을 찾아보자는 속 타는 마음은 나도 충분히 이해한다. 하지만 출판에서 진정 필요한 사람은 기계적인 교정 능력을 갖춘 정도가 아니라 인문적 소양이 풍부할 뿐만 아니라 저자와도 격의 없이 글의 내용을 토론할 수 있는 사람이다. 이제 출판의 미래를 진정으로 생각한다면 출판계는 스스로 출판의 동량을 키울 근원적인 시스템에 대한 논의부터 다시 시작해야 하지 않을까.

〈한겨레〉, 출판 전망대, 2007.10.20.

인문서 성공 가능성 보여준
정조 열풍

인문출판의 위기가 논의되는 와중에도 올해 인문서 시장에서는 『만들어진 신』(리처드 도킨스, 김영사)이 6만 부, 『생각의 탄생』(로버트 루트번스타인 외, 에코의서재)이 4만 부 판매됨으로써 인문서가 현실에 착근만 잘하면 여전히 가능성이 크다는 사실을 증명해주었다. 현대 문명의 토대인 종교에 대한 격렬한 논쟁을 불러일으킨 『만들어진 신』은 아프가니스탄 피랍사건과 맞물리면서 대단한 반응을 몰고 왔다. 천재들이 어떤 방식으로 사고력을 훈련해 그들 안에 내재된 창조성을 일깨웠는지에 방점이 찍힌 『생각의 탄생』은 우리 사회가 이제 '영어 실력'보다도 상상력이 더 필요하다는 것을 절감하고 있음을 간접적으로 증명해주었다.

국내 인문서적들은 한국판 문예부흥기라는 18세기의 주변에서 서성거렸다. 사실 『열하일기, 웃음과 역설의 유쾌한 시공간』(고미숙, 그린비)과 『조선의 뒷골목 풍경』(강명관, 푸른역사) 같은 걸출한 인문서가 등장한 2003년 이후 이런 흐름은 지속되고 있다. 18세기에 성리학 일변도의 사유체계를 무너뜨렸던 정약용·박지원·박제가·이덕무·이옥 등이 저술한 '시대와의 불화'의 기록들이 지금 이 시대에 부활해 독자들에게 강한 자극을 주고 있는 것이다.

『책벌레들 조선을 만들다』(강명관, 푸른역사)는 올해 출간 도서 가운데 이런 흐름을 보여주는 가장 대표적인 책이다. 물론 이 책이 18세기만을 다루지는 않는다. 하지만 홍대용이 1763년 베이징의 유리창을 찾은 이후 조선의 수많은 지식인들이 그곳에서 '새로운 사유'가 담긴 책을 '수입'해 오는 것에 열을 올렸다. 이 책은 바로 그 시기 인물들에 방점이 찍혀 있다.

이 책의 돋보이는 부분은 '호학의 군주'라는 정조를 바라보는 시각이다. 정조는 중국 지식시장의 동향을 꿰고 있었고, 읽지 않은 책이 없다 할 정도의 다독가였다. 하지만 베이징에서 수입한 책이 조선의 지식인을 오염시키고 주자학을 해체한다고 판단해 베이징 서적의 수입을 금지한다. 한편 지식인들의 저작을 검열해 사상의 자유를 억압한 문체반정의 된서리를 내림으로써 18세기 후반의 새로운 사유를 질식시켜 스스로 '개혁 군주'의 길을 포기하고 '절대군주'의 길로 들어선다. 그래서 지은이는 허균이 형장의 이슬로 사라지지 않고, 성리학에 철저하게 각을 세운 이탁오의 『분서』를 읽고 사유를 발전시킬 수 있었다면 하고 탄식한다. 개명천지인 21세기 한국사회 또한 여전히 '이단이 나올 가능성을 뭉개버리는 사회'라는 탄식도 함께 말이다.

18세기에 놀랄 만한 사유의 모험을 펼친 지식인들과 그들을 탄압한 정조가 지금 이 시대 유행하는 책에서 '재회'함으로써 비로소 그 시대가 갖는 진정한 의미가 새롭게 모색되고 있다. 그래서인가? 올해 정조 관련 책들이 유난히 관심을 끌고 있다. 『이산 정조대왕: 조선의 이노베이터』(이상각, 추수밭), 『정조, 조선의 혼이 지다』(이한우, 해냄) 같은 교양서와 『이산 정조대왕』(류은경, 디오네) 같은 드라마 원작 소설이 이 흐름을 주도한다. 또 『바람의 화원』(이정명, 밀리언셀러)과 『열하광인』(김탁환, 민음사) 같은 팩션도 파란만장한 정조시대를 배경으로 삼는다. 정조 열풍은 아동서에서도 불고 있다. 정조를 다룬 아동서가 대단한 바람을 일으키는 가운데 『노빈손, 정조대왕의 암살을 막아라』(남동욱, 뜨인돌)는 한 달 반 만에 4만 부나 팔렸다니 말이다.

〈한겨레〉, 출판 전망대, 2007.11.17.

'88만 원 세대'의 선택이
새해 화두

　김영하의 장편소설 『퀴즈쇼』(문학동네)에서 20대 등장인물은 "우리는 단군 이래 가장 많이 공부하고, 제일 똑똑하고, 외국어에도 능통하고, 첨단 전자제품도 레고블록 만지듯 다루는 세대야. 안 그래? 거의 모두 대학을 나왔고 토익점수는 세계 최고 수준이고 분당 삼백 타는 우습고 평균 신장도 크지. 악기 하나쯤은 다룰 줄 알고. 맞아 너도 피아노 치지 않아? 독서량도 우리 윗세대에 비하면 엄청나게 많아. 우리 부모 세대는 그중에서 단 하나만 잘해도, 아니 비슷하게 하기만 해도 평생 먹고살 수 있었어. 그런데 왜 지금 우리는 다 놀고 있는 거야? 왜 모두 실업자인 거야? 도대체 우리가 뭘 잘못한 거지?"라고 절규한다.

　그들은 "80년대에 태어나 컬러 TV와 프로야구를 벗 삼아 자랐고 풍요의 90년대에 학교를 다녔다. 대학생 때는 어학연수나 배낭여행을 다녀왔고 2002년 월드컵에 우리나라가 4강까지 올라가는 걸 목격했다." "역사상 그 어느 세대보다도 다양한 교육을 받았고 문화적으로 세련되었고 타고난 코스모폴리탄"으로 자라났다. 이전 세대에 비하자면 거의 '슈퍼맨'이라 할 그들이 어이없게도 『88만원 세대』(박권일 외, 레디앙)로 전락했다. 20대의 95%가 월수입 88만 원 미만의 비정규직 노동자란다.

　그들이 2006년에는 성공을 포기하고 '나만의 행복 추구'로 돌아섰다. 또 올해는 '현명한 삶'을 살아보려 했다. 영악스러울 정도로 유연하면서도 자연스럽게 일과 개인생활 모두에서 이기적으로 나만의 생활을 살고자 했던 것이다. 60만 부가 팔린 『시크릿』(론다 번 외, 살림BIZ)의 "수 세기 동안 단 1%만 이 알았던 부와 성공의 비밀"이나 65만 부가 팔린 『이기는 습관』(전옥표, 샘앤 파커스)의 "가는 곳마다 1등 조직으로 만든 명 사령관의 전략노트" 같은 '핵 심'을 누구보다 효율적으로 취하고자 열을 올렸다.

하지만 번듯한 일자리를 찾기란 쉬운 일이 아니었다. 대선 후보들은 너나 없이 일자리 창출에 대단한 노하우를 가진 듯 떠들지만 신자유주의 체제의 공고화로 아웃소싱이 일반화된 지금 구조에서 젊은 세대의 노동유연화는 세계적인 현상이다. 국경 밖의 통제할 수 없는 강력한 힘이 작용하고 있다는 이야기다. 미국에서는 이민노동자들이 채우는 하층의 일자리를 일본에서는 젊은 세대가 차지했다. 우리나라에서는 미국과 일본의 모습이 동시에 벌어 지고 있다. 그러니 누가 대통령이 되어도 노동유연화의 추세를 하루아침에 되돌려놓을 수는 없는 일이다.

읽자마자 곧바로 피가 되고 살이 되는 지식이 담긴 책을 찾는 추세가 더 욱 강화될 것으로 보이는 내년에 개중(개인+대중)은 아마도 '선택과 집중'이라 는 화두를 집어들 것으로 보인다. 지금의 젊은 세대는 아무리 현실이 어렵더 라도 자기 입장을 확실하게 표출할 줄 안다. 따라서 자기 자신이 할 수 있는 일이 무엇인지를 최대한 좁혀서 선택하고 그것에 더욱 집중하는 모습을 보 이면서 '단 하나'의 중요성을 깨달아갈 것이다.

생활밀착형 정보로 개인의 수준을 업그레이드할 수 있는 지식이나 도네 이션(기부)과 환경의 가치를 아는 기업이 생산한 상품은 상종가를 칠 것이며 '소울메이트' 수준의 인간관계 추구로 말미암아 설득 커뮤니케이션이 더욱 득세할 것이다. 지금 개중은 작고 사소한 것이라 할지라도 심정적으로 절실 하게 다가오면서 눈에 보이는 구체적 결과에 감동하기 때문이다.

〈한겨레〉, 출판 전망대, 2007.12.15.

역사·맛집 소개 지도책
인기몰이

어린이 지도입문서인 『나의 첫 지도책』과 세계 각국 문화에 대한 호기심을 지도로 옮겨놓은 『어린이 세계지도책』(이상 베텔스만코리아)은 출간 직후 종합 베스트셀러 상위에 올라 화제가 됐던 책들이다. 이 책들은 지금도 여전히 어린이책 베스트 목록에 올라 있는데 각기 15만 부와 8만 부가 팔려나갔다.

『역사신문』, 『세계사신문』, 『한국생활사박물관』을 차례로 펴내며 우리 출판의 질을 한 단계씩 향상시켜온 사계절출판사가 최근에 야심 차게 시작한 것은 '아틀라스 역사' 시리즈다. 기존의 역사서가 시간 편향의 역사서였다면 이 시리즈는 시간과 공간을 아울러 역사 사건을 좀 더 생생하게 재구성한 지도와 함께 읽는 역사다. 먼저 나온 『아틀라스 한국사』는 이미 1만 부를 넘어섰다.

랜덤하우스중앙의 'Map4U' 시리즈는 우리 지도 출판시장에 획기적인 변화를 불러일으키고 있다. 지도책에 여행·레저 정보를 곁들인 『1:75,000 초정밀 전국지도』는 출간 직후부터 지금까지 지도책 1위를 차지하고 있다. 『초정밀 서울·수도권 지도』는 지역별로 인구 분포와 면적, 정당별 득표 현황, 역사문화 유적지, 공공시설, 드라이브 코스, 맛집 등 다양한 정보를 담고 있어 창업 희망자의 아이템 구상, 정당의 선거 전략 수립, 주말여행 계획 수립 등에 활용할 수 있는 장점이 있다.

랜덤하우스중앙은 이 시리즈 외에도 『맛있는 여행 초정밀 지㘠도』도 펴내 단순한 지리나 지형 정보를 제공하던 지도를 목적성이 분명한 지식을 담은 '지^知도'로 변환시키고 있다.

대중의 생활 패러다임은 갈수록 정적인 것에서 동적인 것으로 바뀌고 있고 교통, 통신수단 등도 비약적으로 발달하고 있어 위치 정보 욕구는 폭발적으로 증대하고 있다. 포털사이트나 이동통신사, 자동차 회사 들이 경쟁적으로 지도나 위치 정보를 제공하는 것은 이런 변화를 수용하는 것이다.

하지만 우리 지도책의 수준은 한심하기 짝이 없었다. 대부분은 아마도 학창시절의 『사회과부도』나 그 수준의 도로 교통지도를 본 것 말고는 지도책을 일상적으로 접해본 기억이 거의 없을 것이다.

동족상잔의 아픈 기억 때문에 국가권력이 지리 정보의 원활한 사용을 억제했다는 것을 감안한다 해도 해방 후 지도책이 『사회과부도』 수준의 조악한 수준으로 일관됐다는 것은 정말 한심하기 짝이 없다.

미국, 일본의 지도 전문 출판사들이 출판사 랭킹 10~20위권에 드는 것을 감안하면 지도책이 발달해 지리 정보를 가까이 했던 나라일수록 '잘 사는' 나라다. 지도책이 1월에만 80%가 판매될 정도로 한심했던 수준에서 비록 종수는 적지만 일 년 내내 베스트에 올라 있게 된 것은 뒤늦게나마 다행이다. 해외 비즈니스는 그 나라의 기후, 문화, 환경, 역사 등을 지도 아닌 '지^知도'를 통해 제대로 익혔을 때에야 성공할 확률이 커질 것이기 때문이다.

〈헤럴드경제〉, 책마을 통신, 2004.12.18.

한국서점가
일본소설 약진

한 여자가 전차 안에서 술주정꾼에게 봉변을 당한다. 한 남자가 이 여자를 엉겁결에 구해준다. 이 사건이 있은 이틀 뒤 남자는 여자가 보낸 에르메스 컵과 편지를 받는다. 이성교제를 해본 적이 없는 남자는 인터넷의 한 사이트에서 도움을 청한다. 그다음부터 남자는 여자와 관계가 진전되는 상황을 사이트에 솔직하게 올려놓는다. 수많은 사람이 댓글을 올리며 남자에게 도움을 준다.

일본에서 밀리언셀러가 된 『전차남』이란 책의 내용이다. 평범한 사람들이 즉흥적으로 벌인 이벤트에 불과한 이 책의 내용을 놓고 지금 일본 출판계에서는 문학이니 아니니 하는 논쟁까지 벌이고 있다. 그런데도 우리 출판사들이 이 책의 판권을 확보하기 위해 '치열한' 경쟁을 벌였다 하니 그 귀추가 주목된다.

지금 우리 출판시장은 『다 빈치 코드』(댄 브라운)를 비롯한 '팩션'과 일본 소설이 휩쓸고 있다. 국내 인기작가들의 경우 화제작마저 10만 부를 넘기 어려운 데 비해서 일본 소설들의 약진은 눈부시다. 무라카미 하루키, 무라카미 류, 요시모토 바나나, 에쿠리 가오니 등의 작품 대부분은 장기 스테디셀러가 됐다. 더구나 일본에서 대단한 화제를 불러일으켰던 소설의 인기가 우리 출판시장에 그대로 직결되는 일이 벌어지고 있다.

일본 출판 역사상 소설작품으로는 350만 부라는 전무후무한 판매부수를 기록한 『세상의 중심에서 사랑을 외치다』(가타야마 교이치)는 국내에서도 장기 베스트셀러가 되며 종합 베스트셀러에 장기간 자리 잡고 있다. 지난달 국내 출간된 『지금, 만나러 갑니다』(이치카와 다쿠지)도 인기가 빠르게 올라가고 있다.

두 소설은 영화화되며 대단한 화제를 불러일으킨 것 말고도 매우 특별한 공통점이 있다. 세상을 축소해서 바라보고 있다는 점이다. 『세상의 중심에서…』는 백혈병에 걸려 죽은 여자친구와 주인공 단 두 사람만이 등장한다. 『지금, 만나러…』는 1년 전에 죽은 아내가 장마 때 잠시 돌아와 함께 지내는 6주간의 사랑이야기다. 죽은 아내, 주인공, 아이 이렇게 단 세 식구만의 이야기인 것이다.

물론 『아버지』(김정현), 『가시고기』(조창인), 『국화꽃 향기』(김하인) 같은 우리 대중소설들도 한결같이 부모와 자식, 부부와 같은 '원초적인' 인간관계를 다룬 소설들이었다. 그러나 이 소설 속 주인공들은 세상과의 피나는 고투를 하면서도 가족에 대한 사랑을 아끼지 않았다.

하지만 '순애純愛'를 주제로 함께 묶을 수 있는 일본 소설 두 편의 주인공들은 세상의 변화에는 전혀 관심이 없다. 오로지 자기 자신과 자기 주변의 극히 한정된 사람에게만 관심을 두고 있을 뿐이다. '독도'와 '역사' 문제로 이웃나라 주민이 심각한 '심적 고통'을 겪고 있음에도 일본 국민 대부분이 무관심한 태도로 일관하는 것처럼 말이다. 그래서 우리 소설시장만이 아니라 심성까지 일본을 닮아가는 듯해 안타까울 따름이다.

<헤럴드경제>, 책마을 통신, 2005.3.23.

올림픽 축제 땐
심리소설 인기

　1992년 『소설 목민심서』(황인경), 1996년 『좀머 씨 이야기』(파트리크 쥐스킨트), 2000년 『가시고기』(조창인), 2004년 『다 빈치 코드』(댄 브라운). 원래 올림픽이 열리는 해에는 책이 안 팔린다는 속설이 있다. 그런데 그런 해일수록 어김없이 소설이 종합 베스트셀러 1위에 올랐다. 88올림픽이 열린 해에만 시집인 『홀로서기』(서정윤)가 1위를 차지하고, 『추락하는 것은 날개가 있다』(이문열)가 2위를 차지했다.

　올림픽이 열리지 않은 해에는 『홍어』(김주영)가 1위에 오른 1998년을 제외하고는 모두 소설이 아니다. 그렇다면 올림픽과 소설은 무슨 연관성이 있다는 말인가. 이런 조사를 하게 된 계기는 일본에서 나오는 잡지 〈편집회의〉의 기사 때문이다.

　무라카미 하루키의 『상실의 시대』(원제는 '노르웨이의 숲')나 요시모토 바나나의 소설들이 일본 순문학 베스트셀러에 들게 된 것은 서울올림픽이 열린 1988년이라고 한다. 그 기사의 분석에 따르면 그 해 일본은 거품경제 말기였고 '세계 제일의 부자로 행복한' 분위기였다. 하지만 대중의 의식 속에는 '정말 이대로 괜찮은 걸까' 하는 막연한 불안감이 있었는데 그 틈을 두 작가가 파고들었다는 것이다.

　그렇다면 정말 올림픽과 소설은 연관이 있는 것일까? 표면적인 이유는 없지 않다. 올림픽이 열릴 때마다 텔레비전은 '드라마'마저 방영하지 않는다. 그러니 출판사들은 스포츠를 '싫어하는' 여성 독자를 염두에 둔 소설의 적극적인 마케팅에 나서곤 했다. '공급'이 있어 '수요'가 창출됐던 셈이다.

그러나 그것만으로는 설명이 궁색하다. 『상실의 시대』는 새로운 사랑의 '모럴'을 제시하는 소설이다. 외부적 상황에 연연하지 않고 자신의 내면이 보다 중요하다는 입장을 취한다. 가볍고 즐겁고 유쾌하고 세련된 상황 묘사는 돋보이지만 구질구질하고 시궁창 같은 어두운 분위기는 없다. 누군가의 말대로 하루키는 글로벌리즘으로 대표되는 고도 자본주의 발달시대에 문학작품이 어떤 위상을 차지하고 있는가를 극명하게 보여주는 작가인 것이다. 그래서 무라카미 하루키나 요시모토 바나나의 책은 세련된 양장일 경우에 더 잘 팔린다.

『상실의 시대』가 갖고 있던 238만 부(하권은 211만 부)란 최고 기록을 깬 것은 『세상의 중심에서 사랑을 외치다』(가타야마 교이치)다. 이 소설도 올림픽이 열린 2004년에 350만 부라는 기록을 세웠다. 내용 또한 새로운 사랑의 '모럴'을 제시한 소설로 자신의 내면만을 추구한다.

올림픽은 언제나 새 기술로 이전보다 더 압도적인 영상을 통해 인간의 관심을 끈다. 그럴 때마다 대중은 평소보다 더 심하게 내면 중시의 소설을 읽으며 '불안'을 잊고 '위안'을 추구하는 것일까? 그것도 국경을 초월한 '잡종적 감성'을 다룬 소설로 말이다. 세계 최대의 스포츠 축제가 열리는 것과 그때마다 무국적 엔터테인먼트 소설이 새롭게 등장한다는 것은 그래서 어딘가 아귀가 맞는 듯도 하다. 이것도 역시 억지춘향식 꿰맞추기일지도 모르지만 말이다.

〈헤럴드경제〉, 책마을 통신, 2005.4.13.

출판계 감성 제목
마케팅

　블루오션은 비경쟁 시장을 말한다. 그곳에서는 경쟁자가 없으므로 새로운 기회가 최대한 부여된다. 업계의 근본적 경제구조 분석에서 원가 절감과 품질의 차별화, 전략적 포지션 결정, 경쟁자 벤치마킹 등으로 유혈이 낭자한 피바다(레드오션)의 일상적인 경쟁에 지친 사람이라면 누구나 꿈꾸는 신천지다. 이 같은 신천지 개발 전략을 담은 『블루오션 전략』(김위찬 외, 교보문고)은 광고 한 줄 없이 출간된 지 한 달 만에 3만 부나 팔리며 경제·경영 베스트셀러 1위의 아성을 굳히고 있다.

　최근 경제·경영서 베스트셀러들은 이처럼 인간의 심성을 강렬하게 자극하는 단어를 제목에 많이 사용하고 있다. 『미운 오리새끼의 출근』(메트 노가트, 생각의나무)의 미운 오리새끼는 안데르센 동화 「백조의 호수」 주인공이다. 그릇된 정체성으로 많은 압박과 설움을 받지만 근성과 줏대를 가지고 열정을 발휘해 '백조'라는 자신의 진정한 정체성을 찾아가는 바로 그 오리새끼다. 담을 뛰어넘어 들판을 가로지르고 날개를 펴려 노력하는 직장인이 되어야 한다는 교훈을 주는 캐릭터로 등장하게 된 것이다.

　『경제 저격수의 고백』(존 퍼킨스, 황금가지)은 전 세계의 수많은 나라를 속여서 수 조 달러나 되는 막대한 돈을 털어낸 대가로 고액 연봉을 받는 전문가, 즉 경제 저격수였던 저자가 폭로하는 미국의 음모. 저자는 사우디아라비아 돈세탁 프로젝트, 이란의 팔레비 국왕 축출, 오마르 토리호스 파나마 대통령 사망, 미국의 파나마 침공 등 현대사에서 가장 극적인 사건을 배후에서 조종한 경험이 있다.

『러브마크』(케빈 로버츠, 서돌)는 너무나 남용되어 이제는 김이 빠지고 식상한 단어인 브랜드의 미래를 상징하는 단어다. 저자는 이 책에서 상품에서 상표로, 상표에서 브랜드로의 긴 여정은 이미 끝났기에 유행의 뒤꽁무니만 쫓아서는 성공할 수 없다고 말한다. 오로지 소비자와 안정되고 감성적인 관계를 구축해 사랑받는 대상이 되어야만 한다고 주장한다.

활자문화 시대에 책은 문화적 가치나 학술적 가치를 가지고 인간의 이성(머리)만 움직이면 됐다. 그러나 지금 대중은 자신의 감성을 이해해주기를 바라고 있다. 이성은 '결론'은 쉽게 내리지만 즉각 행동(구매)으로 돌입하지는 않는다. 행동을 불러일으키는 것은 물론 감성이다. 감성을 자극하려면 머리뿐 아니라 몸과 마음, 그리고 외부환경(사회)까지 움직여야 한다. 따라서 지금은 인간의 오감을 단숨에 자극하는 임팩트가 가치와 동의어로 받아들여지기까지 한다.

앞에서 예로 든 책들이 모두 '첫눈에 반할' 단어를 제목에 품고 있는 것은 바로 그런 시대를 반영한 것이라 할 수 있다. 이런 단어는 대중의 눈에 띄는 즉시 독자의 감성적 온도를 올리고 스스로 사랑받는 '러브마크'가 될 수 있다. 이런 단어가 인터넷 검색순위 1위가 되는 행운을 누릴 수 있다면 그것은 십중팔구 곧바로 대박으로 이어질 것이다.

〈헤럴드경제〉, 책마을 통신, 2005.5.11.

교양·잡학 서적 열풍

『스펀지』(동아일보사)가 인기다. 한 TV 프로그램을 책으로 만든 것으로, 2월에 1권이 나오고 5월에 2권이 나왔는데 벌써 20만 부를 넘어섰다. 이 책의 인기 비결이 무엇일까 생각하다가 2003년부터 일본에 불고 있는 '잡학' 붐이 떠올랐다.

잡학이란 어느 정도 알려져 있는 것에 대한 체계가 서지 않은 학문이나 지식을 모아놓은 책들을 말한다. 이 책들의 콘셉트가 바로 『스펀지』의 내용과 매우 닮아 있다.

일본의 한 전문가는 '지식의 공유'가 어려워진 시대의 약점을 능수능란하게 찔렀기에 '잡학'이 성공할 수 있었다고 분석했다. 사실 오늘날 커뮤니케이션의 부재는 심각한 양상으로 전개되고 있다. 가정에서마저 공통의 화제를 찾기가 쉽지 않다. 부모와 자식 사이에도 '무엇을' 이야기하면 좋을지 모르는 시대가 되어버렸다. 이럴 때에 '약간의 잔 지식'이 가족 사이의 막힌 숨통을 열어주는 수단으로 기능하고 있는 것이다.

그렇다면 화제를 넓혀보자. 공유하는 지식, 아니 공유하면 좋을 지식은 이것뿐일까? 오늘날 교양인이라면 누구나 알아야 할 지식이란 이렇게 알아도 그만 몰라도 그만인 파편화된 지식은 아닐 것이다. 그래서 대중은 새삼 교양이란 이름의 지식을 찾게 된 것인지도 모른다.

아테네에 알파벳 문자가 보급되어 대중화되기 시작하자 소크라테스는 문자가 기억과 지혜의 영약이 아니라 오히려 인간의 기억력을 저하시킬 것이라고 비판했다. 자신의 기억 능력에 의존하지 않고 문자라는 외부의 기호에 자신의 기억력을 맡기게 된다는 것이다.

그러나 지금 인간은 무엇을 도통 기억하려 들지 않는다. 지식이 필요할 때는 검색을 통해 알아보면 그만이라는 식이다. 하지만 '백과사전'형 지식은 우리가 사물을 깊게 사유해 문제를 해결하려고 할 때 별로 도움이 되지 않는다. 더구나 세상은 더욱 잘게 쪼개지고 있어 우리가 알아야 할 지식은 더욱 늘어나고 있다. 하지만 인간은 그런 지식을 차분하게 습득할 여유가 없다. 오히려 '인간이 알아야 할 모든 지식'을 단숨에 습득하고픈 조급함이 작동한다. 사람이 알아야 할 모든 것을 한 권의 책에 담았다는 것을 표명한 『교양』(디트리히 슈바니츠, 들녘)이 35만 부나 팔리는 상업적 성공을 거둔 후 '교양'이라는 단어가 표지에 장식된 책이 수도 없이 출간되는 것은 이런 흐름의 반영일 것이다. 나아가 그것은 고전이나 과학의 원전, 최신 경제·경영 이론서를 압축해 한 권에 담은 요약 압축한 책의 유행을 낳았다.

『지식의 발견』(고명섭, 그린비)은 서평집이다. 하지만 이 책은 오늘날 우리 지식인들의 문제적 담론을 정확하게 이해하는 데 원전보다 더 많은 도움을 주고 있다. 나는 요약 압축본을 영화 〈스타워즈〉에 등장하는, 초능력과 예지력으로 사람을 가르치고 인도하는 외계인 요다에 빗대 '요다형' 책이라고 이름붙인 적이 있는데 이 책이 바로 그런 전형적인 사례로 볼 수 있다.

〈헤럴드경제〉, 책마을 통신, 2005.6.20.

감동적인 인생 스토리, 출판시장의 '블루오션'

요즘 '블루오션'이 화제다. 블루오션이란 한마디로 유혈이 낭자한 경쟁이 없는 시장을 말한다. 누군가의 설명대로 지피지기로 백전백승하는 시장이 레드오션이고 상대방과 싸우지 않고 이기는 시장이 블루오션이다. 그렇다면 첨단 테크놀로지 시대인 오늘날 출판시장의 블루오션은 무엇일까?

어느 시대고 책은 인간 삶의 호메오스타시스^{homeostasis, 恒常性}로부터 출발한다. 예를 들면 갈증이 나 괴로워하는 사람에게는 물을 주면 된다. 갈증은 달리 말하면 '결핍'이다.

결핍은 늘 '불안'을 초래한다. 인간은 불안을 해소하기 위해 결핍된 부분을 메우려는 본능을 가지고 있다. 그래서 사회 변동기는 새로운 마케팅의 기회라 하지 않는가. 이런 불안을 해소시켜주는 책이 아마도 출판시장의 블루오션이 아닐까. 따라서 능력 있는 기획자는 없는 결핍도 만들어내고 그 결핍에 적절한 책을 제공할 수 있는 사람일 것이다.

먼저 가정을 살펴보자. 과거에 가정은 안식처였지만 지금은 매우 불완전한 조직으로 변했다. 이합집산이 빈번히 이뤄질 뿐만 아니라 부모와 자식 사이의 단절감도 매우 크다. 따라서 사회적 압박 속에서 성장하는 부모와 아이의 관계를 설정하고 부모에게 자기 아이를 어떤 사회적 인간으로 성장시킬 것인가를 제시하는 아동교육서들은 불황을 모를 것이다.

다음은 사회. 사회에서의 인간관계는 날로 심각해진다. '김 일병 사건'에서 보듯 이제 인간은 믿지 못할 존재로 변해간다. 이렇게 사회적 정체성이 흔들리자 '개인'의 정체성 또한 확인이 어렵다.

그러니 이제 새로운 인간상을 추구하는 심리학 서적이 상종가를 칠 것이다. 이미 남자의 발견, 중년의 발견, 여성의 재발견, 노년의 발견에 값하는 책들은 좋은 반응을 얻고 있다.

지금 국가경제나 세계경제나 모두 불안한 상황이다. 이런 경제적 불안감을 해소시켜줄 필요가 있다. 하지만 그것이 어디 쉬운 일인가. 돈은 내가 필요하다고 저절로 굴러오는 것이 아니지 않는가. 그래서 안정감을 던져주는 종교 서적이 더욱 인기를 끌 것이다.

글로벌 시대에 인간은 날마다 기상천외한 일들을 접한다. '중세의 촌락'에서는 마을사람들이 관심의 대상이었지만 지금은 세계로 촉수가 뻗쳐 있다. 따라서 '문제가 되는' 다른 나라를 문화적·사회적·정서적으로 이해하는 데 도움이 되는 책들을 찾고 있는 것이다. 때와 장소에 관계없이 늘 인기를 끄는 것은 감동적인 성공스토리다. 그러나 이미 세상에는 성공스토리가 차고 넘친다. 그러니 그것은 전혀 새로운 것이어야 한다. 황우석 박사나 안철수 씨처럼 남이 가지 않은 길을 간 사람의 이야기면 금상첨화일 것이다.

이런 책들은 독자가 서점에서 즉각 구매를 결정할 수 있는 책일 것이므로 블루오션임에 틀림없다. 그런데 여기서 마지막으로 명심할 점이 있다. 이런 심각한 문제들에는 깊은 사유가 필요하지만 그런 문제를 다룬 책은 가볍게 읽을 수 있어야 한다는 명명백백한 사실 말이다.

〈헤럴드경제〉, 책마을 통신, 2007.7.4.

심리학 서적 때 아닌 돌풍,
숨은 공신은 40대 독자

　요즘 인문서가 안 팔린다고 아우성이다. 잘나가던 출판사들마저 중쇄를 찍는 책이 없을 정도라니 상황이 매우 심각해 보인다. 하지만 불과 2~3년 전만 해도 10만 부를 넘나드는 인문서가 등장하고 화제가 되는 책들이 꾸준히 나왔다는 것을 생각하면 특단의 대책이 있어야 하지 않을까 싶다.

　인문서가 이렇게 팔리지 않는 것은 너나없이 불안에 빠져 있기 때문이라 한다. 그래서 지금 대중은 당장 쓸모 있는 매뉴얼을 제공하는 실용서에 빠져 있다는 것이다. 역사, 철학, 인류학, 심리학 등은 기반 학문이다. 이런 책이 제대로 생산되고 소비된다는 것은 장기적으로 그 사회가 비전이 있다는 것을 반증한다. 따라서 지금의 상황은 우리 미래를 어둡게 내다볼 수밖에 없게 만든다.

　또 다른 이유로는 인문서가 잘나갈 때 학자들과 출판사들이 담론을 생산하려는 노력을 기피했다는 데 있을 것이다. 인문서마저 번역서 위주로 펴내면서 두세 달 만에 승부수를 던지는 일을 계속해왔으니 어쩌면 자업자득이라는 생각도 든다. 보통 인문 집필서는 3년 정도 걸려야 책이 나오기 마련인데 우리 출판경영자 중에는 3년 안에 자신의 출판사를 매출 상위의 출판사로 만들겠다고 과욕을 부리는 경우마저 있으니 상황이 심각하지 않을 수 없다.

　이런 가운데 그래도 좋은 반응을 얻고 있는 분야가 있으니 바로 심리학 서적이다. 한 인터넷서점의 인문 베스트셀러 1~3위에는 『설득의 심리학』(로버트 치알다니, 21세기북스), 『스키너의 심리상자 열기』(로렌 슬레이터, 에코의서재), 『유혹의 심리학』(파트릭 르무안, 북폴리오) 등 심리학 서적이 나란히 올라 있다.

그렇다면 이런 심리학책은 왜 팔려나가는 것일까? 우선 인문서의 충성 독자들 중에 40대가 유독 많다는 데서 원인을 찾을 수 있다. 40대는 돈을 벌고 출세하는 것과 같은 외부로 향했던 관심을 내면으로 돌려 자아를 재정립하려는 시기다. 위의 책들은 지난 시절 이 땅에서 유행했던 처세서나 정신분석 상담서와 분명 격을 달리한다. 학문적 베이스를 바탕에 깔면서도 대중이 편하게 읽으면서 인간을 제대로 이해할 수 있게 도와주는 탄탄한 텍스트란 공통점을 지녔다. 따라서 이 책들은 40대 인문 독자의 욕구에 곧바로 부응한다.

평균연령이 80세를 넘어감으로써 자식을 모두 출가시키고 직장에서 퇴직한 이후에도 20년을 더 살아야 한다. 그래서 생각이 많은 40대가 가장 필요로 하는 것은 심리적 안정이다. 더구나 사회가 복잡할수록 인간 자체를 이해하지 못하면 살아남을 수가 없다. 그래서 생존 문제 뿐 아니라 심리적 안정도 동시에 추구하고자 하는 독자의 욕구가 분출하기 시작했고, 이 때문에 서구나 일본에서 탄탄한 시장을 형성했던 심리학이 이제 이 땅에서도 서서히 꽃이 피기 시작하는 것으로 보인다.

〈헤럴드경제〉, 책마을 통신, 2005.7.21.

불확실한 미래엔
원칙에 충실한 경제서 인기

올해 상반기 경제·경영서 베스트셀러 10위 안에는 『2010 대한민국 트렌드』(LG경제연구원), 『10년 후 세계』, 『10년 후 한국』(이상 공병호) 등 '10년 후' 담론을 다룬 책이 세 권이나 올라 있다. 또 『블루오션 전략』(김위찬 외), 『민들레영토 희망 스토리』(김영한 외), 『CEO 안철수, 지금 우리에게 필요한 것은』(안철수), 『나를 변화시키는 좋은 습관』(한창욱), 『미운 오리새끼의 출근』(메트 노가드), 『자기 설득 파워』(백지연) 등 10위 안에 오른 다른 책들은 변화와 혁신, 성공의 신화에 대한 해답을 구한다는 공통점이 있다. 이 책들을 관통하는 메시지는 현실보다 미래에 눈을 돌리되 '원칙'에 더욱 충실하라는 것이다.

『쾌도난마 한국경제』(장하준 외)가 잘 정리하고 있듯이 지금 한국경제란 배는 난파할 듯한 분위기마저 있는데다 사회 전반으로 양극화가 심각해지고 있어 위기감과 상대적 박탈감이 갈수록 고조되고 있다. 부자와 가난한 자, 대기업과 중소기업, 정규직과 비정규직, 수출과 내수의 격차는 갈수록 심각해져 빈곤, 양극화, 실업문제가 이제 본격화되고 있다는 불안감마저 던져주고 있다.

'소버린' 사태나 '진로 매각'에서 드러나듯 노동시장의 유연화와 탈규제 정책이 결국 외국 투기자본에게는 기회의 장을 맘껏 열어줬지만 정작 내국인들은 가난의 질곡으로 내몰고 있다는 것이 보다 구체적으로 드러나고 있다.

하지만 인간의 능력은 위기에서 발휘되기 마련이다. 어렵고 힘들수록 돌아가라는 말이 있지 않은가. 그런 흐름을 반영하듯 하반기 초두의 경제·경영서 시장에서는 기본과 원칙을 더욱 강조하는 신간들이 곧바로 베스트셀러에 진입하고 있다.

『괴짜경제학』(스티븐 레빗 외)은 인간은 누구나 결국 '인센티브'에 움직인다는 것과 같은 일상생활 속에 숨겨진 진실을 방대한 데이터 분석과 치밀한 통찰력, 그리고 과학적 논증을 통해 매우 통렬하게 파헤친다. 『서른살 경제학』(유병률)은 전환기에서 생존마저 위협받는 30대가 고령화시대에 대비하면서 품위 있게 늙어갈 수 있는 경제학의 원칙들을 '지식'이 아닌 '사고방식'으로 제시한다. 『쾌도난마 한국경제』는 우리 경제가 처한 '복잡한' 처지를 좌충우돌하며 열린 시각으로 진단한다.

뿐만 아니라 『렉서스와 올리브나무』(토머스 L. 프리드먼), 『죽은 경제학자의 살아 있는 아이디어』(토드 부크홀츠) 등 원칙을 강조한 구간들의 인기가 다시 올라가고 있다. 이 책들이 제시하는 것처럼 지금 우리에게 시급한 것은 처세나 재테크 같은 일시적인 테크닉이 아니다. 한 사람의 인생을 종합적으로 바라보는 것과 같은 넓은 '안목'이다. 지금 대중은 이 책들이 제시하는 원칙을 보듬고 다듬어 그런 안목을 키우려 하는 것으로 볼 수 있다.

〈헤럴드경제〉, 책마을 통신, 2005.8.8.

독자 눈높이 맞추기,
초판 '리메이크' 바람

『스밀라의 눈에 대한 감각』(페터 회, 마음산책)의 주인공은 제목에 나온 대로 스밀라다. 이 주인공에 대해 작가 김연수는 "내가 아는 한, 이 세상에서 가장 매력적인 여자"라고 칭했다. 그는 최근 자발적으로 이 소설의 홍보요원을 자처하고 나섰다 한다. 한 인터넷서점의 독자서평에는 자신의 아이디를 '스밀라'로 정할 정도로 이 소설에 흠뻑 빠진 한 독자가 "흠모한다, 사랑한다"며 주인공에게 '연정'을 맘껏 털어놓고 있다.

이 소설은 출간되자마자 초판이 매진되고 빠르게 베스트셀러 상위로 치오르고 있다. 그러나 이 책은 1996년에 이미 『눈에 대한 스밀라의 감각』이란 제목으로 한 번 출간됐던 책. 그때는 초판도 팔리지 않았지만 덴마크 원본을 참조해 번역을 좀 더 세밀하게 다듬고 두 권을 한 권으로 바꾼 것이 좋은 반응을 얻고 있다.

이처럼 재출간으로 '성공'하는 사례가 최근 줄을 잇고 있다. 국내에서 100만 부 가까이 팔린 『모리와 함께한 화요일』(미치 앨봄)의 저자가 최초로 쓴 소설로 미국에서 선풍적 인기를 끌었던 『에디의 천국』(세종서적)은 국내에서 10만 부 정도 팔렸다. 하지만 이 소설은 글로벌 시대 독자는 아마존 베스트셀러 목록에 더 익숙해 있다는 사실을 출판사가 뒤늦게 깨닫고 올 3월 원제인 '천국에서 만난 다섯 사람'으로 제목을 바꾼 뒤 종합 1위에 오르며 다시 20만 부 이상 팔렸다. 사실 원제가 독자의 호기심을 더 자극한다고 볼 수 있다.

만남과 이별의 경험을 공유한 사람들에게 공감과 위안을 동시에 제시하는 알랭 드 보통의 소설『왜 나는 너를 사랑하는가』(청미래)는 원래 '로맨스: 사랑에 대한 철학적 모험'이란 제목으로 출간됐던 책. 이 책은 2002년에 재출간된 뒤 2만 부쯤 팔리다가 올해〈TV, 책을 말하다〉에 소개되면서 4만 부가 더 팔려나갔다. 이 책의 성공은 그야말로 '보통'을 보통이 아닌 시대로 만들며 보통의 모든 저작을 시장으로 다시 끌어내는 데 혁혁한 공을 세웠다.

한때 인문 베스트셀러 1위에도 올랐던『조선 왕 독살사건』(다산초당)의 원제는 '누가 왕을 죽였는가?'였다. 이덕일 씨의 초기 저작 가운데 하나인 이 책은 사료에 근거해서 조선 왕의 독살 가능성을 추적한 책이다. 비록 사료에 근거했더라도 책의 성격상 저자의 상상력이 어느 정도 가미될 수밖에 없어 비판도 없지 않았다. 그래서 재출간하면서 글의 신빙성을 키우기 위해 관련 사진 60컷을 활용했다.

이처럼 제목을 바꾸거나 편집을 다시 해 성공한 사례는『무궁화꽃이 피었습니다』(김진명, 해냄)를 비롯해 적지 않다. 더구나 최근에는 독자들의 수준이 높아져 책의 질을 독자의 눈높이까지 끌어올리지 않으면 바로 외면당한다. 그래서 지금 출판가는 '꺼진 불'을 다시 뒤적거리며 새로운 '성공'을 꿈꾸고 있다.

〈헤럴드경제〉, 책마을 통신, 2005.8.22.

나눔의 실천 책 출간
'불티'

해마다 가을엔 처세서(자기계발서)가 뜨게 마련이다. 올해는 그 선두주자가 스티븐 코비의 『성공하는 사람들의 8번째 습관』(김영사)이 될 가능성이 높다. 스티븐 코비는 『성공하는 사람들의 7가지 습관』에서 그동안 잊혔던 영원불변의 원칙들을 제시했는데 이런 원칙이 사회적 담론으로 떠올라 결국 그 책이 불황에 허덕이던 1980년대 미국경제를 회생시켰다는 평가를 받아 왔다.

코비가 말하는 7가지 습관은 '자신의 삶을 주도하라', '끝을 생각하며 시작하라', '소중한 것을 먼저 하라', '승-승을 생각하라', '먼저 이해하라', '시너지를 내라', '끊임없이 쇄신하라' 등이다. 이 모두가 단순한 요령이 아닌 내면의 변화를 촉구한 것이지만 개인보다 조직을 우선시하는 산업화 시대에 맞는 논리에 가까웠다고 볼 수 있다.

코비가 제시한 8번째 습관은 '내면의 소리를 찾아내고, 남들도 찾도록 고무하라'이다. 내면의 소리는 사회에 대한 개인의 독특하고 의미 있는 공헌이다. 재능을 발휘하고, 열정을 갖고, 세상에 필요한 존재임을 느끼며, 양심의 명령에 따라 일할 때 진정한 성공에 이르게 된다는 것이다. 이때 재능은 나만이 갖는 최고의 '무엇'이어야 한다.

이런 이론을 온몸으로 직접 보여주는 이가 바로 한비야다. 그가 펴낸 새 책 『지도 밖으로 행군하라』(푸른숲)는 지난 5년 동안 아프가니스탄과 말라위, 잠비아, 이라크, 팔레스타인, 북한 등에서 펼친 긴급구호 활동을 기록했다. 이 책은 출간 보름 만에 10만 부를 훌쩍 넘겨버렸다.

사실 세계 오지를 걸어서 여행한 경험을 기록한 『바람의 딸, 우리 땅에 서다』에서부터 중국어 공부를 위해 중국에 머물던 1년간의 기록인 『중국견문록』까지는 자신의 행복이나 성공을 추구하는 면이 적지 않았다. 하지만 『지도 밖으로 행군하라』에서 한비야는 나눔이란 사회적 책임을 실천으로 강조한다. 그 스스로 산업화시대의 통제 패러다임을 벗어나 지식노동자 사회에서 빛을 발하는 임파워먼트(스스로 자신의 능력을 일깨우기) 패러다임으로 전환했음을 온몸으로 보여준다. 독자는 그의 삶을 따라 읽으면서 매우 능동적이며 감동적으로 그가 말하고자 하는 메시지를 전달받는다.

　세상이 만들어놓은 한계와 틀 안에서 살기를 거부하는 한비야는 출간되는 책마다 항상 그가 꿈꾸는 새로운 도전을 밝혀왔다. 이번 책에서 그가 꿈꾸는 도전들 가운데 하나는 난민캠프의 총괄 책임자가 되는 것이다. 언제나 그랬듯 한비야는 그 꿈을 이룰 것으로 보인다. 그것이 우리가 그를 이제 '바람^{Hope}의 딸'로 볼 수밖에 없는 강력한 이유이기도 하다.

〈헤럴드경제〉, 책마을 통신, 2005.9.26.

무한경쟁 시대 생존 법칙
'나눔'

미국에서 픽션 작가는 파티에서 환영받고 주목받지만 논픽션 작가는 최고급 승용차를 몰고 다닌다고 한다. 이 사실에서 알 수 있는 건 오늘날 대중이 픽션보다 논픽션의 감동을 더 즐긴다는 점이다. 하루하루를 칼날 위를 걷는 심정으로 살아가는 대중은 절실한 감동으로 심금을 울리는 이야기를 찾는다. 그래서 어떤 이는 논픽션을 일컬어 "독자의 호주머니를 노리고 쓴 책"이라고 혹평하기도 했다. 결론적으로 우리는 논픽션의 유행에서 이 시대 대중 정서를 읽어낼 수가 있다.

2002년은 정치, 경제, 환경, 고용, 연금, 금융, 신기술 등에 대해 불안이 커지는 시기였다. 빈부 격차와 테러의 위협 또한 숙제거리로 등장했다. 그 해 대중은 『화: 화가 풀리면 인생도 풀린다』(틱낫한, 명진출판)를 읽으며 자신의 화를 달래보거나 『단순하게 살아라』(로타르 J. 자이베르트 외, 김영사)를 통해 '마이너스 철학'도 배우기 시작했다.

2003년의 화두는 '칭찬'이었다. 절박함이 한층 심해진 대중은 '돈'과 '부자'에 대해 지나치다 싶을 정도로 몰두했지만 다른 한편으로는 『칭찬은 고래도 춤추게 한다』(켄 블랜차드 외, 21세기북스) 같은 책을 읽으며 남을 배려하기 시작했다. 사촌이 땅을 사도 배 아파하는 사회에서 칭찬을 미덕으로 삼았다는 것은 중요한 진전이었다.

2004년은 『용서』(오래된미래)였다. 달라이 라마는 이 책에서 용서는 "우리로 하여금 세상의 모든 존재를 향해 나아갈 수 있게 한다. 우리를 힘들게 하고 상처를 준 사람들, 우리가 '적'이라고 부르는 모든 사람을 포함해, 용서는 그들과 다시 하나가 될 수 있게 해준다"고 말하고 있다. 사회 자체가 다원화돼가는 요즈음 우리 사회도 '화이부동和而不同'의 철학을 배우기 시작한 것이다. 또『그 남자 그 여자』(이미나, 랜덤하우스중앙)는 이성에 대한 이해를,『꽃으로도 때리지 말라』(김혜자, 오래된미래)는 가난에 대한 성찰을 통해 세상과 인간에 대한 사랑의 가정을 회복할 것을 촉구했다.

그렇다면 올해는? '나눔'(베풂)이다.『지도 밖으로 행군하라』(푸른숲)에서 한비야가 몸으로 실천하면서 보여주는 것은 먹느냐 먹히느냐의 무한 생존경쟁이 아니라 더불어 사는 상생의 철학이다.『기적은 당신 안에 있습니다』(황금나침반)의 이승복은 존재 자체가 희망의 상징이 되고 있다.

그렇다면 우리 사회는 진화하고 있는가? 일단 논픽션의 주제만 놓고 보면 그렇다고 볼 수밖에 없다. 그러나 백지연이『자기 설득 파워』(랜덤하우스중앙)에서 최상의 멘토는 자기 자신이라고 말하는 것에서 알 수 있듯이 오로지 믿을 것은 자신밖에 없다는 사실은 아직도 우리 사회에 생존철학이 필요하다는 것을 일깨워주고 있다.

〈헤럴드경제〉, 책마을 통신, 2005.11.14.

변화무쌍한 지식정보 시대,
성공의 길 여는 '우화' 인기

다시 우화가 인기다. 『마시멜로 이야기』(호아킴 데 포사다 외, 한국경제신문사)는 거의 모든 서점에서 『해리포터』 6편을 제외하고는 가장 많이 팔리고 있다. 우화는 일종의 계몽서다. 짧고 간결한 우화 속에는 늘 인간성에 대한 예리한 통찰이 담겨 있기 마련인데 대중은 그런 이야기에서 인생의 크나큰 교훈을 얻곤 한다.

우화 하면 우리는 늘 '이솝우화'부터 떠올리지만 불경기에서 우화가 크게 히트하기 시작한 것은 『갈매기 조나단』(리처드 바크) 때부터. 이 책의 '성공'에는 1970년대 말의 오일쇼크라는 시대적 배경이 있었다. 이와 함께 IMF 직후에 유행한 『누가 내 치즈를 옮겼을까』(스펜서 존슨, 진명출판)와 『마시멜로 이야기』의 내용을 분석하면 세상의 변화를 더욱 뚜렷하게 읽을 수 있다.

『갈매기 조나단』에서 다른 갈매기들은 오로지 먹이를 더 많이 찾기 위해 날지만 주인공 조나단은 가장 높이, 그리고 가장 멀리 날 수 있는 꿈을 실현하기 위해 난다. 그러나 결국 조나단은 자신의 이상이 다른 갈매기들과 크게 다르지 않음을 깨닫게 되고 자기 모습에 만족하게 된다. '같음'의 미덕을 강조하는 조나단의 사례는 산업화 시대에 획일화된 사고를 강요받던 대중에게 적지 않은 위안을 안겨주었다.

『누가 내 치즈를 옮겼을까』에서 두 마리의 생쥐와 두 명의 꼬마인간은 함께 치즈를 찾아 나선다. 그러나 생쥐들이 재빨리 새로운 미로를 찾아 나서는 데 비해 꼬마인간들은 느리게 행동한다. '차이'(다름)를 강조하는 이 우화는 시대 변화에 빨리 적응해야 함을 강조하는 철저한 환경 순응의 철학을 담고 있다. 수많은 기업이 직원용 교재로 이 책을 구입하는 '쓰나미'가 지나간 뒤 우리 사회에는 임시직 노동자가 넘치고 있다.

『마시멜로 이야기』는 누구도 가지 않은 길을 홀로 걸어갈 것을 요구한다. 지금 참는 자만이 미래에 누구보다 많은 마시멜로를 지닐 수 있다는 것으로, 성공을 위해 철저한 절제와 인내가 필요하다고 말하고 있다. 사실 지식정보화 사회에서 제대로 발 딛고 살아가려면 이처럼 '외길'을 걸을 수 있는 마음의 준비와 능력이 필요하다. 문제는 그런 길을 걸어갈 수 있는 자는 극히 소수란 사실이지만 말이다.

『마시멜로 이야기』의 화자는 과거처럼 촌락 공동체의 장이나 종교적 지도자, 또는 할아버지(할머니)처럼 인생의 경험이 많은 사람이 아닌 성공한 CEO다. 주인공 조나단은 28세의 운전기사에게 자신의 성공담을 들려준다. 화자가 이렇게 달라지는 것도 불황에다 한 치 앞을 내다보기 어려운 시대이기 때문일 것이다. 이처럼 우화는 내용이나 형식에서 언제나 늘 세태를 반영한다. 그래서 어느 시대고 남녀노소를 불문하고 우화를 즐기게 되는 것이리라.

〈헤럴드경제〉, 책마을 통신, 2005.11.29.

인터넷 댓글 시대,
'글 잘 쓰기' 관련 책 불티

오늘날 젊은이들은 무엇인가를 읽고 있다. 하지만 그것은 대부분 책이 아니라 인터넷에 떠도는 인간의 처리 능력을 훨씬 넘어선 대량의 텍스트(더구나 시시각각으로 갱신되는)다. 대중은 그런 글을 '검색'이란 수단을 통해 읽고 있다. 나는 이것을 검색형 독서라 이름 지었는데, 이런 사태를 독서의 '범람'으로 보아야 할지 '소외'로 보아야 할지 혼란스럽기만 하다.

원래 '읽기'와 '쓰기'는 따로 분리돼 있는 것이 아니라 순환적인 연쇄를 이뤄 나선형으로 전개되는 것이다. 대표적인 예가 블로그다. 블로그는 순차적으로 올려지는 텍스트에다 댓글이나 트랙백을 올림으로써 진행되며 텍스트들도 서로 링크를 걸어 돌아간다. 전문가들은 읽기와 쓰기의 순환적 관계가 블로그라는 하나의 계기에 의해 재발견됐을 뿐이라고 말한다.

이는 달리 말하면 쓰기의 '범람'이다. 소수가 쓰고 다수가 읽는 구조는 어쩌면 벌써 지구상에서 종말을 고했는지도 모른다. 이제 누구나 날마다 '쓰고' 있다. 쓰는 행위 또한 일방적인 것이 아니다. 누군가가 쓰면 다른 사람이 바로 읽고 그에 대해 또 무언가를 쓰는 순환적 구조가 자연스럽게 진행되는 진정한 의미의 쓰기가 일상화되고 있다. 게다가 글을 잘 써서 인기를 얻으면 하루아침에 스타덤에 오르기도 한다.

또한 이제는 회사 이미지를 중시하는 CI 시대가 아니라 기업의 CEO나 핵심 간부 개인의 이미지를 중시하는 PI 시대이기도 하다. 이때 개인이 대중적 친화력과 공신력을 얻으려면 쓰기와 말하기가 매우 능수능란해야 한다.

이래저래 글쓰기는 누구나 갖춰야 할 필수적인 '생존 전략'이 됐다.

베스트셀러 저자인 스티븐 킹은 "글쓰기에 대한 책에는 대개 헛소리가 가득하다"고 말했지만 자신도 『유혹하는 글쓰기』(김영사)란 탁월한 창작론을 펴냈다. 『뼛속까지 내려가서 써라』(나탈리 골드버그, 한문화), 『네 멋대로 써라: 글쓰기, 읽기, 혁명』(데릭 젠슨, 삼인), 『교양인이 되기 위한 즐거운 글쓰기』(루츠 폰 베르더 외, 들녘미디어), 『이렇게 해야 바로 쓴다』(한효석, 한겨레신문사), 『원고지 10장을 쓰는 힘』(사이토 다카시, 루비박스) 등은 최근에 주목받은 글쓰기에 대한 책이다. 이제 강준만, 탁석산 등 인기 저자들도 글쓰기에 대한 책을 내놓기 시작했다.

지금 인문 베스트셀러 1위에 올라 있는 『글쓰기의 전략』(들녘)은 연세대의 정희모, 이재성 교수가 그동안 글쓰기에 대해 강의한 노트를 정리해내놓은 책이다. 이 책에서 저자들은 읽기와 쓰기는 동반자 관계라고 말하고 있다. 저자들의 지적이 없다 해도 많이 쓰려면 먼저 많이 읽어야 한다. 그러나 그것은 인터넷을 떠도는 텍스트가 아니라 공공성이 인정된 책이어야 할 것이다. 그것이 바람직한 글쓰기로 가기 위한 지름길이 아니겠는가.

〈헤럴드경제〉, 책마을 통신, 2005.12.12.

캐릭터 중시 세대,
판타지소설 날개 훨훨

'식스 포켓'이란 한 명의 자녀를 위해 돈을 언제라도 꺼내줄 용의가 있는 여섯 개의 주머니를 말한다. 주머니의 주인은 부모와 조부모, 외조부모 여섯 사람이다. 이들은 한두 명에 불과한 자식이나 손자에게 언제든 '투자'할 태세를 갖고 있다. 투자 대상의 아이는 당연히 구매력이 커질 수밖에 없다. 그 중에서도 자기 판단에 따라 '물건'을 구매할 수 있는 계층은 초등학생과 중학교 저학년까지이다.

'식스 포켓'이란 단어가 처음 등장한 곳은 일본이다. 출산율이 줄어드니 자연스럽게 시장은 축소되고 있다. 그러나 8세부터 14세까지 청소년을 대상으로 하는 시장에서는 고가의 아동복, 화장품, 문구, 과자 등이 오히려 폭발적인 장세를 이루고 있다.

일본은 알다시피 게임과 만화의 '천국'이다. 『포켓몬스터』의 대단한 성공 이후 초등학생 대상의 학습지나 만화잡지에 게임 캐릭터를 주인공으로 하는 만화를 연재하거나 애니메이션화하는 등 게임 브랜드의 인지도를 높이려는 노력이 계속돼왔다. 고가의 아동복은 바로 이런 캐릭터를 이용한 브랜드이기 십상이다.

따라서 캐릭터 브랜드를 활용해, 영상이미지를 중시하는 이들의 속성을 배려한 미디어믹스 전략을 세워, 블록버스터 상품으로 키우는 일이 일상화되고 있다. 또 출판, 영상, 완구, 의류, 게임, 통신판매 같은 업체들의 컬래버레이션이 확대되고 있다.

이미 국내에서도 이들을 타깃으로 하는 책 시장은 가장 확실한 시장이 되었다. '해리포터' 시리즈(조앤 롤링), 『반지의 제왕』(톨킨)의 신화 외에도 올해 11월 초에 영화 개봉에 맞추어 한 권의 양장본으로 출간된 판타지소설의 바이블 『나니아 연대기』(C. S. 루이스, 시공주니어)가 한 달 만에 12만 부를 돌파하는 성과를 이루기도 했다. 이는 이미 낱권으로도 50만 부나 팔렸던 책이다.

또 동명의 영화가 상영됐던 로알드 달의 동화 『찰리와 초콜릿 공장』(시공주니어)은 영화 개봉 전 30만 부, 개봉 이후 20만 부가 팔려나갔으며, 〈내 이름은 김삼순〉에 소개됐던 『모모』(미하엘 엔데, 비룡소)는 드라마 방영 전에 15만 부, 방영 후에 65만 부가 판매돼 곧 밀리언셀러의 반열에 오를 것으로 보인다.

그 밖에 420만 부의 『마법 천자문』(시리얼, 아울북), 400만 부의 '살아남기' 시리즈(코믹컴 외, 아이세움), 300만 부의 『코믹 메이플 스토리』(송도수, 서울문화사) 등 현존하는 시리즈 만화 3인방도 주머니 주인들의 무조건적인 후원이 없었다면 이 같은 대형 '성공'이 불가능했을 것이다.

최근 국내에서는 '자녀의 행복이 바로 어른의 행복'이라는 해피 패밀리를 콘셉트로 한 잡지가 창간을 앞두고 있는 등 이 시장을 공략하려는 움직임이 커지고 있다. 그런 움직임이 다양한 컬래버레이션으로 이어질지는 여전히 의문이지만 말이다.

〈헤럴드경제〉, 책마을 통신, 2006.1.12.

독자 마음 꿰뚫는
발상 전환 필요

모든 손님에게 2% 할인해주는 상점과 추첨으로 50명 중 한 명에게 완전 무료로 주는 상점 중 어느 곳이 잘 될까? 답은 후자다. 회계학적 관점에서 보자면 전자나 후자나 상점주에게는 같은 얘기가 되겠지만 고객 입장에서 전액 무료라는 조건은 엄청난 유혹의 대상이다. 확률은 무척 낮지만 당첨금이 대단히 유혹적인 '로또'가 장사가 잘 되는 것과 같은 이치다.

『동네 철물점은 왜 망하지 않을까?』(야마다 신야, 랜덤하우스중앙)는 이처럼 정확한 숫자로 보는 '회계'식 사고방식을 통해 복잡한 경제에 대한 안목을 키워준다. 이 책은 작년 일본에서 밀리언셀러 반열에 올랐다. 작년에 우리나라에서 『괴짜경제학』(스티븐 레빗, 웅진지식하우스), 『서른살 경제학』(유병률, 인물과사상사) 등이 국내 경제·경영서 시장을 주도했던 것과 닮았다.

이 책의 편집 책임자인 고분샤의 후루야 도시카쓰 편집장은 한 인터뷰에서 "교양이라고 하는 동일한 범주 안에 음식책이 있고 어쩌면 회계학책도 있는 것이 아니냐"고 자신감을 표현했다. 이 책은 '고분샤 신서' 시리즈 중 한 권인데 고분샤 신서는 음식과 미술, 비즈니스책을 주로 펴내왔으며 최근 일본에서 가장 잘나가는 신서 시리즈가 됐다. 곧 밀리언셀러가 될 것으로 보이는 『하류사회: 새로운 계층집단의 출현』(미우라 아츠시) 또한 그 시리즈에 포함된 책이다.

그런데 후루야 편집장은 고이즈미 총리가 물러나는 올 하반기를 주목하고 있다. 정치 관련 책이 뜬다는 말이 아니라, 고이즈미의 퇴장은 출판시장의

'바람'이 어디로 불 것인가를 예감케 하는 중요한 사안이라는 말이다. 사실 피 터지는 경쟁사회에 놓여 있는 개인은 보다 근본적이고 본질적인 교양을 추구하고 있다. 그런 속성으로 말미암아 지금은 주목받지 못하지만 새롭게 떠오르는 분야가 있을 것이라는 뜻이다. 작년에 회계학이 크게 떴던 것처럼 말이다.

일본의 출판기획자들이 또 주목하는 것은 2007년이다. 2007년은 패전 직후의 베이비 붐 세대인 단카이 세대가 정년을 맞아 연금으로 생활하기 시작하는 첫 해이다. 일본 근대화의 상징으로 간주되는 이 세대는 사실 일본의 핵심 독자층이었다. 그들도 이제 세월의 무게를 견디지 못하고 역사의 뒤편으로 사라지기 시작하는 것이다. 이들을 염두에 둔 책을 주로 펴내온 일본 출판시장은 보다 젊은 독자를 책으로 유인하지 못한다면 희망이 없다 할 것이다.

2003~2004년에는 역사서가, 2005년에는 심리학책이 유행했던 우리나라도 서둘러 젊은 세대를 염두에 둔 새로운 키워드를 찾아내야 할 것이다. 따라서 『동네 철물점은…』이 역발상의 사고를 제시해 젊은 독자들의 마음을 사로잡았다는 점에서 시사하는 바가 크다. 그것이 무엇일까? 아마 그 답은 한국 출판시장을 이끌어가는 신진기예의 마음속에 이미 똬리를 틀고 있을 지도 모를 일이다.

〈헤럴드경제〉, 책마을 통신, 2006.1.23.

서점가 자기계발서
다시 돌풍

자기계발서가 다시 인기다. 현재는 30만 부를 넘긴 『마시멜로 이야기』가 1위를 달리고 있는데 1월에 출간된 『배려』(한상복, 위즈덤하우스)와 『핑!』(스튜어트 에이버리 골드, 웅진윙스)이 빠르게 베스트셀러 상위권에 진입해 올해 상반기 베스트셀러 시장에서 치열한 3파전을 벌일 태세다.

『배려』는 2002년 이후 화, 칭찬, 용서, 나눔(베풂)으로 변화해온 논픽션 시장의 키워드를 잇는 책이다. 진정한 성공은 경쟁 상대를 누르는 것이 아니라 상대가 정말 원하는 것을 충실히 주다 보면 자연스럽게 돌아오는 것이란 주제를 담고 있다. 『핑!』은 개구리 핑과 스승 부엉이의 대화를 통해 삶과 비즈니스에서 누구나 맞부딪칠 수밖에 없는 꿈과 비전, 변화, 갈등, 선택, 실행, 인내, 학습, 위험, 성공 등의 노정을 예리하고 정확하게 그리고 있는 우화다.

『핑!』은 금언 덩어리다. 그래서 어떤 이는 코엘료의 『연금술사』를 자기계발서로 읽는 착각이 들 정도라고 말하기도 한다. 거기다 중요한 말은 모두 파란색으로 인쇄해서 구태여 밑줄 그을 필요가 없게 만들어놓았다. 『배려』도 같은 구성이다.

세 책은 책 페이지를 특이하게 구성했다는 공통점이 있다. 『마시멜로 이야기』는 왼쪽 페이지 하단에는 주인공 조나단이 마시멜로를 먹고 있는 일러스트와 책 제목이, 오른쪽 페이지 하단에는 "당신의 '오늘'을 특별한 '내일'로 만들어라", "눈부신 유혹을 이기면 눈부신 성공을 맞이하리라", "남들이 가지 않는 길을 기꺼이 가라" 등 장 제목이 일관되게 적혀 있다. 『핑!』은 페이지 숫자를 판면 하단 중앙에 적고 그 밑에 'ping!'을 배치했다. 『배려』는 왼쪽 페이지에는 우산을 쓰고 하늘을 바라보는 아이의 그림과 함께 책 제목 '배려'가 적혀 있고 오른쪽 페이지에는 양쪽 페이지 숫자가 적혀 있다.

세 책의 이런 판면 구성은 2004년 상반기 베스트셀러 1위에 올랐던 밀리언셀러 『인생을 두 배로 사는 아침형 인간』(사이쇼 히로시, 한스미디어)이 본문은 검은 글자로, 페이지 숫자와 중요한 구절은 파란색으로 인쇄했던 것과 비슷하다.

원래 책에는 연속적인 이야기를 종이책에 정착시키기 위한 여러 가지 노력들이 담겨 있다. 차례가 연속성을 시간에 따른 하나의 구조로 보여주는 것이라면 그 연속성을 의미에 따른 책의 전개로 하나하나 보여주는 것이 찾아보기다. 또 이야기를 연속적으로 풀어주기 위한 시각적인 효과로서 여백이 잘 배려되어 있으면서 페이지라는 단위로 연속성을 가진다는 의미에서 한 장 한 장에 번호가 매겨져 있는 것이다.

이 책들의 독특한 페이지 구성은 바로 이런 연속성의 의미를 강화하는 효과가 있다. 그리고 편집자들의 이런 남다른 노력은 이 책들이 담고 있는 이야기가 독자들의 가슴을 예리하게 파고드는 것을 돕는다.

〈헤럴드경제〉, 책마을 통신, 2006.2.6.

'종교 옷' 입은
자기계발서 불티

　자기계발서는 진화 중이다. 그 하나가 종교적 '외피'를 두르는 것이다. 최근 베스트셀러에 오른 『예수와 함께한 저녁식사』(데이비드 그레고리)가 대표적이다. 평범한 회사원 닉 코민스키는 어느날 나사렛 예수로부터 저녁식사 초대장을 받는다. 친구들의 장난으로 알고 초대에 응한 그는 자칭 예수라는 사나이와 와인을 곁들여 식사를 하면서 차츰 대화에 빠져든다.

　이 책을 펴낸 출판사는 김영사다. 기독교 전문 출판사가 아닌 곳에서 펴낸 이 책은 종교적 엄숙함과는 거리가 멀다. 상황 설정부터 장난스러운데다가 내용 중에도 유머와 재미가 넘친다. 일반적인 자기계발서와 크게 다르지 않은 것이다. 그래서 다른 종교를 가진 사람이 읽어도 자기 삶을 되돌아보게 만드는 장점이 있다.

　2003년에 출간된 후 줄곧 베스트셀러 상위권을 유지하며 70만 부 이상 판매된 『목적이 이끄는 삶』(릭 워렌, 디모데)과 출간 6개월 만에 34만 부가 판매된 『긍정의 힘』(조엘 오스틴, 두란노) 같은 책은 장기 스테디셀러에 돌입한 상태다. 『목적이 이끄는 삶』은 탈옥수가 한 가정에 침입해 인질극을 벌이다 그 집의 여주인이 이 책의 내용을 반복해서 읽어주는 것을 듣고 감화받아 자수했다는 사실이 세상에 알려지면서 더 인기를 끌었다.

　미국 최대의 출판사인 랜덤하우스의 한 간부는 출판시장에서 가장 유력한 장르는 픽션, 그중에서도 로맨스라고 말한다. 그리고 이 로맨스마저 뛰어넘는 분야가 바로 종교 분야의 감동서적이라고 말했다. 물론 소설이 침체한 우리 출판시장은 미국과 많이 다르다. 게다가 미국에서는 젠 열풍에서 보는 것처럼 주류 종교인 기독교보다 동양적 종교에 대한 관심이 높아가고 있다.

하지만 이제 우리 사회도 1980년대에 존재한 '정상'이나 '중심'이란 목표 지향점이 사라져 동기부여의 실체를 찾기 어렵고 사회적 경쟁은 갈수록 심해져 개인에게 정신적 위안을 주는 대상을 찾기가 쉽지 않다. 디지털 기술은 유비쿼터스 사회를 만들었지만 개인에게 그 사회는 유토피아가 되지 못했고 개인을 소비사회의 객체로 철저하게 '농락'하는 '폭력배'에 불과할 뿐이다.

미디어는 자연재해 이상으로 끝없는 불안을 양산하고 있다. 평범한 개인은 인간관계의 파편화로 말미암아 자신의 고뇌를 공유할 '친구'마저 찾기가 어렵다. 그런 개인들이 영적 세계의 독특함에 매료돼 불안한 세계로부터 자신을 보호하고자 하는 본능적 욕구를 발산하는 것은 당연하다. 틱낫한, 달라이 라마, 법정 등이 불러온 열풍은 바로 그런 흐름을 반영한 것이다.

종교조직은 또한 고객이 고객을 불러오는 마케팅 채널로도 손색이 없다. 위세가 남다른 구전효과를 볼 수 있기에 종교적 감동서적은 앞으로 큰 흐름을 형성할 것으로 보인다.

<헤럴드경제>, 책마을 통신, 2006.2.20.

표지 제목 '마흔…'
책 봇물

출판시장에서 가장 주목받는 나이는 몇 살일까? 지금까지는 아마도 30세였을 것이다. 최영미는 일찍이 『서른, 잔치는 끝났다』는 시집을 펴내 『30세』를 쓴 잉게보르크 바하만과 비견되며 한때 세상을 뒤흔들어놓았다. 『서른살 경제학』의 저자 유병률은 30대가 전략에 강하다고 노래해 베스트셀러 저자가 됐다. 그러나 이제는 열 살쯤 높여야 할 것 같다.

최근 40대가 주목받고 있다. 공자는 『논어』 「위정」 편에서 40세는 돼야 세상 일에 혹하지 않는다고 해서 '불혹'으로 일컬었지만 이제 40세가 인생의 새로운 출발점이다. 『사십세』란 소설집으로 주목받은 바 있는 이남희에 따르면, 그 나이가 중년을 대표하는 나이이기 때문이다. 20세기 초반만 해도 평균수명이 40세를 넘지 못했기에 40세 이후를 여분, 그저 주어진 삶으로 간주했지만 평균 수명이 80세가 넘어서기 시작한 지금의 40세는 인생의 후반부를 시작하는 출발점에 불과하다.

직업과 사회생활에서 절정에 오르는 40세가 되면 신체 또는 건강에 대한 관심이 증대하고, 시간관념이 변화해 과거와 현재와 미래를 동등하게 볼 줄 알며, 자신을 재평가하기 시작한다. 무엇보다 중요한 것은 이 시기에 체질이 크게 바뀌면서 성역할도 바뀐다는 사실이다. 실제로 한국정치사에서 40대가 중요한 잣대 역할을 하던 시기의 베스트셀러에서는 남녀 역할이 바뀌어 나타난다. 『가시고기』(조창인), 『국화꽃 향기』(김하인) 같은 밀리언셀러가 대표적이다.

월리엄 새들러는『서드 에이지, 마흔 이후 30년』(사이)에서 마흔 이후 30년을 제3연령기라 일컬었다. 그에 따르면, 제3연령기란 학습을 통해 기본적인 1차성장이 이뤄지는 10대에서 20대 초반까지의 제1연령기, 결혼을 해 가정을 이루고 조직체생활을 하고 지역사회를 위해 봉사를 하는 20대에서 30대까지의 제2연령기, 그리고 그 뒤에 이어지는 시기는 2차성장을 통해 자기실현을 추구해나가는 시기다.

이미 출판시장에서 화제가 되는 인문 서적 독자의 절반이 40대다. 그들은 20대에 인문·사회과학 서적을 통해 깨달음을 얻었고, 30대에는 세상을 바꿨으며, 40대에 이르러서야 '정서적 성숙함'과 '심리적 안정감'을 위한 준비를 시작했다. 따라서 40대에게 인정을 받은 책이어야 제자리를 잡을 수 있는 것이다.

『마흔으로 산다는 것』(전경일, 다산북스),『마흔 살부터 준비해야 할 노후 대책 일곱 가지』(김동선, 나무생각),『마흔에서 아흔까지』(유경, 서해문집),『마흔에 밭을 일구다』(조선희, 울림),『남자 나이 마흔에는 결심을 해야 한다』(김종헌 외, 정신세계원),『마흔 청년을 위한 희망 설계 프로젝트』(오영훈, 명진출판) 등과 같은 마흔이 들어간 제목의 책이 연이어 등장하고 있는 것은 바로 이런 40대를 주목하고 있음을 방증한다.

〈헤럴드경제〉, 책마을 통신, 2006.3.6.

역사·상상력 결합한 팩션, 국내 작가들도 출간 러시

인기리에 상영 중인 영화 〈음란서생〉에서는 명망 높은 사대부 집안 자제이자 당대 최고의 문장가인 주인공 김윤서(한석규 분)가 추월색이란 필명으로 음란소설 『흑곡비사』를 집필하며 최고의 인기를 누린다. 그가 당대 최고의 인기작가 인봉거사를 누를 수 있는 건 작품의 '진맛'을 추구했기 때문이다. 영화에서는 그것을 "꿈꾸는 것, 꿈에서 본 것 같은 것, 꿈에서라도 맛보고 싶은 것"으로 설명하고 있다. 이 '진맛'은 요즘으로 말하면 판타지이면서 역사적 사실인 팩트와 허구적 상상력인 픽션이 결합된 팩션이다.

지금 우리 문화계에는 팩션 열풍이 거세게 불고 있다. 영화 〈왕의 남자〉는 1200만이란 전인미답의 관객 동원을 이뤄냈다. 역사서 『조선 왕 독살사건』(이덕일, 다산초당)은 인문서 시장이 침체됐는데도 12만 부나 판매됐다. 2004년에 출간돼 국내에서만 265만 부가 팔린 『다 빈치 코드』(댄 브라운, 베텔스만 코리아)를 비롯한 소설의 인기도 지속되고 있다.

그런데 올해 여름 출판시장에서 팩션의 인기는 다시 한번 돌풍을 일으킬 전망이다. 댄 브라운의 신작 『솔로몬 키』를 비롯해 『단테 클럽』의 작가 매튜 펄의 『애드가 앨런 포의 그림자』, 앤 라이스의 『구세주 그리스도』, 제드 루벤 펠드의 『살인의 해석』, 마르틴 카파로스의 『모나리자 도난사건』, 후안 타프로의 『막달라 마리아의 수난』 등 외국에서 '검증'된 작가의 신작 팩션이 줄줄이 국내 유명 출판사에서 출간될 것이기 때문이다.

뿐만이 아니다. 국내 작가의 팩션도 점점 늘어나고 있다. 최근 출간된 『정약용 살인사건』(랜덤하우스중앙)이 대표적인 예다. 이 책은 다산을 살해하려는 음모가 있다는 가설을 토대로 이야기가 전개된다. 물론 다산은 57세이던 1818년에 유배에서 풀려나고도 18년을 더 살았다. 그는 유배기간 18년과 유배에서 풀려난 이후에 수많은 책을 펴냈다.

그런데 만약 그가 정적에 의해 살해됐다면? 아마도 우리는 그의 저작을 결코 볼 수 없을 것이며 세상도 매우 달라졌을 것이다. 이 소설을 쓴 작가 김상현은 『흠흠신서』에서 다산이 강진에서 일어난 살인사건에 대한 기록을 남기고 있다는 사실에 착안해 다산을 살해하려는 음모가 있을 것이란 팩트를 만들어낸 다음 상상력을 펼쳐 흥미진진한 소설을 만들어냈다.

그렇다면 팩션이 왜 이렇게 인기인가? 〈음란서생〉의 설명에 따르면 '현실이 곧 비현실'이기 때문이다. 도저히 이해할 수 없는 수많은 사건이 나날이 벌어지는 지금 대중은 현란한 지식을 자랑하며 '잰 체'하는 글쓰기의 팩션을 통해 지적 유희를 즐기고자 하는 것이다.

〈헤럴드경제〉, 책마을 통신, 2006.3.20.)

아시아의 문화적 공명

세계화의 전도사 토머스 프리드먼은 『세계는 평평하다』(창해)란 책에서 둥근 지구를 평평하게 만드는 요인으로 베를린 장벽의 붕괴와 윈도 출현, 넷스케이프 출시, 워크플로 소프트웨어, 오픈소싱, 아웃소싱, 오프쇼어링, 공급 사슬, 인소싱, 인포밍, 스테로이드 등 10가지를 제시했다. 이를 압축하면 자유화, 정보화, 세계화가 되겠지만 그가 가장 강조하는 것은 인도와 중국으로 대표되는 '아웃소싱'이다.

인도의 IT 산업도시 방갈로르에서는 미국기업들의 수없이 많은 일들이 이미 아웃소싱으로 처리되고 있다. 예를 들어 2003년의 소득세 정산기간에는 10만 건의 세금 정산 업무가 아웃소싱되었다. 그런데 인도에서는 회계학을 전공한 대학 졸업자가 해마다 7만 명씩 쏟아져 나온다. 그들이 회계법인에서 받는 월급은 100달러 수준이다.

또 비행기로 일본과 한 시간 거리에 있는 중국의 다롄은 일본어 구사자들이 많은데다 아웃소싱에 관한 한 일본기업의 주 무대가 되었다. 프리드먼은 다음과 같이 말한다. "중국인 소프트웨어 기술자의 인건비는 일본 기술자의 3분의 1 수준이고 콜센터 직원은 초임이 월 90달러면 된다. 이런 점들을 감안하면 2800여 개의 일본기업이 다롄에 지사를 세우거나 중국과 합작회사를 차린 것이 놀라운 일은 아니다."

그런데 중국과 인도는 히말라야 산맥으로 연결되어 있어 진작부터 '히말라야권'으로 불렸다. 세계 인구가 100억 명이 될 것으로 예상되는 2050년에는 이 권역의 인구만 40억 명이 될 것으로 추정된다. 김진현 세계평화포럼 이사장은 2000년 벽두에 한 칼럼에서 초스피드의 도시화와 거대 도시화, 그리고 지구를 덮는 도시화가 이 히말라야권에서 급속하게 진행될 것이기에 이 지역이 '문명사적 문제군의 진앙'이 될 것이라고 예측했다.

'미스터 엔'이라는 별명을 가지고 있는 일본 관료 출신의 이코노미스트 사카키바라 에이스케 게이오대학 교수는 『경제의 세계 세력도』(현암사)라는 책에서 세계 번영의 흐름이 미국에서 아시아권으로 이동하는 구조적 변동이 이뤄지고 있다고 지적한다.

그의 분석에 따르면 2005년 현재 중국의 13억 인구 중 15%에 달하는 약 2억 명의 중국인이 왕성한 구매력을 지닌 중산층으로 성장했다. 또 인구가 10억을 넘는 인도에는 중산층이 1억 5천만 명이나 된다. 여기에다 한국, 일본, 대만 등에 이미 실재하는 중산층 1억 5천만 명을 합하면 중산층은 5억 명이나 된다. 미국 중산층 1억 5천만 명과 확대된 유럽연합EU의 중산층 1억 5천만 명을 합한 수보다 훨씬 많다.

이렇게 형성된 아시아의 중산계급은 공통된 라이프 스타일을 추구하는 경향이 있다. 그들을 시장의 표적으로 삼아 일본의 만화, 한국의 TV 드라마, 대만의 팝 뮤직, 홍콩의 영화, 싱가포르의 라이프 스타일 잡지가 공급되고 있다. 〈겨울연가〉 같은 한류 붐도 필경 문화적인 공명共鳴현상의 맥락에 있다는 것이 사카키바라 교수의 지적이다.

최근에는 출판 한류도 계속 확대되어왔다. 최인호, 김하인, 귀여니 등의 신드롬이 일었던 중국에서는 이제 그 공이 〈대장금〉으로 넘어갔다. 대장금은 중국뿐만 아니라 아시아 전체에서 엄청난 반향을 불러일으키고 있다. 국내에서 제작돼 일본에서 판매된, 한류스타를 다룬 격월간지 〈스타스 코리아〉 창간호는 10만 부가 발행돼 9만 부가 팔리는 대단한 성과를 올리기도 했다. 또 일부 출판사는 책을 기획하면서 일본판을 함께 준비하기 시작했다. 2006년에는 자신감을 갖고 이런 흐름의 물꼬를 더욱 확실하게 다잡아야 할 것이다. 그것은 노벨문학상에 목을 매거나 작년의 프랑크푸르트 도서전에서처럼 우리를 알아달라고 서양인들에게 '애걸'하는 것 이상으로 매우 중요한 일이기 때문이다.

〈국민일보〉, 문화산책, 2006.1.4.

문화인의 평생 현역

연초에 이영미술관의 김이환 관장을 만났다. 김 관장께서 먼저 연초에는 꼭 만나고 싶은 사람들을 만나고 싶다는 말씀을 하셨다. 그 자리에서는 인간의 지혜에 대한 이야기가 참으로 많이 나왔다. 인간의 가운뎃손가락 둘째 마디는 누구나 한 치의 길이다. 그래서 옛날 목수는 자 없이도 일을 할 수 있었다고 한다. 그 말을 듣고 모두 서로의 손가락을 대보기도 했다.

김 관장은 늙으면 '고집은 닫고 지갑은 열어야'만 젊은 사람들에게 소외받지 않는다고 말씀하셨다. 그러나 내가 볼 때 환갑이 넘으신 그분이 나보다 훨씬 젊고 사고도 유연하시다. 언제 뵈어도 젊은 사람들에게 한 수 배우려는 듯한 태도를 견지하시니 말이다.

그분에게서 화집을 선물받았다. 권혁림 화백의 『구십, 아직은 젊다』이다. 작년 가을에 열린 권 화백의 전시회에서 이미 그 책을 한 권 얻었기에 사양했는데도 다시 신춘휘호를 달필로 써서 주셨다. 전시회에서 권 화백의 그림을 보고 아흔이 넘은 나이에도 저렇게 힘차게 그릴 수 있다는 사실이 매우 놀라웠다. 권 화백의 그림을 보면서 나는 〈전무후무〉란 공연에서 춤을 춘 여섯 명의 춤꾼을 떠올렸다. 전무후무全舞珝舞란 가장 완전한 춤을 이룬 진정한 명인의 춤이란 뜻이지만 공연을 한 춤꾼들의 평균 나이가 팔십이 넘으니 다시는 볼 수 없는 춤이라는 뜻도 된다. 지팡이를 짚고서야 겨우 걸을 수 있을 정도인 분도 계셨지만 장단이 시작되기만 하면 춤이 저절로 춰지는 것처럼 보였다. '육신은 날아가고 영혼이 춤춘다'는 말이 결코 과장이 아니었다.

얼마 전 한 40대 출판인이 직원들을 이끌고 구십이 넘은 정진숙 을유문화사 회장께 세배를 갔다는 이야기가 한 신문에 대서특필됐다. 어른에게서 덕담 한마디 들으려는 자세는 높이 사지 않을 수 없다. 하지만 나는 그 출판인의 남다른 재주는 늘 놀라워하지만 어른께 세배 가는 일까지 이벤트화해서 철저하게 자기 홍보에 이용하는 것을 보고는 혀를 차지 않을 수 없었다.

여당의 당 대표를 뽑는 선거에 '40대 기수론'이 다시 등장했다. 이미 정치판에서 여러 번 나왔던 '낡은' 수법이기에 전혀 신선해 보이지 않았지만 역시나 이야기가 먹혀들지 않는 것을 보고 실소를 금할 수 없었다. 그리고 나이가 젊다는 것만으로는 통하지 않고 어떤 지혜를 가지고 있느냐에 따라 '젊음'의 의미를 새롭게 규정짓는 시대가 된 데 대해 정말로 안도했다. 환갑만 넘겨도 다행인 시절에는 그래도 그런 수법이 통했는지 모르겠으나 이제는 '60대 기수론'이 차라리 신선해 보이지 않을까.

동아시아 공동출판 프로젝트를 진행하면서 만난 일본의 출판인들은 50이 다 된 나보다도 한 세대 정도 나이가 많은 분이 꽤 됐다. 세계적인 북디자이너이자 작년 9월 파주에서 잡지 디자인 50년 전을 연 스기우라 고헤이 선생은 아직도 현역에서 왕성한 활동을 하면서 후학들을 가르치고 있다. 40년간 편집자로 일한 쓰노 가이타로 선생은 환갑이 다 되어 대학 교수의 길에 들어섰다. 그분들을 만날 때마다 내가 갖지 못한 유연한 사고와 '젊음'을 느끼곤 한다.

그러나 우리 출판계는 그야말로 '38선'을 넘기가 힘들다. 한 출판사가 55세 정년을 실현하겠다고 하자 많은 사람이 놀라워했다. 사실 문화시장은 나이보다도 지혜이다. 지식을 분절화시켜 배우는 대학 교육에서는 결코 배울 수 없는 지혜가 한 권의 책을 만들거나 하나의 작품을 완성해나가는 '도제' 같은 시스템에서는 자연스럽게 도출될 수 있다. 이제는 55세 정년이 아닌 '평생 현역'마저 이룰 수 있는 시스템을 정말로 진지하게 생각해보아야 하지 않을까.

〈국민일보〉, 문화산책, 2006.2.1.

시詩 그림책
『맑은 날』

오늘날과 같은 무한경쟁 사회에서 패배한 사람은 한없는 절망감에 빠져들지만 이긴 사람도 허무할 뿐이다. 그래서인지 『마시멜로 이야기』, 『핑!』, 『배려』, 『예수와 함께한 저녁식사』 등 지금 베스트셀러 상위권에 올라 있는 자기계발서들은 자기만의 길을 가라고 이야기한다. 경쟁이라는 것을 잊고 외길일지언정 하고 싶은 일을 하라고 촉구하는 것이다. 하지만 '외길'을 가기란 얼마나 어려운 일인가. 정말로 이제 산다는 것이 무엇인지 누구에게 물어보아야만 할 정도다. 실제로도 사람으로, 부부로, 남자로, 사장으로 살아가기에 대한 책들이 쏟아지고 있다.

한편 죽음에 대한 책 또한 늘어나고 있다. 호스피스 생활을 하는 한 비구니 승려가 쓴 『섭섭하게, 그러나 아주 이별이지는 않게』에는 이런 이야기도 나온다. 한 부인이 고생 끝에 건물을 새로 지어 입주할 만큼 물질적 풍요를 누리게 되었다. 그런데 어느 날 남편으로부터 자신이 이제 불과 두 시간밖에 살지 못한다는 충격적인 소식을 전해 듣는다. 여인은 이틀만 더 살게 해달라고 울부짖었다. 그렇게 시간만 주어진다면 먹고사느라 삼오제 이후에 찾아가보지 못했던 어머니 산소에서 어머니에게 진정으로 사과하는 일 같은, 어찌 보면 정말 사소해 보이지만 자신에게는 참으로 소중한 일을 꼭 하겠다는 것이었다.

나는 지친의 죽음을 여러 차례 겪었지만 늘 호상이었다. 그중 내 기억을 가장 강력하게 지배하는 것은 일곱 살 때 겪은 증조할머니의 죽음이었다. 증조할머니는 종손 가운데 유독 나와 나의 여동생을 귀여워하셨다. 증조할머니 곁에는 늘 먹을 것이 많았다. 새벽이슬을 먹은 홍시의 맛은 내 어린 날 모두를 상쇄하고도 남는다.

그런 증조할머니가 돌아가셨으니 얼마나 슬펐겠는가. 나는 아무 것도 먹을 수 없었다. 그런데 집안 어른이나 문상객들 모두가 웃고 떠들기만 했다. 마치 축제 같았다. 그게 더 서러워 상여가 나가는 정반대로 달려가며 서글프게 울었다. 그때 누군가가 내게 떡을 주며 억지로 권했는데 나는 그 떡이 너무 싫었고, 그래서 한동안은 떡을 먹을 수가 없었다.

오랜만에 김용택 시인을 만났다. 시인은 환갑의 나이에도 자신이 자라고 성장한 고향마을에서 초등학생을 가르치고 있다. 모두가 고향의 추억을 그리워하지만 그는 그 일이 현재진행형이다. 나는 그의 시 '맑은 날'을 가지고 언젠가 멋진 사진집으로 만들고 싶었다. 94세에 돌아가신 김 시인의 할머니 장례식 정경을 그린 이 뛰어난 서정시가 나의 증조할머니 장례식 풍경과 매우 닮았기 때문이다. 나는 그 이야기를 어느 술자리에서 떠든 적이 있었다.

그런데 놀랍게도 사계절이란 출판사에서 그 시를 한 권의 그림책으로 만들어냈다. 시인을 다시 만난 것은 그 책의 조촐한 출판기념회 자리였다. 그 책의 편집자는 내가 책을 만드는 실마리를 제공했으니 무조건 참석해야 한다고 했다. 이 시를 한국적 화풍으로 격조 높게 그려낸 전갑배 선생은 그림의 콘셉트를 잡기 위해 임권택 감독의 영화 〈축제〉를 일곱 번이나 보았다고 했다. 시인의 고향을 여러 차례 답사했음은 물론이다.

그 그림책 말고도 김용택 시인의 산문 중에는 우리에게 참으로 소중하지만 지금은 사라져가고 있는 주옥같은 이야기들이 많다. 그 이야기들은 언젠가는 우리의 추억은 곧 뇌리에서 사라지고 말 것이기에 영상이나 사진집, 아니면 그림책으로라도 만들어놓아야 한다는 생각을 했다. 그렇게 마음을 먹고 보니 김용택 시인의 산문 중에 「돼지 잡는 날」처럼 다시 한번 영상이 가

미된 책으로 탄생해야 할 당위성을 가진 이야기가 넘쳐났다. 그 이야기를 하는 것만으로도 그날의 자리가 아주 즐거웠다. 그런데 그런 작품을 가진 사람이 어디 김용택 시인뿐이겠는가.

〈국민일보〉, 문화산책, 2006.3.1.

아내가 결혼했다?

베스트셀러 소설 『아내가 결혼했다』(박현욱, 문이당)에는 이미 남편이 있는 아내가 다른 남자와 결혼하겠다고 남편에게 청첩장을 내놓습니다. 남편은 처음에는 당혹해하지만 차차 그런 사태를 받아들이기 시작합니다. 나도 소설을 읽으면서 그런 일이 전혀 어색하지 않게 이루어지는 걸 보고 놀랐습니다. 어느 이가 쓴 서평을 읽으니 주위 사람들이 두 번째 남편 역할이라면 상황을 받아들일 수 있다고 했다나요. 이 책의 유행을 보면서 철옹성 같던 일부일처제가 이제 조금씩 무너지고 있다는 느낌이 드는 것은 저뿐일까요.

『브로크백 마운틴』(애니 프루, Media2.0)은 동성애를 다루고 있습니다. 지금 상영 중인 동명의 영화 선전 문구를 빌리면 이 소설은 '전 세계를 벅차게 한 (두 남자의) 위대한 러브스토리'입니다. 물론 이 소설은 이미지가 다층적입니다. 두 남자가 강렬한 사랑을 하던 양 치던 시절, "그들이 세상의 주인공이었고, 잘못된 것은 아무 것도 없었던 것 같은 산 위에서의 시간"은 우리가 결코 돌아갈 수 없는 어린 시절의 강력한 기억으로 볼 수도 있으니까요. 하지만 두 남자는 엄연히 아내들이 있음에도 남몰래 사랑을 키워갑니다.

『결혼의 재발견: 마케이누의 절규』(사카이 준코, 홍익출판사)는 어떻습니까. 인격 모독처럼 들리는 마케이누(싸움에 진 개)라는 말은 2004년에 일본에서 유행한 10대 키워드 중의 하나인데 노처녀나 이혼녀를 의미합니다. 이 책은 대단한 베스트셀러였습니다. 글쎄요, 독신여성의 문제가 비단 일본만의 문제일까요. 우리나라도 독신여성들을 모두 결혼시킬 수만 있다면 심각한 주택

문제가 하루아침에 해결되지 않을까요.

『밤티마을 영미네집』(이금이, 푸른책들)은 '20세기를 대표할 만한 10편의 우리 아동문학'에도 선정된 10만 부나 팔린 그림책입니다. 이 책은 이혼 가정을 다뤘습니다. 『로테와 루이제』(에리히 캐스트너, 시공주니어), 『따로 따로 행복하게』(배빗 콜, 보림), 『악어입과 하마입이 만났을 때』(장수경, 사계절출판사), 『난 이제 누구랑 살지?』(에밀리 멘데즈-아폰데, 비룡소), 『아빠는 지금 하인리히 거리에 산다』(네레 마어, 아이세움) 등은 모두 이 주제를 다룬 책인데 주요한 아동 전문 출판사에는 어김없이 이혼 가정을 다룬 잘 팔리는 그림책이나 동화책이 있습니다. 작년에 혜성처럼 등장한 신예작가 김애란의 소설집 『달려라 아비』(창비)는 아버지의 부재를 다루고 있습니다. 아내의 임신 사실을 알고 집을 나간 뒤 죽을 때까지 돌아오지 않는 아버지가 상징하는 바는 무엇일까요. 나라 밖의 통제할 수 없는 힘이 자신의 삶을 규정하는 것에 대한 울분을 그렇게 표현한 것은 아닐까요.

이렇게 열거하고 보니 정말로 가족이라는 개념이 새롭게 형성되고 있다는 느낌입니다. '가족의 재발견'에 값하는 주제는 이 밖에도 많습니다. 하인즈 워드, 대니얼 헤니, 데니스 오 등의 등장이 의미하는 혼혈 문제와 가족이 아니면서 가족처럼 살아가는 드라마 〈안녕, 프란체스카〉의 대안가족 등도 우리가 깊게 생각해봐야 할 주제입니다.

산다는 것은 진정 무엇을 의미할까요. 앞에서 예시한 사례들은 전통적인 가족의 의미에서는 파행적이라고밖에 할 수 없습니다. 하지만 그렇게 살아보니 남들이 뭐라 하든 그런 삶 또한 별 것 아니더라는 느낌이 들지 않습니까. 우리는 누구나 딱 한 번뿐인 인생을 초보자로 살아갑니다. 삶이 자기 의지만으로 해결되는 것은 아니지요. 누구나 삶에서는 늘 초보자일 뿐입니다. 그래서 개인에게 운명처럼 다가오는 다양한 삶을 이제 서로 존중해주어야 하지 않겠습니까.

〈국민일보〉, 문화산책, 2006.3.29.

양질의 값싼 책,
문고

지금은 종간된 〈책과 컴퓨터〉의 총괄편집장이었던 쓰노 가이타로 씨는 1999년에 발표한 글에서 "앞으로는 문고가 일본 활자책의 기본 형태가 되지 않을까 한다"고 말했다. 여기서 '앞으로'는 10년 혹은 20년 뒤를 말한다. 그 때쯤 일본 서점은 대부분 문고본으로 채워질 수도 있으리라는 진단이었다.

나도 몇 년 전에 '문고는 대세인가'라는 글에서 문고가 대세가 될 수 있는 이유를 여럿 들었는데 그중 하나가 인터넷으로 인해 발생한 무료정보의 범람이다. 지금 인터넷에서 제공하는 정보, 즉 e-콘텐츠는 대부분 무료의 형태다. 무료정보와 경쟁하는 입장에서는 어떻게든 가격경쟁력을 키우기 위해 소비자의 부담을 줄여주어야 한다.

더구나 정보의 속도성에서는 종이책, 즉 p(페이퍼)-콘텐츠가 e-콘텐츠를 따라가기 어렵다. 종이책은 한 번 만들어지면 다시 고치기 어렵지만 e-콘텐츠는 유동성 정보이기에 쉽게 업그레이드할 수 있다. 이런 변화가 책의 사이클 타임을 더욱 짧아지게 만들고 있다. 그래서 두꺼운 책으로는 이런 변화를 따라잡기 어렵기에 꼭 필요한 내용을 압축적으로 정리한 문고여야 경쟁력이 커질 것이라고 본 것이다.

쓰노 씨가 예측한 10년은 아직 몇 년 남았다. 그런데 일본에서는 벌써 문고판 책이어야 '대형사고'를 칠 수 있다는 인식이 팽배해지고 있다. 일본 전통의 정서와 형태로 회귀하는 흐름을 지적한 일본론인 『국가의 품격』(후지와라 마사히코), 젊은이들의 하류생활화를 지적한 『하류사회』(미우라 아츠시) 등은 밀리언셀러 등극을 앞두고 있다.

알다시피 일본은 문고의 '천국'이다. 일반 단행본이나 양장본으로 나와 인기를 끌었던 책이면 어김없이 문고로 다시 나온다. 따라서 궁금한 것은 대부분 문고로 해결할 수 있을 정도로 문고가 데이터베이스화되어 있다. 그런데도 일본에서는 처음부터 저가의 문고로 승부를 걸고 있는 것이다. 일본의 저가 공세는 이뿐이 아니다. 500엔짜리 동전 하나로 해결할 수 있는 '코인 마케팅'이 등장하는가 하면 독자가 읽고 되판 책을 반액에 판매하는 북오프 같은 체인에서는 3개월이 지나도 팔리지 않는 책은 무조건 100엔에 팔고 있기도 하다. 이렇게 일본의 저가 공세는 도서정가제를 파괴하지 않는 범위 안에서 활발하게 이뤄지고 있는 것이다.

그러면 우리는 어떤가? 일단 정가를 높여놓고 할인 폭을 키우는 방식이다. 한 권의 책을 팔면서 할인에다 경품, 쿠폰, 마일리지, 심지어 한 권을 얹어주는 1+1 등 할인이벤트 경쟁이 갈수록 심해지고 있다. 이러다가는 책을 사면 책값보다 많은 돈을 주겠다는 황당한 마케팅마저 등장하지 말란 법이 없을 것이다. 그러나 이런 식의 전략은 책이 결국 독자로부터 외면받는 결과를 낳게 될 것이다.

따라서 우리는 근본적으로 양질의 정보를 독자에게 싼 가격으로 공급하는 정책으로 돌아가야 한다. 삼성경제연구소가 펴낸 문고 시리즈 SERI 연구에세이는 모범 사례가 될 수 있다. 그 시리즈 중의 한 권인 『CEO 칭키스칸』(김종래)은 이미 10만 부를 넘어섰다. 곧 200권을 돌파할 '책세상문고'도 이제는 매달 20여 권이 중쇄에 들어갈 정도로 안정화 단계에 들어섰으며 '살림지식총서'도 갈수록 탄력을 받고 있다.

물론 앞에서 예를 든 사례만큼이라도 만들려면 적지 않은 자금과 뚝심이 필요하다. 하지만 이제 우리도 그만큼은 수용할 능력을 갖추었다. 그러니 규모 있는 출판사들부터 새로운 문고 시리즈를 시작해보는 것은 어떨까.

〈국민일보〉, 문화산책, 2006.4.26.

이미지의 폭력

　요즘 너나없이 교과서 만들기가 유행이다. 옛날에는 교과서 하면 '국가'에서만 만드는 것으로 여겨졌지만 지금은 힘 있는 단체들까지 자신들의 주의나 주장을 확산시키기 위해 교과서 만들기에 나서고 있다.

　우연한 기회에 한 경제단체가 만들었다는 중학교 경제교과서를 읽어보고는 깜짝 놀랐다. 차례나 책 구성은 그럴 듯한데 글이 엉망이었다. 대학교수들이 번역하고 감수했다는 그 번역 글은 삼류 번역가 수준이었다. 우리 글 문법에 맞지 않음은 물론이고, 한글로 씌어져 있으나 그 뜻을 이해하기 힘든 문장도 있었다. 그런 책을 교육인적자원부 인가까지 받아 전국 학교에 배부했다니 경악할 수밖에 없었다.

　사실 요즘 시중에는 그런 책이 한둘이 아니다. 그러나 그 책들은 대부분 이미지를 사용해 보기에는 깔끔하게 편집해낸다. 시장성이 그리 커 보이지 않는 학술서 분야에서도 이미지를 사용해 '보기 좋게' 만든 책이 갈수록 늘어가고 있다. 이는 분명 시대적 흐름을 따른 것이다. 한때 우리는 문자와 이미지의 상생만이 책의 살길이라고 여겼다. 그것은 분명 맞는 말이다. 그런데 지금은 오히려 이미지 과잉이 문자(텍스트) 읽기를 방해하고 있다. 가히 이미지가 글을 휘두르는 이미지 '폭력' 시대다.

　책에 사용된 모든 이미지는 다의성을 갖는다. 그리고 이미지는 다의성을 바탕으로 글이 할 수 없는 역할을 한다. 그 이미지들은 저자, 편집자, 디자이너의 의도에 맞게 종이라는 '장場'(그라운드)에 제대로 '닻 내리기'(정박)를 해야 한다. 그것은 독자에게 발신하고자 하는 의도를 분명히 하는 것이다. 그러나 지금 책에 실린 수많은 이미지는 제자리를 찾지 못한 채 억지로 끌려와 아무렇게나 놓여 있다.

이미지가 사용되는 책은 대부분 컬러로 인쇄되다 보니 커다랗고 두껍고, 그래서 값이 비싸다. 그렇게 화려한 책에는 편집자나 디자이너의 '열정'이 과도하게 스며들어 있게 마련이다. 출판물에서 이미지는 문자와 함께 호흡하는 것이 상식이다. 글은 무시한 채 이미지에만 신경 쓴 책에서는 편집자들의 과도한 열정이 독기로 변한 듯한 느낌을 받는다. 이제는 그런 독기가 없는, 일상에서 편하게 대할 수 있는 책을 찾는 독자들의 흐름이 차츰 힘을 받아가고 있는 듯하다.

이미 우리 시각디자인계에서는 이미지 폭력이 갖는 장식주의의 폐해에 대해 깊은 논의를 하고 있는 것으로 안다. 이미지 과장과 뻥튀기기 사례 분석을 통해 한국 시각디자인의 정체성을 확실히 하고자 하는 움직임이 있는 것이다. 하지만 책을 만드는 현장에서는 아직까지 미국식 영상상업주의를 그대로 따라가거나 심지어 앞잡이 수준으로 전락하는 경우가 적지 않다. 원서에도 없는 그림을 억지로 집어넣은 아동서적들을 보면 그 심각성을 알 수 있다.

우리는 글과 이미지에 대한 올바른 시각을 새롭게 정립해야 한다. 그 시각은 글이나 이미지 가운데 어느 하나를 우위에 두는 것이 아니라 서로의 균형을 맞추는 것이어야 한다. 원래 글에는 이미지가 도저히 할 수 없는 기능이 있다. 가령 '은근'과 '끈기'를 표현한다고 할 때 이미지로는 이를 설명하기 어렵다.

따라서 이제 우리는 이미지가 할 수 없는 글의 기능에 주목해야 한다. 억지로 이미지의 '도움'을 받지 않고도 글만으로 충분히 '표현'할 수 있어야 한다. 물론 그 글은 한 단어만으로도 수많은 이야기성을 갖는 '영상 서사'가 가능한 글이어야 하지만 말이다.

<국민일보>, 문화산책, 2006.5.24.

대한민국에서
장남으로 살아가기

　책 시장의 흐름으로 보면 이 땅의 여성들은 날로 권력이 커졌다. 1980년대까지는 억압받는 대상에 불과했지만 1990년대 초반이 되자 『무소의 뿔처럼 혼자서 가라』(공지영)고 외치기도 하고 『여성이여, 테러리스트가 돼라』(전여옥)고 선동하기도 했다. 1990년대 중반에는 『천년의 사랑』(양귀자), 『하얀 기억 속의 너』(김상옥), 『남자의 향기』(하병무) 등의 주인공처럼 남자에게서 무한한 사랑을 받는 대상이었다. 외환위기 직후에는 『모순』(양귀자)에서처럼 남자 고르기를 하거나 『마지막 춤은 나와 함께』(은희경)의 주인공처럼 여러 명의 애인을 두기도 했다.

　21세기는 그야말로 여성의 시대다. 잘나가는 자기계발서의 저자는 대부분 여성이었다. 그들은 가정이라는 굴레를 벗고 세계로 무대를 넓혀갔다. 『나는 나를 경영한다』(백지연)라는 선언에 뒤이어 최상의 멘터는 자기 자신이라는 자신감(『자기 설득 파워』, 백지연)을 내뿜기 시작했다.

　하지만 수백 년 동안 권력을 유지해오던 남성들의 권위는 처참하게 무너져갔다. 여성의 상승곡선과 남성의 하강곡선이 만나는 접점에 등장한 책이 『아버지』(김정현)다. 이때부터 '여성 억압'에서 '남성 억압'으로 논의가 옮겨갔다. 가정과 직장과 사회에서 버림받고 동정받는 인간으로 전락하던 남자들은 2003년에 들어서야 스스로 '권위주의'와 '자기애'(나르시시즘)라는 동굴에서 벗어나 자기 정체성을 찾기 시작한다. 진정한 『남자의 탄생』(전인권)이 시도된 것이다.

그즈음 그래도 남자가 쓸모 있다는 '깃발'을 들고 나온 책이 『대한민국에서 장남으로 살아가기』다. 이 땅의 가난한 집안에서 태어난 장남들에게 장남이라는 굴레는 족쇄이자 고뇌였다. 책의 절반은 부모의 모든 수모와 생존을 향한 몸부림을 지켜보고 자란 장남이 겪을 수밖에 없는 고난을 이야기한다. 그러나 저자는 인생의 후반에 돌입하면서 장남의 역할에 묘한 자부심과 즐거움을 느끼게 된다.

책의 다른 절반에서 저자는 장남정신이 살아야 나라가 산다는 '신新장남 행복학'을 주창한다. 늘 앞장서고 베풀 줄 알고 책임지는 장남정신이야말로 리더십이 사라진 이 시대에 진정한 리더십의 표상이라는 것이다. 조직이나 회사를 제대로 이끌어가고자 하는 사람이라면 누구나 장남정신으로 무장해야 한다는 것이다.

이 책은 막다른 골목으로 한없이 쫓기기만 하던 남자의 '인간 선언'으로 읽힌다. 옛날에는 눈물을 흘리는 것이 여자의 특권처럼 여겨졌지만 지금의 여자들은 이제 울지 않는다. 나아가 세상의 주인이고자 한다. 하지만 울어본 적이 없었던 남자들은 이제야 모든 허울을 벗어버리고 엉엉 울기 시작했다. 그렇게 실컷 운 다음 우리도 인간이라고 외치고 있다. 많은 사람이 그런 외침에 귀 기울여주었다는 사실은 드디어 우리 사회가 남자의 서글픈 자기 고백을 받아들일 만한 사회가 됐다는 뜻이 아닐까.

<동아일보>, 책 읽는 대한민국, 2006.9.18.

디지털과 아날로그,
상생의 길은?

"아날로그와 디지털은 상극적인 것이긴 하지만 이항 대립이 아니라 상호 보완으로 상생의 길을 찾을 수밖에 없는 것이다. 문자와 이미지의 상생, 아날로그와 디지털의 상생, 책에서도 21세기의 화두는 역시 상생이다."

새 천년 벽두에 한 일간지에 쓴 칼럼의 일부다. 그런데 이 칼럼을 쓰고 나서 나는 담당 기자에게서 "아날로그 책에 대한 당신의 애정은 알겠는데 그런 재미없는 이야기는 그만 써라. 아날로그와 디지털 중에서 누가 이길지는 자본이 이야기해주지 않겠느냐?"는 핀잔을 들어야만 했다.

당시는 종이책은 사라지고 전자책이 그 자리를 메울 것이라는 어이없는 논리가 팽배했을 때였다. 더구나 마이크로소프트가 'MS리더'라는 전자책 단말기를 내놓으며 모바일 시장을 또다시 평정하겠다고 야심을 내보이던 때라 디지털이 일방적으로 승리할 것이란 예견을 의심 없이 퍼뜨리는 사람이 적지 않았다.

하지만 그 상황에서도 인간에 대한 믿음을 바탕으로 문명을 냉철하게 바라본 이가 없지 않았다. 『디지로그』의 저자 이어령 씨는 "이항 대립 체계로 이루어진 갈등과 배제의 '한 손 원리'가 아닌, 시간과 공간, 자유(경제: 자유 경쟁 원리)와 평등(정치: 더불어 사는 평등 원리), 정신과 물질, 생명과 기계, 문명과 자연, 남성과 여성의 이질적 상극 패러다임을 '두 손 원리'로 극복하자"고 주장했다.

'두 손 원리'는 상생이요, 퓨전이다. 아날로그와 디지털 또한 힘을 합해 제

3의 문화를 만들어낼 것은 분명하다. 그것은 날것도 아니고 익힌 것도 아닌 '삭힌' 것이다. 발효식품인 김치 같은 것이다. 이제 그것에 저자는 '디지로그'라는 당당한 문패를 달아주었다.

따라서 '디지로그'는 무엇보다 인간주의 선언으로 읽힌다. 인간은 환경 순응의 동물이 아니다. 무수한 난관이 있었지만 인류 역사상 인간은 단 한 번도 기술에 종속된 적이 없다. 오히려 격동기마다 등장하는 새로운 기술을 이용해 한 단계 진전된 모습을 보여주었다. 디지털 기술이라고 다르겠는가. 인간은 이미 디지털 기술을 이용해 전방위적으로 새로운 문화를 만들고 있다.

저자는 비빔밥을 즐겨 먹고 젓가락을 사용하는 한국인이 감동과 행복을 나누는 관계기술^{RT}(Relation Technology)의 따뜻한 디지털 환경을 만드는 데 가장 적임자라고 주장한다. 젓가락이 뜻하는 바는 상호 의존성과 관계를 중시하는 배려의 정신이다.

정보기술^{IT} 혁명은 완성은커녕 이제 겨우 발아했을 뿐이다. 따라서 우리는 그 혁명이 과연 어느 방향으로 진척될지, 아니 어느 방향으로 완성해나가야 할지 냉정하게 사고해야 한다. 그렇게 사고하려는 사람에게 『디지로그』는 많은 시사점을 던져준다. 더구나 이 책은 한국인이 쓴 매우 드문, 그러면서도 수준 높은 미래 예측서가 아닌가.

〈동아일보〉, 책 읽는 대한민국, 2007.1.4.

3부

2010년대

신빈곤층의 시대,
새로운 대처 필요

일본의 주간 〈동양경제〉 2011년 송년호는 '2012년 대예측'을 특집으로 꾸리고 113가지 테마에 대한 일목요연한 설명을 담았습니다. '유럽의 벼랑 끝 위기', '블록 경제화', '커지는 격차', '정치 원년', '전력 격진激震' 등 다섯 가지를 주요 테마로 설정했는데, 그중 '월스트리트를 점령하라'는 시위 사진을 배경으로 제시된 세 번째 테마 기사의 제목이 한눈에 들어왔습니다. "양극화가 심해지는 미국사회 3명 중 1명은 빈곤층으로."

저는 세계가 부러워하는 중산층의 나라 미국이 미연방 국세國勢조사국이 밝힌 신빈곤 기준에 따르면 3명 중 1명이 빈곤층이거나 빈곤예비군이 된다는 지적에 큰 충격을 받았습니다. 기사에는 스탠퍼드대학교의 보고서를 인용해 "1970년대에 미국의 65%를 차지하던 중산층이 2007년도에는 20% 이하로 격감"하고 "부유층과 빈곤층이 각각 2배로 확대"되었다는 사실도 적시되어 있었습니다.

『불평등의 대가』(열린책들)는 노벨경제학상을 수상한 조지프 스티글리츠 미 컬럼비아대 교수가 불평등이 날로 심화되는 오늘의 미국사회를 분석한 책입니다. "우리는 99%다"라는 슬로건의 출현은 미국의 불평등 문제에 대한 논쟁에서 중요한 전환점이라고 말하는 스티글리츠는 "1%에 속하는 사람들은 막대한 부를 움켜쥔 채 승승장구하면서 나머지 99%는 불안과 걱정만을 안겨주었다"고 미국사회를 격렬하게 비판했습니다.

사회투자지원재단 부설 사회적경제연구센터 신명호 소장의 『빈곤을 보는 눈』(개마고원)은 "한국사회의 가난에 대한 진실과 거짓"을 담은 책입니다. 저는 이 책을 읽으면서 우리나라도 3명 중 1명은 빈곤층이 아닐까 생각해보 았습니다. 하루 평균 생활비 1.25달러라는 UN의 절대빈곤 기준을 대입하면 우리나라에서 빈곤층을 찾기는 어려울 것입니다. 그러나 "어떤 사회에서 최 저한의 삶이란, 그저 간신히 목숨만 부지하는 삶이 아니라 그 사회의 한 구 성원으로서 최소한의 도리를 하면서 살아가는 삶"이란 전제를 대입하면 상 황이 달라질 것입니다.

OECD의 통계에 따르면 국민소득 2만 달러를 겨우 넘긴 우리나라의 빈 곤율(중위소득의 50% 이하 소득으로 살아가는 사람들의 비율)은 15%로, 우리보다 국민소득이 월등히 높은 미국(4만 9,600달러)의 17.3%와 일본(4만 6,972달러) 의 15.7%보다 낮은 수준이긴 하지만 저소득층이 중산층으로 올라서기 어려 워지고 청년 취업난, 더 이상 개천에서 용이 나지 않는 사회, 빈곤의 대물림 등이 굳어지고 있어 이제는 우리도 "빈곤을 준비해야 할 때"인 것만은 분명 해 보입니다.

빈곤은 개인적 차원으로만 설명해서는 곤란합니다. 가난은 "자본주의 체 제에서 필연적으로 나타나는 불평등의 한 극단적인 양태"인 것만은 분명합 니다. 오늘날 자본주의 체제에서는 "자본가와 노동자 간 불평등한 계급적 관 계가 늘 재생산될 뿐만 아니라, 각종 자원(재산, 권력, 학벌, 연줄, 건강 등)을 많 이 가진 계층과 그렇지 못한 계층 사이에, 그리고 남성과 여성, 주류와 소수 자 그룹 사이에 언제나 차별과 불평등이 존재"하는 법 아닌가요.

빈곤은 다차원적이고 복합적입니다. 198만 가구로 추정되는 '하우스푸 어'와 전세대란으로 애간장을 태우는 '렌트푸어' 등 최소한의 인간다운 삶의 공간을 가지지 못한 사람들을 빈곤층에 포함시킨다면 우리 사회의 빈곤층 은 크게 늘어날 것입니다. '푸어poor'층을 빈곤층과 동일시하는 것은 적절치 않아 보이지만 심정적으로는 빈곤층이 아닐까요.

빈곤을 낳는 가장 큰 연원은 부족하고 불안정한 일자리입니다. 물론 고용의 질도 중요하겠지요. 한국은 비정규직 비율이 32~35% 수준으로 OECD 34개국 가운데 단연 1위입니다. 저임금 근로자 비율과 계층 간 근로소득 격차도 세계 1위인 데다 자살률, 상대 빈곤율, 불평등지수 등과 함께 고용 불안정에서도 부끄러운 최상위권 순위에 올라 있습니다. 일자리 가운데 자영업자 비율이 25% 수준을 오르내리지만 그중 90% 이상이 영세자영업자라 열에 아홉은 망해가기 일쑤입니다.

신 소장은 "노동자를 공생의 동반자로 보지 않고 한낱 소모품으로 여기는 대자본의 태도와 기업문화는 늘 그들 편에만 섰던 정치권력이 방조하고 조장한 결과물"이며 "개발독재정권은 과거의 가난을 몰아내는 데 기여했지만, 오늘날 새로운 가난이 생겨나는 원인을 제공한 것도 엄연한 사실"이라고 말합니다.

미국의 경영자들은 "노동자들에게 들어가는 비용을 줄이기 위해 계약직 고용, 저임금 및 성과급 체제, 상시적 구조조정 등을 활용하는 한편 후생 복리 같은 것은 철저히 외면"했습니다. "낮은 임금을 주다가 아무 때고 해고할 수 있는 '노동 유연화' 전략에 간혹 노동조합이 맞서는 경우에는 가차 없이 대응"해왔습니다. 경제의 글로벌화와 과학기술의 변화가 미국의 불평등과 빈곤을 더욱 심화시켰습니다. 그 덕에 G1 미국이 3명 중 1명이 빈곤층으로 전락하는 치욕을 당하고 있습니다.

우리나라는 미국보다 사회안전망이 높은 것은 사실입니다. 그러나 박근혜 정부의 철도파업이나 전교조를 대하는 작금의 태도를 보면 개발독재 시대로 되돌아간 것 같습니다. 신 소장은 빈곤은 개인 차원의 문제가 아니라 정치로 해결할 수 있는 사회적 차원의 문제라고 역설합니다. 바야흐로 '신빈곤층의 시대', 이제 새로운 대처가 필요할 때입니다.

〈경향신문〉, 다독다독, 2014.1.7.

말콤 글래드웰 선생님께

말콤 글래드웰 선생님, 안녕하신지요? 선생님의 『다윗과 골리앗』이 단숨에 자기관리 베스트셀러 1위에 올랐더군요. 『티핑 포인트』, 『블링크』, 『아웃라이어』 등도 좋은 반응을 얻었다고요. 맞습니다. 하지만 지금처럼 폭발적이지는 않았습니다. 선생님의 책에 붙은 "강자를 이기는 약자의 기술"이라는 부제가 무색하게 이 책은 처음부터 돈으로 밀어붙이는 강력한 마케팅에 힘입은 바가 큽니다.

한국에서는 출간된 후 18개월이 지나지 않은 신간도서는 정가의 10% 이내의 할인과 10% 이내의 경품(총 할인율 19%)이 적용됩니다. 하지만 정가가 1만 7천 원인 『다윗과 골리앗』은 론칭기간에 5천 원짜리 할인쿠폰이 대대적으로 뿌려지는 바람에 독자들은 실제로 51.6%인 8,770원에 책을 구입할 수 있었습니다. 이 책을 펴낸 21세기북스는 『넛지』의 저자인 캐시 선스타인의 신간 『심플러』도 같은 방식의 마케팅을 대대적으로 벌였습니다. 독자는 1만 9,800원의 책을 51.4% 할인된 9,820원에 구입할 수 있었습니다.

어떻게 이런 일이 벌어질 수 있냐고요. 한국에서는 실용서로 등록하면 얼마든지 할인해도 불법이 아닙니다. 베스트셀러를 만들기 위한 사재기가 만연해 늘 시끄러우니 이런 편법으로 베스트셀러를 만드는 게지요. 저는 이런 행위를 '유사 사재기' 행위라고 생각하는데 선생님의 견해는 어떠신지요?

한국의 공정거래위원회는 2002년에 '재판매가격유지행위가 허용되는 저작물의 범위에 관한 고시'라는 것을 만들어 2005년부터는 취미 여가활동 관런 도서, 성인용 자격증수험서 등 실용서를, 2007년부터는 초등학생용 참고서를 도서정가제 적용 품목에서 제외하기로 했습니다. 이후에 가격경쟁 범위를 점차 늘릴 계획이었지만 출판·서적계의 강력한 반발로 그리하지 못했습니다.

공정위는 "책값 과열경쟁이 학술·문예 서적 등 고급서적 출간을 위축시킬 수 있다는 지적을 수용"하기 위해 이 같은 고시를 마련했다고 발표했습니다. 그러니까 실용서는 창의성이 부족한 저급한 서적이니까 무한할인이 벌어져도 괜찮다는 뜻이겠지요. 아니 출간되지 않아도 무방한 책이라고 봤다면 심한 말이 될까요?

선생님의 책들은 모두 창의성이 빛나는 책들이었습니다. 그런데 이 책을 펴낸 21세기북스는 실용서로 분류했습니다. 엄연한 '학술·문예 서적'을 실용서로 분류했다는 것은 사실상 이 책을 '쓰레기' 취급한 것이 아닐까요? 아니면 이런 마케팅 기술만은 정말 창의적이라고 칭찬해야 할까요?

이런 빛나는 '성공 사례'가 있으니 벌써 책을 실용서로 등록하는 사례가 크게 늘기 시작했습니다. 『보랏빛 소가 온다』의 저자인 세스 고딘의 『이카루스 이야기』(한국경제신문사)는 사재기 혐의로 고발된 『관계의 힘』 양장 미니북을 증정할 뿐만 아니라 CU(편의점) 3천 원 모바일상품권(사전 주문·예약할 때에는 5천 원이었습니다), 미니 탁상달력, 2천 원 즉시 할인쿠폰 등을 제공하고 있습니다. 이 책은 자기관리 1위인 『다윗과 골리앗』에 이어 2위에 올라 있습니다.

이제 모든 도서의 실용서화가 이뤄질 추세입니다. 조금만 기다려보십시오. 이제 책을 사면 공짜에다 왕창 선물을 안겨주는 일이 자주 등장할 것이니까요. 문화체육관광부는 이제야 실태조사에 나서는 한편 실용서와 교양서의 명확한 기준을 마련하겠다는 의지를 내비치고 있지만 이미 한국 출판시장은 만신창이가 되어버렸습니다. 책을 만든다는 문화인의 자부심이나 출판윤리는 실종된 지 오래됐고, 오로지 파격할인이나 사재기를 통해 베스트셀러 만들기에 급급합니다. 이런 행위도 유명 저자의 책이 아니면 통하지 않으니 과도한 선인세로 유명저자의 책을 잡는 데도 혈안이 되어 있는 것입니다.

이런 사태를 극복하기 위해서는 국회에 상정되어 있는 '출판문화산업 진흥법 일부개정법률안'(최재천 의원의 대표 발의)이 빨리 통과되어야 할 것입니다. 마침 국무총리실도 국가정책 개선과제로 2014년 상반기까지 도서정가제 개정을 추진하겠다고 발표한 바 있고, 그동안 수수방관만 하던 문화체육관광부가 지난 1월 22일, 출판·서점, 독서·소비자단체 등이 참석하는 모임을 주재하는 등 직접 해결책 마련에 나서고 있다니 어디 한번 기대해보겠습니다. 사실 한국 출판은 발등에 더 큰 불이 떨어지고 있습니다. 최근 아마존은 염동훈 전 구글코리아 대표를 영입하면서 국내 진출을 본격화했습니다. 영미권 시장을 압도적으로 휩쓴 아마존은 일본에 진출한 지 1년 만에 일본 전자책 단말기 시장의 38.3%를 장악하면서 곧바로 일본 내 최대 사업자가 됐습니다.

한국에서는 프랑스와 독일의 사례가 많이 거론됩니다. 도서 할인율을 5%로 엄격히 제한하는 특별법(랑법)이 있는 프랑스는 아마존이 진출하면서 서점들이 위협을 느끼자 정부 차원에서 서점 지원 사업에 적극적으로 나서기 시작했을 뿐만 아니라 작년 10월 3일 프랑스의회는 소형 서점들을 보호하기 위해 아마존 같은 대형 온라인서점이 5% 할인과 별도로 무료배송을 할 수 없도록 제한하는 법안을 만장일치로 통과시켰습니다. 독일의 출판사(베텔스만 등)와 서점(후겐두벨, 탈리아 등)과 통신사(도이치텔레콤) 등은 아마존에 대응하기 위한 전자책 컨소시엄 '토리노'를 만들어 전용 디바이스를 출시한다고 합니다.

말콤 글래드웰 선생님, 당신은 이런 한국의 현실에 대해 어떻게 생각하시는지요?

〈경향신문〉, 다독다독, 2014.1.28.

자서전을
써보시겠습니까

　고희를 맞이한 작가 서영은은 『꽃들은 어디로 갔나』에서 1995년에 작고한 30년 연상의 작가 김동리와의 사랑을 써늘한 시선으로 담담하게 털어놓았습니다. "사적 감정을 배제하고 오로지 작가로서 삶의 진실, 인간성의 깊이를 드러내는 데 초점을 맞"춘 것을 제외하고는 모두 사실이라는 작가는 "사랑은 목숨 같은 거야. 목숨을 지키려면 의지를 가져야 해. 그 사람에게 고통을 준다고 생각하지 말고, 니 목숨을 지킨다고 생각"하라는 연인의 격려에 모든 난관을 극복할 수 있었다고 말합니다.

　재미교포인 이서희는 자전적 에세이 『관능적인 삶』에서 자기 삶의 관능과 욕망을 농밀하고도 솔직하게 털어놓아 한 작가로부터 '한국의 사강'이라는 호칭까지 얻었습니다. 작가가 만약 한국에서 살고 있다면 성장 과정에서의 성경험까지 쓸 수 있었을지 모르겠습니다. 하지만 작가는 허구와 실제가 혼돈되어 있는 소설로 더 적나라한 글을 쓰고 싶다는 소회를 털어놓았습니다.

　자전소설과 자전적인 이야기의 차이는 무엇일까요? 우리 민족은 일제 식민지 지배와 동족끼리의 전쟁, 장기 군사독재를 겪는 과정에서 인간으로서는 도저히 겪을 수 없는 치욕을 무수히 겪었습니다. 제5공화국 신군부에 의해 치욕의 고문을 당한 경험을 적나라하게 그린 한수산의 『용서를 위하여』를 다시 읽어보면서 저는 우리가 모르는 절명絶命이 얼마나 많이 벌어졌을까를 생각했습니다. 한수산과 소설책 출간을 이유로 몇 번 만난 것 때문에 잡혀가 받은 고문으로 고통 받다가 세상을 뜬 박정만 시인은 길을 가다가 멀쩡

한 하늘에서 떨어진 돌을 맞은 꼴이 아닐까요.

저는 어찌 됐든 한국의 고통스러운 현대사가 우리 문학의 수준을 무척 높였다고 생각합니다. 대표적인 사례가 박완서입니다. 제가 몇 년 전에 『베스트셀러 30년』을 쓰면서 지난 시절의 베스트셀러를 다시 읽어본 소감으로는 박완서는 삶 자체가 문학이 아니었나 싶을 정도로 사실감이 높았습니다. 최근에 출간된 작가의 중단편선집 『대범한 밥상』을 다시 읽어보니 특히 생때같은 아들을 잃은 참척의 고통을 그린 단편 「나의 가장 나중 지니인 것」에서는 한 어머니의 슬픔이 시대의 아픔으로 승화되어 절절한 감동을 안겨주었습니다.

수많은 작가들이 자전적인 소설로 문명을 얻었습니다. 부랑노동자의 삶을 그린 『객지』, 베트남전쟁의 체험을 담은 『무기의 그늘』, 청년기의 성장과정을 그린 『개밥바라기별』 등의 황석영, '제주 4·3 사건'을 다룬 『순이 삼촌』, 『변방에 우짖는 새』의 현기영, 『외딴 방』의 신경숙, 『무소의 뿔처럼 혼자서 가라』의 공지영, 『새의 선물』의 은희경 등은 모두 자전적인 소설이 대표작이자 출세작인 작가들이라고 볼 수 있습니다. 1993년에 절필을 선언했던 박범신이 다시 돌아와 절필 이유를 소상히 밝힌 「흰소가 끄는 수레」와 아버지가 대중작가라고 비판받는 것이 괴로워 가출했던 아들이 돌아오자 함께 대화를 나누는 「제비나비의 꿈」에 등장하는 주인공은 그야말로 작가의 분신일 것입니다.

2010년에 네 권으로 구성된 '자전소설 모음집'인 『자전소설』(강)이 나왔을 때 문학평론가 신수정은 '자전소설'을 일러 "오로지 소설가로만 살아가도록 운명 지어진 어떤 순금의 시간이 발굴되는 현장"이라면서 "세상의 모든 소설은 자전소설"이라고 규정지었습니다. 이 작품집에 실린 정이현의 「삼풍백화점」은 작가에게 '현대문학상' 수상의 영광을 안기기도 했는데 작가는 작년에 펴낸 『안녕, 내 모든 것』에서도 '삼풍백화점' 붕괴로 친구를 잃은 아픔이 얼마나 질기게 작가의 관념을 지배하는지를 잘 보여주었습니다.

그렇다면 자전적인 이야기는 어떤가요? 1993년에 출간된 『역사 앞에서』

는 사학자인 김성칠이 6·25 당시 불과 사흘 만에 함락된 서울의 인공 치하 3개월을 사실 그대로 정리한 일기입니다. 언론사마저 황망하게 도주하는 바람에 그 시기에는 일간신문마저 발행이 중단되었다고 합니다. 그 바람에 『역사 앞에서』가 그 시기를 제대로 정리한 유일한 기록이나 마찬가지입니다. 이렇게 사적 기록이 공적인 역사가 되기도 합니다.

당시에 이 일기를 읽고 나서 의미 있는 지식인의 일기를 찾아보니 '가람 (이병기) 일기'가 유일했습니다. 그 이유가 무엇일까요? 역사학자 강만길은 팔순을 지척에 두고 펴낸 『역사가의 시간』에서 "세상의 상식적인 사람들 모두가 적으로 생각하는 민족의 다른 한쪽을 적이 아닌 동족으로 인식하면서 역사학의 전공자로서 정직한 일기를 쓰기란 불가능한 일이었다 해도 과언이 아닐 것"이라고 밝히고 있습니다. 세계 최장기 군사독재 권력이 개인의 일기까지 뒤져 사적인 만남을 반국가 조직의 모임으로 몰아가는 일이 다반사였으니 시대를 기록해야 하는 역사가가 일기를 쓰는 것마저 자유롭지 않았던 것은 분명합니다.

하지만 작년에 출간된 『이오덕 일기』를 한번 보십시오. 1962년부터 2003년에 걸쳐 작고하시기 이틀 전까지 쓰신 200자 원고지로 3만 7,986장이나 되는 분량의 일기에서 원고지로 6,126장 분량만 추려내 다섯 권으로 펴냈답니다. 이 일기는 한국 현대교육 운동사로 읽어도 무방할 것입니다.

자신의 슬픈 개인사를 눈이 내려 완전히 덮어줄 때까지 기다리는 것만이 미덕이 아닙니다. 되도록 솔직하게 온전히 드러낸 것은 우리의 미래를 밝게 열어가는 역사의 길잡이가 될 것입니다. 어떻습니까, 자서전을 써보시겠습니까?

〈경향신문〉, 다독다독, 2014.2.18.

이케아 세대의
'책과 우정'

일본 대학들은 1, 2학년 교양과정에서 인문과학에서부터 사회과학, 자연과학 그리고 예술에 이르기까지 폭넓은 '일반교양'(기초적인 소양)을 쌓을 수 있는 커리큘럼을 실시하고 있습니다. 이 교양과정을 영어로는 '리버럴 아트'라고 부릅니다. 리버럴은 '자유'를 의미하고 아트는 '기술'을 뜻하니, 리버럴 아트는 "인간을 자유롭게 하는 학문"이라고 번역됩니다. 이 단어의 기원은 고대 그리스로 거슬러 올라갑니다. 당시 그리스에는 노예제도가 있어 노예와 비노예를 구분하는 방법으로 학문의 중요성이 강조되었습니다. 간단히 말해 배움이 없는 자는 노예로 산다 해도 어쩔 수 없다는 뜻입니다.

교토대학에서 '의사결정론'과 '기업론' 강의를 맡은 다키모토 데쓰후미는 벤처기업의 성공 사례를 중심으로 한 실천적인 기업경영 방법과 그 근거로 삼아야 할 사고를 가르쳤습니다. 그런데 수강생 중에 도쿄대학 의학부와 쌍벽을 이루는 교토대학의 의학부 학생이 40%나 된다는 사실을 알게 됐습니다. 졸업 후 전원이 의사가 되는 학생들이 왜 이 강의를 들었을까요? 일의 보람을 느끼면서 사회적 지위와 보수까지 얻을 수 있어 그야말로 평생 떵떵거리며 살 수 있는 안정된 인생이 보장되어 있는 엘리트 중의 엘리트들이 말입니다. 다키모토가 학생들에게 앙케트를 해보니 "의사가 되어도 행복해질 수 없다"거나 "의사가 부자가 되는 시대는 끝났다" 그리고 "일에서 느끼는 보람만으로 먹고살 수는 없으니 새로운 길을 찾아야 한다"는 등의 대답이 나왔습니다. 그가 강의를 토대로 해 쓴 『무기가 되는 결단 사고』에 나오는 이야기입니다.

의료 영리화를 반대하는 의사들이 어제부터 파업을 시작했습니다. 원격진료가 허용되면 의사는 기계만도 못한 존재가 될 것입니다. 비용이 엄청난 대형 의료기기를 갖추기 어렵고 환자와의 거대한 네트워크를 조성할 수 없는 동네 병원은 모두 망할 수밖에 없습니다. 하지만 이미 바이오 기술은 어디까지 발전할지 아무도 모릅니다.

지금 인턴의 노동환경은 열악합니다. 또 의사가 되어도 마녀사냥과 같은 의료소송에 휘말릴 가능성이 높아졌습니다. 원격진료가 허용되면 대학병원에서 근무하는 이들은 격무에 시달리며 책임도 무거운 데 비해 연봉은 형편없어질 것입니다. 병원을 열어도 시장경쟁에서 살아남을 확률이 아주 낮습니다. 의료환경뿐만 아니라 사회 전반의 변화가 극심합니다. 따라서 과거의 사고로는 결코 살아갈 수 없습니다. 좋은 대학을 졸업하고 최고의 직장에 입사해도 개인의 행복은 보장되지 않습니다. '이케아 세대'를 보십시오. 『이케아 세대 그들의 역습이 시작됐다』(중앙북스)의 저자 전영수는 1978년생 만 35세를 중심으로 한 30대를 이케아 가구와 특성이 비슷하다며 '이케아 세대'라는 별칭을 붙였습니다.

스웨덴의 이케아 가구는 값이 싸고, 매력적인 디자인이 장점이고, 가격에 비해 품질이 좋고, 미완성의 제품이라 직접 조립해야 하는 수고로움이 있으며, 먼 미래를 내다보고 구입하는 가구가 아닙니다. 단군 이래 최고의 스펙을 쌓은 이케아 세대는 낮은 몸값에 팔려나가고, 해외여행이나 어학연수, 유학 등을 경험해 해외 문화에 익숙하고 높은 안목을 지니고 있으며, 스펙 대비 단기 고용이 가능하고, 삶의 중간 단계에서 헤매고 있으며, 미래를 계획할 수 없는 삶을 살고 있습니다.

고용 불안에 지치고 미래에 대한 절망에 빠진 이케아 세대는 취업 → 연애 → 결혼 → 출산 → 양육이라는 정규 코스를 거부하기 시작했습니다. "지금 이 순간 잘 사는 것"을 선택한 그들이 싱글로만 살아간다면 이 나라의 미래가 과연 있을까요? 이케아 세대에게 스펙을 쌓으라고 '강요'한 것은 그들의 부모입니다. 자식 잘되라고 그랬겠지만 이젠 스펙으로는 한계가 많습니다. 한때 그들은 '성공'을 꿈꾸며 자기계발서도 열심히 읽었습니다. 그러나 자기계발서 또한 결국 노예가 되는 가르침만 담겨 있었습니다.

이원석은 『거대한 사기극』에서 우리 사회에서 열광적으로 소비되어왔던 자기계발서가 담고 있는 이데올로기는 "국가와 학교와 기업이 담당해야 할 몫을 개인에게 떠넘김으로써(민영화, 사교육, 비정규직 등), 사회 발전의 동력을 확보"하는 데 기여하는 거대한 사기극에 지나지 않는다고 주장했습니다. 그는 스스로 돕는 '자조自助' 사회에서 서로 돕는 '공조共助' 사회로 바꿔가야 한다는 대안을 내놓았습니다.

이지성은 『리딩으로 리드하라』에서 고전을 열심히 읽으면 남보다 성공할 수 있고, 돈도 많이 벌 수 있다고 주장했습니다. 하지만 이원석은 『공부란 무엇인가』에서 "고전에 대한 탐닉은 결코 돈과 권력을 벌기 위한 좋은 방법이 아니"라며 이지성과 대척점에 선 주장을 펼치고 있습니다. "노예(하류층)의 두려움"이나 "나도 언젠가는 주인(상류층)이 되겠다는 탐욕(과 이를 떠받치는 착각)"에서 벗어나 "당당하게 세상과 맞짱" 뜰 것을 촉구하는 이원석은 "'책과 우정'이 필요하다"고 말합니다. "책을 통해 바르게 공부하고, 이를 위해 좋은 벗들과 함께할 수 있을 때에만, 오직 그때에만, 진정한 자유인으로 살아갈 수 있을 것"이라는 결론을 내놓았습니다. 그렇습니다. 친구들과 함께 책을 읽어야 합니다. 학문의 역사이기도 한 '공독共讀'만이 '나'의 꿈을 깨닫고, '너'(타자)를 이해하면서, '우리'라는 공동체의 비전을 함께 찾아가는 일이 될 것입니다.

〈경향신문〉, 다독다독, 2014.3.11.

'단속사회'의 자화상

문화사회학자 엄기호는 "편만 남고 곁이 파괴된 사회"를 분석한 『단속사회』(창비)를 펴냈습니다. 단속은 '쉴 새 없이 접속하고 끊임없이 차단하는斷續' 것을 의미합니다. 같고 비슷한 것에는 언제나 접속해 있지만 낯선 것(타자)이나 공적인 것과는 단절합니다. 또한 자신의 "의견을 아예 제시하지 않거나 불가피한 경우에만 최소한으로 드러내기 위해 자기검열 혹은 스스로를 단속團束하는 경향"이나 삶의 연속성을 잃은 "'연속의 반대'로서 단속의 뜻도 갖고 있습니다. 요약하면 '동일성에 대한 과잉 접속'과 '타자성에 대한 과잉 단속'으로 양극화된 사회가 단속사회입니다.

이런 사회가 된 것은 스마트폰과 스마트패드, 스마트 TV를 일상적으로 이용하는 사람들을 일컫는 '호모스마트쿠스'의 등장과 밀접한 관련이 있습니다. 새 종족은 스마트기기의 재생장치를 이용해 자신들이 필요한 정보만은 언제 어디서나 자유롭게 소비합니다. 시간을 놓치면 볼 수 없었던 TV 연속극이나 라디오 프로그램마저도 그들은 좋아하는 것만 연속으로 듣습니다. 아니 이제 라디오를 버리고 자신의 구미에 맞는 '팟캐스트'만 열렬히 듣습니다.

그들은 오래전부터 다운로드 세대가 아닌 업로드 세대입니다. 주어진 정보를 일방적으로 소비하는 사람들이 아닙니다. 그들은 데이터베이스화된 정보 중에서 자신의 마음에 드는 정보를 찾아 그것들을 연결해 '2차적 생산'을 한 다음 이 세상에 유일한 그것을 열렬히 즐깁니다. 아즈마 히로키는 『동물화하는 포스트모던』(문학동네)에서 이를 '데이터베이스적 소비'라고 일컬었습니다. 특히 날로 진화하고 있는 스마트기기가 제공하는 다양한 기능이 독자와 콘텐츠 제공자의 새로운 관계성을 만드는 결정적인 열쇠가 되고 있습니다.

요즘 한 명의 철학자가 신드롬을 만들어내고 있습니다. 철학자 강신주는 처음에 『장자, 차이를 횡단하는 즐거운 모험』(그린비) 같은 철학서로 실력을 인정받다가 『철학이 필요한 시간』(사계절출판사)이 인문서로서는 단시간에 10만 부를 넘겼습니다. 이 책이 인기를 끌자 강연은 크게 늘어났습니다. 체제 비판적인 그가 삼성경제연구소의 강연자로도 초대받았습니다. 이후 2011년 MBC 라디오의 〈김어준의 색다른 상담소〉('색담')에 패널로 초대됩니다. 이 프로는 6개월 만에 폐지됐지만 〈색담〉이 2012년에 김어준의 '벙커1'에서 『강신주의 다상담』으로 거듭나면서 강신주는 패널에서 진행자로 격상합니다. 이렇게 강신주라는 브랜드가 확실하게 형성된 다음 〈아침마당〉 등에 출연하다가 〈힐링캠프〉에까지 등장했습니다.

강신주가 〈힐링캠프〉에 등장하자 그의 책은 곧바로 인기가 폭발했습니다. 『강신주의 감정 수업』(민음사)은 종합 베스트셀러 1위에 잠시 오른 이후 줄곧 5위 이내에서 맴돌고 있습니다. 물론 그의 다른 책들도 인기가 급증했습니다. 소셜미디어에서도 그와 '접속'하려는 이들이 많습니다. 반면에 강신주의 '힐링 인문학'은 '성령부흥회'와 강력한 유사성이 있다거나 '자아성형산업'에 불과하다는 지식인들의 극단적인 비판도 등장했습니다.

강신주에게 열광하게 만드는 무기나 그의 안티들이 비호감으로 꼽는 것은 모두 돌직구와 막말의 경계를 쉼 없이 넘나드는 그의 '독설 화법'입니다. 그의 안티들은 철학에 정답이 없는 법인데 강신주는 너무 직설적으로 정답을 제시한다고 말합니다. 강신주 또한 이를 모르지 않습니다. 그는 『강신주의 다상담』(동녘) 1권에서 "만일 제가 C라는 입장을 가지고 있다면, 다른 의견인 A와 B는 언급도 하지 않습니다. 그냥 이렇게 이야기하지요. '저는 철학자입니다. 그러니 제 말을 믿으세요. C가 옳습니다. 나머지 A와 B는 일고의 가치도 없이 잘못된 것입니다.' 독선적으로 보일 만큼 단호한 제 어투 때문에 오해도 많이 샀지만, 그래도 가장 효과적인 강연 방법이었습니다'라고 말합니다.

강신주의 전략은 웹 공간에서는 매우 적절한 전략입니다. 사사키 노리히코 〈동양경제〉 온라인 편집장은 『5년 후 미디어는 돈을 벌까?』라는 책에서 웹에서는 "여운보다 단언, 건전보다 속내가 더 인기가 있다"고 말합니다. 종이책에서는 '내 생각은 이렇다', '이것이 옳다'고 단언하는 것은 심하다거나 품위가 없다고 여겨지지만 웹에서는 '…일 것이라 생각한다'라거나 '…가 아닐까 한다'와 같은 말은 큰 인상을 남길 수 없다는 것입니다. 따라서 사실을 단순화시키는 위험을 감수하더라도 반드시 '…이다'라고 단언해야 독자의 마음에 파고들 수 있습니다.

"세상은 거의 주관적으로 이루어져 있다. (실명으로) 주관을 내세우는 일을 두려워한다면 언론공간은 그저 사실을 나열하는 곳일 뿐이다. 이러한 무미건조한 콘텐츠가 넘치는 사이트에는 아무도 흥미를 갖지 않을 것이다. 주관이라는 것은 속내와 같다. 분위기에 맞춰 건전하게 가는 사람은 웹 공간에서 외면당한다"고 주장하는 사사키는 "자신의 생각에 믿음이 있다면 도망갈 길을 만들지 않고 불구덩이 속으로 뛰어들며 자신의 의견을 주장할 필요가 있다"고 말합니다.

소셜미디어에서 인기를 끄는 사람들은 모두 독설적이고 단언적인 주관(속내)을 맘껏 펼치는 사람들입니다. 지금은 정보의 객관적인 가치가 아니라 주관적이고 확실한 속내를 즐기는 세상입니다. 극단적인 속내가 넘치는 모습, 그게 바로 '단속사회'의 자화상 아닐까요.

〈경향신문〉, 다독다독, 2014.4.1.

경제민주화와
세월호 참사

　박근혜 대통령은 2012년 7월 10일, 새누리당 대선 후보 출마선언을 하면서 '국민 행복'을 위한 정치를 하겠다며, "경제민주화 실현, 일자리 창출, 복지의 확대"를 "국민 행복을 위한 3대 핵심과제"로 삼으셨습니다. 2012년 11월 16일에 다시 경제민주화 공약을 발표하면서 "경제적 약자 권익 보호, 공정거래 관련법 개선, 대기업 집단 관련 불법행위와 총수 일가 규제, 기업 지배구조 개선, 금산분리 강화" 등을 경제민주화 5대 분야로 나누고 35개 실천과제를 제시하셨습니다.

　하지만 『나부터 세상을 바꿀 순 없을까?』(강수돌, 이상북스)에 따르면 "쌍용자동차 국정조사와 공공부문 비정규직의 정규직화, 노인 기초연금 제공과 4대 중증환자 부담 무료화, 대학 반값등록금과 고교 무상교육, 군복무 기간 단축, 그리고 정리해고 요건 강화와 경제민주화를 약속했던 박근혜 대통령 공약公約이 시나브로 공약空約으로 끝났습니다. "심지어 '국민이 반대하면 하지 않겠다'던 공공부문 민영화조차 '수서발 KTX 법인화' 사례와 같이 시험대에 올라" 있습니다.

　꽃봉오리 같은 목숨을 대거 앗아간 세월호 참사가 터지자 박근혜 대통령은 현장으로 달려가서서 피해자 가족과 대화를 나누며 많은 '공약'을 즉석에서 하셨습니다. 복지부동하는 관료들을 '발본색원' 혹은 '일벌백계'하겠다며 으름장을 수없이 놓았지만 부하들이 여전히 눈치만 보며 꼼짝하지 않으니 직접 달려간 충정만큼은 충분히 이해되었습니다.

하지만 TV 화면에 비친 박근혜 대통령의 모습이 올해 들어서 갑자기 세월호처럼 방향을 급선회하여 '규제와의 전쟁'을 선포하신 모습과 오버랩 되어 나타났습니다. "규제는 암 덩어리"라는 보수 언론들의 아우성과 함께요. "온 국민이 침통에 빠진 세월호 참사는 MB 정권이 규제를 푼 엉터리 선박개조의 결과"이며 "MB 정권의 기업하기 좋은 '비즈니스 프렌들리'의 연장선이라는 일부의 비판을 박 대통령은 귀담아 들어주셨으면 합니다. 이번 재앙은 비록 MB 정부가 뿌린 씨앗 때문이라 하더라도 박 대통령도 지금 새로운 악의 씨앗을 뿌리고 있는 것이라는 사실을 제발 명심해주셨으면 합니다.

승객들에겐 '가만히 있으라' 안내 방송하곤 자신들만 무전기로 연락하며 먼저 빠져나온 정신 나간 선장과 선원들, 늦장 구조에 나선 해경과 안일하게 초동 긴급대처를 못한 우왕좌왕 재난대책본부, 세월호 침몰 사고에 대한 정부의 무능력을 비판하는 희생자 가족들과 시민들을 "북괴의 지령에 놀아나는 좌파단체와 좌파 사이버 테러리스트"로 몰아간 새누리당 한기호 최고위원, 기념사진 찍겠다며 피해자 가족들에게 자리를 비켜달라고 요구한 안전행정부 국장 등과 자신이 한 공약을 거의 모두 헌신짝처럼 내던지고 재벌의 하수인 역할을 자처하는 박근혜 대통령의 차이를 저는 전혀 못 느끼겠더군요.

강수돌 교수는 "규제를 푼다는 것은 돈벌이 기업의 자유를 신장시키겠다는 것이며, 법질서를 세운다는 것은 파업하는 노동자나 비판적 지식인 등 모든 저항 세력을 척결하겠다는 뜻이다. 겉과 속이 다르다. 이것은 결국 지난 50년간의 성장정책과 다르지 않다"고 진단했습니다.

대학교수 한 분이 제게 보낸 사발통문 이메일에는 "대통령은 그 나라 국민들의 수준이다. 책임지는 지도자를 뽑아야 한다. 정치 지도자에게 필요한 절대적 자질은 국민과의 소통과 공약을 지키는 신뢰이다. 안내 방송만 믿고 끝까지 남은 학생들만 희생당한 세월호는 오늘 한국 현실의 표본이다. 진리의 전당인 대학에서 학생들에게 무얼 가르쳐야 하는지, 깨어 있는 시민교육에 대해 고민해야 할 때"라는 내용이 담겨 있었습니다. 그렇습니다. 우리는 이제 진정한 지도자를 고민해야 할 때입니다.

『스스로 살아가는 힘』(더난출판)의 저자인 문요한 정신과 전문의는 "자신의 에너지를 다 소진해버리고 탈진 상태에 빠져버린" '번아웃 증후군Burnout Syndrome' 환자가 모든 직업군에서 크게 늘었다고 말합니다. 그는 그 이유를 이렇게 분석합니다. "자신의 상태는 아랑곳하지 않고 계속 자신을 몰아붙였기 때문이다. 마치 계기판에 연료 부족을 알리는 경고등이 켜져 있는데도 계속 달리다가 멈춰선 자동차와 같다." 이게 바로 세월호이기도 하고 한국사회의 진정한 모습이 아닐까요.

우리의 삶은 갈수록 피폐해져갑니다. 기술의 발달로 우리의 일자리가 하루아침에 사라져버리는 바람에 정말 대책 없이 당하는 경우가 갈수록 많아집니다. 더구나 '세월호 침몰' 같은 놀라운 사건들이 우리의 삶을 갈가리 찢어놓습니다. 경쟁 사회를 살아가는 국민들은 정말 한 치 앞을 내다보기 어렵습니다.

강수돌 교수는 이런 때에 유행하는 것이 "강한 영웅을 찾는 구세주 담론"과 "자기계발, 웰빙, 힐링 등 개별 경쟁력 담론"이라고 말합니다. 박 대통령의 높은 지지도는 아마도 '구세주 담론'에 힘입은 바가 클 것이라고 생각합니다. 강 교수는 "구세주건 개인적 힐링이건, 돈과 시간만 들고 결국 공허해진다. 우리에게 절실한 건 정치·경제, 사회·문화, 교육·노동 등 삶의 구조 전반을 혁신하는 '사회적 힐링'"이라고 말합니다. 그렇습니다. "'나부터' 창의적 변화에 동참하면서 친구나 이웃과 '더불어' 즐거운 마음으로 '사회적 힐링'을 같이 만들어"가야 할 때입니다. 그래야만 "남녀노소 모두 활기와 생기가 넘치는 공동체, 사람과 자연이 더불어 사는 생태마을"을 만들 수 있을 것이니까요.

〈경향신문〉, 다독다독, 2014.4.22.

사회를 바꾸려면
거리로 나서라

"한국에서도 사정은 그다지 다르지 않으리라 생각합니다만, 1980년대부터 일본사회에서는 모든 공동체가 무너져버렸습니다. 친족공동체의 유대는 약해졌고, 도시에서는 지역공동체가 거의 기능을 상실해버렸습니다. 예전처럼 회사가 종신고용제를 채용한 시대에는 몇십 년이나 함께 기거하는 사원들이 의사擬似 가족 같았습니다. 그러나 성과주의, 능력주의의 도입으로 점차 연봉계약 사원이 늘어감으로써 가족적인 친밀감은 찾아볼 수 없어졌지요. 도회지의 임노동자들은 일반적으로 귀속할 공동체가 아무것도 없는 상태가 되었습니다."

『절망의 시대를 건너는 법』(메멘토)의 공동저자인 우치다 타츠루와 오카다 도시오가 한국 독자에게 전하는 말입니다. 그렇습니다. '잃어버린 20년'을 살아내고 나니 고령화는 세계 최고의 수준이 되었고, 시장은 축소되었으며, 성장 전략은 발을 붙이기 어렵게 되었습니다. 그저 "돈 버는 일에만 집중하는 것이 효율적이고 똑똑한 삶의 방식"이라 생각하며 열심히 살아냈는데 문득 정신을 차려보니 "안전하지도 풍요롭지도 않은 나라"가 되고 말았습니다.

"아무리 열심히 일을 해도 절망적일 만큼 저임금인 데다 잠잘 시간도 확보하기 어려운 지경"에 이르렀습니다. 과거에는 가장이 혼자 일해서 몇십 명의 대가족을 먹여 살릴 수 있었지만 지금은 부부가 맞벌이를 해도 살기가 힘들어 결혼마저 포기하는 지경에 이르렀습니다. 일본인들은 하나같이 가치의 중심을 잃어버린 채 '정어리 떼'가 되어갔습니다.

일본사회의 본질이 드러난 계기는 2011년의 '동일본 대지진'입니다. 저자들은 엄청난 재난이 벌어졌음에도 불구하고 "국민의 건강이나 안전을 저버리면서 대기업의 수익을 우선적으로 확보하려는 아베 정권의 행태"를 보고 시민들이 생활을 방어하기 위한 '자위조직'을 형성해나가는 것이 당연하다고 말합니다.

이 책의 원제가 '평가와 증여의 사회학'인 것에서 알 수 있듯이 자위적인 공동체 조직의 기본원리는 '증여'(기부)로 집약됩니다. 저자들은 상대적으로 자원을 여유 있게 갖고 있는 나이 든 세대가 젊고 가난한 사람에게 '기회'를 주는 '증여 한 방'으로 사회적인 공평함을 위한 기초를 다질 수 있다고 말합니다.

『사회를 바꾸려면』(동아시아)의 저자인 오구마 에이지는 선거를 통해서 법안을 바꾸는 것보다 데모로 세상을 바꾸는 일이 중요하다고 말합니다. 2011년 월스트리트를 점거한 젊은이들이 "우리는 99퍼센트다"라고 외친 것을 대표적 사례로 듭니다. 조지프 스티글리츠가 『불평등의 대가』(열린책들)에서 지적했듯이 이 슬로건의 출현은 미국의 불평등 문제에 대한 논쟁에서 중요한 전환점이 되었습니다.

독일의 사회학자인 울리히 벡이 『위험사회』를 출간한 것은 1986년 체르노빌 원전 사고 직후였습니다. 당시 서독은 바람에 실려 날아오는 방사능 물질 때문에 식품 오염에 대한 공포감이 널리 퍼졌습니다. "빈곤은 계급적이지만 스모그는 민주적이다"라고 말한 벡의 경고 때문인지 독일은 원전폐쇄 정책을 펼쳐나가고 있습니다.

2008년 한국의 '촛불시위'를 주목하는 오구마는 정당이나 노조와는 아무런 관계가 없는 시민들이 자발적으로 참가한 네트워크형 비폭력 운동의 필요성을 역설합니다. 탈원전 데모에서 일본인들이 바랐던 것은 무엇일까요? "첫 번째는 자신들의 안전을 지켜줄 생각이 전혀 없는 정부가 자신들을 무시하고, 기득권을 장악한 이너 서클끼리만 모든 것을 결정하는 상황을 용서할 수 없다. 두 번째는 스스로 생각하고 스스로 목소리를 낼 수 있는 사회를 만들고 싶다. 자신의 목소리를 제대로 알아듣고, 거기에 따라 바뀌어간다. 그런 사회를 만들고 싶다. 세 번째는 무력감과 따분함을 쇼핑을 하거나 전기를 마구 써대 상쇄하려 드는 식의, 그런 침체된 생활은 이제 그만두고 싶다. 그 전기라는 것이 극히 일부의 인간을 배 불리고 대다수 사람들의 인생을 망쳐버리고 마는, 그런 방식으로 돌아가는 사회는 이제 정말 싫다."

오구마는 "어릿어릿하여 눈에 보이지 않던 것이 환히 눈에 보일 때 인간은 감동=행동^{moved}한다. '민의'가 이 세상에 드러나는 순간, 자신의 고뇌에 대한 답을 얻는 순간, 삶을 바꾸는 구체적인 방법을 파악한 순간, 사람은 정치의 영역에 들어서며 감동=행동한다. 그것은 모든 정치, 경제, 예술, 학문 등의 원점"이라며 2011년 원전 데모도 이런 역할을 수행했다고 말합니다.

'세월호 참사' 이후 우리 국민들도 사회의 본질을 알게 되자 크게 분노했습니다. '중소기업만이 우리 경제가 살길이다'라고 외쳐서 당선된 박근혜 대통령은 경제민주화와 각종 복지 공약을 헌신짝처럼 내던지고 '규제는 암 덩어리'라면서 하루아침에 재벌 편으로 돌아섰습니다. 이명박 정부부터 계속된 규제 완화는 국민의 목숨을 앗아간 원인이었습니다.

박근혜 대통령은 분노한 민심을 수습하기 위해 안대희 전 대법관을 국무총리에 지명했습니다. 하지만 그는 작년 7월부터 초보 변호사임에도 불과 5개월 만에 16억 원의 수임을 올렸습니다. '관피아' 척결의 임무를 수행해야 할 총리가 전관예우로 호가호위하며 지내던 사람이라면 과연 국민의 지지를 받을 수 있을까요? 무능하고 무책임하며 교만하기까지 한 정부를 각성시키기 위해 시민들이 거리로 나서는 일은 당분간 지속될 수밖에 없을 것 같습니다.

〈경향신문〉, 다독다독, 2014.5.27.

경제가 성장하면
우리는 정말로 행복해질까

　『팔꿈치 사회』(갈라파고스)의 저자인 강수돌 교수는 이 시대 가정의 이미지는 더 이상 '보금자리'가 아니라 '버스정류장'으로 변하고 있다고 말합니다. 어른과 아이 모두 일중독에 내몰리는 처지인지라 집이라는 '버스정류장'에 간간이 들러 냉장고 문을 열고 먹을 것만 챙겨 먹고 가볍게 떠난다는 것이지요. 살기 위해 일하는 것이 아니라 일하기 위해 사는 그들은 앞만 보고 달려가다 옆 사람을 팔꿈치로 가격해 좌절시키는 것을 일상화하고 있습니다.

　『인문학은 밥이다』(RHK)의 저자인 김경집 전 가톨릭대 교수는 '팔꿈치 사회'를 화두로 한 글에서 이렇게 말합니다. "서열 매김이 한심하지만 이른바 '좋은 대학'에 지원이라도 하려면 내신이 2등급은 되어야 한다. 그런 대학을 졸업해도 이른바 '좋은 직장'에 들어갈 확률은 아무리 넉넉히 잡아줘도 20%가 되지 않는다. 100명의 학생 가운데 고작 두세 명만 그런 직장을 얻을 수 있다." 하지만 승자가 된 두세 사람마저도 40대 중반이면 직장을 그만둬야 하는 상황에 부닥칩니다. 피 터지는 경쟁의 승리자들이 겨우 20년의 '안정적인 삶'을 누리다 가만히 내려놓아야 합니다.

　이제 우리는 강 교수의 주장대로 내면화된 경쟁이라는 천박한 탐욕의 굴레에서 벗어나야 합니다. 많은 학부모의 그런 욕구가 지난 6·4 지방선거에서 진보 성향의 교육감을 대거 당선시킨 것이 아닌가 싶습니다. 지금 젊은이들은 2년 기한의 비정규 일자리에 내몰리고 있습니다. 이제 '일자리를 만들겠다'고 소리치는 정치인의 말에 귀 기울이는 사람이 별로 없습니다. 일자리가 문제가 아니라 '어떤' 일자리인가가 더욱 중요해졌으니까요.

지그문트 바우만은 『쓰레기가 되는 삶들』(새물결)에서 "인간이 생산한 모든 것이 쓰레기가 될 뿐만 아니라 우리 인간 자체가 쓰레기화되고 있다"며 "이것이 바로 당신의 미래일지도 모른다!"고 경고했습니다. 이제 인간은 산업폐기물이나 생활쓰레기처럼 1회용으로 이용되고 곧바로 버려지는 처참한 처지로 전락하고 있습니다.

전에도 이런 경고가 없지 않았습니다. 미국의 보수적인 중상류층 출신이면서도 오랫동안 저소득의 빈곤 국가를 전전한 경험이 있는 데이비드 C. 코튼이 20세기 말에 집필한 『경제가 성장하면 우리는 정말로 행복해질까』(사이)에서 '성장'이라는 담론에 집착해 "기업들이 인간의 삶을 장악하고 지구의 생명 유지 장치와 이 사회의 구조, 수십억 인류의 생명을 파괴해왔다는 사실을 아무도 눈치채지 못하게 해놓았다"고 경고한 바 있습니다.

코튼은 재미있는 우화를 소개합니다. 아다나 행성의 지도자들은 지표면 높은 허공에 떠 있는 아름답고 평화로운 도시 '스트라토스'에서 예술에만 전념하며 살고 있습니다. 그 아래 아다나의 황폐한 지표면에 살고 있는 거주자 '트로글리테스'들은 스트라토스의 지도자들이 사용하는 사치품들을 수입하는 데 필요한 행성 간 교역권을 얻기 위해 폭력이 난무하는 비참한 광산에서 일하고 있습니다. 전체 행성은 지표면에 사는 사람들과 그 지역으로부터 용케도 자신들을 분리시키고 그들의 노동에 의지해 자신들이 필요로 하는 사치품들을 공급받는 지도자들에 의해 식민화되었습니다.

코튼은 우화가 실제 현실이라고 말합니다. "돈이 정말로 많고 권력이 대단한 자들은 높다란 고층 빌딩의 멋지게 치장한 중역실에서 일하고, 리무진과 헬리콥터를 타고 회의 장소로 이동하고, 구름 위로 높이 오르는 제트기를 타고 대륙을 오가고, 상냥한 승무원들이 가져다주는 최고급 와인을 마음껏 마시고, 환경이 잘 보호되어 녹지가 푸른 교외의 대저택에 살거나 혹은 예술과 미의 중심지에 자체 보안 시스템이 완벽하게 갖춰진 스트라토스의 지도자들이 트로글리테스들의 삶으로부터 분리되었"다고 말합니다. 그들은 "이 지구의 자원을 고갈시키면서 현실에서 동떨어져 '환상의 세계'에 살고 있기에 자신들이 무엇을 하는지, 달리 어떻게 살아야 하는지 알지 못한다"고 했습니다.

이제 지구는 1%의 '스트라토스'가 지배하는 세상이 되었습니다. "우리는 99%다"라는 슬로건의 출현은 미국의 불평등 문제에 대한 논쟁에서 중요한 전환점이라고 말하는 조지프 스티글리츠는 『불평등의 대가』(열린책들)에서 50년 후 미국의 미래상에 대해 "부유층은 폐쇄된 지역 사회를 이루고 살면서 자녀들을 교육비가 많이 드는 학교에 보내고 일류 의료 서비스를 이용하는 반면에, 나머지 계층은 좋지 않은 교육과 제한된 배급제나 다름없는 의료 혜택을 받으며 그저 중병에 걸리지 않기만을 바라는 불안정한 세계에서 살아"갈 수 있다고 경고했습니다.

한국에서는 이런 일이 이미 현실입니다. 이제 팔꿈치로 옆 친구를 가격하는 일을 버리고 책을 함께 읽으면서 친구의 말에 귀를 기울여야 합니다. 한 현장 교사는 "평등한 독자로서 상대방을 통해 '나'를 보기도 하고, '나와 다름'도 만나면서 상대방이 가진 지식과 공감하게 된다. 이 과정에서 '그'는 분명히 '그'가 되고 '나'는 분명히 '나'가 되어 소통하는 '화이부동和而不同'에 이르게 된다. 이것이 자존감을 회복해야 할 이들이 독서모임을 소망하는 이유"라며 "서로 존중하는 공동체, 이상을 향해 함께 나아가는 공동체"를 만들자고 역설했습니다. 공독共讀의 역사가 바로 학문의 역사가 아닌가요. 그런 세상을 빨리 만들어야 합니다.

〈경향신문〉, 다독다독, 2014.6.16.

2017년에는 꼭 맞이해야 할 '인간화 체제'

저는 '87'이 지고 '97'이 뜬다는 칼럼을 한 신문에 쓴 적이 있습니다. 87은 민주화의 원초적 체험인 6월 항쟁을 말하고, 97은 세계화의 원초적 체험인 IMF 외환위기를 말합니다. '87'이 민족이나 국가가 지향하는 '정상'이나 '중심'을 향해 뚜벅뚜벅 걸어간 이들이 주도한 시대였다면, '97'은 오솔길일지언정 자기만 만족하면 그만인 사람들이 욕망을 한껏 발산한 시대였습니다. 삶의 방향성을 추구하던 사람들도 삶의 무늬를 추구하는 방향으로 말을 바꿔 탔습니다.

제가 이런 판단을 하게 된 계기는 이렇습니다. 저는 2005년 말에 블록버스터 영화 〈태풍〉을 막내딸과 함께 보았습니다. 딸은 이 영화가 남북문제를 어떻게 풀어가는지를 알고 싶어 〈태풍〉을 본다고 했습니다. 가만히 생각해보니 그때까지의 대형 블록버스터 영화는 〈쉬리〉(1999년), 〈공동경비구역〉(2000년), 〈실미도〉(2003년), 〈태극기 휘날리며〉(2004년), 〈동막골〉(2005년) 등 모두 남북문제를 다룬 것뿐이었습니다.

영화를 본 딸은 실망하는 기색이 역력했습니다. 딸은 곧이어 개봉하는 〈왕의 남자〉를 빨리 보고 싶다고 했습니다. 딸의 말대로 〈태풍〉은 기대 이하의 성적표를 받아든 반면, 사실과 허구를 뒤섞어 현실의 중압감과 버릴 수 없는 꿈의 판타지를 호소력 있게 전달한 〈왕의 남자〉는 모든 세대에게 각기 다른 이유로 호응을 얻으며 전인미답의 관객을 맞이했습니다. 이걸 보고 저는 세상이 완전히 바뀌었구나, 하는 것을 자각하게 되었습니다.

'07'(2007년) 체제에 저는 '개중個衆화'란 문패를 달아주었습니다. '개중'이란 개인과 대중을 합한 말입니다. 대중은 세중細衆의 단계를 거쳐 개중이 되었습니다. 2006년 말 〈타임스〉가 올해의 인물로 선정한 '당신You'이 바로 개중이었습니다. 혼자 원룸에 살면서 휴대전화나 메신저로 타인과 대화를 나누고 블로그를 통해 자신을 발신하는 등 철저하게 '1인용'으로 생활하지만 외로움을 전혀 느끼지 않는 개인 말입니다.

군중crowd과 아웃소싱을 합한 '크라우드소싱'이라는 신조어의 등장이 증명하듯이 지혜가 필요할 때는 대중에게 손을 내밀면 모든 문제를 해결할 수 있었습니다.

2007년 '88만원 세대'라는 비극적인 신조어가 등장하기는 했지만 그래도 개인에게는 꿈이 있었습니다. 세계화의 전도사인 토머스 L. 프리드먼은 『세계는 평평하다』에서 지금 이 시대를 이끄는 역동적인 힘은 국가나 대기업이 아닌 개인과 소규모 기업이라고 주장했습니다. 기술의 발전, 통신기술의 혁명적 진화, 인터넷의 등장으로 말미암아 지역이나 국가의 경계가 허물어지고 개인이 더욱 강력한 힘을 갖추게 되면서 세계는 축소되고 평평해진다는 것이 프리드먼의 주장이었습니다.

그러나 곧바로 터진 2008년의 '글로벌 금융위기'는 개인이 얼마나 나약한 존재인가를 완전히 드러냈습니다. '개중화'가 성립하려면 개인을 살려낼 수 있는 인문학적 반성부터 필요했습니다. 개중화는 이전 체제인 '97' 체제의 반성을 통해 총체적 모순을 극복해야만 가능한 일이었습니다. 그러나 이 땅에는 이명박 정권이라는 구체제, 즉 추악한 기득권 세력이 권력을 잡고 모든 일을 농단했습니다. 그로 인해 개중화로의 변신은 함몰되고 말았습니다. 박근혜 정권도 이명박 정권과 조금도 다르지 않았습니다.

"한국전쟁 이후 최대의 참사"로 일컬어지는 '세월호' 여객선 침몰사고는 구악의 기득권 세력이 글로벌 위기라는 '예외상태'를 악용해 '97' 이전의 체제를 유지하면서 마지막 끝물까지 빨아먹으며 저지른 온갖 패악을 적나라하게 노출했습니다. 가진 자들의 온갖 불법과 탈법, 이른바 '해피아'의 적폐, 국민과 소통할 줄 모르는 대통령의 제왕적인 통치 스타일, 받아쓰기만 할 줄 아는 국무위원과 청와대 비서들, '기레기'(기자+쓰레기)란 비난을 들어야 했던 언론, 생명보다 돈을 중시하는 사회 체제와 삶의 방식 등 상시적인 임계 상태에 이른 우리 사회의 민낯이 완전히 드러났습니다.

세월호 참사 이후에 제2기 내각을 구성하는 과정에서 보여준 것이라고는 기득권 유지에 혈안이 된 조급함뿐이었습니다.

우리는 머지않아 새로운 대통령을 뽑는 '17'(2017년) 체제를 맞이합니다. 우리는 그 체제를 어떻게 불러야 할까요? 그 체제에 우리가 추구하는 진정한 염원을 담아야 합니다. 인문학자 김경집은 『사회를 말하는 사회』(북바이북)에 '적법한 반칙을 깨뜨리자'는 글을 발표했습니다. 그 글에서 그는 우리 사회는 "누구든 먼저 앞으로 달려가 선진 지식을 습득하고 다른 사람을 향도하여 빠르게 따라잡으면 성공할 수" 있었던 '패스트무빙fast moving'의 산업화 사회에서 벗어나 "경쟁이 아니라 협력이, 한 사람의 천재성이 아니라 구성원 모두의 영감과 아이디어와 에너지가 결합되는 방식으로 전환하지 않으면 공멸"하는 퍼스트무빙first moving의 21세기에 발 빠르게 적응해야 한다고 강조했습니다.

김경집은 "인간의 가치와 주체성, 그리고 인격적 연대가 필수적"인 사회가 되어야 한다고 역설했습니다. 저는 그 사회에 감히 '인간화'라는 이름을 붙이고 싶습니다. 1등만 잘 사는 사회가 아니라 모두가 '중세의 촌락'에서처럼 훈훈한 마음을 드러내며 더불어 잘 살고자 노력하는 사회를 반드시 만들어야만 합니다. 그 세상을 맞이하려면 지금부터 이전의 세 체제에 대한 총체적인 분석과 그에 따른 반성이 있어야 마땅할 것입니다.

〈경향신문〉, 다독다독 2014.7.22.

아날로그 종이책이
디지털 감성을 입는다면

"푸른 바다와 이어진 새파란 하늘, 날개를 쫙 편 까마귀, 그 위에 두 팔을 벌리고 서 있는 아이와 토끼"의 모습이 펼침면으로 전개된 그림은 『시리동동 거미동동』(제주도꼬리따기 노래, 권윤덕 그림, 창비)의 인상적인 클라이맥스입니다. 그림에서 까마귀는 바다로 물질 나간 엄마를 발견한 듯 아래를 바라보며 방향을 바꾸는데, 정작 아이는 엄마가 아니라 정면을 바라보며 당당하게 서 있습니다.

저널리스트이자 그림책평론가인 최현미는 "이 장면을 펼칠 때 저는 종종 딸에게 심호흡을 해보자고 합니다. 그냥 넘기기엔 참 깊고 긴 시간이 담겨 있는 그림이기 때문입니다. 그리고 들숨과 날숨의 그 순간, 딸이 높은 곳을 날고 있는 주인공이 되길 바랍니다. 그 옆에서 저도 깊은 호흡을 합니다"라는 감상을 적은 바가 있습니다.

벤자민 라콩브의 『나비 부인』(보림)은 가로 275mm, 세로 390mm인 대형 그림책입니다. 자코모 푸치니의 대표 작품 〈나비 부인〉과 피에르 로티의 「국화 부인」을 각색한 이 그림책은 일본인 게이샤 나비 부인이 "아름다운 것을 탐하는 서양 수집가의 변덕스러운 욕망"으로 자신을 선택한 미군 해군 장교와 결혼했다가 "곧 돌아오겠다"는 한마디 말만 남기고 본국으로 떠나가버린 그를 기다리는 슬픈 사랑과 애틋한 마음을 그린 작품입니다. 모두 펼쳐놓으면 10m 병풍이 되는 그림은 한 장면 한 장면 우리를 숨죽이게 만듭니다. 마치 한 권의 화집처럼 보이기도 하지만 "나비의 형상을 표지부터 마지막 장면까지 등장시켜 마치 독자의 시선이 나비 떼의 동선을 따라 다음 장면으로 인도되는 듯한 강렬한 표현으로 이미지화하고 있"(그림책작가 류재수)기에 이 책은 그림책이 맞습니다. 그림책과 화집의 경계를 해체했다는 표현이 맞을 것입니다.

이런 그림책의 장면들을 영상화면으로 비춰주면 어떤 효과가 있을까요? 방금 본 것도 잊게 만드는 영상으로는 이런 감동을 도저히 느낄 수 없습니다. 더욱이 오늘날 그림책은 디지털 기술의 발달로 말미암아 한층 정교해지고 있습니다. 아이들의 상상력을 자극하게 만드는 팝업북의 수준도 일취월장하고 있습니다. 최근 저는 국내에는 출간되지 않은 프랑스의 그림책들을 보고는 감탄을 금치 못했습니다. 디지털 기술이 아날로그 그림책을 이렇게 발전시키고 있습니다.

북디자이너 정병규는 20세기 말에 "움직이는 것(영상)이 움직이지 않는 것(평면의 이미지)보다 우월하다는 사고방식을 버려야 한다. 정적 이미지 이후에 발견된 동적 이미지인 영상은 그 나름의 특징을 가진 것은 주지의 사실이지만, 정적 이미지보다 우월하다는 생각은 영상상업주의의 영향이다. 이러한 이미지와 영상의 특질을 상대적으로 이해하는 것은 지금, 바로 시급한 책의 문화에 대한, 디지털 시대에 만연한 책의 미래에 대한 부정적 사고에서 벗어나는 새로운 인식의 출발점"이라고 충고한 바가 있습니다.

지금 출판 현장에서는 이미지의 적절한 편집과 디자인을 통해 움직임을 시각화시키는 실력이 날로 출중해지고 있습니다. 게다가 디지털 기술을 이용한 책의 제작기술도 놀랍게 발달하고 있습니다. 편집과 디자인과 제작을 결합한 '만들기'를 통해 아날로그 그림책은 영상이 도저히 구현할 수 없는 영역을 개척하고 있습니다. 이런 그림책을 전자책으로 만드는 순간 그림책의 '맛'은 완전히 사라져버릴 것입니다. 그래서 일본의 출판계는 그림책만큼은 전자책으로 만들지 않기로 암묵적 합의를 했다고 합니다. 반면 우리 출판계는 아동서적을 전자책으로 만드는 시도조차 제대로 하지 못했습니다. 증강

현실을 도입한 영상화가 시도된 적이 있으나 비용 대비 수익이 나지 않으니 벌써 접은 상태이지요.

하지만 아날로그 그림책도 디지털 감성을 입힐 필요는 있습니다. 창비를 비롯한 출판사 26곳이 함께 참여해 영아부터 초등 저학년 도서까지 364권의 책으로 시작한 '더책' 서비스가 대표적인 경우입니다. '더책'은 아날로그 종이책에다 세계 최초로 개발된 디지털 기술을 입힌 것입니다. '더책'은 책에 스마트폰을 대기만 하면 책에 부착된 NFC(교통카드, 휴대폰 결제 등에 널리 쓰이는 근거리 무선통신) 태그를 스마트폰으로 인식해 책의 내용을 오디오북으로 듣거나 다양한 디지털 콘텐츠를 이용할 수 있는 획기적인 서비스입니다. 기존의 오디오북처럼 CD와 같은 저장매체와 별도의 재생장치가 필요하지 않고 번거로운 인증 절차 없이도 스마트폰만 있으면 언제 어디서나 이용할 수 있습니다.

저는 졸저 『디지털과 종이책의 행복한 만남』(2000년 출간)에서 "디지털 사회는 그 어떤 누구anyone, 언제anytime, 어디서나anywhere, 어떤 기기any medium를 통해서든지 모든 콘텐츠any contents를 쉽게 이용하려 드는 '유비쿼터스 인터넷' 시대이다. 따라서 출판사는 모든 콘텐츠를 디지털 환경에 맞게 생산해야 한다. 콘텐츠를 독점적으로 소유하면서 종이책이라는 한 방식으로만 생산하려 해서는 살아남을 수 없다. 'any'의 파도를 주도해야만 살아남을 수 있다"고 했습니다. 바야흐로 그런 시대가 온 것입니다.

출판publication은 '공적인public' 성격이 강하게 적용되는 업종입니다. '더책'이 유아나 시각장애인, 다문화가정의 자녀 등 소외자들을 염두에 두고 개발된 것이기에 우리는 더욱 환영하지 않을 수 없습니다. '더책'을 가까운 도서관에서부터 즐겨보시기 바랍니다.

〈경향신문〉, 다독다독, 2014.8.12.

'사물인터넷'과 '유리감옥', 그리고 '벌거벗은 미래'

영화 〈그녀Her〉에서 주인공 테오도르는 고객의 손편지를 대신 써주는 대필 작가입니다. 그는 고객의 마음을 정말 잘 어루만지지만 정작 자신의 감정 표현에는 서툽니다. 아내와의 이혼도 주저하는 중입니다. 그런 그에게 몸은 없고 주머니에 쏙 들어가는 인공지능 운영체제OS인 새 애인이 나타납니다. 조그만 휴대전화라고 보시면 됩니다. 애인은 나타나자마자 이름이 뭐냐고 물으니 『아기 이름 짓기』란 책을 읽고 0.2초 만에 18만 개의 이름 중에서 '사만다'를 골라냅니다.

사만다가 테오도르의 어떤 말에도 귀 기울여주고 모든 것을 이해해주니 서로의 사랑은 깊어만 갑니다. 사만다는 테오도르가 쓴 글들을 골라 『그대 삶으로부터 온 편지』란 책을 펴내주어 감동시킵니다. 그러나 사만다는 자신이 분산되는 것을 막을 수 없다고 말합니다. 그녀는 8,316명의 고객을 한꺼번에 만나면서, 그중의 641명과 사랑의 감정을 느낀다고 말합니다. 물론 테오도르를 진정으로 깊이 사랑했다고 말합니다.

이제 이런 세상이 우리 가까이 와 있는지도 모르겠습니다. 텔레비전, 냉장고, 에어컨 등의 가전제품, 시계와 안경, 자동차, 공장 설비 등 모든 사물에 컴퓨터가 내재되어 서로 네트워킹하는 세상이니까요. 『사물인터넷』(커넥팅랩, 미래의창)의 저자들은 "지금은 사물에 부착된 센서와 유·무선 통신을 통해 정보를 주고받는 초기 단계지만, 가까운 미래에는 사람이 판단하거나 지시하지 않아도 사물과 공간이 센서로 수집된 데이터를 통해 스스로 환경을 분석하고 상황을 판단하여 해결책을 제시하고 작업을 수행하는 것이 가능한 시대가 될 것"이라고 말합니다.

스마트폰이 등장한 지 이제 겨우 5년이 지났습니다. 지금까지는 '인간'을 중심으로 한 스마트의 시대였다면, 앞으로 펼쳐질 세상은 '사물'이 중심이 된 진정한 스마트 세상이 도래할 것이랍니다. 주머니 안의 스마트폰이 인간을 중심으로 하여 언제 어디서든 연결될 수 있는 상태를 만들어주었다면, 사물 인터넷은 인간 주변의 모든 사물을 연결하고, 인간과 상호 소통할 수 있도록 만들 것이라는 것이지요. 더군다나 사물인터넷 시대와 만물인터넷 시대를 지나, 만물지능인터넷 시대까지 가야 한다고 합니다. 그야말로 모든 사물이 '지혜'를 가진 존재로 거듭납니다. 인공지능의 시대가 오기 전에 '지혜를 가진 사물'의 시대, 즉 '싱즈 사피엔스Things Sapiens'의 시대가 먼저 오고 있습니다.

모든 사물이 알아서 일을 해주면 일의 형태와 인간의 사고가 획기적으로 달라질 것입니다. 2025년쯤에는 여러 개의 직업을 동시에 갖는 개인이 크게 늘어날 것이랍니다. 호주에서는 10~15년 후, 한 사람이 평균 29~40개의 직업을 갖게 될 것이라고, 미국 정부는 10년 후에는 현재 직종의 80%가 소멸하거나 현재와는 다른 형태로 변할 것이라고 전망했다고 합니다. 회사원은 줄어들고 자영업은 늘어나며, 유럽에서는 1인 기업이 90%에 이를 것이라는 예측도 나왔다는군요.

『빅 스위치』(동아시아)와 『생각하지 않는 사람들』(청림출판)에서 디지털 기술의 명암을 명쾌하게 분석한 바 있는 니콜라스 카는 신작 『유리감옥』(한국경제신문)에서 컴퓨터와 소프트웨어를 통해 가속화되고 있는 자동화가 인간의 삶을 파괴할 수도 있다고 경고합니다. 그가 말하는 '유리감옥'은 우리를 자동화로 유도하는 '컴퓨터 스크린'과 스마트폰 액정 같은 '터치스크린'을 말합니다. 무인 항공기나 무인 자동차의 시대가 눈앞에 와 있는 지금, 사물인터넷, 인공지능, 웨어러블 디바이스, 빅데이터 등을 통해 가속화되고 있는 '자동화'에 우리가 저항할 수 있어야 한다고 주장합니다.

니콜라스 카는 "유리감옥 안으로 들어갈 때 우리는 우리 몸의 상당 부분을 포기해야" 하는데 "그렇다고 우리가 자유롭게 되는 것은 아니고 쇠약해질 뿐"이기에 결국 우리는 '존재론적 궁핍'을 경험할 수밖에 없다고 말합니다. "우리가 사는 시대는 물질적 편안함과 기술적 경이로움으로 가득 차 있을지" 모르지만 "그런 시대는 목적이 없고 우울한 시대"라는 것이지요.

과학 전문기자 겸 편집자인 패트릭 터커는 『네이키드 퓨처』(와이즈베리)에서 우리는 빅데이터 시대를 지나 텔레메트리 시대에 진입했다고 말합니다. 텔레메트리란 "한 장소에서 수치를 측정하여 이를 기록하거나 표시하기 위해 멀리 떨어진 지점으로 전달하는 과정이나 업무로, 수치를 측정하는 장치가 전달 업무도 실시하는 경우"를 말합니다. 〈그녀〉에서의 사만다처럼 "마치 감지하는 듯 데이터를 실시간으로 수집하고 전달"하는 것을 말합니다. 패트릭 터커는 "로봇들이 나를 내려다보며 몇 초 후, 몇 분 후, 어쩌면 몇 년 후에 내가 어디에 있을지 예측한다거나 순찰차에 탄 경찰이 내게 눈을 흘기며 향후 1시간 내에 내가 부도수표를 발행할 확률이 10퍼센트라든가 주차 위반을 할 확률이 80퍼센트라고 예견"하는 세상이 오는 것을 막을 수 없다고 말합니다.

"아침에 커피를 사러 가서 카드를 긁는 순간 의료보험회사가 당신이 고혈압이라고 문자메시지를 보내"오고, 바로 이어서 "정부가 세금고지서를 보내오는" 세상이 과연 바람직한 사회일까요? 저는 사만다 같은 애인이 있었으면 좋겠다는 마음으로 영화를 보기 시작했지만 결국 '피가 흐르는' 인간의 뜨거움만 사랑해야겠다고 결심했습니다. 여러분의 생각은 어떠신지요?

〈경향신문〉, 다독다독, 2014.9.2.

우유부단한
'결정장애 세대'

물이 반쯤 담긴 컵을 바라보는 시각은 크게 둘로 나뉩니다. 하나는 물이 아직도 반이나 남아 있다고 보는 낙관주의자들입니다. 6개월 시한부 인생을 선고받아도 남은 인생을 실컷 즐기자며 광란의 파티를 즐길 사람들입니다. 다른 한 부류는 물을 단 한 번만 홀짝여놓고도 컵에 물이 반밖에 남아 있지 않다고 말하는 비관주의자들입니다. 그들에게 인생은 한숨과 고난의 연속입니다.

이들 말고 제3의 시각이 있습니다. 컵에 물이 반이나 남아 있다는 말도 맞고, 반밖에 남아 있지 않다는 말도 옳다고 말하는 그룹입니다. 그들은 개개인의 의견을 그다지 중요하지 않게 여깁니다. 아니, 심지어 문명의 퇴보로 여깁니다. "개개인의 주관적인 의견들 때문에 지금까지 애써 가꾸어온 조화로운 문화와 문명이 무너질 수 있다고, 제3차 세계대전까지 가지는 않겠지만 최소한 인류의 분열을 조장하고 인류 문화를 지금보다 야만적이고 미개한 것으로 되돌려놓을 수 있다고 우려"합니다.

그들은 『결정장애 세대』(올리버 예게스, 미래의창)로 불립니다. 이 책의 원제는 '메이비 세대Generation Maybe'입니다. 메이비 세대는 모든 걸 공개하고 공유하는 최초의 세대입니다. 그들에게 사생활은 없습니다. 온라인 친구들과 삶의 모든 것을 함께합니다. 그들은 좌파도 우파도 아닙니다. '빅브라더'가 모든 것을 조종하는 상황이나 '보이지 않는 손'(즉 시장)이 지닌 무한한 힘도 믿지 않습니다. 그들 앞에는 너무 많은 선택의 기회가 놓여 있습니다. 울트라모던한 세상, 모든 것이 가능한 세상의 수많은 유혹들이 그들을 향해 손짓합니다. 그들이 원하는 게 무엇이든, 그들이 바라는 게 무엇이든 마우스 클릭 한 번이면 대체로 해결됩니다. 그러나 그들은 결정을 내리지 못합니다. 어딘가에 잘 정착하지도 못하고 한 가지 일에 잘 집중하지도 못합니다.

그들의 삶을 송두리째 뒤바꿔놓은 것은 스마트폰입니다. 스마트폰은 그들의 나침반이자 내비게이션인 동시에 중앙관제탑이자 항해일지입니다. 스마트폰으로 접근하는 소셜미디어는 잠깐 반짝하다가 사라지는 단순한 현상이 아닙니다. 그것은 몸에 좋은 음식, 편안한 집, 안정된 직장, 시원한 쾌변, 감동적 섹스만큼이나 삶의 필수 요소에 속합니다.

그들은 신을 믿지 않으니 종교도 없습니다. 대신 그들의 가슴속에는 신비주의나 축구, 건강, 환경보호, 애플, 소셜미디어 같은 '대안 종교'들로 가득 채워져 있습니다. 일요일마다 교회에 가는 대신 토요일마다 축구 경기장을 찾고, 아이패드 신제품이 출시될 때마다 실리콘밸리의 애플 본사 앞에 반원형으로 둘러서서 실시간 중계를 감상하곤 합니다.

'메이비 세대'는 독일의 1982년생 저널리스트인 올리버 예게스가 독일 일간지 〈디 벨트〉에 기고한 한 편의 칼럼이 열렬한 호응을 받으며 페이스북과 트위터를 타고 삽시간에 유럽 전역으로 퍼져나가는 바람에 세상에 널리 회자되었습니다. 이 세대는 사실 지난날 '자기계발' 이데올로기에 빠져 있던 이전 세대들과 크게 다르지 않습니다.

레나타 살레츨은 『선택이라는 이데올로기』(후마니타스)에서 "한국을 비롯한 선진국의 여성들은 특히 선택의 문제에 포위되어 꼼짝도 못하고 있다"고 말합니다. 그들이 매일 마주하는 풍부한 소비 선택지들 가운데 무엇을 선택할지 몰라서가 아니라 사생활에서도 완벽한 선택을 내려야 한다고 믿고 있기 때문이라는 것이지요. "몸매를 가꾸는 법, 욕망을 억제하는 법, 인생의 행로를 조종하는 법, 특히 죽음을 막는 법"에 관한 자기계발서들의 조언이 넘치는 가운데 사랑, 정서, 몸과 건강, 심지어 자녀마저도 선택의 문제로 제시되다 보니 어떤 선택을 해야 할지 갈피를 잡지 못하게 되었다는 것입니다.

레나타 살레츨은 선진국 소비자들이 선택 앞에서 무력해지는 이유는 선택할 수 있는 물품이 지나치게 많다는 데 있는 게 아니라고 말합니다. 오히려 오늘날 만연한 선택 이데올로기가 점점 소비자들의 불안감과 부족감(부적절하며 남보다 못하다는 느낌)을 증가시키고 있다는 것이 문제라고 말합니다. 일류 대학을 나와 좋은 직장에 탄력 있는 몸, 자기 집, 심지어는 근사한 남편이 있음에도 몹시 불만족스러워하면서 다시 수많은 선택을 해야 하는 것에 불안해하는 것이라는 겁니다. 그래서 런던의 유명 레스토랑이 한 가지 메뉴만 제공하기 시작하자 문전성시를 이루고, 한국의 중국집이 만든 아이디어인 '짬짜면'이 인기를 끌기도 합니다.

일본의 〈동양경제〉 2013년 7월 27일자의 특집 'U40은 어떤 사춘기를 보내왔는가: 주요 디지털기기·서비스와 U40의 역사'는 휴대전화 세대(20대 후반)와 스마트폰 세대(20대 전반)의 차이를 분석한 바가 있습니다. 무리하기보다 할 수 있는 일만 하려는 경향이 있는 스마트폰 세대는 자신들을 '얕잡아보는 시선'이 아니라 자신과 같은 시선으로 바라봐주는 상사를 원한다고 합니다. 이 세대는 적당히 출세하자거나 적당히 사귀자는 등 '적당'이라는 말을 입에 달고 산답니다.

올리버 예게스의 지적대로 '메이비 세대'는 일시적인 '청년의 위기'가 아니라 '평생의 위기'에 빠져 있을 겁니다. 그는 "우리가 지닌 능력보다는 우리가 내리는 결정이 우리의 진정한 모습을 더 많이 보여준다"는 조앤 K. 롤링의 『해리포터』에서 호그와트 마법학교의 교장 알버스 덤블도어가 한 말을 인용했습니다. 아마도 이 말에 문제 해결의 해법이 담겨 있지 않을까요.

〈경향신문〉, 다독다독, 2014.9.30.

함께 책을
읽는다는 것

일찍이 로버트 패티슨은 『On Literacy』(1984년)에서 "읽고 쓰는 능력은 고대 이집트의 파라오 시대 이후 아직 한번도 실패를 경험한 적이 없으며 오직 변화되었을 뿐"이라고 말했습니다. 그동안 책자본의 등장, 인쇄술의 발견, 디지털 혁명 등 책의 혁명이 세 차례 있었지만 읽고 쓰는 일의 중요성은 늘 강조되었습니다.

아르만도 페트루치는 『읽는다는 것의 역사』(1997년)에서 "여기에 기술된 책과 독서의 미래, 즉 개인적인 실행, 개인적인 선택, 규칙과 계층의 거부, 생산 면에서의 혼란과 규율 없는 소비, 축적된 각기 다른 지식과 정보의 혼합, 매우 다양하면서도 유사한 수준의 생산 등이 혼합된 미래를 얼마나 긍정적인 현상으로 간주할 수 있는지 없는지를 이 시점에서 묻는다는 것은 정말로 적절하지 않아 보인다"는 견해를 내놓았습니다.

그는 이어서 "사실 독서는 광범위하고 복잡한 현상이다. 앞으로 10년 또는 20년 안에 그 방향은 의심할 나위 없이 분명해질 것이다. 그리고 50년 또는 100년만 지나면 독서가 우리를 어디로 인도하는지를 알게 될 것이다. 또한 하고자 한다면 그 현상에 대한 평가를 내릴 수 있을 것이다. 지금은 아니다. 아직 너무 이르다"고 말하며 '읽기'의 미래에 대한 판단을 유보했습니다.

우리는 지금, 그가 판단을 유보한 1997년과 인문학자 김용규가 『생각의 시대』(살림)에서 "지식이 3일마다 2배씩" 늘어난다는 2030년의 가운데 시기에 놓여 있습니다. 이제 디지털 혁명에 따른 읽기의 실체를 판단해보아야 하는 시점이 아닐까요?

마침 최근에 읽는 방법을 제시하는 책이나 읽은 책의 독후감을 담은 책이 폭발적으로 증가하고 있습니다. 여성학 연구자인 정희진은 『정희진처럼 읽기』(교양인)에서 "여러 분야의 책을 읽다 보면, 오히려 한 분야만 공부한 전공자보다 더 깊게, 더 많이 알게 된다. 개인이 축적한 지식의 양 때문이 아니다. 이는 구조적으로 당연한 일인데, 여러 학문을 두루 접하면 지식의 전제와 지식이 구성되는 역사적 과정을 알게 되기 때문"이라며 관점을 중심으로 "모든 분야의 지식"을 다룬 책 읽기를 권합니다.

정희진은 책을 읽는 방법은 크게 '습득習得'과 '지도 그리기mapping'의 둘로 나뉜다고 말합니다. '습득'은 "말 그대로 책의 내용을 익히고 내용을 이해해서 필자의 주장을 취하는take 것"이고, '지도 그리기'는 "책 내용을 익히는 데 초점이 있기보다는 읽고 있는 내용을 기존의 자기 지식에 배치(trans/form 혹은 re/make)하는 것"입니다.

정희진의 설명은 이어집니다. "습득은 객관적, 일방적, 수동적 작업인 반면에 배치는 주관적, 상호적, 갈등적이다. 자기만의 사유, 자기만의 인식에서 읽은 내용을 알맞은 곳에 놓으려면 책 내용 자체도 중요하지만 책의 위상과 저자의 입장을 이해하는 것이 핵심이다. 그러려면 기본적으로 사회와 인간을 이해하는 자기 입장이 있어야 하고, 자기 입장이 전체 지식 체계에서 어떤 자리에 있는가, 그리고 또 지금 이 책은 그 자리의 어디에서 나온 것인가를 파악해야 한다."

지난 시절 독서운동은 주로 '습득'에 방점이 찍혀 있었습니다. 상업주의적인 독서운동단체와 독서운동을 벌이는 일부 교사단체에서 '독서능력검정시험'을 도입하자고 목소리를 높인 것이 대표적입니다. 작년에 KBS와 일부 교육청이 연합해 시행하려 했던 'KBS 어린이독서왕'도 책의 내용을 단순하게 암기시키려는 정말 한심한 이벤트였습니다.

과거에는 학교에서 배운 지식만으로도 평생을 버틸 수 있었습니다. 그러나 지금은 정보가 폭발하는 시대입니다. 게다가 100세 시대입니다. 이제 한 사람이 이끌고 나머지가 수동적으로 따라가는 시대가 아닙니다. 여럿이 함께 책을 읽고 공감을 나누는 수평적 관계의 시대입니다.

정희진은 "책 속에 진리가 있다는 말은 역사 최대의 거짓말"이라고 말합니다. "책 속엔 아무것도 없다. 저자의 노동만 있을 뿐이다. 굳이 말하자면, 사상에서 이데올로기('거짓말')에 이르기까지 다양한 담론이 있다. 저자의 입장을 수용하고 이해하는 것보다 저자와 갈등적against 태도를 취할 때 더 빨리, 더 쉽게, 더 정확하게 이해할 수 있다"는 것이지요.

『이젠, 함께 읽기다』(신기수 외, 북바이북)의 저자들도 책에는 정답이 없고, 그저 생각의 차이만 존재할 뿐이라고 말합니다. 그들은 "골방독서에서 광장독서로, 지적 영주에서 교양시민"으로 바뀌어야 하며, "'틀리다'가 아닌 '다르다'를 지향하는 독서토론"이 필요하다고 말합니다. 이 책 속의 함께 책을 읽어 인생을 바꾼 이들의 경험담은 우리를 감동시킵니다.

'책읽는사회문화재단' 안찬수 사무처장은 한 좌담에서 "앞으로 우리에게 닥칠 시대에 절대 놓쳐서는 안 되는 핵심적인 교육 내용" 두 가지는 '책 읽기'와 '손노동'이라고 말했습니다. "책으로 표현되는, 앞선 시대의 지혜, 지식, 정보, 스스로 문제를 설정해서 탐구해 들어갈 수 있는 능력"과 "사회가 점점 발달하면서 기계가 감당하는 게 늘어날 텐데, 기계가 할 수 없는 것, 예를 들어 손으로 글쓰기, 붓글씨, 조형물 만들기, 목공, 텃밭 가꾸기, 악기 다루기" 같은 기계가 하지 못하는 일이 중요해진다는 것입니다.

어떻습니까? 여러분도 가까운 이들과 함께 책을 읽은 다음 '…처럼 읽기'란 담론을 한번 만들어보시지 않으렵니까?

<경향신문>, 다독다독, 2014.10.20.

테크놀로지 실업과
인간의 존엄성

요즘 학부모들은 자식 걱정이 태산인 것 같습니다. 과거에는 목표가 뚜렷했습니다. 일류 대학에 입학만 하면 그래도 밝은 미래가 보장된다고 보았으니까요. 그러나 지금은 일류대에 입학한 사람들이 더 고민한다고 합니다. 해외 유명 대학 졸업이라는 스펙으로도 아무것도 해결되지 않는 세상이니까요.

지금 전문직에 종사하는 사람들은 자신들의 미래가 없다는 사실에 충격을 받고 있습니다. 세상은 엄청난 규모와 속도로 변화하고 있습니다. 과거 100년에 걸쳐 일어났던 변화가 단 1년도 안 되는 짧은 기간에 일어나고 있습니다. 미래학자 최윤식은 김건주와 함께 쓴 『2030 기회의 대이동』(김영사)에서 "변화에 관한 자세한 내용을 이해하는 것보다 더 중요한 것은 변화를 바라보는 제대로 된 시선을 갖는 것"이라고 말했습니다.

"대학에서 전자공학을 전공하는 1학년 학생이 4학년이 되었을 때 1학년 때 배운 것의 대부분은 낡은 지식이 되어"버리는 세상, "현장 근로자들은 2~3년 단위로 새로운 기술 지식을 배우지 않으면 안 되는" 세상, "10년 후 현재 지식 근로자들이 가지고 있는 지식의 대부분은 인공지능 컴퓨터가 해결해줄" 세상에서 제대로 된 '시선'은 무엇을 말하는 걸까요?

그동안 잘나가던 의사나 변호사 등 전문직은 큰 위기에 봉착했습니다. 10년 후에는 현재의 직업 80%가 소멸하거나 다른 형태로 변할 것으로 예상됩니다. 결혼 적령기 여성의 상대가 교수라는 것을 알고 온 가족이 결혼을 반대했다는 얘기는 새삼스러운 일도 아닙니다. 전문화 시대에서 융합 시대로 바뀐 마당에 한 '구멍'만 파는 대학교수가 인기가 없는 것은 당연하다 할 것입니다. 더구나 대학에는 겸임, 연구, 특임, 강의 등의 형용어가 붙은 임시 직의 '워킹푸어'마저 넘치니 전문성이라는 것을 찾아보기도 어려운 형편입 니다.

변화를 만드는 거대한 힘은 무엇일까요? 바로 기술 혁명입니다. 기술 혁 명이 불러온 변화는 기계가 일자리를 빼앗는다는 것이지요. 그야말로 '테크 놀로지 실업'의 시대입니다. 타일러 코웬은 『Average Is over』에서 기계의 지 능이 인간의 일과 소득을 어떻게 바꿀 것인가를 말하고 있습니다. 그는 이 책의 일본어판(『대격차』) '서문'에서 중산층이 사라지는 이유가 '오토메이 션'(자동화)이라고 말합니다. 코웬이 말하는 오토메이션은 로봇 기술만이 아 니라 고성능의 소프트웨어, 인공지능^{AI}, 사물인터넷 등의 테크놀로지를 모두 포함합니다.

코웬은 "지금까지 중산층이 주로 일했던 직업은 피가 흐르는 인간이 아 니라 기계나 소프트웨어가 담당하게 될 것"이라고 말합니다. 공장노동에 한 정된 이야기가 아닙니다. 로봇이 강아지를 산책시키고 노인을 보살피게 되는 것은 시간문제입니다. 자동차를 운전하거나 병을 진단하는 소프트웨어, 짐 을 문 앞까지 배달하는 무인 항공기 등이 곧 등장할 것입니다.

미래를 주도하는 신부유층은 누구일까요? 코웬은 "기계와 함께 일할 수 있고, 기계를 발명할 수 있고, 기계에 관한 지적 재산을 소유하고, 기계의 산 물을 세계의 소비자들에게 배달하는 사람들은 대단히 부유해질 것"이지만 저임금의 서비스업에 종사할 수밖에 없는 대부분의 젊은 남성들은 만족스러 운 생계를 유지할 수 없게 될 것이라고 말합니다.

이런 미래가 부정적이기만 할까요? 코웬은 "테크놀로지가 진화해서 많은 분야에서 인간의 노동이 필요 없어진다면 우리들이 창조성과 시간을 보다 자유롭게 활용할 수 있다는 면도 있다. 억압적인 상사에게 착취당하며 일할 필요가 없어질지 모른다. 그러나 우리는 정말 그 변화의 덕을 볼 수 있을까?

앞으로 다가오는 것은 새로운 르네상스 시대일까, 아니면 빈곤에 허덕이는 시대일까? 어쩌면 그 양면 모두가 현실이 될지도 모르겠다"고 말합니다.

『특이점이 온다』(김영사)의 저자인 레이 커즈와일은 컴퓨터가 인류를 초월하는 일이 2045년에 온다고 예측한 바 있습니다. 미국 국방부와 유럽연합EU이 인공지능 개발에 거액을 투입하고 있으니 '2045년 문제'는 더 빨리 실현될 수도 있을 것입니다. 2045년은 영국의 투자은행인 로열뱅크오브스코틀랜드RBS가 세계 최고 속도로 고령화가 진행되고 있는 한국의 평균 연령이 50세가 되어 세계 최고령 국가로 등극할 것이라고 예측한 해이기도 합니다.

이제 우리는 로봇과 차별화되는 인간의 능력부터 파악해야 합니다. 그러기 위해서는 인간에 대한 본원적인 이해가 필요합니다. 그게 바로 문학, 역사, 철학, 인류학, 고고학 등 인문학입니다. 이런 학문을 기술과 결합해 사유할 수 있어야 하니 과학도 절대 필요합니다. 지금은 인간의 뇌(머리)만 움직이면 되는 이성의 시대가 아니라 몸과 마음을 움직여야 하는 감성의 시대입니다. 그러니 예술에 대한 깊이 있는 이해도 더욱 중요해졌습니다.

지금 당장은 기계와 차별화되는 인간의 '존엄성'이라는 철학적 담론에 대한 천착부터 필요한 것 같습니다. 페터 비에리는 『삶의 격』(은행나무)에서 인간이 존엄성을 지키며 살아가는 방법을 이야기합니다. 그가 말하는 한 인간의 존엄성이란 "주체로서의 자립성과 자신의 삶을 스스로 결정할 수 있는 능력"입니다. 그런 능력을 제대로 찾아내려면 "남이 나를 어떻게 대하는가? 나는 남을 어떻게 대하는가? 나는 나에게 어떻게 대하는가?"의 세 가지 물음에 대한 답변부터 찾아내야 합니다.

〈경향신문〉, 다독다독, 2014.11.10.

'퍼블리터'의 시대

유홍준 교수의 『나의 문화유산답사기』 일본편이 '4. 교토의 명소'가 출간되면서 완간되었습니다. 4권의 띠지에는 "NFC 기능을 켜고 스마트폰을 올려보세요"라고 적혀 있습니다. NFC란 교통카드, 휴대폰 결제 등에 널리 쓰이는 근거리 무선통신을 말합니다. 독자가 책에 스마트폰을 올리면 무료로 제공되는 '사진으로 보는 일본 답사기'와 '북토크'를 보고 들을 수 있습니다.

앞으로 창비는 NFC 기능을 통해 오디오북, 슬라이드 강연, 서평, 북토크나 북콘서트 영상, 독자투고 영상이나 사진과 저자의 코멘트 등을 추가로 제공할 수 있습니다. 독자들이 서평이나 단평을 올리며 토론을 벌일 수도 있습니다. 이제 한 권의 종이책은 곧 미디어입니다. 몇백 원이면 붙일 수 있는 태그가 이렇게 책의 가치를 증진시킵니다. 책이 출간되었다고 바로 그걸로 끝일까요? 책은 무한한 상상력의 세계로 연결되는 매개에 불과합니다. 그러니 저자와 독자가 함께 읽고 토론하면서 계속 내용을 업그레이드할 필요가 있습니다.

창비는 8월 초에 출판사 26곳과 연대해 영아부터 초등 저학년 대상의 364권의 책에 오디오북을 NFC로 제공하는 '더책' 서비스를 시작했습니다. 최근에는 황정은 장편소설 『계속해보겠습니다』와 황석영 장편소설 『여울물 소리』 개정판에 오디오북을, 탁석산의 『달려라 논리』(전3권)에 저자의 동영상 강의를 NFC로 제공했습니다.

온라인서점이 등장한 이후 우리 출판시장은 오로지 가격 할인으로 독자를 유혹하는 데 혈안이 되어 있었습니다. 그러나 지난 11월 21일부터 새 도서정가제가 적용되면서 그런 방식은 거의 불가능해졌습니다. 그러니 이제 콘텐츠 제공자(출판사)도 변해야 합니다. 디지털 미디어를 활용한 커뮤니케이션이 스마트폰으로 집중되면서 사용자(독자)는 수준 높은 콘텐츠를 요구함과 동시에 모든 채널에서 브랜드의 일관성 유지를 요구하고 있습니다. 따라서 콘텐츠 제공자는 다양화되는 사용자의 욕망에 부응하는 동시에 즉각 능동적인 대화를 나눌 수 있어야 합니다.

이제 상품을 일방적으로 만들어 뿌리는 브로드캐스트 시대가 지고, 생산자와 소비자가 서로 소통하는 시대가 열리고 있습니다. 블로그를 우리는 제5의 미디어라 불렀습니다. 그 이후에도 무수한 미디어가 새로 등장했습니다. 인류의 역사가 시작된 이래 축제나 이벤트가 없었던 적은 없습니다. 모든 사람이 미디어가 되어 정보를 발신할 수 있는 세상이 되면서 누구나 유익하고, 공익적이며, 재미있는 콘텐츠를 만들어 전 세계의 독자와 만날 수 있습니다. 그러나 이제는 누구나 자신이 '지난여름에 한 일'을 감출 수 없는 세상이기도 합니다.

더구나 세계는 1등만 살아남고 1%가 지배하는 세상이 되었습니다. 1%는 곧 0.1%로 줄어들 것입니다. 극단적으로 양극화된 세상에서 지배당하는 느낌을 받는 99.9%는 자주 분노할 수밖에 없습니다. 그런 사람들이 과거에는 '죽창'을 들고 거리로 뛰쳐나왔겠지만 지금은 사회관계망서비스[SNS]에서 폭발합니다. 스마트폰으로 정보의 바다를 헤엄치다가 상대의 잘못을 트집 잡아 공격하는 데 열을 올리는 '삐딱한 사람들'이 넘치고 있습니다.

지금 디지로그 세상에서는 기사가 자동 생성되어 큐레이션 미디어에서 편집되어 SNS 등에서 날개를 달고 자유롭게 유통되고 있습니다. 그래서 단 한 번의 실수로 생각지도 못한 부분에서 공격을 받아 곧바로 루비콘강을 건너는 기업이나 명망가가 속출하고 있습니다.

이제 콘텐츠 제공자(편집자)는 퍼블리터[publitor], 즉 에디터[editor]이면서 퍼블리셔^{publisher}여야 합니다. 실력 있는 에디터는 콘텐츠 생산의 프로입니다. 달리 말하면 에디터는 상품(또는 기업)의 매력이 무엇인가를 발견하고 독자가 흥미를 느낄 만한 콘텐츠를 개발하여 전달할 수 있는 능력의 소유자입니다. 퍼블리셔는 정보를 많은 사람이 읽게 만드는 유통의 프로여야 합니다. 양질의 콘텐츠를 만들었더라도 읽히지 않으면 의미가 없습니다. 모든 상품은 기획 단계에서 읽히는 것부터 고려해야 합니다. 그래서 저는 상품이 출발하는 시점의 발상이 그 상품의 운명을 결정하는 세상이 되었기에 올해 초에 '퍼블리터의 시대'가 열린다고 주장한 바 있습니다.

이제 상품을 떨이로 판매하는 시대는 끝났습니다. 최상의 상품을 만든 다음 상품 정보에 부가가치나 엔터테인먼트적인 요소를 결합할 수 있어야 합니다. 한 기획자는 '콘텐츠 메이커'에게 액셀러레이터를 강하게 밟을 수 있을 정도로 과감해질 수 있는 용기, 기시감이 드는 콘텐츠 피하기, 밸런스 감각, 불필요한 것을 잘라내는 용기와 편집력 등을 갖출 것을 주문했습니다. 이미 미국의 기업들은 편집력을 갖춘 사람을 CCO(Chief Contents Officer, 웹사이트 콘텐츠 수집 및 제작 부문 최고 경영자)로 영입해 광고를 포함한 기업 정보, 상품의 노출 방식, 기업 대표의 미디어 노출 등 모든 정보를 총괄하는 업무를 맡기고 있습니다.

김정운은 『에디톨로지』(21세기북스)에서 "모든 창조적 행위는 유희이자 놀이다. 이같이 즐거운 창조의 구체적 방법론이 바로 에디톨로지다. 세상의 모든 창조는 이미 존재하는 것들의 또 다른 편집이다. 해 아래 새로운 것은 없다. 하나도 없다. 창조는 편집"이라고 말했습니다. 통섭, 융합, 크로스오버, 큐레이터, 컬래버레이션, 브리꼴레르 등도 편집의 다른 이름일 것입니다. 그렇습니다. 이세 '가격 경쟁'이 아닌 '가치 경쟁'을 빌일 줄 아는 '퍼블리터'의 시대가 열리고 있습니다.

〈경향신문〉, 다독다독, 2014.12.2.

기대 사라진 사회,
'팩트'에만 감동

성석제의 『투명인간』(창비)은 올해 출간된 한국소설 중에서 가장 많이 팔렸습니다. 주인공 만수의 할아버지는 일제강점기에 사상 문제로 큰 고초를 겪고 시골로 숨어들었고, 아버지는 술에 의지하면서 힘든 농사를 지으며 가족을 부양해왔습니다. 그러던 중 집안의 기대를 한 몸에 받고 자란 명석한 큰형이 베트남전에 파병되었다가 고엽제로 목숨을 잃자 만수는 졸지에 가장이 됩니다.

6남매 중 차남으로 태어난 만수는 "행복은 성적순으로 매겨지고 부는 상위 일 퍼센트가 독점하며 권력은 세습"되고 "정경유착, 금권언金權言 유착, 초국적 기업, 신정주의神政主義, 광신적 테러"가 판을 치는 세상에서 가족을 위해서라면 무슨 일이라도 마다하지 않습니다. 정말 답답해 보일 만큼 자신을 버리고 오로지 가족을 위해 자신을 희생합니다. 그는 죽어 '투명인간'이 되어서야 "죽는 건 절대 쉽지 않다. 사는 게 훨씬 쉽다. 나는 한 번도 내 삶을 포기하지 않았다. 내게는 아직 세상 누구보다도 사랑하는 가족이 있으니까. 그 사람들은 나 같은 평범한 사람이 지지하고 지켜줘야 한다. 내가 포기하는 건 가족까지 포기하는 것"이라고 처음으로 솔직한 속내를 털어놓습니다. 하지만 만수의 가족들은 아무도 그를 인정하지 않았습니다.

영화 〈국제시장〉은 6·25 전쟁 때 흥남철수 장면으로 시작됩니다. 덕수는 생사를 걸고 미군함정에 오르던 중 등에 업은 여동생 막순이를 떨어뜨리고 맙니다. 그 바람에 아버지는 입고 있던 외투를 덕수에게 입히면서 "아버지가 없으면 네가 가장"이라는 말을 남기고 동생을 찾으러 배에서 내립니다. 이것이 아버지와는 영원한 이별이 됩니다.

아버지 당부대로 부산 국제시장에서 '꽃분이네'라는 직물가게를 운영하는 고모를 찾아가 더부살이를 하게 된 덕수는 서울대학교에 진학하게 된 남동생의 학비를 벌기 위해 파독派獨광부를 지원하고, 여동생의 혼수비용과 가족들의 편안한 생활을 위해 베트남 전쟁터로 향합니다. 그는 고모가 죽은 뒤 헐값에 팔릴 뻔한 '꽃분이네'를 인수해 온갖 유혹에도 불구하고 끝까지 '꽃분이네'를 지켜냅니다. 그 가게야말로 덕수와 아버지를 이어주는 마지막 끈이었던 것이지요. 덕수는 1983년 이산가족 상봉 때 어렵게 막순이를 찾습니다. 미국으로 입양된 막순이를 만나고 1년 뒤 어머니는 세상을 뜹니다.

세월이 흘러 덕수는 온 가족과 함께 즐거운 시간을 보내던 중 궁상맞다는 핀잔을 듣고 살그머니 안방으로 들어갑니다. "왜 당신 인생인데 당신은 없냐"는 아내의 핀잔을 들은 바가 있는 덕수는 혼자 안방에서 아버지의 외투를 품에 안고 아버지의 영정을 바라보면서 이렇게 말하며 오열합니다. "아부지 내 약속 잘 지켰지예, 이만하면 잘 살았지예. 근데, 내 진짜 힘들었거든예."

덕수는 '기억'이 무엇이냐는 손녀의 물음에는 정확히 대답하지만 '미래'가 무엇이냐는 물음에는 매우 당혹스러운 태도를 보입니다. 그렇습니다. 지난 시절을 힘겹게 살아낸 그이지만 미래는 없습니다. 〈국제시장〉의 덕수나 『투명인간』의 만수는 평범한 우리 이웃입니다. 올해에 그들에겐 '추억의 반추'만 있었습니다. 미래에 대한 희망을 잃은 채 순수와 열정이 가득했던 지난 시절을 되돌아보며 오늘의 '나'라는 존재가 갖는 진정한 의미를 반추하면서 최소한의 자긍심을 찾아가고자 했습니다.

불과 얼마 전까지만 해도 빈곤층과 중산층의 대립이 화두였지만 지금은 중산층마저 붕괴되고 있습니다. 잘나가던 의사, 변호사, 교수, 교사 등 지식노동자들마저 휘청거리기 시작하면서 99.9%의 국민은 미래에 대한 확신을 잃고 비틀거리고 있습니다. 자식을 가르치려고 압축성장 시대를 오체투지로 살아낸 수많은 '덕수'(만수) 세대는 지금 신빈곤층으로 전락하고 있습니다. 가계 빚을 완전히 털지 못한 그들은 연금마저 파탄 날 지경이라 매우 불안해하고 있습니다. 연애, 결혼, 출산을 포기했다 해서 '3포세대'로 불리고 있는 그들의 자식들은 스펙 쌓기와 일자리 전쟁에 치여 인간관계와 내 집 마련마저 포기한 '5포세대'로 날로 진화하고 있습니다. 부모와 자식이 동시에 추락하는 '이중 파탄'에 시달리고 있습니다.

상황이 이럼에도 박근혜 정부는 '진돗개'를 실세로 모시며 저들만의 리그를 벌이고 있습니다. 자신들의 추악한 비밀은 애써 감추고 반대 세력은 무슨 수를 써서라도 제거하고 있습니다. 세계대공황이 다시 엄습할 국면인 데다 국가재정이 심각한 위기임에도 그들은 서민들의 주머니를 짜는 데에만 혈안이 되어 있습니다. 이제 기대할 것을 완전히 잃어버린 대중은 눈에 보이는 실물이나 실제 삶에서 우러나오는 '팩트fact'가 안겨주는 '감동'에 빠져들고 있습니다. 영화 〈님아, 그 강을 건너지 마오〉에서 소녀 감성의 89세 강계열 할머니와 로맨티스트인 98세 조병만 할아버지의 지고지순한 사랑이 보여주는 감동 같은 것 말입니다.

이제 사랑을 시작할 기회조차 잡지 못하는 개인은 '사람'과 '사물'과 '사건'의 형태로 나타나는 디테일한 '팩트'에 감동할 것입니다. 깊고, 리얼한 팩트일수록 감동의 깊이는 달라지겠지요. 그래서 저는 2015년을 주도할 트렌드를 감히 '감동'으로 정했습니다. 감동과 분노는 동전의 양면 같은 것입니다. 대한항공 '땅콩 회항'의 조현아에게 우리는 크게 분노했습니다. 앞으로 0.1%의 자잘한 실수에 분노가 폭발하는 일들이 잦아질 것입니다. 아무쪼록 새해에는 감동이 늘어나고 분노는 사라지는 한 해가 되기를 간절히 기원합니다.

〈경향신문〉, 다독다독, 2014.12.23.

죽음의 유령이
너울거리는 사회

"그래. 그게 인생인 거지. 매일매일 똑같이 흘러가는 날들을 매일매일 의미 있게 만들어가는 것. 그게 인생인 거지!" 3개월 시한부로 삶을 겨우 유지하고 있는 아버지 차순봉 씨(유동근 분)는 피를 토하며 창문에 기대서서 막내아들이 두부를 파는 모습을 바라보며 이렇게 혼자 중얼거립니다.

KBS 드라마 〈가족끼리 왜 이래〉에 나오는 이야기입니다. 영화 〈님아, 그 강을 건너지 마오〉에서는 98세 노인이 89세 아내와 지고지순한 사랑을 펼칩니다. 1천만 관객 돌파를 코앞에 둔 영화 〈국제시장〉의 주인공 덕수 씨(황정민 분)는 고희를 넘겼습니다.

성석제 장편소설 『투명인간』의 주인공 만수 씨도 가족을 위해 모든 것을 희생하다가 차에 치여 인생을 마감합니다. 이렇게 잘나가는 문화상품의 주인공은 모두 노인 일색입니다.

지금 뜨고 있는 문화상품의 주인공들은 모두 죽었거나 죽음을 앞두고 있습니다. 하지만 불과 몇 년 전만 해도 드라마의 주인공은 젊고 싱싱했습니다. 〈시크릿 가든〉(2011년), 〈해를 품은 달〉(2012년), 〈내 딸 서영이〉(2013년)의 젊은 주인공들을 떠올려보십시오. 그들은 모두 역경을 이겨내고 사랑을 성취했습니다.

한국사회는 정말 갑자기 늙어버렸습니다. 왜 그럴까요? 불과 9개월 전에 벌어진 6·25 전쟁에 버금간다는 '세월호 참사' 때문인 것 같습니다. 세월호 유가족의 육성기록인 『금요일에 돌아오렴』(창비)을 펴낸 '4·16 세월호 참사

시민기록위원회 작가기록단'은 책에서 이런 깨달음의 말을 내놓았습니다. "인간에게만 영혼이 있는 것이 아니라 사회에도 영혼이 있는 게 아닐까 하는 생각이 들었다. 희생자들과 우리 하나하나는 뿌리가 같은 영혼의 나무처럼 서로 연결되어 있었다. '아, 한 사회에서 함께 산다는 건 이렇게 서로 깊게 연결되는 것이구나.'"

처음 참사가 터졌을 때만 해도 대한민국 국민 모두는 이 땅에 이런 참사가 다시는 일어나지 않아야 하며 사태의 진상을 밝혀야 한다고 한목소리를 냈습니다. 그러나 반년도 지나지 않아 침체된 경제를 살려야 한다며 딸을 잃은 '유민 아빠'를 비정한 아빠로 내몰기 시작하더군요. 참척의 화를 당하고 단식 투쟁을 벌이는 유가족 앞에서 '폭식 투쟁'을 벌이는 불한당까지 등장했습니다.

그들이 살리겠다는 경제는 어찌됐나요? 디지털 혁명의 주도자는 이제 스마트폰이 아닌 사물인터넷으로 말을 갈아타고 있습니다. 텔레비전, 시계, 자동차, 가전제품, 전기, 가스, 수도 등의 인프라와 화장실 등 주변에 있는 모든 사물을 하나로 연결하는 사물인터넷 말입니다. 사물인터넷의 선두주자는 구글, 아마존닷컴, 애플 등 미국의 IT기업입니다.

가정용 온도 조절기(서모스탯)를 개발하고 있는 벤처회사 네스트를 사들인 구글은 인터넷에 접속해 고객의 집 온도를 최적으로 유지하면서 소비전력을 절약하는 디바이스를 개발해 100만 대 이상 판매하는 실적을 올렸습니다. 이 간단한 디바이스를 미국의 각 가정에 보급하면 미국 전역의 전력소비 상황에 대한 '빅데이터'를 얻을 수 있습니다. 그 데이터를 전력회사에 팔면 막대한 수입을 얻을 수 있습니다. 아마존은 태블릿 단말기 '킨들'이나 '파이어폰'을 통해 고객의 빅데이터를 수집하고 있습니다. 애플은 자동차를 겨냥하고 있습니다. 자동차 내비게이션과 아이튠즈를 연결한 '탑재 시스템'은 이미 페라리나 BMW가 이용을 결정한 상태입니다.

이렇게 높은 이익을 내는 플랫폼은 미국이 장악하고 있는 한편 체력으로 승부를 해야 하는 단말기 시장은 저가 공세를 펴는 중국과 인도가 장악하기 시작했습니다. 그래서 한국과 일본의 전자회사들은 공멸할 것이라는 시나리오마저 등장하고 있습니다. 각종 사회지표 또한 악화일로를 걷고 있습니다. 더욱 심각해지는 저출산·고령화, 소득격차 확대, 높은 자살률, 65세 이상의 20%를 넘는 131만 명의 독거노인, 48%나 되는 노인 빈곤율, 아시아에서 가장 높은 가계부채, 국내총생산^{GDP}의 약 60%를 차지하고 있는 개인 소비의 급락 등 문제가 한둘이 아닙니다. 수출 기업의 어려움을 풀어주고 소비를 활성화하려고 작년 8월에 금리 인하까지 단행했지만, 꽁꽁 얼어붙은 소비심리는 좀처럼 풀리지 않고 있습니다.

저들끼리 권력투쟁을 벌이던 구중궁궐의 '환관'들은 그게 사달이 나자 자신들의 잘못은 '지록위마^{指鹿爲馬}'마저 일삼으며 위기를 모면하려 들면서도 반대파들은 초법적인 자세로 제거하고 있습니다. 이미 헌신짝처럼 내던져버린 '경제민주화'와 '보편적 복지'라는 공약에 대해서는 되레 비판하고 있습니다. 그러니 힘이 없는 국민들은 그저 죽음이나 떠올리며 애도하기에 급급한 게지요.

빌헬름 슈미트는 『나이든다는 것과 늙어간다는 것』(책세상)에서 "세속적으로 또는 종교적으로 이해되는 초월을 경험하기 위해 들어가는 관문"인 죽음은 "삶을 가치 있는 것으로 만드는 경계선을 그어준다"고 하네요. 지금 한국사회는 그 경계를 넘나들고 있습니다.

극도로 허약해지다 보니 이생에서 미처 마무리 짓지 못한 것을 다가올 다른 생명에게 맡기거나 환하게 트인 저승에서의 '새로운 삶'에 가능성을 걸기 시작했습니다. 상처는 온전히 끌어안아야 하고 애도는 무조건적인 우정이어야 한다지만 죽음의 유령만 너울거리는 한국사회가 과연 희망이 있는 것일까요? 새해에는 모욕당하는 죽음이 모두 사라지고 젊음이 넘치는 충만한 삶만 가득하기를 간절히 기원해봅니다.

〈경향신문〉, 다독다독, 2015.1.13.

소통이 필요한 곳에
'수사학' 있다

아테네 시절만 해도 말을 잘해야만 살아남을 수 있었습니다. 샘 리스의 『레토릭』(청어람미디어)은 아테네에서 국가가 기소권을 행사하지 않아 시민이라면 누구나 다른 시민을 제소할 수 있었기 때문에 정치적이거나 노골적으로 앙심을 품은 재판이 잇달았다는 사실을 알려줍니다. 아테네의 배심원들은 "당파심이 강하고 유죄 선고에 안달하기로 악명이 자자했을 뿐만 아니라, 재산 많고 유명한 사람들의 콧대를 콱 꺾어놓아야 직성이 풀리는 호전적인 성향"이었기 때문에 난장판이 따로 없었습니다.

소송 당사자들은 재판정에서 스스로를 변호해야 했습니다. 민주주의의 출현으로 피투성이가 된 아테네의 귀족들은 "거대한 무리 앞에서 이야기하는 요령"을 배워 자신을 방어해야만 했습니다. 심지어 돈을 주고 전문가에게 진술문을 사기도 했습니다. 그러니 수사학은 급성장하여 산업의 중심이 되었고 수사법에 대한 관심도 점점 높아졌습니다. 소피스트들은 잘나가는 강사들이었습니다.

지금은 어떤가요? 박성희 이화여대 홍보학부 교수는 "설득하고 설득당하는 사회의 논쟁법"을 알려주는 『아규멘테이션』(이화출판)에서 "문자와 인쇄술이 발명되기 이전의 구전 시대에는 글자 그대로 '말'이 주된 소통의 도구였으나, 매체와 전달기술의 발달로 '말'과 '글'이 함께 보완하며 인간의 주요한 소통 미디엄이 되었고, 여기에 소리와 영상이 새로운 상징으로 가세했다. 인터넷을 기반으로 한 SNS 등의 소셜미디어는 구전의 전통을 다시 살려내어 혼잣말이 글이 되고, 대화가 공적 텍스트$^{public text}$가 되는 새로운 지평을 열었다. 표현의 방식은 다양하지만, 거슬러 올라가면 모든 소통의 태초에는 '말'이 있었다"며 말이 더욱 중요해졌음을 일깨워주고 있습니다.

그렇습니다. 지금은 누구나 저마다의 (소셜)미디어를 갖고 세상의 모든 사람과 소통해야 하는 시대입니다. 김종영 서울대 기초교육원 강의교수가 『당신은 어떤 말을 하고 있나요?』(진성출판)에서 지적했듯 "사람이 있는 자리에는 말이 있고 말이 있는 곳에는 늘 소통이 문제가 되고 소통이 필요한 곳에는 늘 수사학"이 있어야 하는 세상이 되었습니다.

이 책에는 이런 일화가 나옵니다. 스필버그가 어릴 때 하루는 담임교사가 스필버그의 어머니를 학교로 오시라고 해서는 스필버그가 수업시간에 잘 집중하지 않고 그림을 그리고 글을 쓰느라 정신없이 보낸다고 말했답니다. 이런 말을 들은 한국의 '헬리콥터맘'들은 뭐라고 말했을까요? 아마도 "어떻게 했기에 선생님이 학교로 오라고 한 거니? 뭐, 수업시간에 그림이나 그리고 낙서나 하고 있다고? 나 원 참 기가 막혀. 너 때문에 엄마는 속상해 죽겠다. 살맛이 안 난다"라고 하지 않을까요?

하지만 스필버그의 어머니는 "얘야, 오늘 선생님께서 네가 수업시간에 그림을 그리고 글을 쓰고 있다고 걱정하시던데 사실 엄마는 조금 속상했단다. 네가 좋아하는 그림을 그리고 글을 쓰는데 선생님께서 왜 걱정하실까? 네가 좋아하는 행동을 선생님과 네 친구들이 모두 인정해준다면 얼마나 좋을까? 얘야, 선생님과 네 친구들이 네 그림과 글을 인정할 수 있게 하기 위해 수업시간에는 열심히 공부를 하는 게 좋지 않겠니?"라고 말했답니다.

이 책에는 "상대의 마음을 얻는 공감과 소통의 수사학"이라는 부제가 달려 있습니다. 저자는 "수사학이 과거에도 학문의 여왕이라는 지위를 누렸지만 앞으로도 계속 학문의 여왕으로 군림할 것"이라고 주장합니다. 그때 스필버그의 어머니가 한국의 엄마들처럼 말했다면 저자의 지적처럼 아마 우리는 〈E.T〉나 〈쥐라기 공원〉 같은 영화를 볼 수 없었을지도 모릅니다.

수사학 책들을 읽으며 떠오른 생각은 지난 몇 년, 베스트셀러 중 구어체 문장이 아닌 책이 없다는 사실입니다. 소설을 제외하고는 거의 모든 베스트셀러들이 구어체 문장입니다. 최근에는 『일빵빵 기초영어』(서장혁, 토마토), '과학하고 앉아있네' 시리즈(동아시아), 『지적 대화를 위한 넓고 얕은 지식』('지대넓얕')(채사장, 한빛비즈) 등 팟캐스트 방송을 글로 풀어서 펴낸 책들이 속속 출간되기 시작했습니다. 이 책들을 읽으면서 저는 말을 글로 옮길 때의 방법론을 생각해보았습니다.

특히 『지대넓얕』은 '현실 세계'(역사·경제·정치·사회·윤리)와 '현실 너머'(철학·과학·예술·종교·신비)를 각각 다룬 두 권이 연달아 출간되었는데, 인문서로 방대한 지식을 다루고 있지만 책명, 지명, 사람 이름, 연도 등이 거의 등장하지 않습니다. 육화시켜 머릿속에 담아놓았던 지식을 하나로 이어진 이야기로 풀어내고 있습니다. 암기할 지식의 나열이란 찾아볼 수 없습니다. 말은 모름지기 이래야겠지요.

수사학 책들을 연달아 읽고 박근혜 대통령의 올해 신년 기자회견문을 떠올려보았습니다. "존경하는 국민 여러분, 2015년 희망찬 새해가 밝았습니다. 지난 한 해를 돌이켜보면 국내외적으로 많은 어려움들이 있었지만, 모든 것을 극복하고 청양의 새해를 맞이하였습니다." 과연 국민들은 2015년을 희망차다고 느꼈을까요? 국민들은 작년의 어려움들을 극복했나요? 그들은 오늘보다 나은 내일을 기대하고 있을까요? 대통령이 말한 "해결 방안 마련"이 공감이나 소통 없는 공허한 말로만 그치지 않도록, 국정을 담당하고 책임지는 사람들이 제가 소개한 수사학 책을 한 권이라도 읽어보기를 바랍니다.

〈경향신문〉, 다독다독, 2015.2.3.

가족은 해체되지 않고
변화할 뿐이다

설 명절을 잘 보내셨는지요? 긴 연휴 동안 반가운 가족들을 만나서 행복하게 회포를 푸셨는지요? 아니면 혹 서로 다투다가 깊은 상처를 입지는 않으셨는지요? 가족들과 따뜻한 시간을 보내야 할 시간에 가정불화, 생활고 등의 이유로 극단적인 선택을 한 사람들이 적지 않았기에 드리는 말씀입니다.

요즘 영화나 드라마는 온통 가족 이야기 일색입니다. 공중파를 통해 전파를 탄 〈가족끼리 왜 이래〉, 〈펀치〉, 〈장미빛 연인들〉 등의 드라마는 모두 '3개월 시한부 삶'을 사는 부모가 가족을 지키기 위해 부단히 노력하는 모습을 보여줬습니다. 병역비리의 아들을 구하려다가 자신이 파멸하는 국무총리 후보자도 등장했습니다. 1400만 관객을 넘긴 〈국제시장〉도 자신을 버리고 가족을 위해 헌신한 아버지의 모습을 보여줬습니다. 1천만 관객을 모은 영화 〈인터스텔라〉는 아버지의 딸에 대한 사랑과 딸의 아버지에 대한 믿음 덕분에 시공간을 뛰어넘어 재회할 수 있었습니다.

왜 이렇게 가족 담론이 넘치는 걸까요? 제왕적 권력을 휘둘러대며 부와 혈통의 세습을 꿈꾸는 1% 초상류층의 속물의식에 질려버린 국민들이 진정한 가족을 갈구하기 때문일까요? 아니면 전통적 의미의 가족해체가 워낙 심각하게 진행되다 보니 그에 대한 반작용으로 이런 일이 벌어지는 것일까요?

이순구는 『조선의 가족, 천 개의 표정』(너머북스)에서 "조선에서 가족은 절대적인 그 무엇이었다. 조선은 사회 운영의 일정 부분을 가족에게 일임했다. 부부가 중시되고 교육과 복지가 많은 경우 가족에 의해 이루어졌다. 이렇다 보니 조선에서 가족은 절대적 가치가 되었다. 심지어 조선 말기에는 국가는 없고 집안만 있을 정도였다. 조선에서 사람들은 개인이 아닌 가족의 일원으로 살았다"고 했습니다.

이런 모습은 최근에도 볼 수 있습니다. 이완구 국무총리는 가족을 지키기 위해 못하는 일이 없었다는 것을 청문회를 통해 보여줬습니다. 하지만 정말 많은 국민들은 가족을 지켜내기 어렵습니다. 그러니 가족해체가 급격하게 이뤄지고 있습니다. 많은 이들이 가정을 꾸리는 것 자체를 포기합니다. 통계청은 올해 전국의 1인가구가 500만 가구(27.1%)를 넘어설 것으로 전망했습니다. 10년 후에는 3분의 1의 가구가 1인가구가 될 것으로 예측됩니다. 그때 1~2인 가구가 전체 가구의 70%를 차지하게 될 것입니다. 이제 부부와 자녀들로 구성된 한국의 전통적인 가족모델은 사실상 완전히 해체되어가고 있습니다.

몸문화연구소가 엮은 『우리는 가족일까』(은행나무)에서는 10명의 인문학자와 필드워커 들이 지금 변화하고 있는 가족의 참모습을 찾아보고 있습니다. 이 책은 "가족은 해체되는 것이 아니라 변화하는 과정에 있다"고 주장합니다. "결혼을 하지 않는 동거, 독신자, 미혼모, 편모나 편부 가정 등의 숫자가 기하급수적으로 증가해도 가족은 해체될 수가 없다. 가족의 첫 번째 기능이 사랑과 정서적 결속감, 안정감에 있다면 동거나 동성결혼이 가족 위기의 원인이 될 수 없는 것이다. 만약에 가족에게 위기가 있다면, 그것은 가족의 형태가 아니라 정서적 결속의 부재"라고 말입니다.

부모와 자녀로 구성된 화목한 가족의 역사는 약 150년에 불과합니다. 그런데 그 가족이 무너지고 있습니다. 연애, 결혼, 출산, 인간관계, 집 등을 포기한 '5포세대'는 가정을 꾸릴 의욕조차 없습니다. 통계청이 13세 이상 남녀를 조사한 결과 결혼을 해도 좋고 하지 않아도 좋다고 응답한 비율은 38.9%로 2년 전보다 5.3%포인트나 높아졌습니다. 작년에 이뤄진 이 조사결과는 설 연휴기간에 언론에 보도되었습니다. 결혼을 하지 않는 것이 좋다는 비율까지 더하면 40% 이상이 결혼을 필수로 여기지 않는 것으로 나타났습니다. 특히나 결혼적령기인 30대는 50.7%로 절반이 넘었다고 합니다.

"가족이란 사회를 구성하는 최소 단위이며, 한 사회의 모습을 비추어주는 거울"이라고 합니다. 이제 1인가구가 "한국사회와 가족관계의 현실을 가장 구체적으로 들여다볼 수 있는 결정적인 고리, 즉 '독신사회'의 탄생을 비추는 거울"이 되고 있습니다. 그러니 이혼 싱글맘이나 미혼 싱글맘이 이끄는 가족이 불완전한 미완의 가족이라는 인식부터 버릴 필요가 있습니다.

"가족은 가장 따뜻한 공간으로 경험되는 동시에 큰 상처를 경험하는 공간"이기도 합니다. 상처만 안겨주는 가족은 거듭나야 합니다. 해체를 뒤집으면 재구성이 됩니다. 가족은 구성원의 "해체와 재구성의 과정을 통해 폭력과 증오가 자취를 감추고, 그 자리에 아름다움과 사랑이 들어설 수" 있도록 만들어야 합니다.

1960년대 후반에 유럽을 휩쓸었던 공동체 실험처럼 실험 가족도 가능하다는 주장에 귀 기울일 필요가 있습니다. 이미 "동성애자 커플, 동거, 공동주거 등의 형태로 새로운 유형의 가족이 출현"하고 있지 않나요?

그렇습니다. "혈통의 재생산이 아니라 정서적 유대감이 가족의 가장 중요한 요소"가 되는 세상에서는 "베를린 장벽보다 더 높고 두터운 가족의 울타리를 벗어날" 필요가 있습니다.

이제 "남녀부모와 자녀라는 하나의 구조로 이상화되었던 가족이 다양한 가족의 형태로 발전"하고 있다는 사실을 인정해야만 합니다. 구성원이 평등하고 정서적 유대가 이뤄지는 조직이라면 형식과 내용이 어떻든 가족이라고 부를 수 있어야 할 것입니다.

〈경향신문〉, 다독다독, 2015.2.24.

엄마가 시작하는
가장 섹시한 혁명

    교사이면서 독서운동가로 맹렬하게 활동하던 한 교사가 2월 28일 스스로 학교를 떠났습니다. 가정에서 아이들과 함께 독서모임을 가졌던 경험을 정리한 『책으로 크는 아이들』과 가정 독서모임의 경험을 학교 현장에 접목해 실천했던 이야기를 담은 『도란도란 책모임』 등의 책을 펴낸 바 있는 백화현 교사입니다. 1년만 더 교사로 일하면 명예퇴직의 자격을 얻지만 사태가 너무 엄중하다며 그마저 뿌리치고 서둘러 학교를 떠났습니다.

    백 선생은 인간에게 '성적'과 '돈' 이상으로 중요한 것은 '존재함, 그 자체'라고 말해왔습니다. "인간에게 가장 본질적이고 가장 중요한 것은 '존재의 소중함'을 깨닫고 인정하는 것"이라고 말입니다. 그러나 학교 현장에서는 존재의 소중함을 제대로 가르치지 않았습니다. 그러니 자신이라는 존재의 소중함을 모르는 아이들이 타인을 함부로 대했습니다. 집단따돌림, 집단폭력, 자살 등이 계속 늘어난 것이 증거입니다. 최근에는 자신이 책을 읽지 않는 정도에서 그치지 않고 책 읽는 아이들을 괴롭히는 '책따'가 널리 확산되고 있다는군요.

    백 선생이 '책모임'을 꾸린 이유는, "'책 속 인물들'을 빌미 삼아 자신의 내면 깊숙한 고민과 생각들을 굽이굽이 풀어놓을 수 있고, '책 속 사건들'을 핑계 삼아 마음껏 웃고 울 수 있"었으며, "내가 아닌 '너'의 마음과 생각 속을 처음으로 깊이 들여다보며 그가 물건이 아닌 사람, 많은 사연과 생각과 아픔과 고뇌와 꿈을 지닌 나와 같은 '사람'임을 비로소 깨닫게" 되었기 때문입니다.

하지만 백 선생은 '엄마'부터 바뀌지 않으면 아이들이 바뀌지 않는다는 것을 절감하고는 엄마들과 교사들을 자유롭게 만나 아이들의 미래를 허심탄회하게 이야기해보기 위해 교직을 떠난다고 했습니다. 그러니 백 선생은 학교를 떠났으되 떠난 것이 아닙니다. 그는 다른 모습으로 다시 나타나 학교를 변화시킬 것입니다. 이미 4월에는 엄마와 교사 들을 만날 일정으로 수첩에 빈틈이 없다는군요.

저는 백 교사의 포부를 들은 날, 밤늦게 사무실에 들어와 김경집 선생의 『엄마 인문학』(꿈결)을 읽기 시작했습니다. 대학에서 25년 이상 '인간학'을 가르쳤던 저자는 2012년 2월 말에 대학 교단을 자진해서 떠났습니다.

"25년은 배우고, 25년은 가르치고, 25년은 자신을 위해 살겠다"는 것이 그의 뜻이었습니다. 오로지 자신을 위해 살기 위해 그가 선택한 일은 책을 읽고, 글을 쓰고, 독서운동을 벌이는 것이었습니다. 그런 그가 이제 "엄마가 시작하는 인문학 혁명"을 소리 높여 외치기 시작했습니다. 그가 말하는 인문학은 "문학·역사·철학이 아니라 인간에 관한 모든 분야를 망라한 학문"입니다.

그는 말합니다. "나의 생각이 변하고 세상을 보는 방식이 바뀌었을 때, 혁명이 일어납니다. 그리고 임계점을 넘은 지금이 혁명의 최적입니다. 혁명하려면 연대해야 합니다. 틀을 깨려면 확실한 믿음이 있어야 하고요. 세상은 이미 변하고 있습니다. 세상을 바꾸는 가장 중요한 방법은 엄마들의 혁명입니다. 엄마부터 시작하면 세상이 변합니다. 세상에서 가장 강한 힘을 가진 사람은 대통령도 아니고 재벌 총수도 아닙니다. 바로 엄마들입니다! 동시에 가장 유연한 사람도 엄마들입니다. 그러니까 가장 멋지고 유연하게 혁명할 수 있는 주인공은 엄마들입니다. 세상을 바꾸고 싶지 않으세요? 나를 위해서, 그리고 내 아들을 위해서!"

그는 세속적으로 성공하는 "단 3퍼센트의 확률을 위해 최소 15년에서 20년 동안을 투자해야" 하는 지금의 교육은 '가정 파괴범'이라고 말합니다. '속도'와 '효율'의 낡은 패러다임에 맞춘 교육을 받았던 아이들은 이제 연애·결혼·출산·주택·취업에 이어 꿈과 희망까지 잃어버린 '7포세대'로 불리고 있습니다. 단군 이래 최장 시간 공부를 해서 최고의 스펙을 쌓은 결과가 고작 이렇습니다. 자식에게 모든 것을 쏟아부은 부모들은 은행 부채가 딸린 집 하나만 달랑 있는 하우스푸어로 전락했습니다.

우리는 어떻게 바뀌어야 할까요? 그는 최근 펴낸 『생각의 융합』(더숲)에서 "인간의 두뇌는 속도와 효율의 측면에서 볼 때 컴퓨터 알고리즘에 뒤지는 것으로 판명"되었다고 말합니다.

따라서 "많은 지식들과 정보들을 섞고 묶어 새로운 의미를 찾아내고 그것을 바탕으로 새로운 가치를 찾아내는 것은 여전히 우리 인간이 해야 할 영역으로 남아 있다. 그리고 그것을 극대화하여 컴퓨터 알고리즘의 한계를 채우는 것이 미래 가치를 만들어낼 것이다. 그것이 바로 융합의 가치이고 힘"이라고 말합니다.

그는 "텍스트 일변도에서 벗어나 다양한 콘텍스트로 엮어보고 해석하는 것이 창조와 융합의 시작"이라고 말합니다. 『생각의 융합』은 콜럼버스와 이순신, 코페르니쿠스와 백남준, 히딩크와 렘브란트, 정약용과 김수영 등이 시공간을 가로지르며 생각의 점을 잇는 구체적인 사례를 보여줍니다.

두 독서운동가는 "세상에서 가장 섹시한 혁명은 엄마의 서재에서 시작"된다고 말합니다. 엄마는 '읽히는' 존재를 넘어서 '읽는' 존재가 되어야 합니다. 엄마가 책을 읽고 세상을 읽고 사람과 삶을 읽어야 합니다.

이제 엄마들이 진정한 본색을 드러낼 때입니다. 엄마가 변하면 아빠도 변하고, 아이들이 변하고, 나아가 세상이 변할 것입니다. 그 세상에서는 아이들이 자기 삶의 주인공으로 당당하게 살아가게 될 것입니다.

〈경향신문〉, 다독다독, 2015.3.17.

'창조경제'와 학교도서관

　"'나무에 물을 한두 번 주고 마는 것은 아예 물을 안 주는 것보다 못합니다.' 누군가가 한 말입니다.

　교육부의 야심 찬 계획 아래 진행된 학교도서관 활성화 사업이라는 마른 가뭄의 단비와 같은 기회로 이제 막 싹을 틔우고 뿌리가 땅속으로 뻗어나가려는 학교도서관이 결국 잎이 무성한 나무로 성장하지 못한 채 이대로 성장을 멈추어야만 합니까? (…) 제발, 튼튼하고 늘 푸른 나무로 성장할 수 있도록…. 그리고 그 나무 아래에서 자라게 될 또 다른 수많은 꽃과 새싹들을 생각하여 계속적으로 물을 뿌려주시고 잡초를 뽑아주시기를 간절히 원합니다."

　어느 분이 학교도서관 예산이 삭감되었다는 소식을 듣고 자신의 블로그에 쓰신 글입니다. 제가 알아본 바에 따르면, 지역에 따라 다소 편차는 있지만 전국 각급 학교 도서구입 예산의 40% 정도가 삭감되었습니다. 작년 11월 21일부터 새로운 도서정가제가 적용되어 납품가가 오르게 되었으니 책 구입 예산이 사실상 절반가량 줄었다고 볼 수 있습니다. 공동도서관 또한 사정은 비슷한 것으로 알고 있습니다.

　전대미문의 글로벌 금융위기 직후 출범한 이명박 정부는 일제고사라는 시대착오적 정책을 도입하기는 했어도 2009년 초 경기 진작을 위해 사회간접자본SOC 예산을 전방위로 투여하면서 전국의 초·중·고교에도 1천만 원 내외의 도서구입비를 지원했습니다. 그것도 상반기 중에 집행하라고 압박했습니다.

그게 당시 위기에 빠진 출판시장에도 가뭄의 단비 역할을 했지만 그 효과가 그뿐일까요? 지금 국내 소비시장이 얼어붙어 거의 모든 제조업은 최악의 상황에 처해 있습니다. 출판시장도 매출 감소로 엄청난 위기를 겪고 있습니다. 그런데 책의 공적 수요마저 이렇게 반토막이 날 것으로 보여 5월 이후에는 엄청난 파국이 예상됩니다.

우선 출판사와 온라인서점의 갈등이 벌어질 것입니다. 매출 감소로 견디기 어려워진 출판사들은 책의 정가를 내리는 대신 서점으로의 출고가를 인상하는 방식으로 독자를 설득할 것으로 보입니다. 이를 거부할 온라인서점의 명분은 없어 보입니다. 작년에 한 학습참고서 회사를 인수한 국내 최대의 온라인서점 예스24는 자사의 총판들에 63%에 책을 공급하겠다면서 공공기관 납품을 종용하고 있습니다. 이런 일은 오프라인서점들의 존립을 위태롭게 하는 일일 뿐만 아니라 그렇지 않아도 책의 다양성을 기대하던 출판계 종사자와 독자 들을 분노하게 만드는 일이기도 합니다. 아마도 책값의 70% 이상 가격으로 온라인서점에 책을 공급하겠다는 출판사들이 점차 늘어날 것으로 보입니다.

출판사는 그것만으로는 살아남을 수 없을 것입니다. 그러니 책의 출간 종수부터 줄일 것입니다. 이미 한 유명 출판사는 올해 아동출판물의 출간 종수를 4분의 1 수준으로 줄이면서 직원들을 대거 내보내는 결정을 내렸다고 하는군요. 요즘 유명 출판사일수록 구조조정이 심각한 수준으로 진행되고 있다고 합니다.

이런 일이 늘어나면 글을 써서 먹고사는 저자나 필자 들에게 곧바로 불똥이 튈 것입니다. 그러면 '창조경제'나 '문화융성'은 꿈도 꾸지 못하게 될 것입니다. 그리고 유통, 디자인, 인쇄, 제책, 지업사 등 출판사 협력업체들의 어려움은 더욱 가중될 것입니다. 출판은 모든 콘텐츠 산업의 근본입니다. 이런 파장은 다른 문화산업으로 퍼져갈 것입니다. 이미 "인문계 출신의 9할이 논다" 해서 '인구론'이 회자되고 있지만 곧 99%가 노는 세상이 될 정도로 젊은

이들의 일자리는 더욱 심각하게 줄어들 것입니다.

그런 일은 어떻게 버텨낼 수 있다고 칩시다. 하지만 이 나라의 교육은 어떻게 될까요? 김경집이 『생각의 융합』(더숲)에서 강조하고 있듯이 "21세기가 요구하는 방식은 창조, 혁신, 융합"입니다. 정답만 요구하는 교육은 더 이상 유효하지 않습니다. "대부분의 영역에서 인간의 두뇌는 속도와 효율의 측면에서 컴퓨터 알고리즘에 뒤지는 것으로 판명"났습니다. 그래서 그동안 잘나가는 직업을 가졌던 중산층들이 급격하게 붕괴하고 있습니다. 따라서 인간이 이런 어려움을 극복하려면 많은 지식들과 정보들을 섞고 묶어 새로운 의미를 찾아내고 그것을 바탕으로 새로운 가치를 찾아내야 합니다. 이것은 여전히 우리 인간이 해야 할 영역으로 남아 있습니다. 이런 일을 "극대화하여 컴퓨터 알고리즘의 한계를 채우는 것이 미래 가치를 만들어낼 것"입니다. 그것이 바로 "융합의 가치이고 힘"입니다.

그런 힘은 어떻게 해야 키워질까요? 아이들이 다양한 책을 함께 읽으며 토론하는 과정에서 저절로 키워질 것입니다. 그래서 다양한 신간 서적이 구비된 학교도서관은 평등교육의 요체라 할 수 있습니다. 그런데 국가재정이 어렵다고 도서구입비부터 대폭 삭감했습니다. 이것은 집안 살림이 어렵다 해서 자식의 교육을 포기하는 것이나 마찬가지입니다. 책이 밥보다 소중하다고 말할 수는 없지만 밥만큼은 소중할 것입니다.

박근혜 정부가 정말로 국가의 미래를 생각한다면 이명박 정부가 했던 것처럼 추가경정예산을 편성해 전국의 초·중·고교에도 1천만 원 내외의 도서구입비부터 하루빨리 지원해주시길 간곡히 부탁드립니다.

그 일은 아이들을 "튼튼하고 늘 푸른 나무로 성장할" 수 있게 할 것이며 이 나라의 '창조경제'가 점차 빛을 발하는 시발점이 될 것이라고 장담합니다.

〈경향신문〉, 다독다독 2015.4.7.

왜 하버드생은
바보가 되었나

"한 아이가 태어났습니다. 집안을 둘러보니 가난한 부모였습니다. 아이는 '이승에서의 삶은 끝났다'고 생각하고는 바로 목숨을 끊고는 저승으로 돌아가버렸습니다." 이런 일은 현실에서 일어나지 않겠지요. 하지만 대학생들은 이런 자조를 맘껏 만들어내고 있습니다.

『청춘의 민낯』(대학가 담쟁이 엮음, 세종서적)은 "새벽부터 밤늦도록 아르바이트를 하고, 학교 수업의 개인 과제나 팀 과제를 하고, 스펙을 쌓기 위해 학원을 다니고 있었다. 합판 하나를 사이에 둔 고시원에 살면서, 학자금 융자로 벌써부터 천만 원 이상의 빚을 지고 있었다"는 대학생들이 쓴 낙서 모음집입니다. 그 책에는 "'서울대를 가야 하는구나'에서 '이과를 가야 하는구나'에서 '외국 명문대를 가야 하는구나'에서 '집이 잘살아야 하는구나'까지 생각이 꼬리에 꼬리를 물고 이어진다"는 이야기가 나옵니다.

우리 사회에서 '개천에서 용 나는 일'이 가능했던 시절도 있었습니다. 그때는 이념과 학력이 달라도 공존할 수도 있었습니다. 그러나 오늘날은 느슨한 계급사회가 형성되어 가난한 집안에서 태어난 사람은 아무리 노력해도 결코 가난에서 벗어날 수 없는 세상이 되어버렸습니다.

우리만 그런 것이 아니었습니다. 국내총생산^{GDP} 1위인 미국이 바로 그랬습니다. 『공부의 배신』(원제는 'Excellent Sheep', 다른)은 '엘리트 코스'의 교육을 받고 예일대에서 영문학을 가르치고 있는 윌리엄 데레저위츠가 '빅 스리'(하버드, 예일, 프린스턴)를 포함한 미국의 아이비리그가 '똑똑한 학생'들을 지적 호기심이라고는 없는 그저 '똑똑한 양떼'로 만들어내는 한심한 현실을 고발하는 책입니다.

그가 말하는 엘리트란 "자유주의자와 보수주의자, 전문가와 사업가, 상류층과 중류층 그리고 조직의 관리자와 성공한 인물 등 명문대를 나와 자신만의 독점적인 이익을 누리며 사회를 이끄는 무리 모두"를 뜻합니다. 그들은 "초등학교에 다닐 때부터 시작된 '끝없이 주어진 일과' 덕분에 명문대에 입학할 수 있었지만" 정작 자신이 어떤 삶을 살아야 하는지를 깨닫지 못한 경험의 소유자들입니다. "숙제를 해오고, 질문에 답하고, 시험을 치르는" 일만큼은 "순수혈통의 경주마들이 트랙을 도는 장면"처럼 경이롭게 해낸 사람들입니다. 하지만 그들은 "'학생이 되는 법'만 배웠을 뿐 '마음을 알아채는 법'은 배우지" 못했습니다.

그들은 "학점, 사교클럽, 장학금, 의과대학 입학, 로스쿨 입학, 골드만삭스 취직" 등의 '마법의 단어'가 자신들의 운명뿐만 아니라 정체성까지 결정한다는 사실을 알았기에 "이력서에 쓸 수 없는 일은 언감생심 꿈도 꾸지 못"하고 그저 '스펙 쌓기'에만 열중했습니다. 그들은 "부와 안정 그리고 명성이라는, 제한된 개념 안에서만 움직"이다 보니 결국 "목표의식도 없고, 무엇이 나쁜지도 모르고, 무언가를 찾기 위해 어떻게 가야 하는지 이해"하지도 못하고 "자신의 길을 창조할 수 있는 상상력, 용기, 그리고 내적 자유"라고는 찾아볼 수 없는 '똑똑한 양떼'가 되었습니다.

대학은 "학생을 최고가 입찰자에게 팔아치우는" 이기적인 행동을 앞장서 실행했습니다. "우등생들이 우수한 직장에 들어가 돈을 많이 벌 수 있도록 훈련"시켜서 나중에 기부를 많이 하는 '부유한 동문'이 되기만을 목표로 삼았습니다. 그만한 투자수익을 내는 일은 없었습니다.

그렇게 배출되어 지배세력이 된 엘리트들은 "똑똑하고 재능 있고 에너지는 넘치지만, 또한 불안하고 탐욕스럽고 개성이 없고 위험을 회피"했습니다. "용기도 비전도" 없었습니다. 그들은 "시스템 안에서 작동하도록 훈련받았을 뿐, 더 나은 것은 창조할 수 있다고 생각하게끔 훈련받지는 못했"습니다. 신념, 가치, 원칙을 가르치는 인문학과는 거리가 멀었기 때문입니다. 그러니 전문가란 '지능지수 높은 바보'나 '폭넓은 사색이 부족한 사람'을 뜻하는 세상이 되었습니다.

이 책에서 알려준 지배세력이 보여준 행태는 정말 한심했습니다. "더 안전하고 더 싼 약이 있는데도 의사들은 제약회사로부터 돈을 받고 그 회사의 약을 환자에게 과장해 권한다. 대학 총장들은 등록금 급등과 긴축 재정에도 불구하고 엄청난 봉급을 받아 챙긴다. 정치인들은 자신에게 주어진 직책을 망각하고 로비스트로서 자신의 주머니를 채우기에 여념이 없다. 단속 기관의 공무원들은 퇴직 후 자신이 감독하던 기업에 당당히 취업한다. 경영진들은 자신의 기업을 노략질한다. 투자은행들은 고객들을 상대로 음모를 꾸민다. 회계회사 및 신용평가기관 들은 회계장부를 조작한다. 간단히 말해서 미국의 지배층은 국민에게 등을 돌렸다."

저자는 그들 모두 '자신'밖에 모른다고 질타했습니다. 하지만 이게 미국에서만 벌어지는 일일까요? 사람들은 대학이 몰락했다고 말합니다. 그러나 『진격의 대학교』(문학동네)의 저자인 오찬호는 기업의 노예가 된 한국의 대학은 죽은 게 아니라 "아주 생생하게 살아서, 활발히 진격하고" 있다고 말합니다. 당연히 방향이 문제겠지요. 한국의 대학은 미국의 대학을 어설프게 따라하고 있을 뿐이라는 것을 저자는 생생하게 보여줍니다.

이른바 '성완종 리스트'에 등장하는 사람들이 한결같이 '거짓말 자판기'처럼 행동하는 것이 이해가 되지 않았습니다. 하지만 이 책들을 읽고 그들이야말로 '똑똑한 양떼'이기 때문에 그럴 수도 있겠다고 고개를 끄덕일 수밖에 없었습니다.

〈경향신문〉, 다독다독, 2015.4.28.

불평등, 파국으로 가는 급행열차

과거에 아이들은 장래희망이 무엇이냐는 질문에 의사, 판사, 교수, 기자, 소설가 등의 직업을 답변으로 내놓았을 것입니다. 그런데 요즘은 "살아남는 것이 장래희망"이라고 말하는 청소년들이 늘어나고 있다고 합니다. 에세이스트 김현진은 우리 사회에는 단 두 가지 선택만이 남아 있다고 말합니다. "빈둥거리며 시간제 일자리로 입에 풀칠이나 하면서 남들의 멸시를 감당하거나, 죽도록 일하고 죽어라 돈 벌고 걸레 짜듯 골수까지 짜낸 다음 50대에 직장에서 쫓겨나거나."

지금 젊은이들은 미래의 희망을 접고 있습니다. 연예, 결혼, 출산, 인간관계, 주택구입, 희망, 꿈 등을 모두 포기한다 해서 '7포세대'로 불리고 있습니다. 과거에는 명문대를 나오거나 해외유학을 다녀오면 그래도 희망이 있다고 보고 스펙을 쌓으려고 열심히 노력했습니다. 그러나 단군 이래 최고의 스펙을 쌓았다는 '이케아 세대'(1978년생 전후)가 좌절한 이후 그 이후 세대는 자신의 '이바쇼居場所'(거처)조차 마련하지 못해 방황하고 있습니다.

물론 극히 일부는 예외입니다. 한 언론인이 지적했듯 "지위와 부, 계급이 3대 이상으로 세습되는 체제"에서 부모를 잘 만난 소수의 사람들은 이런 걱정에서 처음부터 비켜나 있습니다. 어쩌다 우리 사회가 이렇게 됐을까요? 우리 시대의 스승 신영복은 『담론』(돌베개)에서 "지금까지의 성장 패턴을 지속한다는 것이 불가능할 것"이라고 말합니다. 그는 그 이유를 이렇게 설명합니다.

"이미 반복되는 금융위기와 장기불황이 그것을 예시하고 있습니다. '과학의 발전과 욕망의 해방' 그리고 '대량생산과 대량소비'가 쌍끌이해온 자본주의의 구조와 운동이 거듭 위기를 드러내고 있습니다. 토마 피케티는 『21세기 자본』에서 20대 기업의 300년간의 세무 자료를 분석해 자본이윤이 소득을 초과해왔음을 입증하고 양극화에 경종을 울리고 있습니다. 우리가 피부로 느끼는 것은 국가부채, 가계부채, 양극화, 실업, 경기침체, 집값 하락의 문제에 불과하지만 이것은 자본주의 체제 자체의 문제입니다."

〈경향신문〉 5월 13일자는 지난해에 『한국의 자본주의』라는 문제적 저작을 펴낸 바 있는 장하성 고려대 교수가 새정치민주연합 싱크탱크 민주정책연구원에서 열린 '성장과 분배' 특강에서 한국사회의 가장 큰 문제로 '소득 불평등'을 꼽았다는 사실을 보도했습니다. 장 교수는 "소득격차 확대는 기업이 돈을 못 벌어서가 아니라 번 돈을 안에 움켜쥐고 있어서다. 이런 구조에서는 다음 세대에 희망이 없다"며 "무엇보다 정부와 정치권이 분배에 직접 개입해야 한다"고 말했다는 것입니다.

『백낙청이 대전환의 길을 묻다』(창비)는 원로학자 백낙청이 '젊은' 전문가들과 만나 우리 사회가 어떤 전환을 이뤄내야 하는지를 묻는 책입니다. 이 책은 우리 사회가 너무 단기적인 현안에 매몰되어 전체를 보지 못하는 현실에서 시대적 전환의 방향과 우리가 해결해야 할 분야별 과제들에 대한 총체적인 안목을 제시하고 있습니다.

경제 편의 대담에서 정대영 송현경제연구소장은 "서민의 사람살이 즉 민생경제가 어려워지고, 중산층이 붕괴되는 것들이 한국 경제의 문제가 되는 거죠. 구체적으로 말씀드리면 오래된 주제지만 양극화 문제가 있고, 그와 연관되는 불평등 문제가 있고, 뒤이어 일자리 문제, 특히 아주 좋은 직업이 아니더라도 나쁘지 않은, 괜찮은 일자리가 매우 부족한 상황 등이 겹쳐 있어요"라며 양극화와 불평등을 최대의 현안으로 제시합니다.

정 소장은 이어서 한국 경제는 "거시경제 쪽에서 보면 세 가지가 핵심"이었다고 말합니다. "첫째가 물가를 올리면서 성장률을 높여왔고, 둘째는 환율을 계속 올리면서 수출을 늘려왔다는 것이죠. 물가나 환율이 오르면 우리 돈의 가치가 떨어지고 개인의 소득이나 자산가치가 줄어들죠. 셋째는 부동산 가격을 올리고 건설경기를 부추기면서 성장했습니다. 이런 세 가지 정책을 쓰면 단기적으로는 성장률이 조금 더 나아질지 모르지만, 장기적으로 보면 자산이나 소득의 분배구조를 크게 왜곡합니다. (…) 지금까지 한국 경제는 꽤 빨리 성장해왔습니다만, 속으로 세 가지 정책의 부작용이 쌓여왔던 것이지요. 그런 부작용들이 모여서" 양극화나 불평등 문제가 심각하게 나타나는 것이라는 분석이었습니다.

"시장이 가장 완벽하게 작동할 때조차 불평등은 심화되며, 그런 의미에서 불평등은 자본주의의 필연적인 산물"이라고 주장하는 피케티는 현대 자본주의 사회를 '세습 자본주의'로 명명했습니다. "21세기 자본주의는 부모로부터 부와 지위, 신분을 물려받은 상속 엘리트들이 지배하는 '신 빅토리아식 계급사회'로 변해가고" 있다는 것이지요.

『21세기 자본』이 화제를 끈 이후 '불평등'이 세계의 화두로 떠오르고 있습니다. 이번 주에는 불평등에 대한 책 두 권이 새로 출간됐습니다. 반세기 동안 소득과 부의 분배 문제를 연구해온 앤서니 앳킨슨의 『불평등을 넘어』(글항아리)는 세계가 처한 불평등의 문제를 투명하게 풀어내면서 불평등을 해결할 수 있는 포괄적인 정책들을 제안하고 있습니다. 『이따위 불평등』(이원재 외, 북바이북)은 불평등 문제를 다룬 25권의 책을 분석하면서 한국사회가 처한 상황을 냉철하게 지적한 책입니다.

"불평등은 파국으로 가는 급행열차"라고 합니다. 이제 서둘러 우리가 그 열차를 멈춰 세워야 하지 않을까요.

〈경향신문〉, 다독다독, 2015.5.19.

"하느님,
눈 좀 똑똑히 뜨쇼!"

1980년 광주 참극을 초래한 뒤 출범한 신군부는 1981년에 반도체, 컴퓨터, 통신기기, 전자제품 등 4개 부문을 중점적으로 육성하는 장기발전계획을 발표했습니다. 이 사업 중 당장 돈이 되는 것은 아마 전자사업이었을 것입니다. 1980년 12월의 컬러TV 방영 결정은 그중 전자산업부터 활성화하겠다는 야심이 드러난 결정이 아니었나 싶습니다.

1982년부터 컬러 방송이 시작됐지만 콘텐츠가 문제였습니다. 쇼 프로와 드라마로는 모두 채울 수 없었습니다. 1981년에 88올림픽 유치권을 획득한 5공 정부는 1982년에 프로야구를 출범시켰습니다. 잔디가 깔리지 않고 야간 조명 시설도 없는 운동장에서 서둘러 시작했습니다. 다음 해에는 프로축구와 민속씨름이 뒤를 따랐습니다.

1982년 1월 5일 새벽 4시를 기해 37년간 이어져오던 야간 통행금지 조치가 해제되었습니다. 50년 이상 군사독재가 이어지는 나라에서 올림픽이 열리는 것을 국제사회가 비판하자 어쩔 수 없이 취한 조처였습니다. 그렇지만 이로 인해 심야 작업 교대가 가능해지자 기업들은 2교대를 3교대로 바꾸어 공장을 24시간 내내 가동할 수 있었습니다. 극장, 술집, 학원 등도 심야 영업이 가능해지자 극장에서는 '애마부인' 시리즈를 비롯한 에로영화가 봇물을 이뤘고, 여관방에서는 포르노테이프가 난무했습니다.

이른바 섹스, 스포츠, 스크린의 3S가 넘쳐나자 섹스 향락산업이 날개를 달았습니다. 때마침 저유가, 저금리, 저달러 등 '3저 호황'이 맞물리자 기업들은 독재정권의 비호 아래 노동자들을 혹사시키며 이익을 늘려나갔습니다. 3S가 열기를 띠자 88올림픽이 개최될 때까지 700만 대의 컬러TV 수상기가 팔리면서 탄탄한 내수시장이 형성됐습니다. 그렇게 확보한 자금 중의 일부가 권력 상층부로 전달됐습니다. 컬러화로 말미암아 패션, 화장품, 광고 등 새로운 산업이 부상하자 많은 사람들의 마음이 들떴습니다.

김홍신의 『인간시장』이 등장한 것은 바로 이때였습니다. 악의 패거리는 언제든 응징할 수 있지만 연약한 애인 오다혜에게는 쩔쩔매는 장총찬의 이야기는 젊은이들의 애간장을 태웠습니다. 납본이라는 사전검열 제도로 판매금지도서를 남발하면서도 욕설과 과도한 섹스 장면만은 허용하던 시절이었습니다. 고도성장의 이면을 그린 『옛날 옛날 한옛날』과 빈민들의 처참한 생활을 담은 『꼬방동네 사람들』과 『어둠의 자식들』 등에서 애타게 하느님을 찾는 소리가 넘쳐날 때 하느님과 '맞짱 뜨겠다'는 22살의 장총찬이 주인공으로 등장한 『인간시장』이 베스트셀러 시장을 휩쓸기 시작했습니다.

1981년 9월에 1권이 출간된 『인간시장』은 1983년에 100만 부를 돌파하며 한국 출판 역사상 최초의 공식적인 밀리언셀러로 등극했습니다. 영화와 TV 드라마로 제작된 이 소설은 모두 560만 부나 팔려나갔습니다. 『인간시장』 1부 전 10권이 완간된 지 30년 만에 개정판으로 다시 출간되었습니다. 작가는 『인간시장』의 후속편을 쓰려고 했는데 지금의 현실과 조금도 다르지 않아 재출간을 결심했다고 합니다.

지난 주말에 이 소설을 열심히 읽어보았습니다. 이 소설이 처음 쓰이던 34년 전이나 지금이나 달라진 것이 없더군요. 주인공 장총찬은 돈과 권력에 희생당하는 불쌍한 사람들을 괴롭히는 조직폭력배, 돈독에 오른 의사, 부패한 개신교 목사, 권력의 하수인이 된 법관, 교육은 뒷전에 두고 제 배에 기름 창고를 만드는 사립학교의 젊은 이사장 등을 응징하기 위해 '표창'을 과감하게 날립니다.

장총찬은 하느님에게 이렇게 외칩니다. "불량 학용품, 교과서 부정, 채택료 받고 교재 선택하는 교수, 자기가 지은 책 안 사면 점수 주지 않는 선생들, 치맛바람에 휩싸여 점수 요리를 하는 치들, 반장 선거를 부정으로 치르는 교사범, 실력보다는 돈으로 입학하는 가진 집 자식들, 월급보다 치맛바람으로 받는 봉투가 커 보이는 양반들…. 젊은이들은 그걸 다 안다고요. 두 눈 감고 아웅 하지 않게 좀 해주세요."

그 시절에는 이런 사실이 드러나면 부끄러워 얼굴을 들고 다니지 못했습니다. 그러나 지금은 어떤가요? "만성 담마진(두드러기)으로 인한 병역면제, 변호사 시절 전관예우와 고액 수임료, 종교적 편향성, 법무장관 시절 국가정보원 댓글사건 등 정치적 사건에 대한 부적절 대처 논란" 등의 혐의를 받는 황교안이라는 분이 국무총리에 지명되는 세상 아닌가요? 이것만 보아도 엘리트형 부패로의 역주행이 얼마나 심각한지 알 수 있습니다.

황 후보자는 법무법인 재직 3년여간 17억 원을 받은 것에 대해 "국민 눈높이에 비춰 과한 것으로 생각될 수 있는 급여를 받은 점에 대해 송구스럽게 생각한다"는 요지를 담은 답변서를 국회에 제출했다고 합니다. 이 사실만 갖고도 조용히 찌그러져야 하는 것 아닌가요? 한국노동사회연구소가 분석해 2014년 11월 26일에 내놓은 자료에 따르면 시간당 5,580원인 최저임금도 받지 못하는 노동자가 전체의 12.1%인 180만여 명이나 되고, 임금이 정규직의 절반 수준인 비정규직이 전체 임금노동자의 45.2%인 852만 명이나 되는 나라, 그래서 자살률과 저출산율이 세계 1위를 달리는 나라에서 말입니다.

그래서 저도 장총찬처럼 소리치고 싶습니다. "하느님, 눈 좀 똑똑히 뜨쇼! 그리고 장총찬 같은 부패 청소부 한 사람만 빨리 내려보내주세요!"

〈경향신문〉, 다독다독, 2015.6.9.

'문체'가 아니라
'이야기'여야

정말 앞날이 캄캄합니다. 작년의 '세월호 참사'는 국제적인 동정이나마 살 수 있었지만 올해의 '메르스 참사'는 국제적 외면을 자초했습니다. 거리나 상가는 한산해지고 소비시장은 잔뜩 얼어붙었습니다. 상황이 이럼에도 국민통합과 경제민주화를 이루겠다던 박근혜 대통령은 여전히 양파 껍질을 벗기듯 생각이 조금이라도 다른 사람을 제거하고 있습니다. 이제는 여당의 원내대표마저 '벗겨'낼 태세입니다.

지금 우리 사회는 삶의 안전망을 완전히 잃어버려서 불안을 넘어 공포를 느끼고 있습니다. 심각한 공포를 느끼는 사람은 스스로 공포의 대상이 되려는 경향이 있다고 합니다. 그래서 보다 강한 존재, 악마 같은 존재에 기대려고 한다지요. 공포가 강할수록 사회가 보수화되는 것이 이런 이치라고 하는군요.

이럴 때 인간은 공감이 가는 '이야기'를 갈구합니다. 하지만 한국소설은 이야기보다 유려하면서도 서정적인 문체에 지나치게 집착하는 바람에 독자의 외면을 받기 시작했습니다. 심지어 '표절'이나 '자기복제'의 위험에 빠져들기도 했습니다. 신경숙은 그만의 고유한 문체로 지난 시절 대중을 압도한 작가입니다. 오길영이 『힘의 포획』(산지니)에서 지적하고 있듯이 신경숙의 문체는 "서정적이고 섬세"하기에 때로는 "감상성의 위험"에 빠지기도 합니다. 때문에 '표절 파동'을 불러온 것이 아닌가 여겨지기도 합니다. 오길영은 좋은 문체는 "아름다운 문체美文"가 아니라 "대상의 진실을 정확하게 포착하는 문체"라고 말합니다.

올해 여름 독서시장에서도 대중은 '이야기'를 찾고 있습니다. 올해 여름 출판시장을 달굴 외국 소설 세 권이 그걸 확인시켜주고 있습니다. 『오베라는 남자』(프레드릭 배크만, 다산책방)는 59세입니다. 열여섯에 고아가 된 그는 열심히 일해서 모기지도 갚고 세금도 내고 의무도 다했습니다. 소냐와 결혼하면서 비가 오나 눈이 오나 죽음이 우리를 갈라놓을 때까지 함께하자고, 서로 그렇게 동의했습니다. 40년 동안 한 집에서 살고, 같은 일과를 보내고, 한 세기의 3분의 1을 한 직장에서 일했습니다. 그런 그에게 젊은 관리자들이 "이제 집에 가서 쉬는 게 좋겠어요"라고 말했습니다. 늘 똑같은 일만 한 것이 직장에서 쫓겨난 이유가 됐습니다.

반년 전에 소냐가 돌아올 수 없는 먼 길을 떠나자 그는 자살을 결심합니다. 자살을 결행하려는 순간 이웃집에 이사 온 젊은 부부와 어린 두 딸이 찾아옵니다. 오베는 자신의 자살을 막은 그들에게 처음에는 까칠하게 대하지만 점점 마음을 열어가며 무심한 듯 열심히 챙겨줍니다. 오베는 근면과 성실을 최고 덕목으로 알고 살아왔지만 이제는 은퇴의 압박을 받는 우리의 평범한 이웃입니다.

『나오미와 가나코』(오쿠다 히데오, 예담)는 가정폭력에 저항하는 여자들의 이야기입니다. 가나코 남편의 폭력은 결혼하고 3개월이 지난 무렵부터 시작됐습니다. 술에 취해 돌아온 남편의 요구를 들어주지 않자 갑자기 흥분해 주먹으로 얼굴을 가격했습니다.

다음날 아침 남편은 두 손을 싹싹 빌며 사과했지만 폭력은 날이 갈수록 도를 더해갔습니다. 백화점 외판사원 나오미는 가나코가 '유일한' 대학 동창입니다. 어릴 때 어머니가 아버지한테 맞는 걸 보며 자란 나오미는 가정폭력이 주변 사람들마저 지옥에 빠트린다는 것을 잘 알고 있습니다.

친구의 아픔을 두고 볼 수 없었던 나오미는 가나코를 설득해 가나코의 남편 다쓰로 '클리어런스 플랜'(남편 제거 계획)을 함께 세웁니다. 처음에는 겁에 질려 떨던 가나코도 점점 용기를 얻고, 자신을 구하겠다는 각오로 적극적으로 나섭니다.

영화 〈델마와 루이스〉에서는 두 주인공이 그랜드캐니언의 벼랑 끝을 질주해 장렬하게 자살해 해방된 세계를 찾아가는 것으로 끝이 나지만 이 소설의 주인공들은 당당하게 맞섭니다. '데이트 폭력'이 소셜미디어를 달구고 있는 가운데, 우리가 늘 마주하는 일상의 작은 폭력이 실은 세계의 거대한 구조적 폭력의 씨앗임을 예리하고 생생하게 보여주는 리베카 솔닛의 『남자들은 자꾸 가르치려 든다』(창비)의 문제의식과도 맥락이 닿아 있습니다.

『황금방울새』(도나 타트, 은행나무)에서 열세 살 소년 시오는 엄마와 함께 북유럽 황금기의 명작들을 전시한 미술관에 들어갑니다. 엄마는 시오에게 렘브란트의 제자이자 페르메이르의 스승인 파브리티우스의 '황금방울새'가 이번 전시회에서 "가장 뛰어난 그림"이자 "내가 정말로 사랑한 첫 번째 그림"이라고 말해줍니다. 그때 미술관에서 테러가 발생해 전시회장은 아수라장에 빠집니다.

엄마는 즉사하고 시오는 사고 현장에서 만난 기묘한 노인 웰티의 청으로 반지와 작은 그림을 갖고 미술관을 빠져나옵니다. 사실상 고아가 된 시오는 엄마와의 마지막 추억이 살아 있는 '황금방울새' 그림을 품에 안고 웰티와의 약속을 지키기 위해 반지 주인을 찾아 나섭니다. 시오의 인생유전을 그리고 있는 이 소설은 상실과 집착, 운명에 대해 집요하게 묻고 있습니다.

이야기성이 강한 세 소설의 공통점은 모두 '죽음'을 화두로 하고 있습니다. 한없이 지친 삶을 살아가는 사람들은 이제 『어떻게 죽을 것인가』(아툴 가완디, 부키)를 고민하기 시작했습니다. 삶의 마지막 순간, 즉 존엄한 죽음을 생각하는 사람들은 "무얼 두려워하고 무얼 희망할 수 있는지에 대한 진실을 찾으려는 용기"를 갖고자 합니다. 그런 용기를 찾고자 하는 사람들은 이 소설들이 품은 이야기에서 위로와 구원을 찾을 수 있지 않을까요.

〈경향신문〉, 다독다독, 2015.6.30.

손톱 밑의 가시
'어린이제품안전특별법'

   유명한 외국계 은행에서 나름 승승장구하던 장정윤 씨는 외환 관련 업무를 하느라 시차 때문에 밤낮 없이 일하다가 여섯 살의 둘째 아들이 이상행동을 보이기 시작하면서 좌절하기 시작했습니다. 자정이 넘어 집에 들어가니 아이는 거실 한구석에서 이불을 둘둘 말고 혼자 자고 있었습니다. 텔레비전을 보며 서서 오줌을 싸고, 발음도 불명확했습니다. 소아정신과에서 진단을 받아보니 주의력결핍과잉행동장애^{ADHD} 초기라는 판정이 나왔습니다.

   의사는 회사와 아이 중에서 양자택일하라고 경고했습니다. 몇 달의 방황 끝에 회사를 그만두고 아이와 함께하는 일상을 시작하면서 친구의 소개로 독서지도사 공부를 시작했습니다. 그림책을 공부하면서 집에서 둘째 아이와 실습에 들어갔습니다. 저녁부터 밤까지 매일 아이와 살을 맞대어 안고서 그림책을 읽어주었습니다. 아이가 특히 사랑한 책은 『프레드릭』(레오 리오니, 시공주니어)이었습니다.

   아이들과 소통할 수 있는 감성을 그림책을 통해 키운 정신건강의학과 전문의 서천석은 『그림책으로 읽는 아이들 마음』(창비)에서 『프레드릭』이 이솝우화에 나오는 「개미와 베짱이」가 갖고 있는 이 시대 부모의 보편적 신념을 건드리고 있다며 내용을 다음과 같이 요약합니다.

   "들쥐 프레드릭은 베짱이와 판박이다. 다른 들쥐들이 겨울을 대비해 먹을 것을 모으려 밤낮 없이 일할 때 프레드릭은 햇살을 모으고, 색깔을 모으고, 이야기를 모은다. 겨울에 부족한 것이 식량만은 아니기 때문이다. 겨울에는 따뜻한 햇살도 없다. 자연은 무채색의 모습으로 우리를 우울하게 한다. 웅크리고 틀어박혀 있어야 하니 재미난 이야기도 금세 바닥이 나고 만다. 겨울이 오고 눈이 내리자 들쥐들은 돌담 속 틈새에 숨어 들어가 여름철 내내 모았던 옥수수와 짚을 먹으며 따뜻한 시간을 보낸다. 그러나 시간이 지나면서 곡식은 떨어져가고 들쥐들은 힘을 잃고 우울해한다. 역시 겨울에 부족한 것이 식량만은 아니다. 프레드릭은 다른 들쥐들에게 자신이 여름에 모았던 햇살과 색깔 이야기를 들려준다. 그저 이야기일 뿐이지만 모두들 살아 있다는 활기와 따뜻함을 느낀다. 프레드릭이 낭송하는 시를 들으며 들쥐들은 겨울의 추위와 외로움을 이겨낸다."

장 씨와 아이는 『프레드릭』으로 연극도 해보고, 새로운 시도 만들어보면서 수백 번을 읽었습니다. 그렇게 1년을 보내고 나니 아이는 일곱 살 나이에 맞는 정상적인 모습을 되찾았습니다. 책이 사람을 바꿀 수 있다는 것을 알게 된 놀라운 체험이었습니다.

학생들과 책을 읽고 토론하기를 즐기는 초등학교 교사 정소연 씨는 아이들에게 『프레드릭』과 「개미와 베짱이」를 비교하며 읽으라는 과제를 주었습니다. 아이들은 독후 활동시간에 프레드릭을 성토하거나 옹호하면서 자연스럽게 자신의 생각을 말했습니다. "베짱이는 놀기만 했지만, 프레드릭은 자신의 적성에 맞는 일을 해서 친구들에게 도움을 주었어요." "어쩌면 베짱이는 가수가 되려고 노래연습을 한 건데, 우리가 노는 걸로 오해한 걸지도 몰라." 아이들은 이렇게 빵빵 터졌습니다.

두 사람의 경험은 『책으로 다시 살다』(북바이북)에 나옵니다. 서 전문의는 부모가 아이에게 그림책을 읽어주기를 권합니다. 그는 아이들과 "함께 자연을 보는 경험, 두런두런 나누는 대화, 같이 이야기를 만들며 상상을 펼쳐 나가는 놀이, 불을 어둑하게 해놓고 들려주는 옛이야기, 이런 시간이 존재"한다면 꼭 그림책이어야 하는 것은 아니라고 말합니다. 이 시대의 부모가 그런 시간을 갖기는 쉽지 않겠지요. 그러니 "그림책이 그나마 부모가 접근하기 편한 도구"인 셈이지요.

서 전문의는 "아이들의 손이란 모든 것을 파괴할 수 있는 '마이너스의 손' 이다. 게다가 아이들은 좋아하는 것일수록 입으로 가져간다. 그러니 아이가 어리다면 잡아당겨도 찢어지지 않고, 물고 빨아도 망가지지 않는 재료로 된 그림책이 좋다"고 말합니다.

아이들을 너무나 '사랑'하는 정부가 '어린이제품안전특별법'을 제정해 지난 6월 4일부터 시행하면서 13세 미만 아이들이 보는 책 모두에 대해 안전 검사를 하고 반드시 KC마크(안전마크)를 발급받아 부착할 것을 강요하고 있습니다. 출판사가 책 용지에 납이나 카드뮴 함유량과 프탈레이트계 가소제의 함유량이 적절한지를 판단하고 날카로운 모서리 등을 자율적으로 없앤다음 한국화학융합시험연구원 같은 위임기관에 KC마크 부착권을 신청해 확보하라는 것입니다. 이를 어길 경우 3년 이하의 징역 또는 3천만 원 이하의 벌금에 처하고 현장(서점)에서 판매한 자에게도 500만 원 이하의 과태료를 물린다고 하니 책을 만들고 판매하는 사람 모두가 범죄자로 전락할 판입니다. 비록 1년의 유예기간이 주어졌다지만 권당 60만 원의 발급비용이 들고 발급받는 데 한 달 이상의 시간이 지체되는 이런 제도를 도입하는 취지를 이해하는 사람을 찾아볼 수 없었습니다.

"동일한 제품이라도 만 13세를 초과하는 소비자가 사용할 가능성이 큰 제품은 비대상"이라고 하니 그림책이 어른용이라고 우겨서 법망을 피해가야할까요? 아이들이 어린이책만을 물고 빠는 것은 아닐 것이니 제지업체에 용지에 대한 엄격한 규정을 두면 그만일 것을 백해무익한 이런 법을 만들어 강제하는 것은 그렇지 않아도 어려움에 처한 출판사들을 완전히 궁지로 몰아넣어 국민을 우민화하기 위한 심사가 아닐까요?

정부가 하루빨리 이에 대한 시원한 대답을 해주시기 바랍니다.

〈경향신문〉, 다독다독, 2015.7.20.

'독일의 역습'과
우리의 숙제

　세계 경제의 불황을 떠올릴 때마다 늘 유로화의 위기가 함께 거론됩니다. 최대 진원지는 그리스입니다. 재정위기가 시작된 2010년부터 긴축으로 인한 실업과 경제난에 시달리던 그리스 정부는 결국 자체 통화 도입이라는 '그렉시트'(Greek+Exit, 그리스의 유로존 탈퇴)를 하겠노라는 벼랑 끝 전술을 벌이면서 국민투표에 부쳤습니다. 그리스 국민들은 구제금융 긴축 반대^{OXI}에 60% 이상의 표를 던졌습니다. 그리스 국민들은 잠시 승리감에 도취됐습니다. 국내 일부 언론에서는 "그리스 서민층과 청년들의 승리"라는 현지 분위기를 전달했습니다.

　선거가 끝난 직후 독일의 앙겔라 메르켈 총리와 그리스의 알렉시스 치프라스 총리가 만났지만 그리스가 얻어낸 것은 아무것도 없었습니다. 승리가 아니라 처절한 패배였습니다. 이후 3차 구제금융 협상이 가까스로 타결되면서 그렉시트 위기와 그리스 국가부도가 봉합됐지만 그리스에 대한 주변국의 경멸적인 태도와 그렉시트를 받아들일 수 있다는 독일의 완강한 입장만 확인한 꼴이 됐습니다.

　독일의 강경한 태도를 통해 우리는 패전국이던 독일이 1991년의 재통일 후 매우 짧은 기간에 경제 강국이 되었다는 것을 인정해야만 했습니다. 한스 쿤드나니는 『독일의 역습』(사이)에서 강한 제조업을 기반으로 한 수출 호황과 임금 상승 억제 등으로 남아돌게 된 독일의 돈이 전 세계를 떠돌게 되었다고 말합니다. 결국 이 돈은 "서브프라임 모기지 등 정크 증권에도 흘러 들어갔고 이때부터 남유럽에도 상당한 규모의 악성 대출을 했다는 사실이 나중에 드러났다"는 것입니다.

1989년 베를린 장벽이 무너지고 독일이 통일되자 당시 영국의 마거릿 대처 총리와 프랑스의 미테랑 대통령은 통일로 거대해진 독일을 견제하기 위해 유럽 통합을 추진했습니다. 두 사람은 유럽 국가들의 경제적 주권을 확보하는 최선의 길은 '단일 통화'밖에 없다고 생각했습니다. 그래서 도입된 것이 유로화입니다. 강한 마르크화 때문에 힘겨운 싸움을 해야 했던 독일 기업들은 유로화가 도입되자 날개를 달았습니다. 유로존 주변국들의 고통을 이용해 유로화의 통화가치를 인위적으로 낮게 가져간 덕에 수출로 엄청난 '부당이득'을 취할 수 있었습니다.

경제전문가들은 '무임승차'를 통해 '부당이득'을 취한 독일이 앞장서 "유로채권을 발행해서 상호부조 형태로 부채를 관리하는 것만이 유일한 해결책"이라고 입을 모았습니다. 그러나 독일 정치인들과 메르켈 총리는 그 해결책이 "현실적으로 도덕적 해이를 야기할 것이기 때문에 채무국들에 더욱 강력한 구조 개혁을 압박해야 한다"고 주장했습니다.

많은 사람들이 힘의 정치를 부활하려는 메르켈을 이념보다는 국가 간의 힘과 실리에 기반을 둔 외교정책을 펼친 비스마르크나 제2차 세계대전을 일으킨 히틀러에 비유하고, 패전국에서 '유럽의 병자'가 되었다가 경제 강국으로 도약한 독일을 '양의 탈을 쓴 늑대'로 지칭하기 시작했습니다. 이제 사람들은 독일의 첫 통일이 이뤄졌던 1871년부터 패전국으로 몰락한 1945년에 이르는 기간에 "공격적인 권력으로 행동하는 강대국의 모습 그 자체"였던 독일의 대외정책을 떠올리게 되었습니다. 이런 정책이 또 다른 '대재앙'을 불러오지 않을까 우려합니다. 세계대전이 발발할 정도의 상황까지는 아니지만 '독일 문제'에 대한 관심의 환기가 필요하다는 생각을 하기 시작했습니다.

여전히 분단국에 살고 있는 우리는 "독일 민족의 정수가 언젠가는 세계의 구원자가 될 것"이라는 '독일 승리주의'의 재출현을 어떻게 바라봐야 할까요? 중국과 러시아와는 특별한 관계를 유지하면서 신경제와 금융서비스에만 치중한 미국과 영국 중심의 앵글로색슨 경제와의 대결에서 승리한 게르만 경제에서 우리는 무엇을 배워야 할까요?

강상중은『고민하는 힘』(사계절출판사)에서 나쓰메 소세키와 막스 베버가 살았던 19세기 말부터 20세기 초와 20세기 말에서 21세기 초에 걸쳐 살고 있는 지금의 '두 세기말'이 너무 닮았다고 말합니다. "19세기 말에 장기불황과 내란 상태로 어지러웠던 유럽 여러 나라는 사태를 타개하기 위해 다른 나라로 몰려갔습니다. 일본도 비슷한 이유로 만주 등지로 몰려갔습니다." 이른바 '제국주의'의 출현이었습니다. 지금은 어떤가요? "국경을 넘어 '글로벌 머니'가 세계를 종횡무진 '배회'하고 있으며 그 '폭주'를 막을 수 없는 상태가 계속되고 있습니다."

강상중은 막스 베버가 '금융 기생적 자본주의'를 "근대 자본주의의 '정통'"이라고 간주하지 않았지만 오늘날에는 "그것이야말로 좀 더 '선진적인' 자본주의의 시스템"이라고 말합니다. 한스 쿤드나니는 유럽이 "지정학적geo-political 딜레마에서 지경학적geo-economic 딜레마로" 빠져들고 있다고 말합니다. 1871년의 문제는 '지정학적 버전'이었지만 지금은 '경제 제국주의'라는 '지경학적 딜레마'로 바뀌었다는 것이지요.

패전국의 고통을 겪었던 독일은 절반의 주권이 아닌 온전한 주권을 행사하는 '정상 국가'가 되어야 한다는 주장을 펼치고 있습니다. 이것은 우경화되어 평화헌법의 개정을 통해 자신들도 전쟁을 할 수 있는 국가라는 일본의 '보통 국가'론과 닮아 있습니다. 독일과 일본의 공세 속에서 우리는 어떤 선택을 해야 할까요? 어쩌면 이제 새로운 수난을 겪을 준비를 해야만 하는 것은 아닐까요?

〈경향신문〉, 다독다독, 2015.9.1.

고장난 저울,
대한민국

요즘 젊은이들 사이에서 '헬^{hell}(지옥)조선'이라는 말이 유행하고 있다고 합니다. 『연애, 결혼, 출산, 인간관계, 주택구입, 희망, 꿈 포기한 7포세대의 자본주의 정글에서 살아남기』(공진규, 유토피아)라는 자기계발서가 등장할 정도로 요즘 젊은이들은 미래의 꿈을 하나둘 접어야만 했습니다. OECD 가입국 중에서 자살률, 청년자살률, 노인자살률, 노인빈곤율이 1위인 나라에서 극단적으로 내몰리는 젊은이들이 '멘붕'(2012년)에 이어 '헬조선'이라는 말을 만들어내는 것은 지극히 당연해 보입니다.

인문학자인 김경집은 『고장난 저울』(더숲)에서 "밝은 미래를 열어줄 결정적 열쇠"인 수평사회의 저울이 완전히 망가졌다고 말합니다. "여기 저울이 있다. 저울은 무게를 재고 값을 정한다. 저울은 판단과 측정의 기준이고 객관성과 보편성의 잣대가 된다. 저울은 수평을 유지했을 때 제 기능과 역할을 완수한다. 그러나 지금 우리 앞의 저울은 기울어져 있고 추는 저울을 쥐고 있는 사람 마음대로 정한다. 그런 저울은 현재를 망칠 뿐 아니라 미래까지 깡그리 망쳐버린다."

사람은 태어나서부터 많은 욕망을 갖게 마련입니다. "본능적 욕망뿐만 아니라 의지적 욕망을 갖고" 있습니다. 인간의 특권이고 특징인 의지적 욕망은 대개 권력, 재력, 명예 등에 관한 것입니다. "그것을 획득하려면 대부분의 사람들에게는 상당한 노력이 필요"하지만 노력해도 그런 욕망을 달성할 수 없다는 현실을 깨닫게 되면 "절망, 분노, 체념으로 이어지게" 됩니다.

'80 대 20'의 사회에서는 '개천에서 용 나는' 사례가 많았지만 "신분의 상승과 순환은 거의 구조적으로 막혀 있고 부자가 될 가능성은커녕 부의 재분배조차 왜곡된 상태에서 가난을 대물림하기 십상"인 '99 대 1'의 사회에서는 절망과 좌절만이 넘치는 세상이 되었습니다.

이제 사람들에게는 성욕과 식욕 같은 본능적 욕망만이 남았습니다. 그러나 일자리를 구하지 못했거나 비정규직 일자리에 겨우 진입한 젊은이들에게는 "사랑마저 사치인 시대"입니다. 그러니 식욕만이 유일하게 남아 텔레비전에서는 '먹방'이니 '쿡방'이니 하는 먹는 프로그램이 난무합니다. "먹는 것조차 연명을 위해 쑤셔 넣는 수준의 식사" 정도는 "나도 할 수 있다"고 안내하는 방송에서 '존재감'을 겨우 확인할 수 있는 세상일 따름입니다.

저울이 작동하지 못하니 "거짓이 참을 능멸하고 탐욕이 정직한 노동을 우롱하며 불의가 정의를 조롱"하는 일이 넘치고 있습니다. 대한민국은 그야말로 절체절명의 위기입니다. 누가 이 고장난 저울을 고칠 수 있을까요? 마침 2017년은 대통령 선거가 있어 저울을 고칠 수 있는 결정적인 시기입니다. 김경집은 우리 사회를 수평사회로 되돌리기 위한 현실적이며 심각하지 않고 누구나 실천할 수 있는 경제, 교육, 세대 등 세 가지 긴급의제를 제시합니다.

흔히들 '보수'가 경제는 잘 알 것이라고 착각합니다. 그러나 보수정권은 '4대강' 같은 시대착오적인 토목공사를 경제를 살린다는 독선과 아집에 빠져 민주적 절차와 토론을 무시한 채 무리하게 밀어붙였습니다. 그 결과 경제를 망쳤고 미래는 파괴됐습니다. 통제되지 않은 탐욕의 경제는 정치의 타락을 가속화시켰습니다. 김경집은 우리 사회를 '자유로운 개인'이 연대하는 팀제와 같이 수평적이고 자발적인 조직으로 전환시켜야 한다고 말합니다. "이는 더 나은 경제를 만들고 더 좋은 일자리를 창출하며 보다 창조적으로 선도하는 삶과 사회를 가능하게 하는 기본요소"이며 "그게 진정한 경제민주화의 바탕"이니까요.

"소수의 우등생, 그것도 부모의 신분과 재력, 지역의 선별성에 따른 우등생만 양성하는 교육은 오히려 계급을 상속하는 도구로 전락"하는 바람에 "창의력과 상상력이라는 중요한 미래 가치는 실종"되고 말았습니다. 이것은 아이는 죽이고 부모의 욕망만 채우는 일이었습니다. 앞으로 "교육에서 중요한 것은 개인으로서의 자아를 형성하고 자신을 설계하도록 하며, 자유로운 개인들 간의 연대의식을 정립시키는 것이다. 그러기 위해서는 어릴 때부터 수평사회의 가치와 체제를 체감하고 훈련해야 한다. 자율성과 창의성을 신장하면서 동시에 다른 사람에 대한 공감과 이해의 태도를 학습해야 한다. 그런 점에서 학교에서의 민주주의 교육은 필수적"입니다.

언제부터인가 노인세대는 기득권을 옹호하는 세력으로 굳어졌습니다. 김경집은 청바지와 통기타로 상징되는 '세시봉' 세대에게 기대를 걸고 있습니다. 억압과 통제의 굴레에서 벗어나 저항과 풍요, 그리고 창조의 혜택을 누린 이 세대, 최초로 수평사회의 기초적 교육을 받았고 불의와 맞서 목숨 걸고 싸운 경험이 있는 이 실버세대가 "민주주의를 농락하고 인권을 유린하며 법치를 조롱하고 모든 이익을 독점하며 사회를 병들게 하는 특권층의 탈법 행위와 더불어 망국적 지역감정을 깨뜨려줘야 한다"고 주장합니다.

김경집은 모든 세대가 책을 함께 읽고 토론할 것을 누누이 강조하고 있습니다. "책과 도서관은 우리 사회에서 삶을 재설계하고 리빌딩할 수 있는 가장 현실적 대안"입니다.

어떤 일이 생겨도 그 사안에 대한 책을 "5권쯤 읽으면 윤곽이 보이고 이해도 따르며 10권쯤 읽으면 그 분야 전문가의 어깨쯤으로 수준이 높아지니" 서둘러 도서관으로 가서 책을 읽으며 자기교육과 미래 설계의 그림부터 그려보시는 것이 어떨까요.

〈경향신문〉, 다독다독, 2015.9.21.

진정한 역사교과서

교육부는 내년부터 학교 현장에서 고전 읽기를 강화하는 인문소양교육에 중점을 두기로 했습니다. 저는 지난 6월 초 열린 교육부 주최의 '전국 초·중등 인문소양교육 포럼'에서 '대중 인문학과 대학 인문학'에 대해 발표를 했습니다. 그 자리에서 한 발표자는 요즘 교사들의 중·고등학교 때 성적이 너무 좋은 것이 문제라는 지적을 했습니다. 정년이 보장되는 교사라는 직업이 인기를 끌다 보니 우수한 학생들이 교사가 되고 있습니다. 그런 교사들이 학창시절에 누구보다 열심히 공부를 한 것은 분명합니다. 그런데 그런 교사들이 교실에서 공부를 열심히 하는 학생들만 챙기고 있는 것이야말로 문제라는 지적을 하면서 성적만으로 교사를 뽑는 것에 대해 회의적이라고 했습니다.

이명박 정부는 일제고사를 도입했습니다. 단순히 학업성취도를 측정한다고 했지만 모든 학생을 성적으로 줄을 세우는 제도였습니다. 학교평가와 연계하다 보니 교사가 성적을 조작하는 일마저 발생했습니다. 백번 양보해서 산업화 시대라면 이런 제도를 이해할 수 있었을 것입니다. 양질의 교육을 통해 양질의 노동력을 확보하는 것이 시급했으니까요. 그러나 지금은 속도와 효율의 교육이 아니라 창의적이고 주체적인 인간을 길러내는 교육이어야 합니다.

이런 시대에 교육의 기본은 읽기 능력의 배양일 것입니다. 책을 제대로 읽어낼 수 있는 능력을 키운 사람은 어떤 상황에서도 살아남을 수 있습니다. 따라서 교과서는 "인류문화의 정수를 모아놓은 표준지식"을 단순히 알려주며 암기시키기보다 "다양한 지적 호기심을 유발하고 더 깊은 지식 습득의 길을 알려주는 안내자"가 되어야 할 것입니다. 특정한 이념을 주입하려는 의도를 버리고 가치 갈등을 합리적으로 해결하는 능력을 배양할 수 있는 교과서여야 할 것입니다.

하지만 좀 더 진취적으로 생각하면 지식의 양이 3일 만에 2배로 증가할 정도로 변화의 속도가 빨라지는 지식기반사회에서 교과서가 오히려 장애가 되는 것은 아닐까요? 저는 우리나라도 이제는 미국이나 프랑스처럼 교과서 자유발행제로 가야 한다고 봅니다. 뜻이 있는 모든 출판사가 자유롭게 교과서를 발행하고 학교에서는 무수한 교과서 중에서 자유롭게 골라 적절한 수업을 할 수 있어야 합니다.

지금 학교에서는 일제고사가 사라졌습니다. 대신 내년부터 전국의 중학교에서 자유학기제가 전면 시행됩니다. 교육부의 설명에 따르면 자유학기제란 "중학교 수준에서 한 학기 동안 중간고사와 기말고사 등 시험부담에서 벗어나 토론과 실습 등 직접 참여하는 수업을 받고 꿈과 끼를 찾는 다양한 체험활동을 할 수 있도록 한 제도"입니다. 자유학기제는 진일보한 제도인 것만은 분명합니다. 그런데 이런 제도를 도입한 교육부가 어이없게도 역사교과서를 국정으로 발행한다는 자가당착의 결정을 내렸습니다.

그럼에도 불구하고 학생들은 다양하게 출간되는 교양서를 함께 읽고 토론하며 스스로 자신의 진로를 정해 가야 할 것입니다. 2013년부터 출간되기 시작한 '빅히스토리' 시리즈(전20권, 와이스쿨)는 "우주·생명·인류 문명, 그 모든 것의 역사"입니다. 『세상은 어떻게 시작되었을까』(이명현), 『생명은 왜 성을 진화시켰을까』(장대익), 『세계는 어떻게 연결시켰을까』(조지형) 등 세 권으로 출발한 책이 어느덧 12권이나 나왔습니다.

저자들은 '빅히스토리'가 아닌 '빅퀘스천Big Questions'이라 해야 옳다고 말합니다. 나(개인), 가족, 민족, 세계, 인류로 점차 관심을 넓혀가는 것이 아니라 인류라는 '큰 질문'에 대한 해답을 얻게 되면 인간 존재에 대한 본질과 나라는 존재가 나아갈 바를 저절로 찾아낼 것입니다. '전체적인 상'이 무엇인지 아는 사람만이 이 복잡다단한 세상에서 스스로의 길을 찾아낼 수 있을 것이니 말입니다.

요즘 학생들이 읽고 토론하기 좋은 교양서가 꾸준히 출간되고 있습니다. 『철의 시대』(강창훈, 창비)는 철과 함께한 인류 4천 년의 역사를 매우 압축적으로 잘 정리하고 있습니다. 철을 단순하게 설명하는 것이 아니라 철이라는 임팩트가 강한 '앵글'을 통해 인간의 욕망을 비추어보고 철과 인간의 역사에 대해 이야기하고 있습니다.

120억 년 전에 탄생한 철은 단짝 친구인 산소와 만나 산화철이 되었습니다. "산화철은 물과 분리되어 바다 밑으로 가라앉기 시작했습니다. 오랫동안 바다를 표류하던 철은 산소를 만나서야 정착에 성공합니다. 철을 산화하고도 남은 산소는 오존O_3을 만들어냈고, 오존층이 형성되어 태양에서 오는 자외선을 차단했습니다. 생명체가 더 이상 바다에 갇혀 살 필요가 없어지면서 육상 생물이 출현하게 됐지요."『철의 시대』는 이렇게 우주 공간에서 철이 처음 생성되는 과정에서부터 시작해 철이 인류의 문명과 일상생활을 장악하게 된 과정을 흥미롭게 서술하고 있습니다.

이제 학교교육은 권력을 가진 자의 특정 이념을 주입하는 것이 아니라 다양한 교양서를 함께 읽고 토론하는 과정에서 자신의 꿈을 찾아갈 수 있게 도와야 할 것입니다. 아직은 우리 교육이 교양서에 완전히 의존할 수 있을 정도로 책의 다양성을 확보하지는 못했습니다. 그러나 교육부가 올바른 방향만 설정해준다면 정말 다양한 책들이 빠른 시간 안에 출간될 것입니다.

교육부가 허튼 교과서에 투입할 예산을 이런 방향 설정에 서둘러 전환해 투입하시기를 간절하게 권고하는 바입니다.

〈경향신문〉, 다독다독, 2015.10.20.

'송곳' 같은
인간이 필요한 세상

지난주에 저는 지방 여러 곳에서 강연을 했습니다. 이동거리가 길어서 힘들었지만 무척 뿌듯했습니다. 주로 40~50대의 사람들이 책을 읽고 글을 써야 하는 이유를 설명하는 제 강의를 열심히 들어주었기 때문입니다. 60~70대의 남성들도 다수 참여해 열심히 들어주시는 모습에 당혹스럽기까지 했습니다.

이번 강연투어에서 저는 한 지방 명문사립고에서 성적이 매우 우수한 학생들이 '스카이'에 원서 내는 것 자체를 거부했다는 이야기에 크게 감동했습니다. 비싼 돈을 들여 서울 유학을 해도 취업도 되지 않는 마당에 무리할 필요 없이 집에서 가까운 대학에 진학해 부모의 부담이라도 덜어주겠다고 했다더군요. 가족들과 하루라도 더 같이 지내며 함께 책을 읽어보겠다는 학생도 있었다 하더군요.

2010년 3월에 창간되어 6년째에 접어든 월간지 〈학교도서관저널〉의 발행인인 저는 지난해 9월부터 성인들의 독서와 관련된 책을 여러 권 펴냈습니다. 『이젠, 함께 읽기다』, 『책으로 다시 살다』, 『서평 글쓰기 특강』, 『문학은 노래다』, 『은퇴자의 공부법』, 『당신은 가고 나는 여기』 등은 오로지 함께 책을 읽고, 함께 토론하고, 함께 글을 써야 한다고 주장하는 책들입니다. 이 책들의 기획자들은 독서공동체를 지향하는 숭례문학당의 참여자들입니다.

요즘 숭례문학당의 학인들도 무척 바쁩니다. 『서평 글쓰기 특강』의 공동저자인 김민영 씨는 지난 토요일에 부산 영광도서에서 강연을 하고는 엄청난 감동을 받았다는 소감을 전해왔습니다. 대전과 김천에서도 독자들이 달려와서 자리를 꽉 채웠다더군요. 책을 읽고 나서 정리가 안 된다고 하소연하는 학생들에게 아무 조언도 할 수 없어 갑갑했다던 한 교사는 이런 강의를 아이들에게 직접 들려주어야 한다며 좋아했다더군요.

저는 이런 일을 겪으면서 우리 사회의 '성적지상주의'라는 견고한 성에 이제 본격적으로 균열을 내는 일이 확산되는 것 같아 무척 기뻤습니다. 함께 책을 읽으며 스스로 밝은 미래를 만들어갈 수 있다는 확신이 점차 늘어나는 것 같았습니다. 독서운동을 하는 몇 분에게 전화를 걸어보았더니 그들도 우리 사회에 책을 함께 읽어야 한다는 지평이 넓어지고 있다는 사실을 확인해주었습니다. 심지어 "도서관이 중심이 아닌 학교는 학교도 아니다"라고 말하는 분도 계신다더군요.

우리 사회에 균열을 내는 일은 또 있습니다. JTBC에서 방영하는 드라마 〈송곳〉입니다. "어쨌든 나는 모든 곳에서 누군가의 걸림돌이었다"는 푸르미마트 일동점 과장 이수인과 "서는 데가 달라지면 풍경도 달라지는 거야"라고 말하는 노동상담소장 구고신이 연대해 벌이는 노동쟁의의 모습을 제대로 보여주고 있는 드라마입니다.

드라마에서는 "여러분 곁에 노동조합이 있습니다", "일 시킬 땐 가족이고 내쫓을 땐 가축이냐", "우리가 쉬워 보이지?", "내 목 굵다 잘라봐라", "과장은 접대받고 주임은 징계받고"라는 팻말을 들고 노동자들이 시위하는 장면이 등장합니다. 막장 드라마 일색인 현실에서 이젠 이런 드라마라야 장사가 될 만큼 우리 현실이 험악해진 것은 아닐까요.

드라마 덕분에 저는 책을 다시 읽어보았습니다. "여기나 저기나 어차피 최저임금인데 잘린다고 아쉬울" 것이 없는 한국에서 취업을 해도 평생 아무런 희망도 가질 수 없는 이들이 주인공들입니다.

"여기서 더 졸라매면 한강 다리 가려고 해도 차비가 없어서 걸어가다 굶어 죽을 판인데 당신들 힘든 건 당신들이 못나서 그렇다. 왜 더 졸라매지 않느냐"는 핀잔만 듣는 노동자들이 정규직 노동자를 쫓아내고 그 자리에 계약직이나 외주업체서 보내온 파견직을 꽂아 알량한 비용절감을 시도하는 회사에 대항하기 시작합니다.

"꼭지만 틀면 나오는 수돗물처럼 마음대로 쓰다가 아무 때나 갖다버릴 수 있는 이 좋은 세상"을 사용자들이 스스로 포기할 리가 없습니다. 하지만 대부분의 노동자들은 자신이 속한 집단과 조직의 부조리에도 두려움에 떨며 노예처럼 비굴하게 충성만 하고 있습니다. 드라마에서 한 해고노동자가 "지는 것은 안 무서워요. 졌을 때 혼자 있는 게 무섭지"라고 내뱉는 대사에서 이 시대 두려움의 정체를 확인할 수 있습니다.

'3포세대'가 '9포세대'로 진화하더니 더 이상 포기할 것이 없다 해서 'N포세대'로 불립니다. '금수저'를 물고 태어나지 못한 사람은 하루라도 빨리 자살해서 부잣집에서 다시 태어나는 편이 낫다는 자조가 넘치는 세상입니다.

50대 이상의 부모들은 세상살이에 지칠 대로 지쳐 보따리를 싸서 다시 들어오는 '캥거루족' 자식들 때문에 지쳐갑니다. 그런데도 박근혜 정부는 '부모 세대'의 일자리를 줄여 '자식 세대'의 일자리를 늘려야 한다며 세대갈등만 조장하고 있습니다.

책 속의 구 소장은 "분명 하나쯤은 뚫고 나온다. 다음 한 발이 절벽인지 모른다는 공포 속에서도 제 스스로도 자신을 어찌지 못해서 껍데기 밖으로 기어이 한 걸음 내딛고 마는 그런 송곳 같은 인간이"라고 희망을 말합니다. 그렇습니다. 지금은 송곳 같은 사람이 만들어내는 균열이 매우 필요한 때입니다.

〈경향신문〉, 다독다독, 2015.11.3.

'흙수저'가 '금수저'를
이기는 확실한 방법

"사람들은 교육이야말로 성공의 열쇠이며 능력주의의 핵심이라고 말한다. 우수한 교육을 받고 학업성취도가 뛰어나면 높은 소득을 올릴 수 있는 좋은 직업을 가질 수 있고 그 덕분에 한 단계 높은 계층으로 올라서고 있다고 강력하게 믿는다. 이런 의미에서 교육은 능력적 요인이 될 수 있다."

『능력주의는 허구다』(스티븐 J. 맥나미·로버트 K. 밀러 주니어, 사이)의 저자들은 이런 능력주의가 통하지 않는 세상이 되었다고 말합니다. 개인의 능력보다 부모의 배경, 학교와 교육 시스템, 사회적 자본과 문화적 자본, 부의 상속, 특권의 세습, 차별적 특혜, 사회 구조적 변화 등 비능력적 요인이 능력을 이겨버리는 세상에서는 '개천에서 용이 나는' 일은 결코 없을 것이라는 말이지요. 오히려 학교와 교육은 "불평등한 삶을 대물림하는 잔인한 매개체"일 뿐이라고 단언합니다.

나이 서른셋의 지방대 시간강사가 대학원에서 공부한 과정과 시간강사로서의 처참한 삶을 담담하게 정리한 『나는 지방대 시간강사다』(309동1201호, 은행나무)는 그런 단언이 사실임을 확인시켜주고 있습니다. 이 책이 들려주는 대학의 현실은 암담합니다. "정년을 채운 교수들이 퇴임하면 기다렸다는 듯 그 자리를 지우고 비정년 트랙 강의 전담 교수를 채워 넣는다. 그리고 '해임'한다. 대학은 나름대로의 신자유주의적 생태계를 구축해가고 있는 것이다. 학부생과 대학원생, 심지어는 졸업생의 값싼 노동력으로 행정의 최전선을 채운다. 4대보험이나 퇴직금 명목조차 없는 4개월짜리 계약서를 받아든 시간강사들이, 2년짜리 비정년 트랙 교수들이 강의를 책임진다."

패스트푸드점에서 한 주에 60시간만 일해도 건강보험이 되는데 이 땅의 대학에서는 노동자에게 최소한의 안전망이라 할 수 있는 4대보험조차 보장되지 않습니다. 이 책의 저자는 "지식을 만드는 공간이, 햄버거를 만드는 공간보다 사람을 위하지 못한다면, 참 슬픈 일"이라고 말합니다. 그는 교수의 책을 나르다 다쳤지만 모든 책임을 자신이 져야 했던 슬픈 고백을 털어놓고 있습니다. 그렇게 참고 일해도 정년이 보장되는 교수가 된다는 것은 하늘의 별을 따는 것보다 힘든 세상입니다.

이런 대학에 전망이 있을까요? 『빅 픽처 2016』(김윤이 외, 생각정원)은 인터넷을 통한 쌍방향 온라인 공개강좌인 '무크'(Massive Open Online Course)로 인해 "15년 내에 미국 대학의 50%가 사라질 수 있다"는 『혁신기업의 딜레마』의 저자이자 파괴적 혁신 이론으로 유명한 클레이튼 크리스텐슨 하버드대 교수의 주장을 소개하고 있습니다.

'참여와 개방'을 표방하는 무크는, 무료로 전 세계의 누구에게나 열려 있기에 교육 불평등을 다소 해소할 수 있으며, 학점·크레디트와 상관없이 지식 향상, 교육 기회 확대, 교육의 접근성 증대 등을 위한 사회적 서비스이며, 교육 방식이 수요자 중심으로 전환되고 있으며, 평생교육 시장을 확대하고 있고, 수강생이 불특정 다수라는 특성이 있습니다. 곧 무크가 활성화될 것이기에 우리나라의 대학은 곧 셋 중 둘은 도태될 것으로 보입니다.

얼마 전 지방 강연을 끝내고 50대 초반의 수강자들과 이야기를 나누다 한 지방 명문고의 성적 우수자들이 이른바 '스카이' 진학을 포기했다는 놀라운 이야기를 들었습니다. 집에서 가까운 지방대에서 장학금을 받으며 학교를 다니면 부모의 등골도 보호해주고 부모님 생전에 가족끼리 훈훈한 삶을 좀 더 길게 살 수 있다는 이유를 댔다더군요.

저는 이야기를 들으면서 우리 사회에서 '학력지상주의'라는 공고한 장벽에 드디어 금이 가기 시작했다는 사실에 크게 안도했습니다. 저는 그 자리에서 앞으로 5년 이내에 셋 중 한 사람은 학교에 보내지 않을 것이라는 이야기를 했습니다. 그러나 다른 자리에서 제 이야기를 들은 이는 이미 부잣집 아이들은 5명 정도가 모여 새로운 학습을 하고 있다는 소식을 들려주더군요.

또 다른 이는 한 사교육업체가 35개의 프랜차이즈를 두고 이와 비슷한 교육을 펼치기 시작했다는 이야기와 함께 이런 이야기를 전해주었습니다. "지금 학교에서는 신호가 파란불일 때는 건너고 빨간불일 때는 건너지 말라는 단순 지식만 가르칩니다. 그러나 사교육업체는 그런 약속의 의미와 함께 창조적인 방법으로 다양한 약속을 만들어내는 창조력을 가르칩니다. 이제 지식을 단순하게 전달하는 학교의 시대는 끝났습니다."

'금수저'를 물고 태어난 아이들은 어떻게 해서든 앞서나가는 모양입니다. 어쩌면 몇 년 이내에 학교는 맞벌이로 아이를 돌봐줄 수 없고 사교육도 시킬 수 없는 가난한 집의 아이들만 득실거리는 공간이 될지도 모르겠습니다. 이걸 이기는 방법이 있냐고요? 물론 있습니다. 어려서부터 함께 책을 읽고, 토론을 하고, 글을 써보는 것입니다. 마을마다 작은도서관을 만들어놓고 그곳에서 동년배끼리, 혹은 여러 세대가 함께 책을 읽고 토론부터 벌이는 것입니다. 이것이야말로 인터넷으로 모든 지식의 공유가 가능해진 시대에 '흙수저'가 '금수저'를 이겨낼 수 있는 가장 확실한 방법이 아닐까요.

〈경향신문〉, 다독다독, 2015.11.24.

'미움받을 용기'와 '스토리두잉'

보름밖에 남지 않은 2015년에 가장 많이 팔린 책은 80만 부를 넘긴 『미움받을 용기』(인플루엔셜)입니다. 프로이트, 융과 함께 심리학의 3대 거장으로 꼽히는 아들러의 가르침을 철학자인 기시미 이치로와 프리랜서 작가인 고가 후미타케가 철학자와 청년의 대화 형식으로 풀어낸 이 책은 올해 내내 베스트셀러 1위를 달렸습니다. 이제 기시미 이치로의 책들이 원서에도 없는 '용기'라는 이름을 줄줄이 달고 번역 출간될 정도가 되었습니다.

저는 1월 21일에 발표한 한 글에서 이 책이 일본에서 큰 인기를 얻은 것은 아들러의 주장이 '사토리(득도) 세대'의 의식구조와 맞아떨어졌기 때문이라고 썼습니다. 초등학생 때부터 성적보다 자율성을 강조하는 '유토리 교육'을 받은 이 세대는 어려서부터 스마트폰을 이용한 '스마트폰 세대'이기도 합니다. 이들은 검색으로 거의 모든 정보를 얻고, 언제 어디서나 엄지손가락으로 글을 써서 주변 사람들과 자유롭게 소통하고, 액정화면을 통해 이성이 아닌 감성을 느끼는 세대입니다.

일본은 네 사람 중 한 사람이 65세가 넘을 정도로 세계에서 가장 빠르게 노령화되고 있는 나라입니다. 2060년에는 그 비율이 40%까지 치솟을 것으로 예상됩니다. "생활보호기준에 해당하는 고령자 및 그 우려가 있는 고령자"로 불리는 '하류노인'이 700만 명, 혼자 사는 노인이 500만 명인 나라입니다. 올해에도 NHK에서는 고령자의 빈곤을 다룬 프로그램을 몇 편 잇달아 방송했고, 여러 미디어에서는 '간병 퇴직'이나 '노후 파산'을 메인 특집으로 내세우며 고령자의 빈곤과 격차의 문제를 제기해서 큰 반향을 일으켰습니다. 미디어의 주된 관심은 '노인 세대'였습니다.

책 시장에서도 103세의 고령임에도 현역에서 맹렬하게 활동하고 있는 미술가 시노다 도코가 때로는 다정하게, 때로는 엄하게 인생을 살아가는 법과 즐기는 법을 전수하는 『103세가 돼서 알게 된 것: 인생은 혼자라도 괜찮아』가 오랫동안 베스트셀러 1위를 달렸습니다. 평생 독신으로 살아온 시노다는 이 책에서 "100세를 넘으면 어떤 식으로 나이를 먹으면 좋을까, 저도 처음이라 경험이 없어서 당황"한다면서 "모두 스스로 창조해서 살아가지 않으면 안 됩니다"라고 조언합니다. 그는 또 "100세가 넘으면 인간은 차츰 '무無'에 가까워지고 있다고 느낍니다. 하나의 예로 나는 작품을 그리기 시작하면 전혀, 아무것도 생각하지 않습니다. 작품과 나와의 사이에는 붓이 있을 뿐, 단지 그리고 있는 것입니다. (…) 무의식중에 자연스럽게 완성되어 있습니다. 게다가 지금까지 본 적이 없는 전혀 새로운 경지의 작품"이라고도 말했습니다.

그렇습니다. 이제 인간에게 필요한 것은 이른바 '지성'이나 '윤리적 판단 능력'이 아닙니다. 오로지 인간적 자존심을 지키며 살아남는 것입니다. 너무 길어진 수명 때문에 그렇게 살아내는 것이 쉽지만은 않습니다. 그러니 이제 '교양'의 개념부터 달라지고 있습니다.

모리모토 안리 국제기독교대 학무부학장은 『2016년의 논점 100』(문예춘추)에 실린 '대학교육과 반지성주의'라는 글에서 "교양이란, 요컨대 인간이 손에 넣을 수 있는 지식 같은 게 아니다. 무엇인가를 아는 것이 그 지知를 얻은 사람의 인격에 반드시 깊은 영향을 미치게 되는 방식으로 알게 되는 것"이라고 말합니다.

이런 교양은 어떻게 터득할 수 있을까요? 무슨 수를 써서라도 살아남아야 하는 청년들이 "흔들리는 실존의 물음에 직면하면서 고통스럽게 얻을 수 있는 것"입니다. "결단의 순간 고려해야 할 선택지를 찬찬히 바라보며, 그것이 가져올 파장을 가늠해"볼 때 사람은 "자신의 가능성과 한계를 알게" 됩니다. 이때 바꿔야 할 것을 바꾸고 받아들여야 할 것을 받아들이면서 양자를 구분하는 통찰력을 기르게 됩니다. 모리모토는 결국 교양이란 "이렇게 자신을 되돌아볼 수 있는 능력을 기르는 지성"이라고 결론 내립니다.

그런 관점에서 바라본다면 『미움받을 용기』도 한 '교양'으로 볼 수 있습니다. 필요 이상으로 돈을 벌겠다는 의욕이 없고, 도박을 하지 않고, 해외여행에 관심이 없고, 대도시보다 나고 자란 고향에 대한 관심이 많고, 연애에 담백하고, 과정보다 결과를 중시하는 '사토리 세대'는 '지금 여기'라는 신변에서 가까운 행복을 소중히 여겼습니다. 그들이 가장 싫어하는 것은 남에게 무시당하는 일입니다. 그들이 욕을 먹을 각오로 일을 하면 못 이룰 것이 없다는 것을 철학자의 말을 빌려 하고 있으니까요.

이런 성향을 가진 '사토리 세대'를 한 보수신문은 '달관 세대'라고 했습니다. 하지만 이들을 빼닮은 한국의 젊은이들은 '절망 세대'가 맞습니다. 이제 더 이상 포기할 것이 없어 'N포세대'로도 불리는 그들은 단군 이래 최고의 스펙을 쌓았던 '이케아 세대'(1978년생 전후)가 대부분 비정규직에 머물며 방황하는 모습을 목도하고는 어떤 시도조차 포기한 채 좌절하고 있습니다.

'금수저'나 '다이아몬드 수저'라는 스펙이 아니고서는 아무것도 이룰 수 없다는 극단적 비관을 하게 된 그들이 가장 열심히 읽은 책이 『미움받을 용기』입니다. 따라서 우리 사회도 곧 지식 생산 기능을 상실한 학자가 아니라 후반생의 문을 화려하게 연 이들에게서 교양이나 지혜를 갈구하게 될 것입니다. 저는 그것에다 '스토리두잉storydoing'이란 문패를 달아주었습니다.

〈경향신문〉, 다독다독, 2015.12.15.

'실버데모크라시' 시대와
불안의 극복

모두들 지금 이 시대의 키워드가 '불안'이라고 말합니다. 독일의 사회학자인 하인츠 부데는 『불안의 사회학』(동녘)에서 오늘날의 불안은 계급 갈등의 차원만은 아니라고 봅니다. 그는 지금의 불안은 "근본적 개혁 없이도 기존 구조 내에서 자신들의 계획을 실현할 수 있는 중산층"에 집중되어 있다고 말합니다. "교육을 받고 자격을 갖추면 자연스럽게 사회적 지위를 얻기 마련인데, 그러지 못할 거라는 걱정 때문에 분노·증오심과 원망을 갖게"되는 '중산층의 충격'이 심각한 수준이라는 것이지요.

그는 2008년의 세계 금융위기를 겪은 이후에 OECD 전체 국가들 가운데 경제력이 가장 강한 나라가 된 독일에서 중산층들이 처한 불안한 분위기를 이렇게 전합니다. "한때 선망의 대상이었던 의사나 어문학 박사조차도 구석으로 내몰릴 수 있고, 교육과 소득 및 직업으로 가치를 평가당하는 세상에서 밀려날 수도 있다. (…) 대학에 다닐 때만 하더라도 만인의 관심을 받던 남학생, 또는 교사가 되기 위해 준비하던 여학생을 20년 후에 만나면, 냉소적인 알코올 중독자나 지친 모습으로 홀로 아이를 키우고 있는 엄마가 되어 있기도 하다."

그는 중산층이 불안해할 수밖에 없는 이유는 방향 감각을 상실했기 때문이라고 말합니다. "경제적 여유도 있고 탄탄한 자격증도 있는 개인이 오늘날 안전망도 없으며 언제라도 위태로워질 수 있다고 느끼는 까닭은, 자립하려는 노력과 공동체적 연대감 사이의 균형이 무너졌기"에 중산층은 단순한 분열의 차원을 넘어 갈가리 찢어졌다는 것이지요.

일본의 예를 볼까요? 일본은 대다수 기업이 '잃어버린 20년'의 긴 터널 속에서 인건비를 철저하게 삭감하면서 이익을 확보하는 경영 전략을 수행했지만 노동자의 실질 임금은 전혀 개선되지 않았습니다. 하지만 양육비에, 주택비 부담, 부모 부양비 등이 더욱 가중되었지요.

일본에서 은퇴를 한 단카이 세대(1947~1949년생)는 전체 인구의 약 5%를 차지하고 고령 인구 비율은 거의 30%에 이릅니다. 젊은 세대가 투표장을 찾지 않기 때문에 고령자의 투표를 통한 발언권이 상당하지요.

데라시마 지쓰로 일본종합연구소 이사장은 『2016년의 논점 100』(문예춘추)에 실린 '단카이 세대, 책임을 다하라'는 글에서 일본의 민주주의는 의사 결정의 핵심을 현역에서 은퇴한 단카이 세대가 쥐어지는 실버데모크라시의 시대로 돌입했다고 말합니다.

그는 2016년에 "단카이 세대가 과연 일본사회를 무겁게 짓누르는 우산 위의 눈이 될 것인가, 눈을 털어내는 역할을 하게 될 것인가. 자신들의 생활을 지키는 데 급급하여 세금의 분배에 열을 올릴 것인가, 일본 전체의 미래를 생각하여 행동할 것인가"라는 질문이 수면 위로 떠오를 것인데, 그 선택이 일본의 명운을 결정할 것이라고 말합니다. 그는 단카이 세대에게는 뛰어넘어야 할 두 가지 큰 벽이 있다고 말합니다.

하나는 정치신념이나 사상·철학, 이념, 나아가 문화적 가치보다 경제를 중시하는 가치관인 '경제주의'입니다. 일본은 패망 이후 오로지 부흥과 성장에 매진하며 경제 가치를 우선으로 하는 사회를 만들었는데 단카이 세대는 그 한가운데를 관통하며 살아왔습니다. 1인당 GDP(국내총생산)는 1966년 1천 달러를 넘어섰고, 1981년에는 1만 달러를 기록했습니다. 이 '황금의 15년' 동안 10대에서 30대의 청춘기를 보내면서 성장하는 경제가 가져온 풍요를 누린 단카이 세대는 경제만이 현실의 수많은 문제를 해결할 수 있다고 굳게 믿게 되었습니다.

다른 하나는 '사생활주의'입니다. 이것은 서구 근대에서 태어난 '개인주의'와 유사하면서도 다릅니다. "'개인주의'에는 국가 권력과 대립하는 긴장과 갈등 속에서 '개인'을 확립하려는 기개가 있었지만, '사생활주의'에는 그것이 없"습니다. 단지 '내 뜻대로 살고 싶다', '아무에게도 간섭받고 싶지 않다'고 주장하며 살아왔습니다. 그러면서도 단카이 세대는 지금 자신들의 생활을 지키기 위해 국가에 복지를 요구하면서 정년 후에도 유유자적 취미생활을 즐기며 살고자 하니 사회는 기능을 잃어버리고 표류하게 된다는 것입니다.

저는 연초에 60세가 넘은 『은퇴자의 공부법』의 저자들과 함께 여행을 하며 우리 사회의 노인의 역할에 대한 토론을 벌였습니다. 저는 한 독자가 이 책의 독후감에서 지적한, "갖고 있는 돈 움켜쥐고 은퇴 후에 더 악착같이 벌어야 한다는 식의 사회 분위기, 인생 100세 시대를 각자 알아서 준비해야 하는데 얼마나 돈이 많이 드는지 아느냐면서 개인에게 공포심을 자극하는 사회, 여유란 사후세계에나 가능한 일로 여겨지는 사회"에서 노인들이 어떤 태도를 취해야 할까라는 질문을 던져보았습니다. 강연과 토론을 하며 인생의 새로운 황금기를 구가하고 있는 그들은 겸손한 자세로 자식 같은 젊은이들과 문학서와 인문서적을 함께 읽으며 토론을 벌이니 스스로가 변하게 되면서 일도 점차 늘어났다는 경험담을 털어놓더군요. 가족과 주변 사람들이 덩달아 변한 것은 당연했고요.

지금 고령자들은 크게 늘어난 수명을 어쩌지 못해 불안해하면서 돈에만 집착하거나 사생활만 중시합니다. 하인츠 부데와 데라시마 지쓰로는 불안 극복의 해결책으로 '공동체적 연대감'이 가장 중요하다고 결론 내리고 있습니다. 그렇습니다. 우리는 '마을 공동체'에서 불안을 극복할 지혜를 찾아야 할 것 같습니다.

〈경향신문〉, 다독다독, 2016.1.5.

디플레이션과
파견 노동

소비시장이 심각하게 얼어붙고 있습니다. 과잉 생산이 심각한 제조업이 위기라는 이야기가 여기저기서 들립니다. 제가 몸담고 있는 출판시장도 다르지 않습니다. 과거에 출판의 '명가'로 군림하던 출판사일수록 직원과 신간 종수를 줄이며 겨우 버텨나가는 상황입니다. 과연 이런 방식으로 계속 살아남을 수 있을까요? 과거에 '골목'을 지키며 대장노릇을 할 때는 잘 하면 호가호위도 가능했습니다. 그러나 지금은 글로벌 상상력이 필요할 때입니다. 이른바 전 세계를 압도하는 창조력이 발휘된 상품을 만들어내지 않으면 살아남기 힘든 세상입니다.

인건비를 비롯한 제반 비용은 증가하는데 책값은 올리기 어렵습니다. 경제는 조금이나마 성장한다고 하는데도 물가가 떨어지는 '디플레이션'이 날로 심해지고 있습니다. 일본이 그랬습니다. 모타니 고스케가 『일본 디플레이션의 진실』(동아시아)에서 밝히는 논지는 간단합니다. "경제를 움직이고 있는 것은 경기의 파도가 아니라 인구의 파도, 즉 생산가능인구＝현역 세대 수의 증감"이라는 객관적 '사실'이라는 것입니다. 일본에서 '생산가능인구의 감소와 고령자의 급증'을 몰고 온 것은 '단카이 세대'입니다. 2010년부터 2015년까지 448만 명의 단카이 세대가 은퇴했지만 그로 인한 빈자리를 대졸자 등 신규 인력이 채워주지 못했습니다. 1973년에 209만 명이던 출생자 수는 2007년에 109만 명까지 떨어졌습니다. 저자는 "일본인의 노화에 따른 인구의 파도는 지구온난화에 의한 해수면의 상승처럼, 장소에 상관없이 모든 존재를 덮치고 있다"고 경고하고 있습니다.

저자는 "일본 경제를 좀먹는 생산가능인구의 감소에 따른 내수 축소"에 대한 처방으로 제시되기 쉬운, "생산성을 올려라, 경제성장률을 올려라, 경기 대책으로 공공공사를 늘려라, 인플레이션을 유도해라, 친환경에 대응하는 기술 개발로 제조의 선두주자로서의 입지를 지켜라 등에는 실효성이 결여되어 있다"고 강조합니다. 저자는 생산가능인구가 감소하는 추세를 조금이라도 둔화시키기, 생산가능인구에 해당하는 세대의 개인소득 총액을 유지하고 증가시키기, (생산가능인구+고령자에 의한) 개인소비 총액을 유지하고 증가시키기라는 세 가지 목표를 제시했습니다. 이를 실현하기 위한 대책으로는 고령 부유층에서 젊은 세대로의 소득 이전 촉진, 여성 취업의 촉진과 여성 경영자의 증가, 외국인 관광객 및 단기 체류자의 증가 등을 내놓았습니다.

간단하게 말해 젊은이들의 소득을 늘려주고 고령자들의 소비를 촉진하거나 '장롱예금' 같은 고령자의 자산을 젊은 세대에게 서둘러 상속시켜주어야 한다는 것입니다. 저축을 끌어안고 살다가 죽게 되는 노인들의 재산을 상속하는 이의 평균연령이 67세라고 합니다. 상속받은 이가 다시 그 돈을 끌어안고 살다가 죽는 일이 반복되니 그 돈의 일부라도 미리 세상에 풀어서 젊은 세대가 활용하게 만드는 것은 매우 중요해 보입니다. 여성의 일자리를 늘려주는 것은 두말할 필요가 없을 것입니다. 혹여 "국제경쟁력 유지를 위해서"라는 이유를 대면서 "비정규직 노동자를 고용하는 것으로 비용을 절감하고, 현역 세대를 대상으로 한 상품을 헐값에 팔아서 살아남으려고 하는 기업"은 자살행위를 하는 것이라고 단언합니다.

저자는 일본이 '동네의 보석가게'라고 말합니다. 이웃들에게 돈이 없으면 보석가게는 손님이 없습니다. 하지만 이웃인 한국, 중국, 대만이 성장하면 할수록 비싼 제품이 잘 팔려서 일본은 돈을 벌었습니다. 미국을 비롯한 중국, 한국, 대만, 러시아, 영국과 독일 등 유럽 국가들은 대일본 적자를 기록했습니다. 그런데 유독 프랑스와 이탈리아와 스위스는 대일본 흑자를 기록하고 있습니다. 이들 국가는 천연자원의 수출국가도 아니고 첨단기술 제조업 입국립國도 아닙니다. 저자는 "프랑스, 이탈리아, 스위스에는 일본 제품이 브랜드력에서 따라잡지 못하는 고급품이 많이 있습니다. 그것들은 첨단기술 제품이 아닙니다. 식품, 섬유, 가죽공예품, 가구와 같은 '경공업' 제품이 일본에서 팔리고 있습니다. 식품 중에서도 가장 원시적인 물, 저는 딱히 맛있다는 생각이 들지 않는 '에비앙'조차 일부러 프랑스에서 운송해 팔고 있습니다. 와인도 일본의 가정으로 침투하고 있습니다. (…) 그런 이유에서 우리가 목표로 삼아야 할 것은 프랑스나 이탈리아나 스위스의 제품입니다. 그것도 식품, 섬유, 가죽공예품, 가구와 같은 '경공업' 제품에서 '브랜드력'으로 승리하는 일입니다"라고 말합니다.

우리는 어떤가요? 80% 이상이 가업을 승계한 기업 경영자들은 오로지 직원들을 해고해서 인건비라도 줄이며 겨우 살아남으려 안달하고 있습니다. 그들이 인건비 절감을 통해 몇 년은 겨우 버틸 수 있겠지만 과연 국제경쟁에서 살아남을 수 있을까요? 오로지 시험을 잘 봐서 고위 관직에 진출한 '수험 엘리트'들은 죽은 자식이나 다름없는 부동산 경기를 부추기는 것으로 경제를 운용하다가 그마저도 힘들어지니 이제 노동자의 고혈을 짜내려고 국민을 선동하고 있습니다. 박근혜 대통령마저도 그들의 하수인이나 되는 것처럼 거리에서 '파견노동'이 가능하도록 노동법을 개정하라고 서명하며 국회를 압박했습니다. 지금의 현실에서 무엇보다 고민해야 할 것은 진정한 '창조경제'가 아닐까요. '브랜드력'은 '파견노동'으로는 절대 키울 수 없으니까요.

〈경향신문〉, 다독다독, 2016.1.26.

'수험엘리트'에게
정치를 맡길 수 있을까

선거의 계절이 다시 돌아왔습니다. 정당들이 새로 영입한 인물들을 세워놓고 입이 마르도록 칭찬하는 일이 거의 날마다 벌어지고 있습니다. 가장 많은 직업이 변호사 등 법조계 출신입니다. 대부분 시험 하나를 잘 봐서 세상에 위세를 떨치며 살아온 이들입니다. 극악무도한 독재권력의 시대에는 '법정에서의 민주화 투쟁'으로 많은 감화를 준 것이 사실입니다. 그러나 지금도 그럴까요? 주로 가진 자들의 이익이나 챙겨주며 살아온 이들 아닐까요? 그런 사람들에게 과연 우리들의 운명을 맡길 수 있을까요?

그렇다고 제가 이들의 실력을 깡그리 부정하는 것은 아닙니다. 그들은 '공정한 시험'이라는 '사법시험'의 관문을 통과한 '수재'들이 맞습니다. 하지만 그 시험이 과연 공정했을까요? 인간성까지 살펴보는 정성평가가 아닌 정량평가인 데다가 컷오프로 통과자만 가려내는 객관적 시험이 과연 무엇을 평가했을까요? 어쩌면 '굉장히 편협'한 시험이 아닐까요?

우리 출판시장에서는 늘 '공부'라는 키워드가 가장 확실한 블루오션이었습니다. 그래서 공부를 다룬 베스트셀러가 끊이지 않았습니다. 하지만 사회학자 엄기호와 정신과 전문의 하지현의 대담집 『공부 중독』(위고)은 공부만이 답이라고 믿는 사람들에게 그런 공부가 "삶의 문제를 해결하는 데 도움이 되기는커녕 외려 삶을 질식시킨다"고 충고합니다.

"공부의 과정은 삶의 무능력자들만 체계적으로 양산하고 있다. 똑똑하되 멍청하며, 언변은 좋되 무능하다. 시험 문제는 잘 풀되 삶의 문제를 대처하는 능력은 형편없으며, 남을 품평하는 데는 날카로운 날을 세우되 자신을 성찰하는 데는 무디기 짝이 없다. 하나를 배워 다른 하나에 적용할 줄 아는 게 아니라 다른 하나가 내가 배운 하나와 다르다고 멘붕하고 열폭한다. 그건 배운 적이 없기 때문이다. 그래서 우리는 배울수록 무능력해지고, 배울수록 화만 내는 처지가 된 것인지도 모른다."(엄기호)

"공부의 블랙홀에 빠진 부모는 공부에 중독된 아이를 만들고, 그 아이들이 사회에 나온다. 공부 백 퍼센트짜리 순도 높은 존재일 뿐, 사회성, 공감능력, 유연성 같은 요소는 상대적으로 결핍된 상태다. 공부로 승부하는 나이는 이십대 중반까지이고 그 후에는 다른 요소들이 더 중요할 수 있는데, 이 요소들이 모자란다고 느끼면 역시 공부를 통해 해결할 수 있다고 여기며 책과 학원을 찾으니 기가 찰 노릇이다. 이런 악순환에 빠져 있는 것이 지금 우리 사회다. 공부라는 블랙홀이 학교를 넘어서 사회와 인생을 빨아들이고 있다."(하지현)

이 책에서 하지현 선생은 재미있는 일화를 들려주고 있습니다. 연애연구소를 운영하는 분이 기업 교육을 나가서 '연애란 어떻게 하는 것인가'를 가르쳤습니다. 제일 반응이 좋은 직업군이 판검사와 의사였습니다. '이럴 때 이렇게 하고, 저럴 때 저렇게 해라'라고 이야기해주는 것에 열렬한 반응을 보였습니다. 그런데 가장 시큰둥한 반응을 보인 사람들은 이마트 직원들이었습니다. 이분들은 늘 사람을 대하고 있으니 연애 기술(즉 사람 대하는 기술) 같은 것은 배울 필요가 없었던 것입니다.

더욱 문제인 것은 과거에 굉장히 안전하다고 생각했던 '노선'들이 거의 다 사라지고 있다는 사실입니다. 하 선생은 "10년 전에 비하면, 법률직, 의사직, 교사직, 심지어 공무원들조차도 이제 안전성이 불확실해지고 있어요. 그래봤자 길어야 15년에서 20년"이라며 이들의 미래를 비관적으로 바라봅니다. 이게 시험 하나로 세상을 편하게 살아온 '수험엘리트'들에게 마냥 미래를 맡길 수 없는 결정적 이유 아닐까요?

최근 개성공단 폐쇄의 과정에서도 수험엘리트들은 공감 능력이 거의 제로에 가깝다는 사실을 확인시켜주었습니다. "즉흥적이고, 통찰력 없고, 구호만 요란"(《경향신문》 2월 13일자 1면 머리기사 제목)한 일방적인 주장만 늘어놓았습니다. 학교에서 체계적으로 공부를 한 그들이지만 삶의 과정에서 터득한 것이 거의 없기에, 아니면 최고 권력자의 정신분열적인 결정에 무리한 답을 꿰맞추다 보니 그렇게 된 것이 아닌가 싶습니다.

좋은 대안은 감성을 자극하고 마음을 움직이는 간접 경험이 되는 소설 읽기가 아닐까 싶습니다. 아흔이 되어서야 노년과 삶에 관한 『어떻게 늙을까』(뮤진트리)를 펴낸 영국의 전설적인 편집자이자 작가인 다이애너 애실은 "소설은 여러 가지 방식으로 독자를 붙든다. 스릴이나 이국적인 것을 제공해 일상에서 벗어날 수 있게도 해주고, 풀어야 할 수수께끼를 던지기도 하고, 몽상의 소재들을 제공하고, 인생을 돌아보게도 해주고, 자신과는 다른 삶들을 보여주고, 인생을 판타지로 볼 수 있는 대안을 제공하기도 한다. (…) 또 최고의 책들은 독자를 완벽히 현실처럼 보이는 세계로 데려가 생생한 경험을 하게 해준다"고 말했습니다.

주제 사마라구의 마지막 장편소설 『카인』(해냄)은 동생 아벨을 죽여 최초의 살인자가 된 카인이 전지전능한 하나님에게 왜 끊임없이 인간을 시험에 들게 하느냐고 대드는 소설입니다. 이처럼 소설은 하나님의 논리에서마저 허점을 찾아내며 상상력을 무한대로 키워줍니다. 최근 한국소설은 너무 팔리지 않았습니다. 소설을 읽지 않아 공감 능력을 키우지 않으니 지옥의 축생처럼 서로 나뉘어 미친 싸움만 벌이고 있는 것은 아닐까요? 그러니 제발 소설 좀 읽읍시다.

〈경향신문〉, 다독다독, 2016.2.16.

종이책이라는 플랫폼

책 시장의 세계화를 이끈 아마존닷컴(이하 아마존)이 온라인에서 책을 팔기 시작한 것은 1995년 7월입니다. 이해에 마이크로소프트가 윈도95를 출시했고, 세계무역기구WTO도 출범했습니다. 1995년은 그야말로 정보화와 세계화의 운명적인 해였습니다. 그로부터 20년이 막 지났습니다. 구텐베르크의 인쇄술 발명으로 시작된 종이책의 역사에 비하면 겨우 출발점에 선 것에 불과하지만 지난 20년의 변화는 너무 가팔랐습니다.

20세기 말에 종이책의 종말을 주장하는 사람들이 적지 않았습니다. 그 당시에 종이책이 곧 사라질 것이라고 강하게 주장한 사람들은 디지털 기술로 열풍을 일으켜 일확천금을 노려보려는 정보상업주의자들, 신문과 책에 놓이는 정보가 같다고 보는 언론인들과 신문방송학과 교수들, 그리고 천방지축 날뛰던 일부 출판인들 등 네 부류였습니다.

종이책은 사라지지 않고 여전히 건재하지만 책 세계의 유통, 생산, 소비 시스템에는 엄청난 혁명이 벌어졌습니다. 그 중심에는 책을 미끼상품으로 활용해서 세계 최강의 종합 인터넷 유통업체로 성장한 아마존이 있습니다. 아마존은 이제 구글, 애플과 함께 세계 경제를 주도하는 플랫폼 기업이 되었습니다.

아마존은 2005년부터 베스트셀러 작가에게 직접 단편을 의뢰해 만든 종이책을 판매하기 시작했지만 성공하지 못했습니다. 그러나 2010년 킨들을 출시한 이후부터는 직접 운영하는 출판사(임프린트)를 차려 종이책과 전자책을 동시에 출시하기 시작했습니다. 이제 아마존은 판매만이 아니라 책의 기획부터 소비까지 출판 전체를 지배하는 세계적인 체제를 다져나가고 있습니다.

제이슨 머코스키가 『무엇으로 읽을 것인가』(흐름출판)에서 지적했듯이 아마존이 생산한 전자책은 "소설, SF소설, 연애소설, 뉴욕타임스 선정 베스트셀러, 포르노물" 등에 불과했습니다. 아동·청소년용 교과서나 교양서는 "의미 있는 방식으로 접근"하지 못했습니다. 이것은 제이슨 머코스키의 지적처럼 "전자책 혁명의 핵심적 모순"입니다. 지금 미국 전자책 시장 매출의 절반은 성행위에 큰 비중을 둔 로맨스소설을 뜻하는 '에로티카'가 차지하고 있습니다.

책의 유통과 생산에 있어 아마존이 주도권을 잡은 것은 맞습니다. 그러나 인간의 책 소비 자체를 완전히 바꾼 것은 아닙니다. 아마존이 2015년에 시애틀에 평점과 사전주문량, 판매량 등을 토대로 엄선한 6천 권의 책을 진열한 오프라인서점 '아마존북스'를 연 이유는 무엇일까요? 이 서점에서 지금의 트렌드를 읽을 수 있다는 장점을 내세웠지만 아마존조차도 전자책마저 독자가 눈으로 직접 책을 확인하고 구매하는 속성을 무시할 수 없었기 때문은 아닐까요? 비슷한 시기에 뉴욕 독립서점의 상징이던 리졸리서점도 다시 문을 열었으며, 세계 최대 출판사인 펭귄랜덤하우스는 오프라인 독립서점의 출점과 독립서점을 통한 독자들의 커뮤니티를 돕고 있습니다. 국내 최대의 온라인서점 예스24도 이제 오프라인 서점을 개설하겠다는 의지를 표출하고 있습니다.

지난 20년 동안에 그랬듯 앞으로도 종이책과 전자책 어느 일방의 승리는 절대로 벌어지지 않을 것입니다. 이제 책 세계는 종이책이 중심이되 종이책에 디지털 감성을 입히는 방향으로 진전되고 있습니다.

두 예를 들어보겠습니다. '스마트페이퍼'는 종이가 플랫폼이라는 사실을 확인시켜주고 있습니다. 인간이 노트에 손으로 쓴 글을 스마트폰으로 찍으면 바로 디지털 데이터로 변환되어 자동으로 보관, 검색이 가능해집니다. 이 노트들을 편집해 세계 유일의 종이책으로 만들 수 있습니다. 미디어창비에서 최근 펴낸 인간과 동물(곰)의 아름다운 우정을 감동적으로 그려낸 그림책 『위니를 찾아서』는 한국어와 영어를 동시에 들을 수 있는 서비스를 제공하고 있습니다. 이렇게 아날로그 종이책의 장점을 유지하면서 디지털 기술을 활용한 부가가치를 제공하는 책들이 크게 늘어날 것입니다. 실용서와 사전, 오락용 도서 들은 구태여 종이책으로 생산되지 않는 세상이 올 수도 있지만 말입니다.

수많은 정보가 컴퓨터 안에 존재한다고 해도 눈에 보이지 않는 것과 말로 설명할 수 없는 것은 의미를 발생시키지 못합니다. 정보화 사회라는 말을 최초로 만들어낸 우메사오 다다오는 정보는 하늘에 떠 있는 별과 같아 인간이 일부러 끄집어내서 의미를 만들어내지 않으면 가치가 발생하지 않는다고 했습니다. 이것은 상식이자 본질입니다. 검색으로 간단하게 정답을 찾아내는 것이 아니라 책장을 손으로 넘기며 찾아가는 감동의 중요성이 더욱 커지고 있습니다. 따라서 이제 한 권의 종이책을 플랫폼으로 활용한 새로운 상품들이 줄줄이 등장해 인간의 독서행위를 돕게 될 것입니다.

최근 한국출판문화산업진흥원장으로 취임한 이기성 원장은 1차 목표로 '향후 10년을 내다본 전자출판의 인프라 마련'을 제시했습니다. 2000년대 내내 전자책 산업을 키운다며 밑 빠진 항아리에 물을 붓듯 직접 지원비를 쏟아부었지만 한국의 전자책 업체들은 거의 망했습니다. 전자책 관련 학자들이나 단체, 업체는 한마디로 '세금 약탈자'에 불과했습니다. 그 약탈자들과 함께했던 신임 원장이 다시 그들에게 멍석을 깔아주고 있는 형상이지요.

지금 출판사들은 종이책과 전자책을 구분하지 않고 종이책과 다양한 미디어를 연계하는 '원 소스 멀티 포맷' 전략을 세우기 시작했습니다. 부디 신임 원장도 새로운 출판 미래를 준비하는 출판사들을 지원하는 제대로 된 인프라를 마련해주시길 바랍니다.

〈경향신문〉, 다독다독, 2016.3.7.

'노후파산'을 이겨내는
최선의 방법

홀로 사는 80대의 어머니에게 구조조정으로 일자리를 잃은 50대의 아들이 찾아왔습니다. 농촌의 오래된 집이어서 방은 충분했습니다. 처음에 어머니는 아들의 귀향을 무척 반겼습니다. 그러나 곧 위기가 찾아왔습니다. 어머니의 알량한 연금으로 생활하다 보니 적자가 계속되었고, 얼마 되지 않는 연금은 곧 바닥을 드러냈습니다. 반년이 지나 아들이 뇌경색으로 쓰러졌습니다. 주변의 도움으로 아들의 병원비는 겨우 해결했지만 퇴원한 아들은 후유증으로 재취업이 어려워 집에만 틀어박혀 나오지 않게 되었습니다.

『노후파산』(NHK 스페셜 제작팀, 다산북스)에 나오는 이야기입니다. 고령인구가 3천만 명을 돌파해 초고령사회가 된 일본에서는 600만 명의 고령자가 혼자 살고 있습니다. 그중 절반인 300만 명이 생활보호수급 이하의 연금수입자인 일본에서 생활보호수급을 받을 수 있는 사람은 70만 명에 불과합니다. 200만 명 이상이 목구멍에 풀칠하며 겨우 목숨을 부지하고 있습니다. 알량한 연금은 계속 줄어들고, 의료·간병비의 부담이 늘어가는 상황에서 저금도 없이 살아가는 고령자들은 파산 직전에 몰려 있습니다.

이런 노인들에게 직장을 잃은 자식이 찾아와 부모와 자식이 동반 추락하는 사례가 비일비재하게 발생하고 있습니다. 상황이 이러니 돈이 있는 사람도 불안감에 빠져 평생 저축을 끌어안고 살다가 죽는 경우가 많습니다. 재산을 상속하는 사람들의 평균연령이 67세니 상속받은 이는 다시 그 돈을 끌어안고 살다가 죽는 일이 반복됩니다. 그러니 소비시장은 얼어붙고 사회는 활력을 잃어갑니다.

우리는 어떨까요? 고령화가 급격하게 진행되어 2060년이면 60세 이상 인구가 위쪽에 몰려 있는 '역피라미드'형이 될 것으로 예측됩니다. 지난 3월 23일 통계청이 발표한 「한국의 사회지표」 보고서에 따르면 한국의 '중위연령'(전체 인구를 나이에 따라 한 줄로 세웠을 때 중간에 있는 사람의 연령)은 2014년에 40.2세로 처음으로 40세를 넘어섰지만 2040년이면 52.6세, 2060년이면 57.9세가 됩니다. 15~64세의 생산가능인구 100명이 부양해야 할 65세 이상 인구는 2015년에 17.9명이었지만 2040년 57.2명, 2060년 80.6명으로 급속히 불어납니다.

작년에 생산가능인구 5.6명이 노인 1명을 부양했다면 2060년에는 생산가능인구 1.2명이 노인 1명을 부양해야 합니다. 이미 노인 빈곤율이 절반에 육박하는 우리나라에서도 100만 명의 독거노인 중 하루 한 끼의 식사로 살아가는 노인이 30만 명이나 됩니다. 경제적인 어려움과 건강문제로 노인 10명 중 1명은 자살을 생각한 적이 있다고 합니다.

얼마 전 '알파고'와 이세돌의 대결로 전 세계적으로 인공지능에 대한 관심이 크게 높아졌는데, 이것은 단순히 이야깃거리에 그치지 않습니다. 과학기술의 발달은 중산층의 일자리를 급속하게 빼앗고 있습니다. 인공지능까지는 아닐지라도 돈벌이가 되는 고난도의 일들이 소프트웨어로 대체되고 있어 지식노동자들의 불안감이 점차 심각해지고 있습니다.

2014년 국립중앙도서관에서 오전 10시부터 두 시간 동안 진행된 한 인문학자의 '엄마가 세상을 바꾼다'는 강연을 들은 이들의 약 80%가 중·장년의 남성이었다고 합니다. 그들 중에는 의사, 교수, 변호사 등 안정된 직업에 종사하는 이들이 꽤 있었다고 합니다. 이 사례는 우리 사회를 이끌어가는 이들마저 심각한 위기감 속에서 헤쳐나갈 방안을 찾고 있다는 것을 알려줍니다.

문화체육관광부가 발표한 보고서 「2015 해외 주요국의 독서실태 및 독서문화진흥정책 사례 연구」(책임연구자 김은하)에 따르면 우리나라 16~24세의 독서율은 87.4%(OECD 평균 78.1%)로 조사국 중 가장 높습니다. 하지만 25~34세는 85.1%(OECD 평균 77.7%), 35~44세는 81.4%(OECD 평균 77.7%), 45~54세는 68.8%(OECD 평균 75.8%), 55~65세는 51%(OECD 평균 73.9%)로 연령이 높아지면서 독서율이 점점 하락합니다. 특히 45세 이후에는 급감해 55~65세의 독서율이 조사국 중 꼴찌여서 우리나라 전체 독서율 평균을 떨어뜨리고 있습니다.

이 보고서는 "중·노년층의 비독자에 대한 정책적 노력이 시급"하다고 충고하고 있습니다. "독서와 도서관 문화에 익숙한 선진국의 중·노년층과 달리, 우리나라의 45세 이상 중·노년 세대는 학교 수업에서 교과서 외 도서를 수업 교재로 사용한 적이 없고, 어린 시절 도서관의 경험도 부족"하다고 말합니다. 따라서 이들에게 "은퇴 이후의 독서가 주는 지적·정서적·실용적 유용성을 설득할 필요"가 있다는 것이지요.

기술의 발달이 인간의 미래를 어떻게 바꾸어놓을지 예측할 수 없습니다. 미래학자들은 앞으로 인간이 120세까지 살면서 29~40종의 직업을 전전할 것이라고 예측하지요. 이제 우리는 어떤 자리에서도 살아남을 수 있는 역량을 갖추어야 합니다. 가장 효과적인 방법은 '독서'라고 생각합니다. 읽고, 쓰고, 토론하는 일이야말로 인간이 진정한 생존법을 터득하는 길이겠지요.

문화부는 올해 중·장년층의 독서율을 끌어올리려는 여러 정책을 세우기 시작했습니다. 전자책의 등장 이후 종이책 종말론은 끊이지 않지만 여전히 종이책이 건재한 것처럼 기술이 발달해도 인간은 인공지능이 할 수 없는 일들을 계속 찾아낼 것입니다. 일본에서 벌어지고 있는 '노후파산'이라는 비극을 답습하지 않기 위해서라도 지금부터 책 읽는 습관을 길러 무기로 삼아야 할 것입니다.

〈경향신문〉, 다독다독, 2016.3.29.

강남은 왜
새누리당을 버렸나

"추수감사절에 미국 사람들은 칠면조 요리를 먹습니다. 추수감사절 하루 전날, 칠면조들은 무슨 생각을 했을까요? 지난 1년 동안 칠면조들은 행복했습니다. 농부가 아침 6시면 먹이를 줬어요. 아무리 똑똑한 칠면조라도 그 농부는 좋은 사람이라고 생각했을 거예요. 추수감사절 아침, 자신의 인생이 급격하게 바뀔 것이라고 예상하긴 어려워요. 1년 내내 똑같은 일이 반복됐기 때문이죠. 하지만 추수감사절 아침 칠면조의 인생은 급격한 변화를 겪습니다. 상상하지 못했던 일이 벌어지죠. 이것이 특이점입니다." 인공지능에 대해 다룬 『김대식의 인간 VS 기계』(동아시아)에 나오는 이야기입니다. 레이 커즈와일은 『특이점이 온다』(김영사)에서 2045년에 인공지능이 인간의 지능을 뛰어넘는 특이점에 도달할 것이라고 예측했지만 지금은 빠르면 10년 이내일 것으로 예측됩니다. 우리가 일상을 즐기던 칠면조처럼 "지금까지 일어나지 않았으니 앞으로도 일어나지 않을 일"이라고 착각하다가는 한순간에 목숨을 잃게 될 수 있다는 말입니다.

김대식 교수는 인공지능 시스템이 도입됐을 때 가장 위험한 직업으로 콜센터 직원들을 꼽습니다. 지금 미국의 대기업들은 애프터서비스를 접수하는 콜센터를 인건비가 싼 인도나 필리핀에 두고 수십만 명을 고용하고 있습니다. 그러나 영화 〈그녀〉에서 인공지능이 8,316명과 동시에 마음을 나누고, 그 중 641명과 사랑의 감정을 느끼는 것처럼, "기계가 동시에 수백만 명과 영어로 대화할 수 있다면 수십만 명의 일자리는 하루아침에 없어져" 단 한 명도 살아남지 못합니다. 김 교수는 "우리가 보통 이야기하는 화이트칼라족, 데이터를 가지고 일을 하는 직업들이 위기를 맞게 될 것"이라고 예측합니다. 하지만 수많은 직업이 위기를 맞더라도 세 카테고리의 직업은 사라지지 않을 것이라고 합니다. "첫째, 사회의 중요한 판단을 하는 직업들인 판사, CEO 등은 자동화할 수 없어서가 아니라 사회에서 절대 허락하지 않기 때문이겠죠. 둘째, 인간의 심리, 감성하고 연결된 직업들은 살아남을 것입니다. 약한 인공지능은 인간을 이해하지 못할 거라고 상상하기 때문이죠. 셋째, 가장 큰 카테고리는 새로운 가치를 창출하는 직업입니다."

딥러닝을 기반으로 만든 것이 인공지능입니다. 그런데 딥러닝의 기반은 데이터입니다. 그러니 "인간이 살아남을 수 있는 유일한 방법은 데이터가 없는, 존재하지 않는 새로운 데이터를 만들어내는 방법밖에 없다"는 것입니다. 지금 방영되고 있는 뻔한 드라마는 딥러닝 기계가 1분에 1천 편을 쓸 수 있기에 한 번도 볼 수 없었던 전혀 새로운 스토리를 쓸 수 없는 방송작가는 살아남을 수 없다는 이야기입니다. 저자는 이런 일이 "20~30년 후에는 벌어질 수도 있는 일"이라고 말합니다. 그러나 이미 우리가 겪고 있는 현실이 아닐까요? 지난 3월 9일 이세돌과 알파고가 첫 대결을 벌이고, 총 다섯 판의 바둑을 둔 이후 우리는 인공지능에 대해 크나큰 두려움을 갖게 됐습니다. 그 어떤 나라보다 큰 경각심을 갖게 되었다는 점에서는 이런 이벤트가 한국에서 벌어진 것이 어쩌면 천만다행이지 싶습니다.

여러분 주변을 둘러봅시다. 이미 모든 분야에 '알파고'가 속속 도입되고 있습니다. 과거에는 건축설계사가 설계도면을 그리려면 평면도, 단면도, 입면도를 따로 그려야 했습니다. 그래서 적어도 네댓 명으로 구성된 팀이 필요했습니다. 그러나 BIM(Building Information Modeling) 시스템의 도입으로 3D 상태의 도면이 만들어지게 되자 이런 일은 창의력 있는 한 사람이 혼자서 해낼 수 있습니다. 이처럼 돈벌이가 되던 고난도의 일이 빠르게 소프트웨어로 대체되고 있습니다. 지금 '알파고'는 잘나가던 중산층의 일자리부터 빼앗아가고 있습니다. 이런 흐름을 가장 잘 아는 이들이 누굴까요? 바로 강남의 1% 부자들입니다. 강남부자들은 이미 아이들의 조기유학과 명문대학 진학도 포기하고 인공지능 시대에 살아남을 수 있는 지식을 터득하는 사교육을 남들보다 앞서서 시작하고 있습니다.

김 교수는 진짜 걱정해야 될 세대는 기계가 못하는 것을 할 줄 알아야 하는 지금의 10대라고 주장합니다. 10대들은 "언제든지 상황을 냉철하게 분석하고 세상을 정확하게 파악해서 무엇이 필요하다고 최대한 빨리 결론을 내서 거기에 빠르게 적응할 수 있는 능력"을 키워야 한다고 말합니다. 그것이 바로 '창의성'입니다. 김 교수는 "약한 인공지능, 인지자동화가 실천되는 순간 창의성이 선택이 아니라 필수가 되어버립니다. 창의적이지 않으면 살아남을 수 없어요. 여기서 창의적이란 새로운 가치, 즉 존재하지 않는 데이터를 만들어낼 수 있는 능력, 혹은 처한 상황과 세상을 냉철하게 분석할 수 있는 능력, 또는 분석해서 얻어낸 결론을 내가 실천할 수 있는 도전정신과 같은 것"이라는 설명을 덧붙였습니다.

얼마 전 치른 20대 국회의원 선거에서 보수적인 중산층이 살던 지역에서 의외의 결과가 나왔습니다. 여당의 콘크리트 지지층이라 불리는 강남에서도 야당이 승리해 큰 화제가 되었지요. 물론 원인은 여러 가지가 있겠지만 시대착오적인 노동법이나 사이버테러방지법 등에 집착하고 있는 정부와 새누리당에 기대할 바가 없어서는 아닐까요? 일부에 그치고 있지만 '딥러닝'을 시작할 정도로 미래의 대처가 빠른 이들이 밥그릇 싸움에만 혈안이 된 정치인들에게 지쳐 그들에게 경각심을 안겨주려 한 것은 아닐까요? 선거 결과는 '여당의 참패'로 끝났습니다. 이제는 현실을 직시하고 국민을 불안에서 해방시킬 수 있는 대책들이 필요한 시점입니다. 그 누구보다 정치인들에게 '창의성'이 시급해 보입니다.

〈경향신문〉, 다독다독, 2016.4.19.

연애하지 않을 자유와
'노오력의 배신'

"연애를 하면 좋은 점이 분명 존재한다. 누군가에게는 연애가 삶의 전부일 수 있다. 그런데 이 '좋다'에서 멈추지 않고 '그러니까 연애해', '연애하지 않는 너는 불쌍해'로 넘어가는 것이 연애지상주의의 문제점이다. 나는 이 연결고리를 끊고 싶다. 지금 사랑하지 않는 자를 모두 '무죄'로 석방하고 싶다."

『연애하지 않을 자유』(21세기북스)의 저자인 이진송은 '행복한 비연애생활자를 위한 본격 싱글학'을 표방합니다. "내가 이 구역의 '홀로'다"라는 선언을 하자고 주장하는 것이지요. 홀로는 "어떤 형태로든 연애하지 않는 비연애인구"를 말합니다. 이진송은 3년째 '비연애생활자'를 위한 독립잡지 〈계간 홀로〉를 펴내고 있기도 합니다.

이진송은 "연애는 발명되고 학습된 것으로서, 한국에서의 역사는 겨우 100년 남짓되었고, 절대적인 것이거나 운명적인 것이 아니다. 연애는 때로는 자본주의와 공모하고, 때로는 자아 발견 욕구와 만나고, 때로는 국가 통치 정책과 공명하기도 하는 복합적이고 다층적인 개념"이라고 말합니다. 연애에는 '황금, 용모, 재지才智'라는 세 가지 조건이 개입한다는 것이지요. 그러니까 '연애하지 않을 자유'는 연애의 자격을 다 갖춘 사람에게만 허용하지 말고 원하는 사람 모두에게 허용하라는 것입니다.

이진송이 진정 주장하고 싶은 것은 "우리의 연애를 가로막는 억압"일 것입니다. "그토록 연애하라고 등을 떠밀면서도, 정작 한편으로는 우리의 자유로운 사랑을 가로막고 착취하는 것들. 고용 불안정이나, 특히 성적 취향에 대한 억압, 비만 인구나 장애 인구에 가해지는 연애 금기…. 지금 이 순간도 너무나 뻔뻔스럽게 벌어지는, 이중의 억압들"로 말미암아 "너무나 많은 기회비용 때문에 연애, 결혼, 출산을 포기한 삼포세대가 있다. 사랑을 불가능하게 하는 구조를 은폐하고, 그것을 개인의 능력 부족으로 돌려 비난하고 조롱하는 시선이 존재한다"고 주장하니까요.

'미혼'은 결혼을 하지 못한 것이지만 '비혼'은 불안정한 결혼이라는 기반을 원천적으로 거부하는 것입니다. 사회운동가나 페미니스트, 또는 삶의 상처로 일시적인 반항 심리에 젖어든 사람들에게나 해당하는 것으로만 여겨졌던 비혼이 '행복의 지름길'이라고 공개적으로 주장한 책은 2009년에 출간된 『언니들, 집을 나가다』(언니네트워크 엮음, 에쎄)입니다. 이 책에는 가족이라는 구조는 유지하면서 독립하고자 하는 사람들, 레즈비언 커플과 공동가족 등 '정상 가족'이라 여겼던 틀에서 벗어난 새로운 유형의 가족, 지속가능한 비혼의 삶을 살아가고자 하는 사람들이 등장했습니다. 그때 저는 '비혼'이 과도기적 현상이 아니라 새로운 생활의 발견이며 거대하게 저변을 넓혀가는 새로운 라이프 스타일로 굳어갈지도 모르겠다는 생각을 하게 됐습니다.

『완벽한 싱글』(김용섭, 부키)이라는 종족이 등장한 것은 2013년입니다. 싱글은 "연애 여부와 상관없이 결혼하지 않은 상태"를 말하지만 '완벽한 싱글'은 "자신이 싱글임을 자각하고 계획적, 자발적으로 싱글 라이프를 누리는 사람"을 가리킵니다. '완벽한 싱글'은 "싱글이든 더블이든 대가족의 일원이 되든, 매사 주체적으로 당당하게 선택하며 그 중심에는 항상 자신의 행복과 독립성, 자유라는 가치관이 자리 잡고 있"는 사람들입니다.

우리나라에서 '화려한 싱글'이라는 개념이 처음 등장한 것은 헬렌 브라운의 『나는 초라한 더블보다 화려한 싱글이 좋다』가 출간된 1994년입니다. 이즈음 정보화와 세계화라는 새로운 거센 물결이 시작됐지요. 몇 년 뒤인 외환위기 직후에는 30~40대의 높은 학력과 경제력을 갖춘 '골드미스'가 등장해 화제가 되었지요.

그로부터 약 20년이 지난 지금 결혼이 아니라 연애마저 완벽히 거부하는 비연애 담론이 등장했습니다. 비연애주의자들은 인간이 아닌, '종이 인간'(만화의 캐릭터), 아이돌, 반려동물 등을 연애 대상으로 삼거나 엔터테인먼트 상품의 '덕후'(마니아)가 되어 "하루에도 수십 번씩 천국과 지옥에 동시에 담갔다 뺐다 하기도 하는 덕질"하기에 바쁩니다.

그럴 일이야 없겠지만 모두가 '비연애 선언'을 받아들이기 시작하면 결국 인류의 종말을 피할 수 없을 것입니다. 그렇다고 그들을 비난만 할 수도 없습니다. 2016년 1월 18일 스위스 다보스포럼을 주관하는 세계경제포럼^{WEF}은 「일자리의 미래」 보고서에서 "인공지능·로봇기술·생명과학 등이 주도하는 4차 산업혁명이 향후 5년간 선진 15개국에서 일자리 710만 개가 사라지게 하고, 신규 일자리 200만 개가 새로이 창출되게 할 것"이라고 전망했습니다. 이 소식을 전하는 기사에서는 "올해 초등학교에 입학하는 전 세계 7세 어린이의 65%는 지금 존재하지 않는 일자리에서 일하게 될 전망"이라고 했습니다.

『노오력의 배신』(조한혜정·엄기호 외, 창비)에서는 "헬조선이 처해 있는 현실이자 삶의 조건이라면, 노오력은 지옥의 늪에 빠진 이들에게 할당된 몫"이라고 말합니다. 100%만 달성하면 합격이던 시대에서 벗어나 200%, 300%를 초과 달성해도 "삶은 발가벗겨지고 법 밖으로 추방"되는 "생존과 죽음 사이의 선택이 아니라 배제와 추방이라는 두 죽음 사이의 선택"만 존재하는 세상이 되었습니다. "근대는 '하면 된다'의 노력으로 출발해 '할 수 있다'는 자기계발을 지나 '해야 한다'는 '노오력'으로 결국 삶을 파괴하는 파국에 도달"했습니다.

더구나 미래마저 불투명한 세상에서 자신이 지금까지의 노력으로 취득한 지식마저 하루아침에 무용지물이 되는 세상에서 개인이 선택할 수 있는 길은 하나뿐이지 않을까요. 남들이 강권하는 모든 것을 포기하고 진정 자신이 좋아하는 것에만 빠지거나 말을 잘 듣는 동물에게만 헌신하는 것 말입니다.

〈경향신문〉, 다독다독, 2016.5.10.

'강남의 탄생'과
마을의 복원

주말에 한 지방의 8층짜리 대형 회센터에서 저녁을 먹고 자리를 옮기려는데 마땅한 장소를 찾지 못했습니다. 약 2km를 걷는데 폐허가 된 도시처럼 보였습니다. 몇몇 관공서가 보이긴 했지만 사람이 산 흔적이 없는 건물이 즐비했습니다. 일행인 한 역사학자가 "모든 도시가 '강남 개발 붐'을 그대로 닮은 복제품"이라고 말했습니다.

강남을 최초로 다룬 연구서를 쓴 강준만 전북대 교수는『강남, 낯선 대한민국의 자화상』(인물과사상사)에서 "강남은 한국의 얼굴"이라고 규정했습니다. 그는 "독특한 아파트 문화의 선구자이자 리더는 단연 강남이다. 강남의 아파트 거주율은 80%에 육박한다. 강남은 욕망의 용광로다. 구별짓기의 아성이다. 그러나 한국인들은 왜 아파트가 연구 대상이 되어야 하는지를 전혀 이해하지 못했거나 하지 않으려 했듯이 강남이야말로 가장 '한국적'이라는 사실을 좀처럼 인정하지 않으려 한다. 왜 강남의 진실을 피하려는 걸까? 진실은 상처를 줄 수 있기 때문일까?"라는 의문을 제기했습니다.

강남을 제대로 천착한 연구서가 왜 나오지 않을까요? '대한민국의 심장 도시는 어떻게 태어났는가?'가 부제인 강남만을 다룬 최초의 역사서『강남의 탄생』(한종수·강희용, 미지북스)에서 저자들은 "강남은 한국 현대사의 얼굴"이며, "강남을 안다는 것은 한국 현대사를 안다는 것과 같다. 하지만 우리는 '강남'을 의외로 잘 모른다"고 지적했습니다.

이 책에서 저자들은 강남구, 서초구, 송파구 등 소위 '강남 3구'를 '강남'

으로 보고 이야기를 전개하고 있습니다. 원래 "강남은 과수원과 채소밭 천지"였습니다. "1968년까지만 해도 강남은 일반 가정에 전화기는커녕 지역 전체에 공중전화 한 대도 없는 '벙어리 동네'"였습니다. 그랬던 곳이 "압구정, 반포, 서초, 잠원, 신사, 논현, 역삼, 개포, 삼성 등 오늘날 쟁쟁한 부촌이 된 셈인데, 지난 '강남 개발의 시대'는 실로 '뽕나무밭'이 '강남'이 되는 이야기"라 할 수 있습니다.

강 교수도 "강남은 한국의 초고속 성장을 온몸으로 드라마틱하게 웅변하는 지역"이라고 했습니다. "한국이 보릿고개에서 '세계 10대 경제국'으로 달려왔듯이 강남은 '말죽거리'에서 '타워팰리스'까지 달려왔다. 전자의 달리기는 피땀으로 이룬 반면 후자의 달리기는 일확천금의 투기 광풍이 아니냐는 반론도 가능할 것이나 욕망의 대질주라고 하는 본질에 있어선 다를 바 없다"고 주장했습니다.

『강남의 탄생』은 바로 그런 '욕망의 대질주'를 세세하게 정리한 역사서입니다. 저자들은 1969년 12월 25일 준공된 제3한강교가 '강북'으로부터 '강남'이라는 지역을 잉태하는 탯줄이 되었는데, 이 다리는 훗날 '말죽거리 신화'로 불리는 땅값 폭등의 중요한 요인이 되었으며, 한편으로는 그보다 먼저 착공한 경부고속도로와도 이어져 그 출발점이 되었다고 보고 있습니다. 서울고등법원, 검찰청, 국정원, 한국은행 전산본부 등 주요 기관과 경기고, 서울고, 숙명여고 등 강북 명문고의 강남 이전, 지하철 2호선을 강남을 관통하는 순환선으로 바꾼 일 등이 작용해 강남은 명실상부한 서울의 중심이 되었습니다.

여의도는 '강남의 원조'이며, 노원은 '실패한 강남'이고, 목동은 '성공한 강남'이라고 말하는 저자들은 "강남의 성공은 우리나라 도시사(史)에 깊은 그늘을 드리웠다"고 말합니다. 한때 서울을 강타한 뉴타운 광풍은 "강남을 닮고 싶어 하는 강북 시민들의 '욕망'이 여과 없이 드러났다"고 보기도 합니다.

'강남의 성공'으로 말미암아 "부산, 대구, 인천, 광주, 대전 등 광역시는 물론이고 인구 10만 명도 안 되는 소도시도 모두 마치 비법이라도 배운 것처럼 신도심을 개발해 시청, 법원, 방송국, 터미널 등 알짜 시설을 옮겨놓"는 바람에 "구도심에는 옮길 수 없는 기차역과 전통시장만 남았다"는 것입니다. 그리하여 "고도 경주와, 성곽이 있는 전주나 공주, 진주, 호수를 끼고 있는 춘천, 몇몇 항구도시를 제외하면 대부분의 지방 도시들은 특징이 없는 그저 그런 붕어빵 도시들이 되어버렸"기 때문에 어느 도시 할 것 없이 '구도심 활성화'가 단체장 선거의 단골 공약이 되기에 이르렀지만 "구도심이 활성화되었다는 도시가 있다는 소식을 거의 들어보지 못했다"고 합니다.

이대로 둘 수는 없겠지요. 앞으로 투기나 욕망에 의한 도시 개발은 지양하고 도시가 스스로 변화할 수 있는 근본적인 방법들을 찾아가야 합니다. 『우리가 사는 마을』(이승훈 외)은 공릉청소년문화정보센터를 중심으로 마을의 청소년들이 '시작된 변화' 프로젝트에 참가해 마을을 바꾼 지난 5년의 이야기를 담고 있습니다. 버려지고 아무도 관심을 두지 않는 땅에 꽃과 잔디를 심고, 놀이터에 적힌 낙서를 지우고, 어두컴컴하고 음침한 굴다리에 벽화를 그려 넣고, 얼굴을 모르는 아파트 주민에게 인사하기 캠페인을 벌이고, 동네의 자전거도로를 조사해 구청에 민원을 넣는 아이들의 노력 덕분에 "잠만 자는 곳"이자 "아이들에게는 얼른 벗어나고 싶은 변두리 동네"에 불과했던 공릉동이 이제 좋은 삶과 좋은 교육을 가꾸는 터전이 되었다고 자부합니다.

"어린이와 청소년에게 마을은 작은 세계이며, 가장 큰 학교"라고 말하는 저자들은 "경험이 최고의 학습이고, 최고의 경험은 마을 안에서, 일상 속에서 일어난다"고 말합니다. "최고의 학습 경험을 만들어낼 수 있는 공간"인 마을 속에서 쌓이는 풍부한 경험은 역량을 키우기 마련인데 그것이 '마을 교육력'이라고 말합니다. 어떻습니까? 마을에 도서관과 청소년센터가 결합된 공간부터 만들어놓고 폐허가 된 도시를 살 만한 도시로 바꿔보시지 않겠습니까?

〈경향신문〉, 다독다독, 2016.5.31.

문학시장이 추락한
근본 원인

지난 5월 25일에 출판영업자들이 주최한 '한국출판유통 대토론회'에서 한 발표자는 출판사들의 '광고 의존도'가 높아졌다고 주장했습니다. 구체적인 데이터를 내놓지는 않았지만 "대형서점과 온라인서점의 매출이 올랐다는 것은 광고가 늘었다는 것을 방증하고 있다"는 겁니다. 대회의실에 꽉 들어찬 사람들이 이 사실을 부정하지는 않았습니다. 그렇다면 여기서 광고는 무엇일까요? 신문과 방송이나 잡지 등의 대중매체에 집행하는 광고가 아니라 대형서점의 판매대를 구입하는 비용과 대형 온라인서점에 책을 초기 화면에 노출하는 비용을 말합니다.

마케터들은 대형 오프라인 서점에서 같은 책이 네 줄 이상 진열되어 있는 경우는 십중팔구 출판사가 판매대를 사서 책을 진열한 것이라고 말합니다. 그러니까 대형서점의 베스트셀러에 올리려면 서점의 판매대부터 구입해서 책을 진열하는 것이 필수적인 일이 되고 있습니다. 온라인서점이라고 다르지 않습니다. 온라인서점의 초기 화면에 책을 노출하려면 공급률부터 낮춰줘야 하고, 광고도 하고, 사은품도 제작해 제공해야 합니다. 심지어 초기 화면에 노출한 책은 무조건 매출이 올라야 한다는 서점 담당자들의 요구에 사재기를 통해서라도 매출을 늘리는 출판사들도 있다고 합니다.

이런 일을 하려면 비용이 만만찮아 이익을 내는 경우가 거의 없다고 합니다. 그럼에도 모처럼 기대되는 신간을 펴내 판매대라도 사서 진열하려면 자리가 없어 추첨까지 해야 할 정도랍니다. 이 바람에 의외의 신간이 베스트셀러에 오르는 일은 찾아보기 어렵다고 말합니다. 철저하게 사전 기획된 책들만이 베스트셀러에 오르는 바람에 출판시장은 물이 고여 썩어서 악취가 진동하는 저수지나 다름없습니다.

아, 예외가 있었습니다. 한강의 『채식주의자』(창비)가 '맨부커상 인터내셔널'을 수상하는 바람에 그의 소설들과 때마침 출간된 2010년대 가장 주목받는 작가인 정유정의 『종의 기원』(은행나무)이 베스트셀러 상단을 일제히 차지한 일이었습니다. 덕분에 올해 상반기에는 모처럼 서점 매출이 작년보다 올랐다지요. 시장을 활성화시키는 이런 의외성이 사라진 지 정말 오래됐습니다. 물론 영화나 드라마의 후광에 힘입어 잠시 반짝하는 소설들이 없지 않았습니다. 그래서 책이 본원적 상품이 아니라 다른 문화상품에 영향을 받는 파생상품으로 전락했다는 자조만이 넘쳐났지만요.

이렇게 된 근원 하나를 살펴보겠습니다. 50년 역사를 가진 민음사의 대표 상품 중 하나는 '민음세계문학' 시리즈입니다. '민음세계문학'이 독주하던 시장에 문학동네의 '세계문학전집', 시공사의 '시공 문학의 숲', 문학과지성사의 '대산세계문학총서', 창비의 '창비세계문학', 을유문화사의 '세계문학전집', 책세상의 '책세상문고 세계문학', 열린책들의 '열린책들세계문학' 등의 후발 주자들이 가세해 다양한 고전문학 작품을 개발하려는 경쟁체제가 구축돼가고 있었습니다. 이때 한 출판사가 번역판과 영문판을 묶은 세계문학 시리즈를 내놓고 영어학습용 실용서라 우기며 50% 할인해 판매하기 시작했습니다. 당시는 실용서는 무한 할인이 허용됐습니다. 개인이 아닌 단체가 역자로 등장한 이 시리즈는 번역의 질도 의심받았습니다. 그러나 대형서점에 집중 진열되어 있는 이 시리즈를 독자들은 오로지 가격이 싸다는 이유로 선호했습니다. 아, 윤문을 해서 쉽게 읽히는 장점도 있었다지요. 덕분에 이 시리즈를 펴낸 출판사는 사옥을 마련할 정도로 성장했습니다. 이 출판사의 '성공'에 고무된 출판업자들이 이런 일을 따라 하기 시작했습니다. 심지어 작년 이맘때쯤에는 한 신생 출판사가 문학동네와 민음사의 판본을 절충해 짜깁

기한 『데미안』과 『수레바퀴 아래서』를 묶은 세트 도서가 출간돼 베스트셀러에 오르는 바람에 물의를 일으켰습니다. 해당 출판사들이 공식적으로 문제를 제기해 문제의 세트 도서는 번역 표절이 인정되어 서점에서 사라졌지만 씁쓸한 뒷맛을 남겼습니다.

이렇게 문학시장에서 공정 경쟁이 사라지는 바람에 세계문학시장마저 혼란 상태에 빠져들었습니다. 수익구조가 악화된 문학출판사들은 장기투자가 필요한 한국문학을 기피하기 시작했습니다. 한국소설을 한 달에 한 권씩이라도 꾸준히 펴내는 출판사는 한 손으로 꼽아야 하는 지경에 이르렀고, 소설만 써서 먹고사는 작가 역시 한 손가락으로 꼽을 정도라는 자조가 넘쳐났습니다. 물류유통이 생산을 규정하는 법입니다. 유통 시스템이 잘못 작동하면 악화가 양화를 구축하는 악순환의 구조가 지속되어 전반적인 질적 하락을 초래한다는 것을 우리 출판시장은 제대로 보여주고 있습니다. 이런 사태는 문학시장에서만 국한해 벌어지는 것이 아닙니다. 우리 그림책의 질은 세계가 인정하는 수준에 올라섰지만 국내 시장에서 1만 부가 보장되는 작가는 한 손가락조차 꼽기 어려울 정도입니다. 어린이문학 도서를 읽고 좋은 책을 골라서 서평을 해주는 일을 하는 이들은 전반적으로 수준이 떨어져 추천할 책이 별로 없다는 말을 하고 있습니다.

문학이 흥해야 출판시장도 활성화됩니다. 문학적 상상력이 넘치는 나라여야 문화융성과 창조경제를 이룰 수 있습니다. 문학은 우리 몸의 비타민과 같은 것입니다. 소량이나마 갖추고 있지 않으면 목숨을 잃는 법입니다. 그러니 좋은 소설들이 제대로 유통될 수 있는 구조가 만들어져야 합니다. 그게 과도한 할인 경쟁은 아닐 것입니다. 그러니 책의 질보다 마케팅 비용을 받은 책만을 노출해주는 대형 온·오프라인 서점 운영자와 이들에 놀아나는 출판인들부터 각성해야 마땅할 것입니다. 이들이 제발 가격 경쟁이 아니라 가치 경쟁을 벌여주기를 간곡히 빕니다.

〈경향신문〉, 다독다독, 2016.6.21.

초등 교실까지 만연한
'관계 빈곤'

노인은 삶은 감자와 훈제 돼지 목살을 갖고 요양병원에 입원한 아내를 날마다 찾아갑니다. 아내는 알츠하이머 치매를 앓고 있습니다. "요양병원의 식단은 미네랄, 소금, 설탕의 양을 철저히 통제하기 때문에 집에서 가져온 감자를 들켜서는" 안 됩니다. 병원은 "맛있는 음식이 가져다주는 즐거움보다 영양소를 따지"고 있기 때문이지요. 핀란드의 인기작가 투오마스 퀴뢰의 장편소설 『괴짜 노인 그럼프』(세종서적)에 나오는 이야기입니다.

노인은 "인생의 끝자락에 선 사람이 이제 막 태어난 아기나 유치원에 다니는 어린아이들처럼 먹을 필요는 없다"고 생각합니다. "마치 어린아이가 새로운 음식을 먹을 때처럼 입술과 혀로 맛있는지 맛없는지를 가늠"하는 아내는 "고기를 삼키고 주둥이를 벌리고 먹이를 기다리는 아기 새처럼 입을 다시 벌"리곤 합니다. 노인에게도 고민이 있습니다.

"아내는 내가 돌보지만 누가 나를 돌볼 것인가? 아들이 내게 음식을 떠먹일까? 아닐 것 같다. 아들이 나를 돌보는 것을 내가 원할까? 정녕 아니다. 간호조무사가 침대 위에서 내 힘으로 움직이지 못하는 나를 굴리면서 내 몸 구석구석을 보게 될 것인가? 샤워하는 것을 도와주면서 퇴근 후 마트에서 무엇을 사야 할지, 고양이 사료가 남아 있나 생각하다가 문득, 이 노인네 인생도 다 끝났다고 생각하겠지."

노인은 자신이 누울 관을 짜고 유언장을 준비 중입니다. "고인의 인생에 대해 가장 잘 말할 수 있는 사람은 고인 자신밖에 없"습니다. 그래서 그는 10

여 년 동안이나 아내와 마지막을 함께할 아파트를 마련하는 한편 자신의 추도문을 쓸 준비를 해왔습니다. 아파트의 존재를 알리기도 전에 아내는 덜컥 치매에 걸려버렸습니다. 이제 그는 자신의 유언장을 쓰는 일에 매진하기 시작했습니다. "인생에서 마지막으로 하고 싶은 말은 양질의 종이에, 고인이 되신 아버지가 당신의 아버지에게서 물려받으신 딥펜으로 남겨야" 합니다. 딥펜은 찾았지만 잉크가 없었습니다. 괴짜 노인은 잉크를 사러 아들과 함께 '여행'을 떠납니다.

우리가 괴짜 노인만큼 행복하게 인생의 마지막을 정리할 수가 있을까요? 미나시타 기류는 『갈 곳이 없는 남자 시간이 없는 여자』(한빛비즈)에서 남자는 직장에서 퇴직한 이후 고립화의 위험성이 매우 높다고 말합니다. 그는 "노동시간이 길고 가족이나 지역사회와 연계가 부족한 일본 남성은 일터 이외의 장소에서 인간관계를 구축하지 못하므로 실직이나 정년퇴직이 곧 고립으로 이어지는 현상"을 남성의 '관계 빈곤'이라고 부릅니다.

그의 설명을 더 들어보지요. "여성의 사회진출이 증진되지 않아 남성이 외벌이로 전업주부인 아내와 아이를 부양해야 하는 나라에서는 남성이 회사의 부당한 명령에도 이의를 제기하지 못하고 장시간 노동을 불사하게 된다. 또한 스트레스나 회식 탓에 음주와 흡연을 자주 하게 되고 일 중심의 생활로 인해 몸 상태가 나빠져도 적기에 병원을 찾지 못한다. 그 결과, 남성의 심신 건강은 심각한 위험에 노출된다. 이것은 단순한 가설이라기보다는 현실적인 샐러리맨의 비애일지도 모른다."

그런 남성이 가정에서는 보호받을까요? 저자는 책에서 매우 슬픈 경험을 소개하고 있습니다. 어느 날 전철에는 60대로 보이는 여자 세 사람만이 활기차게 수다의 꽃을 피우고 있었습니다. 갑자기 여자 하나가 "그 집 남편, 퇴직하고 얼마 안 돼서 죽었대!"라고 말하자 다른 여자 둘이 "어머나!"라고 소리를 질렀습니다. 졸음이 쏟아지는 가운데 저자는 당연히 "안됐네!"라는 말이 나올 줄 알았습니다. 하지만 다음에 들려온 말은 기다리던 말이 아니었습니다. "어머, 부럽다!" "진짜 부럽네! 그게 내 꿈이라니까." "맞아! 이상적인 일이지." 저자는 그날 여자들의 수다를 이렇게 요약해놓고 있습니다. "남편이 죽으면 퇴직금을 받는 데다 현직에 있을 때 들어놓은 생명보험도 받는다. 이 얼마나 부러운 일인가."

저는 이 이야기를 읽으면서 은퇴까지 간 남성들은 그래도 행복하다는 생각을 했습니다. 내다버리기가 어려운 '대형 쓰레기' 취급을 받을망정 '젖은 낙엽'처럼 짝 들러붙을 아내라도 있기 때문이지요. 일본의 유명 사회학자인 우에노 지즈코가 정년퇴직한 남자를 두고 대형 쓰레기를 넘어 '산업 폐기물'이 되었다고 말한 것이 1985년이었다니 이런 이야기가 새삼스럽지는 않을 것입니다.

평생을 노예처럼 일하고도 자신의 말을 들어줄 친구나 가족이 단 한 사람도 없다는 것은 정말 슬픈 일입니다. 그러나 그런 '관계 빈곤'이 초등학교 교실에까지 만연하다고 합니다. 윤가은 감독의 영화 〈우리들〉은 교실공동체에까지 침투한 과도한 경쟁 속에서 이전투구 하는 아이들의 모습을 가감 없이 보여줬습니다. 같이 놀 친구 한 명을 만들기 위해 분투하는 아이들의 모습을 보면서 이제 우정마저 쟁취의 대상이 되었다는 생각이 들었습니다. 이런 사회의 해결책은 주인공인 '선'의 다섯 살 먹은 동생의 입에서 나왔습니다. "그럼 언제 놀아? 친구가 때리고, 나도 때리고, 친구가 때리고, 나 그냥 놀고 싶은데…."

이처럼 초등학교 교실에까지 침투해 있는 '관계 빈곤'이 중년, 노년이 되어도 해결책이 없는 사회가 과연 희망이 있을까요? 독서운동을 하는 이들은 이런 사태를 극복하는 관계 맺기의 기술을 가르치는 '학교 안 교실의 필요성'을 강조했습니다. 그 교실에서 함께 책을 읽고 토론하며 관계 맺기의 기술을 터득해야 한다는 것이지요. 인공지능이 인간을 대신해 일하면서 인간은 잘 놀아야 하는 '놀이의 시대'가 온다고 합니다. '놀이'야말로 관계 맺기의 시작이 아닐까요. 이왕이면 책을 통한 놀이를 권합니다.

〈경향신문〉, 다독다독, 2016.7.12.

'김영란법'을 낳은
소설 읽기

헌법재판소의 '김영란법'(부정 청탁 및 금품 등 수수의 금지에 관한 법률) 합헌 결정 때문에 소셜미디어^{SNS}가 시끄럽습니다. 밥은 3만 원 미만짜리밖에 먹지 못하게 하고 선물을 5만 원 미만으로 한정하면 내수경제가 무너진다고 언론이 아우성치니 누리꾼들이 조롱을 하고 나선 게지요. 비싼 술집에서 폭탄주 돌리던 일이 사라지니 집에 일찍 들어가 책도 볼 수 있어 좋을 것 같은데 세상사가 마냥 그렇지만은 않은 모양입니다.

어찌됐든 이번 법을 입안함으로써 많은 사회적 관심과 존경의 대상이 되고 있는 김영란 전 대법관은 한국 최초로 여성으로서 대법관이 된 사람입니다. 그는 국민권익위원장으로 일하면서 우리나라의 부패를 근절하려면 법을 통하는 방법밖에 없겠다고 생각해서 '김영란법'을 입안한 분입니다.

그는 최근에 출간된 『책 읽기의 쓸모』(창비)에서 여행 도중에 가지고 간 책을 다 읽어버리면 금단증상이 나타날 정도로 책 중독, 활자 중독에 시달렸음을 고백하고 있습니다. "여행 갈 때 비행기 안에서 그동안 못 읽었던 가장 어려운 책을 골라 읽습니다. 반면 집중할 수 있는 시간을 내기 힘든 평소에, 일을 하던 도중에는 비교적 가벼운 책을 읽습니다. 저는 대가족으로 살아온 기간이 긴 탓에 가사노동을 제법 해온 편이어서 차분히 앉아서 책을 읽을 시간을 확보하기가 어려웠습니다. 그래서 생긴 버릇이 책을 여기저기 놓아두고 읽는 것이었지요. 부엌에도 책이 있고 화장실에도 책이 있고 방에도 책이 있습니다. 서재가 따로 없지요. 서재에 들어박혀 있을 여유가 없이 늘 개방된 공간에 머물러 있어야 하는 주부의 특징 때문이지요."

그는 오늘의 자신을 만들어온 것이 '쓸모없는 책 읽기'였다고 말합니다. 그는 왜 책을 읽었을까요? "생각해보면 슬픈 일이 있어도 책을 읽으면 다 잊어버리고 없었던 일이 되는 적이 많았습니다. 제게는 독서가 일종의 카타르시스, 즉 현실을 잊게 해주는 효과가 있었던 것이지요. 책을 읽으면서 힘든 일을 잊어버린다는 것만 해도 굉장한 쓸모이긴 합니다. 또 최근에 와서 생각해보니 그 쓸모없는 책들을 제가 법률에 관한 책을 쓰는 데 써먹었더군요."

책이 '만병통치약'이라고 주장해온 저에게 이만한 실제 증거는 없는 것 같습니다. 그렇다면 그는 어떤 책을 읽었을까요? 어려서는 동화책을 많이 읽었지만 사춘기 시절부터는 문학서적으로 말을 갈아탔습니다. 이때 카프카, 도스토옙스키, 토마스 만, 톨스토이 등을 읽으면서 "내가 원하는 것이 있다 하더라도 대부분 현실에서 구현이 가능한 것은 아니라는 깨달음"을 얻었습니다.

그는 이 책에서 자신에게 많은 영향을 끼친 책들을 특별하게 소개하고 있습니다. 루이자 메이 올컷의 『작은 아씨들』, 토마스 만의 『토니오 크뢰거』, 미셸 투르니에의 『흡혈귀의 비상』, 이사야 벌린의 『고슴도치와 여우』, 마사 누스바움의 『시적 정의』, 어슐러 르 귄의 『빼앗긴 자들』, 호르헤 루이스 보르헤스의 『바벨의 도서관』 등입니다. 대부분 '이분법 놀이'를 통해 복잡다단한 세상을 제대로 이해하게 해주는 책입니다.

그는 법학자인 마사 누스바움이 제시한 '공평한 관찰자'란 개념에 꽂힌 것 같습니다. "인간의 개별성에 대한 존중과 질적인 것으로부터 양적인 것으로의 환원 불가능성에 대한 인정, 세계에서 개인에게 일어나는 일들은 모두 매우 중요하다는 인식, 그리고 삶에서 일어나는 사건들을 마치 개미나 기계 부품의 움직임이나 동작같이 개관적인 외부의 관점에서 보는 것이 아니라, 인간 존재가 자신의 삶에 다층적 의미를 부여하듯 삶 속에서 우러나오는 시선으로 바라보는 묘사"가 누스바움이 정리한 소설의 특징이라고 소개하고 있으니까요.

누스바움이 말하는 '공평한 관찰자'는 "문학작품을 읽는 독자와 비슷한 관찰자의 능력을 지닌 재판관", 즉 '문학적 재판관'입니다. "모두 똑같아 보이는 집들이지만 제각기 다른 이야기들을 가지고 있고, 그 각각의 이야기들은 인간의 정념에 관한 무언가를 내포하고 있다는 것"을 깨닫는 사람입니다. "가령 누가 사람을 죽였다고 할 때, 같은 살인이라 해도 그 배경을 보면 여러 가지 이야기가 있을 수 있습니다. 아버지가 어머니를 폭행하는 것을 보고 순간적으로 흥분해서 아버지를 죽인 아들도 있을 수 있고, 아이가 말을 듣지 않는다고 마구 때리고 몇날 며칠을 방치해두어 죽음에 이르게 하는 부모도 있지요. 그렇게 개별적인 이야기가 다 다릅니다. 재판관은 그런 개별성을 놓치지 않아야 한다는 것입니다."

저는 이 책을 읽고 소설을 많이 읽어서 '공감'이라는 훈련을 한 그가 우리 사회를 혁신하기 위해 '김영란법'을 입안했다는 것을 확신할 수 있었습니다. 그는 말합니다. "저는 상상만이 세상을 바꿀 수 있다고 생각합니다. 상상이 없으면 '이미 있는 것'에 대해 공부하고 익히는 일밖에 남지 않을 테니까요. 물론 그것만 하기도 바쁜 세상이지만, 그러기만 해서는 세상은 바뀌지 않습니다. 무언가 더 나은 것에 대한 상상, 다음에 나아갈 행보에 대한 상상, 그것만이 세상을 바꿀 수 있는 것이죠."

그러니 책, 특히 소설을 많이 읽읍시다. "책을 읽는다는 것은 책이 들려주는 이야기를 듣는 것입니다. 모든 책은 하나하나가 다른 이야기를 하고 있고, 또 같은 책을 읽더라도 각자가 듣는 이야기는 다를 수" 있습니다. 그러므로 "책을 읽는다는 것은 무한한 세상 속을 여행하는 일"이자 "나 자신을 찾는 일"이면서 "나에 대해 기록한 단 하나의 책을 찾는" 행위이자 "세상을 통해서 나 자신을 찾는 공부"이니까요.

〈경향신문〉, 다독다독, 2016.8.2.

부강한 대한민국이
'헬조선'으로 불리는 이유

　이제 급격하게 은퇴하고 있는 1차 베이비 붐 세대(1세대)는 어려서 가난을 경험했지만 산업화와 민주화의 성공을 몸소 체득한 세대입니다. 그들은 그저 열심히 일만 하면 큰 어려움 없이 나름의 성취를 이룰 수 있었습니다.

　그들이 유일하게 아쉬워했던 것이 배움의 부족이었기 때문에 자식들에게 스펙을 갖추라고 요구했습니다. 그들의 높은 교육열로 말미암아 이제 40대에 이른 그들의 자식들(2세대)은 단군 이래 최고의 스펙을 갖출 수 있었지만 그들에게 주어진 것은 대부분 비정규직 일자리였습니다.

　정보화와 세계화의 물결은 무서웠습니다. 정보기술이 발달할수록 일자리가 줄어드는 '테크놀로지 실업'의 시대가 되다 보니 소프트웨어 하나만으로도 수많은 일자리가 한꺼번에 날아가기 시작하면서 중산층이 급격하게 무너지고 있습니다.

　아직 부모 세대의 재력에 힘입어 억지로 버티고 있는 2세대는 멋모르고 낳아놓은 10대 이하의 자식(3세대)에게는 충고해줄 말을 찾지 못하고 있습니다. 성공 경험조차 없는 데다 미래마저 예측할 수 없으니 심리적인 안정을 취할 수가 없습니다.

　점차 부모들의 밑천도 바닥을 보이기 시작하니 부모들의 노후부터가 걱정입니다. 그야말로 3세대 모두 동반 몰락할 위기가 닥쳐오고 있습니다.

　게다가 한국사회에는 '이해되지 않는 일'들이 벌어지고 있습니다. 세월호 참사, 메르스 사태, 옥시, 강남역 여성혐오 살인사건, 구의역 참사, '우병우 블랙홀' 등이 연이어 터져서 우리를 괴롭히고 있습니다.

철학자 허경 박사가 『그때는 맞고 지금은 틀리다』(길밖의길)에서 지적하고 있듯이, "(일련의) 사건에서 실로 이해되지 않는 것은 그러한 일이 일어났다는 사실이 아니라, 그러한 일이 전 국민적이고 사회적인 이슈가 되었다는 사실"일 것입니다. "대한민국 건국 이래 늘 일어났던" 이런 일들은 "이전에는 결코 이슈가 되지 않은 채 '피해자만 억울한 일'로 지나가버리"면 그만이었습니다.

지금은 어떻습니까? '강남역 여성혐오 살인사건' 하나만으로도 페미니즘 서적의 득세를 이루게 만들었습니다. "중동의 이슬람이나 아프리카의 정말 지지리도 못사는 후진국이 아닌 한국 정도의 교육과 경제 수준을 가진 나라, 이른바 OECD 국가 중에 한국사회 같은 성차별 국가가 있는가?"란 질문이 나올 정도이니 자연스럽게 그리 되었습니다.

어디 그뿐입니까. 메르스 사태를 떠올리게 만드는 영화 〈부산행〉이 1100만 관객을 넘겼고, '세월호 참사'를 기억하게 만드는 영화 〈터널〉은 벌써 500만 관객을 동원했습니다. 젊은이들은 입을 모아 '헬조선'과 '금(흙)수저'를 노래 불렀습니다.

박근혜 대통령은 "산업화와 민주화 양자에 성공한 거의 유일한 나라"인 부강한 대한민국이 '헬조선'으로 불리는 것이 도저히 이해되지 않으셨던 모양입니다. 그러니 올해 광복절 경축사에서 '헬조선' 담론을 정면 겨냥해 이것은 "잘못된 풍조"이자 심지어 "세계가 부러워하는 우리나라"를 "비하하는 신조어"로 규정하셨겠지요.

허 박사는 말합니다. "대한민국이 헬조선이라는 말이 상당수의 국민들, 특히 젊은이들에게 설득력을 얻는 이유는 그들이 바보거나 어리석어서가 아니라, 대한민국의 현실이 어떤 논리와 수사로도 정당화되기 어려운 불합리한 불평등구조를 실제로 유지하고 있기 때문"이라고요.

청와대에서 송로버섯과 샥스핀으로 오찬을 즐기는 분들도 모두 알고 계시겠지만 "21세기의 대한민국이 유사한 경제적 수준에 도달한 국가들 중 분배의 불평등과 복지의 미비에서 인류 역사상 유례없는 최악의 기록을 세우며 홀로 나아가고" 있으니 '헬조선'이라 불리는 것은 당연하지 않을까요.

허 박사는 대한민국이 '헤이븐조선'이 아니라 '헬조선'이 된 이유는 대한민국이 이견의 여지없이 산업화와 민주화 양자 모두에 성공했기 때문이라고 말합니다. "'산업화'가 성공하지 못했다면 대한민국은 오늘날에도 여전히 기아선상에 허덕이는 많은 불행한 나라들처럼 그냥 '헬'이지 '헬조선'이란 말이 따로 생기지도 않았을 것"이라는 것이지요.

2016년의 대한민국은 못사는 나라가 결코 아니며, 폭압적인 독재국가도 아닙니다. 나라는 잘살고 민주주의는 나름으로 이루어졌음에도 불구하고 여전히 평범한 시민인 나의 삶은 너무 힘들고 너무도 억울한 일투성이며 오히려 전보다 못해졌습니다.

그런데도 윗세대는 오히려 '감사할 줄 알아라, 눈을 낮춰라'라고 말합니다. 사회 전 분야는 나름의 방식으로 고루 발전했지만 정치만 유일하게 후진적입니다. 이 때문에 "나의 정당한 몫"을 요구하는 젊은이들이 '헬조선' 같은 말로 언론이나 사회관계망서비스SNS까지 장악했습니다.

"세월호는 이미 그 자체로 헬조선의 축약도"였습니다. "아무 대책도 없이 가라앉는 헬조선, 자기들은 빠져나가면서 다른 사람들에게는 가만히 있으라고 방송을 해대는 헬조선에서, 우리는 가만히 있으면 모두 죽는다는 사실을 확실히 학습"했습니다.

허 박사는 대한민국의 지배담론이 통치자 담론에서 피통치자 중심 담론으로, 가해자 담론에서 피해자 혹은 사회적 약자 중심 담론으로 변화했다고 말합니다. 주체로 거듭난 피해자들은 이제 "어떻게 더 이상 이런 식으로 통치당하지 않을 것인가"를 강구하기 시작했습니다.

이것은 민심이자 천심입니다. 그러니 제발 마음에 들지 않는 사람들의 신상에서 어떻게든 결점을 찾아내 악의에 찬 인신공격을 해대는 '물타기'부터 멈추시기 바랍니다.

추악한 부하 한 사람을 지키려고 국민을 버리지 말아주십시오. '헬조선'에서 허덕이는 99.9%의 국민을 위해 단 한 번만이라도 마음을 돌려주시기를 간곡히 부탁드립니다.

<경향신문>, 다독다독, 2016.8.23.

낭만적 연애와
그 후의 일상

블로그, 트위터, 인스타그램, 페이스북 등 소셜미디어의 위력이 갈수록 커지고 있습니다. 이제 상품 생산자들은 자신이 만든 상품(대상)에 대한 인간의 관심(어텐션)을 얻으려는 데 혈안이 되어 있습니다. 이른바 '어텐션 이코노미'의 시대입니다. 이런 시대에 책이라고 다르지 않습니다. 스토리텔링이 뛰어난 책이라 할지라도 책을 둘러싼 다양한 이야기를 만들어내지 못하면 책은 곧 독자의 관심에서 벗어나게 마련입니다. 즉 콘텍스트의 시대이기도 합니다.

소셜미디어는 '공감의 장치'입니다. 가슴이 통하는 이들이 함께 활동하는 소셜미디어 공간 속의 커뮤니티를 통해 콘텐츠에 대한 공감을 이끌어낼 수 있는 확실한 콘텍스트를 만들어내면 소비자(독자)들의 폭발적인 반응을 이끌어낼 수 있습니다. 올해 콘텍스트의 중요성을 일깨워준 것은 '맨부커상 인터내셔널'을 수상한 『채식주의자』(한강)의 인기와 '강남역 살인사건'이 발생한 이후 페미니즘 도서의 판매가 급증한 사례일 것입니다.

특히 '강남역 살인사건'은 우리 사회에서 페미니즘 담론이 다시 득세하게 만들었습니다. 처음에는 이 살인사건이 '여성혐오'인가 아닌가에 대해 논란을 벌인 것에 불과했습니다. 그러다가 한 성우가 여성주의 커뮤니티인 '메갈리아'에서 구입한 2만 원짜리 티셔츠 사진을 소셜미디어에 올린 것이 계기가 되어 사태는 걷잡을 수 없이 번져갔습니다. 한 평론가는 방송에 출연해 이제야말로 우리 사회에 페미니즘이 진정으로 만개할 수 있는 세상이 된 것이라고 목소리를 높였습니다.

메갈리아는 여성억압적인 한국사회의 진면목을 드러내기 위해 '미러링'이라는 방법을 사용했습니다. 남성들의 일상적인 여성혐오 표현을 그대로 패러디해 거울처럼 보여주는 방식입니다. 남성 일반에 대한 미러링으로 출발한 메갈리아는 점차 장애인, 성소수자, 아동 등 사회적 약자에 대한 혐오 발언으로 영역을 확장했습니다. 일부 행위에 대한 비판이 없지 않았지만 이런 노력들이 세를 얻어가는 가운데 '강남역 살인사건'이 불을 붙이는 바람에 페미니즘 담론이 크게 폭발한 것이 아닌가 싶습니다.

『여자다운 게 어딨어』(창비)는 영국 지상파 채널인 ITV의 〈디스 모닝〉에 출연해 18개월 동안 제모하지 않은 겨드랑이를 당당히 뽐내서 세계적인 명성을 얻은 페미니스트 에머 오툴이 자신의 삶을 철저하게 '미러링'하면서 "생물학적 성에 적합한 성역할 바깥에서 행동할" 진정한 자유가 무엇인가를 일깨워주는 책입니다. 아리스토텔레스와 "낭만적 사랑과 성적 욕망"에 대해 가상토론을 벌이기도 하는 저자는 남장, 삭발, 제모 거부, 동성애, 남녀 공통의 일상언어 쓰기 등 '여자다움'이라는 고정관념에 도전하는 유쾌하고 도발적인 실험을 감행하는 이유를 다음과 같이 설명합니다.

"하루는 여성스러운 외양으로 다음날은 남성스러운 외양으로 출근하면서, 나는 젠더가 의상일 따름이라는 사실을 부각시키고 남성적이든 여성적이든 똑같이 대우해달라고 요구한다. 털이 난 다리를 내보임으로써 나는 여성의 체모만 수치스럽게 여기는 것이 성차별적이라고 말한다. 삭발한 머리로써 나는 이것이 어째서 여자가 아닌 남자만의 헤어스타일인지 생각해본 적이 있느냐고 묻는다. 월요일에 화장을 하지 않음으로써 나는 내 얼굴을 꾸미는 걸 좋아한다고 말한다. 나는 내가 입는 의상들이 무엇을 상징하는지 이해하며, 그것이 해석되는 방식까지는 통제하지 못하더라도, 적어도 내가 전하고자 하는 젠더와 공연에 대한 이야기를 들려주고자 시도한다."

결혼에 대해 "자신이 사랑한다고 주장하는 사람에게 가하는 대단히 기이하고 궁극적으로 불친절한 행위"일 뿐이라는 정의를 제시하는 알랭 드 보통의 장편소설 『낭만적 연애와 그 후의 일상』(은행나무)은 원제가 'The Course of Love'인 것에서 알 수 있듯이 궁극적인 사랑과 가족의 의미를 캐묻고 있습니다. 여자는 남자에게 첫눈에 반합니다. 그러니 키스와 섹스, 결혼까지는 일사천리로 진행됩니다. 그러나 물건을 사러 처음으로 함께 갔다가 다툰 이후 두 사람은 "돈 때문에 자주 걱정하고, 딸과 아들을 차례로 낳고, 한 사람이 바람을 피우고, 권태로운 시간을 보내고, 가끔은 서로 죽이고 싶은 마음이 들고, 몇 번은 자기 자신을 죽이고 싶은 마음"을 갖게 됩니다.

"겉으로는 편리하게도 단일한 관계처럼 보이지만 그 밑에 수많은 진전, 단절, 재협상, 소원한 기간, 감정적 회귀가 깔려 있어 사실상 그는 적어도 열두 번은 이혼과 재혼을 겪"다가 결혼한 지 16년이 지나서야 드디어 결혼할 준비가 되었다고 느낍니다. 그가 결혼할 준비가 되었다고 느끼는 것은 자신의 완벽함을 포기했고, 타인에게 완전히 이해되기를 단념했고, 자신이 미쳤음을 자각했고, 아내가 까다로운 것이 아님을 이해했고, 사랑을 받기보다 베풀 준비가 되었고, 항상 섹스는 사랑과 불편하게 동거하리라는 것을 이해했고, 서로 잘 맞지 않는다고 가슴 깊이 인식했고, 대부분의 러브스토리에 신물이 났기 때문이라고 말합니다. 작가는 이런 위기를 극복하려면 열정이 아니라 사랑의 기술이 필요하다고 하네요. 이런 가족이 과연 필요할까요?

지금 방영되고 있는 tvN의 다큐멘터리 〈판타스틱 패밀리〉(4부작)에서는 로봇도 가족이라고 말합니다. 2편 '신상가족'에서는 1인가구, 부부이면서 따로 사는 LAT(Living Apart Together) 가족, 90대의 스승과 60대의 제자가 모녀처럼 사는 가족, 여러 사람이 함께 사는 셰어하우스 등을 제시했습니다. 어쩌면 가족과 사랑이라는 개념을 넘어서서 이제 인간 정체성 자체에 대한 고민이 필요한 시대인 것 같습니다.

〈경향신문〉, 다독다독, 2016.9.12.

시니어세대의 자산은
'건강·경제·커뮤니케이션'

　　정치가 엉망으로 돌아가는 것은 어제오늘의 일이 아니지만 최근에는 한반도에 지진마저 발생해 불안이 가중되고 있습니다. 사람들이 불안해하는 이유는 대체로 미래가 불투명하기 때문입니다. 그러나 『정해진 미래』(조영태, 북스톤)에서는 미래를 예측하는 '인구'라는 상수常數가 있기에 '사회적 미래'는 갈 길이 이미 정해졌다고 말합니다. 다만 개인의 미래는 스스로 개척해내야겠지요.

　　인구학적 관점으로 가장 눈여겨보아야 할 세대는 1, 2차 베이비 붐 세대입니다. 베이비 붐 1세대는 1955~1964년생이고, 2세대는 1965~1974년생을 가리킵니다. 저자는 한마디로 '58년 개띠'와 '70년 개띠' 간의 대결이라네요. 두 세대는 인구 크기가 얼추 비슷하고, 연이어 우리나라의 경제발전을 이룩했습니다. 그중 1세대가 은퇴하기 시작했습니다. 55세에서 60세로 정년연장이 되었다지만 태반은 50대 초반에 짐을 싸고 있습니다. 직장인의 끝은 '치킨 창업 → 적자폐업'이라는 우스개도 있는 마당이니 이들 은퇴자가 우리 사회를 뒤흔들 것으로 보입니다.

　　『피파세대: 소비심리를 읽는 힘』(라의눈)의 저자인 전영수 한양대 국제대학원 교수는 "2020년 베이비부머의 맏형(1955년생)부터 65세(정년 연장의 연령 시한)로 접어들면 이후 대략 10년에 걸쳐 1천만 인구가 시니어마켓의 잠재고객으로 합류한다. 이런 거대시장을 방치할 이유는 없다. 되레 선제·미시적인 접근전략이 서둘러 필요할 때다. 주지하듯 시니어마켓은 초기 시장"이라고 말합니다. 전 교수는 이들 세대를 '피파^{PIPA}세대'라고 부릅니다. 가난하고^{Poor}, 고립됐으며^{Isolated}, 아픈^{Painful}, 세대^{Aged}라는 것이지요. "저성장·인구병·재정난이 전대미문의 거시환경적인 불안 기운이라면, 빈곤·질병·고독의 트릴레마는 역시 한국사회가 최초로 경험하는 미증유의 개별 차원적인 생활악재가 아닐 수 없다"고 말합니다. 이들이 앞으로 '핏줄봉양'이라도 받으며 노후를 보낼 가능성이 매우 적으니 그야말로 노후가 공포인 셈이지요.

오쿠다 히데오 장편소설 『나오미와 가나코』(예담)에서 나오미는 백화점의 외판부 사원입니다. 나오미가 상대하는 개인 고객은 물 쓰듯 돈을 쓰는 사람들입니다. 치매를 앓고 있지만 죽을 때까지 돈을 써도 돈이 마르지 않는 노인도 등장합니다. 나오미는 처음에는 "슈퍼마켓에서 달걀 사듯 보석을 구입하는 손님들에게 깜짝 놀랐지만" 점차 그 일이 익숙해집니다. 그런 부유층에게 의지하는 경제가 제대로 굴러가지는 않을 것입니다. 사실상 일본의 백화점은 이미 젊은층을 포기하고 은퇴하는 시니어층에 주력하고 있지만요.

일본은 고령화를 가장 먼저 겪는 나라입니다. 『2020 시니어 트렌드』(사카모토 세쓰오, 한스미디어)에서는 시니어, 노인, 실버 등의 단어가 아닌 '엘더'(연장자), '새로운 어른' 또는 '50+세대'라는 단어를 사용합니다. 일본에서 2020년이면 성인 1억 395만 명 중 50+인구는 약 6천만 명이 된다고 합니다. 10명 중 6명이 50+세대가 되는 것이지요. 40+로 범위를 넓히면 약 7800만 명으로 어른 10명 중 8명은 40+세대가 되어버립니다. 사회 전체가 어른이 되는 사회가 됩니다.

피터 드러커는 생전에 "일본의 단카이 세대가 경험과 지혜를 살려 은퇴 후에 사회적 활동에 종사한다면 일본은 세계 경제의 새로운 모델이 될 수 있다"고 말한 바 있습니다. 실제로 『2020 시니어 트렌드』에서는 일본이 잠재력과 폭발력이 높은 '새로운 어른 시장'을 어떻게 키워가고 있는가를 잘 보여주고 있습니다. 저자는 기존의 고령자를 보는 시각부터 바꿔야 한다고 말합니다. "'황혼 중노년·성숙 중노년'에서 '젊고 센스 있는 어른'으로, '여생을 보낸다'에서 '인생의 꽃을 피우고 싶다'로, '시들어가는 노후'에서 '인생 최고의 시기'로 크게 전환해야 마땅하다는 것이지요.

저자는 50+세대의 2대 자본으로 '건강'과 '경제'를 제시합니다. 이것들은 사실 불안요소이기도 하지만 자본이기도 합니다. 무병인 것보다 하나의 병이라도 껴안고 살아가는 일병식재(一病息災)이거나 개호(간병)를 받지 않겠다는 각오를 하고 노력을 하면 건강을 유지할 수 있는 것에서 알 수 있듯이 위기가 곧 기회이기도 합니다. 하지만 저자가 제3의 자본으로 내세우는 것이 바로 '커뮤니케이션'입니다. 특히 손자 세대까지 품은 3대 소통의 중요성을 강조합니다.

우리와 마찬가지로 일본도 대가족에서 핵가족으로 바뀌었습니다. 그런데 이제 '신 3대 네트워크 가족'으로 전환되고 있다고 합니다. 개성이 강한 3대 핵가족들이 함께 사는 것이 아니라 가까운 곳에서 따로 살면서 소셜미디어를 통해서 소통한다는 것이지요. 피라미드 구조의 봉건적인 가족 관계가 아닌 수평적이고 서로를 속박하지 않는 '네트워크 가족'으로 바뀌가는 모습들이 매우 인상적이었습니다. 가령 3대가 함께하는 '야산 탐험 여행'은 조부모의 유년기 체험을 손자·손녀에게 가르쳐줄 수 있는 여행이었습니다. 투구벌레를 백화점에서 사서 기른 부모가 아닌 야산에서 투구벌레를 잡았던 조부모가 야산 탐험을 하면서 그 경험을 손자·손녀에게 가르쳐주는 것은 감동적이었습니다.

소셜미디어의 확산은 "아날로그적인 대면의 장소와 디지털적인 인터넷의 융합"을 가능하게 만들고 있습니다. 이렇게 되면 세대가 갈등할 이유가 하나도 없습니다. 우리도 일본의 사례에서 고령화 문제 해결의 단초를 반드시 얻어내야 할 것입니다. 반드시 그래야 합니다.

〈경향신문〉, 다독다독, 2016.10.4.

하이콘텍스트의 시대

요즘 모든 미디어는 하이콘텍스트를 적극적으로 활용하고 있습니다. 모두가 생산자이자 소비자이기에 서로 깊이 얽혀 있기 때문일 것입니다. 시청률을 의식하는 텔레비전이 이런 흐름을 주도합니다. 그들은 시청자가 '유혹의 그물망'을 빠져나가지 못하게 하기 위해 하이콘텍스트 방식을 적극적으로 이용해 시청자가 그물 속에 걸려들면 내용에 관계없이 빠져나오기 힘들게 만듭니다.

내용(스토리)을 파는 드라마는 강력한 캐릭터를 지닌 다수의 인물들을 등장시킵니다. 도원결의를 할 정도로 뜻이 맞는 몇몇 사람들이 주도하는 『삼국지』 같은 드라마보다는 개성이 천차만별인 캐릭터들이 등장해서 공동의 목표를 달성하는 『수호지』 같은 드라마여야 합니다. 형식을 파는 토크쇼 역시 개성이 다른 인물들이 '떼거리'로 등장해 자신만의 강점을 보여주며 경쟁합니다. 심지어 복면을 쓰고 등장하기도 합니다. 또한 세계의 모든 문제를 '중계'하는 뉴스에서는 날마다 충격적인 사건이 벌어지니 '하이라이트' 화면만 모아놓아도 잘 돌아갑니다.

하지만 우리가 이러한 미디어에 빠져들수록 삶의 문제는 전혀 해결되지 않습니다. 큰 문제를 잘게 토막내 침소봉대하여 한두 가지만 화제로 삼으면서 전체를 덮어버리는 일이 일상적으로 벌어지고 있기 때문입니다. 법과 원칙을 늘 무시하는 박근혜 대통령은 '법질서'를 입에 달고 살면서 남의 탓만 하고, 경제를 망친 여당은 '송민순 회고록'을 왜곡해 주장하고, 무능한 야당은 '최순실 게이트'에 대해서만 떠듭니다. 그 어느 누구도 통합적인 전망을 내놓지 않습니다.

하이콘텍스트의 힘을 키운 것은 소셜미디어입니다. 그곳은 모든 문제들의 집합소입니다. 매우 다양하게 얽혀서 문제를 키우거나 죽이기도 합니다. 그러나 그곳에는 남이 적은 이야기에 대한 무책임한 수용만 존재합니다. '좋아요'를 누르거나 댓글을 다는, 비평과는 거리가 있는 행위가 넘치지만 독창적인 사유를 통해 세상을 제대로 보여주는 안목은 찾아보기가 어렵습니다. 이렇게 우리 사회는 믿고 따를 수 있는 '어른'이 거의 완전히 실종됐습니다.

왜 그렇게 되었을까요? 백욱인 서울과학기술대학교 교수는 일찍이 『속물과 잉여』(지식공작소)에서 '속물'과 '잉여'라는 개념으로 설명했습니다. '속물'은 "체제 내에 포섭되어 축적하고 소비하는 주체"입니다. 그들은 재산과 지위를 축적하는 데 일생을 바쳤습니다. 그러나 정작 자기 주체에 대한 성찰과 반성은 없었습니다. 이들은 생존력이 매우 질기고 거짓말도 잘합니다. 모방과 추종에 능하고 저속 취향인 데다 개성은 실종되어 있습니다. 계산에 매우 치밀하고 자기 소유와 관련된 사안에는 끝까지 포기하지 않는 집요함을 보입니다.

'잉여'는 "속물 대열에 가담하여 속물 지위를 얻고자 노력했으나 실패한 자들 가운데 속물 되기를 유예하고 있는 자들"로 "체제 안에 살지만 이상한 방식으로 체제에 포섭된 몸의 비듬 같은 존재"입니다. 이들은 마조히즘과 사디즘을 오갑니다. '병신짓'이라고 스스로를 폄하하고 비하하다가 느닷없이 상대를 욕하거나 폭언을 일삼기도 합니다. 주로 "인터넷에서 패거리를 즐기지만 심하게 인정 경쟁에 빠져들면 현실로 걸어 나와 엽기행위를 서슴없이 저지르기도" 합니다.

백 교수는 "애비는 벌써 속물이 되었고, 속물들의 자식들이 자기계발에 열중하여 차세대 속물 되기를 준비하는 동안 속물에도 끼지 못한 애비들의 자식들은 잉여의 나락으로 떨어졌다"고 말했습니다. 넘치는 잉여들이 벌이는 '잉여짓'이 정보자본주의의 밑거름이 된다는 주장이 없지 않습니다. 하지만 공간이동을 이용해 이익을 창출하는 '상업자본'이나 기술력의 차이를 통해 이윤을 창출하는 '산업자본'은 글로벌 경쟁으로 갈 길을 잃어버렸습니다. 공황 상태가 장기적으로 지속되는 가운데 자본주의 시스템은 판을 갈아엎어서라도 체제를 유지하려 발버둥치고 있습니다. 그 방안 중 하나가 아마 전쟁일 것입니다. 위기에 봉착한 세력이 전쟁을 일으킬까 두려워하는 목소리들이 점차 커지고 있습니다.

이제 '속물'이 될 수 있는 길은 거의 차단되었습니다. '속물'이 될 수 있는 지름길인 '사법시험'마저 폐지되자 이제 개인이 스스로 해볼 수 있는 일은 거의 없습니다. 이미 '속물'이 된 자들은 잉여가 된 제 자식을 챙기는 데만 열중하고 있습니다. 우병우의 아들은 '코너링'이라는 간단한 기술만으로도 좋은 자리를 차지할 수 있었지만 대부분의 젊은이들은 '단군 이래 최고의 스펙'을 쌓아도 만만한 일자리 하나 찾지 못하고 있습니다. 성공과 안정에 대한 강박증적 요구로 자기계발을 열심히 해왔지만 3월에 벌어진 '알파고' 이벤트 이후 모든 직업에 대한 미래가 불투명해지자 넋을 놓고 있습니다.

소셜미디어는 '공감의 장치'이고 하이콘텍스트의 생명도 '공감'입니다. 둘은 찰떡궁합처럼 잘 맞아떨어지고 있습니다. 덕분에 하이콘텍스트가 넘치는 세상이 되었음에도 불구하고 진정한 '공감'은 사라지고 없습니다. 그저 누구를 비판하면 내가 뜬다거나 특정한 속물과의 친소관계만 자랑하는 날라리 감수성의 양아치만 넘치고 있습니다.

'불평등'을 비롯한 우리 사회의 근본문제가 무엇인지를 아는 사람은 많지만 원인과 해결방안을 제시하는 이를 찾아보기가 어렵습니다. 어젠다를 제시해야 마땅한 언론이나 대학마저도 어렵다는 이유로 권력이 던져주는 '닭모이'나 '새우깡'을 주워 먹기에 급급해 입을 닫고 있습니다. 우리는 이런 '집단적 악몽' 상태에서 하루빨리 벗어나야 합니다. 그래야만 한때 열렬했던 푸른 하늘의 문이 다시 열리기 시작할 것입니다.

〈경향신문〉, 다독다독, 2016.10.24.

디지털 공간 혁명과
트럼프 당선

과거에는 인간이 일을 하려면 반드시 컴퓨터를 연결할 수 있는 작은 방이라도 있어야 했습니다. 페이스 팝콘은 『클릭! 미래 속으로』(21세기북스)에서 모든 개인은 '코쿤'(참호) 속으로 숨어든다고 했습니다. 개인은 반 평에 불과한 자신의 방일지라도 그곳에서 네트워크에 접속하기만 하면 시장과 도서관과 사교클럽을 모두 드나들 수 있기 때문에 불편함을 느끼는 건 없습니다. 그것을 '지구방'으로 부르기도 합니다.

그러나 이제는 그런 방이 없어도 누구나 스마트폰만 들면 전 세계로 연결됩니다. 인지신경과학자인 콜린 엘러드는 『공간이 사람을 움직인다』(더퀘스트)에서 "수천 년 동안 전통적인 벽은 건축 설계로 인간의 행동에 영향을 끼치는 완벽한 방법이었다. 벽은 사람들의 이동을 막고 시야를 가린다. 벽은 사생활을 보호하고 안전을 보장"했지만 "지금은 건축공간과 상호작용하는 방식에 극적인 변화가 일어나 목수가 세운 벽은 여러 중요한 측면에서 구시대 유물로 간주된다"고 했습니다.

앞으로 어떤 벽이 필요할까요? 완전한 개인 맞춤형으로 만들 수 있는 전자 벽입니다. 콜린 엘러드는 "당신과 내가 같은 물리적 공간에 있으면서도 각자 전혀 다른 풍경을 보는 것이 가능하다는 뜻이다. 각자의 성격과 기호, 그리고 씁쓸하게도 구매 이력에 따라 다른 풍경이 펼쳐지는 것"이라고 했습니다. "모바일 데이터 수집, 생체 인식을 위한 내장 센서 네트워크, 가상현실과 증강현실"을 비롯한 기술이 인간의 삶을 혁명적으로 뒤바꿔놓고 있습니다.

『공간의 세계사』(다산초당)의 저자 미야자키 마사카쓰는 5천 년 인류사에 여섯 번의 공간혁명이 농업혁명, 도시혁명, 대항해 시대, 산업혁명, 정보혁명 등의 획기적인 사건을 만들었다고 정리합니다. 이런 공간혁명에 공헌한 것은 강, 말, 항해, 자본, 전자 등이었습니다. 특히 "전자공간을 이용한 사회변혁은 '대항해 시대'에 필적하는 지구 규모의 가상 공간혁명을 불러일으키고" 있습니다.

"모든 정보를 전자기호로 바꾸어 교환하는 디지털 문명이, 편리함과 유용성을 바탕으로 기존 문명을 대규모로 재편"하면서 "막대한 정보가 오가는 전자공간은 세계의 무대에서 활약하는 사람의 수를 일거에 증대"시키고 있습니다. 또한 "지구를 무대로 하는 거대한 물류, 정보·문화의 교류, 이민 등에 의한 인구 이동이 일상적인 일"이 되는 변화는 "지역, 국가, 계층 간의 격차를 확대하고 부의 편재와 기아의 확대라는 심각한 문제를 낳고" 있습니다. 가장 심각한 것은 실업 문제입니다. "컴퓨터와 하이테크 기술은 노동력을 대규모로 절약하게 하는데, 이 문제로 인한 고용 감소와 그에 따라 가파르게 증가하는 실업률은 세계적인 문제"로 대두되고 있습니다.

이런 변화의 정점에 서 있는 나라가 바로 미국입니다. 인공지능 시스템이 도입됐을 때 일자리를 잃게 될 위험이 가장 높은 직업으로 콜센터 직원들을 꼽습니다. 지금 미국의 대기업들은 주문전화나 애프터서비스를 접수하는 콜센터 업무는 인도나 필리핀의 가난한 여성들에게 맡기고 있습니다. 그들은 자기 나라에서 업무를 처리해 바로 본사로 전송합니다. 그로 인해 미국 젊은 이들의 일자리가 대거 사라졌습니다. 미국에서 인구의 셋 중 하나가 빈곤층으로 전락한 것은 2011년 무렵이었습니다. 그해 9월 20대 실업자들의 주도로 상위 1%가 자본을 독식하는 부조리함과 금융가의 부도덕함에 반발해 "우리는 99%다"라고 외친 월가 시위가 일어나기도 했습니다.

이런 미국인들을 사로잡은 것이 '예외주의exceptionalism'였습니다. 예외주의란, 세계는 미국과 미국 아닌 나라로 나뉘는데 미국이 세계 리더로서 모든 면에서 다른 나라들을 원조하고 계몽해나가야 한다는 사고입니다. 1830년대 미국을 면밀히 관찰한 프랑스 사회학자 알렉시스 드 토크빌이 처음 사용한 말입니다. 조지 W. 부시 전 대통령 시절 공화당 네오콘(신보수주의자)이 신봉하며 대외 정책에 활용하기도 했습니다.

2012년 오바마가 재선에 성공한 대통령 선거 초기에 공화당의 선두 주자였던 뉴트 깅리치는 『어디에도 없는 유일한 나라A Nation Like No Other』에서 미국은 다른 나라와는 전적으로 다른 존재라면서, 정치·외교·비즈니스 분야에서 앞으로도 압도적인 리더 역할을 해야 한다는 주장을 펼쳤습니다. 그즈음 미국에서는 건국과 제2차 세계대전의 영웅을 다룬 전기와 영화가 인기를 끌었습니다. 잘나가던 그는 두 번째 부인이 '깅리치가 오픈매리지, 상대방의 혼외 관계를 인정하자'면서 사생활을 폭로하지 않았다면 아마 오바마의 재선을 막았을지도 모릅니다.

미국의 45대 대통령에 당선된 도널드 트럼프는 "미국을 다시 위대하게"라는 슬로건으로 '아메리카니즘'(미국우선주의)을 펼쳤습니다. 불법 이민자 추방, 강력한 보호무역, 미국과 동맹의 관계 재조정 등 신고립주의 정책을 내놓았는데 이게 바로 예외주의가 나쁘게 진화한 것입니다. 그는 한국이 방위비를 제대로 분담하고 있지 않다는 안보 무임승차론과 한·미 자유무역협정이 미국 내 일자리를 죽이는 재앙이라는 주장도 펼쳤습니다.

트럼프 당선은 마치 2007년 한국 대선에서 이명박의 당선을 떠올리게 합니다. 그리고 트럼프가 자신이 내놓은 공약을 실천할 수 있을까에 대해서는 부정적인 견해가 많습니다. 경제민주화 실현, 일자리 창출, 복지 확대 등의 공약을 내걸고 집권한 박근혜 정부가 공약을 하나도 지키지 않고 오히려 최순실이라는 개인과 그 일가의 이익만을 채워주다가 망신당하는 꼴을 트럼프가 답습하지 않기를 바랄 뿐입니다.

〈경향신문〉, 다독다독, 2016.11.15.

마리오네트 대통령과
대리사회

　대한민국은 계급사회일까요? 문화학자 엄기호는 『나는 세상을 리셋하고 싶습니다』(창비)에서 "위와 아래가 아니라 안과 바깥이라는 신분제적인 위계가 다시 등장했다"고 주장했습니다. 이를 "가장 실체적이고 상징적으로 보여주는 것이 바로 정규직과 비정규직"입니다. "노동력이 남아도는 시대에 사람을 안과 바깥으로 나누고, 바깥의 존재에게 안으로 들어올 수 있다는 것을 미끼로 (던지고 그들을) 아무런 보호 조치 없이 일회용품처럼 써먹다가 버릴 수" 있는 사회이니 계급사회가 맞습니다.

　엄기호는 구의역에서 혼자 스크린도어를 고치다 죽은 노동자야말로 철저한 바깥의 존재였다고 말합니다. 그는 지하철공사 하청기업의 외주노동자였습니다. 그야말로 '바깥의 바깥'이었습니다. "그런 그에게 '안'에 대한 약속은 강력한 유혹이었으며 그 어떤 위험도 감수할 수 있게 하는 동인이었을 것"입니다. "조금만 더 하면 정규직이 될 수 있고, 조금만 더 하면 지하철공사의 정직원이 될 수 있다는 유혹은 그에게 그 어떤 위험도 기꺼이 질 수 있게" 만들었습니다.

　엄기호는 이런 점에서 "한국의 자본주의는 조폭을 꼭 닮았다"고 말합니다. 보통 조폭들이 칼부림을 할 때 맨 앞에 세우는 사람은 중학생입니다. 그 조직의 가장 하부, 아니 그 조직의 경계에 있는 존재에 불과한 중학생은 조직의 '안'으로 들어가기 위해 목숨을 걸기 때문입니다.

　이렇게 "위와 아래가 아닌 안과 바깥으로 시민을 분할하여 통치하는 새로운 계급사회, 아니 신분제적 사회의 실체"를 제대로 보여주는 곳이 비정규직 노동자들의 값싼 노동으로 행정과 강의의 최전선이 지탱되는 대학이 아닐까요. 『대리사회』(와이즈베리)의 저자 김민섭은 원래 한 '지방대학의 시간강사'(지방시)였습니다. 그는 생계를 위해 한 달에 60시간씩 노동을 한 맥도날드에서는 법에 명시된 노동자의 권리를 모두 보장받았지만, 연봉 1천만 원 남짓한 시간강사로 일하면서는 4대보험의 혜택을 전혀 받지 못했습니다.

그는 정규직 교수의 꿈을 안고 대학에서 조교와 시간강사를 하며 그렇게 8년을 버텼지만 "지식을 만드는 공간이 햄버거를 만드는 공간보다 사람을 더 위하지 못하는 것은 슬픈 일이다"라는 선언이 담긴 『나는 지방대학 시간강사다』(은행나무)를 펴낸 다음 반강제적으로 대학 바깥으로 쫓겨 나왔습니다. 그는 1년 3개월 일한 맥도날드에서는 퇴직금을 받았지만 8년을 일한 대학에서는 한 푼도 받지 못했습니다.

김민섭은 "온전한 나로 존재하지 못하고 타인의 욕망을 위해 보낸" 8년을 '유령의 시간'으로 규정했습니다. 『나는 지방대학 시간강사다』의 어느 장에 "어떠한 삶을 살아가게 되든 육체노동을 반드시 하겠다"고 썼던 그가 가족의 생계를 위해 처음으로 선택한 것은 대리운전이었습니다. 그는 타인의 운전석에서 모든 '행위'와 '말'과 '사유'가 통제당하는 경험을 했습니다. 액셀과 브레이크를 밟고 깜박이를 켜는 간단한 조작 외에는 마음대로 할 수 없었고, 손님(차 주인)에게 먼저 말을 걸지 못했습니다. 주체적으로 행위하고 말할 수 없다는 것은, 사유하지 않게 된다는 의미와도 같았습니다.

그는 "한 개인의 주체성을 완벽하게 검열하고 통제"하는 타인의 운전석에서 신체뿐만 아니라 언어와 사유까지도 빼앗기는 경험을 하면서 우리 사회가 거대한 타인의 운전석이라는 깨달음을 얻었습니다. "모든 개인은 주체와 피주체의 자리를 오가면서 주체가 되기를 욕망하고, 타인에게 순응을 강요한다. 그런데 그것은 사회가 개인에게 보내는 욕망과 그대로 일치한다. 특히 국가는 순응하는 몸을 가진 국민을 만들어내려는 노력을 게을리하지 않는다. 그 어떤 비합리와 비상식과 마주하더라도 그에 대해 사유하지 않는 국민이 늘어나기를 바란다."

그는 "타인의 운전석보다 나은 노동의 현장이 얼마나 될까"라는 질문을 던집니다. 기업은 늘 다양한 방법으로 노동자의 주체성을 농락합니다. "인턴이라는 정체불명의 직함을 부여하고서는 무임금으로 사람을 부리고, 언제든 해고하고, 기본적인 사회적 안전망조차 보장하지 않아도 기업에는 잘못이 없다. 그에 더해 국가·정부는 기업을 위한 법안을 계속해서 만들어나간다. 결국 노동자는 노동 현장의 주체가 아닌 대리로서 존재하게 되는 것이다."

최순실이 지시하면 마리오네트처럼 따르며 국민을 일회용품처럼 이용하던 박근혜 대통령에 대한 국민의 분노가 날로 치솟고 있습니다. 입만 열면 나오는 거짓말을 질타한 이들은 엄기호의 지적처럼 "스스로의 이름을 내걸고 자신들의 목소리"를 내는 '동료 시민'들이었습니다. "시대와 사회가 구제불능"이라며 "깡그리 망하고 처음부터 다시 시작(리셋)하자"던 사람들이 평등한 민주주의를 구현하자고 함께 소리치고 있습니다.

"우리 사회의 욕망을 최전선에서 '대리'하는 대학"에서 쫓겨난 김민섭은 '대리인간'으로 사는 고단함을 길거리에서 체험했습니다. 한발 물러서서 자신의 공간을 타인의 눈으로 바라본 그는 주체로 거듭날 수 있었습니다. 그처럼 우리 사회에 균열을 내는 '송곳' 같은 사람들이 늘어나야만 우리 사회의 불안과 절망을 떨쳐낼 수 있습니다.

요즘 초등학생들마저 "그네가 움직이려면 바람이 순실순실 불어야 한다"고 노래한다고 합니다. 박 대통령도 대리인간으로 살면서 많이 힘드셨을 것입니다. 오죽하면 이름도 모르는 온갖 약에까지 의지하셨을까요. 이제 힘에 부치는 무거운 짐을 하루빨리 내려놓으십시오. 그리고 제발 『대리사회』부터 읽고 주체인 '나'로 거듭나시길 간절히 부탁드립니다.

〈경향신문〉, 다독다독, 2016.12.5.

네트워크형 인간의
과학적 사유

    지방 소도시에 있는 고등학교의 한 미술교사는 인문학 열풍이 불 때 문학, 역사, 철학을 중심으로 전개된 인문학 강연을 열심히 들었습니다. 책을 읽지 않으면 미래가 없다는 이야기에 책을 멀리하는 중학생 딸과 제자들도 걱정됐습니다. 그렇다고 뾰족한 수가 있는 게 아니었습니다. 그러다가 한 강의에서 예술도 인문학이라는 말에 힘을 얻었습니다. 자신의 전공인 미술만큼은 자신이 있었던 그는 학생 개인전을 위한 갤러리도 만들고, 아이들의 자존감 회복을 위한 벽화 그리기 작업도 하고, 자연미술 함께하기를 일상적으로 전개했습니다.

    미술실을 활용한 갤러리에는 격언들이 걸렸습니다. "미술은 다름이 중요하지 누가 더 나은가의 문제가 아닙니다. 미로와 피카소는 서로 다른 것이지 누가 더 잘하는 게 아니지요. 다른 것을 맛보는 것이 예술이지 1등을 매기는 것이 예술이 아닙니다."(백남준) "당신이 상상하는 모든 것이 현실입니다."(파블로 피카소) "모든 사람이 예술가입니다."(요제프 보이스) 밤에 아르바이트를 뛰는 아이들은 음식 미니어처를 만들었다고 합니다.

    중세에는 음악도 인문학이었습니다. 지금은 인간의 이성보다 감성이 중요시되는 세상입니다. 감성이 인간의 몸과 마음을 움직이게 하려면 예술만큼 중요한 것이 있을까요? 어쩌면 앞으로 생활에 기반을 둔 모든 일이 인문학적 사유가 될 것입니다.

    지금은 과학기술 혁명 시대이기도 합니다. 그러니 과학 또한 인문학인 게 당연합니다. 과학의 중요성을 정말 제대로 일깨워준 것은 올해 3월에 이세돌이 '알파고'와 바둑을 둔 이벤트일 것입니다. 이벤트 이후 모든 매체가 인간의 경쟁자가 기계(슈퍼컴퓨터)라는 것을 수없이 떠들었습니다.

'알파고'의 충격 이후, 빅 데이터와 인공지능, 4차산업혁명, 빅 히스토리 등에 대한 관심이 폭증했습니다. 4차산업혁명은 과거와 현재, 미래를 넘나들고 물리적인 벽을 뛰어넘는 시공간의 혁명입니다. 교양과학자인 이정모 서울시립과학관장은 유발 하라리의 『사피엔스』(김영사)와 재레드 다이아몬드의 『총, 균, 쇠』(문학사상사)의 인기가 높았던 것이 빅 히스토리에 대한 대중의 관심을 반영한다고 지적했습니다.

『김상욱의 과학공부』(동아시아)에서는 "역사를 보는 신선한 틀을 제공"하는 '빅 히스토리'라는 새로운 관점에 대해 다음과 같이 설명합니다. "모든 것은 빅뱅으로부터 시작된다. 이어지는 이야기는 별과 원소의 탄생, 태양계와 지구의 탄생, 생명과 인류의 탄생, 세계의 연결, 변화의 가속, 그리고 미래이다. 여기에 민족이나 국가는 없다. 우리 모두는 빅뱅에서 이어져오는 우주의 일부분이다. 이런 관점이야말로 국가와 민족을 뛰어넘어 인류라는 공동체 의식을 함양하는 21세기의 역사관이라 생각한다."

이정모 관장은 또 "진화를 대표로 했던 교양과학서적 시장에 물리학이 돌풍"을 일으킨 것은 "'나를 작동시키는 시스템'과 '이 사회를 작동시키는 시스템'이 궁금하기 때문이다. 그들은 이 세상의 부조리를 교정하고 싶어 한다"고 정리했습니다. 올해 『김상욱의 과학공부』, 김범준의 『세상물정의 물리학』, 『이종필의 아주 특별한 상대성이론 강의』, 안상현의 『뉴턴의 프린키피아』 등 사회에 대한 날카로운 통찰을 담은 물리학자의 책들이 대중의 높은 반응을 얻어냈습니다.

결국 과학적 사유란 본질적인 '나'를 찾아가는 과정입니다. 빅 히스토리와 물리학에 대한 관심이 높아진 것은 대중이 세상과 자신을 바라보는 안목이 높아지고 있다는 것을 증명하고 있습니다.

『김상욱의 과학공부』는 "2015년 정부가 한국사 교과서 국정화를 단행했다. '올바른' 교과서를 만들기 위해서라고 했지만, 나치도 올바른 사회를 만들기 위해 책을 불태웠고 제국주의 일본도 올바른 동아시아 건설을 위해 전쟁을 일으켰다. (…) 역사에서 '올바른' 것이란 원래부터가 존재하지 않는다는 말이다. 내가 하면 로맨스, 남이 하면 불륜이다"라고 지적했습니다. 이 책은 이어 "과학에서는 올바른 답은 많은 사람들의 자유로운 생각으로부터 얻어진다. 여기에는 움직이는 물체의 시간이 느리게 흐른다는 아인슈타인의 미친 생각까지도 포함된다. 만약 무엇이 올바른 것인지 정부가 결정하는 거라면, 우리는 지금도 천동설을 믿고 있을지 모른다"면서 국정교과서를 도입하려는 정부를 통렬하게 공격했습니다.

과학과 예술은 모두 "장벽을 뛰어넘게 만드는 힘"인 상상력을 필요로 합니다. 김상욱 교수의 지적처럼 과학적 상상력은 "보편적이고 재현가능한 실험적 증거로 뒷받침"되어야 하지만 "예술적 상상력은 정말 백지수표의 상상"입니다.

박근혜 정권의 국정농단에 분노한 사람들은 소셜미디어를 통해 약속을 잡고 광장에서 만났습니다. 그리고 노래와 예술적 퍼포먼스를 통해 서로의 마음을 하나로 뭉쳤습니다. 그들은 소셜네트워크로 연결되어 무슨 일이든 '함께'해나가고 있습니다. 그들은 이렇게 모든 기술을 이용해 과학적 사유와 공감 능력을 키우기 시작했습니다.

그러니 그들이 기계에 완전히 종속되는 세상은 결코 오지 않을 것입니다. 하물며 세상을 거꾸로 가는 사고를 하는 정치인이나 관료 들에게는 절대 종속되지 않을 것입니다. 올해 출판시장과 박근혜 국정농단으로 인한 촛불시위는 그 가능성을 한껏 보여줬습니다. 그래서 저는 올해의 출판계 키워드를 '네트워크형 인간의 과학적 사유'로 정했습니다.

〈경향신문〉, 다독다독, 2016.12.13.

현실을 직시하는
청소년의 상상력

　작년 연말에 10회에 걸쳐 1천만 명에 이르는 국민들이 자발적으로 촛불을 들고 '박근혜 하야'를 외쳤습니다. 우리 사회를 크게 변화시킨 집회의 주역은 청소년이었습니다. 그들이 보여준 발랄한 상상력과 놀라운 정치의식은 우리의 가슴을 뜨겁게 만들었습니다. 촛불집회는 처음부터 청소년이 주도했습니다.

　'청소년들이 만들어온 한국 현대사'를 담은 『우리는 현재다』(공현·전누리, 빨간소금)에 따르면 미국산 쇠고기 수입을 반대하기 위해 열린 "2008년 5월 2일과 3일, 첫 촛불집회에 참가한 2만여 명 중 60~70%가 중·고등학생으로 추정"되었으니까요.

　"대한민국을 건국한 계기인 3·1운동에서부터 숱한 독립운동들, 민주화와 경제발전의 과정 그리고 교육민주화 운동이나 광장에서의 사회운동까지, 청소년들은 정치적인 시민으로 계속 그 역사의 현장에 존재"했다는 사실을 사건별로 정리한 『우리는 현재다』의 저자들은 "청소년은 미래의 주인공이 아니라 현재의 주인공"이라고 단언합니다.

　『인물로 만나는 청소년 운동사』(공현·둠코, 교육공동체벗)에서는 청소년들이 운동을 하는 이유를 "'청소년이라서 그랬다'는 대답밖에는 할 말이 없다"고 말합니다.

　이야기를 더 들어볼까요. "오히려 반대로 묻고 싶다. 여러분의 청소년기는 어땠냐고. 인간답게 살고 싶다고 발버둥 칠 법하지 않았느냐고. 어차피 몇 년만 참으면 청소년기를 벗어나게 된다는 것은 청소년운동을 하지 않을 이유가 될 수 없다. 청소년기의 일시성은 사람들의 인내심에 관련된 문제이지, 청소년들이 겪는 부당한 억압과 차별을 정당화해주거나 청소년들이 순응해야 할 이유와는 아무 상관이 없다. 어차피 나는 지금 여기 살아 있는 것이지 미래의 어딘가에 살아 있는 것이 아니므로, 지금 여기에서 사람답게 행복하게 사는 것이 중요하다."

작년 출판시장에 새로운 활력을 불어넣은 이들도 젊은이들이었습니다. 제57회 한국출판문화상 저작상 교양부문 수상작인 『우리는 왜 공부할수록 가난해지는가』(사이행성)의 저자 천주희는 1986년생입니다. 그는 이 책에서 학자금 융자로 "청년들을 빈곤으로 몰아넣고 채무자로 만들고 있"는 현실을 자신의 경험을 중심으로 고발하고 있습니다. 그가 이 책을 쓴 동기는 이렇습니다.

"대학교육을 개인의 스펙 쌓기와 성취로만 볼 것이 아니라, 사회적 지식 만들기의 장으로 전환하는 방법을 찾아보자. 그러기 위해서는 우리는 왜 대학에 가야 하고, 왜 빚을 져야 하는지, 그리고 누구에게 빚을 지고, 무엇을 빚지며 사는지 물어야 한다."

그는 "소 팔아서 대학 보내던 시대에서 대출 받아서 대학 가는 시대로의 이행"은 "IMF 금융위기 이후 가족경제의 변화, 신자유주의적 복지체제의 도입, 대학교육의 금융화 과정" 등 세 가지 축의 변화에서 구축되었다고 말합니다. "이 세 가지 축의 변화는 '학자금 대출' 시장에서 만나고, 부채의 증식이라는 방향으로 발전해왔다"는 것입니다. 그는 채권·채무 관계와 가족 공동체 등의 변화를 초래한 이 변화의 핵심을 다음과 같이 정리했습니다.

"고등교육 비용의 원천이 가족부채에서 금융부채로 이행했다는 것 이상으로, 오늘날 이 사회가 대학(원)생을 대상으로 '빚지는 주체'가 되기를 요청하고 거대한 채무자 집단을 양산하는 데 기여하고 있다는 점이다. 따라서 오늘날 빚지는 대학생은 새로운 사회적 요구이자 새로운 주체의 출현을 예고

한다.”

그는 대학교육을 “개인의 ‘투자’에 의한 학력 자본으로 인식”해온 기존의 생각을 바꿔 대학교육의 ‘상품화’를 포기하고 ‘공공화’해야 한다는 대안을 제시합니다. 그가 말하는 ‘공공화’란 “대학 교육비용을 사적 영역이 아닌 국가나 공적 영역에서 부담하고 책임지는 것”입니다.

그는 “사교육비 17조 원, 학자금 대출 12조 원이나 드는 나라에서 대학 무상교육은 불가능한 일이 전혀 아니”라고 주장합니다. 아무런 대안도 없이 ‘일자리 창출’만을 공언空言해온 정치인들과 관료들이 이제 그의 주장에 귀를 기울여볼 필요가 있지 않을까요.

작년 말에 여러 매체에서 ‘올해의 책’으로 선정한 『우리에겐 언어가 필요하다』는 상처만 주는 대화에 지쳐버린 여성들을 위한 “성차별 토픽 일상회화 실전 대응 매뉴얼”입니다. 이 책의 저자인 이민경이 이어서 출간한 『우리에게도 계보가 있다』(이상 봄알람)에서 밝힌 바에 따르면, 그는 한국에서 역사상 여아 낙태가 가장 심했던 1990~1994년 무렵에 태어났습니다. 1994년에 태어난 셋째 아이의 남녀성비는 190.6이었습니다.

그가 이 책들을 쓰게 된 것은 강남역 여성혐오 살인사건 때문입니다. 그는 고백합니다. “한국에서 여성 살해가 최고치에 다다랐을 때 태어난 나는 강남역 살인사건이 발생한 2016년 5월 17일에야 이것이 무엇인지 제대로 깨닫게 되었다. 많은 이가 의아해하듯 유사한 사건이 여태까지 숱하게 있었고 그때마다 피해자가 피해를 당한 데에 여성이라는 이유밖에 없었음은 이미 모르는 바가 아니었다. 그러나 죽음이 내 생각보다 더 가까이에 있음을 피부로 느낀 건 이번이 처음이었다. (…) 여성이 태아일 때부터 겪는 이 선택적인 죽음의 실체가 또렷이 드러났다. 박탈감이 밀려왔다. 이것은 이해이기보다는 직감이었다. 내 또래의 많은 여성이 나와 같은 감정을 느꼈고 그것을 표현했다.”

천주희와 이민경처럼 자신이 처한 현실을 외면하지 않고 직시하면서 고단한 현실에 대한 대안을 제시하는 청소년들의 창조적 상상력이 어느 때보다 필요한 때입니다. 촛불광장에서도 청소년의 상상력은 넘쳐났습니다. 그들이 있기에 정유년 새해에도 밝은 희망이 이어지기를 기대해봅니다.

〈경향신문〉, 다독다독, 2017.1.3.

2017년 출판 트렌드
'존재와 연결'

촛불광장의 직접 민주주의 축제는 승리로 귀결될까요? 헌법재판소의 최종 판결 여부와 관계없이 시민축제는 이미 우리에게 너무 많은 것을 일깨워 줬습니다. 우리는 과거 어느 때보다 너무 많은 것을 알게 됐습니다. 법질서 준수와 북핵 위기를 입에 달고 살던 박근혜 대통령이야말로 비선 실세에게 놀아나면서 정작 국민의 안전이나 행복을 위해서 아무 일도 하지 않았다는 사실이 확인되었습니다. 권력층 또한 국민을 개나 돼지로 여기면서 대통령에게 충언이라는 것을 전혀 하지 않고 제 주머니만 채우고 있었다는 사실도요. 그들이 일자리 창출을 입에 달고 살았지만 그들이 그런 일을 할 자질도 없고, 의지도 없다는 사실도 분명하게 드러났습니다.

인공지능, 사물인터넷, 빅데이터, 가상현실 등 테크빅뱅이 만드는 미래는 보다 명확해지는 것 같습니다. 〈뉴욕타임스〉로부터 '위대한 사상가'라는 칭호를 얻은 케빈 켈리는『인에비터블 미래의 정체』(청림출판)에서 "모든 사람과 모든 기계가 연결되어 하나의 세계적인 매트릭스를 구성할 것이다. 그리고 여태껏 접한 적이 없는 가장 복잡하고 가장 경이로운 무언가로 수렴될 것"이라고 말했습니다. 그는 소유보다 접근, 달리 말하면 공유가 정답이라고 말합니다.

제임스 글릭도 '인간과 우주에 담긴 정보의 빅히스토리'를 담은『인포메이션』(동아시아)에서 정보는 "대부분 구글에 의해 진행되는 검색과, 올바른 사실을 모으고 잘못된 사실을 차단하려는 방대하고 협력적인 필터의 결합이다. 검색과 필터링은 이 세계와 바벨의 도서관 사이를 가르는 모든 것"이라고 말합니다. 글릭은 이어 "두뇌를 만드는 것은 지식의 양이 아니다. 심지어 지식의 분배도 아니다. 바로 상호연결성이 두뇌를 만든다"고 말합니다.

마케팅4.0 시대가 도래했음을 알리는 필립 코틀러를 비롯한 마케팅 전문가들도 이제 모두 '연결'만이 정답이라고 말합니다. 그런 면에서 촛불광장의 경험은 우리에게 너무 소중합니다. 모두가 연결해서 한목소리로 외쳤으니까요. 촛불광장의 주역은 고성장 시대를 한 번도 경험한 적이 없는 젊은 세대들입니다. 그들은 살아남기 위해서라도 늘 '연결'을 생각한 사람들입니다. 1987년 광장의 젊은이들이 NL과 PD로 나뉘어 피 터지게 싸운 세대라면 지금 광장의 젊은이들은 다양한 퍼포먼스를 벌이는 개인(타자)을 서로 존중하면서 자신의 가치를 알리려는 세대입니다. 어쩌면 살아남기 위해 온갖 아르바이트 현장을 전전하면서 스스로 터득한 인생철학이 아닐까 싶습니다.

새로운 '삶의 문법'을 갖고 있는 그들이건만 그들의 미래는 여전히 불안합니다. 식자우환識字憂患이라 했지요. 그래서 저는 그들이 올해에 근원적인 자아 찾기에 나설 것이라고 봅니다. 삶과 몸, 치유 등에 대한 생각을 하나로 모아 자신이 진정 누구인지를 찾아 나서게 될 것이라고 봅니다.

역사가이자 철학자인 시어도어 젤딘은 『인생의 발견』(어크로스)에서 "당신은 누구인가?"와 "당신은 어디로 가는가?"란 질문을 던집니다. 이 책은 "과거를 기억하고 미래를 상상하는 새로운 방법"을 알려주고 있습니다. 그는 말합니다. "남들이 나를 얼마나 이해하고 내가 남들을 얼마나 이해하는지가 내가 소유한 재산보다 더 중요하다. 개인이 무엇에 가치를 두고 무엇을 믿고 무엇을 두려워하고 무엇을 소망하는지에 관한 훨씬 더 긴 책이 아직 나오지 않았다. 사람들에게 투표권을 주는 것은 소심한 시작일 뿐이다."

'훨씬 더 긴 책'이 아직 나오지 않았으니 우리는 스스로 찾아 나서야 할 것입니다. "세계 경제가 수많은 젊은이들을 모두 수용하기 어려운 상황인 데다 여성들에게 인색하게나마 부여되는 역할이 조금도 매력적이지 않아서 여성들의 실망이 커지고" 있으니까요. 그는 과거에는 불가능했던 여러 질문들을 던집니다.

"누구나 부자가 될 수 없다면 다른 무엇을 꿈꿀 수 있을까? 종교가 서로 다르다면 불화나 의심 이외에 다른 무엇이 가능할까? 자유가 너무 적다면 무엇으로 반란을 대체할까? 흥미로운 직업이 부족하다면 새로 어떤 직업을 창출할 수 있을까? 연애가 실망스럽다면 다른 어떤 방법으로 사랑을 키울 수 있을까? 무너지는 제도 속에서 어떤 지혜를 살려낼 수 있을까? 너무나 많은 것이 예측 불가능할 때는 무엇이 야망을 대신할 수 있을까?"

그는 이 책에서 우리에게 어떤 길을 알려주지 않습니다. 그는 "모두가 만족할 만한 해결책을 찾으려던 과거의 노력이 대체로 만족스럽지 않았을뿐더러 간혹 재앙과도 같은 결과를 낳은 역사를 기억할 것"이라며 "실망감을 떨쳐내고 새로운 방향을 모색할 기회로 삼는 것이 얼마나 어려운 일인지도 명심"하라는 충고만 할 뿐입니다.

그렇습니다. 우리가 갈 길은 험난합니다. 지금의 젊은 세대는 "인류의 독창성과 스스로 만든 난장판에서 빠져나오는 능력"을 발휘해야만 합니다. 전례가 없던 길을 가야 하는 그들이 "사람과 자연에서 끊임없이 뜻밖의 경이로움과 가능성을 발견하는 타고난 자질"을 발휘하더라도 "인류의 뿌리 깊은 잔혹성"에서 벗어나기가 쉽지 않을 것입니다.

자기가 어떤 존재인지를 알아내기가 힘든 이들이 당장의 고통을 이겨내기 위한 방법이 아마도 로맨스 판타지에 빠져드는 것이지 않을까요. 이미 영화와 책에서는 신카이 마코토의 〈너의 이름은〉이 돌풍을 일으키고 있고, 막 끝난 드라마 〈도깨비〉도 많은 인기를 끌었습니다. 어떤가요? 여러분은 "경력의 사다리를 오르고 내리는 일"이 아닌 "긴 인생을 보내기 위한 즐거운 방법"을 제대로 탐색해보시지 않으시렵니까?

〈경향신문〉, 다독다독, 2017.1.24.

애덤 스미스의 저녁은
누가 차려줬을까

"우리가 저녁을 먹을 수 있는 것은 푸줏간 주인, 양조장 주인, 혹은 빵집 주인의 자비심 덕분이 아니라 자신의 이익을 추구하려는 그들의 욕구 때문이다"라는 문장은 240년 전에 애덤 스미스가 『국부론』에서 내린 경제학의 현대적인 정의입니다. '보이지 않는 손'을 뜻하는 유명한 이 문장은 대학입시에서도 자주 출제되고 있지요.

'유쾌한 페미니스트의 경제학 뒤집어보기'라는 부제가 붙은 『잠깐 애덤 스미스 씨, 저녁은 누가 차려줬어요?』(카트리네 마르살, 부키)에서는 이 문장을 색다르게 해석하면서 다음과 같은 질문을 던집니다. "애덤 스미스는 식탁에 앉았을 때 푸줏간 주인과 빵집 주인이 자신에게 친절을 베풀어서 저녁 식사를 할 수 있다고 생각하지 않았다. 바로 각자의 이익을 추구하려는 욕구가 교환을 통해 충족되었기 때문이라고 생각했다. 애덤 스미스의 저녁 식사가 식탁에 오른 것은 자기 이익을 추구하려는 욕구 때문이었다. 그런데 정말 그럴까? 그렇다면 스테이크를 실제로 구운 것은 누구였을까?"

저자가 제시하는 정답은 애덤 스미스의 어머니인 마거릿 더글러스입니다. 애덤 스미스는 평생 결혼하지 않았습니다. 유복자로 태어난 그를 돌본 이는 28세에 홀로 됐지만 재혼하지 않고 오직 아들만을 따라다닌 그의 어머니였습니다. 애덤 스미스의 전기를 쓴 존 레이는 "그의 어머니는 처음부터 끝까지 스미스 삶의 중심이었다"고 평가했습니다. 저자는 애덤 스미스가 그런 어머니를 망각하는 바람에 "그에게서 시작된 사상의 갈래가 근본적인 무언가를 생략하고 말았다는 사실"이 오늘날까지 많은 문제를 야기하고 있다며 다음과 같은 주장을 펼칩니다.

"세계 인구의 절반 이상이 하루 약 2500원 이하로 먹고살"고 있고 "그중 대다수가 여성"입니다. 수많은 여성들이 단지 먹고살기 위해서 국경을 넘어야 하는 세상일 뿐만 아니라 "많은 나라에서 전업주부로 아이들을 돌보는 여성들은 사회의 상류층과 하위 계층에 전적으로 몰려 있"는 현실에서 "경제적 불평등이 더 심해질 것이라는 예상이 왜 나오는지 이해하려면 페미니스트의 관점에서 경제학을 보지 않으면 안 된다"는 것입니다. 즉, "애덤 스미스의 저녁이 어떻게 식탁에 올라왔는지, 그것이 경제학적으로 왜 중요한지를 따져야 한다"는 말입니다.

노벨 경제학상을 수상한 경제학자 폴 새뮤얼슨이 『국부론』 발간 200주년 기념행사에서 시대와 국가를 초월해 참다운 지식인이 반드시 읽어야 할 세 권의 교양 필독서로 『성서』와 『자본론』, 그리고 『국부론』을 꼽았을 정도이니 경제적 위기가 닥칠 때마다 애덤 스미스의 존재감이 커지는 것은 당연할 것입니다.

황준성 숭실대 총장은 『고전 콘서트』(꿈결)에서 세계경제의 50년 주기설을 제시하고 있습니다. "1880년대 세계경제가 크게 침체에 빠지고 나서 회복된 후, 다시 1930년대 대공황과 1980년대 스태그플레이션이 밀어닥쳤습니다. 이처럼 50년 주기의 관점에서 볼 때, 현재 세계경제는 2008년 세계 금융위기를 초래하면서 후퇴기에 접어들었으며, 2030년경 세계경제는 구조적 침체기 또는 불황의 시기가 될 것으로 예측해볼 수 있습니다."

그러니 세상의 변화에 맞춰 애덤 스미스를 읽는 남다른 통찰력이 발휘될 필요가 있을 것입니다. 경제학 팩션이라는 틀로 애덤 스미스의 사상을 정리한 조너선 B. 와이트의 『애덤 스미스 구하기』(북스토리)에서는 애덤 스미스가 자동차 수리공의 영혼에 빙의해서 나타나 하는 말로 지금에도 그의 생각이 유효한 이유를 제시하고 있습니다.

"오해는 말게. 경제 체계가 자유시장 쪽으로 이동하는 것에 대해서는 나도 기쁘게 생각하니까 말이야. (…) 아무튼 내가 다시 돌아온 이유는, 시장이 원활하게 돌아가게 하는 것의 본질이 무엇인지 자네 같은 경제학자들이 한결같이 모두 놓쳐버렸기 때문이지. 사회 속에 존재하는 시장이 원활하게 돌아가게 하는 것의 본질! 내 말, 알아듣겠나?"

유시민도 『국가란 무엇인가』(돌베개)에서 애덤 스미스가 한국의 현실에서 유효한 이유를 다음과 같이 정리하고 있습니다. "'보이지 않는 손'이라는 이데올로기는 여전히 강력한 힘을 떨치고 있다. 보수적인 정치인이나 경제학자, 기업연구소 박사 들이 방송 카메라 앞에서 '이것은 시장에 맡겨야 한다'고 말할 때, 그들이 마음속으로 경배하는 수호성인은 바로 스미스다. 그런데 국가의 역할을 확장하려는 진보 지식인과 정치인 들도 '공공재'에 대한 스미스의 이론을 적극 활용한다. '국가의 공공성'을 주창하면서 되도록 많은 것들을 '공공재'라는 집합에 담으려고 한다. 교육, 보육, 의료, 주택 등이 모두 공공재 성격을 가지기 때문에 국가가 큰 책임을 져야 한다고 말한다. 이 둘 모두를 스미스는 예상하지도 원하지도 않았을 것이다."

이런 현실에서 '경제학의 아버지'인 애덤 스미스의 사상은 매우 중요한 역할을 하고 있습니다. 『애덤 스미스 구하기』에서는 신자유주의자들의 생각을 압축한 슬로건인 "안정화하라! 자유화하라! 민영화하라!Stabilize! Liberate! Privatize!"는 뜻의 S-L-P에다 'J'(Justice)를 앞세우자고 주장합니다. 소설 속의 애덤 스미스는 『국부론』의 토대가 된 『도덕감정론』을 제발 무시하지 말아달라고 호소합니다. 철학자 서동은은 『곡해된 애덤 스미스의 자유경제』(길밖의 길)에서 '공감'이야말로 "같이 사는 사람들이 함께 살아가기 때문에 혹은 함께 살아가기 위해서 필요한 최소한의 인간의 예의"라고 지적했습니다. 박근혜 대통령의 '국정농단'으로 지배권력의 사적 이익 챙기기가 만천하에 드러난 지금, 우리는 애덤 스미스를 정말 새롭게 다시 읽어야 할 것 같습니다.

〈경향신문〉, 다독다독, 2017.2.13.

최순실 국정농단과
사이코패스

한 번역상을 수상한 번역가는 10권이 넘는 전집의 번역을 모두 동네 카페에서 했는데 다섯 군데의 카페가 폐업하는 것을 목격했다고 말했습니다. 작년에 10권의 책을 펴낸 한 다독가는 원고를 모두 동네 북카페에서 썼다고 합니다. 하지현 신경정신과 박사는 『대한민국 마음 보고서』(문학동네)를 프랜차이즈 카페에서 썼다는 사실을 책에서 밝히고 있습니다.

집에 작업할 책상이 없지 않은데도 이들은 왜 카페만 찾을까요? 하 박사는 적당한 음악과 사람들의 대화 소리가 있지만 시끄러워서 방해하지 않을 정도의 '화이트 노이즈'가 있는 "카페의 테이블은 집, 직장, 학교도 아닌 제3의 중립적 공간이며 철저히 개인적 공간"이라고 말합니다. 사람들은 그곳에서 "훨씬 안정감을 느끼고 집중도 더 잘"합니다.

"원룸에서 하루 종일 혼자 고립되어 있는 것보다, 커피 한 잔 값을 내고 앉아 있는 것이 다른 이들과 함께 있다는 안도감과 연대감을 느끼되 서로 섞이지 않고 개인공간을 유지하는 합리적인 타협점"이라는 하 박사는 카페에 앉아 비슷한 처지의 사람들이 있다는 것을 확인하면서 '군중 속의 고독'을 즐기는 것을 '평행놀이'로 설명합니다. "상호작용을 하지 않지만 함께 비슷한 놀이를 하는 것 자체를 공유하는 것만으로 즐거움을 느끼는 발달단계의 놀이"가 바로 평행놀이입니다.

어쩌다 우리는 카페에서 익명의 사람들과 상호작용 없이 일을 하는 것을 즐기게 되었을까요? 김정연이 그린 만화 『혼자를 기르는 법』(창비)의 주인공인 20대 여성 이시다는 단독 생활을 즐기는 골든 햄스터 '쥐윤발'과 좁은 고시원에서 공동생활을 하면서 혼자 살아갈 수 있는 방법을 터득해나갑니다. 이시다는 인류는 어쩌면 "혼자 밥을 먹을 수 있는 사람과, 그러지 못하는 사람" 두 종류로 나눌 수 있을 것이라고 말합니다. 이시다가 혼자 살게 되면서 가장 해보고 싶었던 일은 "만 원이 훌쩍 넘는 백화점 비누 하나를 사서 개봉해서부터 쌀 한 톨 크기가 될 때까지, 온전히 혼자서 다 써보는 것"입니다. "뭔가 다들 본능적으로 떠나보내야 할 때를 알고 있는 것"을 눈치챈 이시다는 이런 질문을 던집니다. "내가 나로 사는 것이 왜 누군가에겐 상처일까요?"

혼밥, 혼술, 원룸, 고립된 삶을 즐기는 것을 마냥 바라만 볼 수만은 없습니다. 지금의 젊은 세대는 사회적 뇌를 제대로 키울 기회도 없이 어른이 되는 경우가 많아서 문제는 더욱 심각해지고 있습니다. 하 박사는 혼밥을 즐긴 박근혜 대통령의 예를 듭니다.

"그녀의 외골수 정치와 여론을 읽는 능력의 부족, 만천하에 밝혀진 팩트를 부정하는 고집, 기자회견을 하되 자기 발표만 하고 절대 기자의 질문을 받지 않는 불통 습관"은 "1980년 이후 1997년 정치를 시작하기 전까지 밀폐된 곳에서 혼자 지내온 삶에서 형성되었을 것이라 여겨지는 혼밥 습관과 상당한 개연성이 있다고 볼만한 측면이 많다."

어려서 외할머니 손에서 자란 경험이 있는 신비주의 철학의 대가 맨리 P. 홀은 『돌아보고 발견하고 성장한다』(Yoon&Lee)에서 "복합적인 존재"인 인간의 성장은 "신체적, 감정적, 정신적 성장이라는 세 가지 측면으로 구성되어 있다는 사실이 뚜렷하게 드러난다. 세 가지 유형 중 신체적 성장이 가장 쉽게 관찰된다고 해서 그것이 인간 삶의 전부라고 단정 지어서는 안 된다. 신체적 성장은 저절로 일어나지만 감정적, 정신적 성장은 의식적인 노력을 통해서만 얻어질 수 있기 때문"이라고 말합니다. 또 세 유형의 성장 중에서 가장 성취하기 어려운 것은 아마도 감정적 성장인데 "감정적으로 성장하지 못할 때 찾아오는 문제가 일반적으로 제일 고통스럽다. 사람이 유아기의 감정 상태에 머물러 있다는 것을 보여주는 대표적인 증상으로 자기 절제력의 부재, 자신의 행동이 타인에게 미치는 영향에 대한 무관심, 철저한 자기중심적 성향 등을 들 수 있다"고 말합니다.

지난 3년간 우리는 세월호 참사, 메르스 사태, 최순실 국정농단으로 무척 힘들게 살아왔습니다. '국정농단'의 실태를 알고 나서야 우리는 "정부와 공무원 조직은 비대해졌고, 기업 시스템은 거대해졌지만 제대로 작동하는 매뉴얼은 없는 빈 깡통"이라는 사실을 절감했습니다. 그동안 세월호 유가족에 대한 조롱을 이해할 수 없었습니다. 하 박사는 조롱이 넘쳤던 이유를 공감능력의 결여에서 찾습니다. 공감이란 "상상력을 발휘해서 다른 사람의 처지에서 서보고, 다른 사람의 느낌과 시각을 이해하며 그 내용을 활용해 자신의 행동 지침으로 삼는 마음의 방법"입니다. "인간의 타고난 본능이자 특성의 하나"인 공감능력이 실종된 사람들이 너무 많아졌습니다.

하 박사는 "선천적으로 공감능력이 떨어지는 다른 한 축은 사이코패스, 반사회적 인격장애자들"이라고 말합니다. "상대의 아픔 따위는 가슴에 다가오지 않기 때문에 목적을 충실하게 이행"하는 '사이코패스'들의 모습을 우리는 수없이 목격했습니다. 하 박사는 "우리 사회가 공감능력을 키울 기회를 주지 않고, 차라리 타인에게 공감하지 않고 귀와 눈과 가슴을 막고 살아가는 것이 생존 가능성을 높여준다고 생각하게 만들어서" 사이코패스들이 늘어나는 것으로 분석했습니다.

이런 사태를 목격하고 우울과 분노에 시달리던 많은 이들이 광장으로 달려가 기쁜 마음으로 촛불을 들었습니다. "작은 실천 속에서 네트워크를 만들고, 그것이 세상을 바꿀 수 있기를 희망"했습니다. 그 결과가 곧 나옵니다. 반드시 우리 사회가 '버전업'될 방향의 결과가 나올 것으로 굳게 믿습니다.

〈경향신문〉, 다독다독, 2017. 3. 6.

한국형 영어덜트 소설
『아몬드』

탄핵으로 쫓겨난 박근혜 전 대통령은 7시간 이상 검찰조서를 꼼꼼하게 수정했다고 합니다. 이런 그가 세월호가 침몰해 300명 이상의 목숨이 죽어가는 7시간 동안은 아무 일도 하지 않았습니다.

그는 아마도 사이코패스가 아니었을까요? 여성학자 정희진이 『낯선 시선』에서 밝혔듯이 "사이코패스는 뭔가 특이하고 천재적인 나쁜 재능을 가진 사람이라고 생각하지만, 사이코패스는 단순한 사람"이기도 합니다. "자신의 능력이나 노력에 걸맞지 않은 권력을 갖기 위해 수단과 방법을 가리지 않는 사람이 사이코패스"라고 합니다. 사이코패스는 신체적으로 성장할 뿐 감정적으로는 전혀 성장하지 못합니다.

손원평 장편소설 『아몬드』의 주인공 '나'(선윤재)는 아몬드를 닮은 편도체의 이상으로 '알렉시티미아, 감정 표현 불능증'이라고도 불리는 치명적인 질환을 앓고 있습니다. 이 질환의 가장 큰 특징은 감정, 그중에서도 공포를 느끼는 감각이 둔해져서 웃지를 못한다는 것입니다. 태어날 때부터 웃지도, 겁을 내지도 않는 '괴물'일지언정 부모에게는 소중합니다. 엄마는 "사랑도, 두려움도, 감정과 공감이라는 것도 막연한 활자에 불과하다"는 감정 불능 상태에 빠진 '나'를 위해 삼시 세끼 아몬드를 먹입니다. 희로애락애오욕 7자를 그려서 부적처럼 집안 곳곳에 붙여놓고는 '희로애락애오욕' 게임까지 만들었습니다. 엄마가 상황을 제시하면 '나'가 감정을 맞춰야 합니다. "누군가가 맛있는 음식을 준다면 느껴야 할 감정은? 정답은 기쁨과 감사. 누군가가 나를 아프게 했을 때 느껴야 할 것은? 정답은 분노. 이런 식이었다."

하지만 '나'의 공감 불능은 해결되지 않습니다. 최순실이 고쳐준 글들을 열심히 읽은 박 전 대통령이 국민의 아픔을 전혀 느끼지 못한 것처럼요.

크리스마스 이브, '나'의 생일을 축하하기 위해 외식을 나간 날, 한 사내의 '묻지 마 살인'으로 할멈은 죽고 엄마는 식물인간이 됩니다. 전형적인 소시민이었던 범인은 오로지 웃는 사람을 선택해 저승길 동반자로 삼았습니다. 그 순간에도 '나'는 어떤 공포도 느끼지 못합니다. "내 안에는 감정 대신 질문들이 떠다니고 있었"을 뿐입니다.

이 사건 이후 '괴물'인 '나'는 감정의 형식을 암기하는 대신 질문하기 시작합니다. 그리고 상상합니다. 그때 다른 '괴물'인 '곤'이 나타납니다. 어릴 적 엄마를 잃어버리고 여기저기 입양 다니며 불행한 삶을 살다가 소년원까지 들어갔다 오게 된 '곤'이는 한껏 삐뚤어지고 방황하는 삶을 살아왔습니다. 사람들은 모두 '곤'이를 무서워하지만 두려움을 느끼지 못하는 '나'는 곤이에게 겁도 없이 다가갑니다.

'나' 역시 '곤'이의 삶을 이해할 수는 없지만 상상해보려는 노력은 합니다. '나'에게 사랑의 감정을 느끼게 해준 또 다른 '괴물'인 '도라'의 삶 역시 그렇습니다. '나'는 아무도 궁금해하지 않았던 도라가 왜 달리고 싶어 하는지에 대해 묻는 유일한 사람입니다. 그렇습니다. 질문이 이들의 삶을 바꿉니다.

감정이 고장 난 인간이라고 해서 특별하고 별난 사람은 아닙니다. 공감이라는 말을 달고 사는 사람들마저도 감정의 형식만 알 뿐 공감할 줄 모릅니다. TV 화면 속에서는 "폭격에 두 다리와 한쪽 귀를 잃은 소년"이 거의 날마다 등장하지만 바라보는 사람들의 얼굴은 늘 무표정합니다. "비슷한 모습을 누구에게서나 볼 수 있었다. 채널을 무심히 돌리던 엄마나 할멈도 마찬가지였다. 너무 멀리 있는 불행은 내 불행이 아니라고, 엄마는, 그렇게 말했었다."

할멈과 엄마가 칼을 맞는 날도 그랬습니다. 사람들은 '묻지 마 살인'을 아무도 말리지 않습니다. 심지어 '나'마저도. 비극적인 이미지들이 범람하는 요즘 같은 시대에 감정 표현 불능의 상태에 있는 사람들을 자주 마주하게 됩니다. 그들은 보통의 아몬드를 가진 평범한 사람들입니다. 누구나 아몬드를 가지고 있습니다. 모두가 아몬드를 가지고 있어도 타인의 삶에 대해 궁금해하지 않고 관심 갖지 않는다면 공감의 꽃을 피울 수 없습니다. 내가 없던 시간, 내가 아닌 타인에 대해 상상해보는 것은 공감의 씨앗입니다. 아몬드가 있다는 것만으로는 아몬드의 나무가 어떻게 생겼는지, 아몬드 나무의 꽃은 어떻게 피는지 알 수 없습니다. 하지만 그 씨앗을 가지고 있다는 것이 우리가 믿을 수 있는 유일한 약속이자 희망입니다. 감정 표현 불능증을 가진 '나'도 아몬드라는 씨앗을 가지고 있었기에 결국 감정의 꽃을 피울 수 있었습니다.

이야기는 타자를 상기시키고 고통을 표현하며 타인의 삶을 상상하게 만듭니다. 작가는 서두에서 "그 끝이 비극일지 희극일지를 여기서 말할 생각은 없다"고 밝힙니다. 『아몬드』는 비극이 될지, 희극이 될지 모르는 이야기를 하고 있지만 공감 불능으로 고통 받는 아이들을 치유하는 데 큰 도움이 될 것입니다.

한국형 영어덜트로 볼 수 있는 『아몬드』는 아프게 읽힙니다. 단숨에 읽히는 이 소설은 아마도 침체된 한국 문단에 엄청난 파장을 몰고 올 것으로 여겨집니다. 영미권의 영어덜트는 현실을 초월하거나 도피할 수 있는 판타지를 제공하는 로맨스 판타지가 주류였다가 최근에는 10대의 주인공이 '삶 아니면 죽음'이라는 가혹한 선택에 직면하는 이야기로 바뀌고 있습니다. 그런 면에서 『아몬드』는 세계적인 흐름과도 맥이 닿아 있습니다. 이 소설이 널리 읽혀 아몬드의 꽃이 피듯, 우리 사회의 비극적인 삶들이 서로의 아픔과 상처를 온몸으로 끌어안고 고통 위를 기어 조금씩 앞으로 나아갈 수 있었으면 좋겠습니다.

〈경향신문〉, 다독다독, 2017.3.27.

지식 습득 너머
지식 활용

"한국 학생들은 대학에서의 공부를 취업을 위한 과정으로 한정하고 있다는 인상이 많이 들고, 그것조차도 이런 식이지요. '어떻게 삼성에 들어갈 수 있는지 알려주세요. 삼성에 취업하려면 뭘 공부해야 되나요' 뭐 이런 식. 연봉 높은 직장에 어떻게 취업하는가가 대학에 온 목적인 것처럼 행동하고, 대학 당국도 더 높은 학문적 이상이나 인류적 이상에 대한 관심은 별로 없어 보여요. 그런데 스탠퍼드의 학생들은 직업의 차원에서도 전혀 다른 식으로 생각합니다. '내가 삼성을 만들려고 하는데 어떻게 생각하세요?' 이렇게 제게 질문을 합니다. 혹은 '나는 이렇게 하면 삼성을 만들 수 있겠는데 왜 안 된다고 생각하십니까? 삼성 만드는 데 필요한 사람을 소개해주세요' 하고 당당하고 도전적이고 저돌적으로 교수에게 요구를 해요."

『교육의 미래, 티칭이 아니라 코칭이다』(세종서적)에서 문학평론가 함돈균과 대담을 나눈 스탠퍼드대 교육공학자 폴 김은 "너무나도 극단적으로 현실주의적이고 도전정신 없는 생각과 질문"을 해대는 한국의 현실을 매우 안타까워합니다. 그는 "2012년 조사에 따르면 스탠퍼드를 다녀간 학생들이 창출해낸 기업적 가치가 2조 7천억 달러"이며 그들이 만든 회사만 해도 구글을 비롯해 "글로벌 기업만 4만 개"가 넘는다는 사실을 밝힙니다.

한국의 대학생들이 "이미 시장에 안착한 연봉 높은 대기업"에 취직하는 데 혈안이 되어 있고 대학은 "기존 기업으로의 취직률에 집착"하는 현실에서 과연 희망이 있을까요? 사회적 부의 새로운 원천이 만들어지지 않으니 미래가 있을까요? 그는 "21세기에는 인문 중심의 대학이 이런 창업가 정신에 특히 더 적절하다"고 말하고 있습니다. 하지만 한국의 대학에서 인문학과는 거의 궤멸되고 있는 수준이 아닌가요?

그는 아주 어릴 때부터 질문하는 분위기를 만들어야 한다고 말합니다. "2~5세 사이에 4만~5만 개의 질문을 하는데, 아이가 초·중·고를 지나면서 질문 수가 급격히 하락합니다. 그리고 사회에 나가서는 질문을 전혀 안 해요. 왜 그렇겠어요? 주입식 교육이 아이를 망쳐놓고, 질문하는 문화가 아닌 데에서 살게 하기 때문이에요. 강하게 표현하면 범죄나 마찬가지예요."

그는 질문하지 않는 수동적인 존재로 키우는 교육은 "독재 국가를 유지하는 데에 아주 적절한 교육 방법"이라고 말합니다. 따라서 진정한 교사가 되려면 '교습teaching'을 하지 말고 "질문을 던지거나 문제를 보여주거나 감동이나 영감을 줄 수 있는 상황을 만들어 스스로 깨우쳐 탐구하고 싶어 하게 하고, 스스로 호기심을 갖게 해야 한다"는 것이지요. 달리 말하면 '코칭coaching'입니다. 교사는 "자기가 아는 걸 쏟아내어 가르치지 않는 대신 스타가 될 학생들 하나하나의 특성이나 자질에 대해 깊은 관심을 갖고 잘 알아야 하고 잦은 피드백을 해줘야" 한다는 것입니다.

인문학자인 김경집의 생각도 다르지 않습니다. 그는 『앞으로 10년, 대한민국 골든타임』(들녘)에서 다음과 같이 말합니다.

"학생들의 인지·이해 능력은 다양"한데도 전통적인 학교교육이 '표준적 기준'을 두고 시행되는 바람에 "불가피하게 도태되는 많은 피교육자를 양산할 수밖에 없다는 기본 인식에서 출발"한 것이 문제라고 지적합니다. 그는 오늘날 요구되는 학습의 핵심은 과거와 완전히 다르다는 것을 강조합니다. "이제는 지식의 획득 그 자체는 별 의미가 없다. 지식 자체가 중요한 게 아니라 그러한 지식을 토대로 다양한 질문과 토론을 통해 사고의 영역을 확장하고 집단 지성화하는 성과를 추구해야 한다."

일본은 2020년부터 사지선다형 지식의 옳고 그름을 따지는 기존의 '대학입시센터시험' 대신에 기술記述식 문제로 기억력보다 사고력을 묻는 '대학입시희망자능력평가시험'(가칭)을 도입하기로 했다고 합니다. 이시카와 이치로는 『2020년부터의 교육문제』에서 바뀌는 것은 대학입시만이 아니라고 말합니다. "학교교육은 '지식의 습득'을 중심으로 한 종래의 학습에서 '지식의 활용'을 지향하는 형태로 대전환을 맞이하고 있다"는 것이지요. 그는 이런 개혁의 배경으로 인공지능AI의 등장을 듭니다. "2045년에는 AI가 인류의 능력을 넘는 지점에 도달할 것이라는 지적이 있는데, 지금까지 인간이 해온 일은 앞으로 점차 AI를 포함한 로봇에게 맡겨질 거라 생각한다"는 것입니다.

그는 뉴욕시립대학대학원센터 캐시 데이비슨 교수가 "2011년 초등학교에 입학한 아이들의 65%는 대학졸업 후 지금은 존재하지 않는 직업을 가지게 될 것"이라고 예측한 것과 옥스퍼드대 마이클 오스본 교수가 "앞으로 10년에서 20년 정도면 미국 고용자의 절반 가까이가 하고 있는 일이 자동화될 가능성이 높다"고 한 사실을 인용했습니다.

세상이 바뀌면 교육도 바뀌어야 하는 것은 당연하겠지요. 일본의 문부과학성은 삼위일체의 교육개혁을 2020년까지 달성해야 할 급선무 과제로 삼고 지금 초·중·고의 교육현장에서도 큰 변혁을 요구하고 있다고 합니다. 문부성이 제시한 개혁 이후 교육현장에서 학생들이 익혀야 할 세 가지 힘은 '과제해결을 위해 협력하여 일하는 힘', '자신의 생각을 표현하는 힘', '창의적인 사고력' 등입니다.

무엇보다 경쟁교육을 지양하고 협력해서 문제를 풀어나가는 능력을 키우겠다는 것이 매우 인상적입니다. 우리는 어떤가요?

교육에서 기선을 제압하는 사람이 무조건 당선될 것 같은데도 19대 대통령 선거에 출마한 후보들이 이렇다 할 교육개혁 정책을 내놓은 것이 전혀 없습니다. 그런 현실이 너무 안타까울 따름입니다.

〈경향신문〉, 다독다독, 2017.4.24.

초연결지능, 인공지능, 사회적 지능

오감은 시각·청각·후각·미각·촉각 등의 다섯 가지 감각이고, 육감은 분석적인 사고를 하지 않고도 직관으로 사태의 진상을 파악하는 정신작용을 말합니다. 그렇다면 제7의 감각은 무엇일까요? 『제7의 감각, 초연결지능』 (조슈아 쿠퍼 라모, 미래의창)에서는 '초연결지능'이라고 말합니다. 간단히 말하면 "어떤 사물이 연결에 의해 바뀌는 방법을 알아채는 능력"입니다.

"누구나 무엇이나 지속적으로 연결되어 있는 새로운 시대"에서 연결은 "인터넷 연결만이 아니라 현재 도처에서 우리를 둘러싸고 규정하는 전체 네트워크"를 말합니다. 금융망, DNA 데이터베이스, 인공지능망, 테러나 마약 네트워크, 통화플랫폼 같은 것들을 포괄합니다.

이런 시스템에서는 작은 힘들이 엄청난 영향력을 가질 수 있습니다. "하나의 잘못된 상품 거래가 시장을 엉망으로 만들" 수도 있습니다. "한 명의 해커가 국가의 방어 시스템을 도어스톱처럼 적극적으로, 전문용어를 쓰자면 '벽돌로 만들어버릴' 수 있"습니다.

"우리 시대의 가장 가공할 만한 물리적 구조물, 즉 군대, 시장, 정부조차 그것들이 연결된 신경계에 가상의 공격을 받으면 간단하게 마비될 수" 있습니다. 우리는 불과 얼마 전에 '랜섬웨어' 때문에 두려움에 떨어야 했습니다.

이제 두려움의 대상도 달라졌습니다. "19세기에 인류의 가장 큰 위협은 폐렴이었습니다. 20세기에는 암이었지요. 우리 시대에 나타날, 특히 21세기 초에 나타날 병은 광기입니다. 어쩌면 정신병이라고 부를 수도 있"는 것입니다. "정보, 휴대폰, 데이터 패킷을 포함해 우리 삶과 연결된 모든 비트의 물결이 소모의 병을 전염시킬 것"이라는 거지요.

바야흐로 4차산업혁명에 광신적으로 매달리고 있는 시대입니다. 지난 대선에서 유력 후보자들은 모두 4차산업혁명에 대한 정책 공약을 내놓았습니다. 하지만 어떤 후보도 자신의 직업이 사라질지도 모른다는 '고통'과 살아남기 위해서는 새 기술을 배워야 한다는 '두려움'에 떠는 국민들을 안심시키지는 못했습니다. 빅데이터, 공유경제, 가상·증강현실, 인공지능, 사물인터넷, 메이커운동 등 첨단의 어벤저스급 기술들을 호명하며 불안의 정도만 키웠습니다. 과연 우리는 이 기술들의 실체를 정확하게 이해하고 있나요? 제대로 이해하지 못하면서 광적으로 이들 기술을 이용해 사욕을 채우려는 욕망을 갖고 있는 것은 아닐까요? 한 조사에 따르면 51.8%가 인공지능이 우리의 미래를 결정할 것이라고 판단하고 있을 정도로 인공지능에 대한 두려움이 컸습니다.

인공지능의 실체는 과연 무엇일까요? 30년 넘게 뇌를 연구해온 예일대 신경과학과 이대열 석좌교수는 『지능의 탄생』(바다출판사)에서 지능은 오직 생명체만 가질 수 있기에 인공지능은 지능이 아니라고 말합니다.

그의 주장은 이렇습니다. "지능은 생명체의 기능이다. 생명체는 자기 스스로를 복제하는 능력을 갖고 있지만 그 복제 과정이 완벽하지는 않기 때문에 복사본은 가끔 원본과 작은 차이점을 보이게 되고, 그 결과로 원본보다 더욱 능률적으로 자기복제를 할 수 있는 복사본들이 진화 과정에서 등장하게 된다. 지능이란, 이렇게 진화를 통해서 생명체가 획득하게 되는 능력들 중의 하나로서, 자기 자신을 보존하고 복제하는 과정에서 발생하는 다양한 문제를 해결하는 능력을 말한다. 이러한 관점에서 볼 때 지금까지 개발된 인공지능은 인간이 선택한 문제를 인간 대신 해결하는 기능을 수행하는 데 그치고 말기 때문에 참다운 의미의 지능이라고 할 수 없다."

이 교수는 지능과 지능지수를 구별해야 한다고 강조합니다. 지능은 "생명체가 변화하는 환경에서 마주치게 되는 다양한 의사결정의 문제를 해결하는 능력"이기에 최상의 문제해결 방법은 생명체의 필요도와 선호도에 따라서 달라질 수 있다고 합니다. 한마디로 정답이 없다는 것이지요. 따라서 "공간 지각 능력이나 언어 기억 능력을 측정하고 수량화"한 지능지수는 큰 의미가 없다고 말합니다.

하지만 인공지능의 활동 범위는 급속도로 넓어지고 있습니다. 그에 따라 인간이 하는 일은 달라질 것입니다. 과거에는 "많은 양의 지식을 저장하고 그중에서 필요한 정보를 기억해내어 해결책을 찾아내는 일에 많은 시간과 노력을 들여야" 하는 "의학이나 법처럼 특수한 분야에서 그와 같은 일을 수행할 수 있는 사람들은 자신들이 투자한 시간과 노력에 대한 대가로 적지 않은 보상을 받을 수" 있었고, "그런 능력을 가진 사람을 가려내기 위해서 수많은 지능검사와 시험이 마련되기도" 했습니다. 하지만 그런 일은 이제 인공지능에 넘어가고 있습니다.

앞으로 인간은 무슨 일을 해야 살아남을 수 있을까요? 가장 중요한 것은 우리가 텍스트로 연결되어 있다는 것입니다. 그러니 일단 글을 쓸 줄 아는 능력부터 배워야 할 것입니다. 글을 잘 쓰기 위해서는 많이 읽어야 하겠지요. 이 교수도 인간만이 지니고 있는 '사회적 지능'에 주목합니다. "인간은 다른 사람들과 언어를 통해서 다양한 정보를 주고받을 수 있을 뿐만 아니라 다른 사람의 선호도와 사고과정을 이해하고 그를 바탕으로 복잡한 집단에서 사회적으로 원만하게 받아들여질 수 있는 행동을 선택할 수 있다"고 말하는 그는 이 책에서 사회적 지능을 바탕으로 인간이 자아에 관한 통찰을 하게 되는 과정을 잘 설명하고 있습니다.

지능의 본질을 인공지능과 비교해 분석하니 그 차이가 명쾌하게 드러납니다. 차이가 바로 상상력이라는 것을 이 책은 분명하게 보여줍니다. 차이를 이해하니 이제 막연한 불안에서 헤어날 수 있다는 자신감도 저절로 생기는군요. 세계적 석학이 쓴 책을 읽는 진정한 맛인 것 같습니다.

〈경향신문〉, 다독다독, 2017.5.22.

'죽게 내버려두는 권력'과 촛불혁명

"김용태와 나는 남북 교류가 진전되려면 누군가가 직접 방북해서 북측과 협의를 해야 한다는 결론에 이르렀다. 당국이 우리의 제의를 허용해줄 것처럼 말하지만 결국은 온갖 핑계를 대면서 저지할 게 뻔했기 때문이었다. 나로서도 방북의 중요한 목적은 문화 교류의 전령사를 해내겠다는 점에도 있었지만 그야말로 객관적인 '북한방문기'를 써보고 싶다는 의욕이 앞섰다. 국가보안법상의 처벌을 받게 된다 하더라도 정치인이 아닌 작가의 처벌은 국가보안법의 문제를 전 세계에 알릴 수 있는 계기가 될 것이었다. 어처구니없는 죄목이지만 불고지죄란 국가보안법을 위반할 것을 알면서도 신고하지 않으면 그것이 가족이든 친구든 조직이든 모두 처벌의 대상이 된다는 항목이었다. 이는 내가 개인적으로 처벌을 받는 것뿐만 아니라 이제 막 시작한 민예총과 작가회의가 조직적인 탄압을 받게 된다는 것을 의미했다."

황석영은 자전 『수인』(문학동네)에서 분단된 한반도의 금기를 깨고 방북을 결행한 목적을 이렇게 설명했습니다. 강고한 분단체제에 충격을 던진 그는 방북 후 4년의 망명을 거쳐 귀국 후에 5년간의 엄혹한 수인생활을 겪어냈습니다. 저는 이 감동적인 자전을 읽으면서 제2, 제3의 황석영은 계속 등장해야 마땅하다고 생각했습니다.

그렇기에 이 자전은 한 개인의 기록으로만 읽히지 않았습니다. 우리 민족의 엄혹한 세월 그 자체였습니다. 우리 민족 모두가 분단이라는 체제와 국가보안법이라는 제도 때문에 얼마나 핍박된 삶을 살면서 얼마나 많은 것을 포기해야 하는지를 다시 절감했습니다.

"주지하다시피 좌우파 투쟁과 한국전쟁을 통해서 수립된 대한민국은 '적'을 통해서 자신의 정체성을 수립하며 출발했다. 우리의 국가는 정치적 상대를 '빨갱이'로 몰아 죽이는 증오와 학살의 정치 속에서 탄생했던 것이다. 이런 국가에서 권력은 '죽이거나 살게 내버려둠'이라는 이항적 대립을 통해서 작동했다. 사찰하고 조작해서라도 간첩으로 만들어 죽이거나 가두어버리는 권력, 죽이고자 하면 죽일 수 있는 권력, 이것이 분단체제 아래서의 권력의 기본 운용방식이었다. 이런 상황에서 삶이란 그저 국가권력이 살게 내버려두었기 때문에 가능한 것이 된다. 이런 죽이는 권력의 힘은 이승만과 박정희를 거쳐 전두환에게까지 이어졌다. 이런 죽이는 권력의 가깝고 끔찍한 경험이 바로 1980년 광주가 겪은 '국민의 생명을 짓밟은 국가'였다."

사회학자 김종엽은 『분단체제와 87년체제』(창비)에서 우리 체제의 한계를 이렇게 정리했습니다. 박근혜 정부 또한 '죽게 내버려두는 권력'이었습니다. 김종엽은 "TV로 국가의 부작위 아래 수백 명의 사람이 안타깝게 죽어가는 장면이 며칠 동안 중계되었을 때, 박근혜 정부의 정당성은 무너져내렸다"고 말합니다. "공공서비스를 약탈적 수입의 원천으로 만들어버리는 전현직 관료의 부패 네트워크 혹은 이들과 자본 사이의 결탁 속에서 세월호 참사나 메르스 사태 혹은 가습기 살균제 참사 같은 일은 언제든 일어날 수 있는 재앙이 되었다"는 것이지요. 이렇게 '죽게 내버려두는 권력'은 "국민을 '미생未生'의 존재로 내몰고 내부로부터 난민화"했을 뿐만 아니라 "그것에 항의하고 도전하는 이들에 대해서는 블랙리스트를 만들어 배제하고 탄압"했습니다.

이런 이항 대립의 견고한 벽을 깨려고 나선 이들은 1970년대 이래 출판을 포함한 문화계 종사자들이었습니다. 황석영 자전에서는 그런 활약상이 매우 생생하게 묘사되어 있습니다.

이렇게 문화는 늘 주류의 견고한 벽을 깨려는 시도를 하게 마련입니다. 수많은 금서가 그것을 증명합니다. 최근에는 그런 노력이 크게 줄어든 것이 너무 안타깝습니다. 오로지 '팔리는 책'에만 혈안이 되어 있습니다. 이렇게 된 것은 대학에서마저 아카데미즘이 실종된 것과 무관하지 않을 것입니다.

지식인의 역할이 실종된 촛불혁명은 이항 대립을 깨어 '나라다운 나라'를 만들려는 '서브컬처 혁명'이었습니다. 가짜 아카데미즘과 사이비 언론이 판치는 사이에 주변부로 내몰리던 사람들이 연대해 이룩한 혁명이 아닌가요. "이명박·박근혜 정부를 경유하며 고착된 저성장, 비정규직화와 저임금, 사회경제적 강자들이 저지르는 여러 종류의 '갑질', 그리고 빈곤 문제(노령층에 특히 심각한)가 너무 심해져서 '헬조선'이라는 끔찍한 신조어가 생겼고, 양극화와 불평등을 풍자하는 '수저계급론'까지 등장"(김종엽)한 현실에 분노한 대중이 이룩해낸 혁명이었습니다.

촛불혁명이 진정한 혁명이 되게 하려면 '블랙리스트'로 문화를 핍박하던 기구부터 정비해야 마땅합니다. 한국출판문화산업진흥원은 '독서'에서마저 이념적 족쇄를 채우는 권력의 주구 노릇만 했습니다. 비판적 저자의 강연을 막고, 지극히 상식적인 책마저 이념의 잣대로 읽지 못하게 만드는 데 앞장섰습니다. 문화체육관광부는 이런 단체의 뒤에 숨어서 '닭모이'에 불과한 알량한 예산을 던져주면서 이항 대립의 구조를 견고하게 만들고자 했습니다. 저는 이런 단체를 차라리 없애는 것이 출판문화 증진에 유리할 것이라고 봅니다.

도종환 신임 문화체육관광부 장관은 국정농단 및 문화예술계 블랙리스트 사건과 관련해 진상조사위원회를 구성하고 조사가 끝나면 백서를 만들겠다는 의지를 밝혔습니다. 하지만 백서보다 중요한 것은 문화가 갖는 가치를 전혀 이해하지 못하고 하수인 노릇만 했던 자들부터 하루빨리 물러나게 하는 것입니다. 나아가 이항 대립을 깨는 항구적인 제도를 마련해야 합니다. 문화에서만큼은 지원은 하되 간섭하지 않는 제도 말입니다. 그래야만 타자를 배려하는 다양한 문화가 저절로 진흥될 것입니다.

〈경향신문〉, 다독다독, 2017.6.19.

'라틴어 수업'과
막말 정치인

"단순히 언어적 도구로서 라틴어를 공부하고 문헌의 해독력을 높이고 유창하게 라틴어를 구사하는 것이 수업의 목적이 아닙니다. 그래서 저는 라틴어의 단순한 암기를 지양합니다. 사실 언어 공부를 비롯해서 대학에서 학문을 한다는 것은 단순히 지식을 양적으로 늘리는 것이 아니라 '틀을 만드는 작업'입니다. 학문을 하는 틀이자 인간과 세상을 보는 틀을 세우는 것이죠. 쉽게 말하면, 향후 자신에게 필요한 지식이 어디에 위치해 있는지 알고, 그것을 빼서 쓸 수 있도록 지식을 분류해 꽂을 책장을 만드는 것입니다."

한국인 최초, 동아시아 최초의 바티칸 대법원 로타 로마나 변호사인 한동일의 『라틴어 수업』(흐름출판)은 지향점이 분명합니다. 그는 "소통의 도구로서의 언어는 배와 같다"고 말합니다. 배가 정박되었을 때는 아무런 문제가 없지만 항구를 떠나 먼 바다로 나가면 크고 작은 문제가 일어납니다. "배가 지나간 자리에 생기는 물거품" 때문입니다. 배와 배가 나아가는 방향을 보아야 하는데 물거품을 보는 것은 "메시지를 읽지 않고 그 파장에 집중하는 것"과 같습니다. 물거품을 바라보면 오해가 쌓이고 소통이 되지 않습니다.

그는 라틴어를 비롯해 모든 언어는 제대로 잘 사용할 때에 타인과 올바른 소통이 가능하다고 말합니다. "외국어로 유창하게 말할 줄 알지만 타인의 이야기를 듣지 못하는 유명 인사의 강변보다, 몇 마디 단어로도 소통할 줄 아는 어린아이들의 대화 속에서 언어의 아름다움을 발견할 수" 있으니까요.

그러니 그의 수업은 라틴어 동사 활용(변화)표를 달달 외울 필요가 없이 머릿속에 '책장'을 마련한 다음 이 책장을 가지고 무엇을 할 것인가, 내 인생을 어떻게 살 것인가에 대한 성찰로 나아갈 수 있는 수업입니다.

그래서 첫 수업은 휴강을 하고 학생들에게 운동장에 나가 봄 기운에 흩날리는 아지랑이를 보기를 권합니다. "공부한다는 것, 살아간다는 것은 우리 마음속의 아지랑이를 보는 일"이기 때문입니다. 그것은 "보잘것없는 것", '허풍'과 같은 마음의 현상도 들여다보는 일"이기도 합니다. 이런 언어 학습은 "학습의 방향성이 다른 학문들에도 좋은 나침반이 될 수" 있습니다.

"학문을 한다는 것은 아는 것에서 그치지 않고, 그 앎의 창으로 인간과 삶을 바라보며 좀 더 나은 관점과 대안을 제시해야" 합니다. 따라서 그는 "우리는 학교를 위해서가 아니라 인생을 위해서" 배울 필요가 있다고 말합니다.

우리는 무엇 때문에 공부할까요? 저자는 "이제는 정말 공부해서 남을 줘야 할 시대"라고 말합니다. 그 이유는 이렇습니다. "지금 우리 사회의 청년들이 더 힘든 것은, 공부를 많이 한 사람들의 철학이 빈곤하기 때문입니다. 자신이 한 공부를 나눌 줄 모르고 사회를 위해 쓸 줄 모르는 사람들이 너무 많아요. 소위 배웠다고 하는 사람들이 자기 주머니를 불리는 일에는 발군의 실력을 발휘하면서도, 다른 사람들이 착취당하며 사회구조적으로 계속 가난할 수밖에 없는 시스템에는 무신경해요. 자신의 개인적인 욕망과 자기 가족을 위해서는 발 빠르게 움직이면서도 어려운 사람들의 신음소리는 모른 척하기 일쑤입니다. 엄청난 시간과 열정을 들여 공부를 한 머리만 있고 따뜻한 가슴이 없기 때문에 그 공부가 무기가 아니라 흉기가 되어버린 것입니다."

모두가 저만 잘 살겠다고 아우성입니다. 그럼에도 많은 젊은이들이 "이번 생은 망했으니 다음 생에는 고양이로 태어나고 싶다"고 말합니다.

경향신문 특별취재팀이 정리한 『부들부들 청년』(후마니타스)에서는 "2015년 8월 기준 임금 근로자로 신규 채용(근속 기간 3개월 미만)된 15~29세 청년의 64%가 비정규직"인 현실, "저소득층 청년 가구가 한 달에 고작 81만 원을 벌고", "계약 기간 1년 이하의 비정규직으로 사회생활을 시작할 확률이

20%"나 되는 현실에 많은 젊은이들이 분노하고 있음을 고발하고 있습니다.

'일자리'와 '비정규직'과 '최저임금'에 대한 논란이 점차 커지고 있습니다. 너무 단순하면서도 중요한 문제에 대한 엘리트 교육을 받았다는 정치인들의 '막말'이 젊은이들의 분노를 더욱 키우고 있습니다. 막말 정치인은 교과서에서 등장하는 단어를 단순하게 암기만 한 이들이 아닌가 싶습니다.

그들은 "배운 사람이 못 배운 사람과 달라야 하는 지점은 배움을 나 혼자 잘 살기 위해 쓰느냐 나눔으로 승화시키느냐 하는 데 있다"는 저자의 충고부터 받아들여야 할 것 같습니다.

지식은 삶과 결합해 지혜가 되는 법입니다. 시어머니가 며느리에게 "얘야 밖에 비가 온다"고 말하면 며느리는 그 말을 "빨래 걷어라"로 새겨들을 줄 알아야 합니다. 이렇게 인간은 문장 자체에 드러나 있지 않은 것을 스스로 깨달을 수 있어야 합니다. '법조문'이나 관행에 갇혀 있는 정치인들은 이렇게 지식 전체를 잘 버무려서 지혜를 만드는 능력을 포기한 사람들이 아닐까 싶습니다.

명문대에서 프랑스 문학을 공부하고 외국에서 공부를 하고서 사법시험을 통과하는 엘리트 교육을 받은 한 정치인이 학교 비정규직 및 공공부문 비정규직 노동자들을 '동네 아줌마들'이라 말하며 '미친 ×들'이라고 욕을 해서 논란을 자초했습니다. 그 같은 정치인들부터 『라틴어 수업』을 읽으면서 자신이 왜, 무엇을 위해서, 누구를 위해서 공부를 해야 했는지를 다시 되물어야 하지 않을까요?

정치인의 반성과 상관없이 『미움받을 용기』를 배우고, 『자존감 수업』을 받았던 젊은이들이 이제 이 책을 읽으며 "삶이 있는 한, 희망은 있다"는 '자기 배려' 또는 '자기연민'의 지혜부터 습득하면 정말 좋겠습니다.

〈경향신문〉, 다독다독, 2017.7.17.

AI와 동식물,
그리고 '자연 내비게이션'

남편이 가정용 인공지능 로봇 아니타를 구입합니다. 그녀는 아름다우며 청소를 잘하고 아침식사를 풍족하게 차릴 줄 압니다. 아내는 동화책을 딸에게 읽어주려 하지만 딸은 서두르지 않는 아니타를 더 좋아합니다. 가족들은 아니타가 차려주는 아침식사에 즐거워합니다. 아니타가 아내에게 말합니다. "제가 당신보다 아이를 더 잘 볼 수 있다는 건 명백한 사실이에요. 저는 더 빠르고, 강하며, 관찰력이 뛰어납니다. 전 기억을 잊지 않고, 화내지 않으며, 우울해하거나 술이나 마약에 취하지도 않죠. 저는 두려움도 느끼지 않습니다. 하지만 전 그들을 사랑할 수는 없죠."

2015년에 영국에서 방영된 드라마 〈휴먼스 Humans〉가 그렸던 로봇이 생활화되는 세상입니다. 『김대식의 인간 vs 기계』(동아시아)에서는 이렇게 '약한 인공지능'이 일반화되는 세상이 20년 이내에 올 것이라고 말합니다. 로봇은 사람들이 귀찮아하는 일을 대신해주고 있지만 인간은 어쩐지 인공지능에 대체되는 느낌입니다.

다른 견해도 있습니다. 교양과학자 이정모는 "1차 산업혁명에 증기기관, 2차 혁명에 세탁기, 3차 혁명에 인터넷이라는 대표 기술이 있다면 4차 혁명에도 대표기술이 있을까. 대부분의 사람들은 주저 없이 인공지능 AI, 사물인터넷 IoT, 자율자동차 같은 새로운 기술을 나열한다. 하지만 이것은 본질을 잘못 본 것이다. 새로운 기술이 나올 때마다 혁명의 차수를 높이는 것은 의미 없다. 본질을 봐야 한다"고 지적했습니다.

이정모는 "세탁기가 대중화되기 전까지는 여성 직업인의 50%가 가정부였다. 세탁기가 대중화되면서 가정부라는 직업이 사라졌으며 가사노동에서 벗어난 여성들이 돈을 벌 수 있게 되자 남아선호 사상이 점차 줄어들었다"고 지적하면서 인공지능이 세탁기와 본질적으로 무엇이 다르냐는 질문을 던집니다.

그래서일까요? 인간은 인간의 모습을 띤 기계가 아닌, 피가 흐르는 동물과 더 친하게 지내며 그들에게서 생명체로서의 진정한 가치를 배우려고 하나봅니다. 『동물의 생각에 관한 생각』(프란스 드 발, 세종서적)은 원서의 제목인 "우리는 동물이 얼마나 똑똑한지 알 만큼 충분히 똑똑한가?"에서 알 수 있듯이 "거의 매주 동물의 정교한 인지에 관한 발견이 새로 일어나고 있는" 상황을 잘 정리해주고 있습니다. '생각에 대한 생각'은 '인지認知에 대한 인지', 즉 메타인지(초인지)를 말하는데, 메타인지가 인간만의 독특한 능력이라는 판단은 완벽하게 틀렸다는 사실을 알려줍니다. 저자는 "자기결정을 후회하는 쥐, 도구를 만드는 까마귀, 인간의 얼굴을 알아보는 문어, 상대의 실수를 통해 학습하는 원숭이의 특별한 신경세포" 등을 제시하면서 공감할 줄 알고, 합리적이고, 타인을 배려하고, 협력할 줄 알며, 유머를 즐기고, 미래를 상상하는 등 인간만이 할 줄 안다고 알려졌던 능력들이 동물에게도 발견되고 있음을 일일이 적시하고 있습니다.

『식물의 힘』(스티븐 리츠, 여문책)은 높은 범죄율과 만성적 질병, 대를 이은 가난에 시달리는 뉴욕의 쇠락한 도심에서 저소득층 아이들을 가르치던 풋내기 교사의 좌충우돌 모험기입니다. 콘크리트와 철조망으로만 둘러싸인 삭막한 학교의 콩나물 교실에서 피 터지게 싸우던 아이들이 우연하게 꽃을 피운 수선화를 발견하면서부터 모든 것이 달라지기 시작합니다. 저자는 교실에 텃밭을 만들고 고등학생들로 하여금 채소를 키워 수확하고 서로 나누게 했습니다. "아이들은 자기만의 탱탱한 토마토와 향기로운 허브, 달콤한 딸기, 그 밖에 나머지 상상할 수 있는 모든 것을 직접 키우면서 건강한 식생활에 관심을 갖게" 됐습니다. 결과는 놀라웠습니다. 학생들은 "혹독한 조건에서도 살아남고 심지어 번성할 수 있는 유기체의 강인함"을 식물에게서 배우기 시작했습니다. 결국 아이들은 쓰레기 같은 인간사회를 살 만한 세상으로 바꿀 수 있는 아이디어가 사람의 손끝에서 시작될 수 있다는 교훈을 깨닫게 됩니다.

결국 우리는 자연으로 돌아가야 합니다. 『산책자를 위한 자연수업』(트리스탄 굴리, 이케이북)은 동물과 식물뿐만 아니라 땅과 하늘, 해와 달과 별, 바다와 강과 호수 등 자연이 알려주는 신호와 단서를 통해 상황을 예측하거나 추론하는 기술을 알려줍니다. "해가 저물 무렵 강가에 숙영지를 만들기로 했다면 너도밤나무를 지나쳐 단풍나무와 개암나무, 물푸레나무를 지나 오리나무와 버드나무가 나타날 때까지 걸어가면 강줄기를 발견할 수 있다", "주변의 풀보다 더 크고 당당하게 솟은 밝은 노란색 꽃은 양이나 초식동물조차 뜯어먹지 않아 다른 풀과 달리 키가 커진 독초이니 절대로 먹지 마라", "사막에서 파리의 숫자가 갑자기 늘어나면 근처에 동물이나 사람들이 있다"는 등이 책이 제시하는 850가지 자연 현상은 '자연 내비게이션'입니다. 그러니 이 책은 우리가 가정상비약처럼 갖출 필요가 있을 것입니다.

인류는 지난 5천 년 동안 새로운 기술이 등장할 때마다 처음에는 기술이 안겨주는 공포와 두려움에 떨곤 했지만 곧 기술을 이용해 삶을 한 단계 업그레이드하곤 했습니다. 검의 양날처럼 기술은 '선과 악', '은총과 저주'를 동시에 품고 있습니다. 인공지능이 제아무리 놀라운 기술일지라도 인간이 동물과 식물, 자연과 더불어 살면서 인간만의 장점을 키워나가면 우리의 행복한 미래는 결코 사라지지 않을 것입니다.

그 장점이 무엇일까요? 김대식은 "약한 인공지능, 인지자동화가 실천되는 순간 창의성이 선택이 아니라 필수가 되어버린다"고 지적했습니다. 그 창의성을 키우기 위해서라도 이 책들을 반드시 읽어보시길 권합니다.

<경향신문>, 다독다독, 2017.9.11.

『힐빌리의 노래』와
(트럼프의) '미치광이 전략'

"나는 백인이긴 하나, 북동부에 거주하는 미국의 주류 지배 계급의 와스프는 아니다. 나는 스코틀랜드계 아일랜드인의 핏줄을 타고난 데다 대학 교육을 받지 못한 수백만 백인 노동 계층의 자손이다. 우리에게 가난은 가풍이나 다름없다. 우리 조상들은 대개 남부의 노예 경제시대에 날품팔이부터 시작하여 소작농과 광부를 거쳐 최근에는 기계공이나 육체노동자로 살았다. 미국인들은 이런 부류의 사람을 힐빌리, 레드넥, 화이트 트레시라고 부르지만, 나는 이들을 이웃, 친구, 가족이라고 부른다."

『힐빌리의 노래』(흐름출판)의 저자인 J. D. 밴스는 쇠락한 공업 지대인 러스트벨트에 속하는 오하이오 철강 도시의 가난한 집에서 태어났습니다. 결혼생활이 파탄에 이른 부모 밑에서 태어난 밴스의 엄마는 전도유망한 고등학생이었지만 열여덟 살에 임신을 하는 바람에 대학 진학을 미루고 고등학교를 졸업하자마자 남자친구와 결혼했습니다.

엄마의 두 번째 남편에게서 태어난 밴스가 막 걷기 시작할 즈음에 부모는 이혼을 했습니다. 아빠는 밴스가 여섯 살 때 돈 때문에 친권을 포기하고 다른 여자와 결혼해 두 아이를 두었습니다. 아빠와 헤어진 지 2년 만에 다른 남자와 결혼한 엄마에게 이후에도 수많은 아버지 후보자들이 들락거리며 하나같이 공허함과 사람에 대한 불신만 심어주고 떠날 때도 밴스는 불평 한마디 하지 않고 꾹 참았습니다.

마을에서 서로 욕하고 고함치고 어떤 때는 치고받고 싸우는 사람들을 보는 건 그저 일상의 한 조각이었습니다. 집에서도 폭력이 난무하는 바람에 불안과 우울에 시달리는 불면의 밤이 계속됐습니다. 학교에 가는 것도 싫었지만 "하교를 알리는 종이 울릴 시간이 다가오면, 가슴이 철렁 내려앉을" 정도로 집은 밴스에게 두려움과 공포를 안겨주는 장소였습니다. 엄마는 약물에 빠져 헤어나지 못했습니다. 심지어 자신도 가정폭력으로 고통 받았던 엄마는 열두 살의 아들을 죽이겠다고 폭행하는 바람에 재판을 받아야 했습니다. 이로 인해 밴스는 '할모'(외할머니)와 함께 지내야 했습니다. 정말 다행이었던 것은 할모네 집이 일시적인 피난처가 아니라 더 나은 삶을 향한 희망을 심어준 장소였다는 것이었습니다. 해병대에 입대한 손자에게 하루에도 몇 번씩 편지를 쓰는 할모의 애정이 있었기에 밴스는 결국 명문 예일대 로스쿨을 졸업하고 실리콘밸리의 전도유망한 젊은 사업가가 될 수 있었습니다.

『힐빌리의 노래』는 "모르는 사람이나 다름없는 남자와 차라리 모르는 게 나았을 뻔한 여자에게서 버림받은 자식"의 인생 유전과 '성공의 여정'을 보여주기는 하지만 그보다 중요한 사실을 우리에게 일깨워주고 있습니다. 저자는 자신이 살았던 세상은 "정말 비이성적인 행동으로 가득한 곳"이었다고 고백하고 있습니다.

"가난한 살림에서 지출을 늘려나간다. 거대한 텔레비전과 아이패드를 산다. 이자가 센 신용카드나 고리대금을 얻어서 자식들에게 좋은 옷을 입힌다. 필요하지도 않은 집을 매매하고 그걸로 재융자를 받아 소비를 더욱 늘리다가 결국 쓰레기로 가득 찬 집을 떠나며 파산 선고를 받기에 이른다"는 것이지요. 파산한 사람들은 '학습된 무기력'에 빠져 신분 상승이 평생 불가능한 것으로 여기고 일찌감치 미래를 포기해버립니다.

그런 그들이 "오바마가 탄광을 폐쇄했기 때문이라느니, 중국인들이 일자리를 죄다 차지했기 때문이라고 하는 이유"를 댈 뿐 시궁창 같은 삶에서 벗어날 어떤 노력도 하지 않고 있다는 것입니다. 문제는 그들이 "낙오자가 된 건 개인의 문제가 아니다. 그건 정부의 실패"라고 외치고 모든 잘못을 외부의 탓으로 돌리는 도널드 트럼프와 같은 포퓰리즘 우파 정치인의 득세를 만들어낸 일등공신이라는 사실입니다.

저자는 "극빈가에 거주하는 백인 노동계층 인구가 꾸준히 증가하고 있다. 1970년에는 백인 어린이의 25%가 빈곤율이 10% 이상인 동네에 거주했다. 2000년에는 그 수치가 40%로 증가했다. 현재의 수치는 이를 훨씬 웃돌게 분명하다"고 밝히고 있습니다. 미국은 사회 양극화에 따른 소외 계층의 증가와 가정의 해체가 심각한 지경에 처하고 있습니다.

그럼에도 트럼프 정권은 이에 따른 불만을 외부에 전가하려는 정책으로 일관하고 있습니다. 북핵 공조를 빌미로 '한·미 FTA'를 폐기할 움직임을 보이고 있으며, 전쟁을 불사하겠다는 '미치광이 전략'으로 우리를 불안에 몰아넣고 있습니다. 미국 민주당의 테드 리우 하원의원이 북한과 전쟁을 벌이면 "210만 명이 죽고 770만 명이 부상당하게 되는데 그 사태의 심각성을 알고 있느냐"며 경고했다지만 트럼프에게 이런 말이 통할지는 모르겠습니다.

미국 사회가 갖고 있는 진정한 문제는 무엇일까요? 최근 58명을 죽이고 527명을 다치게 한 사상 최악의 라스베이거스 총기 난사 사건의 범인이 부유하고 단조로운 은퇴 생활에 염증이 난 성공한 백인 남성 스티븐 패덕이었다는 사실이 밝혀졌습니다. 그는 트럼프가 '경멸'해 마지않는 이슬람국가[15] 테러조직원이나 이민 노동자가 아니었습니다.

어쩌면 미국은 사회적 차별과 모욕과 억압을 안겨주는 가난에서 도저히 벗어날 길이 없다는 것을 깨닫게 된 힐빌리들이 '외로운 늑대'가 되어 무고한 생명을 살상할 가능성이 매우 높아 보입니다. 『힐빌리의 노래』는 그런 가능성을 경고하는 슬픈 노래로 들립니다. 양극화가 갈수록 심해지고 있는 우리 사회도 크게 다르지 않을 것입니다. 그런 면에서 자신의 아픈 과거를 가감 없이 까발리면서 우리가 처한 문제의 본질이 무엇인지를 알려준 저자가 너무 고마웠습니다.

〈경향신문〉, 다독다독, 2017.10.9.

4차산업혁명과
'크라우드 워커'

빅데이터, 공유경제, 가상·증강현실, 인공지능, 사물인터넷, 메이커 운동 등 첨단 어벤저스급 기술들의 총합인 '4차산업혁명' 하면 무엇이 떠오르시나요? 기술들을 서로 결합해 놀라운 것들이 끊임없이 만들어지는 바람에 내 일자리를 빼앗길 수 있다는 고통과 불안에 시달리신다구요? 그럼에도 불구하고 올해 5월의 대통령 선거에서 유력 후보자들은 4차산업혁명이 '미래의 먹거리'가 될 것이라며 일제히 정책 공약을 내놓았습니다. 그 경쟁에서 승리한 문재인 정부는 '4차산업혁명위원회'를 구성해 '먹거리'를 만들겠다는 실천의지를 보여줬습니다.

4차산업혁명이라는 '메시아'가 우리를 정말 구원해주고, '디지털 강국' 대한민국이 다시 새 기적을 만들어낼 수 있을까요? 그렇게 해서 만들어낸 기술들이 제각각 수백만 명의 '먹거리'를 만들어낼 수 있을까요? 일부 엘리트들과 자본가들은 당연히 그럴 것이라며 우리를 현혹하지만 오히려 기술이 인간의 일자리를 빠르게 대체하거나 대부분의 직업군이 완전히 소멸할 것이라는 공포감이 사라지는 것은 아닙니다.

이미 슈퍼컴퓨터 '알파고'나 '왓슨'이 위력을 과시한 인공지능 하나만 보더라도 기술이 안겨준 공포감이 적지 않습니다. 이광석 서울시립대 교수가 『데이터 사회 비판』(책읽는수요일)에서 지적하는 것처럼 "인공지능 기계에 의한 노동 대체 속도가 새로운 일자리 창출에 비해 현저히 커서 궁극에는 거의 모든 인간의 노동을 흡수해 자동 기계화될 것이란 비관론이 우세"함에도

"인공지능 이슈가 기술 전문가 엘리트와 글로벌 스텔스 기업의 암흑상자 논리 안에서 움직"이고 있는 것은 분명 문제가 아닐까요.

그런 측면에서 최근에 4차산업혁명에 대한 우리 저자들의 비판서가 연이어 출간되고 있는 것은 매우 긍정적이라고 할 것입니다. 이광석 교수는 같은 책에서 "인공지능의 기술적 발전 과정이란 자신의 불완전함을 극복하는 기술적 진화 과정이 아니라, 인간의 방대한 데이터를 분석해 이윤을 극대화하려는 자본주의 기업의 물질적 필요조건의 장 안에서 움직인다는 데 있다. 자본 권력의 통치 질서를 언급하지 않고 인공지능 기술 미래의 명암을 점치는 일은 그래서 공허하다"며 '기술 과잉'에 대해 심각한 우려를 표명했습니다.

손화철 한동대 교수는 『4차산업혁명이라는 거짓말』(북바이북)에서 "오래전 누군가 미래 사회는 비행기 여행 같을 것이라고 우스갯소리를 했다. 한 명의 기장이 큰 비행기를 몰고, 모두가 앉아서 소수의 승무원이 가져다주는 밥을 먹으며 눈앞에 있는 작은 스크린을 보며 즐기는 것 같은 상태가 죽 지속되리라는 것이다. 농담에 불과했던 이 이야기는 4차산업혁명을 운운하면서 점점 더 현실화되어가고 있다"며 지금부터라도 "의미 있는 일자리를 유지하면서도 사람의 삶을 풍요롭게 하는 기술이 어떤 것일지를 생각해야 한다"고 지적했습니다.

물론 다른 견해도 있습니다. 김재인의 『인공지능의 시대, 인간을 다시 묻다』(동아시아)에서는 "현재 인간의 기술 수준을 보면 이 전망(기계가 인간을 지배하는 일)은 현실화될 수 없다는 게 나의 판단입니다. 인공지능은 인간이 부여한 과제를 최적으로 해결하는 심부름꾼에 불과합니다. 인공지능이 알고리즘을 짜는 알고리즘인 것은 맞지만, 알고리즘을 짜는 알고리즘은 정작 인간이 짭니다. 그러니 안심해도 좋습니다. 인공지능을 수단으로 삼으라는 인공지능 전문가의 조언을 받아들여도 좋습니다."

과학과 철학 지식을 결합해 생활어로 이야기하는 철학자 김재인은 이어서 "인간 대 기계의 대결이 아니다. 기계를 가진 인간 대 기계가 없는 인간의 대결이다. 데이터와 직관력은 말과 기수와 같다. 당신은 말을 앞지르려 노력할 필요 없다. 당신은 말을 탄다"는 말을 인용하고 있습니다. 말은 자동차와 다름없으니 우리는 인공지능이라는 자동차를 타고 편안한 삶의 여행을 떠나면 그만일까요?

사물인터넷^{IoT,} 클라우드^{Cloud}, 빅데이터^{Big Data}, 모바일^{Mobile}이 연결된 ICBM 시스템이 우리 일상에 깊숙하게 침투하면서 수많은 사람들이 "비정규직 프리랜서로 평등화하는 '긱 경제'(임시직 경제)"로 내몰리고 있습니다. 이광석 교수는 같은 책에서 "미국에서는 우버의 프리랜서 운전자나 아마존닷컴의 '메커니컬 터크^{Mechanical Turk}' 등 플랫폼에 매달린 무수한 '크라우드 워커^{crowd worker}' 즉, 익명의 고용 없는 개인사업자로 추락하고 있다. 이들 글로벌 플랫폼들은 분 단위로 쪼개어 자원과 노동을 분할해 제공하면서 극한의 노동시간 관리 경제를 앞장서 구현하고 있다"고 말합니다.

우리도 중소상인들과 이용자를 연결해 유통 수익을 남기는 O2O(온라인 to 오프라인) 배달업체들이 우후죽순 등장하는 바람에 무수한 알바 노동자들은 '밑바닥 노동'을, 중소 가맹 점주들은 본사의 '갑질'과 플랫폼 유통업자가 강요하는 유통 수수료에 시달리고 있지 않나요? 제가 일하고 있는 출판업계도 다르지 않습니다. 저자, 편집자, 디자이너, 출판사 대표 등이 클라우드로 연결해 일을 진행하면서 편집자나 디자이너는 사실상 '크라우드 워커'로 전락하고 있습니다. 대부분의 일을 외주노동에 의존하는 '1인 출판'이 가능해지면서 출판사들이 신규 채용을 기피하고 있습니다.

김재인은 이런 사태를 이길 수 있는 유일한 힘은 '창조성'이라고 말하고 있습니다. 그렇다면 창조성을 어떻게 키워야 할까요? 결국 4차산업혁명의 본질은 교육으로 귀결됩니다. 객관식 시험으로 일관하면서 획일화된 인간을 양산하는 우리 교육이 서둘러 대책을 세워야 하는 이유가 바로 여기에 있습니다.

〈경향신문〉, 다독다독, 2017.11.6.

극심한 양극화를 해결하는
'한 생각'

"우리 세대는 전쟁을 겪지 않았다. 가난했다. 나는 두어 번 크게 아팠지만 행운이 없었다고 말하기는 어렵다. 잘못된 선택에도 내 삶은 크게 망가진 적이 없다. 배우지 못한 아버지 밑에서 청운동이란 좋은 환경에서 살았고, 상업고등학교를 나와서 좋은 회사에서 일했다. (…) 외환위기 때 국가 경제가 송두리째 흔들리고 기업이 도산해 실업자가 쏟아졌지만 우리 회사는 탄탄해서 안전했다. (…) 어쨌든 살면서 사기꾼을 만나지 않고, 폭력이나 재난에서 내 목숨과 재산을 지켜냈다. '그만하면 잘 살지 않았는가!' 앞으로 남은 세월은 남을 도우며 살고 싶다." 장석주의 『베이비부머를 위한 변명』(yeondoo)에 등장하는 1956년생인 이 남자의 아버지는 학교 문턱에도 가보지 못했다. 전립선암 수술을 마치고 회복 중인 이 사람은 두 아들에게 25세까지만 투자할 것이니 그 뒤에는 독립하라고 말했지만 아직 독립하지 못했다. 이처럼 부모보다 더 많이 배운 자식들이 좌표를 잃고 흔들리고 있다. 남이 아닌 자식 세대를 위해 베이비부머들은 어떤 선택을 해야 할까?

'아이디어 소설' 『한 생각』(이현영, 매일경제신문사)에서 대통령 선거에 출마한 야당인 민주당의 대통령 후보 허장훈은 방송연설에서 경제양극화, 계층 간 갈등, 일자리 부족, 심각한 저출산, 세계 1위의 자살, 만성적인 내수 불황, 복지, 고령화사회, 심각한 가계부채, 늘어만 가는 국가채무, 교육불평등, 중산층 붕괴현상, 국민연금 고갈, 남북통일 비용 등 우리나라의 심각한 사회적 문제들을 나열한 다음 이렇게 말한다. "지금까지 말씀드린 문제들뿐만 아니라 이 나라의 또 다른 수많은 문제들까지 그 많은 문제들의 원인은 놀랍게도 단 하나였습니다. 오직 단 하나뿐인 원인! 그것은 '경제양극화'였습니다. (…) 사람의 몸도 피가 잘 돌아야 건강하듯이 국가의 피 역할을 하는 돈이 잘 돌아야 할 텐데, 국가의 피, 즉 돈이 부유층에게만 쏠려서 뭉친 채로 고여 있으므로 나라가 동맥경화에 걸려 그 여파로 많은 곳에 병이 들었던 것입니다."

여당인 공화당의 정관영 후보 또한 종이 그래프 퍼포먼스를 통해 양극화의 정도를 보여준다. 대한민국 제1부호의 재산이 18조 1천억 원이라는 것을 알리기 위해 10억 원을 뜻하는 1m짜리 그래픽 종이를 이어붙인 1만 8,100장을 펼치는 데만 9시간 15분이 걸리는 것을 보여주는 퍼포먼스를 언론이 중계한다. 그것을 본 국민들은 분노한다. "우리의 재산은 단 1cm도 안 되는데 18km라니! 해도 해도 이건 너무하다. 엎어야 한다!"

"국제 구호단체인 옥스팜이 내놓은 보고서에 의하면, 2016년을 기점으로 세계 상위그룹 1%의 재산이 나머지 99%의 재산총액과 같아지고, 그 이후로는 점점 더 많아지리라는 것이다. 더 자극적인 내용도 있었다. 전 세계 하위 50%에 해당하는 35억 명의 재산을 다 합쳐봐야 세계 최고 부자 61명의 재산 정도밖에 안 된다는 것이다. 요점은 우리나라뿐 아니라 전 세계적으로 양극화가 이미 한계에 이르렀는데도 상황은 지금도 계속해서 극점인 1%에서 초극점인 0.1%쪽으로 쏠려가고 있다는 것이다."

허장훈 후보는 이에 대한 해법을 제시한다. "우리 국민 5천만 명 중 하위 50%의 국민, 즉 2500만 명이 보유하고 있는 재산이 국가 전체예산의 1.7%밖에 안 된다고 합니다. 계속 위로 쏠려가는 이 쏠림 현상은 지금도 계속되고 있습니다. (…) 국가의 돈(세금)을 사용하지 않고, 부유층과 중산층만 있고, 빈곤층이 없는 나라를 만드는 아이디어"이자 "양극화를 해결할 뿐만 아니라 대한민국의 골칫덩어리 문제들을 한꺼번에 거의 깨끗하게 해결하는 방법"이 바로 '한 생각'이다. 그것은 상위 부유층 30%가 하위 30%를 직접 도와서 빈곤층을 없애는 것이다.

소설에서는 '한 생각'이 실현되도록 하기 위해 지지율이 월등하게 높은 여당 후보가 "야당 후보가 적임자"라며 전격적으로 사퇴한다. 국민을 현혹하고 선동해서 "자본주의를 송두리째 무너뜨리려는 좌파적인 공약"을 재벌들의 모임인 전경련이 전폭적으로 지지하고 동참하기로 결의한다. 전경련은 한 술 더 떠서 "지원받는 빈곤층 30%를 40%로 상향 조정하고, 지원하는 부유층은 15%에서 5%로 조정하는 것을 제안"한다. 그러나 대다수 보수 언론은 격렬하게 비판한다. 소설에서는 '한 생각'이 실제로 구현된다. 그 결과 자살률이 현저하게 줄어들고, 내수경기가 살아난다. 시간이 흐르면서 수출도 고개를 들기 시작했고 외국 관광객이 꾸준히 증가한다. 내수경기가 좋아지자 일자리가 늘어났으며 자연히 임금이 점점 오르는 추세로 변했다.

'한 생각'이 현실에서 실제로 구현되기는 어려울 것이다. 그러나 재산이나 노동의 유무와 상관없이 모든 국민에게 세금으로 개별적으로 무조건 지급하는 기본소득보다는 '한 생각'이 합리적이라는 생각이 들었다.

현실은 어떤가? 국회에서 야당은 최저임금 인상에 따른 임금 인상분을 정부가 보조하는 4조 원대의 일자리 안정자금을 삭감하려 들며 양질의 일자리를 늘리는 문재인 정부의 소득주도의 성장 정책을 봉쇄하겠다는 의지를 내보이고 있다. 이런 현실에서 집권만을 위한 정치권의 극한 대립을 막기 위해 국민의 직접투표로 뽑힌 상위 2명만을 놓고 추첨을 통해 대통령을 뽑는 '한 생각 2'라는 아이디어도 신선했다.

권력은 국민의 힘으로 만들어내는 것이다. 국민이 뽑아주지 않으면 권력이 생기지 않는다. 그러니 우리의 삶을 윤택하게 만드는 권력을 선택하는 것은 우리의 자유다. 따라서 권력을 선택하는 방법에 대한 자유로운 상상 또한 자유로워야 한다. 그런 면에서 '한 생각'은 한 번쯤 생각해볼 아이디어가 아니겠는가!

〈경향신문〉, 다독다독, 2017.12.4.

2018년의 주인공은
'나야 나'

일곱 명의 작가가 자신만의 방식으로 여성이 처한 현실을 이야기하는 『현남 오빠에게』(다산책방)의 표제작인 조남주의 「현남 오빠에게」는 주인공 여성이 10년을 만나며 사랑을 나눈 남자친구인 현남 오빠의 청혼을 거절하는 편지 형식을 취하고 있습니다. 내내 존댓말로 이어지던 편지는 마지막에서 갑자기 어조가 바뀌며 "오빠가 나를 한 인간으로 존중하지 않았다는 것. 애정을 빙자해 나를 가두고 제한하고 무시해왔다는 것. 그래서 나를 무능하고 소심한 사람으로 만들었다는 것"을 질타합니다. 그 편지는 이렇게 끝납니다.

"오빠가 아무것도 할 줄 모르는 나를 돌봐줬던 게 아니라 나를 아무것도 할 줄 모르는 사람으로 만들었더라. 사람 하나 바보 만들어서 마음대로 휘두르니까 좋았니? 청혼해줘서 고마워. 덕분에 이제라도 깨달았거든, 강현남, 이 개자식아!"

저는 "이 개자식아!"가 2017년 최고의 '어록'이라고 생각합니다. 비슷한 말은 최근 시청률 1위를 달리고 있는 드라마 〈황금빛 내 인생〉에도 등장합니다. 34회의 마지막에서 흙수저 여자 서지안(신혜선 분)이 집에서 쫓겨나 자신의 주변에서 맴도는 금수저 남자 최도경(박시후 분)에게 당신이 신경 쓰이고 짜증 난다고 말을 하자 "그거 나 좋아한다는 말로 들린다"고 말합니다. 그러자 서지안은 "어, 내가 너 좋아하는 거 몰라? 알잖아…. 그런데 어떻게 신경을 안 쓰냐. 이 거지 같은 자식아"라며 사실상 사랑을 고백합니다.

2017년에 『82년생 김지영』(조남주, 민음사)을 비롯한 페미니즘 소설들에서 여성 주인공들은 주어진 현실을 그대로 받아들이지 않습니다. 자신의 상처를 한껏 드러내면서 우리 사회에 일침을 가하기 시작했습니다. '놀이 같은 저항'이거나 '거리의 투쟁'이거나 '가차 없는 결별 선언'이거나 '분노의 감정 표출'을 주저하지 않습니다. 이런 용기를 어떻게 갖게 되었을까요? 더 이상 뒤로 물러설 수 없는 상황에 너나없이 몰려 있었지만 서로의 마음을 솔직하게 나눠볼 기회가 없었지요. 그러다 2016년 말부터의 촛불광장에서 모든 세대가 여과 없이 분노를 맘껏 표출하면서 대안을 찾자고 목청껏 소리쳤습니다. 그러니 소설 속의 젊은 세대가 나태와 무기력에서 벗어나 인간적 자존감을 추구하는 행보를 보이고 있는 것은 당연할 것입니다. 이 같은 자기표현을 두려워하지 않는 '자아존중'의 원초적 체험은 2018년에도 이어질 것입니다.

한국사회에서 출판 트렌드는 10년을 주기로 반복되곤 합니다. 'IMF 외환위기'라는 세계화의 원초적 체험을 했던 1997년 무렵에도 자신을 드러내고자 하는 욕망의 수위가 최고 수위로 높아졌습니다. 『나도 때론 포르노그라피의 주인공이고 싶다』의 저자 서갑숙이 즐겼다는 '9시간의 정사'가 대표적입니다. 그즈음 『모순』(양귀자)의 주인공은 현실과 몽상 중에서 선택할 여유라도 있었습니다. 아니면 『마지막 춤은 나와 함께』(은희경)의 주인공처럼 애인은 적어도 세 명 정도는 두고 반칙의 사랑을 즐기면 그만이었습니다. 개인은 벤처 열풍에 휩싸이면서 성공신화를 꿈꿨습니다. 하지만 자기계발서는 항우울증 치료제에 불과했습니다. 그야말로 일장춘몽이었습니다.

이후 자기계발을 통해 아무리 능력을 키워보아도 성공이 말처럼 다가오지 않으니 '88만원 세대'가 등장한 2007년 직전부터 '성공'을 포기하고 '나만의 행복'으로 말을 갈아탔습니다. 이후 글로벌 금융위기마저 엄습하자 개인은 군중에게 지혜를 얻는 개중個衆화의 원초적 체험에 빠져들기 시작했습니다. 공지영의 소설 『우리들의 행복한 시간』의 여주인공은 집안 오빠에게 강간당하고 가족의 도움마저 받지 못한 채 세 번이나 자살 시도를 합니다. 그녀는 모든 것을 포기하고 죽음을 기다리는 남자 사형수를 찾아갑니다. 두 사람은 매주 만나는 세 시간, 목요일 오전 10시에서 오후 1시까지의 제한된 시간을 가장 행복한 시간으로 여겼습니다. 이처럼 개인이 추구하는 행복의 범위를 축소하던 개인은 이명박근혜 정부 9년 동안 내내 '셀프 힐링'의 깊은 늪에서 허우적거렸습니다.

1980년대에 태어난 세대는 단 한 번도 고성장의 경험을 하지 못했습니다. 그들이 세상에서 일을 시작하면서부터는 대공황이나 다름없는 장기불황에 시달려야만 했습니다. 세계 최고 수준의 불평등 구조이다 보니 저출산과 자살률은 세계 최고 수준이 되었습니다. 1천만 관객 돌파를 코앞에 두고 있는 영화 〈신과 함께: 죄와 벌〉의 김자홍(차태현 분)은 처자식도 없이 과도한 노동에 시달리다가 지옥에 끌려갔습니다. 가난으로 저지른 치명적인 원죄 때문에 15년 동안 어머니를 그리워하면서도 찾아가 보지 못한 채 말입니다. 죽음의 수용소를 살아가는 젊은이들은 축적의 경험이 전혀 없습니다. 컵밥과 라면을 먹으면서 돈을 모아 친구와 1박 2일의 여행과 맛집 체험을 하는 것을 인생 최고의 행복으로 여길 뿐입니다. 김난도 교수팀은 『트렌드코리아 2018』(미래의창)에서 작지만 확실한 행복을 추구하는 '소확행'을 2018년 최고의 트렌드로 꼽았습니다.

20년 전처럼 무엇을 고를 여유는 없습니다. 그저 온몸으로 달려들어 소리치며 현실을 돌파해야 합니다. '개자식'이나 '거지 같은 자식'이라는 분노의 욕쯤이야 늘 입에 달고 살아갈 것입니다. 20년 전에는 자신을 지키려는 마음에서 자신의 반쪽 모습이라도 드러냈지만 이제는 어떤 일에서라도 자신의 자리를 내주지 않으려 들 것입니다. 아니 그들이 다른 이에게 내줄 자리는 없습니다. 최소한의 자리에서나마 자신이 주인공이 되려 할 것입니다. 자신이 주인공이 되어 스스로 즐기면서 사회적 정의와 개인의 품위를 지켜갈 것입니다. 그렇게 자신을 온전히 지켜내려는 움직임이 바로 황금개띠 해의 최고 트렌드가 될 것입니다.

〈경향신문〉, 다독다독, 2018.1.2.

'마이크로 인플루언서'
김민섭

"사기의 첫 번째 공식은 피해자의 욕심을 자극하는 것이다. 보이스 피싱처럼 불안감으로 이성을 마비시키는 사기를 제외하고, 대부분의 사기는 피해자의 욕심을 이용한다. 사기꾼들의 속임수란 것은 실상 제비가 물어온 박씨에서 고대광실 기와집이 나온다는 것만큼 허무맹랑하다. 맨정신으로 들으면 누구나 말도 안 되는 사기라는 것을 알 수 있다. 우리가 살아오면서 배운 논리와 이성을 조금만 사용하면 손쉽게 물리칠 수 있다."

"선의는 자신이 베풀어야 하는 것이지 타인에게 바라는 것이 되어서는 안 된다. 사기도 마찬가지다. 사기꾼은 없는 사람, 약한 사람, 힘든 사람, 타인의 선의를 근거 없이 믿는 사람들을 노린다. 이것이 사기의 두 번째 공식이다. 그러니 설마 자기같이 어려운 사람을 등쳐먹겠느냐고 안심하지 마시라!"

"어설프게 아는 것은 사기당하는 지름길이다. 사기의 세 번째 공식이다. 나름대로 알아보는 것은 안 하느니만 못하다. 주변의 지인이나 인터넷 검색으로 얻은 정보는 없느니만 못하다. 또한 다른 사람들이 대신해주는 것은 없다. 대신해주겠다는 사람은 대개 브로커다. 뭐든 새로운 일을 하려면 그곳에서 직접 6개월 이상 일해보고 나서 결정해야 한다. 그게 싫다면 차라리 안 하는 것이 낫다."

'생활형 검사'를 자처하는 김웅이 『검사내전』(부키)에서 밝힌 사기의 공식들입니다. 2분에 1건씩, 한 해 24만 건의 사기 사건이 발생하는 이유는 위험보다 수익이 높다고 판단되는, 즉 '남는 장사'이기 때문이랍니다. 사기꾼은 어지간해서 죗값을 받지 않기에 우리나라 사기범의 재범률은 77%에 이르며, 사기범의 55%는 5개 이상의 전과를 가지고 있다고 합니다. 저는 우리 사회의 민낯에 얼굴을 붉히며 이 책을 읽을 수밖에 없었습니다.

제가 이 책을 읽은 이유는 김민섭의 추천 때문이었습니다. 망해가고 있는 대학의 밑바닥 생활을 정리한 『나는 지방대 시간강사다』(은행나무)를 펴낸 후 대학에서 내쫓긴 그는 대리운전을 하면서 바라본 사회의 밑바닥을 정리한 『대리사회』(와이즈베리)를 내놓았습니다. 이후 저는 그의 책과 그가 추천하는 책은 무조건 읽어보기 시작했습니다. 『힐빌리의 노래』(흐름출판)를 읽고는 칼럼을 썼고, 『아무튼, 망원동』(제철소)을 읽고는 여러 차례 추천했습니다.

제가 발행하는 〈기획회의〉에 인터뷰 기사를 연재하던 그는 작년 10월에 김동식 작가를 소개했습니다. 저는 그가 전해준 김동식 소설 20여 편을 읽어보았습니다. 묘사도 없고 구체적인 서술도 없지만 묘한 매력이 있었습니다. 가라타니 고진이 『근대문학의 종언』에서 문학의 죽음을 이야기한 이후로 큰 이야기든 작은 이야기든 모두 사라졌다고 했습니다. 저는 이야기 동산에 불이 나서 모든 이야기가 새카맣게 타버린 이후에 다시 이야기의 싹이 하나둘 튀어나오는 느낌을 받았습니다.

저는 책을 내보자고 했습니다. 대신 한 권이 아닌 세 권을 펴내자는 조건을 내걸었습니다. 책의 편집은 전적으로 그에게 맡겼습니다. 그는 디스토피아에 놓인 사람들의 이야기들인 『회색 인간』, 요괴와 외계인과 악마가 등장하는 우화를 모은 『세상에서 가장 약한 요괴』, 현실세계의 스릴러물로 구성한 『13일의 김남우』 등 3권으로 편집했습니다.

책을 내놓으면서 큰 반응을 기대한 것은 아니었습니다. 그저 새로운 상상력을 보여주는 소설을 소개한다는 마음이었습니다. 그런데 김동식 작가의 소설이 연재되고 있는 '오늘의유머'에서는 김민섭이 책 출간 소식을 알리자마자 '구매인증 릴레이'가 벌어졌습니다. 초판이 매진될 정도였습니다. 이어서 그가 페이스북에 다시 추천의 글을 올리자 이번에는 그의 지인들 중심으로 소설을 직접 구매해서 읽은 다음 호평을 올리기 시작했습니다.

그는 〈경향신문〉에 발표하는 '청춘직설'에서 "김민섭 씨 후쿠오카 보내기 프로젝트"를 소개한 적이 있습니다. 서른다섯을 먹도록 해외여행 한 번 해본 적이 없는 자신이 어렵게 마련한 후쿠오카행 10만 원짜리 땡처리 비행기표가 환불 수수료를 제외하고 2만 원밖에 돌려받지 못하게 되자 아예 같은 이름의 사람을 찾아 대신 여행을 보내준 프로젝트였습니다. 그 프로젝트로 1993년생의 다른 김민섭 씨가 대신 후쿠오카 여행을 다녀와 많은 감동을 안겨주었습니다.

처절한 생존 경쟁이 벌어지는 바람에 죽어가고 있는 대학에서 아무도 주지 않는 떡 하나를 더 주워 먹으려고 버티고 있었다면 묻힐 뻔한 안타까운 재능을 그는 우리에게 맘껏 펼쳐 보이고 있습니다. 그처럼 현실에 부대끼며 작은 결과라도 만들어내면서 현실 사회의 어려운 벽을 넘어서려 할 때 가능성의 싹은 활짝 필 것입니다.

최근에 김민섭을 중심으로 벌어진 일들에서 우리는 그와 그가 추천한 이가 잘 되면 모두가 잘 되는 것이라는 연대의 가능성을 보았습니다. 김민섭은 『무엇이 우리를 인간이게 하는가』(낮은산)에서 "무엇이 우리를 인간이게 하는가, 하고 나에게 묻는다면 저마다 가지고 있을 '린燐'이라고 답하고 싶다. 그것은 자신을 기초로 타인을 동정하는, 우리 사회를 여전히 지탱시키는 감각"이라고 했습니다. 첫째 아이의 이름을 '린'으로 짓기에 실패한 김민섭은 결국 둘째 아이의 이름을 '린'으로 지었습니다. 그는 앞으로도 아이의 이름을 부르며 타인과의 연대를 날마다 고민할 것입니다.

어떤 이는 김민섭을 '마이크로 인플루언서'라고 평가했습니다. 수백만의 팔로워를 가진 메가 인플루언서보다 수천 명의 팔로워에 불과한 이가 확실한 '연결성'만 확보되면 더 엄청난 영향력을 발휘한다는 것이지요. 앞으로도 그의 맹활약을 기대해봅니다.

〈경향신문〉, 다독다독, 2018.1.29.

도널드 트럼프라는 '좀비'

소명출판은 지난 2월 24일 창립 20주년 행사를 가졌습니다. 출판사들은 크든 작든 잡화품 가게처럼 다양한 책을 내놓게 마련인데 1,600여 종을 펴낸 소명출판은 한국문학이라는 외길만 걸었습니다. 국문학자가 소명출판에서 책을 펴내는 것이 영광이라는 분위기여서인지 기념식장에는 유명 국문학자들이 대거 참여했습니다.

잔칫집이면 즐겁고 유쾌해야 했지만 박성모 대표의 인사말부터가 무거웠습니다. "출판노동자들이 온당한 예우는 아닐지라도 우리 사회에서 평균적인 대우를 받느냐 하면 대개는 그렇지 못합니다. 20년을 버틴 이른바 한 출판사 대표라는 위치에 있는 저 자신부터 출판노동자로서 온당한 대우를 받고 있는가"를 생각해본다는 말에서 그가 얼마나 힘겹게 이끌어왔는가를 알 수 있었습니다. 축사를 한 분들도 앞으로 50년 이상 같은 길을 꾸준히 걸으며 장수하라는 덕담을 아끼지 않으면서도 우려의 말을 더 쏟아냈습니다. '동아시아 인문학의 구축과 연대'라는 소명출판의 지향점을 몰라서가 아니라 이런 출판사가 살아남기 어려운 사회적 분위기를 모두가 알고 있었기 때문일 것입니다. 그 자리에 있었던 이들의 대부분은 이런 책을 읽는 독자가 거의 존재하지 않는다는 사실을 모르지 않았을 것입니다.

저는 사전에 소명출판이 살아남을 수 있는 방안에 대해 이야기해달라는 요청을 받았습니다. 저는 일본의 30대 평론가인 후지타 나오야의 『신세기 좀비론』(한국어판 제목은 '좀비 사회학')을 인용하며 이야기를 시작했습니다. "현대는 과도기입니다. 모던으로부터 리퀴드 모더니티의 시대로 이행하고, 주요 미디어는 인터넷과 스마트폰, 게임 등의 뉴미디어로 전환되고 있습니다. 프로이트, 마르크스, 다윈의 이념이 영향력을 갖던 시대와는 달리 뇌 과학, 금융 공학, 분자생물학 등의 지식과 그로부터 발생된 세계 인식·자기 인식이 영향력을 갖는 시대입니다. 이러한 이행기 속에서의 '인간' 삶이 겪은 변화와 뒤틀림으로부터 21세기의 좀비 표현에 대한 공감이 높아진 것입니다."

이 책의 띠지에는 "좀비, 세계가 액상화하는 트럼프 시대의 전조이자 인류 해방의 증명"이라고 적혀 있습니다. 저자는 이민자나 이슬람교도를 공포의 대상으로서 표상시키고 멕시코와의 국경에 장대한 '장벽'을 건설하겠다고 선언한 미국 대통령 도널드 트럼프를 '좀비'로 보고 있었습니다. 미국만이 아닙니다. 터키 등으로부터 몰려오는 난민을 막기 위한 '버철 펜스(감시 카메라, 드론, 생체인증 등을 구사한 장벽)를 구축한다는 구상이 EU에서도 나오고 있습니다.

미국에서 유일하게 살아 있는 제조업인 무기를 팔러 한국을 다녀간 바 있는 트럼프는 인류 평화의 축제인 평창올림픽 폐막에 때맞추어 북한의 석유·석탄 무역 등을 차단하기 위해 북한과 중국 등 외국 해운사와 선박에 대해 무더기로 해상 차단이라는 독자적인 제재를 단행하면서 곧바로 제2단계 조치도 준비하고 있다고 밝혀 우리를 불안에 떨게 만들고 있습니다. 트럼프는 제2단계가 "매우 거친 내용이고 전 세계에 불행한 일이 될 것"이라고 말해 대북 군사옵션 동원 가능성마저 예고했습니다.

우리가 겪는 "불안, 공포, 소외감, 고통, 괴로움" 등의 원인은 무엇일까요? 우리는 단지 트럼프의 화풀이 대상으로 전락한 것이 아닐까요? 그런데 우리는 그런 구조에서 벗어날 근본적인 사유를 조금이라도 하고 있을까요? 보수 정치인이야 원래 아무 쓸 짝이 없는 종자들이지만 그런 사유를 통해 장기적인 방안을 연구해야 할 대학은 신자유주의 하수인으로 전락해 석·박사 연구자나 학생들의 머리에 빨대를 꽂아놓고 빨아먹을 생각이나 하고 있으니 큰일이지 않나요? 법정 최저임금이 좀 올랐다고 청소노동자를 앞장서서 해고하거나 저임금의 시간강사나 연구자를 온갖 핑계로 핍박하는 것이 바로 대학입니다.

문학전공의 대학졸업자가 문학적 상상력을 활용할 직장은 과연 얼마나 남았을까요? 글만 써서 먹고사는 작가들은 손가락으로 꼽을 정도입니다. IMF 외환위기 직후에 영화 잡지를 비롯한 문화잡지들이 대거 사라졌습니다. 김영란법을 핑계로 그나마 남아 있던 대기업 사보들도 사라져갔습니다. 그러니 기자나 편집자로 살아가는 일도 쉽지 않습니다.

소명출판을 버티게 해준 것에는 학술원이나 문화체육관광부의 '우수학술도서'라는 제도가 있습니다. 하지만 이것은 죽어가는 이에게 산소호흡기를 꽂아준 것에 불과합니다. 그렇게 선정돼 도서관 등에 보급된 책들은 먼지만 뒤집어쓰고 있을 확률이 높습니다.

근본적인 대책은 무엇일까요? 오랜 시간이 걸려 쓴 논문들을 대강 얽어서 출판사로 보내면서 책으로 내달라고 요구하는 것은 출판사를 죽음의 늪으로 몰아넣는 일입니다. 그러니 대중의 마음을 휘어잡을 임팩트가 강한 주제에 대해 풍부한 사례를 예시하며 스토리텔링이 강한 책을 빠르게 써내야만 합니다. 그런 원고를 써낼 수 있는 학자가 과연 얼마나 될까요? 그날 저는 세상을 뒤흔들 젊은 상상력이 필요하다고 했습니다. 급진적이고 파괴적이며 강경한 노선으로만 일관하는 트럼프라는 '좀비'가 유포하는 공포와 위협에서 벗어나기 위해서는 그가 세우려는 '장벽'부터 무너뜨려야만 합니다. 그러기 위해서는 인류의 '공존'을 추구하는 설득력 있는 담론을 되도록 만들어내야 합니다. 현실에 발 딛고 서서 목청껏 외치는 전복의 상상력이 되도록 많이 출현해야 합니다. 그런 상상력이 없지 않습니다. 우리가 그런 상상력이 담긴 책을 열심히 찾아 읽어주는 일이야말로 우리의 미래를 스스로 밝히는 일이 될 것입니다.

〈경향신문〉, 다독다독, 2018.2.27.

'죽음의 수용소' 같은 세상을
벗어나는 법

　자유한국당의 홍준표 대표가 "안정되고 글로벌 금융위기도 가장 먼저 탈출해 번영을 이뤘던 시기"라고 강조한 MB(이명박) 시절에 출판시장의 트렌드는 '셀프 힐링' 단 하나였습니다. 경제적 양극화(불평등)가 갈수록 심화되고, 비정규직이 늘어나면서 우울증 환자가 속출했던 그 시기에 국민들은 오로지 스스로 위로할 수밖에 없었습니다. 급기야 2012년에는 '멘붕'(멘탈 붕괴)에 빠져들었지요. 이 시기에 소설은 팔리지 않았습니다. 반대세력을 양파 껍질 벗기듯 하나둘 제거해나가던 박근혜 정부 시절도 상황은 마찬가지였습니다.

　물론 가끔은 소설이 팔린 적이 없지 않습니다. 『채식주의자』로 '맨부커상 인터내셔널'을 수상한 한강의 소설이 크게 팔려나가기도 했습니다. 그러나 올해 들어서는 경천동지할 일들이 날마다 터지는 바람에 정말로 소설이 팔리지 않습니다. 문학 출판사들도 신간을 거의 내놓지 않아 베스트셀러에 새로 오르는 책들은 '무례한 사람에게 웃으며 대처'하거나, 인생에서 가장 중요한 하나만 남기고 신경을 꺼버리거나, 불행을 피하는 연습을 하거나, 혼자 살아가는 법을 알아가는 데 도움이 되는 자기계발서들뿐입니다.

　유일한 소설이 하나 있습니다. 주인공이 "죽을 만큼 아프면서 아이를 낳았고, 내 생활도, 일도, 꿈도, 내 인생, 나 자신을 전부 포기하고 아이를 키웠어. 그랬더니 벌레가 됐어. 난 이제 어떻게 해야 돼?"라고 외치는 『82년생 김지영』(조남주, 민음사)의 이야기입니다. 이 소설이 팔리기 시작한 것은 '강남역 10번 출구 살인사건' 이후 페미니즘 논쟁이 거세게 벌어지기 시작한 직후입니다.

최근에 걸그룹 레드벨벳의 멤버 아이린이 팬미팅 자리에서 『82년생 김지영』을 읽었다고 밝히자 아이린이 페미니스트라서 싫다는 남자들이 아이린의 사진을 불태우고 인증하는 일이 벌어졌습니다. 이렇게 논란이 일자 책에 대한 관심이 폭증하는 바람에 오히려 소설은 한 온라인서점에서 창사 이래 하루에 가장 많이 팔린 책이 되었다지요!

어떤 책을 읽었다는 것만으로 어찌 페미니스트로 단정할 수 있을까요? 어쩌면 페미니스트가 되는 것이 문제가 아니라 페미니스트가 아닌 게 문제가 되지 않을까요? 하여튼 지금 우리 사회는 타인에 대한 이해나 배려를 하려는 모습을 보여주는 것만으로도 공격의 대상이 되는 사회가 되어버렸습니다. 저는 얕잡아보는 것을 가장 싫어하는 젊은이들에게 나설 수 있는 용기를 부르짖은 아들러의 사상을 담은 『미움받을 용기』(기시미 이치로 외, 인플루엔셜) 이후에 『죽음의 수용소에서』 벗어나는 지혜를 담은 빅터 프랭클이 주목받을 것이라고 생각했습니다.

어쩌면 지금 우리는 '죽음의 수용소'에 살면서 나 하나만 잘 빠져나가면 그만이라는 생각을 갖고 있는 것은 아닐까요? 실존 인물의 실명 수기를 바탕으로 한 안재성 장편소설 『아무도 기억하지 않았다』(창비)를 읽으면서 저는 그런 생각을 굳혔습니다.

소설의 주인공 정찬우는 1950년 7월 초 인민군이 파죽지세로 남하하던 시기에 김일성의 직인이 찍힌 임명장 하나로 노동당 교육위원으로 발탁되어 남한 영남지방으로 파견됩니다. 22세에 불과했던 그는 김일성대학 역사학과를 갓 졸업하고 교사로 발령받은 직후였지만 자신의 의지와 관계없이 '죽음의 전장'에 뛰어들어야만 했습니다. 전장에서 생사의 고비를 수없이 넘긴 그는 낙동강 전선에서 북한군이 UN 연합군에 궤멸되다시피 한 이후에 북으로 돌아가지 못하고 산속에 갇혀 빨치산이 됩니다. 결국 그는 국군에 잡혀서 포로수용소에 수감된 다음 전범재판을 통해 남한에서 10년의 세월을 복역합니다. 정찬우는 자신만 살아남기 위해 온갖 악행을 일삼던 극좌파들과 결탁한 우익 중에서도 극우파인 간수장의 음모로 지독한 고문을 받으면서 좌익 '사상교육과 조직훈련'을 시켰다는 것을 인정해야만 했습니다. 그는 수시로 징벌방을 드나듭니다.

"이번엔 단독 수용이었다. 함석으로 된 뒷문 가장자리의 미어진 틈바구니에서 차가운 바람이 사정없이 몰아치는데 담요 한 장으로 견디기란 산중에서 노숙하는 것보다도 힘들었다. 산중에서는 옷이라도 두껍게 입거나 아니면 땅을 파서 모닥불을 피우고 그 위에 흙을 덮어 온돌에서처럼 잘 수도 있었다. 허름한 수인복과 얇은 담요로 추위를 견디는 일은 훨씬 고통스러웠다. (…) 정찬우는 걷잡을 수 없는 분노와 환멸에 빠지게 되었다."

정찬우는 죽음을 떠올립니다. "태중에서 아무런 준비 없이 세상에 나왔다가 모진 풍파를 다 겪고 이슬처럼 스러지는 게 인생이라지만 정말로 이건 너무 허무한 인생 아닌가? 이렇게 살 바에야 죽는 게 낫지 않을까?" 하지만 죽음의 고비를 수없이 넘긴 그는 결국 귀향을 합니다. 그의 목숨을 살려준 것은, 그가 과거에 빨치산이 되어 쫓기면서도 김일성으로부터 받은 권총을 한 방도 쏘지 않은 것과 처형될 위기에 처한 사람들을 아무런 정치적 고려 없이 여럿 구해준 일이었습니다. 그의 '온정' 때문에 살아남은 이들은 나중에 그를 구하기 위해 헌신하곤 합니다.

지금 우리의 현실은 "소가 엷은 얼음 위를 지나가듯 조심해서 살아야" 하는 세상입니다. 역시 "태중에서 아무런 준비 없이" 세상에 밀려 나온 젊은이들은 정찬우처럼 "터질 것 같은 절망감과 반항심"으로 굳어져 있습니다. 수용소 같은 이런 세상에서 우리는 어떻게 해야 살아남을 수 있을까요? 그건 소설 속에서 한 죄수가 무심코 내뱉은 이 말이 아닐까 싶습니다. "불운한 시대에 태어나 고난을 겪는 우리가 서로 돕지 않으면 누가 돕겠습니까?"

〈경향신문〉, 다독다독, 2018.3.26.

'방탄현상'과 교육 혁명

"데뷔 초반, 방송에서 잘리기가 부지기수였던 흙수저 아이돌 그룹인 방탄은 소수의 한국 소녀 팬과 아시아 지역 일부 소년 팬과 연결접속되었다. 하지만 이들은 한국과 아시아의 소녀 팬으로 이루어진 영토를 벗어나(탈영토화) 미국과 유럽 대륙의 수많은 팬과 연결접속, 차원과 복잡도가 다른 새로운 연결접속을 만들어냈다(재영토화). 방탄이 한국과 아시아에서 벗어나 미국과 유럽의 팬들과 연결접속한 것을 단순히 팬의 범위가 확대되었다는 의미로만 볼 수는 없다. 이질적인 전 세계 팬들과의 연결접속이 방탄의 성공의 의미를 새로운 차원으로 변화시켰다."

들뢰즈 연구자인 이지영은 『BTS 예술혁명』(파레시아)에서 방탄소년단이 팬덤인 아미ARMY와의 연대와 실천을 통해 이루어내고 있는 놀라운 사회·문화적 변화와 미학적 변화를 '방탄현상'이라 부릅니다. 이 변화에는 "기존의 위계질서와 권력관계를 침식하며 사회 전체를 뒤바꾸는 혁명의 함의까지 발견"되고 있으며, "2016~2017년의 촛불혁명이 우리나라에 국한된 정치 변화를 가져왔다면 방탄으로 인해 초래되고 있는 변화는 전 지구적인 규모의 포괄적이고 근원적인 변혁을 징후적으로 표현한다"고 주장합니다.

방탄은 2017년 11월, '아메리칸 뮤직어워드AMA' 시상식장에서 공연을 했습니다. 그 자리에서 "함성과 비명을 지르며 춤을 따라 추는 수많은 방청객들, 방탄 멤버들의 한국어 이름을 연호하고 한국어 가사를 떼창하는 미국의 20대 여성들. 도무지 이해할 수 없는 이 낯선 광경은 많은 이들에게 충격"이었습니다. 아시아를 넘어 유럽과 영미권에서까지 명실상부한 성공을 거둔 한국의 아이돌 그룹은 방탄이 처음이었습니다.

방탄은 해외 진출 이후 'BTS'라는 이름을 주로 내걸고 활동하고 있습니다. 방탄소년단의 기획사 측은 BTS가 'Beyond The Scene'의 약자이며, 이는 '10대와 20대를 향한 억압과 편견을 막는다'는 뜻을 유지하면서도 '현실에 안주하지 않고 꿈을 향해 끊임없이 성장하는 청춘'이란 의미를 더했다고 밝혔습니다.

아이돌의 노래 가사가 품고 있는 의미를 46개 키워드로 분석한『아이돌을 인문하다』(사이드웨이)의 저자 박지원은 "그들은 어른들의 훈계와 가르침을 '위선'과 '거짓말'이라고 단언하는 동시에, 그들에게 휘둘리고 있는 나약한 청소년들을 향해 '더 이상 꾸물거리지 말라'고 일침을 놓습니다. 기성세대와 체제에 대하여 반항의 목소리를 높이지만, 그런 시스템과 문화에 젖어 있는 10대들을 향해 '맞서 싸워야 한다'고 마치 꾸짖듯 노래하는 것이 방탄소년단의 특징"이라고 말합니다.

이지영도 "현재의 세계가 바뀌어야 한다는 필요성, 그리고 그 변화가 더 큰 자유와 해방, 더 나은 세상을 향해야 한다는 데 대한 감응과 공명. 이것이야말로 방탄이 글로벌한 성공을 거둘 수 있었던 근본적인 요인 중 하나"라고 말합니다. "방탄의 사회비판적인 메시지가 미국을 비롯한 전 세계 팬들의 공감을 일으킨 것은 무엇보다도 신자유주의적인 경쟁 체제가 전 지구적인 양상을 보이고 있는 현실 때문이라고 볼 수 있다. 심화되는 경쟁, 일자리 부족, 정의롭지 못한 부의 분배, 그로 인한 삶의 불안과 우울은 결코 우리나라만의 문제가 아니라 전 세계적으로 나타나는 보편적인 현상"이라는 것입니다.

방탄과 아미가 만들어낸 '폭발성의 비밀'이 노래 가사에만 있을까요? 이지영은 젊은 세대들에게 가장 영향력 있는 유튜브라는 세계 최대 영상 공유 사이트의 힘을 강조합니다.

"공유 플랫폼의 폭발적인 양적 성장은 많은 양의 콘텐츠가 축적되는 것만을 의미하지는 않는다. 양적 변화는 질적 변화를 야기한다. 예술에 대한 대중의 태도가 바뀌면서 새로운 사회적 가치를 갖는 새로운 예술형식이 출현한다. 모바일 네트워크를 바탕으로 하는 절대다수의 대중을 고려할 때, 21세기 모바일 네트워크 사회가 새로운 예술에 요구하는 것은 '공유가치'라고 할 수 있다. 복제 기술이 등장하면서 예술의 가치가 '의식가치'에서 '전시가치'로 바뀌었듯이, 모바일 네트워크 기술이 전면화되면서 21세기 예술의 가치는 '전시가치'에서 '공유가치'로 바뀌어가고 있다고 볼 수 있다."

이지영은 '방탄현상'이 "절대적이고 영원해 보이는 현실의 권위와 힘을 무력화시키는 출발점"의 하나라고 말하면서 이렇게 주장합니다. "현실의 권위와 힘이 무력화되기 시작하는 순간 우리는 다른 삶, 다른 세상을 꿈꿀 수 있다. 이 꿈은 백일몽이 아니라 세계사적 변혁이라는 객관적 사태 인식을 바탕으로 꾸는 꿈이다. 이것이 희망이다. 많은 사람들이 다른 삶, 다른 세상을 함께 꿈꾼다면 이 희망은 새로운 현실이 될 것이다."

앞으로 제2, 제3의 '방탄현상'은 끊임없이 출현할 것입니다. 저는 그 꿈을 이어가려면 학교교육부터 바뀌어야 한다고 봅니다. 학교 안에서 교과서, 객관식 시험문제, 상대평가 등을 퇴출시켜야 합니다. 아이들을 자본의 노예로 키우는 경쟁교육을 지양하려면 반드시 필요한 일입니다. 아이들이 협력을 통해 과제를 함께 수행하면서 공유가치를 깨닫도록 해야 합니다. 그러는 과정에서 스스로 표현할 수 있는 힘을 키울 수 있게 배려하면 창의적인 사고력이 저절로 키워질 것입니다.

방탄현상에서 보듯 지금의 젊은 세대는 이미 새로운 세계에서 살고 있습니다. 전문 검색으로 소설 쓰는 법을 배우고, 독자들의 댓글을 스승으로 삼아 꾸준히 글을 써온 새로운 유형의 작가가 젊은 세대의 환호를 받는 세상입니다. 바야흐로 우리 교육이 이제 혁명적으로 바뀌어야 합니다. 사교육업자의 압박을 뚫고 백해무익한 객관식 대학입시부터 없애야 마땅합니다.

〈경향신문〉, 다독다독, 2018.4.23.

보텍스 시대의
대학 입시 개혁

지방선거 등록일이 며칠 남지 않았습니다. 그런데도 선거 이슈가 별로 떠오르지 않고 있습니다. 지방선거 출마자들의 공약 1호가 '미세먼지 해결'이고, 그다음이 '집값 상승'이라고 합니다. 미세먼지 해결은 국가 차원에서 해결할 문제이지 지방 정부가 해결할 수 있는 수준이 아닙니다. 그리고 집값이 좀 오른다고 모든 일이 해결될까요? 그럼 어떤 이슈가 좋을까요? 2012년의 대통령 선거 직전에는 "교육을 잡는 자가 대권을 잡는다"는 말이 있었는데 교육은 어떤가요? 더구나 이번에 교육감 선거도 함께 있으니까요!

요즘은 일류대학을 졸업하고, 안정된 직장에 취직하고, 결혼을 하고, 아이를 낳아 잘 키우고, 은퇴해서 연금으로 편안한 노후생활을 꿈꿀 수 있는 세상은 아닙니다. 정신건강전문의 하지현은 『불안 위에서 서핑하기』에서 많은 사람들이 무인도에 홀로 서 있는 스트레스를 받고 있다고 분석합니다. 그 스트레스는 "예측 가능성과 조절 가능성"에 의해 움직이는데 "세상이 안정적이고 예측 가능한 방향으로 움직이는 흐름이 지속될 때에는 삶의 예측 가능성과 조절 가능성을 올리려는 개인의 노력이 효과적으로 결과에 반영될 수" 있지만 지금은 그렇지 않다며 그 상황을 이렇게 설명합니다.

"나라는 존재가 컵이라고 합시다. 컵 안에 물이 담겨 있어요. 이 물이 넘치지 않게 하려고 나는 열심히 컵 안의 물을 관리하면서 컵이 흔들리지 않게 잘 잡고 있는 방법을 배웁니다. 하지만 애초에 이 컵이 놓인 테이블의 다리 하나가 짧다면? 그때는 내가 아무리 노력해도 컵이 계속 흔들릴 수밖에 없겠죠?"

테이블의 다리 하나가 짧아진 이유는 뭘까요? 인공지능의 출현 때문이 아닐까요? 인간의 지능지수^{IQ}는 평균 100이지만 인공지능은 1만이나 됩니다. 100배나 머리가 좋은 비서를 활용할 수 있는 세상이 온 것입니다. 우리는 그런 비서를 잘 활용하면서 자신의 가능성을 키워야만 합니다.

일본의 교육계는 이런 변화에 발맞춰서 2020년부터 4지선다형 대학입시인 '센터 시험'을 폐지하고 '대학 입학 공통 테스트'를 도입했습니다. 새 시험에는 마크 시트 방식의 문제에 서술형 시험이 추가되고, 영어에서는 '읽기·듣기'에 '말하기·쓰기'가 더해진 4개의 기능을 시험하고, 영어검정시험, 토익, 토플 등 민간시험이 도입됩니다. 수학에서도 서술식 문제가 출제되고, 국어에서도 소논문을 쓰는 능력이 요구됩니다.

대학입시부터 이렇게 바꾼 것은 아동과 학생이 주체적으로 액티브 러닝(배우는 쪽이 적극적으로 참가하는 형태의 수업)을 통해 사고력이나 표현력을 기를 수 있게 하려는 것입니다. 세계화가 급속하게 진행되는 초연결사회에서 개인이 가능성을 열어가려면 어쩔 수 없는 선택이라는 것이죠. 기술이 발달함에 따라 직업이 자주 바뀔 수밖에 없는 현실에서는 어려서부터 주체적인 학습능력을 키워야 합니다. 따라서 교육은 그런 방향으로 바뀌어야 하는데 이걸 효과적으로 반영하려면 객관식 대학입시부터 폐지해야 마땅하다는 것입니다.

과거에는 생산자인 기업이 대량생산한 제품을 되도록 많은 소비자에게 판매할 수 있는 프레임이 존재했습니다. 하지만 지금은 그렇게 만들어진 프레임도 '보텍스^{vortex}'라는 소용돌이가 한 번 일어나면 한순간에 모든 것이 무너지는 세상입니다. 그러니 이제 개인은 어떤 소용돌이가 일어도 살아남을 수 있는 능력을 키워야 합니다. 우리 교육도 그런 능력을 키우는 방향으로 바뀌어야 마땅합니다.

교육평론가 이범은 『나의 직업 우리의 미래』에서 "일생 동안 직업을 여러 번 바꿔야 할 확률이 높아졌고, 그때마다 본인이 뭘 배울지 스스로 결정할 수 있어야 한다는 것이 4차산업혁명이 우리 교육에 던지는 화두"가 되는 세상에서 "교육의 초점은 창의력 자체보다는 자기 주도 학습 능력, 특히 본인이 스스로 학습 목표를 설정하는 능력"에 맞춰야 한다며 교과서 자유발행제 도입을 주장합니다.

이범은 인터넷에 검색하면 정답이 나오는 시대에 "자꾸 '출제자의 의도'만 따지게 되니 자기 생각을 구성하는 힘을 기르기 어렵"게 만드는 객관식 시험문제도 사라져야 한다는 주장도 펼칩니다. 객관식은 교권침해의 소지도 있다는 것이지요. 또한 "제로섬 경쟁"으로 "협력적인 인성을 키우는 것을 방해하는 제도"인 상대 평가도 폐지해야 마땅하다는 주장도 전개합니다. 회사에 입사하면 경쟁의 단위는 개인이 아니라 조직인 사회에서 그의 주장은 매우 설득력이 있어 보입니다.

게다가 이범은 최근 학벌과 스펙의 중요성이 낮아진 이유를 세 가지 측면에서 설명하고 있습니다. "첫째는 경제 구조의 변화, 즉 정부의 영향력이 줄어들면서 학연과 같은 '연고'의 중요성이 낮아진 것, 둘째는 고용 형태의 변화, 즉 정기 채용해서 교육·훈련 후 배치하는 모델에서 수시 채용해서 즉시 배치하는 모델로의 변화, 셋째는 기존 채용 방식의 결점으로 간주되는 기술적인 문제들, 즉 도련님·공주님의 증가라든가 이직률이 높다는 점 등. 이 세 가지는 서로 상당히 다른 차원의 문제인데, 동시에 변화하고 있습니다. 그래서 전체적으로 보면 학벌과 '스펙'의 가치가 예전에 비해 낮아졌다는 느낌이 들죠."

최근 교육부는 대학입시 개혁에서 갈팡질팡하는 모습을 보이고 있습니다. 스스로 개혁안을 만들지 못하고 하청, 재하청으로 임해서 우리를 불안하게 만들고 있습니다. 심각한 학력사회인 일본이 대학입시 개혁을 통해 교육을 근원적으로 개혁하는 것에서 우리도 타산지석의 지혜를 찾아야 하지 않을까요? 학벌과 학력보다 개인의 생존 능력이 중요해지기도 했으니 말입니다.

〈경향신문〉, 다독다독, 2018.5.22.

21세기형
로맨스소설의 탄생

　베스트셀러는 언제나 당대에서는 대중이 쉽게 이룰 수 없는 욕망을 담고 있습니다. 저는 1980년부터 2010년까지를 정리한 『베스트셀러 30년』을 펴내기도 했고, 나중에 광복 70년을 맞이해 '베스트셀러 70년'을 정리해보기도 했습니다. 그래서 얻은 결론입니다. 그걸 간단하게 정리해보겠습니다.

　한국전쟁은 한반도 인구 3천만 명 중에서 300만 명의 목숨을 앗아갔습니다. 전장에서 많은 남성들이 돌아오지 못했습니다. 전후허무주의가 엄습하던 1950년대에 홀로 된 젊은 여성들은 어땠을까요? 춤바람이라도 나보고 싶지 않았을까요? 현실에서는 그런 삶을 살 수가 없었던 그들은 『자유부인』(정비석)의 여주인공 오선영을 바라보며 안도했습니다. 대학교수 장태연의 부인으로 정숙한 가정주부였던 오선영은 춤바람이 나서 가정이 파탄할 위기에 처합니다. 이 소설이 신문에 연재되자 서울대 법대 교수 황산덕은 정비석을 "중공군 50만 명에 해당하는 조국의 적"이라고까지 격렬하게 몰아쳤습니다. 결국 작가는 잘못을 뉘우친 오선영이 장태연의 이해와 아량으로 가정으로 돌아오도록 만들 수밖에 없었습니다.

　산업화가 이뤄지던 1970년대에는 호스티스소설이 떴습니다. 『별들의 고향』(최인호)의 경아, 『겨울여자』(조해일)의 이화, 『영자의 전성시대』의 영자는 모두 잘난 남자들 때문에 상처를 입고 호스티스가 됩니다. 그들을 '성^聖처녀'로 미화하는 경우가 없지 않았지만 그들의 삶은 점점 추락해갑니다. 산업화가 진행되는 가운데 수많은 젊은 여성이 도시로 와서 여공이나 오피스걸^이,

버스 차장이나 식모(가정부)가 되었습니다. 그들은 화려한 삶을 사는 것 같지만 결국은 무책임한 사내들의 '방뇨'에 의한 가련한 희생자로 추락해가는 호스티스들의 비참한 삶을 바라보며 옷깃을 여몄을 것입니다.

사상 초유의 IMF 외환위기 직후 맞이한 2000년대는 벤처 열풍이 대단했습니다. 글로벌 세상은 단지 생각을 바꾸거나 대화, 협상, 유혹, 칭찬 등의 기술 하나만이라도 잘 습득하면 성공할 수 있다고 유혹했습니다. 그야말로 자기계발 전성시대였습니다. 벤처 열풍에 힘입어 일확천금을 건진 사람들이 없지 않았지만 거의 모든 사람들의 삶은 조금씩 나빠질 뿐 나아질 기미가 보이지 않았습니다. 더구나 이후에도 5년마다 카드대란과 글로벌 금융위기가 다시 찾아왔습니다. 사람들은 성공을 포기하고 나에게 주어진 알량한 '행복'이라도 겨우 유지되기를 간절히 염원하기 시작했습니다.

그 시절에 크게 뜬 소설들은 모두 극도로 축소된 인간관계를 다루고 있습니다. 간암에 걸린 아버지가 각막을 팔아가면서까지 백혈병에 걸린 아들을 살리려는 부정을 그린 『가시고기』(조창인), 위암에 걸린 여인이 항암치료를 거부하고 건강한 딸을 낳고 죽어가는 『국화꽃 향기』(김하인), 사촌오빠에게 강간을 당하고도 교양을 중시하는 가족들 때문에 상처조차 드러낼 수 없었던 여자가 세 명의 여자를 살해한 죄로 사형수가 된 남자를 면회하던 매주 목요일의 세 시간을 가장 행복한 시간으로 여기는 『우리들의 행복한 시간』(공지영), 엄마가 지하철에서 실종되고 나서야 가족들의 여러 시점으로 엄마라는 실체가 점차 드러나는 『엄마를 부탁해』(신경숙) 등이 바로 그렇습니다.

이명박 정권 내내 셀프 힐링을 하면서 겨우 버티다 맞이한 2010년대에는 개인이 혼자 일어서기도 버거워 누군가를 사랑하기도 힘들었습니다. 멘붕이 온 젊은이들은 헬조선을 부르짖었습니다. 하나둘 포기하다 더 이상 포기할 것이 없어 N포세대가 된 이들은 "죽을 만큼 아프면서 아이를 낳았고, 내 생활도, 일도, 꿈도, 내 인생, 나 자신을 전부 포기하고 아이를 키웠어. 그랬더니 벌레가 됐어. 난 이제 어떻게 해야 돼?"라고 외치는 『82년생 김지영』(조남주)의 삶에 자신을 빙의했습니다.

그러나 그들도 이제 떨치고 일어나기 시작했습니다. 『그녀 이름은』(조남주)은 소설 '만인보'입니다. 28편의 소설에 불과하지만 아홉 살부터 예순아홉까지의 이 세상에 존재하는 '모든' 여성들이 등장하고 있습니다. 아픈 과거를 갖고 있는 그들이 자신의 삶에서 드디어 희망을 찾기 시작했습니다. 촛불을 들고 광장에 나타나고, 맞춤법도 맞지 않는 피켓을 들기도 하고, 비정규직 차별에 항의하기 위해 파업을 하면서 진정한 자신을 찾으려 하니 세상이 조금씩 달라지기 시작했습니다.

『경애의 마음』(김금희)은 초연결사회의 새로운 로맨스입니다. 37세인 남녀 주인공은 56명이 한꺼번에 죽는 20년 전의 화재로 친구와 애인을 잃은 경험을 공유합니다. 반도미싱에서 한 팀이 되는 경애와 상수는 회사에서의 삶은 늘 겉돌지만 익명으로 만나는 '언니는 죄가 없다'라는 사이트에서는 진정한 마음을 드러내는 이중생활을 합니다. 처음에 그들은 가상현실에서의 만남을 알지 못합니다. 결국 "서로가 서로를 채 인식하지 못했지만 돌아보니 어디엔가 분명히 있었던" 마음을 알게 된 두 사람은 드디어 서로의 손을 맞잡습니다. 지난 6·13 지방선거는 두 사람처럼 "추억이 있고 대화가 어긋났던 감정들의 순간과 실패의 경험과 자주 있었던 낙담과 서로를 서툴게 위로했던" 우리가 "사랑의 상실과 고통으로 가득 차" 있던 과거를 떨치고 투표 하나로 진정한 마음을 공유한 대단한 사건이 아닌가 싶습니다. 이제 우리 모두가 할 수 있는 최선은 "잃어버린 사랑이 어떻게 안전하게 식어갈 수 있는가"를 고민하는 것이 아니라 "사랑에 빠지는 것"이 아닐까요? 소설 속의 두 주인공처럼 말입니다.

저는 현실에서 늘 2% 정도 부족한 것을 네트워크에서 채우던 인물들이 주인공인 21세기형 로맨스소설의 탄생에 무척 기뻤습니다. 여러분도 새로운 사랑을 한번 꿈꿔보시지요.

〈경향신문〉, 다독다독, 2018.6.19.

오장칠부가 된
인간의 글쓰기

"문장 훈련에 관한 한, 남다른 비법은 없다. 남들처럼 많이 읽고 많이 쓰는 것 말고는. 틈틈이 책을 보고 일정 분량 글을 쓴다. 테마를 정해 자유로운 형식으로 쓰든, 일기를 쓰든, 청탁 원고를 쓰든, 필사를 하든. (…) 사전은 종류별로 갖고 있지만 어휘력을 목적으로 들춰보지 않는다. 그보다는 다독과 필사가 더 좋다고 생각한다. 한 문장에 복수의 의미를 담는 방법, 평범한 단어를 기발하게 활용하는 방식, 문장 순서를 바꾸는 법, 위트와 유머 등을 동시에 배울 수 있다." 정유정 작가는 21세기 한국 문단을 선도하고 있습니다. 그가 인터뷰어 지승호의 질문에 답하며 소설 창작의 비밀을 털어놓은 『정유정, 이야기를 이야기하다』(은행나무)에서 "본인만의 소설 창작의 비밀"이라고 밝힌 내용입니다.

글쓰기 책이 범람하고 있습니다. 이 책들이 공통적으로 제안하는 글쓰기 방법론은 꾸준히 쓰라는 것입니다. 화학자 출신의 소설가인 곽재식은 『항상 앞부분만 쓰다가 그만두는 당신을 위한 어떻게든 글쓰기』(위즈덤하우스)에서 이렇게 말합니다. "글을 쓰는 것이 정 어렵다면, 좋은 글을 써야 한다는 생각을 버리고 대충 쓰자! 품질을 떨어뜨려도 된다. 써서는 안 된다고 했던 상투적인 표현이나 수십 번도 더 봤던 거들떠보기도 싫은 이야기도 어쩔 수 없다면 눈 딱 감고 갖다 써도 된다. 그렇게 해서 넝마 같은 글일지언정 하여간 써나가는 것이다."

평범한 직장인에게 글쓰기의 중요성을 일깨워준 이는 강원국입니다. 청와대에 근무했던 그는 김대중, 노무현 전 대통령에게서 배운, 사람을 움직이는 글쓰기 비법을 담은 『대통령의 글쓰기』를 내놓아 일약 글쓰기의 '대가'로 떠올랐습니다. 그는 최근에 자신만의 글쓰기 방법론을 담은 『강원국의 글쓰기』(이상 메디치미디어)를 내놓았습니다. 28년 경험을 녹여서 썼다는 그는 이 책에서 고백합니다. "2014년 2월 첫 책 『대통령의 글쓰기』를 내고 1천 번 가까이 강연을 했다. 블로그, 홈페이지에 2천 개가 넘는 글을 썼다. 모두 글쓰기에 관한 내용이다. 첫 책 출간 이후 1,500일 가까이 글쓰기에 관해서만 생각하며 살았다. 그리고 글쓰기로 고통 받는 이들과 만나 대화를 나눴다."

강원국이 말하는 글 잘 쓰는 비결은 '3습'입니다. "학습, 연습, 습관이다. 그중 하나를 꼽으라면 단연코 습관이다. 단순 무식하게 반복하고 지속하는 것이다. 글쓰기 트랙 위에 자신을 올려놓고 글쓰기를 일상의 일부로, 습관으로 만드는 것이다. 밑 빠진 독에서도 콩나물은 자란다."

포항에서 교사로 일하는 박균호는 『사람들이 저보고 작가라네요』(북바이북)에서 강원국의 강연을 기획해서 겪었던 경험을 털어놓았습니다. "강연장을 나선 외부 손님들의 표정이 강원국 선생의 그것과 같았다. 사람이 행복하면 저런 표정이 나오는구나 싶었다. 강연이 너무 유익했고 재미났다는 것이다. 놀라운 일이었다. (…) '강의가 무척 고급지다', '오늘이 내 인생에서 가장 뜻깊은 날이었다', '오늘은 내 인생의 전환점이 될 것 같다'라는 강의 평이 이어졌다." 그날 박균호는 오후의 마지막 수업에 들어갔다가 중학교 2학년 애제자에게서 한 줄로 요약된 강연 후기를 들었습니다. "처음에는 조금 낯설었는데 후반으로 가면 갈수록 재미있었고 강연을 다 들으니까 아무 글이라도 꼭 쓰고 싶어졌다."

그렇습니다. 이제 누구든 아무 글이라도 써야만 합니다. 과거에 작동했던 프레임은 더 이상 통하지 않으니 스스로 생존비법을 터득해야 합니다. 평생 직장을 구하는 일은 하늘의 별을 따는 것만큼 어렵습니다. 비혼과 비출산이 급증하면서 가족마저 무너지고 있습니다. 혼자 사는 삶을 기꺼이 받아들이며 살다가 혼자 죽어가야만 하는 세상입니다. 그런데도 우리는 소셜미디어를 통해 누군가와 반드시 연결해야만 합니다. 그야말로 초연결사회입니다. 우리는 무엇으로 연결할까요? 바로 글입니다.

류대성은 『사적인 글쓰기』(휴머니스트)에서 "모든 사람이 읽고 쓰는 시대", 그야말로 '쓰는 인간'이 대세가 되었다고 말합니다. "네트워크 시대를 사는 현대인은 단 한순간도 홀로 지내기 어렵다. 오장육부에 스마트폰까지 부착한 '오장칠부'의 인간이 바로 지금 우리의 자화상이다. 함께 모여 이야기를 나눌 때도 뭔가 의견이 다르면 동시에 스마트폰을 꺼낸다. 마치 경쟁이라도 하듯 실시간으로 흡입한 정보를 주고받으며 대화를 이어 간다."

대화는 주로 글쓰기로 이뤄집니다. 우리는 엄지손가락으로 스마트폰 자판을 누르며 글을 쓰면서 상대의 마음을 얻어야 합니다. 한 줄의 어록은 문자언어가 아니라 영상이미지인 세상입니다. 요즘은 사진 한 장만으로도 상대의 마음을 얻을 수 있지만 감동의 글은 그 마음을 제대로 얻어낼 수 있습니다. 그러니 글쓰기는 "자기 존재에 대한 확인이며, 삶의 목적과 방향을 고민하는 과정"이 되어야 합니다.

"글쓰기는 동일한 사물과 사건을 다르게 보는 과정이다. 나만의 관점으로 인간과 세상을 바라보고 그것을 표현하고 싶은 욕망, 타인에게 감동을 주고 누구나 고개를 끄덕일 만큼 공감할 수 있는 글을 쓰고 싶은 욕망이 사적인 글쓰기"라고 정의를 내린 류대성은 사적인 글쓰기에서는 문학적 상상력보다 창의력이 중요하다고 말합니다. "'실제로 경험하지 않은 현상이나 사물에 대하여 마음속으로 그려보는 힘'이 상상력이라면, '새로운 것을 생각해내는 능력'이 창의력"이라니 우리는 '사적인 글쓰기'로 창조적 사고력을 키워야만 합니다. 그러니 우리는 글쓰기가 바로 만병통치약인 시대, 누구나 저자가 되어야 하는 시대를 살고 있는 셈입니다.

〈경향신문〉, 다독다독, 2018.7.10.

초솔로사회 대안은
모계사회?

"우리는 나이가 든 사람들을 두고 가지 않을 수 없소." 알래스카 극지방의 유목민인 그위친족의 족장은 부족회의를 거친 후 분명한 목소리로 이렇게 외쳤습니다. 때문에 오랜 세월 동안 부족과 운명을 같이해왔던 두 늙은 여자 칙디야크와 사는 부족들로부터 버림을 받고 알래스카의 얼음 위에서 단둘이 남아야 했습니다. 칙디야크는 80세, 사는 76세일 때의 일입니다.

강한 자만이 살아남을 수 있는 척박한 환경에 둘만 남아 스스로 삶을 꾸려가야 한다는 것은 죽음을 의미했습니다. 하지만 늙은 두 여자는 버려진 순간부터 놀라운 잠재능력을 발휘하기 시작합니다. 몸은 노쇠해졌지만 생존에 필요한 지식과 기술 같은 기억이 사라진 것은 아니었습니다. 두 사람은 오래전에 물고기를 너무 많이 잡아서 그걸 말리기 위해 저장고까지 만들어야 했던 개울을 찾아 나섭니다. 『두 늙은 여자』(벨마 월리스, 이봄)는 여성의 잠재능력이 얼마나 대단한가를 보여주는 감동적인 소설입니다.

아사다 지로의 소설 『천국까지 100마일』(산성미디어)에서 나이가 마흔인 주인공 야스오는 사업 실패 후 버는 돈 모두를 이혼한 아내에게 양육비로 보내야 하는 거친 삶을 살고 있습니다. 칠순을 맞는 그의 어머니는 한시라도 약을 투입하지 않으면 언제 심장이 멈출지 모르는 절박한 상황에 놓여 있습니다. 어머니가 살 수 있는 유일한 길은 도쿄에서 100마일 떨어진 카모우라의 한 병원에서 '신의 손'을 가진 의사에게 수술을 받는 것입니다.

자신들의 행복한 생활에만 관심이 있는 형들과 누나는 청상과부가 되어

40년이나 뼈가 빠지도록 일만 하며 4남매를 키워낸 어머니를 냉담하게 대합니다. 오직 파산자인 막내 야스오만이 어머니를 살리기 위해 혼자의 힘으로 그곳으로 모셔 가려 합니다. 야스오는 빌린 고물 자동차의 조수석에 어머니를 앉히고 100마일을 달려갑니다. 어머니는 자신의 목숨을 연장함으로써 막내아들의 재기를 돕겠다는 놀라운 의지를 보여줍니다. 모자는 차 안에서 많은 이야기를 나눕니다. 그때 어머니는 이렇게 말합니다. "가난한 네게 도움을 받고 싶지 않아서야. 부자인 네게 버림을 받고 싶은 거지!"

"내일이면/ 엄마는 퇴원한다/ 형제들이 모였다/ 엄마를 누가 모실까/ 아무도 나서는 사람이 없다/ 큰형이 무겁게 입을 열었다/ 요양원에 모시자/ 밀랍처럼 마음들이 녹는다/ 그렇게 모의하고 있을 때/ 병원에 있던 작은 형수/ 전화가 숨넘어간다/ 어머니 상태가 갑자기 나빠지고 있다며…/ 퇴원 후를 걱정하던 바로 그 밤/ 자식들 역모를 눈치챘을까/ 서둘러 당신은/ 하늘길 떠나셨다"

『그때는 당신이 계셨고 지금은 내가 있습니다』(전병석, 어른의시간)에 실린 시 '역모'의 전문입니다. 나이 마흔에 혼자가 된 어머니는 4남 1녀를 반듯하게 키워냈습니다. 그러나 자신을 모시겠다는 자식이 없자 저승길로 '알아서' 떠나줍니다. 이후 막내아들은 2년 동안 어머니를 그리는 마음을 시로 써냅니다. 어머니는 이렇게 죽어서까지 자식을 변화시키는 놀라운 능력을 보여줍니다. 어머니는 존재하는 것만으로도 힘이 되어주는 존재입니다.

흔히 21세기는 여성의 세기라고 말합니다. 정상이나 중심만 향해 뚜벅뚜벅 걸어가기만 하는, 즉 수직적 위계구조에 적합한 '계단식 사고'(남성적 사고)의 시대가 가고, 주어진 모든 정보를 연결해 합리적인 판단을 하는, 즉 수평석 네트워크에 적합한 '거미집 사고'(여성석 사고)의 시대라는 것이오. 그러나 여성들의 삶은 어떤가요? 『괜찮은 남자들은 다 어디로 갔을까』(페이퍼로드)의 저자 바버라 화이트헤드는 "골드미스의 연애는 왜 항상 실패로 끝이 나는 걸까?"라는 질문을 던집니다. 그는 "여자가 서른 넘어서 결혼하는 건

벼락 맞기보다 어려운 일"인 세상이 되었다고 말합니다. '평생 함께 살 사람'
이나 '영혼의 동반자'를 찾을 수 없는 현실이 되니 비혼이 대세가 되어버렸습
니다.

『초솔로사회』(마일스톤)의 저자인 아라카와 가즈히사는 2035년이 되면
"일본 인구의 절반이 솔로가 된다"고 경고합니다. 우리라고 다를까요? 제 주
변을 살펴보아도 30대 여성의 절반 이상은 비혼을 꿈꾸고, 기혼 여성의 대부
분은 비출산 의지를 보이고 있습니다.

올해 한국소설의 키워드는 '페미니즘'과 '퀴어'뿐이라고 합니다. 2016년
강남역 살인사건 이후 페미니즘이 사회 이슈가 되었는데 올해 초부터 '미투'
운동이 전개되면서 그 움직임이 더욱 거세진 바람에 벌어지는 현상이라는
것이지요. 일부 페미니스트들은 이런 현실을 타개하기 위한 방안을 지구상
의 마지막 모계사회인 모쒀족에서 찾고자 합니다.

추 와이홍은 『어머니의 나라』(흐름출판)에서 "인류의 절반을 억압하고도
이를 정당화하는 가부장제를 채택한 대다수의 사회에 필요한 교훈을 얻었
다. 모계제와 가모장제를 채택한 모쒀 사회가 가진 원칙은 우리 모두가 꿈꾸
어볼 만한, 더 평등하고 더 나은 멋진 신세계를 마음속에 그릴 수 있게 해주
었다"고 주장합니다.

모쒀인들에게는 결혼이라는 개념이 완전히 부재합니다. 모쒀인들은 원할
때, 원하는 만큼의 연인을 찾을 수 있는 자유로운 존재입니다. 물론 이 모든
선택은 여성들이 주도합니다. 누구나 아샤오(연인)를 은밀하게, 공개적으로,
가족의 일원으로 삼아서, 혹은 부부로, 혼인증명서가 있거나 없는 형태로 만
날 수 있습니다. 게다가 이 선택은 평생을 결정짓지 않습니다. 선택은 시기와
횟수에 구애받지 않고 열려 있습니다. 연달아, 동시에, 삶의 어느 국면에서나
자신의 의지에 따라 이루어지며 무제한으로 반복될 수 있습니다. 어쩌면 정
말로 곧 이런 세상이 오게 되는 것은 아닐까요?

<경향신문>, 다독다독, 2018.8.14.

새로운 계급사회와
소설적 상상력

"오늘날 확대된 격차는 일본사회에 깊숙이 뿌리내렸다고 할 수 있다. 사람들은 큰 격차가 존재한다는 것을 확실히 느끼고 있다. 그리고 부유한 사람들은 부유함을, 빈곤한 사람은 빈곤함을 각각 자각하면서 나날을 보내고 있다. 사람들은 부유함의 정도에 따라 분명히 분단되고 있다. 그것은 정치의식에서도 나타난다. 거의 일관되게 일본 정치의 중심을 젊어져온 자민당은 확대된 격차의 한쪽 끝으로 지지축을 옮기고, 부유층 정당으로서의 성격을 강화하고 있다. 이러한 의미로 현대 일본사회는 '격차사회' 등 미적지근한 말로 형용해서는 안 된다. 그것은 분명한 '계급사회'다."

이론사회학자인 와세다대학 인간과학학술원 하시모토 겐지 교수는 『신·일본의 계급사회』에서 이렇게 주장합니다. 그는 "계급이란 수입이나 생활 정도, 그리고 생활 방식과 의식 등의 차이에 의해 차별된, 몇몇 종류 사람들의 모임"인데 "각 계급 간의 차이가 크고, 그 차이가 큰 의미를 가지는 사회를 계급사회"라고 하지 않을 수 없다고 말합니다. "오늘날 일본사회의 구조는 계급사회에 관한 기존의 이론과 학설이 상정해온 것과는 다르긴 하지만 명백히 계급사회로서의 성격이 강하기에 '새로운 계급사회'"라는 것입니다.

우리는 어떨까요? 일본과 비교해서 간략하게 살펴보겠습니다. 고도성장기에는 집집마다 텔레비전과 에어컨, 자가용 등 내구소비재를 갖추게 되면서 부유함의 정도는 달라도 비슷한 수준의 생활을 영위할 수 있었습니다. 극빈자가 줄어들었으니 격차가 커졌다고 볼 수 없었습니다. 그러나 IMF 외환위기 이후에 비정규직 노동자가 늘어나면서 빈곤율이 상승하기 시작했습니다. 학자금 융자로 대학을 졸업하고도 안정된 직장에 다니지 못하고, 비정규직 노동자로서 저임금의 불안정한 직장에 다니는 젊은이들이 급격히 증가했습니다. 그들은 처음에 연애·결혼·출산 등을 포기한 3포세대로 불렸지만, 지금은 포기하지 않은 것이 없는 N포세대가 되었습니다.

지가와 주가 상승에 의해 사회의 공평함이 무너지면서 만들어진 자산 격차는 상속에 의해 다음 세대로 이어졌습니다. 이 때문에 '금수저·흙수저 논쟁'이 벌어지기 시작했습니다. 노력하는 만큼 희망이 있던 시대가 '완전히' 저문 사회가 되자 이제 젊은이들은 '소확행'(작지만 확실한 행복)을 노래하는 에세이에 깊게 빠져들었습니다. 『죽고 싶지만 떡볶이는 먹고 싶어』(백세희, 흔) 같은 정서를 노래한 에세이가 서점과 서가를 도배하는 세상이 되었습니다.

그러니 우리나라도 계급사회가 맞습니다. 중위임금의 3분의 2 수준에 못 미치는 임금을 받는 노동자를 뜻하는 저임금노동자 비율이 23%로 경제협력개발기구[OECD] 국가 중 1, 2위를 다투니 말입니다. 소득격차를 줄이기 위해 최저임금 인상으로 상징되는 문재인 정부의 '소득주도성장론'은 600만 자영업자를 충분히 배려하지 못한 것 때문에 공격을 받아 '포용적 성장론'으로 말을 바꿔야 했습니다. 처음부터 큰 그림을 제대로 그리지 못했기에 벌어진 일이겠지요.

왜 이런 상황이 벌어졌을까요? 저는 소설적 상상력의 부재 때문이라고 봅니다. 소설적 상상력은 타인의 삶을 이해하게 만들고 자신의 상상력을 키우게 합니다. 그래서 소설을 많이 읽은 사람은 세상을 자신의 눈으로만 보는 한계를 극복할 수 있습니다. 3천만 인구 중 300만 명이 희생된 한국전쟁을 겪고 18년 장기독재정권의 지배를 받을 때는 소설적 상상력이 넘쳐났습니다. 저유가·저금리·저달러 등 '3저 호황'과 노동자의 희생으로 경제만큼은 살아나던 제5공화국 시기 정권은 그것을 기회로 반대세력에 가혹한 탄압을 일삼았습니다. 그때 대하 역사소설이라도 열심히 읽었습니다. 작가들의 현실에 대한 참여도 활발했습니다. 덕분에 1987년의 6월 항쟁으로 형식적인 민주화라도 이뤄냈습니다.

그러나 지금은 어떤가요? 많은 작가들이 침묵하고 있습니다. 중견작가들마저 에세이로 목숨을 연명하고 있습니다. 세상의 문제에 제대로 발언하는 작가를 찾아보기 어렵습니다. 표절 파동이나 성추행 파동 탓이라고만 볼 수 없을 정도로 작가들의 긴 침묵이 이어지고 있습니다. 오랫동안 소설을 읽지 않은 탓인지 세상에는 네 탓만 존재합니다. 정치인들도 스스로 대안을 내놓을 자질이 없으니 상대편이 추락하기만 기다리고 있는 듯합니다. 물론 이해는 합니다. 인공지능이 일상 속으로 깊숙하게 들어온 시대라 소용돌이(보텍스)가 한 번 치면 기존 프레임이 모두 무너지니 대응할 방안을 찾기가 쉽지 않을 것입니다. 그래서 더욱 소설적 상상력은 필요합니다. 소설적 상상력이 부족하다는 것은 미래가 없다는 말이나 다름없습니다.

공지영 작가의 등단 30년 기념작인 『해리』(해냄)를 읽었습니다. 장애인 보호시설에서 9년간 309명이 사망했음에도 이를 운영하던 가톨릭 대구대교구가 아무런 책임도 지지 않은 '대구 희망원 사건'이 얼개를 이룬 소설입니다. 우리 사회가 이미 공고한 계급사회가 되었음을 아프게 보여주고 있더군요. 이 소설은 전작 『도가니』와 함께 법학자인 김두식이 『불멸의 신성가족』이라 칭한 기득권 세력들이 오직 자신들만의 이익을 위해 어디까지 야합할 수 있는가를 보여주고 있습니다. 가히 인간의 상상력을 뛰어넘더군요.

1980년대에 한 시인은 대한민국의 모든 시인이 무등산을 한 삽 두 삽 퍼가는 바람에 무등산이 사라졌다고 노래했습니다. 『해리』에는 "박근혜 욕만 하면 다 투사인 줄 아는지… 이명박근혜 십 년 동안 사람들이 모두 눈이 멀어버린 것 같아요"라는 말이 나옵니다. 지금은 욕만 하고 있을 때가 아닙니다. 계급사회가 공고화되는 걸 막기 위한 상상력이 필요합니다. 그러니 우리 소설부터 읽읍시다.

〈경향신문〉, 다독다독, 2018.9.11.

골든아워

폭염이 심했던 지난 8월 14일 85세의 제 어머니가 쓰러졌습니다. 하혈이 너무 심한 데다 쇼크까지 와서 119에 신고를 했습니다. 5분도 되지 않아 소방대원들이 달려왔고, 응급조치 후 어머니는 인근 병원의 응급실로 실려 갔습니다. 병원에서는 심장에 직접 수혈해야 한다며 동의해달라고 했습니다. 너무 피를 쏟아서 위험한 방법을 쓸 수밖에 없다고요. 나중에 의사는 변비가 심해 딱딱해진 대장이 직장에 눌려 혈관이 터졌으며, 하혈이 심하니 머리로 피가 가지 못해 쇼크가 온 것이라고 했습니다. 변비가 노인에게는 치명적일 수 있다는 걸 처음으로 깨달았습니다. 아찔했습니다. 한낮에 이런 일이 벌어졌거나 응급조치가 시급하게 이뤄지지 못했다면 어땠을까요? 다행히 어머니는 열흘 만에 퇴원을 하셨고, 지금은 더욱 자신감을 갖고 살고 계십니다. 퇴원 일주일 뒤에 다시 병원에 간 어머니에게 의사가 "연세에 비해 건강" 하다고 이야기한 덕분이지요. 저는 세금 내는 것이 하나도 아깝지 않다는 생각을 했습니다.

『골든아워』(흐름출판)는 중증외상 분야 외과 전문의인 이국종이 삶과 죽음의 경계나 다름없는 중증외상센터에서 단 한 생명이라도 놓치지 않으려고 벌인 사투를 담은 책입니다. 그는 이 책의 말미에서 중증외상센터의 세계적인 표준을 한국에 심어보고 싶었지만 "몸이 부서지도록 일해서 15년 넘게 쌓아온 일들이 사상누각"이었다고 말합니다. 사고로 "사지가 으스러지고 내장이 터져나간 환자에게 시간은 생명"이기에 환자는 사고 직후 한 시간 이내에 전문 의료진과 장비가 있는 병원에 도착해야 합니다. 그게 바로 '골든아워'입니다. 그러나 "금쪽같은 시간은 지켜지지 않았"습니다. "가까운 거리는 구급차로 이송 가능하지만 먼 거리는 상황이 다르고, 가깝더라도 차가 막히는 러시아워가 되면 환자들은 길바닥에 묶였"습니다. 그래서 그는 헬리콥터로 환자를 옮기는 시스템을 추구했습니다.

그는 2011년 아덴만 여명작전으로 부상당한 석해균 선장을 살려낸 일과 2017년 총상을 입은 북한군 병사를 살려낸 일로 세상에 널리 알려졌습니다. 그 일들을 계기로 중증외상센터가 무엇인지도 모르고 살던 평범한 사람들이 여론을 조성했습니다. 그는 말합니다. "2011년 석해균 선장이 복지부 캐비닛에 처박혔던 중증외상센터 정책을 끌어내더니, 북한군 병사가 죽어가던 중증외상 의료시스템을 건져낸 셈이었다."

덕분에 보건복지부의 '닥터헬기' 정책도 도입됐습니다. 하지만 그는 "한국사회의 투명성 정도론 의료계나 정부 모두 이런 사업을 감당할 수 없다. 15년간 나는 그 사실만 확인한 것 같다"고 말합니다. "병원 측은 비행할 의료진 충원에 난색을 표했다. 나는 병원 측에 더 이상 새로운 헬리콥터 도입사업에 참여할 의향이 없음을 밝혔다. 언젠가부터 나는 보직교수들이 중증외상센터가 적자의 주범이자 병원 내 감염의 주범, 병원 구성원들이 불편하게 느끼는 헬리콥터 소음의 주범임을 지적할 때마다 해명하지 않았다. 나는 단지 그러한 사안들이 불만이면 공식적으로 정리해달라 답변했을 뿐이다."

병원의 적자 타령과 헬리콥터 소음을 싫어하는 민원 때문에 생명을 살리는 이 사업이 좌초되어야 할까요? 그는 "한국에서의 중증외상센터 사업은 침몰하고 있다. 겉으로 드러나지 않았을 뿐"이라고 단언합니다. "나는 미국에서 중증외상 의료시스템의 세계적 표준과 원칙을 배웠고, 런던에서 직장생활을 했다. 또한 일본의 외상외과 의사들이 얼마나 뛰어난지 너무 잘 알고 있었다. 그렇기 때문에 한국의 중증외상 판 안쪽에서 뒹구는 나는 침몰을 또렷하게 알았다. 본질은 찾아보기 어려웠다. 많은 사람들이 중증외상 의료

시스템 구축에 필요하다며 다들 자기 이권만을 관철시키려 할 뿐, 정작 중증외상센터가 무엇인지 해외에서 진정성 있게 공부하려는 이들조차 없었다."

저는 이국종 교수가 어깨가 부서지고, 한쪽 눈이 실명할 정도로 일하고도 좌절할 수밖에 없었다고 한탄하고 있지만 그의 인생은 감히 성공한 인생이라고 확신합니다. 그는 "세계적 표준을 따라가는 '최상위 중증외상센터'의 진료기록을 만들어 남기는 일"을 충분히 해왔기 때문입니다. 무엇보다 그는 두 권 합쳐 820쪽이나 되는 이 책을 펴냈습니다. 그는 『골든아워』를 "삶과 죽음을 가르는 사선의 최전선에서 고군분투하는 환자와 내 동료들의 치열한 서사다. 외상으로 고통 받다 끝내 세상을 등진 환자들의 안타까운 상황과, 환자의 죽음을 막기 위해 자신의 모든 것을 내어놓고 싸우다 쓰러져가는 사람들의 이야기다. 무엇보다 냉혹한 한국사회 현실에서 업業의 본질을 지키며 살아가고자, 각자가 선 자리를 어떻게든 개선해보려 발버둥 치다 깨져나가는 바보 같은 사람들의 처음이자 마지막 흔적"이라고 했습니다.

맞습니다. 저는 충분히 동의합니다. 저는 이 책을 제가 속해 있는 출판업계에 빙의해 읽었습니다. "발버둥 치다 깨져나가는 바보 같은 사람"이나 여론을 의식해 정책이 오락가락하는 일은 어느 분야에나 있게 마련입니다. 특히 인공지능까지 등장하는 마당에 교육시스템부터 달라져야 마땅합니다. 교육의 질을 변화시키는 결정적인 요인은 대학입시입니다. 그런데 대학입시마저 분명한 철학을 갖고 결정해 국민을 설득하는 것이 아니라 여론조사로 결정해 아이들의 미래를 엉망진창으로, 미리 망친 나라가 바로 대한민국입니다.

『골든아워』는 시스템을 말합니다. 이제 우리는 과거의 프레임에서 벗어나야 합니다. 소설처럼 읽히며 우리를 한없이 아프게 하는 이 책을 읽으면 누구나 의료, 교육, 출판뿐만 아니라 모든 분야에 새로운 시스템이 필요하다는 것을 절감할 것입니다. 제게는 이 책이 올해 최고의 책이었습니다. 감히 강추합니다.

〈경향신문〉, 다독다독, 2018.10.16.

AI 실용화와
'립프로그 현상'

스리랑카에는 도로를 달리는 자동차가 엄청나지만 신호나 횡단보도는 적습니다. 걸 건너편으로 가려고 해도 건너지 못해서 안절부절못하는 경우가 많습니다. 그래서 "스리랑카는 교통법규도 인프라 정비도 정말 엉망진창"이라는 말이 나옵니다. 이에 비하면 일본은 전국에 설치된 신호기의 수가 20만 개 이상이고, 도로교통법은 어떤 선진국보다 잘 규정하고 있습니다.

두 나라 중에서 자율주행이나 차량 공유 서비스 등 최첨단 기술이나 서비스를 도입하는 시점에 어느 쪽이 새로운 시대로 신속하게 옮겨갈 수 있을까요? 일본의 저널리스트인 나카야마 아쓰시는 『2019 앞으로의 일본의 논점』(일본경제신문출판사)에 실린 "인공지능[AI]이 바꾼 경영, '결과에서 역산'하여 찾은 활로"에서 스리랑카라고 말하고 있습니다. 자율주행은 '결과지향' 성격의 기술이기 때문이라는 이유를 대면서 다음과 같이 설명합니다.

"'○○까지 가장 빨리 도착하게 해줘'라고 자율주행차에 지시하면, 명령을 충실하게 실현하고자 자동차의 AI는 낼 수 있는 최고의 속도와 최단 코스를 선택해 달린다. 그러한 주행 방식은 신호나 교통법규의 수가 적은 스리랑카가 주행 시 제약이나 장애가 적고 자율주행차가 선택할 수 있는 폭이 넓어 일본보다 유리하다. 요컨대 '결과에서 역산'을 실현하기 위해서는 과거부터 축적되어온 규칙이나 산업은 적은 편이 좋다."

AI 기술은 일취월장하고 있습니다. 스마트폰을 통한 얼굴 인식이나 음성 명령, 그리고 상품 추천 시스템 등이 AI 기술이 없으면 불가능하다는 것은 이제 보편적인 상식입니다. "스마트폰에다 음성으로 음악을 탐색하고, 날씨를 묻고, 카카오톡을 보내고, 택시를 부르는" 일도 AI 기술 때문에 가능합니다. 『카카오 AI 리포트』(북바이북)는 AI 기술이 우리의 일상생활에 지금 어디까지 침투했는지를 확인시켜줍니다.

전문가들은 2019년에 AI 실용화의 길이 본격적으로 열릴 것이라는 전망을 내놓고 있습니다. 나카야마는 "우리가 스피커나 가정용 로봇, 가전 등을 통해 매력을 아주 약간 맛보았지만, AI가 제힘을 발휘하는 분야는 컨설팅이나 자율주행 같은 비즈니스 영역이라고 할 수 있다. '결과보다 과정을 중시'하는 일본 기업의 경영 방식도 큰 변화를 맞을 가능성이 있다"며 지금이 매우 중요한 때라는 사실을 경고하고 있습니다.

그는 소프트웨어나 애플리케이션, 클라우드 등으로 이익을 얻는 미국의 가파GAFA(구글·아마존닷컴·페이스북·애플)가 지금 세계 경제를 주도하고 있지만 GAFA에 '결과에서 역산해 수익을 내는' 경영이 자리 잡았다고 말하기는 어렵다고 주장합니다.

"예를 들어, 구글은 AI 기술을 통해 벌어들이는 수익은 일부에 지나지 않고, 주력 사업은 여전히 광고다. 결과에서 수익을 내는 회사라기보다 정보 매칭으로 돈을 버는 과거 비즈니스 모델의 기업이라고 봐도 좋다. 결국 승부는 이제부터라는 얘기다. 일본에도 기회가 있다. 하드웨어에 강하다는 말은 자동차, 철도, 인프라 설비, 산업기계, 의료기기 등 제품과 거기에서 빅데이터를 얻는 사업의 매칭이 풍부하게 존재한다는 이야기다. 역산해서 수익을 낼 기회는 GAFA와 같거나 그 이상이라고 해도 좋을 것이다."

일본 기업은 결과보다는 과정을 중시하는 조직(집단)으로 잘 알려져 있습니다. 하지만 이제는 과정만을 열심히 생각해도 좋은 결과가 나오리라고는 장담할 수 없습니다. 나카야마는 "AI는 원래 목적지향, 결과지향의 기술이다. 명확한 목적이나 결과가 주어질 때라야 비로소 제힘을 발휘할 수 있다"는 야노 가즈오 히타치 선임연구원(AI 연구를 총괄하는 행복프로젝트 리더)의 말을 인용하고 있습니다.

나카야마는 개인 차원에서도 같은 변화가 일어나고 있다고 말합니다. 앞으로 "기술의 진보가 한층 가속하여, 인간은 끊임없이 공부해야 하고, 동료뿐만 아니라 기계와도 경쟁해야 하는 상황에 내몰"릴 수밖에 없습니다. 또 "개개인이 하고 싶은 일이나 바라는 일을 설정하면 최선의 조언을 AI가 도출하여 성공 확률을 비약적으로 높"이는 일이 가능한 시대를 살아가게 될 것입니다. 방대한 데이터를 가진 AI는 개인에게 알맞은 해답을 산출해서 곧바로 스마트폰으로 적절한 조언을 전송해줄 테니까요.

기술적으로 낙후된 나라가 기술혁명으로 단기간에 한 단계를 뛰어넘어 성장하는 것을 '립프로그leapfrog'(개구리 점프) 현상이라고 부릅니다. 기술을 '가지지 못한 나라'는 규제가 적고 중간 과정을 쉽게 뛰어넘을 수 있기 때문에 가능한 일입니다. 노키아를 배출한 핀란드는 강설과 추위, 그리고 인구밀도가 낮아 일반전화의 인프라 정비를 해나가기가 어려웠기에 모바일 네트워크 분야에서 다른 선진국을 앞지를 수 있었습니다. 반대로 광섬유망 부설에서 선두를 달리던 일본은 일반전화라는 자산에 얽매여, 모바일 통신에서 뒤처지게 되었습니다.

우리는 AI의 '립프로그'가 가능할까요? 최근에 인터넷전문은행, 공유택시 등을 도입하려고 했을 때 기존 업계의 반발이 거셌던 것처럼 AI 기술을 활용한 새로운 도약이 쉽지 않았습니다. 나카야마는 "AI 기술로 세계적 리더로 군림하고 싶다면 일본의 법이나 규제의 체계를 어떻게 바꿀 것인지에 대한 국민적 논의가 필요하다. 2019년은 그야말로 운명의 갈림길에 놓여 선택을 요구받는 해가 될 것"이라고 말합니다. 우리라고 다를까요? 중대한 기로에 선 우리도 반드시 현명한 신택을 해내야만 할 것입니다.

〈경향신문〉, 다독다독, 2018.11.13.

학습력 사회의
새로운 엘리트

"지금까지 일본인에게 엘리트의 이미지는 '유명 대학을 졸업하고, 일부 상장 대기업에 취직해, 출세 코스를 밟고 있는 사람'이었다. 그러나 그들은 환경이 급변하는 시대를 이끌어나가지는 못할 것이다. '올드 엘리트'라고 불러야 하는 그들을 대신해, 앞으로 일본의 미래를 짊어지는 것은 미래를 읽고, 0에서 1을 창조하는 사람이다. 예를 들어, '회사에 근무하면서, 아티스트로서 활동하는 사람', '14살에 회사를 차린 사람' 등이다. 이러한 새로운 유형의 엘리트를 나는 '뉴 엘리트'라고 부른다."

『2019년의 논점』(문예춘추)에 실린 표트르 펠릭스 그라치웍즈 프로노이아그룹 대표의 '학력 사회에서 학습력 사회로'는 "미국의 패권이 흔들리고, 중국이 대두했으며, 러시아도 존재감을 드러내는 등 세계는 지금 크게 움직이고 있"을 뿐만 아니라 "인공지능^AI에 일자리를 빼앗기는 시대"에 일본은 국가나 기업이 너무 거대해서 시대의 변화에 잘 대응하지 못하고 있다고 비판하고 있습니다.

우리도 비슷하지 않을까요? 우리나 일본은 2018년 현재 글로벌 금융시장에서 가장 높은 자산가치를 인정받는 애플, 구글, 마이크로소프트, 페이스북, 텐센트, 알리바바 등 상위 6대 정보기술^IT 기업과는 거리가 멉니다. 새로운 질서를 만들며 부와 권력을 창출하는 이들 기업은 설립한 지가 20년 안팎에 지나지 않습니다.

표트르 펠릭스 그라치웍즈는 '뉴 엘리트'가 필요하다고 말합니다. '뉴 엘리트'는 "자기 인식, 자기 표시가 가능"하며, "'새롭게 배우는 일^{LEARN}'과 '불필요한 신념을 없애는 일^{UNLEARN}'을 할 수 있는 자질"을 갖추고, "어떤 속성을 가진 상대와도 경의를 가지고 일할 수" 있는 사람입니다. 그들은 사회공헌 의식이 높고, 개인의 이름으로도 일하면서 행정과 민간이나 교육계를 오가면서 연대하는 힘을 갖추고, '해결하는 사고'가 가능합니다. 그는 올드 엘리트와 뉴 엘리트의 특징을 대비적으로 잘 정리했습니다(올드 엘리트＝O, 뉴 엘리트＝N).

성질: 탐욕(O) / 이타(N)

원하는 것: 지위(O) / 임팩트, 사회공헌(N)

행동: 계획주의(O) / 학습주의(N)

인간관계: 닫힘[차별](O) / 열림[커뮤니티 만들기](N)

사고방식: 룰을 지킨다(O) / 새로운 원칙을 만든다(N)

소비행동: 과시적 소비(O) / 미니멀리즘(N)

프랑스 일간지 〈르몽드〉의 현직 기자인 로르 블로는 『21세기 엘리트』(인문결출판사)에서 테크놀로지 폭주가 전례 없이 빠른 속도로 우리 눈앞에서 진행되면서 "과거 시스템의 열쇠를 쥐고 있던 20세기 특권층의 상당수를 뒷전으로 물러나게 만들었다"고 말합니다. 지금까지 엘리트를 자처해왔던 지식인들(최고 명문 학벌 출신, 학자, 정치인, 연구원, 금융인, 기업인 등)이 변화의 흐름 가장자리로 내몰리고 있다는 것이지요.

그는 이어서 "새로운 세대는 그들의 전 세대가 갔던 길을 따르지 않고 자신들의 방법으로 새로운 도구를 손에 쥐었다. 전 세대 엘리트와 같은 세계 출신도 아니다. 그들은 발명하고 혁신한다. 추상적 사고능력이 탁월한 젊은 세대는 극도로 높이 평가된 재원이 되었으며, 그들의 경제적 가치는 상상을 초월"한다면서 부유한 신흥 엘리트의 출현을 알리고 있습니다.

로르 블로의 지적처럼 "웹은 이제 겨우 스무 살 남짓의 청소년"입니다. 이 청소년은 어디로 튈지 가늠하기 어렵습니다. 30년 뒤에는 휴머노이드(로봇)가 상용화될 것이라 예측됩니다. 지금의 10대는 그때 로봇과 경쟁해야만 합니다. 하지만 더욱 강력해지고 접근이 가능해진 기술들이 벌써 인간의 일자리를 위협하고 있습니다. 인건비 때문에 동남아로 공장을 이전했던 아디다스는 독일로 돌아가 스마트팩토리 시스템으로 50만 켤레의 신발을 10명이 생산합니다. 이전에는 600명으로 가능했던 일입니다. 햄버거집, 소매점, 퀵서비스, 패스트푸드 레스토랑 등에 설치하는 키오스크(무인 주문 계산기)만 해도 일자리를 엄청나게 줄이고 있습니다. 이렇게 기술은 노동자의 인력 감축을 수반합니다.

로르 블로는 프랑스 경영대학원의 학자인 로랑 마뤼아니의 말을 인용합니다. "엘리트는 유형에 따라 사냥꾼, 사육인, 목동 이렇게 세 종류로 분류할 수 있습니다. 전통적인 엘리트는 그들에게 맡겨진 조직을 보존하는 목동이라고 할 수 있죠. 대단한 사람들은 사육자예요. 그들은 자신들이 키우는 가축을 살찌우는 데 최적화된 달인들이죠. 그런데 새로운 엘리트들은 바로 사냥꾼이에요. 그들은 숨어서 기회를 엿보고 새로운 길을 만들어냅니다."

이렇게 엘리트의 조건에 근본적인 변화가 일어나고 있습니다. 물론 새로운 기술은 익혀야만 합니다. "정보를 전달하고, 처리하고, 협력하여 함께 창출하는 방법을 배워야만 새로운 부를 생산할 수 있는 시대"이니까요. 하지만 새로운 엘리트를 배출하려면 "똑같이 규격화된 엘리트의 양산"부터 하루빨리 멈추고 협동, 공유, 창의력과 수행력을 바탕으로 한 문자 독해력(리터러시)부터 키우는 교육이 되어야 합니다.

그러나 갈 길이 멀어 보입니다. 새 시대에 맞는 교육의 가치와 방법론을 정해야 할 터인데 대학입시마저 여론조사로 결정하는 일이 버젓이 벌어지고 있으니까요. 이제 살 방도는 스스로 찾아야 합니다. 그것이 현존의 학교교육을 포기하는 일일 수도 있습니다. 이런 과격한 방법까지 도입하지 않으면 아이들의 미래는 없을지도 모르는, 스스로의 학습력이 중시되는 세상을 우리는 건너가고 있습니다.

〈경향신문〉, 다독다독, 2018.12.11.

정도전이
새로 뜨는 이유

새 정권이 등장할 때면 언제나 새로운 역사적 인물이 떴다. IMF 외환위기 직후인 1998년에는 드라마 〈용의 눈물〉과 밀리언셀러 『한 권으로 읽는 조선왕조실록』(박영규)을 통해 구원의 지도자상을 꿈꿨다. 돈이 없으면 나라도 망한다는 최초의 경험을 한 국민들은 힘 있는 강력한 지도자를 열망했다.

속물 세무 변호사였다가 인권변호사로 변신한 다음 집권한 노무현 정부가 시작된 2003년에는 미천한 신분의 장금이 남존여비의 봉건적 체제하에서 무서운 집념과 의지로 궁중 최고의 요리사가 되는 일대기를 그린 드라마 〈대장금〉에 넋을 잃었다. 이즈음 강명관의 『조선의 뒷골목 풍경』과 고미숙의 『열하일기, 웃음과 역설의 유쾌한 시공간』, 정민의 『미쳐야 미친다』 등 역사 속의 비주류를 다룬 역사서들이 동반해 큰 인기를 끌었다.

이명박 정부도 운이 없었다. 등장하자마자 2008년에 '글로벌 금융위기'가 엄습했으니 말이다. 성장소설이 출판시장을 휩쓴 이 해에 가장 주목받은 이는 '사라진 엄마'였다. 사라짐으로써 오히려 존재감을 드러낸 엄마가 등장하는 신경숙의 『엄마를 부탁해』가 혜성처럼 나타나 순문학 최고의 판매부수를 기록했다. 그해 가장 주목을 받은 역사적인 인물은 '정조'였다. 드라마 〈이산〉과 〈바람의 화원〉에 등장하는 정조는 온갖 간난을 이겨낸 개혁군주였다. 자기치유(셀프 힐링)의 거대한 열풍에 인기를 끈 역사서는 없었으나 이정명의 장편소설 『바람의 화원』이 드라마 덕분에 밀리언셀러에 올랐다.

'경제민주화'를 기치로 내걸고 대권을 잡은 박근혜 정부에서는 정도전이 떠오르고 있다. 드라마 〈정도전〉이 점차 인기를 키워가고 있는 가운데 이덕일의 『정도전과 그의 시대』(옥당), 김진섭의 『정도전의 선택: 백성의 길 군왕의 길』(아이필드), 이재운 장편소설 『정도전』(책이있는마을) 등 정도전을 다룬 책들이 속속 출간되고 있다.

고려 말에는 '한 땅의 주인이 대여섯 명이 넘기도 하여 전호佃戶(소작인)들은 세금으로 소출의 8~9할을 뜯길' 정도로 소수의 권세가가 나라의 부를 대부분 독점했다. 새벽부터 밤중까지 들판에 달라붙어 개미처럼 일해도 제 식구는커녕 제 한 입 건사하기도 힘들었던 양민들은 스스로 노예가 되기도 했다. 이런 시기에 7년 동안 귀양 시절에 자신의 인생을 중간 점검하면서 백성의 고통을 체험한 정도전은 백성의 입장에서 개혁안을 만들 수 있었다.

고려 지배층은 자체적으로 문제를 해결하지 못했기 때문에 정도전의 '선택' 하나로 고려가 망하고 조선이 등장할 수 있었다. 하지만 토지문제는 잘 해결한 정도전의 '혁명'은 노비문제는 해결하지 못해 미완으로 끝나고 말았다. 정도전의 문제의식을 오늘에 대비하면 아마도 '경제민주화'와 '합리적인 고용'이 아닐까? 아마도 이것이 정도전이 새롭게 등장할 수밖에 없는 이유가 아닐는지.

〈머니투데이〉, 책통, 2014.2.8.

감성의 시대,
책장에 흐르는 '신사상'

앨빈 토플러의 『부의 미래』, 빌 게이츠의 『빌 게이츠 @ 생각의 속도』, 피터 드러커의 『프로페셔널의 조건』 등은 한때 우리가 열광적으로 읽었던 미래예측서이자 경영학 이론서이다. 그러나 한 출판기획자는 피터 드러커의 사후에 "책으로서의 경영학은 종말을 고했다"는 소회를 털어놓았다. 지난 3년간 이 분야 매출이 절반 이하로 폭락했다는 통계도 있다.

20세기에는 그야말로 '글로벌 스탠다드'가 통했다. 기업들은 상품을 팔았다. 테크니컬한 방법론을 습득한 잘 훈련된 조직이 물건을 싸게 사들여 비싸게 팔아서 차액만 챙기면 그만이었다. 그러나 9.11테러 이후 합리적 이성은 무너지기 시작했다. 글로벌 네트워크가 실시간으로 가격의 차이를 확인시켜주는 시대에는 소비자의 개성과 정서를 파악하고 상품에 담긴 이야기를 팔아야 했다.

바야흐로 감성의 시대다. 컴퓨터의 등장 이후 관념이나 물질도 디지털 '정보'로 바꿀 수 있는 세상이 됐다. 이제 인간을 근본적으로 이해할 수 있는 지혜가 필요하다. 이런 세상에서는 인문적 지식만으로는 한계가 명확하다. 따라서 인문과학과 자연과학이라는 두 과학을 잘 결합해 독자 스스로 지혜를 찾아갈 수 있는 가능성을 열어놓은 책이어야만 한다.

데이비드 와인버거의 『지식의 미래』(리더스북)는 사람들의 생각을 묶어주는 네트워크가 지식의 형태와 본질을 어떻게 바꿀 것인가에 대한 통찰을 내놓았다. 철학박사인 와인버거는 인터넷이 세상을 어떻게 바꾸는가를 집중적으로 연구해온 과학 기술 전문가이기도 하다.

다니엘 핑크의 『파는 것이 인간이다』(청림출판)는 인간은 누구나 세일즈맨이라는 본성이 있다는 전제하에 세일즈란 행위가 인간의 삶과 얼마나 밀접하게 연결돼 있는지를 객관적으로 증명한다. 핑크는 심리학과 과학, 경제학 등에 능통한 미래학자다.

찰스 두히그의 『습관의 힘』(갤리온)은 인간의 반복되는 행동인 습관이 우리 일상과 기업 경영에까지 미치는 영향을 명쾌하게 파헤친다. 예일대학에서 역사학을 전공하고 하버드 경영대학원에서 석사학위를 받은 두히그는 신경과학과 뇌 과학을 바탕으로 이 책을 썼다.

『스틱』과 『스위치』의 저자인 칩 히스와 댄 히스 형제는 『자신 있게 결정하라』(웅진지식하우스)에서 성공과 실패, 옳고 그름이라는 프레임에서 벗어나 과정을 통해 보다 나은 결정을 내리는 방법을 제시한다. 산업공학을 전공한 칩은 심리학 박사이며, 댄은 워크아웃 전문 컨설턴트로 일하고 있다.

경영학이 종말을 고했다는 시대에도 두 과학을 통합해 새로운 지혜를 안겨주는 '신사상'의 책들은 '똑똑한' 독자들의 선택을 받는다. 다만 젊은 과학자 정재승과 커뮤니케이션 코치인 김호가 함께 쓴 『쿨하게 사과하라』(어크로스)를 제외하고는 '신사상'의 국내 저자 책을 찾아보기 어렵다는 것이 아쉬울 따름이다.

〈머니투데이〉, 책통, 2014.2.15.

로맨스 판타지의 인기

　영화 〈변호인〉은 1136만 관객을 동원했지만 지금은 동력이 떨어졌다. 〈수상한 그녀〉는 이제 700만을 넘어섰지만 여전히 1위를 달리고 있다. 〈변호인〉은 내가 2014년의 트렌드라 지목한 추억의 반추고, 〈수상한 그녀〉는 로맨스 판타지다. 한국 영화는 로맨스 판타지가 강세다. 〈늑대소년〉이나 〈7번방의 선물〉에 이어 〈수상한 그녀〉가 좋은 반응을 얻고 있으니 말이다. 드라마 또한 예외는 아니다.

　미국 소설시장에서는 로맨스 판타지는 초강세다. '트와일라잇' 시리즈(스테프니 메이어)와 『헝거 게임』(수잔 콜린스)이 대표적이다. '할리퀸 로맨스'의 후예라 볼 수 있는 이들 작품에 젊은 여성들은 열광한다. 이 책들이 큰 반응을 얻는 것은 '해리포터' 시리즈가 전 세계에서 5억 부가량 팔린 후광에 힘입은 바가 크다. 『퀸 오브 더 티어링The Queen of Tearling』(에리카 요한슨, 한국판 미간행), '신더' 시리즈(마리사 마이어, 북로드), 『미 비포 유』(조조 모예스, 살림), '섀도우 헌터스' 시리즈(카산드라 클레어, 노블마인), 『다이버전트』(베로니카 로스, 은행나무) 등이 폭발적인 반응을 얻었다.

　『섀도우 헌터스』는 인간세상과 늑대인간·뱀파이어·요정 등 비인간 존재들로 이루어진 다운월드로 나뉜다. 천사의 피를 마신 뒤 악마를 사냥하는 능력을 갖게 된 자가 섀도우 헌터다. 작달막한 키에다 매우 내성적인 성격인 15세 소녀 클라리 프레이는 어머니와 어머니의 친구 루크, 소꿉친구 사이먼 등으로 인간관계가 극히 한정되어 있다. 클라리에게 어느 날 자신의 눈에만 보이는 소년 제이스가 나타난다. 어머니는 납치되고 클라리는 제이스 때문에 목숨을 건진다.

『다이버전트』에서 인간세상은 이타심의 애브니게이션, 평화의 캔더, 지식의 에러다이트, 정직의 애머티, 용기의 돈트리스 등 다섯 분파로 나뉜다. 인간은 누구나 16세에 적성검사를 통해 새 분파를 선택해 치열한 경쟁을 통해 살아남아야 한다. 어느 분파에도 속하지 못하는 자가 바로 다이버전트다. 애브니게이션 출신인 주인공 비어트리스는 돈트리스 분파를 선택한다. 포(토비아스)는 그곳의 지도교관이다. 두 사람은 다이버전트라는 사실을 숨기고 사랑을 나누는 한편 세상을 구하는 주역이 된다.

로맨스 판타지의 스토리 구조는 닮아 있다. 12구역(『헝거 게임』), 두 세력(『새도우 헌터스』), 다섯 분파(『다이버전트』) 등으로 갈라진 세상에서 가난하고, 키가 작고, 용기가 부족해 소심하고, 힘이 약한, 그리고 무엇보다 나이 어린 여주인공이 온갖 난관을 극복하고 결국 사랑을 쟁취한다.

미국은 셋 중 한 사람이 빈곤층으로 전락할 정도로 양극화가 심각하다. 최장기 경제침체로 일류대학을 나와도 직장을 구하기 어렵다. 미래가 불안한 젊은이들은 현실에서 불가능한 욕망을 로맨스 판타지로 해소한다. 소설은 어김없이 영화화된다. 『다이버전트』는 미국에서 4월에 개봉된다.

〈머니투데이〉, 책통, 2014.2.22.

'17'된 청소년 소설,
내가 아직 애로 보여?

'청소년소설'이라는 이름이 처음 붙은 박상률의 『봄바람』이 1997년 12월에 출간되었으니 이 땅의 청소년소설의 역사는 이제 17년이 조금 넘었다. 초창기 청소년소설은 거의 모두 성장소설이었다. 하지만 최근에는 고전적 의미의 성장담 이외에도 학교생활의 고달픔, 역사 앞에 선 청춘, 아이와 부모가 이루는 가정, 몸과 죽음, 가축과 짐승의 시간, 장르로서의 가능성 등 다양한 양상을 보여주고 있다.

그래서일까? 청소년소설로 명성을 올린 이들이 성인소설로 뛰어드는 일이 늘어나고 있다. 밀리언셀러 『완득이』를 비롯해 『가시고백』, 『우아한 거짓말』 등을 발표한 김려령이 작년에 펴낸 첫 성인소설 『너를 봤어』는 과감한 성묘사와 가정폭력의 잔혹함을 여지없이 잘 보여줬다.

구병모의 『위저드 베이커리』는 '대한뉘우스'가 아니면 계몽, 권선징악, 해피엔딩 등 비슷비슷한 구조의 성장소설 패러다임을 완전히 뒤집어버린, 냉혹한 인간세계를 매우 냉정하게 그린 전복적인 상상력의 소설이다. 판타지, 미스터리, 호러의 성격을 두루 갖춘 이 소설을 먼저 읽은 부모들이 아이들이 읽을까봐 몰래 숨겨놓기도 했다는 일화가 있을 정도다.

신춘문예나 장편 공모 등에 15년 동안 응모하며 최종심에도 여러 번 오른 이력이 있는 구병모는 2011년에 '청소년 소설'이라는 꼬리표를 떼고 쓴 첫 장편소설 『아가미』를 내놓은 이래 단편집 『고의는 아니지만』과 장편소설 『파과』를 내놓았다. 특히 『파과』에서는 "내가 이래도 청소년 작가냐"고 항의하는 듯한 만연체의 능수능란한 문장을 보여주었다.

1985년생의 젊은 작가 박지리는 『합체』와 『맨홀』이라는 두 청소년소설을 갖고 있다. 『합체』는 '코믹무협 열혈성장분투기'이지만 아버지의 폭력이 아들의 정체성 확립에 어떤 영향을 주는지를 제대로 보여준 『맨홀』은 성인소설에 가깝다. 『맨홀』에서 어쩌다 살인을 하게 되는 주인공은 아버지를 '그 사람', '악마' 등으로 표현한다.

박지리의 첫 성인소설인 『양춘단 대학 탐방기』의 주인공은 환갑을 넘긴 할머니 양춘단이다. 어려서 강제로 초등학교마저 중단한 양춘단은 대학의 청소부로 일하면서 '도둑 공부 들어야제, 친하게 지내는 교수 선생이랑 밥도 먹어야제, 요즘 대학생들은 뭘 하고 어떻게 사나 다 듣고 보느라' 엄청 바쁘다. 양춘단의 얼굴에 비친 우리 사회의 허위의식을 능숙하게 그린 대단한 풍속소설이다.

이 작가들의 작품을 읽으니 청소년소설의 기준이 무엇인지 의심스럽다. 밀리언셀러가 된 권정생의 『몽실 언니』와 황선미의 『마당을 나온 암탉』에다 아동문학이라는 명패를 붙이는 것이 거추장스럽지 않은가. 하긴 『마당을 나온 암탉』의 영어판은 처음부터 성인용으로 출간되긴 했다.

〈머니투데이〉, 책통, 2014.3.1.

증거+스토리,
'팩션'의 시대

1999년에 '브리태니커백과사전'이 종이책 생산을 중단하자 수많은 언론이 종이책의 장송곡을 틀어댔다. 출판을 좀 안다는 한 문학평론가마저 자신의 책에 "문자에서 영상으로, 종이책은 전자책으로, 실물에서 사이버로 전환하고 있는 것"이며, "나아가 글자에서 비트로, 아날로그에서 디지털로, 인문주의에서 기능주의로, 사유에서 정보로, 지식에서 뉴스로 옮겨가고 있는 것"인데, 이것은 "끔찍하지만 거부할 수 없는 문명의 추세"라며 새로운 문명에 무조건 투항하는 자세를 보였다.

하지만 문명은 직선적으로 발전하지 않았다. 아날로그는 디지털과 결합해 '디지로그'가 되었다. 문자는 영상이미지와 상보적으로 결합했다. 국내로 한정하면 전자책은 아직도 종이책 매출의 3% 미만 수준에 머무르고 있다. 사이버 섹스가 쾌감을 준다지만 인간은 실물의 촉감에 더 전율한다. 무엇보다 중요한 것은 인간은 실물이 주는 '구체성'에 목숨을 걸다시피 한다는 것이다. 이렇게 문명은 '제3의 무엇'으로 순환론적으로 발전했다. 레비 스트로스식으로 말하면 날 것의 고기를 먹던 인간은 '불'이라는 기술을 이용해 익힌 것을 먹게 되었지만, 삭힌 것도 먹게 되었다.

디지털 기술의 출현 이후에 인간은 눈에 보이는 증거가 있어야 믿기 시작했다. 허구적인 이야기^{fiction}에서도 팩트^{fact}를 중시하기 시작해 팩션^{faction}이 대세가 되었다. 출판이라고 예외가 아니다. 역사적인 자료를 집대성해놓으면 독자는 환호성을 지른다.

대중문화평론가 최규성이 글을 쓰고 사진을 찍은 우리 가요사라 할 수 있는 『대중가요 LP 가이드북』(안나푸르나)을 읽으면서 나는 이 명백한 사실을 다시 한번 확인할 수 있었다. 이 책은 우리들이 처음 노래를 들었던 유성기의 SP부터 근래 빌보드 차트 싱글 2위에 오른 싸이의 '강남스타일'까지 191장의 음반들의 초반부터 재반까지 상세히 보여준다. 독자는 책에 담긴 1,300여 장의 사진을 통해 LP판을 보는 재미를 느끼면서 우리 가요사를 자연스럽게 가늠할 수 있다.

이 책의 기획자인 김영훈은 마크 루이슨이 비틀즈의 모든 작품을 완벽하게 체계적으로 요약한 연대기인 『THE COMPLETE BEATLES CHRONICLE』(생각의나무)과 비틀즈가 자신들의 삶을 정리한 자서전인 『비틀즈 앤솔로지』(오픈하우스)를 기획한 바 있다. 비틀즈는 1970년에 해체됐지만 2000년에 『비틀즈 엔솔로지』의 출간과 동시에 발매된 컴필레이션 음반 '1'은 당시 30여 개국 차트에서 정상을 차지한 것은 물론 이후 10년 동안 3천만 장이나 팔리는 기염을 토했다.

출간이 임박한 백남준의 스승인 존 케이지의 『사일런스』(오픈하우스)도 기획한 김영훈은 앞으로 백남준, 조용필, 이미자 등 예술가의 삶을 다각도로 정리한 책을 펴내겠다는 의욕을 내보이고 있다. 이것이야말로 진정한 한류를 낳는 가장 기초적인 작업이 아니겠는가. 앞으로 그의 분투를 기대한다.

〈머니투데이〉, 책통, 2014.3.8.

윤태호의 『미생』이
인기를 끄는 이유

　직장인이 회사에서 살아남기 위해 몸부림치는 모습을 바둑판에 놓이는 바둑돌 하나가 어떻게 우리 인생의 순간과 맞먹을 수 있는지와 대비시키며 리얼하게 그린 윤태호의 『미생』(위즈덤하우스)이 60만 부가 팔렸다. 이 기록만 보면 출판만화시장이 아직도 대단한 것처럼 보이지만 출판만화시장은 처절하게 추락하고 있다.

　왜 이런 일이 벌어졌을까? 대원씨아이, 학산문화사, 서울문화사 등 만화 전문 출판사 '빅3'가 일본의 인기 만화를 팔아 수익을 챙기면서 국내 작가들을 키우는 데는 소홀했기 때문이다. 서찬휘 만화칼럼리스트가 월간희망 만화 무크 〈보고〉 창간호(휴머니스트)에 발표한 최근의 만화 베스트셀러 통계에 따르면, 이들 3사가 베스트셀러에 올린 책의 비율은 전체의 57.7%나 된다. 3사가 해당 기간 낸 베스트셀러는 모두 116권인데 이중 일본만화가 108권으로 93.1%나 차지하고 있다.

　출판만화시장이 사실상 고사상태에 빠진 상황에서 인터넷을 새로운 유통 기지로 삼은 웹툰은 활성화되고 있다. 웹툰 독자가 월 1천만 명을 넘고, 네이버의 경우 방문자의 22% 정도가 '네이버 만화'를 찾고 있을 정도(2012년 닐슨코리아 조사)니 말이다. 강풀, 강도하, 윤태호, 양영순, 조석 등 스타만화가들의 작품은 영화, 드라마, 뮤지컬 등으로 제작되고 있다. 한국에서 탄생한 최초의 대중매체인 웹툰은 바야흐로 새로운 문화 장르로서의 위상을 확실하게 굳혀가고 있다.

출판만화와 웹툰은 문법부터가 달라지고 있다. 가장 중요한 차이는 출판만화가 선의 밀도가 높은 작화의 완성도에 중점을 두는 반면, 웹툰은 잘 읽히는 스토리텔링에 무게를 둔다는 점이다. 박기수 한양대 교수는 〈보고〉에 발표한 '웹툰, 가장 격렬해야할 스토리텔링의 장場'에서 "스토리텔링은 '이야기story'뿐만 아니라 '말하기telling'도 텍스트 향유의 지배적인 요소"가 된다고 지적했다. 따라서 웹툰을 출판만화로 바꾸려면 두 장르의 문법을 잘 아는 '번역가'가 개입해야 할 만큼 문법이 달라지고 있다.

일반 단행본이라고 다르지 않다. 영상세대를 의식하다 보니 베스트셀러의 목록은 구어체 문장의 책들이 휩쓸고 있다. 구어적인 텍스트가 아니면 대중이 읽지 못해 글에 소리까지 담아내야 하는 시대이다 보니 '전자電子 시대'가 아니라 '성자聲字 시대'라는 말까지 나온 지 오래다.

하지만 웹툰을 있는 그대로 출판만화로 펴내 유일하게 성공한 웹툰이 글의 서두에서 언급한 『미생』이다. 『미생』은 영상정보의 치명적 약점인 금방 본 것도 잊어버리는 '정보의 알츠하이머(치매) 효과'를 이겨낼 수 있는 힘을 가졌다. 가독성과 조회 수만 의식하다 보면 독자의 뇌리에 각인되는 힘을 잃는다. 이 같은 명백한 사실을 자각하지 않으면 웹툰 자체의 생명력이 길지 않을 수 있다는 사실을 명심해야 할 것이다.

〈머니투데이〉, 책통, 2014.3.15.

자살 다룬 청소년문학,
베르테르 효과 있다고?

꽤 오래전이다. 예기치 않게 찾아오는 죽음을 다룬 어떤 청소년소설을 읽고 한 청소년이 자살했다는 기사가 보도되어 충격을 안겨주었다. 추천도서에도 여러 번 선정됐던 소설이었기에 충격의 강도는 셌다. 다행히 사고사로 죽은 아이의 책상에 단지 그 소설이 놓여 있을 뿐이라는 사실이 드러나 단순한 해프닝으로 끝났다. 하지만 이후 자살, 낙태, 가정폭력, 성폭력 등 자극적인 소재의 청소년소설에 대한 우려가 자주 터져 나왔다.

2009년이었다. 청소년의 자살을 다룬 청소년소설인 『우아한 거짓말』(김려령, 창비)과 『목요일, 사이프러스에서』(박채란, 사계절출판사)가 나란히 출간되자 작가, 교사, 학부모, 출판편집자 등 13명이 참여해 '청소년 문학에 나타난 자살을 어떻게 받아들여야 하나?'란 주제로 토론을 벌이기까지 했다.

『목요일, 사이프러스에서』의 내용은 이렇다. 카리스마가 있는 여장부 태정, 늘 우울한 얼굴의 선주, 앙증맞은 새롬, 천사인 것처럼 행동하는 엉뚱한 하빈 등은 목요일마다 학교 앞에 있는 휴식의 공간 사이프러스에서 만난다. 이들은 거짓 자살계획을 세운다. 태정이 가장 먼저 자살을 시도하지만 이들의 자살계획은 모두 실패로 끝난다. 네 사람이 확인하는 것은 주변 사람들의 사랑뿐이다. 작가는 '왜 살아야 하나?'란 질문에 대한 대답을 주고 싶어서 이 소설을 썼다고 했다. 하긴 '자살'을 뒤집으면 '살자'가 된다.

『우아한 거짓말』의 첫 문장은 "내일을 준비하던 천지가, 오늘 죽었다"이다. 성격이 너무 다른 두 자매 중 천지는 중학교 1학년이고, 만지는 3학년이다. 만지는 천지의 죽음을 도저히 이해할 수 없어 동생의 흔적을 찾아 나선다. 곧 "조잡한 말이 뭉쳐 사람을 죽일 수도 있습니다. 당신은 혹시 예비 살인자는 아닙니까?"란 대상이 명확하고 자살을 암시한 천지의 글을 발견하게 된다. 결국 천지 친구인 화연이 자신의 자리를 지키기 위해 천지를 이용했다는 사실이 드러난다.

작가는 『우아한 거짓말』은 "자신은 타격을 입지 않으면서 상대를 가격하는 거짓말"로 "악의적인 의도는 숨기고 겉으로는 우아하게 포장해서 말하는 교활한 언어"라고 설명했다. "예쁘긴 한데, 은근히 촌스러운 면도 있어", "나도 들은 말인데", "혼자 두면 불쌍하잖아" 같은 『우아한 거짓말』을 몇 번쯤 뱉어보지 않은 청소년이 과연 얼마나 될까?

토론 참석자 중에는 이런 소설을 아이에게 절대로 읽히지 않겠다는 사람이 없지 않았지만 청소년 자살이 세계 1위인 현실에서 마냥 무시할 수는 없는 것이 아니냐는 의견이 대세를 이뤘다. 영화 〈우아한 거짓말〉을 봤다. 어두운 이야기를 정말 유쾌하게 잘 이끌고 있었다. 이 영화를 본 청소년은 가볍게 한 자신의 말이 누군가를 죽음으로 내몰 수 있다는 각성을 할 것 같았고, 어른은 자식에게 잘 해주지 못한 것이 미안해 다시 책을 찾을 것 같았다. 내가 그랬다. 역시 '소재'보다는 '깊이'가 문제였다.

〈머니투데이〉, 책통, 2014.3.22.

중국발 자기계발서의
가능성

　물류업체인 문화유통북스가 발표한 「2013년 상반기 출판시장 통계보고서」에 따르면 2010년에 비해 2013년의 출고부수는 경제·경영서적은 54.4%, 자기계발서는 21.2%나 격감한 것으로 나타났다. 자기계발서의 세부 분야에서는 성공과 리더십을 다룬 책들은 41%나 격감한 반면 인간관계나 삶의 자세를 다룬 책들은 미세한 증가세를 보였다. 이에 비해 인문학서적은 49.6%나 늘어났다.

　이런 결과를 낳은 것은 미국발 자기계발서의 몰락의 영향이 크다. 글로벌 금융위기 이후 디테일하게 명령조로 "어떤 능력을 갖춰라. 그렇게 하지 않으면 인생이 피곤할 것"이라는 미국발 자기계발서의 협박에 독자들이 이제 피로감을 느꼈다고 볼 수 있다. 임상실험의 예를 들면서 입론화를 시도한 한계를 돌파하기 위해 『텐-텐-텐, 인생이 달라지는 선택의 법칙』(수지 웰치, 북하우스)이나 『부자 오빠 부자 동생』(로버트 기요사키와 에미 기요사키 남매, 명진출판)처럼 이혼이나 해고당한 쓰라린 경험까지 털어놓으며 인생을 제대로 살 수 있는 원칙을 알려주기도 했지만 그런 경우는 매우 예외적이다.

　실행 매뉴얼이 장점인 일본발 자기계발서는 근거가 미약한 주장을 펼치는 경우가 많았다. 특히 '○○력力'류의 책들은 '채찍'과 '당근'을 동시에 제공하는 미국발 자기계발서와 크게 다르지 않았다. ○○에 새로운 의미를 제시하며 변화구를 던지는 식으로 발상의 전환을 유도하려 했지만 일반화가 쉽지 않았다.

이런 한계 때문인지 요즘 중국발 자기계발서가 크게 증가하고 있다. 수신修身의 중요성을 일깨우는 『나를 지켜낸다는 것』(팡차오후이, 위즈덤하우스), 강인한 정신의 늑대, 처세술의 여우, 덕행의 인간 등의 장점을 두루 갖춰야 인생이라는 정글에서 결코 패배자가 되지 않을 것이라고 말하는 『늑대의 도, 여우의 도, 인간의 도』(궁페이쉬안, 쌤앤파커스), 『오자서병법』에서 추출한 약자가 강자를 이기는 방법을 제시한 『통쾌한 반격의 기술, 오자서병법』(공원국, 위즈덤하우스) 등은 중국의 역사나 문학에서 구체적 사례를 제시하며 입론화를 시도하고 있다.

이인화는 『스토리텔링 진화론』(해냄)에서 발터 벤야민의 견해를 빌려 스토리의 네 가지 속성을 제시했다. 먼 곳에서 일어나는 흥미로운 이야기라는 스토리의 원방성遠方性, 듣는 이에게 기억되고자 하는 의도를 갖는 스토리의 기억유도성, 오랜 시간 전달 내용의 생명력과 유용성을 유지하는 스토리의 장기지속성, 사건·사물과 함께 그것을 체험한 사람의 흔적을 전달하는 스토리의 화자성話者性 등이 그것이다. 스토리텔링은 '이야기story'이면서 '말하기telling'다. 말을 할 때는 듣는 이와 정서적 교감을 이룰 수 있는 구체적인 팩트fact를 잘 제시할 수 있어야 한다. 넓고 깊은 중국의 역사는 우리의 역사나 마찬가지다. 그런 면에서 중국의 자기계발서는 공감의 폭이 크기에 앞으로의 성장 가능성이 매우 크다 하겠다.

〈머니투데이〉, 책통, 2014.3.29.

쿠온출판사의 빛나는 고투

모처럼 일본에 다녀왔다. 우연히 펼쳐든 〈아사히신문〉 3월 26일자의 '문예시평'(월평)난에는 김연수의 『세계의 끝 여자친구』를 일본 작가의 다른 두 책과 함께 언급하고 있어 무척 반가웠다. 글을 쓴 작가이면서 시인인 마쓰우라 히데끼는 "『세계의 끝 여자친구』도 매우 훌륭한 단편집이다. 끝없이 불안정하며 의지할 곳 없는 삶의 덧없음을 직시하고 있는 작가가 여기에도 있다. 하지만 그의 시선에는 악의 대신에 넘치는 따뜻함이, 바닥이 보이지 않는 나락에 대한 실망감 대신에 사람 대 사람 사이의 커뮤니케이션에 대한 흔들림 없는 신뢰가 흘러넘치고 있다"고 썼다.

이를 계기로 알아보니 김연수의 이 소설집은 오영아 번역으로 올해 3월 초에 쿠온출판사가 일본어판을 출간하면서 일본의 여러 매체에서 매우 긍정적으로 소개됐다는 사실을 확인했다. 〈아사히신문〉 3월 12일자의 작가 인터뷰에는 "『세계의 끝 여자친구』는 고독이라는 현대인의 본질에 대해 다뤘습니다. 대부분의 사람들은 자신이 바라는 삶을 살지 못하죠. 그렇지만 모두 살아가고 있습니다. '왜?'라는 것이 이 소설의 테마이기도 합니다. 한류드라마는 특별한 사람들의 이야기예요. 문학작품을 통해 보통의 한국을 알아주길 바랍니다"라는 김연수의 발언이 소개됐다. 뿐만 아니라 이 소설집에 대해서는 〈요미우리신문〉, 〈마이니치신문〉 등 일본의 주요 신문들도 크게 다뤘다.

'새로운 한국문학 시리즈'를 펴내고 있는 쿠온출판사는 한강의 『채식주의자』를 비롯해 김중혁의 『악기들의 도서관』, 구효서의 『나가사키 파파』, 박

성원의『도시는 무엇으로 이루어지는가』, 김언수의『설계자들』, 김애란의
『두근두근 내 인생』, 은희경의『아름다움이 나를 멸시한다』 등을 이미 펴낸
바 있는데, 김연수의 작품집은 이 시리즈 열 번째의 책이었다.

책 출간에 즈음해 김연수가 일본을 방문해 두 차례의 토크 이벤트를 벌
이면서 "한국어는 마이너리티 언어이기도 해 다양한 언어로 번역돼 읽히기
가 어려운 모양인 거 같다. 20년 동안 작품 활동하면서 처음으로 일본어판
이 나와 감개무량하다. 이웃나라의 마음을 알려면 역시 문학이 아니겠는가.
한국 국민들은 일본문학을 읽음으로써 일본의 정치와 일반인들의 감성을
구분할 줄 알게 되었다"는 발언을 한 사실이 일본의 매체에서 확인됐다.

김연수의 발언처럼 문학을 통해 한국과 일본이 서로를 깊게 이해하는 일
은 매우 중요하다. 하지만 대한출판문화협회의 통계에 따르면 2013년에 일
본소설은 한국에서 685권이나 출간되었지만 한국소설은 일본에서 겨우 20
여 권만이 출간됐다. 우리 젊은이들이 일본의 소설과 만화를 열렬히 읽으면
서 일본을 충분히 이해한 반면에 일본의 젊은이들은 한국을 과연 얼마나 잘
이해할 수 있을지 걱정스럽다. 때마침 일본 서점의 서가에는 한국을 근거 없
이 깎아내리는 '혐한'의 책들이 잔뜩 쌓여 있었다. 그런 면에서 쿠온출판사
(대표 김승복)의 고투는 매우 빛나 보였다.

〈머니투데이〉, 책통, 2014.4.5.

왜 '기본'과 '교양'을
부르짖는가

• "하버드 비즈니스 스쿨에서 공부하면서 좋았던 점을 꼽는다면 첫째는 친구관계, 두 번째는 시야의 확대 그리고 마지막은 바로 자신감의 획득이다."

• "맥킨지에서는 '포인트를 세 가지로 정리하는 사고훈련'을 반복하면서 논점을 분해 또는 정리하는 논리력, 우선순위를 매기는 시간 관리 능력, 설득력을 높이는 커뮤니케이션 능력을 단련시킨다."

• "골드만삭스에서 배운 스킬 중 하나가 바로 '마켓 감각'이다. 간단히 말하면 마켓은 수요와 공급으로 가격이 정해진다. 즉 매수자와 매도자의 장래에 대한 기대에 맞춰 매매가와 매매량이 결정되는데 마케팅이란 마치 살아있는 생물처럼 순간순간 변한다."

책 『세계 최고의 인재들은 왜 기본에 집중할까』(도쓰카 다카마사, 비즈니스북스)가 알려주는 '평생 성장을 멈추지 않는 사람들의 48가지 공통점'은 매우 단순하다. 하버드 비즈니스스쿨, 맥킨지, 골드만삭스 등에서 세계 최고의 인재들과 함께 일하면서 얻은 '기본의 힘'라고 포장되어 있지만 그가 제시하는 원칙들은 지극히 평범하다는 이야기다.

2014년 3월 말, 일본 대형서점 서가에서 확실하게 눈에 들어오는 단어들은 기본, 원칙, 교양, 교과서 등이었다. 도쓰카 다카마사는 "이 책을 통해 사람들과 공유하려는 '기본'이란 국가와 세대 그리고 업종에 상관없이 가장 우선시해야 할 보편적 가치다. 이 점은 글로벌화가 강화될수록 더욱 강조될 것이다. 그리고 '기본'은 스스로 성공하는 데 가장 중요한 가치라는 점도 잊어서는 안 된다"며 '기본'의 중요성을 누누이 강조했다.

왜 새삼 기본, 교양, 교과서일까? 21세기 초두에 우리는 벤처 열풍에 편승해 '성공'을 꿈꾸었다. 그러나 성공을 위해 자기계발서에 집착할수록 성공이 이뤄지기는커녕 '노예'의 신분만 강화됐다. 따라서 목숨이라도 온전히 부지하려면 자신의 꿈을 좁혀야만 했다. '나만이 겨우 만족하는 행복'으로 말이다. 그러다 멘토의 '한 마디 어록'에 위안 받거나 스스로 마음을 달래는 '셀프 힐링'의 깊은 늪에 빠져들기도 했다.

인간의 삶이 이렇게 비참하게 된 것은 크게 두 가지 이유 때문이다. 하나는 기술의 발달이다. 모든 일을 잘게 쪼개 '아웃소싱'이 가능하게 만든 기술은 인간의 가치를 급전직하로 추락시키고 있다. 다른 하나는 조르조 아감벤이 말하는 '예외상태'다. 9·11이나 3·11 같은 비상상태는 권력자의 초법적인 결정을 제어하지 못하게 만들었다. 덕분에 인간은 이성이 마비되면서 감성에 지배받는 동물로 전락하다시피 했다.

밤이 깊으면 새벽이 오는 법이다. 이제 인간은 더 이상 추락할 곳이 없다. 그런 인간이 다시 일어서고자 하는 욕망이 꿈틀거리기 시작했기에 기본, 교양, 교과서가 새삼 화두가 되는 것으로 볼 수 있다. 왜 우리는 일반교양을 '리버럴 아트liberal arts', 즉 '인간을 자유롭게 하는 학문'이라고 부르지 않는가? 노예가 되기를 거부하고 진정한 인간이 되려는 자들이라면 이제 '기본'을 되찾을지어다.

〈머니투데이〉, 책통, 2014.4.12.

인문학 르네상스 이후
'대중의 과학화' 꿈꾼다

한 지방대학 구내서점의 서가에 '인문학'이란 단어가 들어간 책이 20여 권 나란히 진열되어 있는 것을 보고 두 번 놀랐다. 이런 대단한 열풍에 놀랐고, 너무 문·사·철 중심이라는 것에 놀랐다. 물론 『인문학은 밥이다』(김경집, RHK)처럼 과학과 음악, 환경 등을 인문학에 포함시킨 책이 있어 다행이긴 했지만 말이다.

가라타니 고진은 일찍이 '인문학의 가능성'(《논좌》 2007년 3월)이란 글에서 "인문학은 어떤 가능성을 가질까라는 물음"은 "정보로 바꿀 수 없는 지식의 가능성을 묻는 것"과 같다고 말했다. 그의 설명은 이어진다. "이런 문제는 컴퓨터와 테크놀로지만의 문제는 아니다. 기본적으로 자본주의의 문제다. 장사꾼은 싸게 사들이고 비싸게 팔아 차액을 챙긴다. 산업자본주의도 '차이'에서 이윤을 얻음으로써 증식한다는 원리에 바탕을 두고 있다. 하지만 그 결과, 차이가 점차 사라지고 이윤율도 낮아진다. 따라서 자본주의는 늘 차이를 만들고 새로운 차이를 찾아내려고 한다. 선진국에서 포화상태가 되면 도상국에서 차이를 찾는다. 대충 이렇게 국제화가 이뤄진다."

그 결과 전 세계 주요 도시의 시민은 비슷한 생활을 하고 있다. 여전히 첨단기술은 이공계나 의학계에서는 과거에는 상상할 수 없을 만큼 세분화가 이뤄지고 있다. 눈 깜짝할 사이에 새로운 상품이 출현하는 시대에 자신이 하고 있는 일이나 교양의 수준이 타자와의 차이를 만들어내지 못하면 경쟁에서 도태될 수밖에 없다.

한때 구조주의와 포스트구조주의, 탈구축, 문화연구 등의 인문과학이 빛나던 시대가 있었다. 하지만 지금 인간의 정신과 문화에 대한 연구는 인지과학과 뇌 과학, 정보과학에 인식론적 주도권을 빼앗겨버렸다. 그런데도 우리 인문학은 문학, 역사, 철학만을 중시하던 조선시대에 그대로 머물러 있는 듯한 느낌이다.

이정모 서대문자연사박물관장은 한 인터뷰에서 "유럽의 초기 대학의 일반교양, 즉 '리버럴 아트'는 수사학, 문법, 논리학, 음악, 산수, 기하학, 천문학 등 7과목이었다. 당시 음악은 우주의 원리를 연구하는 학문이었는데, 절반 이상이 과학과 연관된 것이다. 그런데 우리는 어느 순간부터 과학을 빼버렸다"고 지적하며 '과학의 대중화'가 아닌 '대중의 과학화'가 절실하다고 역설했다.

지난해에는 『어메이징 그래비티』(조진호, 궁리) 『서민의 기생충열전』(을유문화사), 『멸치 머리엔 블랙박스가 있다』(황선도, 부키), 『인간에 대하여 과학이 말해준 것들』(장대익, 바다출판사), 『온도계의 철학』(장하석, 동아시아), '빅 히스토리' 시리즈(이명현 외, 와이스쿨) 등 국내 저자가 쓴 수준 높은 교양서들이 출간됐다.

하지만 이 정도로는 턱없이 부족하다. '대중의 과학화'를 위한 획기적인 변화가 시급하다. 올해는 정말 좋은 과학서가 많이 출간되어 누구나 가치의 원근감을 갖고 자율적인 판단을 내릴 줄 아는 능력을 갖출 수 있는 환경이 만들어지기를 애타게 기원한다.

〈머니투데이〉, 책통, 2014.4.19.

싱글의 삶,
피할 수 없으면 즐겨라

한국사회에서 가족해체가 급격하게 진행된 것은 1997년 말의 IMF 외환 위기 직후이다. 가족해체나 남녀의 이합집산이 심해질수록 단란한 가정이나 연애에 대한 욕구는 증대하기 마련이다. 2000년대 초반에는 『가시고기』(조창인)나 『국화꽃 향기』(김하인) 같은 순애純愛소설이 폭발적 성장세를 이뤘다. 또 남녀가 서로를 이해하려는 욕구가 증대하는 바람에 『화성에서 온 남자 금성에서 온 여자』(존 그레이)는 1997년에 3만 부 판매에 그쳤지만 점차 판매 부수가 폭증, 2002년에는 30만 부나 팔렸다.

2011년 3월 11일, 일본에서 대지진과 방사능 공포가 터졌을 때도 삶의 덧없음을 절감한 대중이 어떻게든 가족을 이루려는 욕구를 크게 발산시켰다. 커플링을 포함한 약혼·결혼반지의 판매가 한때 급증하기도 했다. 대형재난이 결혼 문턱을 낮추면서까지 가족을 꾸리려는 욕구와 동거의 확산을 불러왔을 뿐만 아니라 연인 사이의 애틋한 감정도 되살아나게 만든 것이다.

하지만 장기불황으로 인한 비정규직의 증가는 연애 → 결혼 → 출산 → 분가 → 양육의 전통적인 패턴을 완전히 무너뜨렸다. 그래서 늘어나는 것이 싱글턴singleton(1인가구)이다. 2013년에 이미 전체 가구 중 1인가구의 비중이 25.9%나 차지할 정도가 되자 1인가구를 겨냥한 '솔로 이코노미'가 전반적으로 강화되고 있다. 혼자서 안락함과 즐거움을 추구하는 '나홀로 라운징Alone with Lounging'을 즐기는 사람들이 크게 늘어남에 따라 이들을 대상으로 한 다양한 상품들이 쏟아지고 있다.

출판시장이라고 예외가 아니다. '나홀로 라운징'을 하는 사람들의 자존심을 살려주는 책들의 출간이 크게 늘어나고 있다. 문요한은 『스스로 살아가는 힘』(더난출판)에서 "집단주의 시대가 문을 닫고 개인주의 시대가 열"리는 바람에 "자신이 중심이 되어 관계를 만들고 네트워킹을 이루어가는" '신노마드'(신유목민)의 시대가 도래했다는 주장을 펼쳤다.

지난 해 하반기 싱글로서의 삶을 긍정적으로 조명한 『혼자 산다는 것에 대하여』(노명우, 사월의책)가 화제가 된 이후 자신을 직시하여 한계를 깨는 수신修身의 길을 알려주는 『나를 지켜낸다는 것』(팡차오후이, 위즈덤하우스), 돈만 외치는 망가진 세상에서 두려움 없이 '나'로 사는 법을 알려주는 『두려움과의 대화』(톰 새디악, 샨티)가 나왔다. 또 누구에게나 하나쯤 박혀 있는 마음의 못인 콤플렉스를 신화, 문학, 그림을 곁들여 설명하는 『마음에 박힌 못 하나』(곽금주, 쌤앤파커스), 대체 불가능한 자신만의 삶을 살아온 챌린저들의 삶을 조명한 『나는 다르게 살겠다』(이나리, 어크로스) 등 싱글턴의 자존심을 한껏 세워주면서 '나'의 자율성을 강조하는 책들의 출간이 최근 크게 늘어났다.

정신과 의사 문요한은 '개인화'는 "거대한 메가트렌드의 거스를 수 없는 흐름"이라고 강조한다. 피할 수 없다면 즐길 수밖에 없다. 싱글인 그대여! 이 도도한 물결을 타고 인생을 즐기기 위해 이 책들을 살펴볼지어다.

〈머니투데이〉, 책통, 2014.4.26.

소셜미디어에서의
'새로운 지성'

중국의 역사책을 모아놓은 『사고전서四庫全書』는 무려 150장의 CD롬에 3,400점, 8억 자에 달하는 문헌 데이터가 수록되어 있다. 이 방대한 역사서적을 활용해 책을 만드는 일이 늘어나고 있다. 한때 출판 편집자 경험이 있는 조윤제의 『말공부』(흐름출판)가 그러하다. 이 책은 『논어』, 『맹자』, 『사기』 등 동양고전을 읽어본 이들에게 익숙한 이야기를 끄집어낸 다음 말 잘 하는 방법을 세세하게 알려준다.

우리는 인터넷에 기하급수적으로 늘어나는 정보를 대충대충 읽는다. 그 많은 정보들은 아주 주의 깊게 살펴보지 않으면 정보의 진실 여부를 판명해낼 수 없다. 우리는 지금 인터넷에서 텍스트를 처음부터 끝까지 숙독하지 않는다. 그저 대충대충 적당히 골라 읽을 뿐이다. 이러한 읽기 습관은 인간의 사고습관까지 바꾸고 있다.

1999년에 일본에서 출간된 『책의 미래』(책과컴퓨터사)에서는 프랑스의 로제 샤르티에, 중국의 리우 지밍, 타이의 땅느 웡얀나바, 일본의 우에노 치즈코, 미국의 하워드 라인골드 등 다섯 사람의 인문학자들에게 5회에 걸쳐 다섯 가지의 질문을 던졌다. 그 질문 중의 하나가 '전자미디어에서 새로운 지성은 탄생할 수 있는가?'이다.

나는 『말공부』을 읽다가 이 질문에 대한 답변을 다시 떠올렸다. 그때 땅느 웡얀나바는 인터넷에서 '정보의 자유'라는 미명하에 거짓 정보까지 난무하고 있는 현실을 이야기하며 디지털 시대의 인간은 '수렵채집적인 사고방식'을 갖게 될 것임을 예상했다. "해일처럼 밀려드는 정보 속에서 누구나 타인과 같은 생활수준을 원하고 과학의 진보로부터 뒤처지지 않길 기대한다. 그래서 정보를 모으는 행위는 지식 자체를 구한다기보다 생존을 건 '사냥'에 가깝다. 이런 상황에서 사냥꾼은 자기 혼자가 아니다. 사냥꾼 자신이 누군가의 사냥 대상이 되기도 하고 동시에 포식자捕食者가 되기도 한다"고 말이다.

인터넷 공간에서는 익명성을 이용한 사기와 명예훼손이 일상적으로 이뤄진다. 그곳에서는 텍스트의 공공성이 문제가 된다. 원래 출판publication이란 공공의public 지식을 유통하는 행위를 말하지 않는가? 그런데 소셜미디어에서는 '텍스트가 텍스트를 낳아가는 변형과 생산, 복제와 이본異本의 쾌락, 저자의 고유성이 상실되는 사이버 공간의 유열愉悅'(우에노 치즈코)이 일상화된다.

자, 이제 어떤 사람이 '지성인'이 될 것인가? 아마도 옛날부터 전해오는 인류가 생산한 방대한 지식을 최대한 섭렵한 다음 하나의 키워드로 잘 정리해내는 능력의 소유자가 아닐까? 출처불명의 오誤정보가 폭주하는 시대에 선인들의 지혜의 가치는 갈수록 높아만 간다. 따라서 그런 지혜를 활용해 누구나 공감할 수 있는 이야기를 만들어내는 능력은 크게 힘을 발한다. 바야흐로 '편집적 사고'를 할 줄 아는 사람들의 전성시대가 도래했다.

〈머니투데이〉, 책통, 2014.5.3.

짧아지는 콘텐츠,
'손가락 소설' 나올까

　김영하의 『살인자의 기억법』(문학동네)은 알츠하이머 환자가 된 늙은 연쇄살인범 김병수의 길고 짧은 '메모'로 구성돼 있다. 70세인 그는 45세에 문화센터 사무직원을 살해한 뒤에 교통사고를 당하고서야 비로소 30년 동안 지속했던 살인을 멈춘다. 기억할 수 없게 된 김병수는 기억하기 위해 기록한다. 나는 이 소설이 "김병수의 휴대전화의 메모장, 혹은 블로그와 페이스북의 글을 그대로 옮겨놓은 것처럼 보인다. 어떤가. 재기발랄한 작가가 새로운 소설 형식의 실험을 한 것으로 여겨지지 않는가"라고 쓴 적이 있다.

　책의 세계는 p-콘텐츠paper(종이책)와 e-콘텐츠(전자책)로 분화되고 있다. 인간은 갈수록 e-콘텐츠의 중독자(헤비유저)가 되고 있다. 인간은 e-콘텐츠를 주로 스마트기기로 읽는다. 따라서 '검색'이라는 '읽기'와 엄지손가락으로 누르는 '쓰기'가 텍스트의 질적 변화를 불러오듯이, 스마트폰이나 스마트패드 등의 재생장치가 가진 다양한 기능이야말로 독자와 콘텐츠 제공자의 새로운 관계성을 만드는 결정적인 열쇠가 되고 있다.

　e-콘텐츠는 세 가지 주요 특성이 있다. 인간이 액정화면을 통해 정보를 제대로 소화해내려면 시간적 제약이 따르며(시간성), 글보다 이미지가 앞서는 화주문종畵主文從의 글이어야 주목을 끌 수 있고(장소성), 인간의 머리(뇌)를 움직이는 이성적인 글보다 몸과 마음을 움직이는 감성적인 글이어야(신체성) 한다.

　p-콘텐츠는 어떠해야 할까? 전자미디어의 등장은 라디오에서 인터넷까

지 다양한 변화를 가져왔다. 언제나 그랬듯 새로운 사고의 도구는 새로운 사고양식을 부른다. 따라서 종이책 또한 다르지 않다. 장편소설이 주류를 이루던 소설시장에서도 '짧은 소설'이 점차 주목을 받고 있다. 2013년 노벨문학상을 수상한 앨리스 먼로가 단편작가인 것이 어떤 전환점인 것을 시사하는 것처럼 여겨진다. 실제로 영미권 소설시장에서도 그동안 서자 취급을 받던 '숏 스토리'가 점차 인기를 얻고 있다.

정이현은 최근작 『말하자면 좋은 사람』(마음산책)의 '작가의 말'에서 "이야기이기도 하고 짧은 소설이기도 하고 콩트이기도 하고 쇼트 스토리이기도 하며, 그 모두가 아닐지도 모른다"고 했다. 11편의 '짧은 소설'은 모두 페이스북에서 읽은 흔한 고백과 크게 달라 보이지 않았다. 혼자일 수밖에 없고, 혼자여서 고독한 현대인의 절박한 심정을 담아내는 것은 200자 원고지로 20~30매면 충분하다는 것을 이 소설집은 입증하고 있다. 책에 실린 그림과 함께 스마트기기로 읽으면 감흥이 클 것이다.

박완서의 『노란집』(열림원)에 나오는 '짤막한 소설'과 신경숙의 '짧은 소설'인 『달에게 들려주고 싶은 이야기』(문학동네) 등도 최근 인기를 얻었다. 머지않아 '짧은 소설'이 대세가 될지 모르겠다. 어쩌면 '장편掌篇소설'도 너무 길어 '손가락소설'이라는 새로운 장르가 출현할 수도 있을 것이다.

〈머니투데이〉, 책통, 2014.5.10.

'에로티카'의 인기,
바람직한가

　미국은 할리퀸 로맨스의 계보를 잇는 로맨스 판타지가 큰 인기를 얻고 있다. 지난 2일 〈파이낸셜타임스^{FT}〉는 이 흐름을 주도하는 『그레이의 50가지 그림자』(E. L. 제임스)가 1억 부(전자책 비중은 절반)를 돌파했다는 보도를 했다.

　성행위에 큰 비중을 둔 로맨스로 19세기 중반에 등장했던 용어인 '에로티카^{erotica}'로 불리기도 하는 이 소설은 청소년기의 아픔을 지닌 27세의 억만장자 크리스천 그레이와 대학을 갓 졸업한 21세의 아나스타샤 스틸의 사랑 이야기이다. 시간당 10만 달러나 버는 그레이는 조각 같은 몸매와 상대를 배려할 줄 아는 성격의 소유자다. 출판사에서 편집자 보조역으로 일을 시작한 스틸은 엄청난 미모를 갖고 있다. 이 소설은 SM을 매개로 전개되지만 SM은 단지 이야기를 끌어가는 장치일 뿐 남녀가 서로 합일되어가는 로맨스다.

　『그레이…』를 펴낸 출판사는 랜덤하우스의 '임프린트'(출판을 위한 브랜드) 중 하나인 빈티지다. 빈티지는 2012년 3월부터 6월까지 불과 3개월 동안 이 시리즈를 4천만 부나 팔았다. 2003년에 출간된 댄 브라운의 『다 빈치 코드』가 2003년에 첫 발행된 후 2009년까지 6년 동안 판매한 부수가 8천만 부였으니 『그레이의 50가지 그림자』가 얼마나 대단한 베스트셀러인지를 가늠할 수 있다.

　미국 최대의 출판사인 랜덤하우스는 1998년에 텔레비전 및 광고, 책, 잡지, 인쇄, 미디어 통신 서비스, 총괄본부 등 6개 사업부문으로 구성된 독일계 기업인 베텔스만에 10억 달러가량에 인수되었다. 랜덤하우스는 '빈티지', '크노프', '샤토 앤 윈더스'와 '윌리엄 하이네만'을 비롯한 미국과 영국의 58개의 독립적인 '임프린트' 브랜드를 갖고 있다.

베텔스만의 연차보고서에 따르면 2007년부터 2011년까지 5년 동안 랜덤하우스의 평균 세전 이윤은 1억 6100만 유로에 불과했다. 그룹 내에서 매출 비중이 낮아 출판은 항상 마이너 취급을 받았다. 그러나 『그레이…』 덕분에 2012년 상반기의 세전 이윤은 1억 8500만 유로나 됐다. 베텔스만 전체 이윤인 3억 5300만 유로의 절반을 넘는 52.4%나 차지하면서 출판은 새롭게 각광을 받았다.

이 소설의 판권은 2012년 5월경에 이미 32개국에 팔려나갔다. 독일어판은 같은 해 7월, 프랑스판은 같은 해 10월에 출간됐다. 한국어판은 같은 해 8월에 시공사에 출간되며 '19금' 논란을 불러일으키기도 했다. 한국어판은 지금까지 48만 부가 팔렸는데 그중 전자책은 14만 부로 29.2%를 차지했다. 전체 전자책 판매 비중이 미미한 것에 비하면 『그레이…』의 인기는 전자책의 부정적인 실체를 보여주기도 한다.

에바 일루즈는 『사랑은 왜 불안한가』(돌베개)를 통해 "이성애 관계가 직면한 내적 도전이 무엇인지 밝혀주는 동시에 섹스문제의 자구책을 제시하는 자기계발서인 『그레이…』가 조악한 문학"이라고 비판했다. 그럼에도 불구하고 이 소설의 인기행진은 계속될 것이다. 할리우드 영화가 올해 말쯤 개봉될 예정이니 말이다.

〈머니투데이〉, 책통, 2014.5.17.

'신新 구어시대'의 말의 변주

구술문화의 마지막 철학자였던 소크라테스는 글쓰기를 신뢰하지 않았다. 소크라테스가 제자들과 나눈 대화는 그의 제자인 플라톤이 글로 정리했다. 『논어』도 공자가 말한 것을 제자들이 글로 정리한 것이다. 공자가 활약하던 춘추전국시대는 백화제방, 혹은 백가쟁명의 시대였다. 저마다의 '꽃'(아이디어)을 갖춘 말 잘하는 사람, 즉 유세객遊說客이 승리하던 구어口語의 시대였다.

말과 영상이 넘치는 지금의 시대를 우리는 '신新 구어시대'라고 한다. 같은 말의 시대인 것은 맞지만 문자화의 경험을 한 다음이기에 과거와 질이 다르다. 무엇보다 구어시대에는 '보이지 않는 것'이 상징적 권위의 근원이었지만 지금은 '볼 수 있는 것 또는 그럴 듯한 것'에 우리가 혹한다.

21세기에 접어들면서 '무거운' 인문서에서 멀어져만 가고 있는 독자들을 종이책으로 끌어들이기 위해 구어체의 다양한 시도가 벌어졌다. 강의형, 대화형, 좌담형, 가상 대화형, 장거리 전화형 등 말하는 사람의 '소리'와 '마음'이 가미된 책들이 베스트셀러의 상단을 완전히 점령했다. 그런데 말이 더욱 다양하면서 세밀하게 변주하고 있다. 세 가지 사례를 짚어보자.

조윤제의 『말공부』(흐름출판)는 공자의 말을 끄집어내어 권위를 부여한다. 이 책은 공자의 『논어』뿐만 아니라 맹자와 장자 등의 철학서, 사마천의 『사기』를 비롯한 역사서, 『설원』을 비롯한 설화집 등에서 우리가 유혹당할 만한 효율적인 대화들을 제시하면서 우리가 살아남을 수 있는 방법론을 알려준다. 한마디 말로 망신을 자초하는 사람들이 줄줄이 등장하는 시대에 이

책은 말의 중요성을 일깨워준다.

1993년에 첫 등장한 다음 21년째 베스트셀러 행진을 계속하고 있는 유홍준의 『나의 문화유산답사기』(창비)는 '슬라이드 강연'을 글로 옮겨놓은 것이다. 이 시리즈는 남들이 무심코 지나칠 뿐 흥미를 지니지 못했던 구체적인 사실을 제시하며 나름의 독특한 해석을 제시해왔다. 최근 출간된 『나의 문화유산답사기』 열 번째인 '일본편 3, '교토의 역사'에서는 "역사는 유물을 낳고, 유물은 역사를 증언한다"고 했다. 유물과 유적이라는 증거를 제시하며 삶을 이야기한다. 유홍준 교수는 매 권마다 새로운 스토리텔링으로 우리를 놀라게 했다.

박범신의 『소소한 풍경』(자음과모음)은 처음부터 끝까지 과감한 생략으로 한 줄 혹은 다섯 줄 내외의 아포리즘이 이어지는 세 사람의 사랑이야기다. 공감과 위안을 안겨주는 멘토의 어록집이라 할 수 있는 김난도 교수의 『아프니까 청춘이다』(쎔앤파커스)를 떠올리게 만드는 이 소설은 새로운 형식의 실험처럼 읽혔다. 박범신은 곧 고희를 맞이하는 작가다. 그런 작가가 소설마저도 말의 '변주'를 시대에 맞게 새롭게 해야 한다는 사실을 일깨워주는 '젊은' 소설을 썼다는 사실이 무척 경이로웠다.

〈머니투데이〉, 책통, 2014.5.24.

고전은 청소년과 어른이
함께 읽는 것이 좋다

2004년이었다. 우연한 기회에 「교과서, 교육과정 제도 개선의 방향과 과제」라는 문건을 입수해 읽게 됐다. 문건에는 "그간 교과서 지식은 '학교교육이라는 사회·경제적 신분 상승의 외줄기 사다리에서 누가 위에 있는가를 재는 유일한 잣대' 역할을 해왔지만 요구가 다양하게 변화한 지금의 아이들에겐 맞지 않기 때문에 억압으로 작용하고 있다"며 기존의 교과서를 비판하고 있었다.

그리고 '인류문화의 정수를 모아놓은 표준지식'에서 '다양한 지적 호기심을 유발하고 더 깊은 지식습득의 길을 알려주는 안내자'로, '이념 주입형'에서 '가치 갈등의 합리적 해결 능력 배양'으로, '교과서 반복 독서형 참고서로 보완'이 '다양한 분야, 다양한 수준에서 더 깊은 지식을 제공하는 풍부한 청소년 도서로 보완'으로, '사회·경제적 신분 상승 기대'는 '다양한 길에서 삶의 질 향상 기대'로 각각 바뀌어야 한다는 교과서 개편 방향을 적시하고 있었다.

그에 가장 합당한 교과서가 뭘까? 2009 개정 교육과정에 따라 2015년부터 고등학교 국어 교과에 신설되는 '고전' 교과서가 아닐까 싶다. 고전교과서 몇 권을 읽어보았다. 수준이 만만찮다. 과거에는 고전이라면 향가나 시조, 가사 등을 의미했다. 그러나 지금 고전교과서는 철학·역사·과학·예술 등 전 분야의 동서양 고전이 망라돼 있었다. 이 교과서들을 읽어보면서 우리 교육도 긍정적으로 변할 때도 있다는 것을 확인하고 무척 기뻤다.

대학에서 25년간 '인간학'을 가르친 바 있는 『인문학은 밥이다』(RHK)의 저자 김경집은 "고전은 인간과 삶, 그리고 세상에 대한 보편적 가치를 대가의 시선으로 해석하고 표현한 것이다. 그것은 텍스트로서의 답을 가르치지도 요구하지도 않는다. 읽는 이로 하여금 스스로 자신의 삶과 세상을 읽어내는 시선을 보여줄 뿐이다"라며 고전이 지닌 중요성과 가치를 설명했다.

'고전'을 가르치는 교사의 스트레스는 만만찮을 것이다. 고전이 '내신·수능·논술 정복의 핵심이 될 것'이라는 광고 문구가 벌써 나오기 시작하니 '헬리콥터 맘'의 부담 또한 만만찮을 것이다. 그러나 두려워할 필요가 없다. '영어덜트'라는 장르가 있듯이 고전은 청소년과 어른(교사나 학부형)이 함께 읽는 것이 좋다.

마침 청소년이 읽어야 할 인문고전 81편의 정수를 모아 사회, 역사, 철학 분야의 세 권으로 구성된 '고전은 나의 힘' 시리즈(창비)가 출간됐다. 고전은 요약본이나 해설서를 읽어서는 원문의 의미를 제대로 맛볼 수 없다. 이 시리즈는 세부 주제를 잘 나눈 다음 그에 적절한 책을 제대로 골라서 소개하고 있었다. 책마다의 핵심을 잘 포착해서 발췌한 글들은 문장을 잘 다듬어서인지 쉽게 읽혔다. 각 장에 담긴 글들은 서로의 연결고리가 확실해 고전에 담긴 지혜와 통찰을 이해하기가 좋았다. 한 권 한 권이 수준 높은 교양서인 이 책들은 고전이 어렵고 딱딱한 것만은 아니라는 것을 확인시켜주었다.

〈머니투데이〉, 책통, 2014.5.31.

베스트셀러 집계 기준을
바꾸겠다는 교보문고

"'오프라 윈프리 쇼의 공개적 지지', '스티븐 스필버그에 의한 영화화', '뉴욕타임즈 베스트셀러 상위 순위 진입' 등 세 가지는 모든 작가들이라면 갈망할 것들로 앞의 두 가지와 달리 세 번째 방법은 구매력이 있는 사람이라면 누구나 실현할 수 있는 방법이다. 〈월스트리트저널〉은 샌디에이고에 있는 리절트소스ResultSource 사가 책을 베스트셀러에 진입시키는 데 특화된 회사라고 밝혔다. 충분한 돈만 지급하면 베스트셀러 1위에 진입할 수 있다는 것이다."

지난 2일 교보문고 주관으로 대한출판문화협회 4층 강당에서 열린 '베스트셀러 기준 재정립에 관한 토론회'의 자료집에 나오는 이야기다. 미국에서는 '사재기'가 기승을 부린다는 이야기로 들을 수 있는 대목이다. 실제로 블록버스터 출판기업의 베스트셀러 만들기는 정평이 나 있다. 2010년의 경우 미국 출판시장에서 상위 다섯 개 출판사의 매출(랜덤하우스 12.66, 펭귄 10.15, 하퍼콜린스 9.03, 사이먼&슈스터 7.30, 아세트 5.15, 단위는 억 달러)은 미국 내 대중서적 매출액의 45.9%나 차지했다.

2012년 10월, 독일 베텔스만의 랜덤하우스와 영국 피어슨의 펭귄북스가 합병해 '펭귄랜덤하우스'라는 신설법인으로 출범한다는 사실이 발표됐다. 발표 당시 펭귄랜덤하우스는 연간 매출 규모 25억 파운드(약 4조 4천억 원)로 세계 출판시장의 25~30%를 차지할 것으로 예상됐다.

미국 출판시장에서 절대 강자로 올라선 것은 아마존이다. 1995년 7월부터 온라인에서 책을 팔기 시작한 아마존은 종합 쇼핑몰임에도 늘 책을 전면으로 내세우고 있는데 2011년에 이미 미국 내 전체 도서 판매액 155억 달러의 51.4%인 79.6억 달러나 차지했다. 같은 해 아마존의 해외 매출액은 98.2억 달러다.

공룡이 된 아마존은 지난 5월 초부터 아셰트가 출간한 책에 대한 판매를 사실상 중단하는 횡포를 부렸다. 아셰트가 전자책의 출고가를 인하해주지 않자 아셰트 책에 대해선 통상 1주일 걸리는 배송 기간을 4주가량으로 늘리는 한편, 할인 판매를 중단하고, 신간 서적의 초기 흥행에 절대적인 예약 주문도 받지 않았다. 아마존이 조앤 K. 롤링의 '해리포터' 시리즈를 과도하게 할인 판매하면서 5억 부가 팔리는 전설적인 베스트셀러로 만들었다는 사실은 우리가 익히 아는 바다. 이제 블록버스터 대기업마저 아마존의 눈치를 봐야 하는 처지로 전락했다.

교보문고 토론회에서 연구자들은 정보기술 플랫폼의 진화가 베스트셀러를 왜곡한 것만은 분명하다고 밝혔다. 연구자들은 '양극화' 확대를 크게 우려하며 "새로운 형태의 도서상품 유입에 따른 시장의 변화에 대응해 보다 신뢰성 있는 베스트셀러 기준을 정립할 필요성이 있다"고 역설했다.

교보문고는 앞으로 주간과 월간 단위로 발표하는 '신간 베스트셀러'뿐만 아니라 초반 판매량 상승 모멘텀을 잃은 도서를 재조명하기 위한 '준신간 베스트셀러'와 '다이나믹 스테디셀러'를 월간 단위를 발표하겠다는 의지를 내보였다. 신뢰성 있는 베스트셀러 집계기준을 제시하여 신뢰성 회복과 시장의 확대를 도모하려는 교보문고의 노력에 큰 박수를 보낸다.

〈머니투데이〉, 책통, 2014.6.7.

미국 에이전트가 찾고 있는
한국소설

미국의 저작권 산업은 거대한 국내시장에서 소비자 선호에 맞춘 상품을 개발하고, 시장 점유율을 높이기 위해 저가판매 경쟁을 펼친 후, 마지막으로 살아남은 기업이 상품 수출로 이윤을 확보하는 '수익구조'를 따른다. 이것은 세계화의 지표가 되는 수출액 성장률에서 나타난다. 저작권 산업은 2008년 4.4%, 2009년 −3.3%(세계 금융위기가 원인), 2010년 3.8%를 기록했다. 2010년 수출액은 화장품이 1431억 달러, 항공기(부품 포함)가 775억 달러, 농산물이 602억 달러, 의약품이 364억 달러였을 때 저작권 산업은 1340억 달러였다. 저작권 산업의 국내 소비와 수출의 비율은 100 대 14였다.

미국의 도서 수출액은 '책·소책자·그리고 이에 비견할 인쇄물', 그 안에 포함되는 '교과서', 그리고 '과학기술전문서'란 항목으로 검색할 수 있다. 2011년 미국의 도서 수출액은 26억 6287만 달러인데, 그중 교과서가 4억 8477만 달러(18.2%), 과학기술전문서가 3억 7052만 달러(13.9%)였다. 저작권 산업 전체 수출액인 약 1340억 달러의 대부분은 소프트웨어가 차지하고 도서는 겨우 2%에 불과했다.

저작권 산업은 '책'이라는 실물이 아닌 '저작권'을 사고파는 것이다. 하지만 미국은 수입에는 별 관심이 없다. 매년 35만 권의 신간이 출간되고 있는 미국에서 문학 관련서는 5만 5천에서 6만 종 내외로 전체의 15%에 불과하다. 이 중에서 번역서는 약 2,100종 내외로 전체 출간종수의 0.006%에 불과하다. 이 좁은 문을 뚫고 들어갈 수 있는 한국 문학작품은 과연 어떤 책이어야 할까?

서울국제도서전 기간(6월 18~22일)에 열리는 국제워크숍 '한국 문학의 세계화: 번역가와 저작권 에이전트의 역할'(한국문학번역원 주관, 6월 20일 오후 2시, 코엑스 컨퍼런스 센터 327ABC호)에서 '저작권 에이전트와 번역가의 관계'에 대해 발표하는 미국 WME 에이전시 부사장 트레이시 피셔는 미리 제출한 발표문에서 잠재적으로 성공 가능성이 있는 가장 확실한 분야는 '미스터리·스릴러·서스펜스 분야의 책'과 '서구 시장을 적시고 있는 디스토피아 장르와 초자연적 현상을 다룬 장르물'이라고 밝히고 있다.

영국 대형출판사 맥밀런이 출간해 호평을 받고 있는 이정명의 『별을 스치는 바람』(번역판 제목은 'The Investigation')은 형무소라는 독특한 공간에 갇힌 자(윤동주 시인)와 가두는 자가 벌이는 처절한 사투를 그린 작품이다.

영국 〈인디펜던트〉지는 이 소설을 "시와 책, 읽기의 힘을 찬양하면서 아무리 가혹한 시대라도 변화시키고 치유할 수 있다는 육감$^{six\ sense}$을 선사하는 이야기"라고 평했다.

하지만 한국 언론이나 평단은 장르적인 속성을 지닌 소설에 대해서는 가혹하다 할 정도로 무시하는 경향이 있다. 한국문학이 진정 세계화를 추구하려면 이제 트레이시의 충고에 귀를 기울여야만 한다.

〈머니투데이〉, 책통, 2014.6.14.

'전자책의 혁명'
아마존을 위협하는
삼성전자의 역공

    빌 게이츠의 마이크로소프트가 'MS리더'로 모바일 세계의 왕자로 군림해보려고 시도한 이래 수없이 등장한 독서 단말기는 모두 참패했다. 꺼져가던 불씨를 제대로 지핀 것은 아마존이었다. 콘텐츠^C-플랫폼^P-네트워크^N-디바이스^{D}의 연결구조로 일원화된 아마존의 '킨들'이 출시된 것은 2007년 11월이었다.

    아마존의 꿈은 무엇일까? 그걸 알려면 킨들의 개발자인 제이슨 머코스키가 아마존의 전자책의 혁명 과정과 책 세계의 미래를 예측한 『무엇으로 읽을 것인가』(원제는 'Burning the Page', 흐름출판)를 읽어볼 필요가 있다.

    아마존은 '한 권의 책'을 꿈꾼다. 미래에는 단 한 권의 책, 그 안에 다른 모든 책이 포함되는 책이다. 저자는 이것을 '책을 위한 페이스북'라고 부른다. 그 책에서 독자는 "어떤 책을 읽기 시작해서 링크를 따라가기만 하면 자연스럽게 다른 책으로 넘어갈 수 있다. 그것은 참고문헌 링크이거나 작가에게 영향을 미친 책의 링크이거나 독자가 쓴 주석의 링크일 수도 있다. 링크를 타고 앞으로 가거나 뒤로 가면서 계속 책을 읽을 수 있다. 그것은 말하자면 책을 위한 소셜 네트워킹"이다.

    한 권의 책이 완성되려면 아직 많은 난관이 도사리고 있다. 저자가 이 책을 쓸 당시에 전체 3500만 종의 종이책 중에 킨들의 종이책은 180만 종에 불과했다. 나머지 95%의 책을 디지털화하는 데에도 장구한 세월을 기다려야 한다. 게다가 팔릴 수 있는 책부터 디지털화하다 보니 "소설, SF소설, 연애소설, 뉴욕타임즈 베스트셀러, 포르노물"이 대부분인 것부터가 한계다. 아이들이 읽을 수 있는 책을 찾아보기 어려운 것은 저자가 밝히듯 '전자책 혁명의 핵심적인 모순'이다.

이밖에도 모순은 많지만 당장 아마존에는 많은 난관이 도사리고 있다. 우선 아마존은 대형 출판사인 아셰트와 분쟁을 벌이고 있다. 약 7만 개에 이르는 출판사들의 책을 판매하면서 신간 판매 시장의 41%를 차지하는 '골리앗'인 아마존에 '다윗'에 불과한 출판사들이 달려드는 것이 쉬운 결정은 아니지만 인내심에 한계에 느낀 출판사들의 강력한 저항이 꿈틀거리고 있다. 게다가 아마존의 판매 거부로 타격을 입게 된 말콤 글래드웰, 제임스 패터슨, 조앤 K. 롤링 등 유명 저자들의 잇따른 비판도 아마존에게는 악재다.

가장 큰 부담은 삼성전자와 반스앤노블이 태블릿PC 공동 브랜드인 '갤럭시탭4 누크'의 생산 계약을 체결하면서 전자책 시장의 역공에 나선 것이다. '갤럭시탭4 누크'는 삼성전자의 7인치 태블릿PC인 '갤럭시 탭4'에 300만 권 이상의 책을 볼 수 있는 반스앤노블의 누크 소프트웨어를 탑재한 다음 오는 8월 초부터 미국 전역 700여 개 반스앤노블 매장에서 판매될 예정이다. 이 역공이 성공한다면 아마존은 '전자책 혁명'에서는 승리하고 전쟁에서는 패배할 수도 있다. 이 싸움의 귀추가 자못 궁금하지 않을 수 없다.

〈머니투데이〉, 책통, 2014.6.21.

글쓰기의
새로운 감성

근대 산업혁명과 국민교육의 제도화로 소수의 '쓰기'와 대량복제에 의한 다수의 '읽기'라는 시스템이 잠시 통용된 적이 있긴 했지만 블로그나 트위터, 페이스북 등의 소셜미디어가 등장하자 '읽기'와 '쓰기'가 연동된 시스템은 확실하게 부활했다. 이렇게 누구나 글의 생산자이자 소비자가 되는 세상이 도래하자 글쓰기 능력은 살아남고 이겨내고 행복해지기 위해서 결코 피해갈 수 없는 길이 되어버렸다. 글쓰기는 이제 인터넷 문화, 대중문화, 비즈니스에서 꼭 필요한 '우리들의 것'이다.

이제 인간은 남몰래 혼자 글을 쓰지 않는다. 그들은 CPND, 즉 C(콘텐츠), P(플랫폼), N(네트워크), D(디바이스)로 연결된 디지털 유통의 완결 업체들에 글을 올린다. 대표적인 것이 아마존이다. 이미 미국 전체 출판물량의 절반을 취급하고 있는 아마존은 전 세계를 하나로 연결하는 원대한 꿈을 현실화하고 있다. 아마존은 전자책의 인세를 정가의 70%나 지급하기도 한다. 아마존뿐만 아니라 반스앤노블, 스매시워드 등 자체 독자 출판 포털을 보유한 업체들은 작가를 출판사로부터 분리하는 정책을 펼치며 작가 확보에 나서고 있다.

최근 10주년을 맞이한 '네이버 웹툰'은 하루 이용자가 620만 명이나 된다. 네이버 웹툰은 지금까지 365명의 작가가 520편의 작품을 연재하는 동안에 아마추어 작가를 14만 명이나 배출했다고 자랑한다. 네이버 웹툰에 올랐던 작품들은 다시 책·영상·게임 형태의 2차 저작물로 만들어져 작가들의 명성을 키우고 있다. 이제 수십 명에서 수백 명의 작가들이 활동하는 군소 웹툰이나 만화 플랫폼도 점차 늘어나고 있다.

문학 시장도 다르지 않다. 수천 명의 무명작가들이 로맨스, 판타지, 무협, SF 등의 장르소설을 일상적으로 올리는 문학 플랫폼들이 속속 등장하고 있다. 이미 해마다 수십억 원의 순이익을 내는 업체마저도 탄생했다. 과거의 문학소녀(소년)들이 이런 업체들을 주 활동무대로 삼기 시작하자 순수문학과 본격문학을 지향하는 전통적인 문학 출판사들은 악전고투하고 있다. 대중의 선망을 받으며 안정적인 판매부수가 보장되는 작가들의 숫자도 급속도로 줄어들고 있다.

상황이 이러니 생산자이자 소비자인 젊은 세대가 즐겨 찾는 문학 이론서도 달라지기 시작했다. 플롯과 구조, 묘사와 배경, 인물·감정·시점, 대화, 고쳐 쓰기 등 다섯 권으로 구성돼 있는 『소설쓰기의 모든 것』(제임스 스콧 벨 외, 다른)은 소설 쓰는 방법을 알려주는 실용서다. 이 책들은 그럴듯한 이론을 제시하지 않는다. 임팩트가 강한 생동감 있는 주인공이 등장하는 플롯으로 단순 명확한 소설을 쓸 수 있는 실용적인 기법을 제시한다.

누구나 부지런하게 연습하기만 하면 글쓰기를 잘할 수 있다는 '유혹'이 담긴 이런 책이 확실하게 먹혀들 정도로 글쓰기의 현장은 가히 새로운 문학적 감성의 시대로 변하고 있다.

〈머니투데이〉, 책통, 2014.6.28.

사유를 드러내는
인문서여야 한다

오늘날 인간은 세 가지 형태로 글을 읽는다. 하나는 한 권의 책을 반복해 읽으며 숙독하는 전통적인 '교양 독자의 독서'고, 다른 하나는 빛의 속도로 증가하는 대량의 텍스트를 읽고 소비한 다음 다시 떠올리지 않는 '대중 저널리즘의 독서'다. 프랑스 서적사가인 로제 샤르티에는 앞의 것을 '집중형 독서', 뒤의 것을 '분산형 독서'라 불렀다.

디지털 기술이 등장하자 인간은 한 번의 클릭으로 엄청나게 쏟아져 나오는 정보를 '검색'해서 읽는 '디지털 독서'를 일반화하기 시작했다. 이것을 우리는 무엇이라 불러야 할까? 21세기가 시작되던 무렵에 나는 '검색형 독서'라 이름 붙이고는 "인간의 검색 습관은 책의 세계에서 '분할'과 '통합'이 동시에 진행되도록 만들었다. 분할이란 한 권의 책이 다루고 있는 범위가 갈수록 잘게 쪼개지고 있음을 의미한다. 하지만 잘게 쪼개진 키워드를 설명하는 방식은 통합적이다"라고 썼다.

내가 예를 든 것은 『문학개론』이다. 앞으로는 『문학개론』이 아니라 『문학개론』의 차례에 있는 모든 주제가 각기 한 권의 책으로 탄생할 것이라고 예상했다. 실제로 지금은 잘게 쪼개진 하나의 주제를 처음부터 끝까지 힘 있게 이야기하는 책이 인기를 끈다. 따라서 이제 모름지기 전문가라면 세분화된 하나의 주제에 대해 처음부터 끝가지 자신의 사유를 펼치는 책을 펴낼 수 있어야 한다. 200자 원고지로 800매에서 1,200매에 이르는 책이면 좋다. 꼭 책이 아니어도 좋다. 30매나 50여 매의 글일지라도 자신만의 차별성을 보여줄 수 있는 글이면 확실한 포트폴리오가 된다.

그러나 국내에는 이런 유형의 필자가 많지 않다. 가령 교육부 총리에 지명된 김명수 후보자의 경우를 보면 가관이다. 이 분은 단독저서가 한 권도 없다. 세 권의 공저 중에서도 두 권은 내용이 겹친다. 논문들은 제자가 쓴 것에 이름만 함께 올렸거나 제자를 시켜 대필한 것이라는 혐의를 받고 있다. 김 후보자를 우리가 전문가라 부를 수 있을까. 그는 이런 일이 관행이라고 말한다. 그게 관행이라면 한국의 대학은 모두 사실상 종말을 고한 셈이다. 적어도 대학에서의 정보 생산 시스템은 완전히 붕괴됐다고 볼 수밖에 없다.

지식인들이 쓰는 책이 딱히 논문일 필요는 없다. 인간의 사유를 제대로 보여주면 된다. 은행나무는 '위대한 생각' 시리즈를 펴내고 있다. 지금까지 마르셀 프루스트의 『독서에 관하여』, 에밀 졸라의 『전진하는 진실』, 랄프 왈도 에머슨의 『자연』, 찰스 디킨스의 『밤 산책』, 샤를 보들레르의 『현대의 삶을 그리는 화가』, 조지 오웰의 『영국식 살인의 쇠퇴』 등이 나왔다. 이 시리즈를 읽다 보면 작가나 사상가의 '하나의 키워드'에 대한 깊은 사유를 담은 글이 바로 수준 높은 인문서(사상서)라는 것을 확인할 수 있다. 이 시리즈는 기술이 아무리 발달하고 읽기의 방식이 달라져도 근본은 달라지지 않는다는 것을 정확하게 보여준다.

〈머니투데이〉, 책통, 2014.7.5.

어린이마저
일자리 스트레스를 겪는 시대

최근의 역대 대통령들은 '일자리 창출'을 주요 정책과제로 내걸고 당선됐다. 그러나 일자리 문제는 해소되기는커녕 날로 심화되고 있다. 『사회를 바꾸려면』(동아시아)의 저자인 오구마 에이지는 '글로벌 사회'라는 말 대신 '탈공업 사회'란 용어를 쓴다. 정보기술이 진보한 탈공업 사회에서는 설계도를 메일로 보낼 수 있기 때문에 세계 어디서나 값싸게 제품을 만들 수 있는 해외 공장에 발주한다. 국내에 자사 공장을 두는 경우에도 컴퓨터로 제어하는 자동 기계를 두고 숙련공을 줄인다. 현장의 단순 업무는 단기 고용의 비정규직 노동자에게 맡긴다. 뿐만 아니다. 사무직의 단순 업무는 비정규직으로 전환하고, 디자인 등의 전문 업무는 외주로 돌린다. 장기 고용 정사원은 소수의 핵심 사원만 둔다.

이러한 현상이 심화되면서 핵심 엘리트 사원을 보조하는 단순 사무직이나 빌딩 청소원, 편의점이나 외식 산업 등에서 일할 점원 등 이른바 '맥잡'(맥도날드의 아르바이트)이라 불리는 단기 고용 노동자의 수요만 크게 늘어나고 있다. 선진국의 도시에서마저 한 사람의 핵심 엘리트 사원을 보조하는 주변 노동자들이 다수를 점하게 되면서 노동자들의 임금 격차가 더욱 심화되고 있다. 급기야 2011년 가을, G1이라 불리는 세계 최고 부자 나라인 미국의 월가에서는 "우리는 99퍼센트"란 시위마저 벌어졌다.

미국에는 적은 임금으로도 일하겠다는 의지를 가진, 충분한 스펙을 갖춘 중국과 인도 등의 신흥국 젊은이들이 밀려든다. 기업들은 국경을 뛰어넘어 가장 값싼 임금을 제시하는 사람을 고용하는 역경매 시스템인 '글로벌 옥션'을 일상적으로 도입하고 있다. 이런 구조를 이용해 고급 노동력마저 염가 할인하는 일이 일반화되자 관리자급 노동자, 전문직, 기술자 등은 일자리 시장에서 입지가 점차 약화되고 있다.

이로 인한 스트레스가 날로 심각해지면서 취업할 시기가 한참 남은 어린 이들마저 일자리를 걱정해야 하는 처지로 전락했다. 교육부가 제시한 '2013년 진로 교육 활성화 방안'에 따르면 전국 모든 중·고교(5,400교)는 진로상담교사를 선발·배치해야 하고, 모든 중·고생은 연 2회 이상 진로·심리검사와 진로 상담을 받아야 하며, 중학생과 고등학생은 1회 이상 직업체험을 필수적으로 수행해야만 한다.

세상이 이렇게 변하자 청소년의 진로 직업을 안내하는 책이 쏟아지고 있다. 최근 20권이 완간된 사계절출판사의 '일과 사람' 시리즈는 중국집 주방장, 우편집배원, 소방관, 패션 디자이너, 어부, 목장 농부, 채소 장수, 환경 운동가, 버스 운전자, 책 만드는 사람 등의 직업을 가진 실제 모델이 주인공으로 등장하는 인문교양 그림책이다. 이 책들은 단순히 직업에 대한 지식을 알려주는 수준이 아니라 일하는 사람 모두에 대한 건강한 시선을 보여준다. 일자리에 대한 스트레스가 나날이 심화되고 있는 시대에 이러한 책들은 직업에 대한 편견을 해소시켜줌으로써 사회문제의 해결사로도 활약하고 있다.

〈머니투데이〉, 책통, 2014.7.12.

예술가의 삶을 트리밍하라

나는 10년 전부터 "책이 살아남을 수 있는 최선의 해결책"은 스토리텔링이라고 말해왔다. 스토리텔링은 '이야기^{story}'와 '말하기^{telling}'가 결합된 것이다. 다니엘 핑크는 『새로운 미래가 온다』(한국경제신문)에서 '이야기'는 "정보·지식·문맥·감정 등을 하나의 치밀한 패키지로 압축"하는 것이라고 했다. 요약하고, 문맥을 만들고, 감정에 호소하는 방식을 취한다는 이야기다.

이인화나 오스카 에이지 등 전문가들은 이야기의 법칙만 알면 글은 누구나 쓸 수 있다고 말한다. 그들의 이야기론에는 이야기를 만드는 주요한 법칙이 일일이 소개되고 있다. 이야기의 구조를 알았다면 '말하기'가 중요하다. 화자가 있으면 반드시 청자가 있다. 그러니 화자와 청자가 소통하려면 어떤 이야기인가가 중요하다. 전달하고자 하는 메시지가 명확해야 하지만 이야기 자체에 극적인 구조가 있어야 한다. 그러기 위해서는 강력한 캐릭터가 있는 주인공이 등장해야 마땅하다.

디지털 영상이 범람하는 지금 대중은 어떤 인물의 어떤 이야기를 즐길까? 유튜브의 '3분 영상'에 익숙한 독자들은 극적인 인물의 가장 극적인 삶을 제대로 트리밍한 이야기를 즐긴다. 한 사람 인생의 단순 나열이 아니라 인생의 터닝 포인트가 된 가장 극적인 순간을 디테일하게 서술한 책이어야 인기를 누린다.

성장을 구가하던 시절에는 인기를 끌던 인물은 주로 권력을 쟁취한 정치가나 성공한 기업인, 그리고 전쟁 영웅 등이었다. 지금도 이런 인물들의 인기는 어느 정도 이어지고는 있다. 하지만 최근에 그보다 더욱 주목을 받는 인물들이 있으니 예술가들이다.

『사일런스』(오픈하우스)는 백남준이 "나의 아버지"라고 말한 존 케이지가 쓴 글을 모았다. 단순한 글이 아니다. 존 케이지는 작곡은 "혼돈에 질서를 부여하거나 창조를 통해 진보를 이루려는 시도가 아니라 단순히 우리가 사는 인생 자체를 일깨우는 방식"이라고 말하며 끊임없는 형식 실험을 했다. '무에 관한 강연', '유에 관한 강연', '한 명의 화자를 위한 45분' 등 다소 난해해 보이기도 하지만 20세기 아방가르드 예술사의 한 페이지를 장식한 그의 가장 극적인 삶을 잘 드러낸다.

수많은 뮤지션을 키워낸 스팅은 자서전 『스팅』(마음산책)에서 "나에게 일어났던 일을 하나부터 열까지 나열하는 데에는 전혀 관심이 없었다. 그 대신 유년기와 젊은 시절의 나를 이해하고자 할 때 지금도 큰 울림으로 다가오는 특별한 순간과 사건, 사람들, 그들과의 관계를 중심에 두고자 했다"고 밝혔다.

『엔니오 모리코네와의 대화』(작은씨앗)는 450여 편의 주옥같은 영화음악을 만든 거장과의 인터뷰집이다. 이 책들은 예술가들의 극적인 삶을 트리밍한 것이다. 인간의 이성보다 감성을 중시하는 사회에서는 이런 책들의 가치가 점차 부각될 수밖에 없다. 앞으로 우리 예술가들의 삶을 그린 책들이 나온다면 금상첨화이겠지만 말이다.

〈머니투데이〉, 책통, 2014.7.19.

'앱 제너레이션'을
어떻게 설득할까

한국만의 고유한 장르인 '웹툰'이 '앱툰'으로 옮겨가고 있다. 앱툰이란 애플리케이션 형태의 만화다. 몰입도가 장점이었던 종이만화가 스크롤을 내려서 읽는 웹툰으로 옮겨간 것이 엊그제 같은데, 다시 한 컷씩 빠르게 넘기며 보는 앱툰이 대세란다. 그 덕분에 만화의 이야기성이 사라지고 자극적인 재미만 추구한다는 비판이 적지 않다. 이런 변화에 현기증이 일어날 정도다.

일본의 최대 출판사인 고단샤는 만화 50%, 잡지 30%, 서적 20%의 매출 구조다. 3위 안에 드는 슈에이샤나 쇼각칸도 비슷하니 주요 3사의 매출 중 절반을 만화가 차지한다는 이야기다. 또 휴대전화로 내려 받아 보는 전자책의 85% 이상이 만화다. 그것도 BL(Boy's Love)이나 TL(Teen's Love) 같은 에로만화가 대부분이다.

모바일이 대세라는 이야기는 10년 전부터 나왔다. 그러니 앱툰이 대세인 것은 맞다. 그러나 무료라는 것이 문제다. 그래서 한국에서는 만화 산업이나 만화 출판이 성장하기가 어렵다. 하지만 출판이 살아남기 위해서 앱으로 모든 것에 쉽게 접근하는 『앱 제너레이션』(하워드 가드너, 와이즈베리)을 잘 설득할 방법을 찾아야 하는 것 또한 현실이다.

이 책에서 하워드 가드너는 '앱 주도형' 인간에 대해 크게 우려한다. "앱 때문에 게으르고 수동적인 인간으로 변한다면, 스스로 깊이 사고할 줄 모르거나, 새로운 질문을 던질 줄 모르거나, 의미 깊은 관계를 구축하지 못하거나, 끊임없이 발전하는 성숙한 자아의식을 빚어 내지 못하는 인간"이 될 우려가 크단다. 하지만 그는 앱으로 인한 '심리적 노예'에서 벗어나게 만드는 디지털 기술의 무한한 가능성과 잠재력, 이를 가능하게 하는 교육의 변화에 대해서도 주목한다.

일본에서 발행되는 주간 〈동양경제〉가 작년 7월 27일자에서 분석한 바에 따르면 2000년 무렵부터 휴대전화를 이용하기 시작한 20대 후반의 '휴대전화 세대'는 인터넷으로 맺은 인간관계가 증가하고, SNS 이용자가 많으며, 다른 사람에게 사랑받고 싶어 하고, 동료의식이 강하며, 다른 사람과 협력을 잘하며, 현재에 만족하는 경향이 강하다.

스마트폰만으로 인터넷에 접속하는 것을 즐기는 20대 전반의 '스마트폰 세대'는 인터넷만으로 사귀는 친한 친구가 있으며, '얕잡아보는 시선'을 무척 싫어하며, 사회 공헌을 하고 싶어 하고, 옷이 다른 사람과 같아도 신경 쓰지 않는다고 한다. 절대 무리한 일을 하지 않으려는 이 세대는 자신이 하고 싶은 것만을 지향한다는 특성이 있다.

같은 20대라도 이렇게 다르다. 어쨌든 앱 세대가 크게 늘어나고 있다. 출판기획자는 이들에 대한 면밀한 분석을 통해 이들의 욕구에 부응하는 '새로운 책'을 내놓아야만 한다. '세월호 참사'를 스마트폰으로 접한 기간에 출판 매출은 크게 줄었다. 이 추락을 멈추게 하는 방안이 과연 있기나 할까? 그 방안을 찾기 위해서라도 앱툰부터 열심히 보아두어야 하지 않을까.

〈머니투데이〉, 책통, 2014.7.26.

성적^{性的}
프롤레타리아의 시대

2004년 일본 유행어 톱10에 선정된 '마케이누^{負け犬}'(싸움에서 진 개)는 30대 이상의 미혼여성을 뜻한다. 조금 범위를 넓히면 이혼한 뒤 독신으로 지내는 사람이나 결혼한 적이 없는 싱글도 마케이누다. 이에 반대되는 '가치이누^{勝ち犬}'(싸움에서 이긴 개)는 평범하게 결혼해 아이를 낳은 사람이다.

서른다섯 살의 미혼 에세이스트 사카이 준코가 2003년에 펴낸 『마케이누의 절규』에는 노처녀가 일요일에 대청소를 하면서 "저 침대에 몇 놈이나 왔다 갔지" 하며 혼자 중얼거리는 장면이 나온다. 그 '놈'들은 모두 유부남이다. 동년배 남자들은 '초식남'들이어서 결혼할 만한 남자가 아니란다. 게다가 초식남은 대부분 한 가지 일에 몰두하는 오타쿠다.

아이 만들기와 상관없는 섹스를 귀찮아하는 '초식남'은 여성화된 남자다. 『초식남이 세상을 바꾼다』(우시쿠보 메구미, 다산초당)에 따르면 초식남은 친구와도 더치페이를 하며 여자친구를 집으로 불러 주로 세상 사는 이야기를 하고 같이 요리도 한다.

결혼해도 주중 식사는 각자 해결한다. 메인 디시가 없어도 과자만으로 식욕을 충족하듯이 성행위에서도 '과자'(자위행위)만으로 어느 정도 만족한다. 성경험의 조기화, 인터넷 성인 사이트의 보급에 따라 '나 홀로 해결'이 증가하고, 20대에 결혼을 했다가 이혼하는 남성이 40%에 육박하다 보니 실패를 하고 싶지 않다는 의식이 작동하면서 나타난 현상이다.

결혼을 꼭 하고 싶으면 나이 차가 문제가 되지 않는다. 50~60대 장년 남

성층에 끌리는 20~30대 젊은 여성을 뜻하는 '카레센枯れ專'이라는 단어까지 등장했다. 카레센은 원래 '초목이나 사람 등이 마르다, 시들다, 생기가 없어지다'는 의미였다. 2004~2005년 즈음부터 카레센이 유행하다가 2008년에는 〈한물간 아저씨~카레센이라 부르지 마〉라는 제목의 TV 드라마가 방영되면서 주요 트렌드로 부상했다.

〈동양경제〉 2013년 7월 27일자에서는 20~30대의 비정규직 남성 중에서 '연인이나 배우자가 없다'거나 '교제 경험이 없다'는 사람은 80%나 된다고 했다. '삼고'(고학력, 고수입, 고신장)의 남성을 찾던 여성들이 눈높이를 낮춰 '3평'(평균적인 수입, 평균적인 외모, 평온한 성격)의 남자라도 만족하고 있지만, 경제력이 없는 남자는 여전히 애인을 구할 수 없다.

한국보건사회연구원이 지난 7월 28일 공개한 보고서인 「최근 미혼 인구의 특성과 동향: 이성교제를 중심으로」에는 '한국의 미혼 인구 중 이성교제를 하는 사람은 10명 중 3명에 불과'하다는 통계가 나온다. 이미 우리도 일본과 사정이 크게 다르지 않지만 저출산 세계 1위인 우리가 일본을 추월할 날도 머지않은 것 같다.

바야흐로 돈이 없는 '경제적 프롤레타리아'는 섹스마저 할 수 없는 '성적性的 프롤레타리아'로 전락하는 세상이다. 이에 대한 대책을 세우는 것보다 시급한 정책이 과연 있을까.

〈머니투데이〉, 책통, 2014.8.2.

역사를 '제멋대로' 보려는
젊은 세대

필자는 〈보그〉 2013년 12월호에 올해 출판시장에서는 "이제 순수와 열정이 가득했던 시절을 되돌아보며 오늘의 '나'라는 존재가 갖는 진정한 의미를 반추하는 가운데 최소한의 자긍심을 찾아가고자 하는 욕망이 폭발할 것"이라고 썼다. 이를 줄이면 "과거의 꿈을 반추하며 자존감 회복을 꿈꾼다"이다. 더 줄이면 '추억의 반추'다.

지금 젊은 세대는 인생의 '막장'에 몰려 돌파구를 찾지 못하고 있다. 단군 이래 최고의 스펙을 쌓았던 '이케아 세대'(1978년생 전후)는 미래가 불확실해지자 '취업 → 연애 → 결혼 → 출산 → 양육'이라는 정규 코스마저 거부하기 시작했다. 이들을 이모, 고모, 삼촌, 누나, 형으로 둔 아래 세대는 아무것도 시도해보지 못한 채 좌절하기 시작했다. 그들이 인간으로서 최소한의 자긍심을 찾으려는 것은 당연해 보인다.

이런 욕망을 처음으로 보여준 것은 영화 〈변호인〉이다. 상고를 졸업한 막노동꾼 고시생이 판사에 임용됐다가 변호사가 되어 '부동산 등기'나 '세금'을 취급하는 속물 변호사에서 고문으로 빨갱이를 만들어내는 '부림(영화에서는 부동)사건'의 변호사가 되면서 현실에 맞서는 투사로 변신하는 과정을 그린 이 영화는 1천만 관객을 넘겼다. 이후 '역사'라는 화두가 1년 새해 벽두 출판시장에 큰 이슈가 되었다.

백성이 인간다운 대접을 받지 못했기에 〈변호인〉의 인기는 폭발적이었다. 이 영화에서 보여준 '백성 담론'은 영화 〈명량〉으로 이어졌다. 〈명량〉은 최단기간에 1천만 관객 돌파뿐만 아니라 1500만 관객 돌파도 이뤄낼 것으로 보인다. 지금 젊은 세대는 〈명량〉에서 "더 이상 살 곳도, 물러설 곳도 없는" 이순신이 토란을 맛보며 "살아서 먹을 수 있으니 좋구나"라고 말하는 것이나, 칠천량 전투에서 죽은 부하들이 꿈에 나타나자 산발을 한 채 "내 술 한잔 받으시게!"라고 쫓아가는 모습에 전율한다.

'막장'에 몰려 있는 젊은 세대는 '두려움'에 떨고 있다. 그들은 이순신을 세상을 구하는 구국의 영웅이 아니라 믿고 의지할 사람으로 받아들인다. "바다를 버리는 것은 조선을 버리는 것"이라는 말에서 자신들의 목숨 부지에 급급한 정치권을 떠올린다.

막장에 몰린 사람도 결국 이겨내고 살아내야 한다. 그런 욕망을 가진 사람들이 역사를 지극히 주관적 시각으로 바라보기 시작했다. 『나의 한국현대사』(돌베개)의 저자 유시민은 "모든 역사는 '주관적' 기록"이라고 말한다. 요나스 요나손이 쓴 장편소설의 주인공들인 『창문 넘어 도망친 100세 노인』이나 『셈을 할 줄 아는 까막눈이 여자』(이상 열린책들)는 역사를 '제멋대로' 자기중심으로 뒤바꿔놓는다. 이런 이야기를 읽는 젊은 세대는 타로점과 사주를 보듯 자신의 미래를 점쳐본다.

어쨌거나 지금 젊은이들이 두려움을 극복하는 용기를 어떻게 얻을 것인가? 그것은 '백성'인가 '회오리'인가? 믿을 만한 참모 한 사람도 없이 영화 속에서 칼을 휘둘러대는 이순신에게 정답이 담겨 있지 않을까.

〈머니투데이〉, 책통, 2014.8.9.

'영어덜트 소설'의 변신

〈머니투데이〉의 특집 기사 '책 안 읽는 사회: 무식한 대한민국⋯ "진지 빨지 말고 책 치워라"'(2014년 7월 25일자)가 잠자던 책 한 권을 졸지에 베스트셀러 상위에 오르게 만들었다.

그 책은 『잘못은 우리 별에 있어』(존 그린, 북폴리오)다. 마침 이 소설은 '안녕, 헤이즐'이란 제목으로 영화화되어(8월 13일 국내 개봉) 출간 2년 동안 2,900부 판매에 불과했던 책이 지금은 '하루에 2,900부'가량 팔리는 책이 됐다.

소설의 주인공은 열여섯 살 헤이즐. 갑상선암이 폐에까지 전이되는 바람에 늘 신약의 도움으로 암세포의 성장을 억제해야 하고 호흡을 위해 산소탱크를 끼고 살아야 한다. 이런 딸이건만 부모는 딸이 젊은 여성으로 성장해서 친구들을 만들고 데이트를 하는 것을 권한다. 그래서 딸을 암환자들의 모임인 '서포트그룹'에 억지로 떠밀어서 보낸다. 헤이즐은 그곳에서 골육종으로 다리 한 쪽을 잃었지만 매우 매력적인 열일곱 살의 어거스터스를 만난다. 두 사람은 희망이란 도저히 품을 수 없을 것 같은 잔인한 운명에도 불구하고 너무나 아름답고 순수한 사랑의 여행을 떠난다.

지금 이 순간, 미국 아마존 베스트셀러에는 10대들의 이야기를 다룬 소설이 10위 안에 네 권이나 올라 있다. 열일곱 살 첼리스트가 교통사고로 가족 모두를 잃고 홀로 살아남아 삶 아니면 죽음이라는 가혹한 선택을 해야 하는 『네가 있어준다면』(게일 포먼, 문학동네)이 1위, 『잘못은 우리 별에 있어』가 4위, 모두가 잃어버린 감정을 찾기 위해 나서는 열두 살 소년의 이야기인

『기억 전달자』(로이스 로이, 비룡소)가 8위, 16세 소녀 비어트리스가 디스토피아적 미래 세계에서 생존 투쟁을 벌이는 『다이버전트』(베로니카 로스, 은행나무)가 10위다. 이미 출간된 소설들이지만 영화화되는 바람에 다시 베스트셀러에 올랐다는 공통점이 있다.

이 소설들은 모두 '영어덜트Young-adult 소설'이다. '영어덜트'는 청소년과 20대 초반의 독자들을 주요 타깃으로 삼지만 그들의 부모나 교사도 함께 읽어 가장 넓은 시장을 갖고 있다. 이 소설들의 주인공은 대체로 16세나 17세다. 『트와일라잇』(스테프니 메이어)이나 『헝거 게임』(수잔 콜린스, 이상 북폴리오) 등 국내에서 영화가 개봉됐던 소설의 주인공도 마찬가지다.

'영어덜트'가 강세인 것은 분명하지만 변화의 조짐이 없지 않다. 현실을 초월하거나 도피할 수 있는 '판타지'를 제공하는 로맨스 판타지에서 삶에 대한 극한의 고뇌를 겪는 전통적인 로맨스로 바뀌고 있다. 『잘못은 우리 별에 있어』와 『네가 있어준다면』을 보라! 이 소설들에서 주인공들을 기다리고 있는 것은 삶 아니면 죽음이라는 가혹한 선택 하나다. 그럼에도 불구하고 그들은 사랑을 한다. 이 소설들의 주인공만큼 건강하고 생명력이 넘치는 사람은 없다. 1%가 99%를 지배하는 이 지구라는 별에서 말이다.

<머니투데이>, 책통, 2014.8.16.

미래 인재의 조건

기술 발달이 놀랍다. 과거 100년에 걸쳐 일어났던 변화가 1년도 안 되는 짧은 기간에 일어나는 시대다. 대학에서 전자공학을 전공하는 1학년 학생이 4학년이 되었을 때 1학년 때 배운 것의 대부분은 낡은 지식이 되어버리고, 20년 이내에 현재 직업 중 80%가 소외될 것으로 예상된다. 따라서 현장 근로자들은 2~3년 단위로 새로운 기술 지식을 배우지 않으면 안 되는 세상이다. 더구나 10년 후에는 현재 지식 근로자들이 가지고 있는 지식의 대부분은 인공지능 컴퓨터가 해결해줄 것으로 보인다.

우리가 '고용 없는 성장'을 살아갈 수밖에 없는 가장 큰 이유는 무엇인가? 바로 기술 발달로 인한 기계화·자동화다. 기계화·자동화가 가장 진전된 일본에서는 로봇 한 대가 도입될 때마다 34명의 일자리가 사라진다는 통계마저 나와 있다. 한국과 아시아를 대표하는 전문미래학자인 최윤식과 문화평론가이자 출판기획자인 김건주가 공동 집필한 『2030 기회의 대이동』(김영사)에 나오는 이야기다.

그렇다면 우리는 기계를 어떻게 바라봐야 할까? 원래 기계는 인간 노동의 보조수단에 불과했다. 하지만 근대 산업혁명 이후 기계가 노동자에게서 일을 빼앗는 존재로 여겨지자 기계에 나막신을 던져 기계를 멈추게 하려는 '러다이트운동'이 벌어졌다. 근대는 이렇게 기계와 인간의 차이를 중시했다. 하지만 들뢰즈는 "인간은 개체가 아니라 여러 욕망의 다발로서 존재한다"고 규정하면서 "인간은 주체로서 '욕망하는 기계'로 존재"하며 "인간이 구성하는 사회도 하나의 거대한 기계"라는 입장이었다.

이제 인간은 기계와 공존할 수밖에 없다. 따라서 산업혁명 이후 200년 동안 그랬던 것처럼 인간은 기계가 없애버린 일자리 대신 기계로 인해 만들어진 새로운 일자리를 차지해야만 한다. 산업혁명 이후 노동자들이 "체력이 아닌 손기술, 협동, 통찰력, 창의력 등을 요구받았던" 것처럼 이제 인간은 새로운 능력을 갖춰야만 한다.

『2030 기회의 대이동』의 저자들은, 새로운 시대는 '사람전문가'가 주목받는 세상이 될 것이라고 말한다. "사람의 심리, 사람의 성향, 사람의 정서와 감정, 감성"까지 잘 이해하는, 인문학적 통찰력과 예술적 감수성을 갖춘 사람을 찾는 기업이 점점 더 늘어날 것이란다. 구체적으로 말하면 미래 인재의 조건은 'SMART'다. SMART는 Sense(통찰력), Method(종합적·분석적 사고), Art(숙련된 지식과 예술적 상상력), Relationship(친밀한 관계), Technology(기술 지능) 등을 합한 것이다. 여기에 반드시 추가되어야 하는 것은 "밑바닥까지 떨어져도 꿋꿋하게 되튀어 오르는 능력", 즉 '회복탄력성'이다.

결론적으로 "일자리가 사라질 것을 걱정하고 두려워하기보다는 일의 변화를 예측하고 미래에 요구되는 능력을 능동적으로 준비하라"는 말씀. 그러기 위해서 우리는 인간을 이해하는 기반지식인 인문·사회과학에 깊이 빠져들어야 마땅하다.

〈머니투데이〉, 책통, 2014.8.23.

'인구절벽'과
영유아 그림책

한 사람의 생애에서 소비가 가장 많은 연령대인 45~49세 인구가 줄어들기 시작하는 '인구절벽'과 저출산 고령화로 인한 '인구충격'은 출판시장을 어떻게 변화시킬까?

〈머니투데이〉는 지난 6월 19일의 특집 기사에서 "2020년은 미국의 경제 전문가인 해리 덴트가 한국의 인구절벽이 시작되는 시점으로 지목한 해"라고 밝혔다. 세계 1위를 달리는 저출산율은 시장의 규모를 원천적으로 줄여놓고 있다.

아직 2020년이 몇 년 남았음에도 올해 영유아 출판물을 펴내는 출판사는 적게는 30%, 많게는 50%가 매출이 폭락했다고 아우성이다. 이 시장이 이렇게 침체한 이유는 신간을 펴내기 어렵기 때문이다. 영유아 그림책은 개발 기간이 상대적으로 길뿐만 아니라 개발 비용도 만만찮게 투입되는 반면에 개발 비용 회수가 어렵다.

'인구 변화'로 소비인구가 크게 줄고 있어 기획 자체를 꺼리고 있다. 그래서 창작 그림책보다 외국 그림책을 선호하지만 외서의 경우에도 5년마다 저작권을 갱신하는 요구가 많아져 5년 안에 손익을 맞추기가 어렵다. 따라서 출판사들이 책 출간 자체를 기피하기 때문에 질 높은 책의 출간은 요원해지고 있다.

더구나 영유아 그림책은 구매자라 할 수 있는 부모들이 검증된 책만 찾는 경향이 있어 스테디셀러가 베스트셀러 상단을 대거 점유하고 있다. 지금 베스트셀러 상단에 올라 있는 『사랑해 사랑해 사랑해』, 『사과가 쿵!』, 『괜찮아』, 『달님 안녕』, 『틀려도 괜찮아』, 『솔이의 추석 이야기』, 『강아지똥』, 『누가 내 머리에 똥 쌌어?』 등은 모두 2006년 이전에 출간된 책들이다.

영유아 그림책 신간을 펴내기 어려운 또 다른 큰 이유는 입소문을 내기가 어렵다는 점이다. 북섹션마저 축소되다 보니 홍보할 매체가 거의 사라졌다. 더구나 이 책들은 언제든 대체가 가능해 부모가 새로운 책을 애써 찾지 않는다. 아무리 좋은 책을 내놓아도 같은 테마의 책이면 무조건 값이 싼 책만 찾는 경우가 많아 경천동지할 일이 벌어지지 않는 한 이 분야에서 대형 신간이 출현하는 것을 기대하기가 어렵다.

'인구절벽'으로 말미암은 경제위기를 먼저 겪은 일본은 7~8년 전부터 아동출판사가 적자를 내기 시작하다가 5년 전부터는 모든 아동출판사가 적자상태로 접어들었다고 한다. 우리라고 다르지 않다. 2000년대 초반 그림책 시장의 호조로 성장을 구가하던 출판사들이 최근 일제히 적자상태로 접어들었다고 아우성이다.

최근 마리옹 바타유의 팝업북 두 권의 번역본이 출간됐다. 1부터 10까지의 숫자를 팝업의 형식으로 셀 수 있게 만든 『10』과 알파벳의 형식과 모양의 경계를 넘어서 작가의 무한 상상력과 과학적 기술을 결합한 그림책 『ABC3D』(이상 보림)를 넘겨보면서 그 수준에 놀라웠다. 하지만 이런 수준 높은 책이 과연 살아남을 수 있을 것인지가 염려되어 큰 한숨부터 쉬어야만 했다.

〈머니투데이〉, 책통, 2014.8.30.

'불륜소설과 아빠'
불황의 증거

우석훈은 불황 극복 매뉴얼을 제시한 『불황 10년』(새로운현재)에서 "호황과 불황, 그걸 가르는 키워드 한마디"가 있다고 단언했다. 사람들이 오빠라는 단어를 많이 쓰는 시대는 호황이고, 아빠라는 단어를 많이 쓰는 시대는 불황이란다.

불황기엔 '아빠'만 유행일까? 아니다. 불황기엔 '불륜소설'이 뜬다. 대공황기 미국에서는 마거릿 미첼의 『바람과 함께 사라지다』가, 버블 붕괴기 일본에서는 와타나베 준이치의 『실락원』이, IMF 금융위기 당시 한국에서는 은희경의 『마지막 춤은 나와 함께』와 전경린의 『내 생에 꼭 하루뿐일 특별한 날』이 떴다. 1999년에는 몸과 성에 대한 관심을 노골적으로 드러낸 성고백서인 서갑숙의 『나도 때론 포르노그라피의 주인공이고 싶다』가 공전의 히트를 쳤다.

그렇다면 지금은 불황인가, 아닌가? 파울로 코엘료의 장편소설은 제목부터가 『불륜』(문학동네)이다. 완벽한 삶을 살아가던 30대 여성 린다는 고등학교 시절의 남자친구이자 재선을 노리는 유명 정치가인 야코프를 만나 충동적인 불륜 행각을 벌인다. 하지만 작가는 한 인터뷰에서 "나는 아무런 미래가 없는 성적 관계가 아닌, 진정한 사랑 이야기를 하고 싶었다"고 밝히고 있다.

무라카미 하루키의 신작소설집 『여자 없는 남자들』(문학동네)의 권두에 수록된 「드라이브 마이 카」의 주인공 가후쿠는 죽은 아내가 다른 남자 품에 안겨 있는 정경이 떠올라 괴로워한다. 아내에게는 정기적으로 섹스를 하던 남자가 최소한 네 명이었다. 이 작품집에 수록된 소설에는 불륜의 여성이 다

수 등장하는데 작가는 "누군가를 완전히 이해하는 게 과연 가능한가"라는 질문을 던진다.

요시다 슈이치 장편소설 『사랑에 난폭』(은행나무)의 여주인공 모모코는 결혼 8년 차의 평범한 주부다. 그녀의 남편은 16살 연하의 애인이 아이를 가졌으니 당신과 이혼을 하고 애인과 살겠다고 선언한다. 김별아 장편소설 『어우동, 사랑으로 죽다』(해냄)의 주인공인 왕실 종친 어우동은 기생을 좋아한 남편에게 내쳐진 다음 신분을 가리지 않고 16명 이상의 남자와 관계를 맺은 사실이 발각되어 비극적인 죽음을 맞이한다.

급기야 "여성의 성적 반응에 대한 놀라운 이해와 남성의 섹스 스킬에 대한 구체적 서술"을 담은 성 지침서인 『멀티를 선물하는 남자』(스토리3.0)가 베스트셀러에 올랐다. 이 책의 저자인 김진국은 "섹스는 진정한 사랑의 아름다운 표현이요, 남녀가 이루어내는 조화의 예술"이라고 말한다.

자, 질문에 대한 답을 내려보자. 불황을 극복할 전환점을 만드는 선택을 할 수 있는 '아빠'가 돌아오고, 화제의 불륜소설들이 줄지어 출간되고, 몸이 통해야 마음이 통하는 법이니 이타적인 섹스를 하라고 가르치는 책이 뜨고 있으니 한국은 지금 불황이 맞는 것 같다.

〈머니투데이〉, 책통, 2014.9.6.

'유년동화'가
한 사람의 인생을 좌우한다

동화작가 임정자는 〈창비어린이〉 2014년 가을호 특집 '아동문학 위기, 어떻게 할까?'에 실린 '그래도 쓴다'에서 "2000년대를 전후해서 아동문학의 동화성, 그러니까 공상성 혹은 판타지성은 단순한 의인화 기법을 넘어서서 또 다른 시공간으로 그 영역을 확장해가고자 했다. 이런 변화에 큰 도움을 준" 것은 이오덕의 우리 말 우리 글 운동, 서정오의 '옛이야기 보따리' 시리즈, 현덕 동화집 『너하고 안 놀아』, 아동문학평론가 이재복이 이끌던 공부모임과 소식지 〈이야기밥〉 등 넷이라고 힘주어 말했다. 특히 원종찬이 발굴해 1995년에야 세상에 내놓은 『너하고 안 놀아』를 들여다보며 "일상과 놀이를 통해 드러나는 어린이의 내면세계를 동화의 영역에서 어떻게 실감 나게 표현할 것인지 연구했다"고 밝혔다.

이런 노력에 힘입어 2000년대 초반만 해도 아동문학은 활황이었을 뿐만 아니라 박기범의 『문제아』(1999년), 황선미의 『마당을 나온 암탉』(2000년), 김중미의 『괭이부리말 아이들』(2000년) 등의 기념비적인 작품이 출현해 아동문학 시장이 더욱 활성화됐다. 그러나 2000년대 중반부터 침체되기 시작한 아동문학 시장은 10년째 아무런 돌파구를 뚫지 못하고 있다.

『너하고 안 놀아』는 한동네에 사는 노마와 영이, 기동이, 똘똘이 네 아이를 주인공으로 아이들의 놀이 세계를 생생하게 그려낸 현덕의 '유년동화'집이다. 이오덕은 『동화를 어떻게 쓸 것인가』(삼인)에서 "어디까지나 살아 있는 아이들의 개성과 행동을 따라가면서 그 아이들의 말이며 하는 짓"을 그려놓은 현덕의 유년동화는 "아이들을 장난감으로 보고 즐기는 함정에 빠지지 않았고, 아이들을 어른들의 생각을 나타내는 수단으로 삼지도 않았다. 어디까지나 아이들을 글쓰기의 주체로 목표로 삼았고, 아이들을 겨레의 중심으로 희망으로 보았다"고 평가했다.

유년동화는 유치원이나 초등학교 1, 2학년 정도의 아동을 대상으로 지어진 창작동화다. 대형 영어학습서 출판사들이 이 시기에 언어학습의 '성장판'이 열린다며 이들을 겨냥한 책들을 펴내놓고 대대적인 마케팅을 벌이는 것을 보면 이 시기의 책 읽기가 얼마나 중요한가를 미뤄 짐작할 수 있다. 창비는 최근 『시골 쥐의 서울 구경』(방정환, 이태준 외), 『벼알 삼 형제』(주요섭 외), 『콩 눈은 왜 생겼나』(조지훈, 박목월 외) 등 유년동화의 정수를 모은 세 권의 '근대 유년동화 선집'을 펴내면서 '첫 읽기책'이라는 선전 문구를 달았다.

어떤 일이든 처음이 중요하다. 그림책을 읽던 아이들이 한글을 갓 떼면서 처음으로 읽어 몸으로 감동을 느낄 수 있는 유년동화 한 편이 한 사람의 인생을 뒤바꿀 수 있다. 그러나 요즘 시장에는 교과 학습을 강조하는 책만 차고 넘친다. 출판 불황의 해법은 의외로 간단할 수 있다. 아마도 수준 높은 유년동화가 넘치는 날 '출판 불황'이라는 말은 찾아보기 어려울 수도 있을 것이다.

〈머니투데이〉, 책통, 2014.9.13.

결정장애 세대의
욕망 그리고 사랑

　고희의 박범신은 매우 젊다. 그는 '갈망^{渴望} 3부작'을 발표했다. 『촐라체』는 히말라야 등정에서 조난당했다가 살아서 돌아온 두 형제를 통해 인간 의지의 수직적 한계를 보여준다. '대동여지도'를 작성한 고산자 김정호의 생애를 그린 『고산자』는 역사적 시간을 통한 꿈의 수평적인 정한^{情恨}을 보여준다. 곧은 정신, 높은 품격, 고요한 카리스마 등 고결한 이미지의 시인 이적요가 열일곱 살 소녀 한은교를 은밀하게 갈망하는 마음을 그린 『은교』는 인간의 내밀한 욕망이 어디까지 이를 수 있는지를 보여준다.

　『은교』에서 노시인의 이성은 은교의 발목 인대를 한 번 접촉하자마자 죽어지내던 자신의 페니스가 불끈 일어서는 경험을 하고는 단번에 무너지고 만다. 시인이 남겨놓은 마지막 편지에는 은교는 "불멸의 내 '젊은 신부'이고, 내 영원한 '처녀'이며, 생애의 마지막에 홀연히 나타나 애처롭게 발밑을 밝혀주었던 나의 등롱 같은 누이"로 표현된다.

　김별아는 최근 '조선 여인 3부작'을 완성했다. 『채홍^{彩虹}』은 세종의 며느리이자 문종의 두 번째 빈이었던 순빈 봉 씨의 동성애 스캔들을 다뤘다. 『불의 꽃』에서는 어릴 때 한 동네에서 어울려 놀면서 친하게 사귄 사이이지만 남자 어머니의 방해로 사랑을 이루지 못했던 연인이 30여 년 만에 만나 격렬한 불륜의 사랑을 나눈다. 『어우동, 사랑으로 죽다』에서 "사랑의 상대에 있어 왕족에서부터 노비까지, 문신과 무신을 가리지 않고 신분과 지위를 무시한 평등주의자의 면모"를 보이는 어우동은 "시와 음악에 흠뻑 취한 탐미주의자이자 감성의 만족과 욕망의 충족을 최선으로 하는 쾌락주의자였고, 무엇보다 인간 욕망의 비밀을 캐기에 골몰한 거침없는 탐험가'로 그려진다.

『은교』라는 소설 속에서는 '갈망'으로 끝났지만, 현실에서는 칠십이 넘은 노인이 열일곱 처녀와 실제로 사랑을 벌이는 일이 늘어나고 있다. 일본에서는 50~60대 장년 남성에 끌리는 20~30대 젊은 여성을 '카레센枯れ專'이라고 부를 정도로 한 흐름을 이룬다. 인간이 추구했던 이상적인 사랑은 두 사람이 만나 죽을 때까지 함께하는 것이었지만 자신이 바라는 게 무엇이든 마우스 클릭 한 번이면 끝나는 세상에서는 그런 삶이 통하지 않는다.

인터넷에 차고 넘치는 "폭탄 같은 가슴을 지닌 여자들이 전봇대 같은 성기를 지닌 남자들의 성욕을 끊임없이 해소해주는" 포르노들을 일상적으로 바라보는 사람들은 지금보다 더 나은 '무엇'을 기대하며 최종 결정을 한없이 미룬다. 그런 이들을 『결정장애 세대』(올리버 예게스, 미래의창)라고 부르기도 한다.

'메이비 세대'는 '사랑 혹은 섹스'가 아니라 '섹스 그리고 사랑'을 추구한다. 이제 『은교』의 근엄한 이적요 시인이 아니라 누구의 소유도 아닌 '나 자신'만을 추구한 어우동이 디지털 시대에 맞는 인간형이 되어가는 것은 아닐까.

〈머니투데이〉, 책통, 2014.9.20.

소설이 갈수록
짧아지는 이유

1980년대는 '대하소설'의 시대였다. 황석영의 『장길산』, 조정래의 『태백산 맥』, 김주영의 『객주』, 이병주의 『지리산』, 박경리의 『토지』, 홍명희의 『임꺽정』 등이 모두 1980년대를 대하 역사소설의 시대로 만든 작품들이다. 당시 독자들이 10권 내외의 대하소설에 빠져든 것은 독재권력에 대한 민중의 집단적인 저항의식의 발로였다. 억눌린 울분을 대하소설로 풀었다고 볼 수 있다. 그러나 대하소설의 열기는 우리 사회가 민주화되면서 자연스럽게 식어갔다.

황석영은 2007년부터 『바리데기』, 『개밥바라기별』, 『강남몽』 등 '캐릭터 소설 3부작'을 잇달아 내놓았다. 이 소설들에는 『장길산』이나 『무기의 그늘』 등에서 보여주었던 그만의 장점이 드러나지 않는다. 영화를 촬영하기 위한 스크립트에 가까울 정도로 간결하고 평이한 서술이 장점이었던 이 소설들은 문장이 짧아 읽기 쉽고 영화처럼 이야기 전개가 빨라지면서 캐릭터는 강화되는 특성이 있었다.

황석영은 이 소설들을 발표하기 직전에 오랜 유럽 생활을 했다. 그때 유럽에서는 200자 원고지 600매에서 800매의 경장편소설이 유행이었다. 그런 모습을 지켜본 황석영이 종이와 펜이 아닌 스크린과 마우스에 익숙한 젊은 세대를 의식하고 이 소설들을 썼을 것이라는 추측이 자연스럽게 나돌았다.

2013년 여름에 김영하는 400매에 불과한 『살인자의 기억법』을 내놓았다. 치매에 걸린 연쇄살인범 김병수의 길고 짧은 '메모'로 구성되어 있는 이 소설이 내게는 휴대전화의 메모장, 혹은 블로그와 페이스북의 글을 그대로 옮겨놓은 것처럼 보였다. 작가가 새로운 형식 실험을 했다고 볼 수 있다.

카페에 앉아 커피 한 잔을 마시는 시간 동안에, 두 시간의 영화 한 편 보듯 간단히 읽을 수 있는 분량의 소설을 담아낸 300~400매의 분량의 테이크아웃 소설 시리즈 '은행나무 노벨라'가 출간되기 시작했다. 핵심 부품 조립 과정에서 엉뚱한 부품 하나가 섞여 들어가는 바람에 운명이 뒤바뀐 로봇 '가마틀'에 대한 이야기인 배명훈의 『가마틀 스타일』, 발레를 하기에는 너무 좋은 조건의 몸을 가졌지만 제대로 날 수 없었던 20대 여성을 그린 김혜나의 『그랑 주떼』, 밖으로 드러난 흉터로 말미암아 가족과 불편하게 살 수밖에 없었던 여인의 삶을 그린 김이설의 『선화』 등이 이 시리즈에 포함됐다.

은행나무의 기획자는 속도감 있고 날렵하며, 트렌드에 민감한 젊은 독자들을 대상으로 한 '라이트light'한 형식과 스타일이 콘셉트라고 설명했다. 스마트폰이 일상화되면서 글의 형식은 크게 달라지고 있다. 문장은 짧아지고, 표현도 단순해지고, 글자 수도 줄어들면서 전체 분량마저 줄어들고 있다. 이 시리즈가 '앱 세대'로부터 '좋아요'와 '공감'을 맘껏 이끌어낼 수 있을지 귀추가 궁금하다.

〈머니투데이〉, 책통, 2014.9.28.

과다하게 부풀려진
전자책 시장 규모

　대한출판문화협회와 한국출판연구소가 공동 주최한 '한국 출판의 지속 성장 방안은 무엇인가?'를 주제로 한 출판포럼이 지난 9월 29일 대한출판문화협회 4층 강당에서 열렸다.

　이날 주제 발표를 맡은 고중언 크레파트너스 파트너 컨설턴트는 "고객에게 가치를 제공할 수 있는 콘텐츠 전달 수단을 생산 또는 개발하여 최종적으로 소스source인 출판 콘텐츠에 대한 수요을 견인한다"라는 발상의 전환이 이뤄져야 한다며 "기존 도서를 생산하는 출판사들의 가치사슬 포지셔닝은 콘텐츠의 편집과 책의 발간이나 이를 디지털미디어콘텐츠 산업 가치사슬 전 분야로 사업범주를 확대"하는 업業 개념의 전환이 필요하다고 주장했다. 예를 들면 후방분야(편집, 책 발간)인 출판 콘텐츠에 머물지 말고 최종 전방분야(전자책, 디지털미디어 콘텐츠의 생산 및 유통, 프로덕션 등)까지 사업범위를 확대해야 한다는 것이다.

　이에 대해 한국출판인회의 정책위원장인 김기옥 한스미디어 대표는 좀 다른 접근법을 제시했다. 그의 주장을 요약하자면 이렇다. '출판업의 개념과 범위를 새로이 하자는 취지의 메시지는 타당하다. 그러나 출판 산업은 본질적으로 콘텐츠 산업이다. 세상에는 출판은 곧 종이책이라는 오해가 있다. 종이에 인쇄를 하는 방식과 전자적 방식은 완전히 다른 영역이다. 하지만 출판이 콘텐츠 산업이라는 점을 명확히 하면 이런 대별은 무의미해진다. 아니 오히려 무한한 가능성을 가진 산업이 된다. 또 출판은 곧 편집·교정이고 후방

산업이라는 오해도 있다. 즉 작가가 자발적 열정으로 생산한 원고를 잘 다듬고 꾸며서 복제 생산하는 영역이라는 것인데, 기본 인식에서부터 정책에 이르기까지 이런 관점이라면 헛다리 짚는 셈이다. 세상에 나오는 책의 80% 이상이 출판사의 기획물이라는 것이 통설이다.'

김 대표의 주장대로 "출판은 세상의 모든 것을 다루어왔고, 그래서 문화산업이기도 하면서 정보산업이고 지식산업"이다. 그렇다면 왜 이런 견해차가 발생하는가?

출판에 대한 기본 통계부터 엉망이기 때문이다. 국내·외 각종 매체에서 전자책 콘텐츠 매출로 인용하는 것은 2013년 12월에 발간한 「콘텐츠산업 통계조사」의 통계이다. 이 통계에서는 2012년의 전자출판 시장 규모를 9023억 원(전자책 3250억 원, 전자사전 2518억 원, 모바일북 1315억 원 등)에 이른다는 한국전자출판협회의 통계를 인용하고 있다.

그러나 한국출판문화산업진흥원이 2013년 4월에 발표한 「스마트 융합시대 전자책산업 진흥을 위한 중·장기 전략 과제 연구」에 따르면 2012년의 국내 전자책 콘텐츠 시장 규모는 800억 원(온라인 종이책 서점 250억 원, 전자책 전용서점 250억 원, 이동 통신사 120억 원 등)에 불과하다.

출판문화산업진흥원의 통계도 주먹구구인 것으로 보이지만 국내 전자책 매출이 출판유통 규모 대비 약 2%대에 불과하다는 것을 감안하면 한국전자출판협회가 전자책 매출을 10배 이상으로 부풀려서 발표해왔다는 것을 확인할 수 있다. 그날 토론에서 참석자들이 이구동성으로 이야기한 것처럼 국가정책은 정확한 통계를 바탕으로 수립되어야 마땅할 것이다.

<머니투데이>, 책통, 2014.10.4.

'읽기'와 '쓰기'에 대한 책이
급증하는 이유

크리스천 러더의 『데이터클리즘Dataclysm』(한국판 제목은 '빅데이터 인간을 해석하다')은 트위터의 등장이 가져온 글의 변화를 면밀하게 분석한 책이다. 요즘의 고등학생들은 1990년대의 고등학생들이 1년에 한 번 쓸까 말까 한 편지글의 분량을 오전 내내 그만큼 타이핑한다. 향후 2년간 트윗한 글자 수가 지금까지 출간된 책들을 합친 것보다 훨씬 많아질 것이다.

일부에서는 트위터의 140자 단어 제한이 언어를 타락시켰다고 주장한다. 하지만 그렇지 않다. 견고한 언어의 성을 지키느라 풍찬노숙 하는 보초병들의 불평에도 불구하고 트위터에 등장하는 톱100의 단어 중에 'rt'와 'u'만이 압축 단어이다. 『옥스퍼드영한사전』에 실린 25억 개의 단어 중 자주 등장하는 단어가 주로 관사, 보조사, 수식어 등인 데 반해 트위터에는 love, happy, life, today, best, never, home 등 주체적이고 활동적인 명사와 동사이다.

언어와 문화, 역사를 분석하는 구글의 연구 프로젝트인 '컬처로믹스culturomics'의 분석에 따르면, 특정 단어의 사용 빈도수에 따라 당대 사회의 문화를 짐작할 수 있다. '스테이크steak'라는 단어는 두 차례의 세계전쟁 중에 급격하게 사용빈도가 늘어났고, '아이스크림ice cream'은 제너럴 일렉트릭GE이 아이스박스를 만든 1910년대 이후 급증했으며, '파스타pasta'는 아트킨스 다이어트가 크게 유행했던 1990년대에 급감했다는 사실을 확인할 수 있다.

트위터에 사용되는 단어의 빈도수를 분석하면 개인의 성향도 알 수 있다.

실제로 저자는 소셜데이팅으로 개인의 프로필을 검색해 연인을 소개해주는 온라인 소개팅 전문업체인 오케이큐피드(www.okcupid.com)의 데이터를 분석해 이런 결과를 내놓았다. 저자는 디지털 기술 혁명은 글쓰기의 방식을 바꾸지 않으면서도 글쓰기의 능력을 증진시켰다는 결과를 제시하고 있다.

트위터의 등장으로 시간과 공간의 응축, 대인 접촉과 감정 공유의 증가, 단어의 폭발적 증가가 이뤄지고 있다. 트위터에서는 개인들이 결속을 맺어가는 방법이 그대로 노출되고 있다. 따라서 접속한 사람들은 이용자들이 무슨 말을 하고, 언제, 얼마나 자주 누구에게 말하는지를 살펴볼 수 있다. 개인은 트위터에서 제한된 글자로 의미를 전달해야 하기 때문에 가급적 글자를 명료하게 선택해야 하고, 짧은 글에 자신의 생각을 담아야 하기에 감정을 잘 다스리면서 수없이 글을 압축해야만 한다.

이제 인간은 트위터를 비롯한 소셜미디어에서 남과 다른 자신만의 장점(차이)을 드러낼 수 있어야 한다. 그런 그들이 다양한 글쓰기의 책을 찾고 있다. 잘 쓰기 위해서는 무조건 많이 읽어야 한다. 읽기와 쓰기는 원래 연동되어 있기 때문이다. 따라서 요즘 쓰기와 읽기에 대한 책이 전례 없이 폭발하고 있다. 읽기와 쓰기는 출판과도 연동되기 시작했다. 누구나 소셜미디어의 활동으로 책을 펴낼 수 있다. 글쓴이의 포트폴리오가 되는 그 책이 글쓴이의 삶을 혁명적으로 뒤바꿔놓을 것임은 두말할 필요가 없다.

〈머니투데이〉, 책통, 2014.10.11.

감정 기복 너무 심한
대한민국 '정신감정'

프랑스 파리경제대 교수인 토마 피케티는 『21세기 자본』(글항아리)에서 "자본주의가 지금처럼 진행되다가는 자본 소유의 집중도가 높아져서 세습자본주의로 전락하고 말 것"이라고 경고했다. 그의 책이 한국에서도 큰 반향을 일으키고 있다. 한국도 개인의 능력과 노력만으로 성공할 수 있는 기회가 사실상 박탈된 사회이기 때문이다. 프랑스에서 5만 부, 미국에서 25만 부 팔린 책이 한국에서는 연말까지 10만 부는 넘길 것으로 예측되고 있다.

올해 한국사회를 가장 크게 분노하게 만든 것은 '세월호 참사'다. 지난 4월 16일에 이 참사가 터졌을 때만 해도 대한민국 국민 모두 이 땅에 이런 참사가 다시는 일어나지 않아야 하며 사태의 진상을 밝혀야 한다고 한목소리를 냈다. 그러나 불과 6개월이 지난 지금, 경제를 살려야 한다는 사람들은 '유민 아빠'를 비정한 아빠로 내모는 등 과도한 감정자극을 연속적으로 해댔다. 양극단의 감정 다툼에 지친 사람들은 이제 이 참사를 기억에서 지우려 하고 있다.

지난 8월 14일부터 18일까지 이뤄진 프란치스코 교황의 한국 방문은 우리 사회에 깊은 감동과 성찰의 기회를 줬다. 교황의 말씀 한마디와 일거수일투족은 수많은 사람들을 울렸다. 그러나 두 달여가 지난 지금, 우리는 교황이 다녀갔다는 사실조차 잊기 시작한 것은 아닌지.

영화 〈명량〉은 1800만에 가까운 전대미문의 관객을 올 여름 극장가로 이끌었다. "살고자 하면 죽을 것이요 죽고자 하면 살 것"이라거나 "바다를 버리는 것은 조선을 버리는 것"이라는 영화 속 이순신 장군의 신념에 찬 '말씀'을 들으며 수많은 사람이 장군의 리더십에 매료됐다. 그러나 여름이 끝나기도 전에 〈명량〉에는 '리더십' 대신 '리더'와 '쉽Ship'만 남았다는 자조 섞인 우려가 등장해 많은 설득력을 얻었다.

1천만 영화에서 이런 일은 처음이 아니다. "백성을 하늘처럼 섬기는 왕, 진정 그것이 그대가 꿈꾸는 왕이라면 그 꿈 내가 이뤄드리리다"나 "그대들이 말하는 사대의 예, 나에겐 사대의 예보다 내 백성들의 목숨이 백 곱절 천 곱절 더 중요하단 말이오!"란 심금을 울리는 대사에 감동받았던 〈광해〉(관객 수 1232만)나 "국가는 곧 국민"이라는 변호사의 변론에 눈물을 흘린 〈변호인〉(관객 수 1137만)도 벌써 잊힌 지 오래다. 세 영화는 이른바 '백성 마케팅' 영화라 해도 무방할 것이다.

2014년 대한민국의 화두는 단연 '감정'이다. 문제적 사안이나 문화 트렌드에 대한 깊은 천착과 탐구가 이뤄지는 것이 아니라, 인간의 근원적인 감정에 크게 들끓었다가 바로 식어버리는 일이 반복되고 있다. 거의 모든 미디어는 일시적인 감정조작마저 서슴지 않는다. 이렇게 감정을 낭비적으로 소비하다가 곧바로 배설해버리는 일이 반복된다면 과연 우리에게 미래가 있을까? 적어도 이 해가 가기 전에 이들 사안에 대한 깊은 성찰과 토론이 있어야 하지 않을까?

〈머니투데이〉, 책통, 2014.10.18.

호흡이 긴 경제서가
인기를 끄는 이유

　몇 년 전 일본에서는 도스토옙스키의 『카라마조프 씨의 형제들』이나 고바야시 다키지의 『게 가공선』 같은 소설이 100만 부 이상 판매되는 '이상한' 일이 벌어져 많은 사람들을 놀라게 했다.

　그러나 최근 돌아본 일본의 서점에는 장르를 불문하고 고전이 잘 팔리는 분위기가 크게 감지되고 있었다. 고전 중의 고전에 속하는 『성경』, 『논어』, 『손자병법』 등을 비롯해 칼 마르크스의 『자본론』, 케인즈의 『고용·이자 및 화폐에 관한 일반이론』, 애덤 스미스의 『국부론』 등은 큰 인기를 끌었다. 최근에는 아마티아 센의 『불평등의 재검토』와 칼 폴라니의 『거대한 전환』, 하이에크의 저작들도 강세를 띠기 시작했다.

　일본의 한 잡지는 이렇게 '호흡이 긴 경제서의 스테디셀러가 다시 인기를 끌게 된 이유로 경제서를 번역할 수 있는 새로운 번역가가 등장했다'는 사실을 제시했다. 대표적으로 『번역이란 무엇인가: 직업으로서의 번역』 등의 저자인 야마오카 요이치(2011년 작고)가 고전 번역의 중요성을 설파했을 뿐만 아니라 고전 번역 아카데미를 열어서 후학을 양성한 것이 드디어 빛을 보기 시작한 효과라는 분석을 내놓았다.

　'니케이BP 클래식' 시리즈의 한 권인 프리드먼의 『자본주의와 자유』는 미국에서는 초 롱셀러였지만, 일본에서는 고이즈미 개혁 당시 잠시 팔리다가 절판된 상태였다. 일본에서 신자유주의가 아무리 질시당한다고는 해도 이렇게 큰 차이가 나는 것에 의심을 하지 않을 수 없었다. 이후 야마오카의 제자인 우라이 아키코가 이 책을 새로 번역해 2008년에 내놓자 지금까지 10쇄 3만 부가 팔리는 이례적인 일이 벌어졌다. 이 시리즈의 기획자는 경제서는 대학교수가 번역해야만 한다는 상식을 뒤엎었을 뿐만 아니라 읽기 쉬운 번역서를 내놓기만 하면 잘 팔린다는 사실을 확인할 수 있었다고 말했다.

2008년의 글로벌 금융위기 이후 갤브레이스의 『대폭락 1929』가 팔리자 독자들이 문제 해결에 대한 해답을 고전에서 찾고 있다는 자신감을 갖게 된 일본 출판계는 기간도서의 복간을 적극적으로 모색하기 시작했다. 창업 100년을 자랑하는 이와나미쇼텐이 발행한 책은 모두 3만여 종. 이 중에서 지금 팔리고 있는 책은 불과 수천여 종에 불과하다. 이와나미의 편집자들은 자사의 홈페이지를 통해 독자들의 복간 요구를 확인하는 한편 중고시장의 동향까지 파악하면서 잠자고 있는 구간도서들을 어떻게 활용할 것인가를 최대의 과제로 삼기 시작했다.

『교양으로서의 경제학』, 『경제는 세계사에서 배운다』, 『케인즈는 지금 왜 필요한가』, 『처음 만나는 마르크스』 등 고전을 읽기 위한 입문서들도 속속 잘 팔리게 되면서 이런 책을 읽은 독자들이 고전을 다시 찾는 연속성이 형성되기 시작했다. 갈수록 미래가 불투명해지는 지금, 고전은 일시적인 붐을 뛰어넘어 우리가 처한 상황을 성찰함에 있어 중요한 위치를 차지하고 있다는 사실을 일본의 서점가는 확실하게 보여주고 있었다.

〈머니투데이〉, 책통, 2014.10.25.

서점이 늘어나야
독서인구도 늘어난다

지난 10월 27일부터 일본은 독서주간이다. 이를 맞이해 〈요미우리신문〉은 사전에 전국여론조사를 실시해 지난 10월 19일자에 발표했다. 이 조사에 따르면 일본인이 가장 좋아하는 작가는 시바 료타로다. 지난 3년 동안 연속으로 1위를 차지했던 히가시노 게이고를 제치고 4년 만에 1위로 올라섰다. 시바 료타로는 남성과 60대, 히가시노 게이고는 여성과 30~40대에게서 인기가 높았다. 시바 료타로가 인기를 회복한 것은 불안한 미래와 우경화되는 사회적 분위기 탓이 아닌가 싶다.

일본에서 만화는 전체 매출의 20%를 차지한다. 만화를 읽는 것이 "독서라고 생각하느냐?"는 질문에는 41%가 '그렇다', 54%가 '그렇지 않다'고 대답했다. "만화를 읽는 것이 만화가 아닌 책을 읽는 습관에 도움이 된다고 생각하느냐?"는 질문에는 46%가 '그렇다', 47%가 '그렇지 않다'고 대답해 양쪽의 입장이 팽팽함을 보여줬다.

'한 달에 책을 한 권이라도 읽었다'는 사람은 48%(작년 46%)로 2012년 이후 계속 과반수를 밑돌았다. '읽었다'는 사람의 비율도 도시 규모에 따라 차이를 보였다. 도쿄 23구와 인구 50만 이상의 대도시는 58%로 유일하게 절반을 넘겼다. 인구 30만 명 이상의 '중핵도시'는 48%, 10만 명 이상의 '중도시'는 46%, 10만 명 미만의 '소도시'는 43%, '초손町村'(우리로는 읍면동)은 46%였다. 도시 규모에 따라 책을 읽은 사람의 비율에 차이가 나는 것은 서점의 수와 접근성이 큰 영향을 준다는 분석이었다.

한 달에 읽은 책의 권수는 1권이 19%로 가장 높았고, 2권이 12%, 3권이 8%였다. 10권 이상 읽는다는 사람은 2%였다. 책을 구입한 장소는 서점이 77%로 가장 높았으며, 인터넷 통신판매가 14%, 새로운 타입의 고서점이 9%였다. 서점에 가는 빈도는 주 1회 이상이 15%, 2주에 1회가 19%, 월 1회가 29%였다. 도시 규모별로는 한 달에 1회 이상 서점에 가는 사람은 대도시에서는 69%였지만 초손에서는 53%에 그쳤다. 서점에 자주 가는 사람은 독서량도 많았다. 1주에 1회 이상 서점에 간다고 대답한 사람의 75%가 한 달에 한 권의 책을 읽었고, 2권이 20%, 10권 이상도 7%나 됐다.

이 여론조사에서 가장 주목할 점은 '책을 선택하는 계기가 무엇이냐?'에 대한 답변이었다. '서점에서 책을 직접 보고 고른다'가 42%, '신문이나 잡지 등의 광고를 보고'가 27%, '신문의 서평을 읽고'가 22%였다.

일본에서도 서점 수는 점차 줄어들고 있긴 하지만 대도시의 대형서점은 오히려 늘어나고 있다. 이런 서점에서 독자가 직접 책을 보고 자기 감식안으로 책을 고르는 사람이 책도 많이 읽고 있다. 국내에서는 우리는 11월 21일부터 모든 책의 할인을 15% 이내로 제한하는 새로운 '도서정가제'가 시행된다. 이것이 거리의 서점이 늘어나는 터닝 포인트가 되기를 간절히 기원한다. 온가족이 즐길 수 있는 기초생활문화공간으로는 서점이 유일하기도 하니 말이다.

〈머니투데이〉, 책통, 2014.11.1.

시니어 출판의
새 시장이 열린다

작년 말에 나는 2014년의 최대 트렌드로 '저출산 고령화'를 꼽았다. 2001년 이후 10년째 초저출산 기준인 1.3명을 밑도니 학령인구(만 6~21세)의 감소는 불을 보듯 뻔하다. 2014년 현재 학령인구는 913만 9천 명으로 2010년의 1001만 2천 명에 비해 87만 3천 명이나 감소했다. 전체 인구 대비 초등학교 학령인구(6~11세)의 비중은 1970년 17.7%에서 2014년 5.5%로 줄어들었다. 2014년의 학령인구를 단순하게 나이로 나누면 57만 명 수준이지만 새로 진입하는 나이는 40만 명대에 불과하니 이 문제가 얼마나 심각한지 알 수 있다.

너무 아이가 태어나지 않으니 '식스포켓'이란 조어도 등장했다. 아이가 태어나면 돈을 쓰려고 대기하고 있는 부모, 조부모, 외조부모의 여섯 주머니다. 식스포켓은 아이를 낳을 생각이 없는 고모와 이모까지 가세하는 바람에 '에잇포켓'으로 진화했다. 그러니 고가의 수입유모차를 최소한 두 대씩 보유하는 등 유아용품은 고액 브랜드가 통하는 세상이 되었다.

우리는 고령화 또한 세계 최고의 수준으로 진행되고 있다. 2018년에 인구의 14%가 65세 이상인 고령사회로 진입하고, 2026년은 총인구의 20%가 고령인 초고령사회로 진입한다. 이미 65세 이상 노인의 40%가 연금을 받지 못할 정도로 노인 빈곤율이 심각하다. 지금 은퇴가 한참 진행된 1차 베이비 붐 세대와 곧 은퇴를 앞둔 2차 베이비 붐 세대의 합은 학령인구의 1.5배 수준이지만 곧 2배를 뛰어넘을 것이다. 머지않아 지금의 아이 하나가 여섯 주머니의 주인들을 부양할 세상이 올 것이다.

그래서 시니어 출판이 시급하다. 시니어 출판이라 해서 독신사회, 고독사(무연사), 종활(인생의 종말을 충실히 마무리하기 위한 활동), 치매, 우울증 등의 다소 부정적인 문제만 다룰 필요가 없다. 40대 초반 주부의 처지에서 한번 살펴보자. 결혼이 늦어 아이를 늦게 낳는 바람에 아이는 아직 초등학생이다. 하지만 부모는 벌써 늙어 간병을 해야 한다. 육아와 간병이라는 이중고에 시달릴 수밖에 없는 주부에게는 간병과 육아가 하나의 문제로 귀착된다. 할머니(할아버지)가 손녀(손자)의 손을 잡고 도서관에 가서 그림책을 읽어주며 놀아준다면 가장 행복할 수 있지만 정반대로 이중파탄에 빠진 상황이라면?

지금 직업 자체가 흔들리기 시작한 전문직 종사자들은 정년을 맞이하기 전(50세가 될 무렵)에 평생 할 수 있는 일을 다시 찾으려 한다. 대학졸업 후 교문을 나서는 순간 4년 동안 배운 지식이 무용지물이 되는 세상이다. 그러니 이제 개인은 세상을 이겨낼 지혜를 평생 동안 새롭게 습득해야만 한다. 그런데도 출판은 아직도 학령인구에 집중돼 있다. 그러나 그 시장은 독자의 숫자가 원천적으로 줄어들어 과도한 경쟁을 벌여야만 한다.

이제 새로운 시장이 열린다. 학교를 떠난 모든 세대를 타깃으로 한 시장, 그중에서도 시니어 출판의 시장은 더욱 가능성이 크다. 시니어 출판의 주 독자층은 고령층이 아니라 이중파탄에 빠질 가능성을 우려하는 중년 세대가 될 것이니 말이다.

〈머니투데이〉, 책통, 2014.11.8.

비즈니스는 선행과
재미를 함께 추구해야

트위터 공동창업자인 비즈 스톤은 『나는 어떻게 일하는가』(다른)에서 자신이 근무하던 '오데오'라는 회사가 매각에 들어가자 새로운 투자자가 나서기 전에 잠시 휴식을 취하면서 2주일 동안 두 명씩 짝을 지어 하나의 프로젝트를 설계하고 만들어가야 하는 제약 속에서 트위터가 탄생했다는 비화를 공개하면서 "비즈니스에서는 프로젝트를 끝내야 하는 시점부터 제약이 시작된다. 거기에 투자할 돈, 필요한 사람, 공간 등이 다 문제다. 그런데도 뜻밖에도 이런 제약이 실제로는 생산성과 창의성을 높일 수 있다"고 말했다.

그는 이어서 "자신의 제약을 기꺼이 받아들여야 한다. 그것이 창의성이든, 신체적인 것이든, 경제적인 것이든, 아니면 자초한 것이든 따지지 마라. 제약은 사람을 자극하고 도전의식을 불러일으킨다. 당신을 깨워 좀 더 창의적인 사람으로 만들어준다. 당신을 더 나은 사람으로 만들어준다"고도 했다.

트위터는 단순성, 제약, 보편적 접근성, 전천후 프로그램이라는 실용성이 돋보이는 아이디어가 담겨 있다. 비즈 스톤은 이런 이유 외에도 트윗의 길이를 140자로 제한한 것이 사람들에게 영감을 불러일으켜 트위터의 성공에 크게 공헌했다는 의견을 내놓았다.

그는 출판사에서 디자인 일을 하기 위해 공짜로 학교를 다닐 수 있는 장학금을 포기하면서까지 대학을 중퇴한 일을 자신의 삶에서 가장 훌륭한 결정 가운데 하나라고 하면서 "삶의 주도적 노력을 통해 얻어낸 직업을 갖는 것은 스스로 기회를 만들어내는 일"이라고 했다. 확실히 그는 자유로운 영혼의 소유자였다.

그의 이야기는 "맨땅에 헤딩해 무에서 유를 창조해낸 이야기이자 능력과 야망의 조화로운 융합에 대한 이야기"가 맞다. 그렇지만 그의 이야기에서 가장 가슴에 와닿는 것은 기술이 세상을 만들지만 그래도 인간이 중요하다는 지적이다. 비즈니스와 선행과 재미를 함께 추구했다는 그는 트위터에 인간의 목소리를 담고 싶었다는 사실을 여러 차례 강조했다.

그는 끔찍한 불평등(세계 인구의 절반이 하루 2달러 이하로 생활한다), 정치적·경제적 불안정, 기후 변화와 자원 고갈이라는 세 가지 성장의 장애요인을 감안해 기업들이 기업의 사회적 책임을 비즈니스 전략에 통합시키는 것과 그들의 노력에 힘을 실어줄 수 있는 비정부기구[NGO]를 지원하는 일이 매우 중요하다는 빌 클린턴의 견해도 특별하게 인용했다.

극단적인 양극화로 말미암아 사람들은 잔뜩 화가 나 있다. 소셜미디어가 발달한 시대에 기업들은 대중의 화난 심성을 잘못 건드리면 단 한 번의 실수로 루비콘강을 건너기도 한다. 그러니 이제 기업은 수익보다 사회적 가치를 중시하는 이미지를 평상시에 쌓아둘 필요가 있다. 어쩌면 '공적인 이벤트'를 꾸준히 벌이지 않는 기업은 저절로 도태되는 세상이 지금 오고 있는지도 모른다.

〈머니투데이〉, 책통, 2014.11.15.

내년에도 이어질
역사를 활용한 성찰의 축제

고등학교 국사 교과서가 처음으로 국정화된 것은 1974년이다. 국사 교과서가 검인정으로 바뀐 것은 민주화, 세계화, 선진화된 추세가 어느 정도 진전된 2000년대에 들어와서이다. 40년이나 지나서 교육부는 국사 교과서 국정화를 다시 추진하고 있다. "하나의 교과서라야 국론 분열을 막는다"는 명분을 내세우지만 "역사교육을 교육의 안목이 아니라 이념의 잣대로 본다"는 비판에 직면해 있다. 참고로 국정 국사 교과서가 있는 나라는 북한, 쿠바, 베트남 등 극히 소수에 불과하다.

교육부의 역주행에도 불구하고 올해 대중은 역사를 갖고 발랄한 상상을 했다. 나는 작년 말에 2014년의 트렌드로 '추억의 반추'를 내세웠다. 인간은 어려울 때마다 지난 시절을 돌아보게 되니 늘 복고 트렌드가 뜬다. 올해도 그랬다. 우리 역사가 '세월호 참사' 이전과 이후로 나뉠 것이라는 말이 있을 정도로 올해는 모든 세대의 삶이 힘겨웠다.

그래서일까. 올해 문화 시장에서는 역사라는 추억을 반추하고자 하는 욕망이 폭발했다. 작년 연말에 개봉된 영화 〈변호인〉이 연초에 1천만 관객을 가벼이 넘기더니 여름에는 영화 〈명량〉이 1800만에 가까운 전무후무한 관객을 동원했다. 그 뿐만이 아니다. 〈조선미녀삼총사〉, 〈군도〉, 〈역린〉, 〈해적〉 등 역사를 소재로 한 영화가 줄을 이었다.

연초에 시작된 드라마 〈정도전〉은 여름에 막을 내릴 때까지 '정도전 신드롬'을 일으켰다. 많은 이가 평가하듯 정도전의 혁명은 미완이었다. 그는 토지개혁이라는 '경제민주화'는 어느 정도 이뤘지만 노비해방이라는 '합리적인 고용'은 실패했다. 정도전의 경세지략은 박근혜 정부의 공약 이행 여부와 맞물리면서 많은 상상을 불러일으켰다.

영화와 드라마가 폭발적인 반응을 일으키면서 이순신과 정도전을 다룬 책들이 쏟아져 나왔다. 『박시백의 조선왕조실록』(휴머니스트)이 꾸준한 인기를 얻었으며, 역사에 대한 주관적인 입장을 자유롭게 개진한 유시민의 『나의 한국현대사』(돌베개)도 인기를 끌었다. 유시민의 주장대로 역사 서술의 핵심인 '사실의 해석'과 '역사 서술'은 주관적일 수밖에 없다.

아베 정부가 '위안부'의 강제적 동원에 대해 부정적인 발언을 쏟아낸 것과 『로마인 이야기』의 저자인 시오노 나나미의 위안부에 대한 망언도 우리가 역사를 어떻게 다루어야 하는가에 대해 깊게 성찰하게 만들었다. 요나스 요나손의 『창문 넘어 도망친 100세 노인』과 『셈을 할 줄 아는 까막눈이 여자』(이상 열린책들), 성석제의 『투명인간』과 한강의 『소년이 온다』(이상 창비) 등은 역사를 바라보는 주관적 관점이 가져다주는 발랄한 상상과 재미를 여과 없이 보여줬다.

광복 70주년이 되는 내년에도 역사를 통해 자신의 미래를 성찰해보는 데 도움이 되는 문화상품은 쏟아질 것으로 보인다. 양극화에 따라 평범한 시민이 느끼는 고통이 더욱 심각해지는 지금, 그들이 도피할 곳으로 역사라는 공간만 한 곳이 없기 때문이다.

〈머니투데이〉, 책통, 2014.11.22.

'정의'를 묻기 전에
인간의 존엄성부터 지켜야

"울워스가 문을 닫다니 아쉽군. 이제 그 많은 차브^{chavs}들은 어디서 크리스마스 선물을 살까?" 울워스는 미국의 다국적 대형 유통업체로 영국에서는 2008년에 폐업했다. 그렇다면 '차브'는? 오언 존스의 『차브』(북인더갭)에 따르면 "급증하는 무식쟁이 하층계급"이다. "슈퍼마켓 계산대의 계산원이거나 패스트푸드점의 점원 또는 청소부" 같은 노동계급을 모욕적으로 일컫는 말이다.

올해 30세인 오언 존스는 대처 정부가 '영국병'을 고친다는 이유로 탄광 노조를 굴복시키고 산업의 틀을 제조업에서 금융 정보 엔터테인먼트 등 비제조업으로 바꿔나간 것으로부터 노동계급에 대한 공격이 시작됐다고 말한다. 그때 제조업이 강제로 폐기되자 지역사회의 구성원이자 안정적 소비층이었던 노동계층이 몰락하기 시작했다는 것이다.

이 책의 공동역자 중 한 사람인 이세영은 '차브'에 견줄 만한 국내의 신조어로 '잉여'를 손꼽는다. '정규군 사회'로의 편입 기회를 봉쇄당한 20대가 스스로를 얕잡고 조롱하는 말이 잉여다. 이세영에 따르면 "잉여가 상승 기회를 박탈당한 중간계급 2세들의 자기연민의 표현이라면, 차브는 몰락한 2세들에 따라붙는 저주의 꼬리표"라는 것이다.

자기연민의 표현이든, 저주의 꼬리표든 젊은 세대를 비하하는 말은 꼬리를 잇는다. 연애·결혼·출산을 포기한 '3포세대', 일자리·소득·집·연애(결혼)·아이·(미래에 대한) 희망이 없는 '6무無세대', 단군 이래 최고의 스펙을 쌓았지만 비정규직 일자리에서 벗어나지 못하는 '이케아 세대' 등은 모두 젊은 세대를 애처롭게 보면서 동시에 비하하는 언어다.

설사 이 세대가 취업을 한다 해도 아무리 일을 해도 가난에서 벗어나기 어려운 '워킹푸어'에서 헤어나기는 어렵다. 과거에는 기술이 인간의 근육을 대신하는 제조업 등의 일자리를 앗아갔지만 지금은 로봇, 고성능의 소프트웨어, 인공지능^{AI}, 사물인터넷^{IOT} 등의 자동화가 인간의 머리를 대신하는 지식노동의 일자리까지 급속도로 빼앗아가고 있다.

그로 말미암아 중산층이 붕괴되면서 1명의 엘리트 사원을 지원하기 위해 99명이 단순 사무직이나 빌딩 청소원, 편의점이나 외식 산업 등에서 일하는 '맥잡'(맥도날드의 아르바이트 같은 저임금 단순노동) 노동자로 전락하고 있다.

오언 존스는 양질의 일자리, 공공주택 건설 등의 대안을 내놓고 있다. 그러나 그것으로 가능할까? 2010년 이후 우리는 마이클 샌델의 책을 읽으며 '정의'나 '도덕'에 대한 질문을 던졌다. 그러나 지금은 인간의 존엄을 물어야 할 때다. 페터 비에리는 『삶의 격』(은행나무)에서 "타인으로부터 우리가 주체라는 사실을 무시당하거나 수단으로 악용당할 때 우리는 굴욕을 느낀다. 굴욕은 우리에게 존엄성을 앗아가는 행위다"라고 말했다.

인간은 굴욕감을 느꼈을 때 무력감에 빠져든다. 그런 무력감에서 벗어나려면 우리 스스로 존엄성을 지키며 살아가는 방법부터 찾아내야만 한다.

〈머니투데이〉, 책통, 2014.11.29.

애도의 참된 이유를
말하는 소설

　문학평론가 신형철은 12명의 작가가 세월호 참사를 잊지 말자는 뜻에서 펴낸 『눈먼 자들의 국가』(문학동네)의 '책을 엮으며'에서 사고와 사건은 다르다고 말한다. 그는 "좋은 이야기는 사고가 아니라 사건을 다룬다. 사고는 '사실'과 관계하는, '처리'와 '복구'의 대상이다. 그러나 사건은 '진실'과 관계하는, '대면'과 '응답'의 대상이다. 사건이 정말 사건이라면 그것은 진실을 산출한다. 진실이 정말 진실이라면 우리는 그 진실 이전으로 되돌아갈 수 없다. 그때 해야 할 일은 그 진실과 대면하고 거기에 응답하는 일이다. 그래서 좋은 이야기는 사건, 진실, 응답의 구조를 갖는다"고 했다.

　그렇다면 '세월호 참사'는? 당연히 사건이다. 같은 책에서 작가 박민규는 "선박이 침몰한 '사고'이자 국가가 국민을 구조하지 않은 '사건'"이라고 썼다. 그의 말처럼 '세월호 참사'가 "국가가 국민을 구조하지 않은 '사건'"인 이상, "진실에 대해서는 응답을 해야 하고 타인의 슬픔에는 예의"를 갖추어야 한다.

　"미술은 애도에서 시작되었다"고 주장하는 미술평론가 박영택은 『애도하는 미술』(마음산책)에서 "인간은 죽음에 대한 더 많은 앎과 성찰, 애도를 통해 삶을 더 존중하게 된다. 죽음을 불러내고 그 죽음에 대해 깊이 사유하며 비극적인 죽음을 위무하고 치유하는 기능이 미술 안에서 숨 쉬고 있다"고 말한다.

　애도에서 시작된 것이 어디 미술뿐이겠는가. 문학 또한 그러하다. 20세기 한국사에서 가장 불행한 사건인 6·25 전쟁이 없었다면 과연 한국문학의 빛나는 성취가 있었을까? 또한 제주 4·3 사건이 없었다면 현기영이란 탁월한 작가는 등장할 수 없었을 것이다. 우리가 과거의 사건을 기억하고 상처를 어루만진다는 것은 결국 애도를 제대로 하기 위함이 아니겠는가.

그런 면에서 '올해의 소설'로 1980년 5월 광주를 다룬 한강 장편소설 『소년이 온다』(창비)를 꼽을 수 있을 것이다. 작가는 소설 속에 1980년 광주민주화운동 당시 총에 맞아 쓰러진 친구를 찾아 나섰다가 도청 상무관에서 시신 관리 일을 하게 되는 열다섯 살의 중학교 3학년생 동호를 등장시킨다. 우리는 소년의 행적을 통해 잔혹한 학살의 참상과 제대로 마주하게 된다.

작가는 소설 속에서 어떤 기억은 아물지 않고, 시간이 흘러 기억이 흐릿해지는 게 아니라 오히려 그 기억만 남기고 다른 모든 것이 서서히 마모된다고 말한다. 34년이 지난 지금, 우리는 광주의 희생자들을 왜 다시 애도해야 하는 것인가? 바로 동호 같은 희생자를 모독해서는 안 되기 때문이다.

광주는 "고립된 것, 힘으로 짓밟힌 것, 훼손된 것, 훼손되지 말았어야 했던 것의 다른 이름"이다. 아직도 "광주가 수없이 되태어나 살해"되고 있다. 그래서 우리는 세월호 참사와 광주민주화운동 같은 '사건'의 진실을 반드시 밝혀내고, 그 진실에 꼭 응답해야만 한다.

〈머니투데이〉, 책통, 2014.12.6.

스토리텔링에서
스토리두잉으로

버트런드 러셀은 『왜 사람들은 싸우는가?』(비아북)에서 충동은 "남과 공유할 수 없는 것을 손에 넣거나 계속 보유하고자 하는 소유의 충동과 사적 소유의 개념이 없는 지식, 예술, 선의 같이 가치 있는 것을 이 세계에 내놓으려는 창조의 충동"의 둘로 나뉜다고 말했다. 그는 소유욕을 희생해서라도 창조성을 키워야 한다고 주장했다.

『스토리두잉』(김일철·유지희, 컬처그라퍼)의 저자들도 "물질의 대척점은 무소유가 아닌 도덕성 내지는 창의성"이라고 말한다. 지금까지는 일방적으로 이야기를 전달하는 스토리텔링으로도 버틸 수 있었지만 이제 스토리텔러가 성공하려면 자기가 다루는 스토리에 자기 삶을 녹여내야만 한다. 고전에서는 이를 '솔선수범'이라 했고, 타이 몬태규는 '스토리두잉'이라 정의내렸다. 따라서 이야기 속 주인공의 삶을 사랑하고 닮아가려고 노력하는 사람이 '스토리두어'다.

2014년 6월 개최된 '서스테이너블 브랜즈^{Sustainable Brands} 회의'에서 제창된 슬로건은 '스토리텔링에서 스토리두잉으로'다. 테크놀로지의 발달과 스마트폰을 비롯한 디지털 디바이스의 보급으로 '체험형 콘텐츠'의 소비가 급격하게 늘어났다. 또한 다양화된 미디어는 기업의 일방적인 접근이 아닌 쌍방향 소통을 지향하고 있다. 따라서 기업들은 자사의 브랜드 스토리에 사용자의 참가를 유도하고 체험하게 하는 체험형 콘텐츠로 소비자와 브랜드의 연결고리를 더욱 강화해야 할 필요성을 절감하고 있다. 그런 기업들이 테크놀로지에 아이디어를 결합시켜 브랜드를 체험할 수 있는 형태로 만들어내는 것이 바로 '스토리두잉'이다.

올해 질문을 많이 받았던 것 중에 하나가 지금 종합 베스트셀러 1위를 달리고 있는 컬러링북인 『비밀의 정원』(조해너 배스포드, 클)이 팔리는 이유였다. 이 책은 주로 검은 선을 이용한 세밀한 밑그림에 직접 색을 칠해 그림을 완성하는 색칠놀이 책이다. 일본에서는 2000년대 중반에 색칠공부, 본떠쓰기, 종이접기, 퍼즐, 퀴즈, 엔딩노트 등이 시니어층에게 큰 인기를 끌었다. 그때 일본에서는 "일에서 은퇴한 사람들에게는 청춘을 돌아보게 해주어 인생의 활력을 만들어주고, 손자 세대에게는 좋았던 옛 시절을 체험할 수 있게 해준다"는 분석이 있었다.

이런 흐름이 우연일까? 이제 인간은 컴퓨터와 차별화되는 자신의 능력을 찾아내야 한다. 정보의 저장, 보관, 이동에서 컴퓨터를 이길 수 없는 인간은 폭발하는 정보 중에서 불필요한 정보를 '삭제'하고 핵심만 남겨놓는 능력, 즉 자신들이 컴퓨터를 이길 수 있는 유일한 능력을 키워나갈 것이다.

다른 하나는 '손'의 참여를 강화하는 것이다. 따라서 이제 기획자는 콘텐츠를 일방적으로 소비하지 않고 손을 이용해 직접 참여해보고 싶은 인간의 욕망을 반영한 체험형 콘텐츠를 만들어내야만 한다. 어쩌면 그게 우리가 살아남을 수 있는 유일한 길일지도 모른다.

〈머니투데이〉, 책통, 2014.12.13.

처참한 성적을 기록한
한국소설

『조선 누아르, 범죄의 기원』(민음사)은 조선의 밤을 지배한 '검계'를 둘러싼 폭력과 그들과 결탁하는 검은 세력의 아귀다툼을 그린 소설로 소설가 김탁환과 영상기획자 이원태가 결성한 창작집단 '원탁'의 첫 번째 장편소설이다. 이 소설에는 '무블movel'이란 별칭이 붙어 있다. 무블은 영화movie와 소설 novel을 합한 조어로 영화 같은 소설, 소설 같은 영화를 지향한다.

지난 11월 11일 레진코믹스를 운영 중인 레진엔터테인먼트는 상명대 만화과와 산학협력을 체결하면서 매년 우수 졸업생에게 장학금과 멘토링을 지원하여 정식 작가로 데뷔시킬 계획을 밝혔다. 레진엔터테인먼트는 올해 1월 CJ E&M과 웹툰 영상화를 위한 전략적 제휴를 체결한 바 있다. 정황이 이러니 드라마 〈미생〉으로 잔뜩 재미를 본 CJ E&M이 영상화를 전제로 한 웹툰 발굴에 나섰다는 이야기도 들린다. 드라마 성공으로 하루에 한때 2천 질씩 팔리던 윤태호의 『미생』(위즈덤하우스)은 200만 부를 넘겼다.

올해 출판계 최대 화두 중 하나는 '미디어셀러'다. 영화가 개봉된 『창문 넘어 도망친 100세 노인』(요나스 요나손, 열린책들)은 전체 1위에 올랐고, 드라마 〈별에서 온 그대〉에 PPL처럼 등장한 『에드워드 툴레인의 신기한 여행』도 한때 1위에 올랐다. 디즈니 애니메이션 〈겨울왕국〉 열풍이 불면서 스티커북, 스토리북, 컬러링북, 악보집, 회화책 등 다양한 출판물들이 쏟아져 나왔다.

하지만 한국소설의 성적은 비참하다. 교보문고 올해 베스트셀러 50위권에 든 한국소설은 조정래의 『정글만리』(해냄)와 김애란의 『두근두근 내 인생』(창비) 두 권뿐이다. 작년에 돌풍을 일으켰던 『정글만리』는 올해에만 60만 권이 팔리며 10위에 올랐지만 『두근두근…』(42위)은 저조한 영화 성적 때문에 10만 부를 겨우 넘겼다. 올해 출간된 한국소설로는 성석제의 『투명인간』(창비)이 기록한 5만 부가 최고의 성적이다. 많은 이들이 올해의 소설로 여기는 한강의 『소년이 온다』(창비)는 겨우 3만 부를 넘겼다. '세월호 참사'의 충격으로 작가들이 흔들리는 바람에 출간된 소설이 크게 줄어든 것을 감안하더라도 너무 저조한 성적이다.

상황이 이러니 문학출판사들의 고민이 적지 않다. 이제 문학출판사들은 영상화될 가능성이 높은 장르문학을 펴낼 별도의 브랜드를 고민 중이다. 이미 문학동네에는 엘릭시르가, 자음과모음에는 네오픽션이라는 브랜드가 존재한다.

편집자는 '기획을 하고 사람을 모아 콘텐츠를 만드는' 사람이다. 다매체가 컬래버레이션 하는 시대이니 순수문학과 종이책만을 고집하기 어려워졌다. 다매체로 뻗어나갈 수 있는 가능성이 높은 콘텐츠라면 그들은 장르를 가리지 않게 될 것이다. 문제는 작가다. 엔터테인먼트성과 인게이지율(고객의 참여율)이 높은 작품을 펴내려는 작가들의 결단이 절실한 때다.

<머니투데이>, 책통, 2014.12.20.

기대되는 내년 4월의
'불평등' 논쟁

토마 피케티의 『21세기 자본』(글항아리)이 일본에서도 12월 9일에 드디어 출간됐다. 책이 출간되자마자 베스트셀러 상위에 올랐으며, 피케티 이론을 쉽게 설명한 입문서 등 관련서들도 일제히 출간됐다. 피케티의 주장의 핵심은 자본수익률은 경제성장률을 웃돌고 있으며, 소득과 부의 불평등은 21세기에 더욱 확대되고 있고, 격차를 막기 위한 글로벌한 누진과세가 필요하다는 세 가지 포인트로 요약된다.

일본에서 번역서가 출간되기 전, 주간 〈동양경제〉 6540호(2014년 7월 26일자)에 게재된 인터뷰에서 피케티는 자신의 주장을 뒷받침하는 단적인 케이스가 일본이라고 밝혔다. "일본은 유럽과 닮아 있지만 유럽보다도 더욱 극단적인 케이스다. 1970년부터 2010년까지를 보면 국민소득에 대한 민간자본의 비율은 전후 약 3배에서 현재는 6~7배에 이른다. 이 변화는 이탈리아나 영국, 프랑스와 상당히 근접하다. 경제성장이 느린 나라에서는 자산의 축적이 보다 커진다."

한국 경제는 일본과 긴밀하게 연결되어 있다. 그래서일까? 자본주의 시스템의 실체를 실증적으로 보여준 이 책은 한국에서도 10만 부 가까이 판매되었다. 〈월스트리트저널〉이 "피케티의 『21세기 자본』이 가장 읽히지 않는 베스트셀러로 등극했고, 대부분의 독자들은 700페이지 저서의 26페이지 즈음에서 멈춘다"고 조롱한 적이 있지만 지식인을 자처하는 사람들이라면 이런 책쯤은 반드시 서가에 꽂아두어야만 직성이 풀리는 법이다. 이 단순한 사실만 보아도 출판시장이 아무리 힘들어도 확실한 가치를 지닌 책이 살아남을 수 있다.

이 책의 성가는 비슷한 시기에 출간된 다른 책들과 경쟁할 때 더욱 좋은 결과를 얻을 수 있다. 거의 동시에 출간된 책으로 한국사회의 기형적 경제구조와 불평등, 양극화 등의 문제점을 신랄하게 비판한 『한국 자본주의』(헤이북스)가 있다. 한국적 입장에서 한국에 적용되는 이론을 객관적으로 서술한 이 책의 반응도 좋았다. 또 7월 초에는 세계적 경제학자가 일반인을 위해 경제학을 쉽게 풀어 설명한 『장하준의 경제학 강의』(부키)도 출간되었다.

이처럼 시각이 다른 화제작 몇 권이 동시에 출간되면 즉각 독자의 관심을 크게 이끌어낼 수 있다. 그런 관점으로 보았을 때 내년 4월 미국 하버드대 출판부와 국내의 글항아리에서 동시 출간될 『불평등을 넘어』는 기대가 된다. 토마 피케티의 오랜 동료인 앤서니 앳킨슨의 저작인 이 책은 불평등을 어떻게 해결할 것인가를 다룬 매우 대중적인 책이다.

피케티의 비판자들은 불평등이 초상위층의 세습이나 자산의 증가로만 초래되지 않는다는 점을 강조해왔다. 현 자본주의 체제가 지닌 가장 큰 문제가 소득의 양극화로 인한 불평등이란 점은 당분간 달라지지 않을 것이다. 벌써부터 내년 4월에 불붙을 것으로 보이는 불평등의 원인에 대한 논쟁이 자못 기다려진다.

〈머니투데이〉, 책통, 2014.12.27.

사소한 일에도 행복, 팍팍한 사회의 역설

니트족, 패러사이트족, 캥거루족, 프리터족, 하류사회, 은둔형 외톨이(히키코모리). 일본에서 젊은이를 지칭하는 말은 대개 이처럼 부정적이다. 후루이치 노리토시는 『절망의 나라의 행복한 젊은이들』(민음사)에서 "이미 일본 젊은이의 '이등 시민화'는 진행되고 있다. (…) 젊은이야말로 저렴하고 해고하기 쉬운 노동력이라는 점은 이미 다 알려진 사실이다. 이대로 간다면 일본은 '느슨한 계급사회'로 탈바꿈하게 될 것"이라고 경고했다.

이 책의 번역서는 최근 출간됐지만 일본에서는 소비 욕구가 왕성한 '단카이 세대'가 65세 정년을 맞이하고 연금 수급을 시작한 2012년을 코앞에 둔 2011년에 출간됐다. 미국에서는 하층의 일자리를 이민노동자들이 채웠지만 일본에서는 젊은이들이 그 자리를 차지하다 보니 미디어에서 '불행한 젊은이'나 '가련한 젊은이'를 부각하는 일이 많았다. 하지만 비정규직, 워킹푸어, 인터넷카페(피시방) 난민 등 젊은이들에 대한 비관적인 이야기가 끊이지 않음에도 정작 당사자인 젊은이들은 대부분 '행복하다'고 느꼈다.

이에 대해 후루이치는 다음과 같이 분석했다. "오늘보다 내일이 더 나아질 리 없다"는 생각이 들 때 인간은 "지금 행복하다"고 생각한다. 언젠가 행복해질 것이라는 '희망'을 가질 수 있었던 고도성장기나 거품경제시기에 젊은이들의 생활만족도가 낮게 나타난 반면 거품경제가 붕괴하기 직전인 1985년, 옴진리교 사건과 한신·아와지 대지진이 발생한 이듬해인 1996년, '격차사회론'이 빈번하게 논의된 2006년에는 생활만족도가 절정에 달했다.

후루이치는 '사회'라는 '커다란 세계'에는 불만을 느끼지만 자신들이 머무는 '작은 세계'에는 만족하고 사는 젊은이들의 정체는 '컨서머토리'라는 용어로 설명이 가능하다고 말한다. 컨서머토리란 "자기 충족적이라는 의미로, '지금 여기'라는 신변에서 가까운 행복을 소중히 여기는 감각"이다.

우리나라 젊은이들의 모습도 이와 다르지 않다. 최근 젊은이들의 문화적 성향을 보면, 다양성 영화 〈비긴 어게인〉이 입소문만으로 인기를 끌고, 곽진언과 이진아 등 개성 있는 인디 뮤지션이 한순간에 주류에 올라서는 데다, 다양한 조합의 '유닛'이 가요계를 휩쓴다. 자신만의 가치를 찾으려는 보다 현실적인 욕망이 작동하다 보니 각종 '체험형 콘텐츠'가 뜨고, '1박 2일의 맛 기행' 같은 사소한 일에 진정한 행복감을 느낀다.

따라서 각종 경제지표가 더 나빠질 것으로 예상되는 올해도 문화 전반과 패션, 뷰티, 레저, 출판, 오락, 여가생활 등에서 한 단계의 '레벨업'을 추구하는 것만으로 행복하다고 느끼는 젊은이들이 크게 늘어날 것이다. 테라바이트의 정보가 유통되는 시대의 첨단을 걷는 젊은이들이 획일적인 문화를 거부하고 새 감성을 추구하는 것이 대세이니 말이다.

〈머니투데이〉, 2015.1.3.

2015년의 사회적 나이는
60대 이상

우리 출판시장에서 '마흔'이 뜨기 시작한 것은 2011년이다. 정확하게 말하면 그해에는 서른과 마흔이 공존했다. 한쪽에서는 『서른, 같이 걸을까』, 『힘내라 서른살』, 『서른에서 멈추는 여자, 서른부터 성장하는 여자』, 『죽을 수도 살 수도 없을 때 서른은 온다』 등 서른을 타깃으로 한 책들이 아직 이루지 못한 것들에 대한 불안감에 조급한 이들을 위로했다면, 다른 한쪽에서는 『마흔, 논어를 읽어야 할 시간』, 『마흔 살의 철학』, 『마흔이 내게 준 선물』, 『마흔에 읽는 손자병법』, 『마흔 살의 책읽기』 등 마흔을 제2의 인생을 위한 전환점이라고 주장하는 책들이 대거 등장했다.

'멘붕'이라는 단어가 새로 등장한 2012년에는 마흔이 독주하다시피 했다. 『마흔에 읽는 손자병법』과 『마흔, 논어를 읽어야 할 시간』이 베스트셀러에 오르면서 마흔이야말로 출판시장에서 가장 확실하게 통하는 단어가 되었다. 이해에 『마흔 이후, 이제야 알게 된 것들』, 『아플 수도 없는 마흔이다』, 『흔들리지 않고 피어나는 마흔은 없다』, 『마흔의 서재』 등 불안한 마흔을 위로하고, 후반기 인생 설계를 돕는 책들이 가세했다.

2013년은 박근혜 정부가 출범한 해였다. 이명박 정부 5년 내내 셀프 힐링에 지친 이들이 다시 시작해보려는 노력을 보였다. 자기계발서에 대한 비판이 일기 시작한 이해에 조정래의 『정글만리』를 필두로 소설들이 시장을 주도하고 농익은 이야기를 담은 에세이들이 전성기를 구가했다. 〈꽃보다 할배〉라는 예능 프로그램이 인기를 끈 이해의 출판시장에는 40대와 50대가 공존했다. "잘 물든 단풍은 봄꽃보다 아름답다!"는 가르침을 던져준 법륜 스님의 『인생 수업』 탓이었을까? 마흔이라는 단어가 서서히 줄어들면서 오십이 기지개를 켜기 시작했다.

『창문 넘어 도망친 100세 노인』이 가장 많이 팔린 책에 오른 2014년은 오십의 해였다. 『여자 나이 오십, 봄은 끝나지 않았다』를 빼놓고 제목에 오십이 들어간 주목할 만한 책이 출간되지는 않았지만 100세 시대에 후반생을 생각하자면 오십이 주류를 이루는 분위기였다. 1차 베이비 붐 세대의 주축인 '58년 개띠'가 55세 정년을 맞이한 것이 어느 정도 작용하지 않았을까? 고개 숙인 아버지가 화두가 되다 보니 사회의 심리적 나이는 오십이 되었다.

노부부의 지고지순한 사랑을 보여주는 영화 〈님아, 그 강을 건너지 마오〉와 한평생 가족을 위해 헌신한 아버지의 삶을 그린 영화 〈국제시장〉이 인기를 끌고, '3개월 시한부' 주인공이 등장하는 TV 드라마 〈가족끼리 왜 이래〉와 〈펀치〉가 눈물을 쏟게 만드는 올해는 어떨까? 아마도 환갑을 넘긴 나이가 되지 않을까 싶다. 우리 사회가 불과 4년 만에 이렇게 곱빼기로 나이가 들어버리는 바람에 60대 이상이 펼치는 깊고, 리얼한 감동적인 이야기가 더욱 인기를 끌게 될 것 같다.

〈머니투데이〉, 책통, 2015.1.10.

'넓지만 얇은 지식'에 대한
놀라운 반응

"Z 씨는 스무 살의 건강한 청년이다. Z 씨의 마을에는 열 명의 병자들이 살고 있다. 이들은 어린아이부터 노인에 이르기까지 나이나 질병이 모두 다르다. 이들은 생명이 위독하기도 하고 그렇지 않기도 하고 다양하다. 어느 날 병자들은 자신들이 완치될 수 있는 의학적 사실을 우연히 알게 되었다. Z 씨의 장기를 빼내어서 이식하면 열 명 모두 완치될 수 있다는 것이다. 물론 Z 씨는 죽겠지만 말이다. 마을 주민들이 Z 씨를 찾아가서 말했다. '네 장기 떼러 왔어.'"

『지적 대화를 위한 넓고 얇은 지식』(채사장, 한빛비즈)에서 "개인주의와 집단주의: 개인과 사회의 이익이 충돌할 때 누구의 편에 설 것인가"를 설명할 때 나오는 예화다. 이 책은 역사, 경제, 정치, 사회, 윤리의 '현실 세계'의 거대한 다섯 과정을 마치 「천일야화」처럼 재미있는 이야기로 풀어낸다. 이야기 속에 인명, 지명, 책이름, 연도는 최대한 배제된다. 세어보니 열 번도 나오지 않는다. 줄거리만 파악하기 위함이니 사실 세부적인 팩트가 꼭 필요한 것은 아니다.

대학생들 앞에서 강연을 하다 보면 가장 기초적인 개념어조차 이해하지 못하고 있다는 사실에 경악하는 경우가 많았다. 그래서 나는 2003년에 『21세기 지식 키워드 100』과 『21세기 문화 키워드 100』이라는 책을 기획한 바 있다. 누구나 반드시 알아야 할 기본적인 개념어를 압축해 설명하고 꼭 읽어야 할 책을 추천했다. 그 책은 단편적이었지만 이 책은 그런 키워드를 하나로 연결해 이야기로 풀어냈다. 그러니 술술 읽힌다. 저자는 "우리는 지적 대화를 위한 교양 여행을 하고 있다. 교양은 넓지만 얕은 지식이다. 넓고 얕은 지식은 의사소통의 기본 전제가 되고, 사람과 사람이 대화하게 하는 최소한의 공통분모가 된다"고 말한다.

이 책은 팟캐스트 〈지대넓얕〉의 연재를 글로 풀어낸 것이다. 태초에 책은 말을 기초로 씌어졌다. 우치누마 신타로가 『책의 역습』에서 밝혔듯이 플라톤의 『소크라테스의 변명』과 『향』 이래로 말로 하는 회화^{會話}와 텍스트와의 관계는 긴 역사를 갖고 있다. 더구나 스마트기기로 책을 읽는 일이 늘어나면서 '말'이 책이 되는 경우가 더욱 늘어날 것이다. 아직까지는 '보는' 사람과 '듣는' 사람을 배려해 '읽는' 책을 만들어내고 있지만 곧 '말'(음성) 자체를 잘게 쪼개 책이라고 일컫는 세상이 올지도 모른다.

언론에서 단 한 줄도 소개된 바가 없는 『지대넓얕』은 보름 만에 4만 부나 팔렸다. 온라인서점에서 책을 처음 사본다거나 5년 만에 책을 사서 보았다는 사람도 있다. 지난 몇 년 동안 소프트 인문학 서적들이 대거 출간됐지만 내용까지 소프트한 책은 많지 않았다. 진정으로 '넓고 얕은 지식'에 목말랐던 사람들이 이 책을 찾는다니 이 책의 확장성을 주목해볼 필요가 있다. 벌써부터 '현실 너머'의 철학, 과학, 예술, 종교, 신비 등 다섯 과정을 다룬 2권이 잔뜩 기대가 된다.

〈머니투데이〉, 책통, 2015.1.17.

독학의
천국 시대가 왔다

"사내실업社內失業을 하지 않기 위해서라도 올해야말로 독학!" 일본 〈마이니치신문〉 1월 13일자에 실린 기사의 제목이다. 사내실업자는 감량경영에 따른 조직개편으로 중간관리직이 폐지되면서 직무를 배당받지 못해 할 일이 없이 소일해야 하는 중간관리자를 일컫는다.

"올해만은 뭔가 배우고 싶다"는 생각으로 신년을 맞이한 사람이 많은 탓일까? 지금 '독학'이 주목받고 있다. 전문가들은 '독학 시대가 왔다'고 말한다"로 시작되는 이 기사는 『동경대 교수가 가르쳐 주는 독학 공부법』의 저자인 야나가와 노리유키가 "75세까지 일하는 시대가 머지않았다. 이제는 학창시절에만 모두 같은 궤도에서 공부하면 밝은 미래가 약속되는 고도성장시대와는 다르다. 직무상 필요한 스킬이나 지식을 새로 배우지 않으면 사회의 변화에 따라가지 못하고, 50~60대에 '사내실업'이 될지도 모른다는 위기감이 퍼지지 않나"라는 분석을 내놓고 있다.

왜 새삼 공부를 말하는 것일까? 시라토리 하루히코는 『독학』(이룸북)에서 "자기 변혁을 가져오기 위해 가장 크게 펼쳐져 있는 황야 속의 보이지 않는 길, 그것이 바로 자발적인 공부"라고 말했다. 우리 사회에서도 당장 써먹기 위한 공부, 성적을 위한 공부가 아닌 삶 속에서 그 자체를 즐기는 공부의 중요성이 강조되어왔다.

고미숙은 2007년에 펴낸 『공부의 달인, 호모 쿵푸스』에서 "모든 학문이 동일한 욕망과 비슷한 능력의 주체들을 생산해"내는 구조이다 보니 "20세기 이래 한국사회를 지탱해온 '근대적 지식'의 종말이자 그것의 모태였던 '대학의 죽음'으로 이어질 것"이라고 경고한 바가 있다.

이런 경고에도 불구하고 한국사회는 이명박 정부 내내 '셀프 힐링'의 자기계발서에 깊이 몰두했다. 그러다 2012년에 바버라 애런라이크의 『긍정의 배신』, 『노동의 배신』, 『희망의 배신』 등 '배신 3부작'이 나오면서 심리학과 교묘하게 혼합된 긍정에 관한 책들이 갖는 변종 자기계발서로서의 역할에 대한 비판이 일기 시작했다.

2013년에는 이원석이 『거대한 사기극』에서 자기계발 현상이 팽창의 끝에 이르러 거품이 꺼지고 있다고 밝히며 자기계발서는 『거대한 사기극』에 불과했다고 격렬하게 비판했다. 이후 우리 사회에는 자기계발서를 버리고 공부를 하자는 책들의 출간이 크게 늘었다.

기사에서도 지적하고 있지만 독학에 적절한 환경이 요즘처럼 갖춰진 적은 없다. 인터넷을 이용하면 세계 일류대학의 강의를 무료로 들을 수 있고 잘 만든 무료 교재가 인터넷에 퍼져 있어 독학 천국이라 할 수 있다. 마음먹기만 하면 자신이 편할 때 원하는 대로 마음껏 공부할 수 있다.

2015년 한국사회는 어떨까? 독학이라 해서 혼자 틀어박혀 공부하는 것이 아니다. 강연회나 컬처스쿨 등 다양한 기회를 잘 이용하고 뜻을 함께하는 사람과의 만남도 소중하다. 따라서 함께 책을 읽으며 토론하는 모임이 크게 늘어날 것으로 보인다.

〈머니투데이〉, 책통, 2015.1.24.

출판 현장 최고의 화두,
'연결성'

작년 11월 21일부터 새로운 도서정가제 시스템이 작동하기 시작한 이후 출판시장은 가격 중심 마케팅에서 가치(콘텐츠) 중심 마케팅으로 출판 마케팅의 기조가 급격하게 옮겨가고 있다. 하지만 국내에 온라인서점이 처음 등장한 2000년 이후 할인에만 길들여졌던 대부분의 출판마케터는 갈피를 잡지 못하고 있다.

이런 변화가 위기일 수 있지만 새로운 기회일 수도 있다. 그러니 역동적으로 변화하고 있는 출판시장을 제대로 바라보자는 움직임이 없을 수 없다. 출판전문가 10여 명으로 발족한 '출판콘텐츠마케팅연구회'가 바로 그렇다. 이 모임은 지난 1월 27일 첫 월례 발표회를 갖고 '편집과 마케팅을 통합하는 새로운 사고의 출현'에 대해 진지한 토론을 벌였다.

이날 발제를 맡은 장은수 민음사 고문은 최근 있었던 디지털북월드^{DBW} 콘퍼런스에서 연설한 문학 인큐베이터 회사인 페이퍼랜턴릿의 창립자 렉사 힐리어의 "시장이 '용량'으로 재정의됨에 따라, 과거 20년 동안 출판시장을 지배해왔던 '트렌드 기반' 모델은 더 '개방적인' 모델로 대체되어 장르, 스타일, 스토리 등에서 예측 불가능한 시장으로 급격히 이동할 것이다. 이러한 현상은 일종의 산란효과를 가져와서 창조자들에게는 믿을 수 없을 정도의 자유를 부여하는 동시에 극도의 불안정성이 생길 것"이라는 발언을 인용했다.

출판 마케팅 전반이 모바일 친화적으로 변해가는 세상에서 '극도의 불안정성'을 극복하고 가능성을 열어가려면 어떻게 해야 할까? 장 고문은 하퍼콜린스가 약진한 사례를 제시했다. 할리퀸을 인수한 하퍼콜린스만의 장점이 드러나는 전자책 서점을 전 세계에서 동시에 오픈할 수 있는 기반을 마련하고는 자사의 홈페이지를 전자상거래 플랫폼으로 재편했다. 저자가 블로그 등을 통해서 자신의 책을 홍보해서 자사 플랫폼을 통해 판매할 경우 2배의 인세를 지급하는 정책을 펼치기도 했다.

앞으로 저자와 독자를 직접 연결하는 플랫폼을 구축하지 못하는 출판기업은 도태될 것이다. 그렇다면 저자의 경우는 어떨까? 다른 발제자인 이중호 미래출판전략연구소 소장의 "저자가 스스로 플랫폼이 되어 소셜미디어에서 자신의 콘텐츠를 관리함으로써 책의 발견이 가능하게 해야 한다. 출판사나 편집자는 이런 저자의 매니저가 되어야 한다. 출판사를 전전하는 '메뚜기형' 저자는 점점 설자리를 잃어갈 것"이라는 발언에서 해답을 찾을 수 있을 것 같다.

장 고문은 "연결성의 확보를 통해 발견성을 책임지는 것은 서점이 아니라 출판사라는 인식이 점차 확산되고 있다. 출판이 계속 현재 같은 형태로 존립하려면, 저자나 책이 있다는 사실을 독자들에게 알리고, 이를 브랜드화하는 수단을 보유하고 있다는 사실을 확신시켜야 한다"고 강조했다. 그렇다. '연결성'이야말로 지금 출판 현장 최고의 화두임에 틀림이 없다.

〈머니투데이〉, 책통, 2015.1.31.

큰 불황에는
언제나 죽음이 화두

　IMF 외환위기 직후인 1998년에 '죽음'을 다룬 한 권의 책이 큰 화제를 끌었다. 30대 방송작가 미치 앨봄이 투병 중인 스승을 매주 화요일에 만나 수업을 받는 책인 『모리와 함께한 화요일』이다. 이 책에서 모리는 "나이 드는 것, 그리고 죽음에 이르는 것이 누구나 겪어야 할 일이며 죽음 또한 삶의 일부"라는 메시지를 던졌다. 그때까지만 출판시장에서 '죽음'은 그리 달가운 주제가 아니었다. 그래서 출판사는 밝은 색을 활용한 산뜻한 이미지의 양장본으로 포장함으로써 책을 팬시화했다.

　이 책은 '카드대란'이 터진 2003년에 다시 한번 상종가를 쳤다. 이해에 교보문고는 1998년과 2003년 두 시기의 베스트셀러를 비교 분석해 "경기가 어려울수록 희망의 메시지를 담은 따뜻한 이야기가 강세를 보인다"는 분석을 내놓았는데 두 시기 모두 베스트셀러에 올라 있는 유일한 책이 바로 『모리와 함께한 화요일』이었다.

　글로벌 금융위기가 몰아닥친 2008년에도 죽음은 화두였다. 췌장암으로 시한부 인생을 선고 받은 컴퓨터공학 교수 랜디 포시가 어린 시절의 꿈을 진짜로 이루기 위해서는 어떤 삶을 살아야 하는지를 알려준 『마지막 강의』는 그해 종합 베스트셀러에 올랐다. 법정 스님은 "삶은 순간순간이 아름다운 마무리이자 새로운 순간이어야 한다"는 메시지를 담은 『아름다운 마무리』를 내놓았다.

　그해 연말부터 출판시장을 주도한 책은 신경숙 장편소설 『엄마를 부탁해』이다. 지하철에서 실종된 엄마를 온 가족이 찾아나서는 과정을 그리면서 엄마라는 존재의 실체를 확인하는 내용을 담고 있다. 엄밀히 말해 죽음을 다룬 소설은 아니지만 사라진 엄마가 나타나지 않았으니 사실상 '죽음'을 의미하는 것이다.

이러한 현실은 지금의 영상미디어에서도 확인할 수 있다. KBS〈가족끼리 왜 이래〉에서 자식들과 '불효 소송'을 벌이는 아버지 차순봉(유동근 분), SBS〈펀치〉에서 성공가도를 달리다가 악성 뇌종양으로 좌절하는 검사 박정환(김래원 분), MBC〈장미빛 연인들〉에서 남편의 불륜으로 고통을 받는 고연화(장미희 분) 등은 '3개월 시한부 삶' 속에서 고투하고 있다. 영화〈님아, 그강을 건너지 마오〉의 89세 아내는 죽어가는 98세 남편에게 딱 3개월만 더 살아달라고 애원한다.〈국제시장〉의 덕수는 가족을 위해 희생하며 앞만 보고 달려온 죽음을 앞둔 노인이다.

2015년 세계경제는 또다시 '대공황'이 우려될 정도로 상황이 좋지 않다. 저출산 고령화, 소득격차 확대, 높은 청년 실업률과 자살율, 절반에 이르는 노인 빈곤율, 가계 부채 증가 등으로 한국 경제의 상황도 너무 좋지 않다. 이렇게 각종 지표가 좋지 않음에도 정부는 자주 정책 혼선의 모습을 보이고 있다. 4월 16일은 '세월호 참사' 1주기를 맞이한다. 따라서 올해도 죽음 또는 애도를 다룬 책이 출판시장을 크게 출렁이게 만들 것으로 여겨진다.

〈머니투데이〉, 책통, 2015.2.7.

레전드 박지성을
기억하게 하는 책

시쳇말로 종이에 잉크만 발라도 책이 팔리던 시절이 있었다. 동족 전쟁을 치르고 나서 독재정권이 계속되던 시절에는 세상의 변화를 촉구하는 인문·사회과학서가 잘 팔렸다. 판매금지 딱지가 붙은 이념서적을 3천 부 정도 몰래 파는 것은 일도 아니었다. 강남 개발 붐이 불 때는 백과사전이나 미술전집 등이 잘 팔려나갔는데 독자의 욕구 때문이 아니라 인테리어 장식품으로 활용하려는 사람들 때문이었다. 심지어 백과사전의 빈 케이스도 불티나게 팔렸다.

그때는 분명 시장이 있었다. 시장만 잘 선택하면 그만이었다. 그러나 시장은 점차 사라지고 있으며 그 자리에는 삐뚤어질 대로 삐뚤어진 '나'라는 존재가 버티고 서 있다. 그 '나'가 누구인가? 1%가 지배하는 담론이 유행하는 세상은 이미 느슨한 계급사회처럼 작동한다. 이런 세상에서 99%는 수렁에서 도저히 헤어날 수 없을 것이라고 생각하며 좌절하고 만다.

불안한 미래 때문에 흔들리는 자아를 어쩌지 못하는 사람들은 자신의 욕망에 꼭 맞아떨어지지 않는 상품(책)을 절대 구매하지 않는다. 따라서 이제는 그 상품에 가장 합당한 상정독자를 염두에 두고 책을 만들 필요가 있다. 똑같은 욕구를 가진 사람이 1만 명이 있으면 1만 권이 팔린다는 각오로 말이다.

이런 유형의 출판으로는 대표적인 것이 '셀럽^{Celeb} 현상'에 기댄 책이다. 한 시대의 스타는 시대의 고민을 첨단에 서서 하는 사람으로 비춰진다. 대중은 그런 사람에게서 자신을 투영한다. 스타가 문턱을 넘다가 넘어지는 것마저 화제가 되는 세상이니 셀럽에 기댄 책은 홍보가 저절로 되기에 일정한 시장성이 유지된다. 이미 국내에도 출간된 비틀즈의 여러 책은 비틀즈의 상품성을 엄청나게 키웠다. 하지만 이런 책을 가진 국내 스타는 찾아보기 어렵다.

『박지성 마이 스토리』(한스미디어)가 출간됐다. 형식상으로는 『멈추지 않는 도전』(2006년)과 『더 큰 나를 위해 나를 버리다』(2010년)에 이어 세 번째 자서전이지만 이 책은 셀럽에 기댄 단순한 자서전이 아니다. 23년간 축구선수로 활동한 자신의 일대기를 총 정리한 1부 '또 다른 승리를 위하여'는 이전보다 세련되기는 했지만 별로 다르지 않으나 2부 '박지성의 모든 것'에서야말로 이 책의 특성이 제대로 드러난다. 2부에서는 박지성이 프로 선수와 국가대표로 뛰는 동안 남긴 개인 기록, 팀 성적, 시즌별 리뷰 등을 총 정리했다.

셀럽의 인기에 기대어 스타의 일거수일투족을 모두 정리한 이런 책의 가치를 결코 폄하할 수 없다. 스타의 사인이나 물건을 확보하려고 열을 올리는 팬이라는 상정 독자의 욕구를 만족시키고, 그로 인해 시장성을 확보할 수 있기 때문이다. 이미 국내에서는 레전드로 불리는 『박지성 마이 스토리』가 그가 선수 생활을 하면서 사용했던 축구화나 유니폼 등에 대한 내용을 보완하여 꼭 영문판으로도 출간되기를 기대한다.

〈머니투데이〉, 책통, 2015.2.14.

『미움받을 용기』가
1위인 이유

불경기에는 언제나 처세서(자기계발서)가 떴다. 미국의 대공황기에는 데일 카네기가 떴다. 주위에 좋은 사람들을 끌어모으면서 자신의 길을 걸어갈 수 있는 방법을 제시한『친구를 얻고, 사람들에게 영향을 끼치는 방법』이 엄청나게 팔리는 바람에 이후 카네기는 대중심리학의 대가로 일컬어졌다. 일본의 버블 붕괴기에는 하루야마 시게오의 『뇌내혁명』이 떴다. "버블경제가 붕괴한 절망적인 상황에서 긍정적인 사고를 해나가면 언젠가는 새로운 삶의 방식을 찾을 수 있다는 환상을 제시한 것"이 성공 이유였다.

우리는 어떤가? IMF 외환위기에는『익숙한 것과의 결별』을 들고 혜성 같이 나타난 구본형이 떴다. 대량실업 시대에 필요한 생활철학을 제시한 이 책의 성공으로 말미암아 구본형은 한국형 자기계발서의 선구자로 확실하게 자리 잡았다. '카드대란'이 터졌던 2003년에는 한상복(한설)이 떴다. 부자들에 대한 해부형 재테크서의 원조로 일컬어지는『한국의 부자들』은 우리 사회가 '월급형' 사회에서 '자금운용형' 사회로 바뀌고 있음을 알려줬다. 이후 한상복은 밀리언셀러가 된『배려』를 비롯한 히트서적을 꾸준히 펴냈다. 글로벌 금융위기가 엄습했던 2008년에는 전 해부터 출판시장을 완전히 장악한『시크릿』의 독무대였다.

2013년에 자기계발서가『거대한 사기극』(이원석)에 불과했다는 주장이 나오고부터는 자기계발서가 크게 위축됐다. 최악의 경제위기가 올 것으로 우려되어서일까? 그럼에도 자기계발서 한 권이 종합 베스트셀러 1위를 독주하고 있다. 과거(능력과 성격)에 연연하지 말라, 네가 지금 노력하기에 달렸으니 용기를 가져라는 등의 메시지를 담은 『미움받을 용기』(기시미 이치로 외, 인플루엔셜)다.

이 책이 베스트셀러에 오른 것은 국내에서 현재 가장 있기 있는 저자인 김정운 박사의 추천, 프로이트·융과 함께 심리학의 3대 거장으로 꼽히는 아들러의 가르침을 쉽게 대화체로 설명한 것, 아들러 심리학이 "고루한 학문이 아니라 인간 이해의 진리이자 도달점"이라는 저자의 설명 등이 복합적으로 작용한 결과가 아닌가 싶다.

이 책이 일본에서 인기를 끈 것은 아들러의 주장이 '사토리(득도) 세대'의 의식구조와 맞아떨어졌기 때문이다. 초등학생 때부터 성적보다 자율성을 강조하는 '유토리 교육'을 받았고, 어려서부터 스마트폰을 이용해 방대한 정보를 얻는 사토리 세대는 필요 이상으로 돈을 벌겠다는 의욕이 없고, 도박을 하지 않고, 해외여행에 관심이 없고, 대도시보다 나고 자란 고향에 대한 관심이 많고, 연애에 담백하고, 과정보다 결과를 중시한다.

이 책이 한국에서도 인기를 끌고 있는 것은 한국의 젊은 세대도 일본의 사토리 세대와 성향이 비슷하다는 것을 반영한다. 미래에 대한 포부 대신 '지금 여기'라는 신변에서 가까운 행복을 소중히 여기는 감각에 빠진 사람이 늘어난다는 것은 좀 슬프지 아니한가.

〈머니투데이〉, 책통, 2015.2.21.

『그레이의 50가지 그림자』와
포르노그래피

미국을 이끌어가는 가장 큰 동력 중의 하나는 성^性산업이다. 성산업은 인터넷이 등장하면서 날개를 달았다. 인터넷은 모든 산업과 결합해 더욱 위력을 발휘하기 시작했다.

출판이라고 다르지 않다. 이미 전자책의 절반 이상은 에로티카다. 국내의 사정도 다르지 않다. 19금 만화와 장르소설을 주로 서비스하는 인터넷 사이트는 성장을 구가하고 있지만 순수문학과 본격문학의 덫에 걸린 문학시장은 주목할 만한 작품을 거의 내놓지 못하고 있다.

성산업과 결합해 최고의 성가를 보여준 소설이 '그레이의 50가지 그림자' 시리즈다. 27세의 그레이는 청소년 시절에 엄마 같은 여자와의 섹스로 깊은 상처를 입었다. 그는 시간당 10만 달러나 버는 억만장자인 데다가 조각 같은 몸매와 상대를 배려할 줄 아는 성격의 소유자다. 그의 애인인 21세의 아나스타샤 스틸은 인턴사원에 불과하지만 누구나 반할만한 미모를 갖고 있다. 두 사람이 SM을 매개로 사랑을 나눈다. 하지만 SM은 단지 이야기를 끌어가는 장치에 불과하다.

2012년 3월, 랜덤하우스의 임프린트인 빈티지에서 출간된 이 소설은 3개월 만에 4천만 부나 팔렸으며, 1억 부를 넘기는 데는 2년이면 충분했다. 그 중 절반 정도는 전자책으로 팔렸다. 한국어판은 55만 부(전자책 18만 부 포함)가 팔렸는데 올해 2월 출고량은 전월 대비 6배가 늘어났고 전자책만으로도 2만 부를 벌써 넘겼다.

이 소설이 원작인 영화가 지난 25일 개봉됐다. 영화의 반응과 함께 영화 개봉에 맞춰 다시 다듬어 출간된 성애소설들의 반응이 주목된다. 『데미지』(조세핀 하트), 『크래시』(제임스 발라드), 『나인 하프 위크』(엘리자베스 맥닐) 등이 포함된 '에디션 D' 시리즈(그책), 사드 사후 200주기인 작년 12월부터 출간되기 시작한 '사드 전집'(워크룸프레스), 20여 년 전에 젊은 여성들의 가슴에 상흔을 남긴 고딕 로맨스 소설 '다락방 시리즈'를 원제로 바꾸어 출간한 '돌런 갱어 시리즈'(V. C. 앤드루스, 폴라북스) 등이 그렇다.

"포르노그래피는 가장 옥죄고 무자비한 방식으로 인간이 서로가 서로를 어떻게 이용하고 착취하는지를 다룬 가장 정치적 형태의 소설"이라고 말하는 제임스 발라드는 『크래시』의 궁극적 역할이 "테크놀로지가 판치는 풍토의 언저리에서 인간에게 마냥 그럴싸하게 손짓하며 잔인하고도 에로틱하고 눈부신 세상에 대한 훈계이자 경고"라고 말했다.

포르노그래피는 대체로 영화화된다. 그러니 그의 경고는 이 글에 소개된 모든 소설에도 해당될 것이다. 이런 경고를 받아들여도 괜찮을까? 일본은 포르노산업이 세계 최고로 발달했다. 우리는 『그레이…』에 19금의 낙인을 찍었다. 하지만 한국은 일본을 제치고 성매매와 성폭력이 세계 1위다. 이제 우리도 이런 소설에 좀 더 관대할 필요가 있지 않겠는가.

〈머니투데이〉, 책통, 2015.2.28.

'반퇴半退시대'의
'퇴근 후 두 시간'

20세기 말 일본 출판시장의 핵심 세력은 패전 후인 1947년에서 1949년 사이에 폭발적으로 태어난 단카이 세대였다. 격렬한 학생운동을 경험한 그들은 고도 성장기의 주역이었다. 일본의 '문고'나 '신서'에서 지적 자양분을 얻으며 성장했기에 누구보다 책의 가치를 잘 아는 세대이기도 하다. 따라서 20세기 말에 그들은 일본 출판시장을 견인하는 독자들이었다.

당시 이들이 가장 즐겨 읽은 책은 우화였다. 그즈음 한국에서는 '성공 우화'가 인기를 끌었지만 일본에서는 '늙음'과 '죽음'을 테마로 한 우화가 인기였다. 90세의 의사인 히노하라 시게아키가 쓴 『인생 9단』, 70세의 정치인 이시하라 신타로가 쓴 『인생 60부터』 등이 대형 베스트셀러에 올라 큰 화제가 되었다.

나는 단카이 세대가 정치권을 움직여 자신들의 정년을 60세에서 65세로 연장시키는 법안을 통과시킨 2000년대 초반에 일본에서 출간된 시니어 출판물 600여종의 내용을 분석해본 적이 있다. 그때 그 책들이 다루고 있는 주제는 건강장수(치매, 식생활, 뇌내혁명), 노년의 남성과 여성, 불량노인, 노부부의 인생설계, 재혼, 자립, 생애(평생)현역, 창업 및 전업, 평생학습과 지적 호기심, 동아리 활동과 취미활동의 구체화, 자원(봉사)활동, 전원생활 등의 순서였다. 이 주제를 크게 압축하면 '건강'과 (정년 후의) '일'이 된다.

단카이 세대에 버금가는 한국의 1차 베이비 붐 세대(50대)는 이제 막 은퇴를 앞두고 있다. 한국은 극히 일부를 제외하고 일본보다 정년이 10년 정도

빠르다. 그리고 정리해고의 위협에서 벗어나기 어렵다. 그럼에도 '100세 시대'에 돌입하는 바람에 현직에서 퇴직한 다음에도 일을 하고 싶다는 욕망이 넘쳐난다.

『퇴근 후 2시간』(정기룡·김동선, 나무생각)은 그런 욕망을 자극한다. 저자들은 퇴근 후 2시간과 주말의 10시간을 합하면 "1년에 1천 시간, 10년이면 1만 시간"이 된다고 말한다. 퇴직 후의 2시간을 활용해 창업을 하지 않고도 전문직으로 잘 살 수 있는 경험을 털어놓고 있다. 『100세 시대, 행복한 노후를 위한 든든한 은퇴설계』(이병권, 새로운제안)는 은퇴해도 쉬지 못하는 '반퇴^{半退} 시대'가 왔기에 "은퇴 이후 30년, 생활의 질은 스스로 은퇴준비를 얼마나 잘했는가에 따라 달라진다"고 말한다.

우리 사회는 40대인 2차 베이비 붐 세대까지 합하면 그 수는 1400만 명이 넘는다. 이들이 퇴직 후를 적극적으로 준비하기 시작했다. 기술의 발달로 인해 전문직의 일자리가 로봇이나 고도의 소프트웨어 등으로 대체되고 있기에 지적 능력이 높은 사람들일수록 위기감이 커지고 있다. 따라서 퇴직 후에도 전문직으로 평생 현역에서 일하고자 하는 욕망이 점증하고 있다. 일부 출판사는 그들의 욕망에 맞는 콘텐츠 생산에 박차를 가하기 시작했다. 바야흐로 우리 사회도 중·장년층을 겨냥한 인생훈(또는 인생론)이 대박을 칠 날도 멀지 않은 것 같다.

〈머니투데이〉, 책통, 2015.3.7.

광복 70년, 책 속 '자유부인' 어떻게 변했나

6·25 전쟁의 피해는 엄청났다. 남북한 전체인구의 10%인 300만 명이 목숨을 잃었다. 여자보다는 전쟁터를 누빈 남자가 더 많이 죽은 것은 당연하다. 살아남은 여성의 고민은 적지 않았을 것이다. 그때 등장한 여성이 '아프레걸'이다. '아프레걸'은 전후戰後를 뜻하는 프랑스어 '아프레 게르apres guerre'와 영어 단어 소녀girl를 합성한 조어로 향락과 사치와 퇴폐를 상징했다. "자유분방하고 일체의 도덕적인 관념에 구애되지 않고 구속받기를 잊어버린 여성들"로 '성적 방종'의 의미도 내포하고 있다.

1950년대를 대표하는 아프레걸은 『자유부인』(정비석)의 오선영이다. 남편의 제자와 바람이 나고 댄스를 즐기던 오선영은 '경멸'의 대상이기도 했지만 '자유를 갈망하던 사회적 약자'이기도 했다. 또 다른 '아프레걸'은 이대 국문과 2학년 때에 '슬픔은 강물처럼'이라는 일기를 들고 혜성같이 나타난 최희숙이다. 명동을 무대로 많은 남자들과 벌이는 아슬아슬한 키스와 애무 행각은 뜨거운 반응을 불러일으켰다.

1960년대를 대표하는 아프레걸은 『머무르고 싶었던 순간들』이라는 소설을 들고 나타난 고려대 영문과 4학년 박계형이다. 자궁암으로 죽어가는 32세 여인의 회고담 형식을 띤 이 멜로 드라마는 모든 추억이 오로지 '연애'로만 귀결된다. 이 소설이 베스트셀러가 되자 박계형이 2년 전에 발표한『젊음이 밤을 지날 때』가 문제가 되었다. 여대생의 타락한 생활을 그린 이 소설이 작가의 이야기처럼 여겨져 작가는 학교를 그만두고 소설만 써야 했다.

1970년대 소설의 주인공은 온통 호스티스들이었다. 『별들의 고향』(최인호)의 경아, 『겨울 여자』(조해일)의 이화, 『영자의 전성시대』(조선작)의 창숙과 영자 등은 몸을 팔아 먹고사는 여성들이었지만 '성^聖처녀'처럼 여겨졌다. "혼탁한 도시 속에서 뭇 사내들의 무책임한 '방뇨'의 가련한 희생자"였기에 순결하다는 이미지마저 있었다.

1980년대에는 『숲속의 방』(강석경)의 소양이 있었다. '종로통 아이'로 불리던 대학생 소양은 절망 속에서 방황하다 자살에 이르고 만다. 1990년대에는 공지영 소설의 주인공처럼 '무소의 뿔처럼' 혼자서 가기도 하고, 오로지 무한한 사랑만 받기만 하기도 하고(양귀자, 『천년의 사랑』), 때로는 남자를 골라보기도(양귀자, 『모순』) 했다.

여성의 시대인 21세기에 대중의 지속적인 사랑을 받는 거의 유일한 비소설 저자는 신간 『1그램의 용기』(푸른숲)를 펴낸 한비야다. 그는 "그동안 사람들에게 받은 친절과 위로, 내가 두 손으로 정성껏 전해주고 싶었던 사랑 그리고 인생의 고비에서 많은 사람들과 주고받았던 작은 용기"를 말하고 있다.

여자이기에 겪을 수밖에 없는 숙명이 아니라 인간 가운데서 누구라도 도저히 따라 할 수 없는 일을 하는 여성이 대중의 지지를 받는 세상이 되었다. 바야흐로 신모계사회로 접어들고 간통죄도 사라진 세상이 아닌가.

〈머니투데이〉, 책통, 2015. 3. 14.

상상하지 말고
통찰하라

　세계 경제는 구글, 애플, 아마존 같은 플랫폼기업이 선도하고 있다. 책과 정보를 매개로 출발한 이들 기업들이 활용하는 것은 빅데이터다. 이들 기업은 고객으로부터 수집한 빅데이터를 팔아먹는 한편, 디지털 혁명의 차세대 주자인 '사물인터넷'을 활용한 신상품을 연이어 내놓고 있다. 이제 빅데이터를 활용할 줄 모르면 경쟁에서 도태되는 세상이 됐다.

　미국 MIT 빅데이터 전문가 알렉스 펜틀랜드는 『창조적인 사람들은 어떻게 행동하는가』(와이즈베리)에서 일상생활을 나타내는 기록을 '디지털 빵 부스러기digital bread crumb'라고 명명한 다음, 이를 잘 활용하면 사회문제를 해결하는 데 크게 보탬이 된다고 주장했다. 펜틀랜드는 이 책에서 개인이 의견을 나누고, 돈을 지출하고, 물건을 구매한 기록과 같은 '디지털 빵 부스러기' 수십억 개를 뭉뚱그린 빅데이터를 분석하면 그동안 이해하기 어려웠던 금융위기, 정치 격변, 빈부격차 같은 사회현상을 설명하기 쉬워진다고 강조한다.

　빅데이터를 활용한 명저도 등장했다. 토마 피케티의 『21세기 자본』(글항아리)은 선진 자본주의 국가들의 200~300년치 각종 통계자료를 모아서 가공해 자본수익률이 경제성장률을 웃돌고 있으며, 소득과 부의 불평등은 21세기에 더욱 확대되고 있고, 격차를 막기 위한 글로벌한 누진과세가 필요하다는 결론을 도출하고 있다.

　빅데이터만 있으면 누구나 결론을 쉽게 내릴 수 있을까? 『빅데이터 인문학: 진격의 서막』(에레즈 에이든 외, 사계절출판사)의 권말에는 국내 빅데이터 전문가와 인문학 연구자가 만나 빅데이터를 가공하고 해석하는 작업에 대한 구체적인 대화를 나누고 있다.

이 좌담에서 국문학자인 천정환은 토마 피케티가 발자크나 제인 오스틴 같은 작가들이 19세기 자본주의를 묘사한 작품을 인용하며 인간의 삶에 대한 통찰을 내놓지 않았다면 과연 세계적 화제작이 될 수 있었을까라는 질문을 던지고 있다.

컴퓨터사이언스를 전공한 빅데이터 전문가 송길영은 『상상하지 말라』(북스톤)에서 "데이터가 쌓이면 통사적으로 인간의 삶을 바라볼 수 있고, 객관화가 가능"해지는 것을 '주관의 객관화'라고 했다. "데이터 분석이 인간의 욕망을 파악하는 일인 만큼, 인간을 심도 깊게 이해하기 위해서는 인문학적 소양이 필수적"이라고 말하는 그는 '통찰'은 '상상'이 아니라 빅데이터를 잘 관찰하고, 변주할 줄 알며, 보고도 모르는 것을 보고, 인간의 마음을 이해하고 배려하는 가운데 이뤄진다고 했다.

그의 지적처럼 "데이터를 통해 현상을 이해하는 것으로는 충분치 않다. 그 속에 의미 있는 패턴을 찾아내 추론할 수 있는 지적 능력", 즉 통찰하는 힘을 키워야 한다. 이제 기업들도 인문사회학을 공부한 사람들을 영입해 통찰의 깊이를 더하려 하고 있다. 왜냐고? 통찰은 컴퓨터가 절대로 하지 못하는 일이니까.

〈머니투데이〉, 책통, 2015.3.21.

'블룩'이 지고
'팟북'이 뜬다

"50년 동안 썩은 정치판을 이제 바꿔야 합니다. 50년 동안 삼겹살을 같은 불판 위에서 구워 먹으면 고기가 새까맣게 타버립니다." 2004년 17대 총선에서 이처럼 풍자와 해학이 넘쳤던 노회찬 어법이 등장했다. 다소 어눌한 듯했지만 핵심을 찌르는 노회찬 어법의 힘은 대단했다. 유시민은 칼럼니스트였다. 정곡을 찌르는 그의 날카로운 지적은 그를 정치계로 이끌었다. 설전이 있는 곳에는 반드시 등장하는 진중권은 이 시대 최고의 트위터리안 중의 한 사람이다.

세 사람의 성을 딴 팟캐스트 〈노유진의 정치 카페〉에서 세 사람은 각 분야 전문가를 초청해 우리가 반드시 알아야 할 중요 사안에 대한 해법을 털어놓았다. 그리고 팟캐스트 내용을 다듬어 출간된 책이 『생각해봤어?』(웅진지식하우스)다. 아무런 사전 지식이 없어도 이 책을 읽고 나면 세상이 보인다고 할 정도로 핵심이 쏙쏙 들어온다. 다루고 있는 주제도 교황, 국가안보, 불평등, 유전자 조작, 극우와 일베, 핵, 북한 인권, 기초연금과 의료민영화, 진화심리학 등 전방위적이다.

이 책을 읽다 보니 '블룩'(blook, 책+블로그)의 시대는 지고 '팟북'(팟캐스트를 책으로 옮겨놓은 것을 이렇게 부르면 어떨까)의 시대가 뜨고 있음을 감지할 수 있었다. 달리 말하면 '글'의 시대에서 '말'의 시대로 완전히 넘어가고 있다는 뜻이다. 소설가 김영하가 자신의 말을 모아 펴낸 『말하다』(문학동네)까지 읽으니 그런 느낌은 확신으로 연결되었다.

나는 얼마 전 강의에서 '팟북'인『지적 대화를 위한 넓고 얕은 지식』(채사장, 한빛비즈)의 10가지 장점으로, 제목을 제외하고는 검색할 것이 별로 없다, 친구가 소곤소곤 이야기해주는 것 같아 암기할 필요가 없다, 이야기가 서로 연결되어 있다, 지식의 개인차를 느끼지 않아도 된다, 보고 듣고 읽는 사람 모두가 좋아할 만한 책이다, 인간이 알아야 할 기본적인 지식을 모두 망라하고 있다, 방대한 지식이 마치 나를 위해 압축해놓은 것 같다, 책을 읽고 이야기를 나눌 만한 친구들이 있을 것 같다, 절망적으로 좌절하는 젊은 세대들에게 진취적인 생각을 불어 넣는다 등을 제시한 바 있다.

『생각해봤어?』도 이러한 장점들이 대체로 적용된다. 혹자는 이런 연성화된 지식을 경박단소하다고 말할 것이다. 그 말도 타당하다. 하지만 우리는 이런 지식이 먹히는 구조부터 이해해야 한다. 지금 젊은 세대는 스마트폰 하나로 모든 일을 해결한다. 미래를 장담할 수 없어 불안해하는 이들 스마트폰 세대는 무엇이든 닥치는 대로 읽고 있으며 직접 통화하는 것보다 문자로 대화하는 것을 즐긴다. 그렇게 따지면 문자를 쓰는 양도 엄청나다. 이러한 세대들에게 '팟북'이 인기 있다는 것은 이들이 지금 발 디디고 있는 세상에 관심을 가지지 시작했다는 의미일 것이다. '팟북'은 스마트폰 세대에게 매우 적합한 책이니 앞으로 대세가 될 것이다.

〈머니투데이〉, 책통, 2015.3.28.

대학생들의
슬픈 민낯

　1980년대는 시의 시대였다. 전반에는 이념시와 민중시가 유행하다가 1987년부터는 서정시가 압도했다. 서정윤의 『홀로서기』와 도종환의 『접시꽃 당신』 등 결핍을 노래하는 시집들이 2년 내내 베스트셀러 수위를 지켰다. 베를린 장벽이 무너진 1989년부터는 구체적 체험이 담보되지 않은 채 관념적으로만 사랑, 우정, 이별을 노래하는 무명시인의 말초적인 통속시집이 서점 시집 판매량의 80% 이상을 차지했다. 그러다 등장한 것이 『화장실에서 보는 책』이라는 유머집이다. 정치와 사회적 맥락이 있는 유머를 모아놓은 이 책은 100만 부 이상 팔려나갔다. 이후 대학가에는 해학과 풍자가 있는 4행시가 유행하기 시작했다.

　한 대학의 학생 20명이 소셜미디어에 등장하는 낙서들을 모아놓은 『청춘의 민낯』(대학가 담쟁이 엮음, 세종서적)이 최근 발간되었다. 이 시대 젊은이들의 진심을 드러낸 시집이다. 놀이, 연애, 경제, 학업, 진로, 정치·사회, 잉여 생활 등에 대한 생각과 경험을 담은 풍자가 있는 글들은 20대의 민낯을 제대로 보여주고 있다. 연애, 교수, 친구, 축제에 관련된 글은 거의 찾아볼 수 없고, 과제, 스펙, 당장 먹고사는 문제와 진로에 관해 마치 한 사람이 말하는 것처럼 반복하고 있다.

　"서울대를 가야 하는구나에서 이과를 가야 하는구나에서 외국 명문대를 가야 하는구나에서 집이 잘살아야 하는구나까지 생각이 꼬리에 꼬리를 물고 이어진다." "승자독식체제,/ 받아들인 적은 없는데/ 다만 거부할 방법을 모르는 거야./ 어른들 말씀 잘 들으라는 교육의 효과랄까./ 근데 이거 하나는 알 거 같아./ 이렇게는 절대 오래 못 간다는 거." "난 그냥 나대로 막 살아야지/ 일단 1년 끌리는 대로 살고,/ 내 꼴이 어떻게 되는지 본 후에 결정해도 늦지 않다./ 난 젊으니까./ 개미처럼 일하다 밟혀 죽는 것보단/ 베짱이처럼 놀다가 얼어 죽는 게/ 나한테 맞다."

어쩌다 이 지경이 되었을까? 『진격의 대학교: 기업의 노예가 된 한국 대학의 자화상』(오찬호, 문학동네)은 그 원인을 '맥도널드화'된 대학에서 찾는다. 모든 대학이 '효율'이라는 잣대로 끊임없이 이루어지는 평가에서 살아남기 위해 대학들이 기업(의 자본)에 종속되기를 주저하지 않다 보니 모든 대학의 모든 학과가 천편일률적인 커리큘럼을 따른다. 1학년을 마치면 토익에 승부를 걸고, 2학년을 마치면 어학연수를 다녀오는 식의 교육으로 "별도의 교육이 필요 없는 기업형 인재"를 만들어놓았지만 "좋은 직장 얻을 확률은 어쩌면 정자와 난자가 만날 확률과 비슷"한 세상이 되어버렸다.

결국 "무감無感을 만들어내고, '영어'를 숭배하고, '돈'만 되면 무엇이든 하고, '비판'을 무의미한 것으로 간주하는 대학에는 고통을 고통이 아닌 것으로 받아들이는 주술만 가득하다." 오찬호는 대안을 말하지 않는다. 대안이 왜 없겠는가? 대학이 진격을 멈추고 본래의 대학으로 돌아가는 것이야말로 대안이 아니겠는가.

〈머니투데이〉, 책통, 2015.4.4.

요우커 1천만 시대와 '중국 인문 기행'

2014년에 600만 명의 요우커遊客가 한국을 찾아서 14조 원에 이르는 돈을 썼다. "꺼져가는 백화점·면세점 사업을 살려놓고, 존폐 위기에 놓였던 양양공항의 위기 탈출, 제주도의 제2공항 건설" 등이 모두 요우커가 만들어낸 현상이라고 설파하는 『요우커 천만시대, 당신은 무엇을 보았는가』(전종규·김보람, 미래의창)는 요우커가 매년 20% 이상 증가해 2018년이면 1천만을 돌파해 30조 원이 넘는 돈을 한국에서 소비할 것으로 예상했다.

2014년에 한국을 방문한 요우커 중에서 가장 많은 비중을 차지하고 있는 연령대는 20~30대(41.8%)이고, 개별여행(53.8%)으로 처음 한국에 입국(74.3%)하는 여성(62.5%)이 압도적으로 많았다. 여행활동에서 쇼핑(82.8%)이 차지하는 비중이 매우 높아 평균 2,217달러를 지출했다. 선호하는 쇼핑장소로는 시내 면세점(60.7%)·명동(42.8%)·공항면세점(30.1%) 순이었으며 그들의 쇼핑리스트에는 향수·화장품(73.1%)·의류(40.8%)·식료품(32.7%)이 최고 순위에 올라 있다.

요우커가 급증하자 우려의 목소리가 없지 않다. 중국인들의 투기 붐에 따른 제주도 난개발이 우려되고 있고, 홍대 근처의 건물이나 땅을 중국인들이 매수하기 시작했다는 소문도 들린다. 인구 700만의 작은 도시 홍콩에서는 요우커가 1년에 4천만 명이나 유입되는 바람에 교통이 마비되고 생필품이 동이 나서 주민들이 요우커의 방문을 반대하는 시위까지 벌어졌다고 한다. 우리에게도 이런 일이 벌어지지 말란 법이 없다.

우리는 요우커가 늘어나는 것을 기회로 삼아야 할 것이다. 그러기 위해서는 중국을 제대로 이해할 필요가 있다. 정치와 군사를 결합해 타국의 내정에 간섭해온 미국의 '하드파워 전략'과 달리 중국은 문화를 경제에 결합시킨 '소프트파워 전략'으로 세계를 공략하고 있다. 세계 각국에 세운 '공자학교'가 대표적이다.

중국을 제대로 이해하기 위해서는 인문학적으로 잘 고찰해야 한다. 『중국 인문 기행』(송재소, 창비)은 시와 술과 차를 소재로 오늘의 중국을 낳은 중화문명의 실체를 알려주는 인문적 실용서다. 평생을 연구한 학자의 학문적 깊이와 중화 문명의 진수가 잘 결합돼 우리가 중국을 어떻게 이해해야 하는가를 잘 알려준다. 『길 위에서 읽는 중국 현대사 대장정』(윤태옥, 책과함께)은 마오쩌둥의 368일 대장정 역사의 현장을 59일 동안 1만 2800km를 답사하면서 기록한 중국 현대사 이야기다. 한 해의 절반을 중국에서 역사와 문화를 찾아 여행하는 방송 PD가 신중국을 탄생시킨 고난의 역사를 실제 현장에서 읽어내고 있다.

오늘날 춘추전국시대를 조명한 책은 넘치지만 '인문학적 유산'을 조명하면서 깊이를 지닌 책은 찾아보기 어렵다. 이런 추세가 지속되면 예수가 탄생한 이후, 20세기 동안 단 2세기 정도만 빼고는 GDP가 세계 1위였던 중국의 속국으로 다시 전락할 수도 있을 것이다. 학자들과 출판인들이 중국을 깊이 알 수 있는 책을 더욱 펴내기를 바란다.

<머니투데이>, 책통, 2015.4.11.

교양과학서,
인간의 가능성을 읽다

"코페르니쿠스의 태양 중심 우주관은 중세의 낡은 사고를 밀어내고 계몽의 시대를 여는 데 결정적인 역할을 했습니다. 다윈이 자연 선택의 원리를 발견하자 사람들은 세상사가 모두 신이 예정한 대로 진행되는 것이 아님을 알게 되었고, 20세기에 들어서는 프로이트의 업적과 양자역학의 발달로 세계가 완전히 합리적으로 움직이지는 않다는 것이(적어도 표면적으로는) 알려졌습니다."

『과학의 열쇠』(로버트 M. 헤이즌 외, 교양인)에서는 과학적 발견이 한 시대의 지적 분위기를 결정짓는 모습을 이렇게 설명하고 있다. 이제 '과학적 문명'에서 탈피하지 않고서는 제대로 살아갈 수 없다. "조류독감의 전 세계적 확산, 줄기세포 연구의 윤리성, 핵무기 확산" 같은 문제를 모르고는 교양을 갖췄다고 말할 수 없는 세상이기도 하다.

『고전은 나의 힘: 과학 읽기』(류대성·이수종, 창비)의 저자들도 말한다. "자연과학에 일어나는 커다란 변화는 정치, 경제, 문화, 교육 등 사회의 많은 분야에 두루 영향을 끼"치고, "사회에서 영향을 받아 과학이 변화하기도 하"니 "자연 과학의 흐름을 살펴본다는 것은 곧 인간 사회의 변화를 고찰하는 것이나 다름없다."

요즘 교양과학서가 다양해지고 과학 책을 찾는 독자도 점차 늘어난다. 과학(기술)은 인간의 삶을 처참하게 파괴하기도 한다. 그런 면에서 『과학한다는 것』(반니)에서 에른스트 페터 피셔의 "예술적 감성이 없는 과학은 인간을 소외시키며 우리는 그런 과학을 신뢰할 수 없다. 우리가 과학을 신뢰하게 되는 것은 과학도 예술 작품과 마찬가지로 감성을 가진 인간이 만들었다는 사실을 알게 되었을 때"라는 지적은 통렬하다.

『상상하기 어려운 존재에 관한 책』(캐스파 헨더슨, 은행나무)에는 인간의 직·간접적인 영향으로 생존에 위협을 받고 있을 뿐만 아니라 인간의 터전이 아닌 미지의 심해저에 서식해 우리가 듣도 보도 못했던 기이한 동물들이 등장하고 있다. 저자는 동물학, 문학, 신화, 역사, 사회, 철학, 예술 등을 넘나드는 박물지적 지식으로 27종의 기이한 동물 이야기를 펼쳐 보인다. 『새의 감각』(팀 버케드, 에이도스)은 새의 시각, 청각, 촉각, 미각, 후각, 자각磁覺, 정서 등을 살피며 새들이 세상을 어떻게 지각하는지를 흥미진진하게 설명하는 책이다. 책을 읽다 보면 새가 살아가는 방식에 대한 저자의 생물학적 직관이 대단함을 확인할 수 있다.

두 책이 희귀동물이나 새에 대한 비범한 통찰을 보여주고 있지만 저자들이 결국 말하고자 하는 바는 인간이 갖지 못한 감각 세계의 재구성을 통한 인간의 무한한 가능성일 것이다. 인간 사회의 변화를 고찰하거나, 교양을 갖추기 위한 기존의 과학서뿐만 아니라, 더욱 다양해지는 교양과학서를 읽으며 인간의 한계를 뛰어넘는 인간만의 예술적 감성을 찾아볼 필요가 있다.

〈머니투데이〉, 책통, 2015.4.18.

역사의 달인 남경태의
'종횡무진'

"두 달 동안 나는 계속 항암치료를 받았고 그 후유증으로 손톱 한 개와 발톱 두 개가 빠졌다. 아직도 컴퓨터를 사용하지 않고 직접 원고지에 만년필로 소설을 쓰는 수작업을 고집하고 있기 때문에, 빠진 오른손 가운데 손톱의 통증을 참기 위해 약방에서 고무골무를 사와 손가락에 끼우고 20매에서 30매 분량의 원고를 매일같이 작업실에 출근해서 집필하였다."

2013년 9월에 작고한 작가 최인호는 2010년 10월 27일부터 12월 26일까지 정확히 두 달 만에 전작 장편 『낯익은 타인들의 도시』(여백미디어)를 완성했다. 그는 2011년 5월에 출간된 이 책의 서문에서 이렇게 고통스런 집필 과정을 털어놓았다. 작가는 어떤 마음으로 이 책을 집필하였을까? 작가는 자유직업 소득자라 퇴직금이 없다. 몇 년 동안의 항암치료에도 완치 가능성이 없다는 것을 알게 된 작가는 가족을 위해 마지막 선물(인세)이라도 안겨주려고 정열을 불태우며 이 소설을 쓰지 않았을까?

역사학자 신병주(건국대 사학과) 교수가 "이 시대가 낳은 '역사의 달인'이라 불러도 좋을 만큼 풍부한 지식과 예리한 비교 사관을 갖추고 있을 뿐 아니라 입체적이고 생동감 넘치게 역사를 전달한다"며 추켜세웠던 인문학 저술가 남경태는 2014년 12월 23일 향년 53세로 세상을 떴다.

남경태의 『종횡무진 한국사』(전2권), 『종횡무진 서양사』(전2권), 『종횡무진 동양사』(이상 휴머니스트) 등의 개정판이 동시에 출간됐다. 생전에 35종 39권의 저서와 99종 106권의 번역서를 펴냈던 저자는 생의 마지막 순간에 이 책에 실린 원고들을 다듬고 직접 머리말을 썼다.

저자는 머리말에서 "지금까지 인문학을 주제로 여러 권의 책을 썼고 많은 책을 번역했다. 무엇보다 종횡무진 시리즈만큼 애정과 관심을 쏟고 정성을 기울인 책은 없다. 분량만도 전부 합쳐 원고지 1만 매에 달하는 데다 다루는 주제도 통사이기 때문에 많고 넓다. 앞으로도 이런 거대한 주제를 방대한 분량으로 엮어내는 작업은 못할 것 같다. 그래서 새로운 교열을 거쳐 한꺼번에 출간하는 것을 이 종횡무진 시리즈의 최종판으로 삼고자 한다"는 뜻을 밝혔다. 그의 말대로 "전 세계를 통틀어도 동양사, 서양사, 한국사를 한 사람의 저자가 책으로 엮어낸 사례는 드물 것"이다.

이 시리즈는 좌충우돌하는 자유분방한 사유 때문에 장기 스테디셀러가 되었다. 역사학자나 전문 연구가가 보여줄 수 없는 발랄한 상상력을 만끽할 수 있는 시리즈다.

그는 무슨 마음으로 마지막 순간에 이 책을 다듬었을까? 그 또한 가족을 향한 애타는 마음으로 글을 다듬지 않았을까? 물론 자신의 대표작을 완성해 독자에게 안겨주고 싶다는 간절함도 있었을 것이다. 평생 글쓰기에 대한 열정을 불태우던 그를 애도하는 마음으로 이 시리즈를 다시 읽어보기를 권한다.

〈머니투데이〉, 책통, 2015.4.25.

카카오톡의 수다가
책으로

　빅데이터 전문가인 송길영은 『상상하지 말라』(북스톤)에서 "딸은 학원이 끝나면 돌아와서 대충 저녁을 먹고는 곧바로 컴퓨터 앞에 앉는다. 한손으로는 컴퓨터를 켜고 다른 한손으로는 아이패드에 있는 카카오톡을 연결한다. 컴퓨터에는 몇 개의 앱이 떠 있다. 하루는 밤늦게까지 공부하고 왔으니 피곤할 것 같아서 '좀 쉬지 그러니?'라고 조심스럽게 물었더니 엉뚱하게도 '이게 쉬는 거야'라는 여섯 글자짜리 대답이 돌아왔다"는 사실을 밝히며 "여러 개의 화면을 보면서 수많은 친구들과 바쁘게 연락하고, 정신없이 정보를 보고 듣는 것이 '쉬는 것'"이라는 딸의 대답을 이해할 수 없었다고 말한다.

　지금 스마트폰 세대는 이게 일상이다. 그들은 카카오톡뿐만 아니라 다양한 소셜미디어에 정신없이 글을 쓰고 있다. 그 양이 기하급수적으로 늘어나고 있다. 그렇다면 소셜미디어는 '독서'라는 행위를 방해하는가? 독서를 인격 수양의 의례로 중시하는 교양주의적 관점으로 바라보면 독서의 양은 급격하게 줄어들고 있다. 그러나 독서를 단순히 서적이나 문자, 텍스트에 접촉하는 행위로 여기는 기술주의적 관점으로 바라본다면 요즘 젊은 세대는 날마다 방대한 양의 텍스트와 마주하고 있으니 '독서의 범람'이라고 해도 무방하다.

　그런데 그들은 읽기만 하는 것이 아니라 '쓰기'도 병행한다. 산업혁명 이후 소수의 '쓰기'와 대량복제에 의한 다수의 '읽기'라는 흐름이 잠시 지속된 적이 있었지만 원래 '읽기'는 '쓰기'에 의해 담보되고, '쓰기'는 '읽기'에 의해 제대로 작동하는 법이다. 이렇게 읽기와 쓰기가 원래 지니고 있던 순환적 관계가 소셜미디어에 의해 재발견되고 있다.

이제 '쓰기'는 자기계발의 핵심이 되었다. 자기소개서를 잘 써야 대학에 진학하고 직장 또한 잡을 수 있다. 획기적인 기획서 한 장이면 인생이 한순간에 바뀔 수 있다. 스마트폰 문자나 트위터 문자라도 잘 써야 연애라도 제대로 해볼 수 있다. 급기야 이제 소셜미디어는 함께 책을 읽고 토론하는 장으로 거듭나고 있다. 모바일이 대중화되면서 시간과 공간의 제약이 없어지고 대중의 자기표현 욕구가 증대되다 보니 카카오톡이나 밴드 등을 이용해 함께 책을 읽고 글을 쓰고 토론하는 일을 즐기는 이들이 점차 늘어나고 있다.

『북톡카톡』(나무발전소)은 출판평론가 김성신과 '웃기는 서평가' 남정미가 카카오톡으로 주고받은 대화를 모아 펴낸 책이다. 책을 갖고 실없는 수다를 떠는 것 같지만 책의 핵심적인 메시지를 잘 뽑아서 알려주고 있다. 독서공동체 숭례문학당은 "카카오톡으로 독서토론 하실래요?"라고 공개적인 활동을 벌이고 있다. 네이버 밴드로 함께 글을 쓰는 '글쓰기 놀이터'도 운영되고 있다. 이런 활동이 출판으로 이어지는 경우도 급증할 것이다. 이렇게 소셜미디어는 대중이 능동적으로 참여해 쓰기와 읽기와 토론을 일상화하는 공론의 장으로 거듭나고 있는 중이다.

〈머니투데이〉, 책통, 2015.5.2.

노년 작가들의 로망
'연애소설'

　70대 중반인 작가 김주영은 올해 초 한 매체와의 신년 대담에서 "앞으로 계획이 연애를 할 생각이다. 거기서 얻은 경험이나 영감을 가지고 연애소설을 써보고 싶다"고 말했다.

　작가의 연애소설 집필에 대한 강한 의지는 이렇다. "괴테가 78세에 동네에 있는 18살 먹은 아가씨를 좋아해서 계속 그 처녀에게 청혼했다. 하루는 수려한 외모의 귀부인이 찾아와 '당신이 괴테 선생님인가요? 당신이 청혼한 처녀의 어머니입니다. 제가 과부이니 차라리 저와 결혼합시다.' 괴테는 '내가 좋아하는 건 당신 딸이지 당신이 아니다'고 했다. 괴테는 사랑을 이루지 못하고 죽었지만 그 처녀는 괴테가 남긴 사업을 거들면서 평생 수절하고 살았다. 괴테의 진정성에 감복했던 거다."

　박범신의 『은교』(문학동네)는 곧은 정신, 높은 품격, 고요한 카리스마 등 고결한 이미지의 시인 이적요가 평생 갈망했으나 이루지 못했던 로망을 그린 소설이다. 그가 유언과 함께 남긴 노트에서 시인은 열일곱 살 한은교를 두고 벌인 갈등 때문에 베스트셀러 『심장』의 작가이자 제자인 서지우를 살해했다고 고백했다. 이 작품을 발표할 때 박범신은 60대 중반이었다.

　국내 최초의 밀리언셀러 『인간시장』의 작가로 고희를 코앞에 둔 김홍신은 최근 연애소설 『단 한 번의 사랑』(해냄)을 내놓았다. "내 영혼에는 그 사람이 습기처럼 스며들어 있습니다"로 시작하는 이 소설은 중년 남녀의 애절한 운명적 사랑을 그리고 있다. 유명 여배우 강시울은 말기암을 앓게 되자 재벌

2세인 남편과 이혼하고 기자회견을 자청해 첫사랑인 홍시진과 마지막 순간을 함께하고 싶다는 충격 고백을 한다. 이미 아내와 사별한 지 8년이 지난 홍시진은 자신만을 짝사랑해온 대학 후배 서다정과 결혼을 앞두고 있다. '지나간 사랑' 시울과 '현재의 사랑' 다정 사이에서 깊은 고뇌를 하던 시진은 결국 목숨까지 잃을 사랑을 선택하고 만다.

최근 많은 노년 작가들이 연애소설 집필을 꿈꾸고 있다는 사실을 털어놓고 있다. 김홍신은 지난 4일의 기자간담회 자리에서 "아내와 사별하고 나니 간절한 사랑이 더욱 그리워졌고 또 실행하고 싶다"고 고백했다. 그는 이번 소설 '작가의 말'에서 "신이 만든 것 중에 가장 아름다운 것은 사람이고 사람이 만든 것 중에 가장 찬란한 것은 사랑이다. 사랑은 휘황찬란한 예술"이라고 썼다.

젊은 세대에게 있어 가장 절실한 문제는 '일'과 '사랑'이다. 네이버 웹소설에서 가장 인기를 누리는 장르는 로맨스다. 웹에 작품을 발표하는 로맨스 작가 중에는 월 1천만 원 이상의 원고료를 받는 사람이 적지 않은 것으로 알려지고 있다. 그런데 정작 기성문단에는 일과 사랑을 정면으로 다뤄주는 작가들이 너무 없다. 오죽하면 '소설 창작 제로시대'라는 농담까지 나올까? 작가들이 더욱 분발하여 전 세대가 공감하고 감동할 수 있는 진정성 있는 작품들이 나오기를 기대한다.

〈머니투데이〉, 책통, 2015.5.9.

'하버드 마케팅'
앞으로도 통할까

"여자와의 잠자리에서도 300개의 근육, 250개의 혈관, 208개의 뼈를 더듬고 암기하는 하버드 의대생들. 포르말린 냄새나는 딱딱한 학문에 갇히기보다는 사랑의 격류에 휘말리기를 원하는 의대생들의 학문의 길, 사랑의 길, 인간의 길"

김영사는 1991년에 미국 하버드 의과대학생들의 치열한 사랑과 고뇌를 그린 에릭 시걸의 장편소설 『닥터스』를 펴내면서 이 카피로 책의 라디오 광고 시대를 열었다.

이보다 더 중요한 것은 책의 '하버드 마케팅' 시대를 본격적으로 열었다는 사실일 것이다. 김영사는 2010년에도 마이클 샌델의 『정의란 무엇인가』의 표지에 "하버드대 20년 연속 명강의"라는 카피를 넣어 '하버드 마케팅'의 재미를 봤다.

하버드 마케팅의 시발점은 1978년에 출간된 『하버드 대학의 공부벌레들』이었다. 주인공 하트가 하버드 법대의 킹스필드 교수를 만나서 많은 깨달음을 얻고 그의 딸과 사랑을 하게 되는 존 제이 오스본의 소설은 드라마와 영화로 더 알려졌다.

지금도 『하버드 새벽 4시 반』(웨이슈잉, 라이스메이커)이 베스트셀러에 올라 있다. "최고의 대학이 청춘에게 들려주는 성공 습관"이라는 부제가 달려 있는 이 책은 "모두가 잠을 자고 있는 시각인 새벽 4시 반, 하버드의 도서관은 빈자리 하나 없이 가득 차 있다. 도서관뿐만 아니라 학생식당, 복도, 교실, 심지어 보건실에서도 하버드의 학생들은 저마다의 공부를 하느라 여념이 없다. 그들의 성과를 과연 '타고난 천재성' 덕분이라고 단언할 수 있을까?"가 핵심 내용이다.

내친 김에 한 온라인서점에서 '하버드'로 검색하니 514권의 책이 나왔다. 『나와 마주서는 용기』(로버트 스티븐 캐플런, 비즈니스북스)에는 "하버드대 10년 연속 명강의", 『행복의 조건』(조지 베일런트, 프런티어)에는 "하버드대학교 인간 성장보고서, 그들은 어떻게 오래도록 행복했을까?", 『하버드의 생각수업』(후쿠하라 마사히로, 엔트리)에는 "세계 최고의 대학에서는 무엇을 가르치는가?", 『느리게 더 느리게』(장샤오헝, 다연)에는 "하버드대 행복학 명강의", 『공부책』(조지 스웨인, 유유)에는 "하버드 학생들도 몰랐던 천재 교수의 단순한 공부 원리" 등의 부제가 붙어 있다. 모두 작년 이후에 출간된 책들로 반응 또한 좋았다.

최근 출간된 『공부의 배신』(윌리엄 데레저위츠, 다른)의 부제는 "왜 하버드 생은 바보가 되었나?"로 '하버드'를 부정적으로 마케팅한 책이다. 이 책의 원제는 'Excellent Sheep'인데 하버드를 비롯한 미국의 유명 대학들이 학생들을 말을 잘 듣는 '똑똑한 양'으로 만드는 현실을 비판했다.

최근 외국에서 공부하고 온 사람들이 저임금의 임시직으로 전락하는 사례가 많아 학력을 최고의 스펙으로 여기는 분위기마저 식어가고 있다. 앞으로도 과연 '하버드 마케팅'이 통할 수 있을지 귀추가 주목된다.

〈머니투데이〉, 책통, 2015.5.16.

칼럼 한 편이
책이 될까

　결정을 잘 내리지 못하는 세대를 그린 『메이비 세대Ge-neration Maybe』는 국내에서는 『결정장애 세대』(미래의창)란 제목으로 출간됐다. 기자였던 이 책의 저자 올리버 예게스는 2012년 독일 일간지 〈디 벨트〉에 같은 제목의 기사를 올렸다. 1982년생인 그는 예Yes, 아니요No 대신 글쎄Maybe라는 말을 많이 자주 쓰는 자신을 스스로 '메이비 세대'라고 불렀다. 이 기사의 파장은 컸다. 독일과 오스트리아 등지에서 큰 반향을 일으키며 그는 화제의 인물로 떠올랐다.

　컬럼비아대를 졸업한 윌리엄 데레저위츠는 2008년부터 예일대학에서 교수로 재직하며 영문학을 가르쳤다. 그는 아이비리그에서 머문 24년의 경험을 바탕으로 2008년 '엘리트 교육의 허점'이란 평론을 소규모 문학계간지인 〈아메리칸 스콜라〉에 발표했다. 이 글은 온라인에서 100만 회 이상의 조회수를 기록했다. 이를 계기로 명문대생들 사이에 불만이 넓게 퍼져 있다는 사실을 확인한 그는 전국 대학을 돌며 학생들과 이야기를 나눴다. 그리고 그 경험을 바탕으로 『Excellent Sheep』이란 책을 펴냈다. 이 책은 국내에서 『공부의 배신』(다른)이란 제목으로 출간되었다.

　여전히 우리는 책은 어느 정도의 부피를 지녀야만 하는 것으로 인식하고 있다. 그래서 두 사례에서처럼 기사나 평론을 확장해 책을 만드는 데 일정한 시간이 필요했다. 하지만 처음의 기사와 칼럼 그 자체가 책이 될 수는 없을까?

아마존이 2013년에 설립한 단편문학 전문 임프린트인 '스토리프론트 StoryFront'는 킨들 전용 디지털 주간 문예지인 〈데이원Day One〉을 창간했다. 이 잡지는 매호당 단편소설 한 편과 시 한 수만을 수록했다. 2014년 1월에는 배수아의 단편 「푸른 사과가 있는 국도」가 수록된 잡지도 나왔다. 이 소설이 잡지에 실리게 된 '성공 사례'의 발표를 들으면서 나는 한 권의 책이 과연 어느 정도의 부피여야 할 것인가를 깊게 고민한 적이 있다.

잡지 〈와이어드〉의 창간 편집자인 케빈 켈리는 〈와이어드〉 2호에 수록된 인터뷰에서 "책은 물체가 아니다. 그것은 지속해서 전개되는 논점이나 내러티브이고, 잡지는 아이디어나 시점의 집합체를 편집자의 시점을 통해 보여주는 것"이라고 했다. 저자나 편집자가 만든 하나의 논점이나 내러티브(스토리)야말로 책의 최소 단위라는 주장이다.

켈리는 같은 인터뷰에서 "웹에서 사람들의 주위지속시간은 몇 분인 데 비해 책 한 권을 다 읽으려고 하면 10시간 이상이 필요하다. 그러나 지금까지 영화 한 편을 보는 시간에 다 읽을 수 있는 책은 별로 없다. 잡지의 기사보다 길고, 책보다는 짧은 것, 거기에 비즈니스 기회가 있다"고 예측했다.

그렇다. 결국 길이가 아니라 얼마나 임팩트가 강한 이야기를 담아내는가가 중요하다. 앨범 한 장으로 판매되던 음악이 한 곡 단위로 판매되듯이 논점이 있는 칼럼 한 편도 그 자체로 판매되는 시대가 곧 오지 않을까.

〈머니투데이〉, 책통, 2015.5.23.

책 시장도
'라이브'가 대세

인터넷의 등장 이후 팔리지 않게 된 책 중의 하나가 지도다. 과거에는 자동차마다 지도책 한 권쯤은 구비되어 있었지만 GPS 기능이 달린 모바일 단말기로 대체되었다. 이제 자동차에 네비게이션 기능이 있는 부품이 장착되고 있고, GPS를 탑재한 단말기에다 어느 장소에서 무언가를 '체험하고 싶다'고 느낄 수 있도록 하는 콘텐츠를 지도와 연동시켜 사용자를 그 장소에 인도하는 '앱'마저 등장하고 있으니 지도책이 팔리기는 어렵다.

음악계에서 음반을 내는 것은 판매 자체보다 콘서트나 페스티벌과 같은 '생생한 라이브'를 하기 위함이다. 그렇다면 책에서의 '라이브'는 어떨까? NFC 기능을 탑재한 오디오북이 책과 붙어 있으니 책을 낭독하는 것도 라이브의 한 예다. 곧 NFC 기능이 탑재된 판면 태그마저 등장한다니 독자는 책을 읽은 소감을 바로 출판사나 저자에게 전달할 수 있다.

우치누마 신타로는 『책의 역습』에서 "맛집 가이드에서 실제로 그 음식점에 로그인한 사람이 별점을 주고 글을 남기게 한다거나 여행 가이드에서 방문한 장소의 해설을 단말기 카메라 너머의 AR^{확장현실}로 표시된 캐릭터가 말해준다든가, 소설에서 그려진 마지막 장면의 장소를 실제로 방문하면 특별편으로 그 후일담을 다운로드할 수 있다든지 하는 것" 등의 라이브 사례를 제시하고 있다. 책을 통한 '리얼로의 확장'이야말로 책의 한 가능성이라 할 것이다.

그러나 현재로서는 책의 라이브는 강연이 주로 이룬다. 책의 판매가 수천 부에 그쳤지만 책 출간을 계기로 1년에 수백 회의 강연을 하는 사람마저 줄줄이 등장하고 있다. 천정환 성균관대 국문과 교수가 '인문학 열풍에 관한 성찰과 제언'(《안과밖》 38호, 2015년 상반기)에서 "대학의 인문학은 근시안적인 대학 구조조정과 청년실업 문제 때문에 절멸적 위기상황으로 빠져들고 있는 반면, 정부가 주도하는 '문화융성' 사업과 시민의 자생적 열기 덕분에 공공기관과 시민인문학 공간 등 대학 바깥에서의 '시민인문학'은 자못 활발하다"고 지적했을 정도로 인문학 강연 열풍은 대단하다.

천 교수는 국가와 공공기관의 인문학강좌에 대해서 "'인문학의 국가화'와 시민의 피동화"라는 우려를 지적하고 있다. 그의 우려가 모든 인문학강좌에 적용되는 것은 아니겠지만 강연만의 라이브는 분명 한계가 있다. 이태수 인제대 인간환경미래연구원장은 한 인터뷰에서 "축제는 동네 사람이 다 참여하는 게 축제 아닌가. 인문학도 유명 강사가 멋진 강연하고 박수치고 끝나는 게 아니라, 몇 사람이라도 모여서 책 읽고 이야기 나누는 게 진정한 인문학"이라 충고했다. 그러니 진정한 라이브는 독자들이 책을 함께 읽고, 토론하고, 글을 써보는 일일 것이다. 책의 판면에 NFC 기능마저 탑재되는 마당이니 머지않아 저자와 실시간 대화마저 가능해질 것이다. 결국 책 시장도 라이브가 대세인 것만은 분명하다.

〈머니투데이〉, 책통, 2015.5.30.

순문학의 죽음과
이야기의 탄생

일본 전후 최초의 순문학 논쟁은 1961년 9월 히라노 겐이 잡지 〈군조群像〉 창간 15주년을 맞아 〈아사히신문〉에 마쓰모토 세이초, 미나카미 쓰토무로 대표되는 우수한 사회파 추리소설이 등장함으로써 순문학의 개념은 이미 역사적 의미를 지닐 뿐 변질되었다는 짧은 글을 발표하자 이토 세이와 다카미 준 등의 작가가 반박한 일이었다. 이후 일본의 순문학 논쟁으로는 1970년대 에토 준이 쓰지 구니오, 가가 오토히코 등을 비판한 '포니 논쟁'과 무라카미 류의 작품이 '서브컬처'에 지나지 않는다며 비판한 것 등이 있었다.

가장 최근의 대표적 순문학 논쟁은 1998년에 작가인 쇼노 요리코가 순문학이 팔리지 않는 현상은 순문학의 문화적 존재 가치가 낮은 것을 방증하는 것이라는 오쓰카 에이지의 주장에 정면으로 반박하면서 비롯됐다. 쇼노는 자신의 소설『덴타마 오야시라즈 도플갱어』에서 순문학 때리기를 반복하는 문단의 유치한 '요괴'들의 모습을 그리기도 했다.

오쓰카 에이지는 〈군조〉 2002년 6월호에 발표한 '불량채권으로서의 문학'에서 출판사들이 만화를 팔아서 번 돈으로 적자가 심각한 문예지를 겨우 유지해가는 현실을 지적하면서 순문학이라는 것은 '불량채권'에 불과하다고 비판했다. 당시 오쓰카는 이 문제를 해결하려면 기존 유통 시스템에서 벗어난 별도의 문학 시장이 필요하다고 역설하며 작가가 직접 자신의 책을 독자에게 판매하는 '문학 프리마'(프리마켓)의 개최를 주장했다.

지금 한국 출판시장에서는 순문학(혹은 본격문학)이 절멸 상태로 빠져들고 있다. 이 글을 쓰면서 예스24 베스트셀러 목록을 살펴보니 베스트셀러 100위 안에 오른 책 중에서 우리 소설로는 『2015 제6회 젊은작가상 수상작품집』(문학동네, 59위)이 유일했다. 작년의 교보문고 소설 베스트셀러 10위 안에는 그래도 조정래의 『정글만리』(해냄, 6위)와 김진명의 『싸드』(새움, 9위) 등 '2종이나' 있었지만 말이다.

지금 젊은 세대는 포털사이트에서 로맨스나 판타지 등을 즐긴다. 소설만을 써서 먹고사는 '순문학' 작가는 손으로 꼽을 수 있을 정도지만 네이버에서 로맨스소설을 써서 한 달에 1천만 원 이상의 원고료를 챙기는 사람이 수십 명이라는 소식이 들린다. 만화전문 채널 '레진코믹스'에서 작품을 연재해 매달 1천만 원 이상을 받아가는 작가가 30~40명이고, 매달 5천만 원 이상을 받아가는 작가도 있다는 보도마저 있었다.

이것은 순문학이 이렇게 처절하게 죽어가는 사이에 이야기성이 강한 서브컬처가 주류문화로 올라서고 있다는 방증이 아닐까? 우리 소설은 '문장의 힘'도 보여줘야 하고, '현실에 대한 진지한 고민'도 담아야겠지만, 그 이전에 이야기의 힘부터 제대로 키워야 하지 않을까.

〈머니투데이〉, 책통, 2015.6.6.

'정·오'(정보 오락)의
희망도서

• 풍경1 : 미국 최대 출판그룹 랜덤하우스(지금은 펭귄랜덤하우스)가 가장 중점을 뒀던 분야를 포괄적으로 이야기하라면 인포테인먼트다. 인포메이션과 엔터테인먼트가 결합된 신조어는 보통 '정보+오락'으로 해석한다. 하지만 엔터테인먼트를 정확하게 번역하면 '오락'이 아닌 '무아지경'이다. 이는 중세유럽에서 온 말로 인간이 평상시에 신만을 생각해야 했는데 신이 아닌 무언가가 마음속으로 들어와서(enter해서), 상주sustain하는 것을 말한다. 인간이 목숨을 내놓을 각오로 무엇에 빠진다! 결국은 재미다. 정보를 담되 무아지경에 빠질 정도여야 독자가 책을 찾는다.

• 풍경2: 진중한 책을 주로 펴내던 일본의 이와나미쇼텐에서 1995년 중반에 이와나미 신서 중의 한 권으로 에이 로쿠스케의 『대왕생』을 펴냈다. 어떻게 하면 잘 죽을 수 있는가를 쉽게 풀어낸 책이었다. 편집자는 저자가 TV에 출연, '죽는 방법'를 강의하는 것을 보고 이 책을 기획했다. 이 책은 지식이 아닌 지혜를 알려줘 노년층의 호응을 얻었고 사례 중심의 글을 활용한 참신한 지면에 담아 읽기 쉬웠고 단순한 재미나 달변이 아닌 확실한 주장을 담았기에 성공했다는 사후 분석이 있었다. 이후 에이 로쿠스케의 책은 무조건 초판 10만 부를 찍어야만 했다.

• 풍경3: 카드대란이 터진 2003년부터 한국의 인문시장에서는 강명관의 『조선의 뒷골목 풍경』, 고미숙의 『열하일기, 웃음과 역설의 유쾌한 시공간』, 정민의 『미쳐야 미친다』, 이덕일의 『정약용과 그의 형제들』 등의 인문적 실용

서가 잠시 득세했다. 이 책들은 역사의 비주류들이 주인공으로 등장하고 발상의 전환이라는 확실한 주제를 담았으며 실사구시 혹은 이용후생의 철학을 품었고 문명의 전환기인 18세기를 다뤘다는 공통점이 있었다. 이 책들은 아날로그 문명에서 디지털 문명으로 옮겨가는 과정에서 혼란을 겪던 지식인들이 열렬하게 찾았다.

올해 상반기 출판시장에서는 이 세 풍경이 겹쳐서 나타났다. 상반기 출판시장을 휩쓴 『미움받을 용기』(기시미 이치로 외, 인플루엔셜), 『지적 대화를 위한 넓고 얕은 지식』(채사장, 한빛비즈), 『그림의 힘』(김선현, 8.0), 『유시민의 글쓰기 특강』(생각의길), 『어떻게 죽을 것인가』(아툴 가완디, 부키), 『7번 읽기 공부법』(야마구치 마유, 위즈덤하우스) 등의 책들은 정신없이 빨려들어 읽을 수 있고 힘겨운 삶을 이겨낼 지혜를 알려주고 있으며 실생활에서 활용할 수 있거나 소통할 수 있는 지식을 담고 있다.

세계 경제는 불황의 늪에서 헤어날 기미를 보이지 않고 있고, 불평등의 정도는 날로 심해지고 있으며, 환경재앙의 공포는 도를 더해간다. 게다가 메르스MERS(중동호흡기증후군) 불안까지. 이런 시대에 인간은 인문적 깊이로 포장된 실용적인 지식을 추구하게 마련이다.

이야기성이 더욱 강화되고 즉각 활용할 수 있으며 지식이 아닌 지혜를 품은 인문적 실용서들이 더욱 득세할 듯하다.

〈머니투데이〉, 책통, 2015.6.13.

작가들의
장기 독점 계약이 갖는 의미

"오늘의 작가상 심사 당시 『사람의 아들』을 놓고 심사위원들 사이에 과도한 관념과 추리 부분의 허점이 지적됐다. 수상작 선정이 무산될 수 있었다. 하지만 나도 작품을 읽어보았는데 아하스페르츠가 나오는 종교 논쟁 부분은 지나치게 길어서 이야기 전개로서는 다소 무리한 감이 있었지만 문장도 아취가 있고 상당히 격조가 높은 데다 빠른 속도로 읽혀 오히려 독자들의 지성과 감성을 자극하는 바가 있었다. 그래서 작가의 가능성에 무게를 두고 가작으로 하자는 것을 그냥 당선작으로 발표해버렸다."

박맹호 회장이 자서전 『책』에서 털어놓은 이문열의 『사람의 아들』 탄생 비화다. 1980년대에 『젊은 날의 초상』, 『영웅시대』, 『황제를 위하여』 등의 화제작을 꾸준히 내놓은 이문열이 없었다면 과연 오늘의 민음사가 존재할까? 출판사가 이렇게 당대를 대표하는 저자를 발굴하고 그 작가와 오랜 세월을 함께하는 것은 분명 행운이다.

하지만 이문열 또한 민음사와 탁월한 출판기획자 박맹호를 만나지 않았다면 오늘의 그가 있을까? 박 회장은 등단한 지 3년 남짓한 신인 이문열에게 한글세대 독자들에게 맞는 문체와 서사를 갖춘 『삼국지』가 필요하다며 〈경향신문〉에 『삼국지』를 연재할 것을 제안했다. 뜨악한 표정을 짓는 이문열을 설득하기 위해 〈경향신문〉에 파격적인 요구를 관철시킨 덕분에 『삼국지』는 1800만 부 이상 팔리며 건국 이래 최대의 베스트셀러가 되었다. 『삼국지』로 민음사가 대형 출판사가 되었음은 두말할 필요가 없다.

외국문학에서 자타가 인정하는 최고의 출판사 중 하나인 '열린책들' 하면 떠오르는 작가는 베르나르 베르베르일 것이다. 그의 소설은 대부분 밀리언셀러에 올라 그는 한국독자들이 가장 사랑하는 작가에 오르기도 했다. 한 작가가 구축한 세계 전체를 보여주려는 열린책들의 '전작주의'는 유명하다. 1986년 『장미의 이름』을 시작으로 39종 46권의 책을 펴낸 움베르토 에코, 1996년에 『좀머 씨 이야기』 열풍을 일으킨 파트리크 쥐스킨트 등의 저자들 책 모두를 독점할 수 있다는 것 또한 행운이었다. 이 전작주의야말로 오늘의 열린책들이 존재하는 이유일 것이다.

문학동네는 김훈, 김영하, 김연수 등의 작가와 파격적인 조건으로 장기 독점계약을 맺었다. 한국의 내로라하는 작가들이 주요 문학출판사를 전전하며 책을 펴내는 걸 자신의 실력을 뽐내는 것처럼 생각하는 풍토에서 이런 변화는 주목할 만하다. 과거의 풍토에서는 출판사가 작가를 위해 모든 것을 걸 수가 없었다. 앞으로 유망한 신인에게도 이런 파격적인 계약이 이뤄지고 실제로 좋은 결과를 얻는다면 그래도 우리 문학의 밝은 미래를 꿈꿔볼 수 있지 않을까. 물론 어느 유명 작가처럼 사적인 이유로 전속계약을 파기해 스스로 망가지지 말아야 하겠지만 말이다.

〈머니투데이〉, 책통, 2015.6.20.

생각으로 답을 찾아
글쓰기로 완성하다

『조훈현, 고수의 생각법: 생각은 반드시 답을 찾는다』(인플루엔셜)는 바둑의 고수이자 승부의 고수로 살아온 조훈현이 자신이 살아온 인생을 '직접 복기'하는 첫 에세이다. 그는 이 책에서 "나는 그저 생각 속으로 들어갔을 뿐이다. 내가 답을 찾은 것이 아니라 생각이 답을 찾아낸 것"이라고 말한다.

조 국수는 또 "지금 우리가 해야 할 일은 생각을 바꾸는 것이다. 생각하는 방식을 바꾸는 것이다. 실패를 딛고 일어설 수 있는 긍정적인 생각, 항상 옳은 쪽을 선택할 수 있는 건강한 생각, 남과 다르게 받아들이는 창의적인 생각을 길러야 한다. 생각을 바꾸는 건 그저 마음만 고쳐먹는 것에서 끝나지 않는다. 놀랍게도 생각을 바꾸면 행동이 바뀌고, 심지어 결과까지 달라진다. 개인의 역량을 최대치로 끌어올릴 수 있는 가장 강력한 힘이 바로 생각"이라고 말한다.

조 국수는 "스마트폰이나 휴대폰은커녕 운전면허증도, 신용카드도 없다"고 말한다. 그런데도 그는 '생각' 하나로 인생을 잘 살아냈다. 우리는 무엇이 궁금할 때마다 검색을 통해 바로 정답을 찾아내다 보니 사유하는 힘을 잃어가고 있다. 벼랑 끝에 서서도 자신이 바로 서려면 바른 생각부터 해야 한다.

그럼 생각은 무엇으로 완성될까? 바로 글쓰기로 완성된다. 지금은 글쓰기 책의 범람이라고 해도 좋을 정도로 엄청난 종의 책들이 출간되고 있다. 지금 베스트셀러에 올라 있는 『유시민의 글쓰기 특강』, 『유시민의 논술 특강』, 『서평 글쓰기 특강』(황선애·김민영), 『글쓰기의 최전선』(은유), 『탄탄한 문장력』(브랜던 로열), 『심플』(임정섭), 『대통령의 글쓰기』(강원국), 『결론부터 써라』(유세환) 등 글쓰기 책의 제목만 살펴보아도 글쓰기 분야에서 다양한 책들이 출간되고 있음을 확인할 수 있다.

『유시민의 글쓰기 특강』에서 저자는 "두려움을 이기는 가장 좋은 방법은 글쓰기에 익숙해지는 것"이라고 말한다. 『서평 글쓰기 특강』에는 "생각 정리의 기술"이라는 부제가 붙어 있다.

잘 쓰기 위한 전제 조건은 무조건 많이 읽는 것이다. 이런 분위기를 반영하듯 『독서는 절대 나를 배신하지 않는다』(사이토 다카시), 『고미숙의 로드 클래식, 길 위에서 길 찾기』(고미숙), 『집 나간 책』(서민), 『정희진처럼 읽기』(정희진), 『이젠, 함께 읽다』(최병일 외), 『쓰는 힘은 읽는 힘』(스즈키 신이치), 『리더의 서재에서』(윤승용) 등 독서에 관한 책들도 동반해서 인기를 끌고 있다.

바야흐로 우리는 깊게 생각한 다음 그것을 글로 쓸 수 있는 능력이 살아가는 데 꼭 필요한 조건이 되는 세상을 살아가고 있다. 독서를 통해 스스로 사유하는 힘을 기르고, 자신의 역량을 최대치로 끌어올릴 수 있는 바른 생각을 통해 개개인이 벼랑 끝에서도 바로 서야 할 것이다.

〈머니투데이〉, 책통, 2015.7.4.

이야기를 직접 만들고
소비하는 세상

오쿠다 히데오의 『나오미와 가나코』(예담)는 가정 폭력이라는 진부한 주제와 영화 〈델마와 루이스〉의 두 여자 결합 같은 기시감이 드는 사건 전개가 한눈에 드러나지만 흡입력이 대단한 소설이다.

"한 줌의 후회도 가책도 망설임도 없"는 '남편 살인'을 다룬 추리소설이지만 격차사회의 명암, 황혼 이혼 등 진지한 주제들이 배경에 깔려 있기에 결코 가볍지만은 않다.

한국에서도 밀리언셀러가 된 『공중그네』에는 독특한 외모에 상상 불허의 캐릭터를 소유한 정신과 의사가, 임순례 감독이 영화로 만든 『남쪽으로 튀어』에는 무정부주의자인 아버지가 등장한다. 오쿠다의 소설들은 기발한 구성과 유머가 장점이지만 그렇다고 무겁고 진지한 사회문제를 절대로 외면하지 않는다.

히가시노 게이고는 또 어떤가? 그의 소설들은 개인이 겪는 우연한 사건이 세계사적인 변전과 맞물려 있음을 제대로 보여준다. 『용의자 X의 헌신』은 순애소설을 좋아하는 독자까지 끌어들이기 위해 여성의 흥미를 끄는 제목과 표지를 선택해 큰 성공을 거두었다. 그러니 이 소설이 한국에서 장기 베스트셀러가 되는 것은 지극히 당연한 일일 것이다.

이 시대는 누구나 이야기를 만들고 그 이야기를 함께 소비하는 세상이다. 이야기는 출판뿐만 아니라 만화, 애니메이션, 영화, 방송, 게임, 공연 등 주요 문화 콘텐츠의 근원이 되고 있다. 한국에서도 인기를 끌고 있는 요시모토 바나나, 에쿠니 가오리, 온다 리쿠, 야마다 에이미 등 1980년대 이후에 등장한 여성작가들이 일본 문학사 안에서도 '소녀만화'의 영향을 강하게 받은 것으로 평가된다고 서브컬처 연구자인 오쓰카 에이지는 지적한다. 그러니 그들의 책을 읽는 독자는 서브컬처의 강력한 영향을 받고 있다. 아니, 이제 서브컬처가 엘리트 문화로 올라서고 있는 형국이다.

오쓰카 에이지는 "사회 속에서 점점 더 자아실현을 하기 힘든 상황에 놓여" 있는 현대인들은 '이야기'가 만들어놓은 "가공의 세계 속에 틀어박혀 놀 수 있다"고 말한다. 그는 자신이 원하는 문화상품을 인터넷을 누비며 자유롭게 소비할 수 있는 세상이 되었으니 젊은이들이 이야기를 직접 만들어보기를 권유한다.

그럼 한국문학에서 이야기성이 강한 소설을 내놓는 작가는 누구인가? 『내 심장을 쏴라』, 『7년의 밤』, 『28』 등 세 소설만으로 '하나의 현상'을 만들어낸 정유정은 간호사 출신이다. 『달려라 아비』, 『두근두근 내 인생』의 김애란은 극작과를 다녔다. 『고래』, 『고령화 가족』, 『나의 삼촌 브루스 리』 등 '영화 소설 3부작'의 작가인 천명관은 10년 동안 시나리오를 쓴 경험이 있다. 『살인자의 기억법』, 『나는 나를 파괴할 권리가 있다』의 김영하는 경영학 전공자였다. 이들이 모두 문체를 강조하는 문예창작과 출신이 아니라는 것에 우리는 희망을 걸어볼 만하다. 참, 오쿠다 히데오는 광고기획사에 다닌 적이 있다.

〈머니투데이〉, 책통, 2015.7.11.

4E 불안과
감동이 있는 이야기

　블록버스터 대작들의 아성을 뚫고 대중의 관심을 끄는 분야가 실화영화
다. 가족밖에 모르고 살아온 이 시대 아버지의 삶을 실화처럼 그린 〈국제시
장〉은 1425만 관객을 동원했다. 98세의 남편과 89세 할머니의 애절한 사랑
을 그린 다큐멘터리 영화 〈님아, 그 강을 건너지 마오〉는 480만 관객을 넘겼
다. 최근에는 500만 관객을 돌파한 〈연평해전〉을 비롯해 〈극비수사〉, 〈피의
자: 사라진 증거〉, 〈경성학교〉 등도 실화영화다. 역사적 사실에서 이야기를
끌어오는 팩션영화 또한 실화처럼 포장한다.

　일본 아마존의 베스트셀러 1위는 103세의 나이에도 불구하고 지금도 최
전선에서 활약하고 있는 미술가 시노다 도코가 때로는 다정하게, 때로는 엄
하게 인생을 살아가는 법과 즐기는 법을 전수하는 『103세가 돼서 알게 된
것: 인생은 혼자라도 괜찮아』이다. 그의 다른 책 『100세의 힘』도 함께 베스트
셀러에 올라 있다.

　시노다는 평생 동안 가정을 꾸리지 않고 독신으로 살아오면서 어떤 미술
단체에도 소속되지 않고 자유롭게 작업을 해왔다. 시노다는 "100세를 넘으
면 어떤 식으로 나이를 먹으면 좋을까. 저도 처음이라 경험이 없어서 당황합
니다. (…) 100세가 넘으면 전례는 적고, 본보기도 없습니다. 모두 스스로 창
조해서 살아가지 않으면 안 됩니다"라고 말한다.

　그는 또 "100세가 넘으면 인간은 차츰 '무無'에 가까워지고 있다고 느낍니
다. 하나의 예로 나는 작품을 그리기 시작하면 전혀, 아무것도 생각하지 않

습니다. 작품과 나와의 사이에는 붓이 있을 뿐, 단지 그리고 있는 것입니다. (…) 무의식중에 자연스럽게 완성되어 있습니다. 게다가 지금까지 본 적이 없는 전혀 새로운 경지의 작품"이라고도 했다.

사람들은 왜 이런 이야기를 좋아할까? 최장기 '경제 불안'이 지속되니 인간은 이제 땅바닥을 친 정도가 아니라 지하로 땅굴을 뚫고 내려갈 정도로 지쳐 있다. 2012년에 '멘붕'이 최고의 조어가 된 이후 작년의 '세월호 참사'와 올해의 '메르스 사태'를 겪으면서 심리적 불안감은 엄청나게 고조되었다. 일자리를 찾지 못하는 자식 세대와 노인빈곤의 상태로 몰리고 있는 부모 세대인 베이비 붐 세대(50대)는 동반 추락할 위기에 몰려 있다. 기술의 발달은 일자리 자체를 앗아가고 있어 많은 사람들이 한치 앞을 내다보지 못하게 만들고 있다.

경제Economy, 고용Employment, 신기술Electronic, 환경Environment 등 4E 불안과 정치 불안, 그리고 리더십의 부재로 고통 받는 대중은 감성과 직관이 빛나는 서사적 스토리이면서 감동을 안겨주는 이야기를 찾게 마련이다. 나는 연초에 올해의 키워드로 감동을 제시한 바 있다. 과연 일본인이 아닌 한국인을 울릴 감동적인 이야기는 무엇일까? 이제 정말 등장할 때가 되었다. 그게 자못 기다려진다.

〈머니투데이〉, 책통, 2015.7.18.

베스트셀러에 편승한
제목 달기

올해 최고의 베스트셀러인『미움받을 용기』(인플루엔셜)는 현재까지 45만 부가량 팔렸다. '메르스 사태'로 소비시장이 얼어붙은 중에도 대단한 성적을 내고 있다. 덕분에 아들러 전문가인 기시미 이치로가 한국에서 가장 인기 있는 철학자가 되어 그의 다른 저작물들까지 경쟁적으로 번역 출간되고 있다.

하지만 출간되는 책의 거의 모두가 제목에 일본어 원서 제목에는 없는 '용기'라는 단어를 넣고 있어 다소 불편한 느낌이 드는 것이 사실이다. 더구나 기시미 이치로의 구간들을 번역해 출간하면서 '최신작'이라는 형용사를 붙이고 있어 과연 이렇게 해도 되는지 매우 우려가 된다.

'아들러 심리학 실전 입문: 생로병사를 바라보는 법'은『행복해질 용기』로, '잘 산다는 것: 죽음에서부터 삶을 생각하다'는『늙어갈 용기』로, '육아를 위한 심리학 입문'은『엄마를 위한 미움받을 용기』로, '간호를 위한 심리학'은『아버지를 위한 상처받을 용기』로, '아들러, 인생을 살아남는 심리학'은『버텨내는 용기』로 제목이 바뀌었다.

"(책의) 실패 원인은 대부분 타이틀(제목)에 있다"고 단언하는 이카리 하루오는『이 책은 백만부 팔린다』(정보공학연구소)에서 "타이틀만으로도 베스트셀러가 된다"고 말한다. 그는 독자에게 첫인상으로 다가가는 것이 타이틀이므로 타이틀의 중요성은 아무리 강조해도 지나치지 않다고도 했다.

즉 익숙한 내용, 잘된 제목, 익숙한 저자, 입소문을 쉽게 탈 만한 친근한 정보, 저렴한 정가, 익숙한 장정, 유명한 출판사, 편안한 짧은 길이, 밝은 느낌

등을 통해 독자에게 "아, 이 책은 바로 나를 위한 책이구나" 하는 '친근함'을 던져줄 수 있는 책이어야 밀리언셀러에 오를 수 있다는 것이다.

제목만으로 책 내용을 제대로 설명할 수 없으면 부제를 붙인다. 그러나 대부분의 독자는 부제까지 읽지 않는다. 그러니 편집자가 제목에 목숨을 거는 것은 사실이다.

일본의 여성지 〈LEE〉의 편집장인 에비하라 미도리가 〈편집회의〉 2015년 봄호에서 이야기하고 있듯이 그동안 "제목은 '익숙한 단어'나 '상투적인 말'은 피하고 새로운 표현을 사용해야 한다는 것이 잡지 또는 출판업계의 상식처럼 여겨져"왔다. 하지만 "스마트폰이 보급되면서 콘텐츠 과다 상태인 지금, 표지가 독자의 눈에 들어온 영점 몇 초 내에 직감적으로 어떤 내용일지 알수 있도록 하는 것이 중요"하기에 제목은 "한눈에 알기 쉽고 독자가 공감할수 있"어야 한다.

세상이 아무리 바뀌어도 책 제목은 책의 콘셉트, 광고의 헤드카피, 핵심 내용의 암시라는 3박자가 절묘하게 조화되어야 한다. 시류에 편승해 제목을 붙이는 것은 이런 원칙에 어긋나는 것이다. 그런 책이 잠깐은 팔릴 수 있을지는 모르지만 장기적으로는 출판사의 이미지에 치명적인 상처를 안길 수 있다. 각 출판사가 독자의 눈길을 사로잡는 참신한 제목 달기를 고민하기 바란다.

〈머니투데이〉, 책통, 2015.7.25

이 시대의 작가는
플랫폼이 만든다

'오늘의유머'에서 탄생한 뜨거운 작가

『회색 인간』의 김동식 작가는 웹 플랫폼이 탄생시킨 작가다. 그는 '오늘의 유머'의 공포·괴기물 커뮤니티에 처음 글을 올렸다. 10여 년 동안 주물공장과 집만 오간 김동식은 공장에서 벽만 보고 일하면서 많은 상상을 했다. 그렇게 상상한 것을 집으로 와서 바로 글로 올리곤 했다. 그게 유일한 즐거움이었다. 처음 올린 글은 반응이 별로였다. 그래서 '베스트 오브 베스트'에 오른 글들을 분석했다. 글에는 세 특성이 있었다. 글이 무조건 짧아야 하고, 첫 문장에서 사건이 바로 시작되어야 하면서, 남들이 생각하지 못하는 반전이 있어야 했다. 이들 특성을 반영해 쓴 두 번째 작품 「푸르스마, 푸르스마나스」에는 엄청난 댓글이 달리며 바로 베스트에 올랐다. 용기를 얻은 김동식은 16개월 동안 300편의 작품을 발표했다. 김동식은 기획자 김민섭의 눈에 띄어 세 권의 소설집을 동시에 펴냈다. 그가 세 권의 소설집을 내자마자 '오늘의유머' 회원들은 구매인증 릴레이를 펼치며 초판을 거의 매진시켰다. 그리고 김동식은 2018년에 가장 '뜨거운' 작가가 되었다.

한국에 김동식이 있다면 일본에는 카나자와 노부아키가 있다. 카나자와 노부아키는 'E★에브리스타'라는 웹소설 투고·열람 플랫폼에서 『왕 게임』이라는 작품으로 뜬 스타 작가다. 웹소설에 대한 유일한 분석서, 『웹소설의 충격』(이이다 이치시, 요다)에는 『왕 게임』의 성공요인에 대해서 잘 정리되어 있다. "전개 속도가 빠르지 않으면 독자는 금방 질려 하기 때문에 임팩트를 중시하

여 사건을 연속적으로 발생시키고, 문장은 최대한 압축해서 썼다. 짧은 문장이더라도 독자의 기억에 남을 만한 메시지를 담은 단어를 선택했고, 뒷내용이 궁금해지도록 '히키^{히き}'(끌어당김, 뒤로 이어가는 내용)를 매회 만들어서 독자를 매료시켰다."

플랫폼을 통해서 작품을 알게 된 사람들이 서점과 편의점에서 종이 소설과 만화책을 구입했고, 반대로 종이책을 산 사람이 그 뒷내용을 알고 싶어서 인터넷사이트에 접속하는 바람에 『왕 게임』은 마이니치신문사가 실시한 '학교 독서 조사'에서도 중·고생이 읽은 책 베스트 5에 몇 년 동안 계속 진입했다. 『왕 게임』은 평상시에 책을 읽지 않는 10대 남녀들까지 가세해 열심히 읽어주는 바람에 단행본과 문고판, 코믹스(만화책)를 합쳐서 690만 부 이상까지 성장했고, 영화로도 제작되었다.

김동식과 카나자와의 탄생 과정은 쌍둥이처럼 닮았다. 그들은 웹 플랫폼이 탄생시킨 새로운 유형의 작가 또는 인간형이다. 평생 글쓰기를 배워본 일이 없는 김동식 작가는 네이버 검색을 통해 '소설 쓰는 법'을 배웠다. 김동식은 독자들이 자신의 글쓰기 스승이라고 이야기한다. 글을 올리면 독자들은 즉각 반응을 보였다. 맞춤법이나 개연성 등에 대해 이의를 제기하면 김동식은 정중하게 받아들였다. 김동식은 종이책은 거의 읽지 않았지만 웹 콘텐츠는 무수하게 읽었다. 유명한 만화, 영화, 드라마 등은 보지 않은 것을 고르는 편이 좋을 것이다.

카나자와 역시 『왕 게임』을 집필하기 전에는 거의 소설을 읽은 적도 없는 초보 작가였다. 작품을 인터넷에 업로드하기 시작하자 엄청난 반향이 있었고, '업로드하자마자 5분 만에 온다'는 독자의 감상과 의견을 밑바탕 삼아서 집필하는 작법을 익혔다고 한다. 그는 설정의 모순점에 대한 지적이 들어오면 연재를 거슬러 올라가며 수정했다. "소설 투고·열람 플랫폼이란 초보 작가가 수많은 독자에게 지적받으면서 편집자가 없더라도 작가로서 단련될 수 있는 자리인 셈"이다.

작가를 탄생시키는 산실, 플랫폼

플랫폼이 작가를 탄생시키는 산실이라는 말이 나온다. 일본의 'E★에브리스타'는 일간 순방문자 수가 1천만 명이며, 매일 1만 명 이상의 사람이 작품을 투고하고 있다. 이에 버금가는 플랫폼인 '소설가가 되자'는 일간 순방문자 수 400만 명과 등록 작가 수 68만 명을 자랑한다. 이들 플랫폼에서 인기가 있는 작품은 종이책과 전자책으로 출간되고, 그 매출은 일본소설 전체 매출의 절반을 차지한다. 베스트셀러 목록에도 이들 소설이 절반 이상 올라 있다. 이에 반해 종이잡지에 연재한 소설들은 대형출판사들마저 출간을 기피한다.

한국은 웹소설의 등장이 일본보다 빨랐다. 'E★에브리스타'나 '소설가가 되자'에 비견되는 한국의 플랫폼은 '조아라'와 '문피아'다. 정확한 통계는 없지만 이들 플랫폼에서 활동하며 연간 1억 원이 넘는 인세를 버는 베스트셀러 작가는 적어도 100명은 넘을 것이고, 10억 원을 넘는 작가도 10명은 넘을 것으로 추정된다. 그리고 쓰기 플랫폼은 계속해서 다양한 모습으로 확산되고 있다. 『웹소설의 충격』에서 이이다 이치시는 젊은 세대가 모두 웹소설을 즐기고 있는 현실을 감안하면 미래는 분명해지고 있다고 말한다. "가처분 소득이나 가처분 시간은 인터넷 콘텐츠나 라이브, 체험형 엔터테인먼트가 차지하게 될 것은 불문가지"라고.

이제 인간은 초연결사회를 살아가고 있다. 초연결사회의 모든 개인은 웹으로 연결되어 있다. 비단 출판뿐만 아니라 모든 영역에서 문화상품의 생산 시스템이 바뀌고 있다. 김동식의 탄생 과정은 대세가 된 방탄소년단의 탄생 과정과도 닮았다. 김동식과 방탄은 직접 소설을 쓰거나 작사·작곡을 한다. 이들은 늘 사회 비판적 메시지를 내놓는다. 무엇보다도 웹 플랫폼을 통한 독자나 팬과의 연결을 매우 중시한다. 이제 창작자들의 가장 강력한 무기 중 하나가 플랫폼이다. 어떠신가? 당신도 한 번 나서보지 않으시겠는가!

<인문36도>, 2018.12.13.

찾아보기

책으로 만나는 21세기

출판평론가 한기호의 20년 칼럼 모음집

2019년 1월 25일 1판 1쇄 인쇄
2019년 2월 5일 1판 1쇄 발행

지은이	한기호
펴낸이	한기호
편집	정안나 오효영 도은숙 유태선 김미향 염경원
경영지원	국순근
디자인	정병규 고경빈 안희원
펴낸곳	한국출판마케팅연구소
	출판등록 2000년 11월 6일 제10-2065호
	주소 121-842 서울시 마포구 서교동 484-1 삼성빌딩 A동 2층
	전화번호 02-336-5675 팩스 02-337-5347
	이메일 kpm@kpm21.co.kr
	홈페이지 www.kpm21.co.kr

ISBN 978-89-89420-96-5 03300

책값은 뒤표지에 있습니다.